空气过滤器部分用户业绩表

中冶赛迪工程技术股份有限公司
大连金牛股份有限公司
辽宁化肥有限公司
辽河油田化肥厂
中石油股份有限公司哈尔滨石化分公司
哈尔滨炼油厂
新疆泽普石油化工厂
上海中船长兴建设发展有限公司
洛阳石化总厂
开封市开利成套空气设备有限公司
成都飞机维修公司行机电站
江阴兴澄钢铁公司
江苏沙钢集团有限公司（三菱燃气轮机）
邯郸钢铁集团有限公司（三菱燃气轮机）
太原钢铁有限公司（三菱燃气轮机）
马鞍山钢铁集团有限公司炼铁厂
大连钢铁集团有限公司制氧厂
辽宁本溪北台钢铁集团公司
唐山鑫益钢铁集团有限公司
吉林通化钢铁有限公司热电厂
江苏新扬子造船有限公司
常州新区调峰电厂
深圳宝安燃气发电厂
广东南海燃气发电厂
陕西热电有限公司
杭州正大空分设备制造有限公司

大连钢厂
大化集团有限责任公司
辽宁盘锦化工有限责任公司
吉化有机合成厂
中石油股份有限公司宁夏分公司
大庆石化总厂
宁夏化工厂
上海造船厂
候马铜厂
仪征化纤总厂
上海鼓风机厂
上海焦化总厂
武进中天钢厂
宜兴乾震钢铁有限公司
马鞍山长江钢铁有限公司
上海宝钢（板式过滤器）
山东淄博宏达钢铁有限公司
唐山宝泰钢铁集团有限公司
东北特钢集团大连基地
安徽长江钢铁有限公司
浙江湖州燃机发电有限公司
深圳月亮湾燃机发电厂
浙江绍兴燃机发电厂
浙江慈溪燃机发电厂
苏州新区调峰电厂
叶城电力公司

2014

高邮年鉴

GAOYOU YEARBOOK

高邮市地方志年鉴编纂委员会　编

方志出版社
Publishing House of Local Records

图书在版编目（C I P）数据

高邮年鉴．2014／高邮市地方志年鉴编纂委员会编．
—北京：方志出版社，2014.12
ISBN 978-7-5144-1527-8

Ⅰ.①高… Ⅱ.①高… Ⅲ.①高邮市—2014—年鉴
Ⅳ.①Z525.33

中国版本图书馆CIP数据核字(2015)第007264号

高邮年鉴（2014）

编　　者：高邮市地方志年鉴编纂委员会
责任编辑：李　静

出 版 人：冀祥德
出 版 者：方志出版社
地址　北京市朝阳区潘家园东里9号（国家方志馆4层）
邮编　100021
网址　http://www.fzph.org
发　　行：方志出版社发行中心
电话（010）67110500
经　　销：各地新华书店
印　　刷：扬州市机关彩印中心

开　　本：889×1194　1/16
印　　张：24
字　　数：811千字
版　　次：2014年12月第1版　2014年12月第1次印刷
印　　数：0001～1000册

ISBN 978-7-5144-1527-8/K·1250　定价：280.00元

高邮市地方志年鉴编纂委员会

主任委员 方桂林
副主任委员 钱富强
委　　员 居晓波　吕天龙　李　生　林荣岩　张曰兴　谭　旭　郭建新　姚正安
王俊坤　胡行球　濮国华　王家斌　万兆良　杨向东　陆　炜　孙禹文
詹惜文　许　明　赵广华　黄　平　张学雷　吴　华　李顺祥　戚维斌
刘春龙　宝珍芳

审　稿　人　员

（以篇目先后为序，由单位审稿的未列）

龚　庆　郭建新　居育明　杨向华　邵德军　王有泉　吴　华　姜　岭　陆　炜
徐金鹏　朱其庭　陈有春　韩晓震　朱耀洲　樊秉柏　孔德胜　陈　健　张晓萌
周宜春　徐宏昌　王　军　居远松　周建伟　徐晓君　蒋琪彬　孙德明　王　鸿
张贵龙　戴小斌　万豪海　陈友献　吕天龙　付有根　余富祥　韩雪峰　孙　刚
陆鹏海　王俊坤　戚维斌　胡朝霞　高　健　谭　旭　陈满祥　谈　竞　顾永华
姚正安　陈庚林　姚松强　濮国华　朱杏玲　曹　国　杨立志　张　龙　薛　斌
万　钧　孙海山　林生军

《高邮年鉴》编辑人员

主　　编 居晓波　李　生
副 主 编 刘春龙　宝珍芳
特邀编审 孙　铎
编校人员 刘春龙　宝珍芳　孙　铎　纪　刚　王　玉　冯卫东　周丽丽
嵇捍华
彩页采编人员 宝珍芳　雨　霏

封面照片摄影 张元奇　赵　勇
总目英文翻译 朱　嘉

高邮年鉴编辑部地址： 江苏省高邮市海潮东路28号市行政中心12楼
邮政编码： 225600　　**电话：** 0514－84614796

编 辑 说 明

一、2014 年版《高邮年鉴》是由中共高邮市委员会、高邮市人民政府主办，高邮市地方志年鉴编纂委员会编纂，高邮市地方志办公室具体编辑，方志出版社出版的地方综合年鉴。该版年鉴系第 26 卷，为大 16 开精装本。

二、本版年鉴以邓小平理论为指导，坚持实事求是的原则，主要记载 2013 年度高邮市在社会主义物质文明、政治文明、精神文明、社会文明和生态文明建设中的新成就、新经验、新典型，集全市政治、经济、文化和社会生活等方面基本情况于一册。对 2014 年上半年发生的部分重要事项分别在《特载》《概况》《人物》等篇目和彩页中予以记载，并在时间上加注“2014 年”。

三、本版年鉴对使用频率较高的较长词句，初次用全词句，再次用缩略语。对使用频率较高的较长机构名称，在目录前列有《高邮市部分机构全称、简称对照表》，在正文中一般使用简称。

四、本版年鉴按照增强资料性和实用性的要求，设《2013 数字高邮》，在相关篇目中设有企事业单位名录、各村和社区基本情况等项内容，以保证该篇目或分目资料的完整性。对少数需要注明的问题，分别在所属篇目、分目、条目后(中)列有“说明”“注”或“资料链接”。文中表格列有统一表序。

五、本版年鉴所载资料，以各部门、各乡镇(园区)和有关单位的专人撰写、负责人审核为主，并经供稿单位审校后刊用。所载主要数据，除市委工作报告、市政府工作报告、引文中的数字和计量单位保持原貌外，凡市统计局列入统计的，按其公布的数字作适当校改；市统计局未列入统计的，以各乡镇(园区)、部门、单位提供的数字入鉴；对难以统一认定但不可缺的重要数据，采用多说并存方法，并注明数据来源。

六、因高邮市委、市政府于 2013 年 9 月 3 日对部分乡镇区划进行调整，本版年鉴对区划调整前涉及有关乡镇的人与事，均用原乡镇名称予以记述；对区划调整后涉及有关乡镇的人与事，均用新的乡镇名称予以记述。

七、本版年鉴采用分类编辑法，设篇目、分目、条目三个层次。全书共有 34 个篇目、217 个分目、1 935 个条目、86 幅表格。设有彩页 90 页，其中新闻彩页 6 页、专题彩页 84 页；文中黑白照片 37 幅。选载的照片，除署名者外，由供稿单位提供。

八、本版年鉴设有中英文总目、目录、书眉、索引等组成的检索系统，以供读者查阅。

九、本版年鉴所登载的照片或文字稿件若署名遗漏或有误，请摄影者或作者与编辑部联系，以便发放稿酬并在下一版《高邮年鉴》中予以更正。

十、《高邮年鉴》系集体创作成果。本版年鉴的编辑出版，得到全市各级领导、各乡镇(园区)、各部门、各党群机构、有关企事业单位、撰稿人和方志出版社、扬州市机关彩印中心的热情支持，对此深表谢意。同时，欢迎海内外各界人士提出宝贵意见，以便把《高邮年鉴》办得更好。

2013年4月3日，中共江苏省委书记、省人大常委会主任罗志军（前左三）等领导视察高邮市城市规划展览馆

2013年4月21日，中共江苏省委副书记、省长李学勇（右四）等领导视察高邮经济开发区重大项目建设

（本版摄影 王林山）

罗志军在八桥

2013年4月11日，罗志军（右一）考察八桥镇金港村总体发展规划和新农村建设工作

2013年4月12日上午，罗志军（右一）邀请扬州年红花木园林有限公司董事长阚年红等有关人士一起座谈，商讨促进现代农业更好发展的思路、举措

2013年4月11日上午，罗志军（右）与84岁的老党员、老村干部姚长友促膝交谈

2013年4月11日，罗志军（右四）到金港村村民桂华玉家的鱼塘边与村民一起拉网起塘

2013年4月10日下午，罗志军（右）到八桥镇金港村卫生室慰问医务人员

2013年4月12日，罗志军（右一）在房东翟智平家与大家一起包饺子

（本版摄影　于先云）

2013年12月27日，举行中国共产党高邮市第十届委员会第七次全体会议

2013年1月16~18日，举行高邮市第十四届人民代表大会第二次会议

2013年1月15~17日，举行政协高邮市第十二届委员会第二次会议

（本版摄影　王林山）

高邮经济开发区项目集中开工、竣工仪式
（居朕宇 摄）

江苏诚信应急物流园项目开工奠基仪式
（居朕宇 摄）

高邮城南经济新区新区项目集中开工仪式
（仇慧 摄）

高邮湖西新区"4·16"项目集中签约仪式现场
（丁小玲 摄）

第六届中国邮文化节开幕式 （王林山 摄）

"梦圆邮都"群众文艺展演晚会（冯志荣 摄）

"邮人绘邮"活动现场 （吴健摄）

艾诺斯（扬州）华达电源系统有限公司奠基仪式（居朕宇　摄）

哈工大—高邮现代环境生物技术产业化基地暨江苏绿科年产 10 万吨微生态制剂项目奠基仪式（居朕宇　摄）

中航工业新材料项目签约仪式（丁小玲　摄）

扬州市华翔有色金属有限公司技改项目奠基典礼（吴继原　摄）

市城市规划展览馆揭牌仪式（苏春　摄）

盂城驿扩容改造工程一期竣工暨二期开工典礼（苏春　摄）

237省道高邮北澄子河大桥（殷建荣　摄）

城市建设

盂城驿新貌　（苏春　摄）

市河夜景　（王林山　摄）

邮驿花苑安置小区　（苏春　摄）

屏淮路与海潮东路交汇口　（苏春　摄）

高邮汇富金陵大饭店　（王林山　摄）

高 邮 镇

党委书记　王庆东

党委副书记、镇长　李深红

高邮镇（街道办事处）系全市的政治、经济、文化中心，淮江公路、京沪高速公路与高兴东公路、邮仪公路在此交汇。总面积 43.13 平方千米，辖 7 个村、16 个社区，总人口 15.4 万人。2013 年，该镇在农业上，坚持高产技术普及化和高效农业规模化并举，新注册“三大合作”经济组织 2 家，新创扬州市级以上“五好”农民专业合作示范社 1 家，新组建家庭农场 2 家，实现农业增加值 2.6 亿元。在工业上，出台鼓励发展政策，引导重点企业做大做强，加快发展小微企业，拥有年产值 1 亿元以上企业 47 家。在建筑业上，江苏兴厦建筑安装有限公司保持“省建筑业竞争力和综合实力双百强企业”称号。第三产业、招商引资、工业集中区建设、社区建设、社会事业等均取得较快发展。全镇实现地区生产总值 55.07 亿元、公共财政预算收入 4.59 亿元、农民人均纯收入 19000 元，比上年分别增长 12.8%、29.8%、15.3%。获乡镇、园区经济社会发展年度综合考评一等奖。

江苏省交通厅厅长游庆仲（右三）到该镇开展领导干部下基层“三解三促”活动

扬州市委书记谢正义（前右一）、市长朱民阳（右三）等有关领导到该镇视察重大项目建设和民生工程实施情况

市委书记韩方（前右三）到该镇工业企业检查安全生产工作

市委副书记、市长方桂林（左三）到该镇督察亿元以上重大项目建设工作

江苏省高邮经济开发区

市委常委
高邮经济开发区党工委副书记 **汤学仁**

管委会主任 **赵广华**

高邮经济开发区东临京沪高速公路，西依京杭大运河，为1993年省政府批准设立的省级经济开发区。辖区面积101平方千米，规划开发面积75平方千米，建成区面积15平方千米。区内设光伏电子产业园、机电产业园、电池工业园、服装轻纺园和科技孵化园等。入区各类型企业500多家，其中规模以上工业企业70家，投资额50亿元以上企业2家，投资额10亿元企业20多家，初步形成纺织服装、机械制造、电子电气、医药食品、光伏新能源五大产业集群。“十一五”期间，基础设施建设累计投入60多亿元，形成“七纵六横”道路网络，配套美化、绿化、亮化工程。

近年来，该区按照市委、市政府确定的“加快发展、创新发展、特色发展”的总体部署，紧紧围绕“一年突变、两年大变、三年巨变”的奋斗目标，按照“千亿级开发区”的定位和“主要指标增幅倍增年”“重大项目推进年”“园区形象提升年”的目标，以重大项目为支撑，以招商引资为着力点，以科技创新为先导，加快推进产业集聚和产业升级，走项目强区、人才兴区、招商富区之路。园区建设、招商引资和经济社会发展均取得积极成效。2012年，实现工业产值262亿元，其中规模以上企业产值196亿元；财政收入6.28亿元；实际利用外资0.54亿美元，自营出口0.6亿美元。

江苏省委书记罗志军（左三）到该区开展“三解三促”驻点调研活动

江苏省委副书记、省长李学勇（右四）等有关领导视察该区项目建设工作

江苏省副省长傅自应（前左二）视察该区旅游开发工作

江苏省国信资产管理集团有限公司党委书记、董事长董启彬（前左二）等有关领导到该区视察指导工作

香港影视巨星曾志伟（左）在该区考察

哈尔滨工业大学——高邮现代环境生物技术产业化基地暨江苏绿科年产 10 万吨微生态制剂项目奠基仪式

艾诺斯（扬州）华达电源系统有限公司奠基仪式

江苏航天水力设备有限公司生产车间

该区开展群众文化活动

安琪游乐场一角

高邮城南经济新区

党工委书记 **潘建奇**

党工委副书记、管委会主任 **王瑞峰**

高邮城南经济新区地处高邮市城区南部，是全市对外招商引资的重要特色经济区，享有省经济开发区优惠政策。总面积21平方千米，辖4个行政村、1个社区、1个站(高邮市蚕种管理站)，总人口2万人(含外来务工人员)。

2013年，该区围绕“勇立第一方阵、实现激情跨越”总体目标，加强招商引资和项目建设，壮大工业经济规模，推进科技创新，加快“三园一城”(高邮软件产业园、全市建筑业总部集聚园、大型物流园、汽车城)规划建设步伐，实施环境整治、河塘清淤、路桥建设、危房改造、农户脱贫等一批民生工程，推进新兴产业先导区、重大项目集聚区、民生幸福示范区、党建工作创新区建设，全区经济社会实现又好又快发展。全年引进民营注册资本6.05亿元，外资到账2076万美元；新增私营企业101家，其中规模以上企业5家；新开工投资额5000万元以上项目8项，其中投资额1亿元以上项目7项；竣工投资额5000万元以上项目7项，其中投资额1亿元以上项目3项；实现高新技术产业产值19亿元；高邮鸭集团获省科技进步一等奖；新增省高新技术产品17种；签约产学研合作协议13份；获省工业转型引导、科技支撑计划等资助资金140万元；获批省高新企业3家、省“两化融合”试点企业4家、省绿色食品示范企业1家、扬州“专精特新”企业6家，建成“三站三中心”11个；高邮软件产业园第一期工程智慧大厦项目开工建设，大连理工大学高邮研究院产业化基地暨高邮市新能源材料公共技术创新与服务平台挂牌运行。完成工业产值73.05亿元、财政收入1.92亿元，分别增长21.6%、17.8%。获全市乡镇、园区经济社会发展年度综合考评二等奖第一名。

高邮城南经济新区党的群众路线教育实践活动动员大会现场

该区组织党员干部学习吴登云先进事迹

高邮市新能源材料公共技术创新与服务平台揭牌仪式

大连理工大学高邮研究院产业化基地揭牌仪式

市委书记韩方（左二）到该区视察工作

市委副书记、市长方桂林（左一）视察该区高新产业基地

高邮城南经济新区项目集中开工仪式

河海大学港口海岸与近海工程学院教学实践基地揭牌暨合作协议签约仪式

市委副书记、市长方桂林（左一）和市委常委、常务副市长徐永宝（左二）陪同江都区考察团到该区考察

市人大代表视察该区重大项目建设工作

高邮市湖西新区
送桥镇

高邮湖西新区党工委副书记
高邮湖西新区管委会主任　**王永海**
镇党委书记

高邮湖西新区党工委副书记
高邮湖西新区管委会副主任　**顾吉林**
镇党委副书记、镇长

送桥镇新设于2013年9月，由原送桥镇、郭集镇、天山镇行政区域合并而成，位于高邮湖西，东连高邮镇，南临邗江区公道镇、仪征市大仪镇，西与安徽省天长市毗邻，北傍高邮湖，总面积148.22平方千米，辖17个村、3个社区，总人口6.88万人。高邮市湖西新区于2014年4月由原扬州市菱塘光电科技产业园区更名，规划范围包括送桥镇和菱塘回族乡，区域面积203平方千米，其中核心区面积为30平方千米，空间布局为南部工业区、北部工业区和新城区三个组团。自2014年4月16日起，高邮市湖西新区与送桥镇实行“区镇合一”运作模式。该区（镇）在农业上，拥有中国高邮鸭养殖基地、扬州鹅育种基地，罗氏沼虾育苗产业园填补扬州市产业空白。在工业上，拥有工业企业近1000家，职工4万多人，并依托现有产业基础，重点打造太阳能光伏、新型照明灯具、电线电缆和汽车零部件产业。其中，灯具产业拥有生产企业600多家，设备产能300亿元；光伏产业拥有生产企业60多家，设备产能近300亿元；电线电缆产业拥有生产企业40多家，年产值超150亿元。在三产服务业上，郭集灯具城、龙腾灯具展销城相继建成，神居山文化旅游度假区加快推进。在建筑业上，拥有规模企业8家，建筑施工年产值近100亿元。该区（镇）将坚持“新老互补、产城融合”的发展理念，着力构建“一核三组团”发展格局。“一核”即打造新区新城区，建成新型工业产业园、神居山文化旅游体验区、现代智慧新城中心区、状元湖生态休闲区及商贸居住综合区五大区域；“三组团”即按照“填齐补缺”的思路，推进原三个镇区集约化发展，完善基础设施建设，提升管理与服务水平，全力以赴打造“高邮第一镇、扬州前五强”，加快建设“新型示范镇、高邮副中心、扬州后花园、省级高新区”。

2014年4月16日上午，市委书记韩方（右）和市委常委、常务副市长、高邮湖西新区党工委书记徐永宝（左）为高邮湖西新区揭牌

高邮湖西新区概念性规划专家评审会现场

组织党员干部参观吴登云事迹展览馆

工信部科技司副司长沙南生（前右）到该区（镇）考察灯具产业发展情况

扬州市委副书记、市长朱民阳（前中）到该区（镇）开展“三下三联三交”活动

扬州市科技局局长杨蓉（女，前左二）、高邮市委书记韩方（前左一）调研该区（镇）省级高新区创建工作

市委副书记、市长方桂林（右）和中国照明电器协会理事长刘升平（女，左）为高邮市灯具协会揭牌

市委常委、常务副市长、高邮湖西新区党工委书记徐永宝（右）和南京银行扬州分行行长卢建华（左）为设在该区（镇）的南京银行扬州分行微贷分中心揭牌

高邮湖西新区“4 · 16”项目集中签约仪式

在该区（镇）举行的中航工业新材料项目签约仪式

扬州郭集灯具城开业庆典

扬州后花园　省级高新区

菱塘回族乡

党委书记 **王怀忠**

党委副书记、乡长 **薛元金**

菱塘回族乡位于历史文化名城扬州市北郊，高邮湖西畔，西与安徽省天长市相邻，三面环湖，一侧临山，犹如湖中半岛。总面积53.92平方千米，辖6个村、2个社区，总人口2.34万人，其中回民7079人。

该乡始终坚持“共同团结奋斗、共同繁荣发展”主题，经济和社会各项事业取得令人可喜的成绩。先后被命名或表彰为全国民族团结进步模范集体、全国文明乡镇、国家卫生镇、国家生态镇、全国先进基层党组织、全国特种电缆特色产业基地，长三角城乡一体化建设范例乡镇，江苏省重点中心镇、园林小城镇、智能电网产业基地、特色景观旅游名镇，扬州市社会治安安全乡镇、“零信访”乡镇，高邮市和谐乡镇和全面小康乡镇等。2013年，全乡实现地区生产总值25.43亿元、公共财政预算收入6872万元、农民人均纯收入18573元，比上年分别增长18.7%、3.2%、14.1%。获乡镇、园区经济社会发展年度综合考评二等奖。

组织回民同胞参观集镇美景

菱塘回族乡2013年高考奖学金、助学金发放仪式

扬州市第三届“穆民风采”清真拉面技艺交流赛在该乡举行

江苏省委统战部副部长马连美（女，左三）、扬州市委统战部部长仲生（左二）等领导到该乡调研工作

江苏省人大常委会民宗侨委主任邵军（左二）调研视察该乡宗教事务管理工作

江苏省海洋渔业局局长唐庆宁（前中）调研该乡渔业工作

扬州市委常委、军分区司令员袁启俊（前中）到该乡视察工作

扬州市人大常委会专题视察该乡重点中心镇建设与管理工作

市委书记韩方（左一）视察该乡工业企业生产情况

市委书记韩方（前右二）、市委副书记、市长方桂林（前左二）等领导到该乡督察 H7N9 禽流感防控工作

市政协主席倪文才（右）和该乡党委书记王怀忠（左）为高邮市菱塘回族乡诗词学会揭牌

三 垛 镇

市人大常委会副主任
镇党委书记 孙明如

党委副书记、镇长 孙定勇

三垛镇新设于2013年9月，由原三垛镇、司徒镇行政区域合并而成。该镇位于高邮城东20千米，东达兴化、西靠高邮、南连江都、北依宝应，是高邮东部地区的大镇、名镇，也是江苏省新型小城镇建设试点镇。省道高兴东公路、安大公路与三阳河、北澄子河在该镇镇区交汇并成“井”字形布局。总面积150.2平方千米，辖21个村、6个社区，总人口7.58万人。2013年，该镇在农业上，超高产示范方建设继续推进，新增高效农业面积533.3公顷，新建农民专业合作社4家、土地股份合作社3家，新创扬州市级以上“五好示范合作社”1家、“扬州市示范经济合作社”2家，实现农业增加值8.12亿元。在工业上，骨干企业快速发展，规模企业逐步壮大，民营企业后劲增强，新开工投资额1亿元以上项目4项，发展私营企业26家，新增规模以上企业2家。建筑业、第三产业、镇村建设、社会事业均有较快发展。全镇实现地区生产总值21.08亿元、公共财政预算收入4333万元、农民人均纯收入15930元。获乡镇、园区经济社会发展年度综合考评三等奖。

该镇行政中心

千年古刹——光福寺

国务院南水北调办公室副主任于幼军（前右二）、扬州市副市长丁一（前左二）等领导到该镇视察工作

扬州市副市长孔令俊（前左二）、扬州市副市长祁小夏（女，后左一）到该镇开展“三下三联三交”活动

市委书记韩方（前右三）到该镇视察工业企业生产情况

市委副书记、市长方桂林（右三）到该镇视察工作

江苏省诗词协会专家组到该镇验收“省诗词之乡”创建工作

市人大常委会副主任、镇党委书记孙明如（左）慰问该镇老党员

高邮市三垛镇创建省级卫生镇汇报、通报会现场

三垛镇党的群众路线教育实践活动动员大会现场

临 泽 镇

党委书记 **潘玉华**

党委副书记、镇长 **汤高东**

新的临泽镇设于2013年9月，由原临泽镇、周巷镇行政区域合并而成。该镇位于高邮市东北部，东与兴化市接壤，北与宝应县毗邻，南连甘垛镇、三垛镇、周山镇，西邻界首镇，332省道横穿东西，安大公路、三阳河纵贯南北。总面积199.4平方千米，辖22个村、6个社区，总人口9.11万人。

2013年，该镇在农业上，以村级组织“四有一责”建设为契机，推进农业增产、农民增收，实现农业增加值7.98亿元，农民人均收入1.51万元，80%以上的村集体收入超20万元，在全市率先组建“康之缘”家庭农场，创成省级水稻万亩示范片2个，新增成片造林面积77.8公顷，培训农民2.1万人次。在工业上，强化领导干部挂钩联系企业制度，推进产业结构优化升级，加快新材料、新能源、机械电气设备制造等新兴产业培育步伐，新增省级以上高新技术产品2个、扬州市名牌产品1个，申请专利90件，新增注册商标45个，签订产学研合作协议2项，实现规模以上工业企业利润2.77亿元。建筑业、第三产业、镇村建设和社会事业等均取得相应发展。全镇实现地区生产总值26.12亿元、公共财政预算收入4578万元。创成“江苏省诗词之乡”，获乡镇、园区经济社会发展年度综合考评三等奖。

江苏省委副书记石泰峰（右三）、扬州市委书记谢正义（右一）等领导调研视察该镇城乡发展一体化工作

市委书记韩方（中）到该镇调研

市委副书记、市长方桂林（右一）视察该镇生态镇创建工作

江苏省诗词协会专家组验收该镇“省诗词之乡”创建工作

临泽高跷队在中国农民艺术节上进行表演

举行临泽镇新设挂牌仪式

临泽镇第十九届人民代表大会第一次会议现场

临泽镇党的群众路线教育实践活动动员大会现场

临泽镇项目开工奠基仪式

坐落于该镇的江苏振发新能源科技有限公司第一期 20 兆瓦非分布式光伏发电站

临泽镇安乐寺

卸甲镇

党委书记 **孙德明**

党委副书记、镇长 **夏瑞林**

新的卸甲镇设于2013年9月，由原卸甲镇、八桥镇行政区域合并而成。该镇位于高邮城区东部，东与汤庄镇毗邻，南与江都区樊川镇接壤，西与车逻镇紧邻，北与三垛镇、龙虬镇隔河相望。总面积163.9平方千米，辖17个村、4个社区，总人口7.93万人。2013年，该镇在农业上，大力推进高效农业发展和现代农业园区建设，新增高效农业面积507公顷、设施农业面积357公顷，新培育省级农业龙头企业1家、扬州市级农业龙头企业2家，启动八桥现代农业园创建省级现代农业园工作，创成江苏省现代农业示范镇。在工业上，加快企业转型发展，推进产业结构优化，新增规模以上企业2家、省高新技术企业1家、省高新技术产品14种，申报专利416件，实施产学研合作项目5项；实施八桥工业集中区西入口道路拓宽改造工程。金飞达电动工具园成为高邮市特色发展型园区之一，江苏金飞达电动工具有限公司创成全市首家“江苏省安全生产二级标准化”达标企业。建筑业、第三产业、镇村建设和社会事业等均取得较快发展，镇敬老院创成江苏省二星级文明敬老院。全镇实现地区生产总值22.06亿元、公共财政预算收入2.41亿元、农民人均纯收入17820元，比上年分别增长14.7%、22.9%、14.3%。被表彰为江苏省文明乡镇、扬州市慢性病综合防控示范乡镇和扬州市双拥模范镇，获乡镇、园区经济社会发展年度综合考评三等奖。

江苏省委书记罗志军（左三）到该镇金港村（原八桥镇金港村）开展驻点调研活动

江苏省副省长徐鸣（前左五）率全省春季农业生产工作会议与会人员到该镇观摩八桥现代农业产业园建设工作

扬州市委书记谢正义（前右二）到该镇调研工作

市委书记韩方（前右一）到该镇调研工业企业发展情况

市委副书记、市长方桂林（中）到该镇调研工作

扬州市华翔有色金属有限公司技改项目奠基典礼仪式

江苏金飞达电动工具有限公司生产车间一角

八桥现代农业产业园大棚蔬菜生产基地一角

八桥现代农业产业园大棚花木培育基地一角

“卸甲好人”村村行文艺演出现场

省非物质文化遗产——“卸甲扁担木偶”走进该镇校园

龙 虬 镇

党委书记 **陆有林**

党委副书记、镇长 **姜国权**

龙虬镇位于高邮城区东北部，东邻三垛镇，南与卸甲镇接壤，西接高邮经济开发区，北连周山镇。总面积79平方千米，辖11个村、2个社区，总人口3.4万人。

2013年，该镇在农业上，调整产业结构，推广立体养殖，发展高效农业，加大“三大合作”组织组建力度，进一步提升农业机械化水平，新增农民专业合作社2家，新增入股土地面积200公顷，新组建家庭农场2家，新增设施农业面积33.3公顷，规范流转土地166.7公顷，每公顷罗氏沼虾养殖效益3万元，龙虬镇水稻生产服务专业合作社创成全国农机合作社示范社。在工业上，强化为企服务，完善激励政策，释放企业产能，推进产业集聚，新增规模以上企业1家、省民营科技企业6家、省高新技术产品6种，申报各类专利43件，实现全部工业产值27.75亿元。建筑业、第三产业、镇村建设和社会事业亦取得较好发展，建筑业总产值增长30%，新增服务业限额以上企业1家。全镇实现地区生产总值9.55亿元、公共财政预算收入2863万元、农民人均纯收入17360元，比上年分别增长13.4%、9.1%、14.4%。被表彰为扬州市学前教育先进乡镇，获乡镇、园区经济社会发展年度综合考评三等奖。

龙虬镇党的群众路线教育实践活动专题党课现场

龙虬镇天泽杯农民体育运动会暨首届农民艺术节开幕式

该镇文化中心

该镇养殖户捕捞罗氏沼虾现场

国务院参事、农业部原副部长刘坚（前右一）率中国农业博物馆专家考察该镇龙虬庄遗址

江苏省委副书记石泰峰（前右三）等领导视察该镇一沟村水稻机插秧现场

江苏省文物局副局长刘谨胜（前左）和高邮市委副书记、市长方桂林（前右）为江苏大遗址之一的龙虬庄遗址揭牌

市委书记韩方（前右一）视察调研该镇工业企业生产情况

市委副书记、市长方桂林（右一）和市委常委、政法委书记徐健（右二）在该镇调研朱家生活垃圾填埋场建设情况

市委常委、纪委书记朱勇（中）、市人大常委会副主任孙明如（左二）、市政协副主席王薇（左一）等领导慰问该镇困难群众

副市长朱莉莉（女，右）、潘建奇（左）在该镇调研朱家生活垃圾填埋场的运营模式

《龙虬庄遗址保护总体规划》专家评审会现场

车逻镇

党委书记 **王有泉**

党委副书记、镇长 **詹东周**

车逻镇位于高邮城区以南7千米处，东与卸甲镇接壤，南与江都区邵伯镇毗邻，西邻京杭大运河，北接高邮城南经济新区、高邮镇。总面积56.43平方千米，辖7个村、1个社区，总人口3.23万人。

2013年，该镇在农业上，实施高标准良田农业综合开发项目和优质稻米生产基地建设项目，招引落户总投资5000万元的扬州泽丰农业公司，高邮创美生物质能源公司竣工试产，扬州绿森源生态园创成扬州现代农业园，全镇所有整洁村庄顺利通过省级考核验收，其中太丰村、特平村创成省三星级“康居乡村”，特平村、张庄村省级试点村庄创建工作得到有效推进。在工业上，完善出台《关于促进工业企业转型升级的政策意见》和《关于企业科技创新及人才引进奖励政策规定》，促进企业转型发展，新增私营企业4家、省民营科技企业8家、省科技型中小企业5家、省工程技术中心1家、省高新技术产品4种，申报专利168件，通过扬州市科普示范乡镇验收。围绕“集约化、特色化”原则，加大工业集中区基础设施配套建设投入，加快旅游制品、新型能源、服装轻工等产业培育步伐。建筑业、第三产业、镇村建设和社会事业等均有较好发展。全镇实现地区生产总值7.07亿元、公共财政预算收入4647万元、农民人均纯收入17035元，比上年分别增长15.3%、34.1%、14.2%。获“江苏省五金机械制造名镇”称号，获乡镇、园区经济社会发展年度综合考评二等奖。

车逻镇获“江苏省五金机械制造名镇”称号

该镇组织人员开展企业安全生产大检查工作

太丰康居花苑

江苏省委副书记、省长李学勇（左六）、副省长徐鸣（右四）、扬州市委书记谢正义（左四）等领导视察该镇秋收秋种工作

江苏省农委主任吴沛良（左一）等领导到该镇调研高效农业发展工作

江苏省政府副秘书长、省扶贫办主任杨根平（前右二）等有关领导视察该镇太丰村

扬州市委副秘书长、市委农工办主任黄为民（右三）调研视察该镇扶贫工作

市委书记韩方（右一）视察该镇特平村便民服务中心

市委副书记、市长方桂林（右一）等到该镇开展慰问活动

市委副书记金春林（中）视察该镇服务业重大项目建设工作

车逻镇“红围巾”暖心基金成立仪式

界首镇

党委书记 **张澍**

党委副书记、镇长 **万钧**

界首镇位于高邮市北端，距城区25千米，东接周山镇、临泽镇，南连马棚街道办事处，西与金湖县隔湖相望，北界宝应县，淮江公路、京沪高速公路贯穿全境。总面积85.8平方千米，辖8个村、1个社区，总人口3.3万人。2013年，该镇在农业上，突出农业增效、农民增收，新增高效设施种植业面积120公顷、高效设施渔业面积153公顷、农业适度规模经营面积140公顷，新创市级以上示范合作社3家，其中界首镇益友植保专业合作社创成全国农机合作社示范社，建成全国唯一的水稻种植和收获机械试验示范基地。在工业上，引导和促进工业企业创新转型发展，新增规模以上工业企业1家，新注册商标13件，申报专利57件，实现规模以上工业产值7.2亿元。建筑业、第三产业、镇村建设和社会事业等均取得较快发展，村建站档案室被评为省级特等档案室，“界首茶干制作工艺”被列入江苏省非物质文化遗产名录。全镇实现地区生产总值7.08亿元、公共财政预算收入5473万元、农民人均纯收入15608元，比上年分别增长11.7%、14.2%、17.2%。获江苏省诗词之乡、江苏省特色文化之乡、江苏省公共文化服务示范乡镇等称号，获乡镇、园区经济社会发展年度综合考评三等奖。

江苏省副省长徐鸣（前右二）、扬州市委书记谢正义（前左二）等省市领导视察该镇高效农业项目建设

市委书记韩方（左一）到该镇调研指导党的群众路线教育实践活动开展情况

市委副书记、市长方桂林（右一）到该镇调研古镇保护工作

市委常委、纪委书记朱勇（右一）慰问该镇敬老院孤寡老人

周　山　镇

党委书记 **孙海山**

党委副书记、镇长 **张福华**

周山镇位于高邮市北部，距城区20千米，东连三垛镇，南邻龙虬镇，西接界首镇、马棚街道办事处，北靠临泽镇。总面积62.02平方千米，辖8个村、1个社区，总人口2.71万人。2013年，该镇在农业上，积极做好“建设生态名镇、发展特色农业”的各项工作，周山镇水稻生产服务专业合作社创成全国农机合作社示范社。在工业上，引导和促进工业企业提质发展，实现规模以上工业产值4.9亿元，增长29.9%。建筑业、第三产业、镇村建设和社会事业等均取得较快发展。全镇实现地区生产总值5.88亿元、公共财政预算收入2592万元、农民人均纯收入15608元，比上年分别增长17.1%、23%、17.3%。被表彰为扬州市慢性病综合防控示范乡镇，获乡镇、园区经济社会发展年度综合考评三等奖。

周山镇党的群众路线教育实践活动动员大会现场

该镇周山教育奖励基金捐赠仪式

市委书记韩方（右二）视察该镇重大项目建设

市政协主席倪文才（左一）到该镇调研“三农”工作

副市长杨文喜（前左一）到该镇视察农村环境综合整治工作

汤庄镇

党委书记 **李德华**

党委副书记、镇长 **张龙**

新的汤庄镇设于 2013 年 9 月，由原汤庄镇、汉留镇行政区域合并而成。该镇位于高邮市东部，东与兴化市接壤，南与江都区毗连，北与甘垛镇隔河相望，西与卸甲镇依水相连。总面积 113 平方千米，辖 17 个村、4 个社区、2 个水产养殖场，总人口 6.14 万人。2013 年，该镇在农业上，继续加强粮食“丰产方”建设，引进农作物新品种 4 个，推广新技术 5 项，建立丰产方 4 片，申报扬州市级农产品加工企业 4 家，注册家庭农场 1 个，新注册农产品品牌 4 个，创成农机平安乡镇。在工业上，新开工投资额 5000 万元以上工业项目 9 项，其中投资额 1 亿元以上项目 5 项；竣工达产投资额 5000 万元以上工业项目 6 项，其中投资额 1 亿元以上项目 2 项，新增规模以上企业 3 家，完成工业增加值 8.35 亿元。建筑业、第三产业、镇村建设、社会事业均有较好发展。全镇实现地区生产总值 21.73 亿元、公共财政预算收入 1.4 亿元、农民人均纯收入 18600 元。获乡镇、园区经济社会发展年度综合考评三等奖。

市委副书记、市长方桂林（左）到该镇慰问老党员

汤庄镇党的群众路线教育实践活动党委中心组专题学习会现场

该镇党委书记李德华（右）深入农户家中开展“三解三促”活动

汤庄镇企业转型升级专题讲座现场

高邮市人民法院

院长、党组书记 **韩雪峰**

2013 年，市人民法院忠实履行宪法和法律赋予的职责，依法服务全市大局，全面做好审判执行工作，切实加强自身建设，各项工作取得新进展。全年共受理各类案件 8116 件，审执结 7387 件，涉诉标的额 18.1 亿元，同比分别上升 31.9%、22.9%、88.5%，均创历史新高。审判质量效率保持良好运行态势，服判息诉率 92.6%，改发率 0.1%。

党的十八大代表、全国优秀法官、靖江市人民法院副院长陈燕萍（女，左四）应邀到高邮市人民法院作报告

高邮市人民法院党的群众路线教育实践活动动员大会现场

扬州市中级人民法院院长、党组书记蒋惠琴（女，后中）到结对帮扶村——周山镇志光村召开调研座谈会

该院院长、党组书记韩雪峰（前右三）深入基层开展 ” 三下三联三交 “ 活动

该院领导下访接待信访群众

在高邮工商局行政调解中心举行的高邮市人民法院司法服务站揭牌仪式

高邮市人民检察院

检察长、党组书记 **鞠进**

2013 年，市人民检察院围绕“强化法律监督、维护公平正义”检察工作主题和全市经济社会发展大局，认真履行检察职能，各项工作取得新的成果。深入开展“查办发生在群众身边、损害群众利益的职务犯罪”专项行动，立案查办供电、教育、金融和新农村建设等领域内的职务犯罪 19 件 19 人，其中贪污贿赂案件 13 件 13 人、渎职侵权案件 4 件 4 人，为国家和集体挽回经济损失 300 余万元。依法严厉打击危害社会治安和公共安全的严重暴力犯罪、多发性侵财犯罪和“黄赌毒”等犯罪，批捕 162 件 192 人，提起公诉 526 件 657 人。认真落实宽严相济刑事司法政策，依法对达成和解的轻微刑事案件决定不捕 9 人，不起诉 3 人。妥善办理群众来信来访 59 件，继续保持涉检案件赴省进京零上访、零交办。认真贯彻落实中央“八项规定”精神和各级“实施办法”要求，全力维护检察系统良好形象，连续保持检察机关恢复重建 35 年来干警无违法违纪案件，有 47 名干警、12 个部门受到各级表彰。该院创成省级“青少年维权岗”，被市委、市政府表彰为党建工作一等奖单位、法治高邮建设先进单位、政法队伍建设先进单位。

美国驻华大使馆法律顾问雷心义（Kyle Latimer）（右四）到该院旁听公诉庭审现场

该院与邗江区人民检察院进行公诉对抗模拟业务交流比赛现场

该院开展青年志愿者咨询服务活动现场

江苏省高邮中学 2013 年法制教育系列活动现场

高邮市人口和计划生育委员会

江苏省人口计生委主任王元慧（前左三）到高邮市调研人口计生工作

全市人口计生工作暨创建省“十二五”人口协调发展先进市推进会现场

2013年，市人口计生委坚持计划生育基本国策不变、计划生育“一把手”负总责制度不变、计划生育“一票否决”制度不变的“三个不变”要求，创新思路，强基固本，优化服务，扎实工作，顺利通过创建“十二五”省人口协调发展先进市中期评估，全面完成年度目标任务。全年人口出生率7.22‰，人口自然增长率-0.28‰，出生政策符合率99.04%，独生子女率85.73%，节育措施落实率99.93%；群众对人口计生工作综合满意率95.31%。市人口计生委获2013年度全国基层宣传工作先进集体、2013年度全国新闻宣传工作先进单位、全国“圆梦·关爱女孩行动公益宣传征文活动”组织奖，江苏省文明单位、江苏人口计生信息共享示范单位，扬州市文明单位、扬州市人口计生政务信息和新闻报道工作先进集体、扬州市人口计生目标管理综合奖，高邮市市级机关能力作风建设先进单位等称号。

副市长钱富强（左一）慰问计生特殊困难家庭

组织开展红围巾志愿者慰问计生特殊困难家庭活动

高邮国际商贸城流动人口计划生育协会成立大会现场

开展人口计生文艺宣传巡回演出村村行活动

开展人口计生知识有奖答题活动

高邮市国家税务局

局长、党组书记 **刘正群**

高邮市国家税务局内设办公室、政策法规科、收入核算科、征收管理科、人事教育科、监察室等6个科室，下辖1个稽查局、8个税务分局和1个信息中心。2013年，该局认真贯彻落实市委、市政府和扬州市国家税务局的各项决策部署，围绕年初确定的各项目标，攻坚克难，开拓进取，强基础、重落实、抓创新，各项工作取得良好业绩。全年组织国税收入18.75亿元，其中增值税收入14.63亿元、消费税收入300万元、企业所得税收入3.18亿元、个人所得税收入12万元、车辆购置税收入9100万元。该局被省委、省政府表彰为2010～2012年度江苏省文明单位标兵，被省国税局表彰为"五好"和谐基层建设示范点，被扬州市委宣传部等14家单位联合表彰为"三下乡"活动先进集体，被高邮市委、市政府表彰为市级机关能力作风建设标兵单位、服务业工作先进单位、法治工作先进单位，局党组被高邮市委表彰为全市组织工作先进集体；第二、第三、第六税务分局被省文明委表彰为2010～2012年度江苏省文明单位。

市政协专题视察国税工作

市国税局党组中心组开展学习活动

该局局长刘正群（右一）调研企业生产经营情况

走进政风行风热线

江苏省国税局副局长葛元力（右一）、扬州市国税局局长殷天成（左一）到该局开展党的群众路线教育实践活动专题调研

江苏省国税局党组成员、纪检组组长郑力坚（右中）调研视察高邮国税工作

江苏省国税局第五督导组组长王永茂（右二）督导市国税局党的群众路线教育实践活动开展情况

扬州市国税局局长殷天成（左三）到高邮市汤庄镇友好村开展“三下三联三交”活动

扬州市国税局副局长周林（右二）到高邮市国地税联合办税窗口调研工作

扬州市国税局税务专家服务团开展送政策到企业活动

开展税收政策咨询活动

高邮国税移动办税周周行活动现场

扬州市高邮地方税务局

局长、党组书记 **张耀斌**

2013 年，高邮地税局内设办公室、税政法规科、规划财务科、征管和科技发展科、数据管理科、人事教育科、监察室、机关党总支、工会等 9 个科室，下辖 1 个稽查局和 7 个税务分局，有工作人员 132 人。该局按照“追求卓越、务实科学、放飞梦想、共建和谐”总体要求，以服务科学发展、促进社会和谐为目标，落实税收政策，推进依法行政，改进纳税服务，创新税源专业化管理，各项工作取得明显进展。全年组织收入 30.58 亿元，比上年增收 4.23 亿元，增长 16.1%。其中，省级税收收入 8396 万元，增长 40%；县（市）级纳税收入 17.88 亿元，增长 19.8%；社会保险费收入 10.33 亿元，增长 8.9%。地税收入支撑作用明显，占全市公共财政预算收入份额的 61.8%。该局先后被表彰为省级依法行政示范点、江苏省文明单位；获扬州市五一劳动奖状，被评为扬州市双拥模范单位、扬州市文化科技卫生“三下乡”活动先进集体；保持高邮市全市机关能力作风建设标兵单位第一名；组织工作、纪检工作、宣传思想工作、统一战线工作均获先进集体等称号；创成全国巾帼标兵岗 1 个、全国巾帼文明岗 1 个、江苏省五一巾帼标兵岗 1 个、江苏省模范职工小家 1 个、扬州市工人先锋号 1 个、扬州市敬老文明号 1 个、扬州地税系统青年文明号 2 个、扬州市五一巾帼标兵岗 1 个，局团支部被表彰为江苏省五四红旗团支部；涌现出全国税务行业标准化工作先进个人、全省支持工会工作优秀领导干部、高邮市劳模、高邮市新长征突击手等众多先进典型。

该局“全国五一巾帼标兵岗”授牌仪式

高邮地税党风廉政建设和机关作风建设暨“服务提效 · 春风惠民”活动动员会现场

该局举行的依法行政与行政诉讼知识讲座现场

高邮地税局 2013 年春季全员培训现场

该局"双特"工作推进会现场

该局"四位一体"政风行风评议动员会现场

该局领导深入企业开展问需问计活动

该局党员干部深入一线服务重大项目建设

该局组织人员深入企业解读税收政策

走进政风行风热线

该局办税服务大厅

开展"纳税服务开放日"活动

高邮市城乡建设局

局长 孙禹文

2013 年，市城建局围绕“弘扬邮文化、扮靓新邮城”主题，加强规划基础管理，先后组织编制《盐河两岸和盂城驿片区城市设计规划》《穿心河整治工程规划》《盂城驿景区扩容规划》《城南历史街区修缮规则》《南门大街整治规划》《高邮城区公共服务设施布点规划》等 6 项城市专项规划；推进实施盂城驿扩容改造、穿心河改造、城南历史街区整治、文游台东南角立面整治等名城保护工程，玉带园小区、奎楼新村老小区整治工程，东台巷、桑园巷、东后街等 39 条城区后街后巷改造工程，海潮路与文游路交叉路口、海潮路与屏淮路交叉路口改造及 S237、S333、通汉路北延、珠光路改造等城市道路工程，北澄子河风光带、海潮路、珠光路及相关节点改造等绿化提质工程，城市商务大厦、智慧大厦建设等城市标志性工程；结合乡镇区划调整，适时完善镇村布局规划，切实推进菱塘、三垛、临泽 3 个重点中心镇建设，建成具有一定规模的农民集中居住区 14 个，改造农村危房 600 户。全面完成“美好城乡建设行动”任务，高分通过省级全域验收。是年，市城建局被扬州市园林局表彰为绿化先进单位，被市委、市政府表彰为 2013 年度全市市级机关能力作风建设先进单位，被市政府记集体三等功，该局党委被市委表彰为 2013 年度全市党建工作先进集体；该局招标办被省住建厅表彰为建筑行业管理先进单位；该局“建设大讲堂”被市政府评为高邮首批市民学习品牌；菱塘回族乡菱塘村获“江苏最美乡村”称号；界首镇、三垛镇村建档案室分别获“省级特级档案室”和“省级一级档案室”称号。

江苏省委书记罗志军（前左三）视察高邮市城市规划馆

江苏省委副书记、省长李学勇（左一）视察高邮市城乡建设工作

江苏省人大常委会常务副主任、党组副书记张卫国（前左二）率省人大调研组一行到高邮市视察穿心河改造工程

江苏省住建厅副厅长张鑑（前左二）一行到高邮市专题调研城乡规划建设工作

扬州市委书记谢正义（前左二）在高邮市委书记韩方（前右二）、市长方桂林（前右一）的陪同下视察穿心河改造工程

扬州市委常委、组织部部长张爱军（前右二）到高邮视察穿心河改造工程

盂城驿扩容改造工程一期竣工暨二期开工典礼

高邮市城市商务大厦

高邮市城乡建设局“情系芦山 · 祈福灾区”捐款活动现场

整治后的穿心河

北澄子河北岸风光带

省星级“康居乡村”新貌

高邮市水利局

局长、党组书记 **周建峰**

2013 年，市水利局坚持以科学发展观为指导，按照水利现代化建设的要求，加强水利基础设施建设，着力构建覆盖全市的防洪保安、水环境保护、水资源保障和水利管理体系，为全市经济社会建设发展提供良好的水利保障。全面完成小型农田水利工程、农村河道疏浚整治工程、城区水务工程、淮河入江水道整治工程等 4 项重点工程建设，总投资 4.34 亿元，其中争取扬州市以上资金 2.86 亿元。3 月，在南京参加"灌溉现代化及加强农业用水管理能力建设"研讨会的联合国粮农组织的 40 名国内外专家学者，称赞"高邮灌区经验值得借鉴"；6 月，经扬州市水利局对高邮市水利现代化进程监测评价，高邮市综合得分 81.60 分。

江苏省委副书记石泰峰（左二）到高邮市调研区域供水工作

江苏省水利厅副厅长张劲松（左四）视察高邮抗旱用水工作

江苏省水利厅厅长李亚平（前左一）调研视察高邮市小型水利工程管理改革和农业水价综合改革工作

扬州市水利局局长李春国（右三）到高邮市检查治淮工程建设情况

市委副书记、市长方桂林（前右四）等领导检查全市防汛准备工作

副市长杨文喜（左三）检查全市防汛工作

副市长潘建奇（左三）督查城河整治推进工作

全市防汛防旱暨夏季秸秆禁烧、还田和综合利用工作会议现场

该局组织党员干部参观吴登云事迹展览馆

走进政风行风热线

该局局长周建峰（中）慰问市人武部官兵

举办年度防汛抢险技能培训、演练活动现场

北澄子河风光带

高邮市交通运输局

局长 **张德宏**

党组书记 **林启斌**

2013年，市交通运输局按照市委、市政府工作部署，稳中求进、转变作风、争先创优，扎实推进各项工作，较好地完成年度目标任务。全年投资7.2亿元，续建237省道和北澄子河新王、南圩大桥，改造乡村公路危桥186座、总跨度2350延米。推进市交通投资公司实体化运作，全年完成融资2.5亿元。强化运输市场管理和执法，检查客运车辆800余辆次，货运车辆4000余辆次，查处纠正违章120余起。加大重点航段、施工区域及渡口码头的检查力度，组织上航上渡5906人次，出动巡逻艇1789艘次，巡航里程28870千米。规范港口企业经营行为，拆除北澄子河违法输笼4处，下发整改通知书15份，全市港口持证率75%以上，完成港口作业量657万吨。加强过闸船舶管理，全年完成过闸量2500万吨。开展公路养护管理年活动，实施县道周龙线、李周线安保工程43千米，车八线县道大中修工程5.5千米。实施通乡镇公路亮化照明工程，亮化里程290千米。全年交通系统完成客运量1490万人、旅客周转量12.20亿人千米；未发生重特大安全生产责任事故。至年底，全市共有道路2531.92千米；公路网密度为128.98千米/百平方千米；境内有航道44条，总里程613.86千米。

全市交通运输工作会议现场

交通系统庆祝建党九十三周年纪念大会暨党的群众路线教育实践活动第二环节推进会

该局党组书记林启斌（中）检查运东船闸安全生产工作

市交通运输局领导班子专题民主生活会情况通报会现场

江苏省交通运输厅厅长游庆仲（前右二）视察调研高邮市道路客运有限公司生产经营工作

扬州市委书记谢正义（右三）、扬州市委副书记、市长朱民阳（右一）等领导到高邮调研省道 611 沿湖大道高邮段规划建设工作

扬州市交通运输局局长王俊（前右）到高邮市视察省道 237 高邮段建设工作

市委书记韩方（右二）等领导视察全市交通工程建设工作

市委副书记、市长方桂林（右二）等领导视察省道 237 高邮段第二期工程建设工作

副市长杨文喜（左二）视察公路养护工作

春运安全工作会议现场

开展文明新风车创建活动

高邮市财政局

局长 **赵广华**

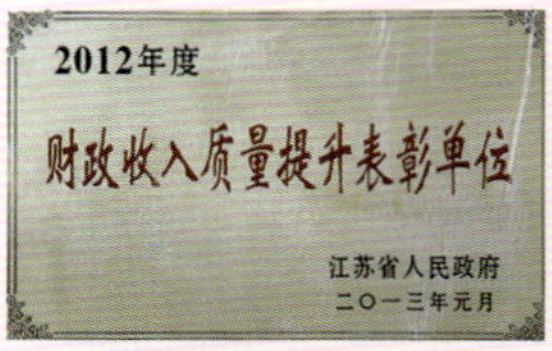

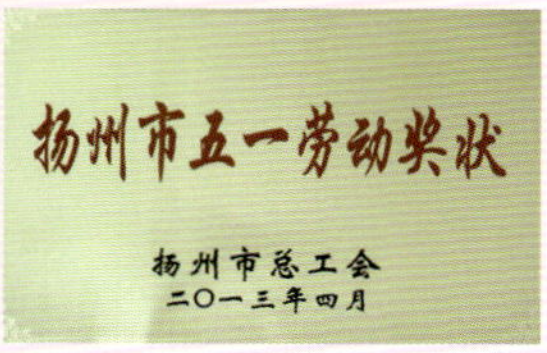

2013 年，市财政局围绕市委、市政府工作大局，以法治财政建设、作风效能建设、文明创建为契机，求真务实，创新管理，扎实工作，圆满地完成年度各项目标任务。全年实现财政收入 57.89 亿元，其中公共财政预算收入 25.44 亿元，分别增长 13.5%、17.1%；税收占比 82.1%，比上年增加 2 个百分点；累计争取各类资金 20 亿元，增长 11.7%；累计向符合优惠政策条件的 263 家企业兑现各类奖励资金 1,937 万元；累计发放涉农补贴项目资金 1.27 亿元。高邮市被省政府授予“财政收入质量提升表彰单位”称号。市财政局被省文明委表彰为江苏省 2010 ~ 2012 年度文明单位，被省财政厅表彰为法治财政标准化建设先进单位、政法经费保障绩效考核优秀单位；获扬州市总工会颁发的扬州市五一劳动奖状；被高邮市委、市政府表彰为党建工作一等奖单位、市级机关能力作风建设标兵单位第一名、依法行政先进单位、集体三等功、“四位一体”政风行风评议第一名。

全市财政工作会议现场

高邮市法治财政标准化建设考核会现场

市财政局党的群众路线教育实践活动动员大会现场

高邮市财政局民主评议政风行风座谈会现场

财政部农业司司长王建国（前左三）在省市领导的陪同下考察调研高邮市农业社会化服务体系建设工作

江苏省财政厅副厅长黄晓平（中）视察高邮市财政工作

江苏省财政厅副厅长宋义武（右一）等领导调研视察高邮市基层财政管理工作

市人大常委会主任会议专题调研财政工作

该局局长赵广华调研企业生产情况

市财政系统党员干部参观吴登云事迹展览馆

走进政风行风热线

开展帮扶慰问活动

高邮市民政局

局长 张立中

2013 年，市民政局围绕全市发展大局和自身工作职能，认真做好社会行政事务管理、基层民主政治建设、社会救助与福利、双拥和优抚安置等各项工作，努力构建和谐社会。全年向符合最低生活保障条件的城乡居民 8159 户、15952 人，发放低保金 3101.17 万元；向城乡重特大疾病对象、重度残疾人、受灾市民和临时生活医疗救助人员等近 10 万人（次），发放救助金 2408.75 万元；向“五保”供养对象 4176 人次，发放供养金 1906.95 万元，“五保户”集中供养率 85%。累计建成福利企业 101 家，共安置残疾职工 3039 人；开设福利彩票销售点 100 个，彩票销售收入 6785.2 万元；开展“5·19 慈善一日捐”等活动，共募集善款 740 万元，资助“五类”困难人群 865 万元；收养孤残儿童 177 人，共支付养育费 178.25 万元；提高优抚对象、退伍老兵、老复员军人遗属、烈士子女定补标准；城乡社区网络化管理覆盖率分别为 100%、47%，村民自治合格率、村务公开达标率均为 98% 以上；村民自治村合格率 97%，村务公开达标率 100%；累计有各类社会团体和民办非企业单位 293 个，均纳入规范化管理；实行婚姻免费登记（免收 9 元工本费）政策，全市婚姻登记率、合格率均为 100%；落实普惠制殡葬政策，免除基本火化费 432.6 万元，遗体火化率和骨灰规范化处理率均为 100%。区划、地名、勘界、老龄及其他相关工作，均取得较好成绩。

全市民政工作会议现场

市民政系统党的群众路线教育实践活动动员大会现场

全市城乡和谐社区建设工作会议现场

高邮市 2013 年度慈善助学座谈会现场

市委书记韩方（左二）等市领导慰问驻邮部队官兵

市委副书记、市长方桂林（后左一）和市政协主席倪文才（前右）慰问驻邮部队官兵并送上慰问金

市委常委、组织部部长孙建年慰问界首镇界首村困难老党员

副市长杨文喜慰问敬老院孤寡老人

高邮市“5·19慈善一日捐”活动暨总会成立十周年纪念大会现场

市民政系统“5·19慈善一日捐”集中捐赠活动现场

市民政系统组织党员干部参观吴登云事迹展览馆

市沐浴行业协会开展重阳节敬老服务活动

高 邮 市 城 市 管 理 局
高邮市城市管理行政执法局

局长 **潘万宝**

党组书记 **滕志云**

2013年，市城管局以市容环境整洁有序为目标，坚持“为民、便民、利民”服务理念，不断创新工作方法，加强对占道经营摊点、店外出摊、乱堆乱放杂物、户外广告、乱停乱放、红白喜事占道、违法建设等行为的管理执法，全面开展城市环境综合整治和市区“三拆三整治”(拆违、拆破、拆烂，治脏、治乱、治差)工作及琵琶西路虾仁占道加工、琵琶东路烧烤店占道经营、通湖路水产品占道交易、渣土车整治等专项整治工作，促进市容环境得到明显改善。全年共发放《告沿街单位、商家的一封信》8000余份，取缔各类流动及占道经营摊点1.88万次、店外出摊1.27万次，清理乱设、乱放灯箱戗牌1905次，清除野广告2673处、乱挂乱晒物品1183处、乱拉条幅796处，清理乱搭乱建237处、乱堆乱放杂物751处，规范车辆停放5950次，清理卫生死角1200余处，清运城市生活垃圾2000多吨，平整主要道路周边及建筑场地1.63万平方米，冲洗主次干道面积4825万平方米，推动高邮城市形象和品质实现新的提升。

高邮市城管局党的群众路线教育实践活动动员大会现场

城市环境综合整治“三拆三整治”暨城区占道经营专项整治动员大会现场

市委书记韩方（后右三）等领导视察城管工作

市委副书记、市长方桂林（中右一）等领导慰问环卫工人和城管执法人员

市委常委、常务副市长徐永宝（左四）专题部署琵琶西路虾仁加工经营点整治工作

高邮市城市管理行政执法局城南经济新区分局揭牌仪式

该局局长潘万宝（右三）到高邮城南经济新区调研工作

该局党组书记滕志云（右二）为城管系统巾帼志愿者服务队授旗

城管系统 2013 年度总结表彰大会现场

违法建设强拆工作动员会现场

高邮市人力资源和社会保障局

局长 **高健**

2013年，市人力资源社会保障局紧扣全市在沿河新一轮发展中率先崛起和民生幸福和谐大局，突出“民生优先、人才为本”工作主线，认真抓好就业创业、社会保障、人才开发、劳动维权、人事管理等重点工作，呈现出“重点工作有进步、难点工作有突破、服务发展有支点、创新工作有亮点”的良好发展态势，全市人力资源和社会保障事业再上新台阶。该局被江苏省人力资源和社会保障厅表彰为第二批“省级社会保险经办服务示范窗口”、“全省社会保险业务档案管理优秀单位”，被高邮市委、市政府表彰为2013年市级机关能力作风建设先进单位；市劳动人事争议仲裁院被江苏省人力资源和社会保障厅授予“省级示范劳动人事争议仲裁院”称号。

全市“四位一体”评议政风行风创新行动现场公开评议会议

江苏省人社厅人才中心党委副书记金长富（前左二）一行到高邮督查窗口单位作风建设工作

在高邮市举办的扬州市人力资源和社会保障局服务宣讲进基层活动现场

市人大常委会专题视察基层劳动就业社会保障公共服务平台建设工作

市人社局领导班子专题民主生活会现场

高邮市部分机构全称、简称对照表

全称	简称	全称	简称
中共高邮市委员会	市委	市国土资源局	市国土局
中共高邮市纪律检查委员会	市纪委	市爱国卫生运动委员会办公室	市爱卫办
市委办公室	市委办	市文化广电新闻出版局	市文广新局
市委统一战线工作部	市委统战部	江苏省高邮经济开发区	高邮经济开发区
市委政法委员会	市委政法委	市国家税务局	市国税局
市委农村工作办公室 市政府农村工作办公室	市农工办	扬州市高邮地方税务局	高邮地税局
市机构编制委员会办公室	市编制办	市人民法院	市法院
市委台湾工作办公室 市政府台湾事务办公室	市台办	市人民检察院	市检察院
市委市级机关工作委员会	市级机关工委	扬州市高邮工商行政管理局	高邮工商局
市精神文明建设指导委员会办公室	市文明办	扬州市高邮质量技术监督局	高邮质监局
市地方志办公室	市志办	中国电信股份有限公司高邮分公司	电信高邮分公司
市社会治安综合治理委员会办公室	市综治办	中国人民银行高邮市支行	人行高邮市支行
市人民政府	市政府	中国银行业监督管理委员会 扬州监管分局高邮办事处	扬州银监分局 高邮办事处
市政府办公室	市政府办	中国农业发展银行高邮市支行	农发行高邮市支行
市农业委员会	市农委	中国工商银行股份有限公司 高邮支行	工商行高邮支行
市农业机械管理局	市农机局	中国农业银行股份有限公司 高邮市支行	农行高邮市支行
市发展和改革委员会	市发改委	中国建设银行股份有限公司 高邮支行	建行高邮支行
市经济和信息化委员会	市经信委	中国银行股份有限公司高邮支行	中行高邮支行
市科学技术局	市科技局	中国邮政储蓄银行高邮市支行	邮储行高邮市支行
市人力资源和社会保障局	市人社局	江苏高邮农村商业银行股份 有限公司	高邮农村商业银行
市人口和计划生育委员会	市人口计生委	中国人民财产保险股份有限公司 高邮支公司	人保财险高邮 支公司
市环境保护局	市环保局	中国人寿保险股份有限公司 高邮支公司	人寿保险高邮 支公司
市城乡建设局	市城建局	江苏省烟草公司扬州市公司 高邮营销部	高邮烟草营销部
市住房保障和房产管理局	市房管局	江苏省苏盐连锁有限公司 高邮分公司	高邮盐业分公司
市建筑工程管理局	市建管局	共青团高邮市委员会	团市委
市人民防空办公室	市人防办	市妇女联合会	市妇联
市城市管理局	市城管局	市工商业联合会	市工商联
市民族宗教事务局	市民宗局	市文学艺术界联合会	市文联
市外事侨务办公室	市外侨办	市科学技术协会	市科协
市安全生产监督管理局	市安监局	市哲学社会科学界联合会	市社科联
市食品药品监督管理局	市食药监局	市残疾人联合会	市残联
市拥军优属、拥政爱民工作领导小组 办公室	市双拥办	市关心下一代工作委员会	市关工委
市老龄工作委员会办公室	市老龄办		
市国有资产监督管理办公室	市国资办		

2013 数字高邮

境域面积 1 963 平方千米
　水域面积 788 平方千米
　陆地面积 1 175 平方千米
城区建成区面积 25.38 平方千米
城区实有铺装道路 278.26 千米
总户数 25.99 万户
总人口 81.82 万人
　非农业人口 32.79 万人
　农业人口 49.03 万人
人口密度 416.8 人/平方千米
少数民族人口 9 545 人
　回族人口 8 018 人
人口自然增长率 0.56‰
乡镇区(含高邮经济开发区)13 个
村委会 175 个
社区居委会 53 个
常年平均气温 14.9℃
常年降水量 1 018 毫米上下
野生动物种类 120 种
地区生产总值 381.5 亿元
　第一产业增加值 62.79 亿元
　第二产业增加值 173.31 亿元
　　工业增加值 141.24 亿元
　　建筑业增加值 32.07 亿元
　第三产业增加值 145.4 亿元
人均地区生产总值 51 592 元
工业企业 6 310 家
　规模以上企业 470 家
工业总产值 1 682.3 亿元
　规模以上企业产值 863.51 亿元
　规模以上企业销售收入 846.26 亿元
　规模以上企业利税总额 87.56 亿元
省以上高新技术企业 128 家
省以上高新技术产品 982 种
个体工商户 2.38 万户
农机总动力 65 万千瓦
农业总产值 113.96 亿元
粮食总产量 87.52 万吨
棉花总产量 0.34 万吨
油料总产量 2.29 万吨
生猪出栏量 31.14 万头
生猪存栏量 22 万头
家禽出栏量 1 163 万只
家禽留养量 406 万只
水产品总产量 20.84 万吨
公路总里程 2 531.92 千米
　高速公路 44.26 千米
　一级公路 60.02 千米
　二级公路 336.68 千米
路网密度 128.98 千米/百平方千米
内河通航里程 613.86 千米
交通系统客运量 1 615 万人
交通系统客运周转量 14.22 亿人/千米
交通系统港口操作量 657 万吨
长途汽车班车线路 60 条
农村公交线路 14 条
城区公交线路 5 条
出租汽车 337 辆
邮电业务收入 1.72 亿元
城区电话用户 6.32 万户
农村电话用户 12.74 万户
百户电脑拥有量 109 台
移动电话用户 60 万户
全社会固定资产投资额 278.75 亿元
社会消费品零售总额 124.3 亿元
城乡交易额超亿元专业市场 5 家
自营出口额 3.61 亿美元
实际利用外资 0.81 亿美元
国内旅游接待人数 300 万人次
财政收入 57.89 亿元
国家税收 18.75 亿元
地方税收 30.58 亿元
城乡居民储蓄存款余额 234.38 亿元
中等职业学校在校生 6 001 人
高级中学在校生 1.38 万人
初级中学在校生 1.88 万人
小学在校生 2.98 万人
入园儿童 1.33 万人
医疗机构 223 家
医院病床 2 304 张
娱乐休闲活动场所 560 个
在岗职工年均工资 50 641 元
城市居民人均可支配收入 24 711 元
农民年人均纯收入 13 248 元
城区人均住宅面积 37.15 平方米
农村人均住宅面积 34.83 平方米

总　　目

Table of Contents

目 录

Contents

概 况

体制改革

开放型经济

农村工作和农业·水利

工　业

建筑业·房产业

非公有制经济

信息化建设

供电・交通・邮政

商业・服务业

财政·税务

金 融

城乡建设·环境保护

经济综合管理

中共高邮市委

高邮市人民代表大会常务委员会

高邮市人民政府

政协高邮市委员会

国防·法治

科学技术

教　　育

文化·体育

医疗卫生

劳动·人才·人事

社会组织

社会生活

乡镇经济和社会发展

人　物

文献选编

趣闻轶事

索　引

封面　镇国寺景区、盂城驿景区扩容改造一期工程

封底　"邮驿之路"雕塑

特 载

Special Feature

领导调研与视察

国家农业综合开发办公室主任王光坤到高邮市调研

2013年5月12日上午，国家农业综合开发办公室主任王光坤一行到高邮市，就农业综合开发产业化经营工作进行调研。江苏省农业资源开发局局长唐铁飞、江苏省财政厅副厅长黄晓平、扬州市副市长丁一和高邮市领导方桂林、朱勇、汤学仁、杨文喜等陪同调研。

王光坤一行先后到江苏双兔食品股份有限公司、江苏威伍水产发展股份有限公司、扬州日兴生物科技股份有限公司实地调研，详细了解高邮市农业综合开发产业化经营项目情况。在随后召开的座谈会，高邮市市长方桂林汇报全市农业综合开发产业化经营项目运行发展情况。近年来，该市按照“产业化经营、特色化推进、工业化带动”的思路，围绕高邮鸭、扬州鹅、罗氏沼虾、有机稻米等农业特色产业，扶强扶大一批农业龙头企业和农民合作组织，发展壮大农业优势特色产业，促进了农业增效和农民增收。

王光坤充分肯定高邮市农业综合开发产业化经营工作取得的成效。他认为，高邮市的农业综合开发产业化经营工作在发展思路、总体规划、经营体制、生态循环等方面值得其他地区借鉴。他希望高邮市在今后的农业综合开发工作中，要用规模化理念开发农业，用生态化理念改良农业，用标准化理念提升农业，用产业化理念发展农业，用市场化理念经营农业，用工业化理念装备农业，全面提升农业综合开发工作的标准和水平，进一步加快农业现代化建设步伐。 （周麟 徐霞）

中共江苏省委书记、江苏省人大常委会主任罗志军到高邮市调研

(一)

2013年4月3日上午，中共江苏省委书记、江苏省人大常委会主任罗志军到高邮市调研经济社会发展、民生事业改善和城镇化建设等方面工作。中共扬州市委书记、扬州市人大常委会主任谢正义，高邮市领导韩方、方桂林、汤学仁、高长明陪同调研。

罗志军一行轻车简从，一路走一路看。途径高邮市电池产业园和听到高邮市发展优势特色产业汇报时，他指出，要进一步做优传统特色产业，做强新兴产业，坚定不移地抓好重大项目建设，推进经济转型创新发展，促进高邮率先崛起。他在高邮经济开发区“秦邮茗都”安置小区，先后走进卢天鹤、赵永刚家中，同拆迁安置群众谈心聊天、拉家常。“这样迁进来还方便吧？”“方便哦，享福了，都赶上城里人的高档小区了。”“日子过得还不错？”“不错、不错，现在日子蒸蒸日上，人家说的小康水平，我们基本上超过了。”他听后非常高兴。他说：“就是要把群众先安置好，经济发展要赢得老百姓的支持和拥护，项目建设才能更好更快。现在我们正在努力建设更高水平小康社会，将来还要向基本实现现代化迈进，我们的发展就是要让老百姓得到更多实惠，实现这个目标也离不开大家的共同努力。”途径关河、北澄子河风光带时，他十分感慨地说，高邮城市很美、生态环境好，要注重把“水”文章做好，进一

步加强绿化，把人民群众的生存生态建设得更好。

罗志军来到高邮城市规划展览馆，在“华夏邮驿”“今日高邮”“明日邮城”等三个展区，边听介绍边点头肯定高邮是一个文化底蕴深厚的城市，要把“邮”文章做好，城市建设坚持规划先行的科学理念，推进城镇化更加要注重规划先行。高邮市在城市的核心地块建设市民广场，不仅有文化内涵，也有城市品位，把城市建设与改善民生、为民服务很好地结合起来，这个做法非常好。他还要求，要立足本地文化和资源，做活做美“邮”文章、“水”文章、“绿”文章，要形成结构完善、布局合理、均衡配置、覆盖城乡的公共服务设施体系，形成特色鲜明、功能互补、和谐相融的现代城乡形态，努力走出具有江苏特色的城乡统筹、集约高效、低碳生态、和谐幸福的城乡建设发展道路。

罗志军又来到高邮市残疾人托养中心，详细询问入托人员的生活情况，一一参观生活保障、生产劳动与康复训练、技能培训、文体活动、室外休闲等五大功能区域。他说，关注民生、改善民生是党委、政府始终抓在手上不能放松的事，要加快推进各类社会保障服务的全覆盖，尤其是要加大对残疾人这一特殊弱势群体的关心关爱，全社会都要来关心帮助残疾人，让包括残疾人在内的全体人民都能享受到全面小康建设带来的成果。临别时，他反复叮嘱工作人员，残疾人事业是一项神圣而光荣的事业，一定要让残疾人老有所养、老有所居，让他们过上舒适而有尊严的生活。

他在调研期间，一再强调，全年经济社会发展的各项部署要求都已经明确，“喊破嗓子，不如甩开膀子。”各级领导干部要减少会议、减少应酬，把更多的精力用在干事创业上，扑下身子抓落实，心无旁骛促发展，扎扎实实做好稳增长、调结构、促转型、抓改革、惠民生等各方面工作，并不断有所创新、有所突破、见到成效，确保在全面贯彻落实十八大精神的开局之年，推动各项事业有一个好开局。

（石卫青）

（二）

4 月 10～15 日，罗志军再次到高邮市，在八桥镇金港村进行长达一周的“三解三促”（了解民情民意，破解发展难题，化解社会矛盾；促进干群关系融洽，促进基层发展稳定，促进机关作风转变）驻点调研活动。

10 日上午，罗志军同随行的中共江苏省委办公厅负责人和秘书，乘坐一辆面包车，径直来到八桥镇金港村吴赵组，在该村党支部书记颜金松的陪同下，他同随从人员走进村民翟智平家小院里，并吃住在村民翟智平家。11 日上午，他利用半天时间，参加花木基地锄草和村民桂华玉承包鱼塘拉网捕鱼等劳动。

在驻点调查期间，他利用白天和晚上，走访村民家庭，看望老党员、老干部，嘘寒问暖，并通过召开村干、村民座谈会，广泛征询民意。他先后实地考察八桥现代农业产业园和该村的蔬果土地股份专业合作社、利民灰天鹅养殖专业合作社、扬州年红花木园林有限公司、花木育苗基地、飞扬生态农业园、瑞康农场、家庭农场等发展现代农业的组织形式，并考察村综合服务中心、村卫生室等民生事业和农村农共服务设施，为加快苏中农业经济发展和民生改善寻找新思路。

15 日下午，罗志军临别前，与村干、村民们在翟智平家门口的一大片盛开黄花的油菜地前合影留念。

（高志中）

后续新闻 2013年4月23日，《高邮日报》刊载亦星的“新闻故事”——《特殊的捐赠》。该文称，4月20日，高邮市八桥教育中心校收到一笔非常特殊的捐赠款。这事说起来还和省委书记罗志军有关。4月10～15日，省委书记罗志军在八桥镇金港村驻点调研，住在金港村吴赵组村民翟智平家。他亲民爱民的点点滴滴深深感动了广大干群。调研期间，他住的是农家屋，睡的是农家床，吃的是农家饭，还和村民们干起拉鱼、锄草等农家活。临走时，他悄悄留下1 200元，作为调研期间他和随行工作人员的食宿费。翟智平说，“罗书记住在我们家，就和我们是一家人了，怎么能收家里人的钱呢！”全家人都认为这钱应该用在急需的地方。他们思来想去，决定还是把笔钱用在资助家庭经济困难的学生身上。于是，他们委托八桥镇政府将这1 200元转交给八桥教育中心校。八桥教育中心校收到捐赠后，立即在全体师生中开展宣传教育活动，并决心以此为契机，办好人民满意的教育。

（亦星）

中共江苏省委副书记、江苏省省长李学勇到高邮市调研

2013 年 5 月上旬，中共江苏省委副书记、江苏省省长李学勇到高邮市调研南水北调东线工程建设和水质监测情况。副省长徐鸣、省政府秘书长张敬华，中共扬州市委书记、扬州市人大常委会主任谢正义，副市长丁一和高邮市领导韩方、方桂林、朱莉莉陪同调研。

李学勇先后实地考察高邮市北澄子河水质监测站、北澄子河上游城区段整治工程现场，详细了解河水断面深度治理项目建设进展和水质达标情况。“平时是如何加强水质监测的？”“有没有建立起长效监测机制？”“周边产业布点情况如何？有没

有制定严格的管理措施和治污方案?”“有没有建立隔离带?”在北澄子河水质监测站,李学勇一边详细询问,一边认真察看北澄子河断面水系图。北澄子河上游城区段整治工程全长2 430米,宽 20 米～65 米不等,主要包括滨河绿地便捷通道、漫步道、驳岸、景观小品、亮化、绿化等设施。听说高邮市将整治工程与城市建设相结合,把原来的臭水沟变成一条风光带时,李学勇连连点头赞许,对高邮市保障水质达标的各项措施给予充分肯定。他说,目前江苏省境内南水北调工程已具备调水出省条件,各级各部门要在加快工程建设扫尾的同时,加强工程管理、维护、运行,确保南水北调工程发挥效益。

李学勇强调,确保南水北调水质持续稳定达标,将是一项长期的工作。沿线各地人口密集区、产业集中区,要进一步落实责任,加大投入,加大污染治理力度,加强水质跟踪监控,健全长效管理机制;要切实加强内河航运管理和船舶污染防治,加强运营管理,建设绿色航道,完善应急预案,确保按时通水,确保送水水质达标,努力为全国大局作出贡献。

李学勇还专程来到高邮经济开发区内的高邮市电池产业园、江苏航天水力设备有限公司等企业进行实施考察。他希望,园区要继续坚持好的发展理念,切实加强环境保护,加快转型升级,更加注重发展的质量和效益。他指出,2013 年 2 月,省政府出台政策意见,支持促进苏中与苏北结合部经济相对薄弱地区又好又快发展,高邮市要针对薄弱环节,结合当地实际,对接政策措施,激发内生动力,加快推进园区共建等方面工作,着力提高新型工业化、农业现代化和新型城镇化建设水平。(殷朝刚)

城市名片

2013 年,高邮市获扬州市以上机关授予和表彰的各类称号共 13 项,其中全国性称号 5 项、全省性称号 8 项。

(高志中)

表 1　**2013 年度高邮市获扬州市以上“城市名片”一览表**

时　间	获誉对象	称　　号	授　誉　机　关
一、全国“城市名片”			
4 月	高邮市	2010～2012年度全国法治县(市、区)创建活动先进单位	全国普法办公室
10 月 21 日	高邮市	第六批全国生态文明建设试点地区	环境保护部
10 月 21 日	高邮市	2013年度中国中小城市综合实力百强县(市)(第72位) 2013 年度中国最具投资潜力中小城市百强县(市)(第 54 位)	东北亚开发研究院、中国社会科学院社会科学文献出版社、中国中小城市经济发展委员会
11 月	高邮市	全国最美生态旅游示范市	中国县域品牌发展协会、中国生态旅游研究与促进会、中国旅游投资促进会
二、江苏省“城市名片”			
1 月 19 日	高邮市	2012 年度全省农业资源开发先进市	江苏省农业资源开发局
1 月	高邮市	全省首批“亩产吨粮县”	江苏省农业委员会
1 月	高邮市	2012 年度江苏省渔业科技入户工作先进集体	江苏省海洋与渔业局
4 月	高邮市	江苏省光电高技术特色产业基地	江苏省发展和改革委员会
5 月	高邮市	2013 年网民最喜爱的江苏春季赏花胜地——油菜花胜境	江苏省旅游局 新华报业传媒集团
8 月	高邮市	全省水稻病虫害全程承包防治试点市	江苏省农业委员会
10 月 18 日	高邮市	江苏省诗词之乡	江苏省诗词协会
12 月 20 日	高邮市	江苏省电动工具出口基地	江苏省商务厅
12 月	高邮市	全省创新型试点市	江苏省科学技术厅

(高志中)

重要公告与决定事项

高邮市人民代表大会公告

高邮市第十四届人民代表大会第二次会议,于 2013 年 1 月 18 日补选韩方为高邮市第十四届人民代表大会常务委员会主任。

现予公告

高邮市第十四届人民代表
大会第二次会议主席团
2013 年 1 月 18 日

高邮市人民代表大会常务委员会决定任命名单

（2013 年 2 月 27 日市第十四届人大常委会第六次会议通过）

徐永宝为高邮市人民政府副市长。

高邮市人民代表大会常务委员会关于全市行政区划调整的决定

（2013 年 9 月 3 日高邮市第十四届人大常委会第十次会议通过）

高邮市第十四届人民代表大会常务委员会第十次会议听取并审议了市人民政府《关于高邮市行政区划调整情况的报告》。

会议认为，实施行政区划调整，符合江苏省、扬州市的部署和要求，有利于促进经济社会发展，有利于优化资源配置，有利于推进城镇化和城乡发展一体化，有利于提升行政效能。这次调整乡镇行政区划，按照“整体合并、产业集聚、布局合理、以人为本、积极稳妥”的原则，坚持强强联合或以强带弱，对地域相连、历史相沿、经济相融、人文相近的镇实行整建制合并，对于推动全市建设更高水平小康社会、实现在沿河地区率先崛起，具有十分重要的意义。会议同意市政府《关于高邮市行政区划调整情况的报告》，并决定如下：

将 20 个乡镇（乡 1 个、镇 19 个）调整为 2 个街道、11 个乡镇（乡 1 个、镇 10 个）。具体调整如下：

1. 撤销高邮镇，设立高邮街道办事处。街道办事处驻甘雨路 8 号。

2. 撤销马棚镇，设立马棚街道办事处。街道办事处驻凌波路 30 号。

3. 撤销八桥镇、卸甲镇，将原八桥镇、卸甲镇行政区域合并设立新的卸甲镇。镇人民政府驻原卸甲镇飞达大道北侧。

4. 撤销汤庄镇、汉留镇，将原汤庄镇、汉留镇行政区域合并设立新的汤庄镇。镇人民政府驻原汤庄镇双屏村（汤庄大道北侧）。

5. 撤销司徒镇、三垛镇，将原司徒镇、三垛镇行政区域合并设立新的三垛镇。镇人民政府驻原三垛镇少游路西侧（光明社区境内）。

6. 撤销横泾镇、甘垛镇，将原横泾镇、甘垛镇行政区域合并设立新的甘垛镇。镇人民政府驻原甘垛镇河口村。

7. 撤销周巷镇、临泽镇，将原周巷镇、临泽镇行政区域合并设立新的临泽镇。镇人民政府驻原临泽镇临兴路 50 号。

8. 撤销郭集镇、送桥镇、天山镇，将原郭集镇、送桥镇、天山镇行政区域合并设立新的送桥镇。镇人民政府驻原送桥镇官路村。

9. 其他乡镇（注：“其他乡镇”即为车逻镇、龙虬镇、周山镇、界首镇、菱塘回族乡等 5 个乡镇）行政体制不变。

行政区划调整后，马棚街道办事处与高邮经济开发区合署办公，实行“以区带街、区街合一”管理体制。

工 作 报 告

坚持稳中求进　深化改革创新　奋力创造高邮率先崛起新业绩

——在中共高邮市委第十届第七次全体会议上的报告

中共高邮市委书记　韩　方

（2013 年 12 月 27 日）

这次市委全会的主要任务是，认真贯彻党的十八大、十八届三中全会精神，落实中央、省经济工作会议和省委、扬州市委全会要求，回顾总结 2013 年工作，谋划部署 2014 年经济社会发展目标任务，动员全市上下进一步解放思想、加快发展，改革创新、加快转型，争先进位、加快融合，奋力创造高邮率先崛起新业绩。

一、牢牢把握总基调，顺利实现稳中有进

2013 年，市委常委会团结带领全市上下，坚持以科学发展观总揽全局，牢牢把握“稳中求进”的工作总基调，紧紧围绕“在沿河地区率先崛起”的目标定位，积极应对复杂多变的宏观经济形势，团结拼搏、真抓实干，全力以赴稳增长、调结构、促改革、惠民生，经济社会继续保持平稳健康发展的良好态势。

主要经济指标稳健增长。紧扣实体经济发展不动摇，坚持“项目为王”，积极开展招商引资和项目建设开竣工活动，经济社会发展取得预期成效，主要经济指标稳中有进、稳中向好，多项指标增幅在扬州名列前茅。1～11 月份，全市规模以上工业增加值、工业用电量增长 14.0%、63.6%，名列扬州第一；工业开票销售额增长 23%，名列扬州第二；财政总收入、公共财政预算收入增长 16.9%、14.2%，名列扬州第三。预计全年实现地区生产总值 375 亿元，可比价增长 12.5%；财政收入 57.1 亿元，公共财政预算收入 24.97 亿元，增长 12%和 15%；全社会固定资产投资 286 亿元，增长 20.5%；注册外资实际到账8 000万美元，新增有限公司注册资本实际到账87亿元；自营出口3.55亿美元，增长18%。全年新开工10亿元项目9项，亿元以上项目56项，在扬州市现场考核评比中赢得赞誉。实现服务业增加值142亿元、增长13.2%，占地区生产总值比例提高1个百分点。实现建筑业企业总产值650亿元，增长30%，江苏弘盛集团、兴厦公司、瑞沃集团跻身全省建筑业百强企业。

各项改革举措初显成效。顺利实施乡镇行政区划调整，将原先20个乡镇调整为13个乡镇(街道)，菱塘光电科技园和送桥镇实行区镇合一管理模式，为加快全市未来经济发展、城镇化建设、民生改善和社会治理搭建了新平台。向上争取政策支持取得历史性突破，省政府出台《关于促进苏中与苏北结合部经济相对薄弱地区加快发展的政策意见》，全市首次享受与苏北相当的扶持政策，全年向上争取资金超20亿元。财税金融、行政管理、投融资等改革稳步推进。设立国资管理中心，实施行政事业单位国有资产集中管理。规范政府举债行为，建立备案制度，出台债务利率指导线。打击非法集资，维护金融市场稳定。"建投"、"交投"、"水投"等三大融资平台正式运行，土地储备中心市场运作能力进一步提升。新设商业银行、保险公司、证券公司各1家，小额贷款公司2家。企业上市取得进展，扬州曙光电缆有限公司辅导公示结束，江苏华富能源股份有限公司完成股份制改造。改革市乡财政分成体制，基层保运转抓发展能力得到加强。积极稳妥推进事业单位分类改革，实施市级机关中层干部任期制。挂牌成立市城市管理行政执法局，不断提升城市管理水平。全面实施行政审批"八个一"工程，投资发展环境进一步优化。创新方法推进节约集约用地，各项建设用地保障更加有力，向上争取土地指标214.53公顷、名列扬州第一，其中点供项目4项、61.2公顷，独立选址项目6项、42公顷，首获省"土地融资规模控制卡"，顺利通过国家土地例行督察。

产业转型升级亮点显现。充分利用宏观环境带来的倒逼压力，把调结构、抓创新与稳增长结合起来，制定实施机械装备、电线电缆、照明灯具、纺织服装、建筑业、旅游业等6个基本产业和新光源、新能源、生物健康等3个新兴产业发展规划，着力在提升质态的前提下做大规模。实现规模以上上工业产值855亿元，增长17%；高新技术产业产值245亿元，占规上工业产值28.6%。规模以上企业净增30家，10亿元以上企业达7家，扬州市秦邮特种金属材有限公司实现开票销售近50亿元，江苏波司登制衣有限公司纳税达2.7亿元，高邮市华翔实业有限公司纳税超5 000万元。出台《关于促进全市乡镇工业集中区整合提升特色发展的意见》，开发区启动省南北园区共建，创建成省电动工具出口基地、省道路照明灯具优质产品示范区。新增高效设施农业面积3 600公顷，新创省级农业龙头企业6家，新建家庭农场52家，组织高邮湖大闸蟹系列推介活动，粮食总产实现"十连增"。编制完成服务业集聚区和现代物流业发展规划，高邮湖旅游开发概念性规划通过评审，创成全国最美生态旅游示范市，3项10亿元服务业项目建设顺利，总投资38亿元的神居山文化旅游度假区项目开工建设，组建清水潭度假区管委会、旅游投资开发有限公司，清水潭基础设施建设全面展开。科技创新不断深入，全年实施工业技改项目328项，规模以上企业研发投入占销售收入比重1.4%，创成省创新型试点市，争取国家创新基金6项，新增国家高新技术企业14家、省高新技术产品107个，签订产学研合作协议93项，获省市重点人才项目资助40人，柔性引进219名博士到企业工作。

城乡统筹发展步伐加快。启动城市总体规划修编工作，编制完成城区公共服务设施布点规划，城建"双十"工程顺利实施，全市城镇化率达48%。东部新城打造全面展开，人民医院东区、蓓蕾实验小学东校区开工建设。古城保护工作全面启动，编制完成历史文化名城保护规划，启动整治城南历史文化街区，大运河申遗通过国际专家组验收，盂城驿景区扩容第一期工程顺利竣工，穿心河改造工程加速推进。S237第二期、第三期工程建成通车，完成S237城区段绿化7.3千米，港口综合整治取得成效，淮河入江水道整治等重点水利工程进展顺利。世贸广场城市商圈建设加快，新建蝶园路、珠光路停车场4 000平方米，关河风光带第二期工程展现新姿，城东农贸市场、文游路街景整治等城市配套工程进一步完善。全面开展"三拆三整治"行动，积极开展美好城乡建设行动，顺利通过省村庄环境整治全域验收，菱塘回族乡入选全国美丽乡村，菱塘村被命名为"江苏最美乡村"。深入推进村级"四有一责"建设，集体经营性收入20万元行政村实现全覆盖。继续强化秸秆禁烧和综合利用工作，全市秸秆禁烧率达100%。开展重点污染源整治，完成节能减排任务，北澄子河三垛西大桥断面水质稳定达标，城乡集中式饮用水源达标率达100%，国家级生态乡镇实现全覆盖，创成国家级生态市。

民生社会事业共建共享。深入实施"居民收入倍增计划"，预计全年城镇居民人均可支配收入、农民人均纯收入分别达2.47万元、1.31万元，增长9%、11%。积极拓宽就业、创业渠道，城镇新增就业8 693人，城镇登记失业率为2.2%。扎实推进低收入农户脱贫工作,脱贫率达40%。创成省学前教育改革发展示范区,全国义务教育基本均衡县通过省督导评估,高考成绩稳中有升,本二以上上线率达42.8%。深入实施基本药物制度,新农合参合人数63.1万人,参合实现全覆盖。省公共文化服务示范区创建工作有序推进,公共文化服务设施体系基本形成,群众文化活动丰富多彩。成功举办第九届中国双黄鸭蛋节、第六届中国邮文化节,创成省诗词之乡。住房保障全面推进,筹集公共租赁住房728套(间),建设经济适用房258套。关闭19家手工屠宰场,建成车逻、送桥、临泽3家机械化屠宰场,并通过省市验收。加强价格监控和民生服务,新建6家平价蔬菜商店,全市价格水平保持总体稳定。城镇居民基本医疗保险、困难群众医疗救助、城乡居民最低生活保障实现动态全覆盖,五保集中供养率达85.3%,建成社区居家养老服务中心(站)30个。组织开展慈善总会成立十周年系列活动,发放慈善救助金633万元。社区建设进一步加强,社区服务管理实现城乡全覆盖。"7·7"风雹灾害救援及时、处置有力,H7N9禽流感防控工作有序有效,赢得群众认可。积极化解各类矛盾纠纷,全面开展劳动关系和谐企业创建活动,平安、法治高邮建设扎实推进,荣获"全国法治县(市、区)创建活动先进单位";人口计生、全民健身、数字广电等各项事业都取得新进步。

党建创新工程扎实推进。围绕学习贯彻十八大、十八届三中全会精神,全面加强宣传思想建设,形成更加积极向上的舆论氛围。认真学习省委书记罗志军在金港村驻点调研讲话精神,贯彻落实省市领导对高邮工作的要求,进一步统一思想、提高认识、指导实践。学习型党组织建设深入开展,通过"道德讲堂"、"百姓学堂"等平台有序推进公民思想道德建设。强化干部能力培训,举办城镇化、社会管理创新、非公企业党建等10个主题研修、培训班,参加培训近5 000人次。通过公推直选方式圆满完成全市村(社区)党组织换届,新建镇人大、政府换届顺利完成,建成党代表工作室270个。挂牌成立非公经济商学院,非公企业党建实现全覆盖。严格执行中央关于改进工作作风、密切联系群众的八项规定,制定实施"三直接"若干环节操作规范,举办"勤政廉洁、幸福从政"主题系列活动,"清风高邮"新媒体综合平台全面建成。政府公共服务热线来电办结率99%以上。继续保持惩治腐败的高压态势,全年立案查处各类违纪违法案件133件,挽回直接经济损失近800万元。民主政治建设进一步加强,成立农工民主党高邮市支部委员会,市人大常委会、政府、政协在市委领导下积极履职尽责。认真组织接受省委巡视组驻邮巡视检查监督,全市经济社会发展和党的建设工作得到较好评价。市人武、统战、群团、双拥、老干部和关心下一代等工作也取得了新进展。

在充分肯定成绩的同时,我们也要清醒地看到:全市经济总量还不够大,产业特色不够鲜明,大项目好项目仍然偏少;服务业占比还比较低,发展规模、质态及新兴业态有待进一步提高和拓展;税收增长基础相对薄弱,民生支出刚性增长,财政收支平衡压力增大;群众收入水平、政府公共服务、社会治理创新与群众期盼还有较大差距;发展环境还需进一步优化,部分干部还存在动力不足、能力不强、作风不实等问题。对此,我们务必高度重视,切实加以解决。

二、审时度势抓机遇,深化改革推动发展

2014年是全面深化改革的开局之年,也是高邮市实施"十二五"规划攻坚之年。做好2014年各项工作,必须紧扣住改革大势、把握好宏观形势、研判准发展趋势,坚持稳中求进,深化改革创新,以"改革创新快转型、争先进位快融合"为总要求,把改革创新贯穿于经济社会发展的各个领域和各个环节,把全面贯彻落实中央、省委、扬州市委的重大决策与加快推进高邮在沿河地区率先崛起的生动实践紧密结合起来,以改革促转型、调结构、稳增长、惠民生,全面推动各地各部门、各项条线工作争先进位,加快推进高邮转型发展、特色发展、融合发展。

三、突出重点抓落实,加快率先崛起步伐

2014年工作的指导思想是:坚持以邓小平理论、"三个代表"重要思想、科学发展观为指导,深入学习贯彻党的十八大和十八届三中全会精神,落实省委、扬州市委决策部署,坚持"稳中求进、进字当先,改革创新、融合发展"总基调,按照"改革创新快转型、争先进位快融合"总要求,抓好"改革创新推进年"、"重大项目突破年"、"城镇建设提升年"和"党的群众路线教育实践活动年"的各项工作,突出"改革创新、项目建设、转型升级、城乡统筹、关注民生、加强党建"重点,抓落实、抓推进、抓成效,促进全市经济社会转型发展、特色发展、融合发展,全面加快在沿河地区率先崛起步伐。主要目标是:全市地区生产总值可比价增长11%以上,财政收入和公共财政预算收入增长11%以上,规模以上工业增加值增长12%以上,全部工业开票销售增长15%以上,服务业增加值增长13%以上,全社会固定资产投资增长18%以上,注册外资实际到账和新增有限公司注册资本实际到账增长10%以上,城镇居民人均可支配收入和农民人均纯收入分别增长10%、11%以上,全面完成节能减排任务,努力在全省县市中争先进位。突出改革创新,不断激

活发展动力。把2014年确定为“改革创新推进年”，进一步强化对改革创新工作的领导，既要让国家宏观改革政策措施在我市落地生根，又要根据全市实际情况锐意开拓、革故除弊、创新方法，把高邮市《关于贯彻落实推进苏中融合发展特色发展提高整体发展水平的实施意见》推进落实到位。要着力推动农村综合改革。深化区划调整配套改革，建立事权和支出责任相适应的财税体制，统筹党政群机构改革，优化政府组织结构和运行机制，加快区域融合，加强工作融合，加大干部融合。推动农民土地承包经营权确权登记颁证工作，加快农村集体土地产权、林权、宅基地使用权、房屋产权等生产要素改革，推动地权、林权、财产权的流转租赁、抵押融资、规模化经营，创新农村经营体制机制，激发农村活力。要着力深化行政审批改革。继续实施行政审批“八个一”工程，强化执行“首问负责制”、“一次性告知制”和“限时办结制”，探索推行重大项目模拟审批制度，推进工商注册登记制度便利化，加强乡镇便民服务中心规范化建设，开展涉企中介机构、行业协会专项治理，进一步精简审批事项、优化审批流程、规范收费行为。要着力强化国有资产管理。推进国资管理中心规范化建设，组建国资投资公司，加强国有资产集中管理和保值增值考核，运用市场机制经营国有资产，充分激发国有经济活力。引导社会资本参股国有企业，规范运营开发区兴业科技小贷公司。加强政府债务管理并建立健全偿债机制，推进镇村债务有效化解。要着力拓宽建设融资渠道。做实做强建投、交投、水投公司和土地储备中心，全年力争融资15亿元以上。加强园区融资平台建设，积极组建重点中心镇融资平台，同时做好融资风险防范化解工作。加强金融秩序治理，加大银政企对接力度，推动金融产品创新，加强农村小额贷款公司、担保公司等新型金融组织管理，引进金融机构2家以上，全年新增信贷投放30亿元以上，其中工业40%以上。要着力破解建设用地瓶颈。提升省土地执法模范市创建水平，加大耕地保护力度，增强用地保障能力，一手抓内部挖潜，提高土地节约集约利用水平，抓好征而未供、供而未用和用而不足“三类土地”处置工作，力争全年盘活存量土地53.33公顷以上；一手抓重大项目包装，尽力争取列入省市重点项目，全年力争获得土地“点供”、独立选址指标80公顷以上。

突出项目建设，不断增强产业后劲。把2014年确定为“重大项目突破年”，一切围绕项目干、一切围绕项目转，确保竞争优势强、发展成效好。要强化招大引强。围绕基本产业、新兴产业、现代服务业，包装推介招商项目50项以上，务实开展节庆招商、以企招商、登门招商、驻点招商、委托招商，积极承接北京、上海、深圳及苏南等先进地区产业转移。加强投促分局的建设和管理，完善招商考核和激励办法，全年招引10亿元或1亿美元项目6项以上，力争在50亿元以上重大项目招引上取得新突破。要全力推进项目。按照重点园区有10亿元项目、特色园区有5亿元项目、乡镇有亿元项目的要求，考核重大项目建设。落实挂钩市领导、责任单位、配合单位、工作班子，在领导力量、政策激励、要素集聚上予以倾斜，明确序时任务，实行目标化管理、挂图式推进，每月汇报进展情况，每季度进行总结点评，全年新开工10亿元项目6项、亿元项目40项以上。建立健全重大项目论证评估、优惠政策分期兑现、产出率考核等机制，强化重大项目“飞地”开发，加快重大项目竣工投产达效步伐，实现项目建设量质双丰收。要积极向上争取。完善向上争取工作考核奖励办法，突出国资项目的包装和争取，尤其是高邮湖生态环境保护、电池产业园基础设施、重点水利交通工程、重要民生事项等事关高邮今后发展大局的重点项目，2014年争取项目资金增长20%以上。

突出转型升级，不断提升竞争实力。转型升级不是口号，而要真抓实干，加快“园区、产业、企业”转型升级步伐，扩张科技优势，推动经济稳中向好、好中快进。要推动园区整合提升。开发区要加快推进与苏南园区结对共建，着力抓好电池产业园、健康产业园、科技创新载体的建设，推动国信天然气、秦邮特钢第二期等重特大项目及早开工建设，拉长增粗冶金机械、新能源、纺织服装等产业链，确保财政收入突破9亿元、工业开票销售达115亿元。城南经济新区要大力发展绿色产业，推动软件产业园、建筑业总部集聚区、汽车4S店集聚区加快建设，提高产城融合水平，全年实施亿元项目8项、其中10亿元项目2项，确保财政收入突破2亿元、工业开票销售达25亿元。菱塘光电科技园（送桥镇）要放大区镇融合效应，大力发展新型照明灯具、太阳能光伏、汽车零部件等特色产业，力争财政收入达4亿元、工业开票销售达60亿元。电线电缆、照明灯具、电动工具、液压机械四个特色园区要突出“专、精、特、新”发展模式，完善基础设施配套，充分发挥龙头企业带动作用，形成集聚优势，每个园区落户亿元项目3项以上，其中5亿元以上项目1项。其他工业集中区要坚持“有所为、有所不为”的原则，鼓励现有企业加大技改投入，加大集体资金建设标准化厂房力度。2014年全市要新建标准化厂房10万平方米以上、科技产业综合体5万平方米以上、人才公寓房3万平方米以上。清水潭旅游度假区要一手抓景区提升、一手抓对外招商，加快生态中心规划建设，完成东入口、游客接待中心等基础设施建设，温泉度假酒店正式开工。八桥现代农业产业园年内引进实施1～2项5 000万元以上现代农业项目，实质性推进扬州大学农业科技园项目，新增设施农业33.33公顷以上。要推动产业集群发展。以“工业强市”为要求，按照一业一策的思路，加强组织领导，制定扶持政策，引领基本产业向规模化、标准化、品牌化发展；坚持高端引领，培育新光源、新能源、生物健康等新的优势产业，加快形成一批具有技术优势、规模效应、品牌形象的龙头骨干企业；引导光伏企业合作重组，推动光伏产业复苏。以服务业五大产业为重点，加快实施神居山、龙虬庄等旅游项目建设，谋划推进环高邮湖、运河西堤旅游开发，整合提升乡村旅游项目，积极推进“扬州至高邮”水陆游，更好地将全市旅游产品融入“大扬州”旅游圈、“大华东”旅游线；推进开发区电子商务综合体、城南经济新区澳洋顺昌金属物流、高邮镇五星级大酒店、车逻城镇综合体等重点项目建设，推动世贸广场加快竣工营业，发展总部经济、服务外包、电子商务等新兴业态。以农业“一网两园三带四区”为引领，稳定发展粮食生产，加快现代农业园区建设，培育家庭农场等新型经营主体，加强农产品质量安全监管，全年新增高效设施农业2 000公顷、新创省级以上农业龙头企业2家以上。以创建“中国建筑之乡”为抓手，发挥弘盛集团龙头作用，培强骨干企业，引导建筑企业提升资质、科技创新、开拓市场，2014年建筑业企业总产值达800亿元。要推动科技创新提速。实施“产学研三百计划”，强化企业创新主体地位，推动百家企业访高校、百家高校进高邮、百名专家高邮行，签订产学研合作协议85项以上，新建扬州市级以上研发机构8家以上。实施“载体提升计划”，建成开发区科技创业中心第二期工程、国际技术转移中心及城南经济新区智慧大厦等创新载体，着力推进大连理工高邮研究院等成果转化基地建设，全市新增入园孵化企业30家以上。实施“秦邮人才集聚计划”和“秦邮英才培育计划”，加大人才资金投入，全面优化引才用才留才环境，发挥科技镇长团作用，引进高层次人才100名以上、产业发展急需的本科以上人才1 000名以上。要推动企业做大做强。落实好扬州市服务企业“2号文件”，加大对企业的扶持激励力度，鼓励中小企业加快转型升级，全年规上工业企业净增20家以上。设立“企业安静生产日”，实行轻微违章“首违不罚”和“容期整改”制。扎实开展“服务企业行”活动，推动重点产业行业协会组建改建和作用发挥，及时协调解决企业发展的困难和问题。抓住国家金融改革、“新三板”扩容的机遇，引导企业加快推进股份制改造，确保扬州曙光电缆有限公司、江苏省华富能源股份有限公司两家企业正式报会，江苏传艺科技股份有限公司进入辅导公示，力争3家以上中小企业进入“新三板”挂牌。

突出城乡统筹，不断提高城镇品质。把2014年确定为“城镇建设提升年”，加强城乡对接融合，优化资源要素配置，在提升建设水平的同时彰显古城风貌特色，在推进城镇化中加快实现城乡发展一体化。要大力加强规划引领。各级领导干部要切实增强规划引领意识，维护规划的权威性，严格按照规划办事，对规划执行情况要在全市范围内组织一次回头看，确保在规划指导下推进各项建设。新建镇要对照行政区划调整后各自功能定位，在新一轮城市总体规划修编的大框架下，加快修订完善总体规划、控制性规划，力争2014年全面完成编制工作。要大力提升城市形象。重点围绕东部新城和历史文化名城建设，加大骨干街道和核心商圈改造提升力度，加快公共设施和民生工程建设，丰富城市“文化、生态、秀美、宜居”品质内涵，持续打造“东方邮都”品牌，着力提升城市品位和形象。推进新一轮城建“双十”工程，启动蝶园路南延、武安路东延、运河西堤风光带等重点工程建设。加快东部新城建设，对珠光路、S237等重点地段组织城市设计，实施东部新区道路建设工程，加快盐河两岸风光带、东部新区文体中心和生态公园等规划设计研究，着力把东部新城建设成为能够代表高邮城市形象、具有标识意义、市民有普遍认同感的城市新区。加快构建区域融合大交通格局，做好连淮扬镇铁路、京沪高速公路扩容、S611、S333东段前期工作，续建S237北段，开工建设运东船闸扩容工程。加强历史文化名城保护和申报工作，推进实施盂城驿扩容改造第二期工程，修缮清代当铺和大清邮局，规划实施汪曾祺故居及纪念馆恢复建设工程，适时启动博物馆布陈工作。高邮镇作为城关镇，要牵头负责辖区内城建项目的包装策划、宣传推介、招商引资、拆迁拆违、建设推进等工作，市职能部门要加强指导、积极配合，加大城市建设力度。继续深化城市管理工作，推动数字化城管建设，围绕重点区域、重要路段，继续实施“三拆三整治”和城市环境综合整治行动，着力解决城区各类市场、停车场、环卫基础设施的“小、散、乱、差”问题。实施穿心河改造第二期截污引流工程及元沟子河、东门大沟等城区河道整治工程，加强北澄子河闸站等防洪排涝设施建设管理，加快城市污水管网建设，加大河道整治、保洁力度，打造“清水活水、不淹不涝”城市。要大力推进小城镇建设。扎实开展湖西城镇化综合改革试点工作，以菱塘光电科技园为中心，整合送桥镇、菱塘回族乡的各类资源，注重空间结构与产业布局的优化、功能定位与人口分布的协调，加快推进菱塘天山万顷良田建设，加快完善路网、供水、供电、天然气、污水管网等基础设施，逐步建设成为产镇互动、功能完善、生态优美、文明和谐的新型示范镇。重点中心镇要抓住镇区入口、核心街区、生态公园、文体中心和环卫设施等重点部位，完善功能，提升品质，增强承载能力。三垛、临泽、菱塘要启动全国重点中心镇申报工作。其他镇要注重环境提升、基础完善，促进公共服务资源的均等化布局。要大力改善农村环境。探索村庄保洁市场化运作模式，巩固美好城乡建设行动和农村环境综合整治成果，打造一批休闲旅游、历史遗存、生态宜居的特色村庄。加强农民集中居住区建设，完善便民服务设施，促进城乡、镇村协调发展。扎实开展造林绿化会战，全市新增造林面积666.67公顷、森林覆盖率达18.1%。推动农村公路提档升级，健全公路管养机制，加快提升城乡公交一体化水平。

突出关注民生，不断增进百姓福祉。积极响应日益增长的民生新需求、新期待，继续出台民生"1号文件"，进一步改善和保障民生，加强和创新社会治理，让社会更加和谐美好。要加强生态文明建设。制定实施生态文明建设规划，以创建国家级生态文明示范区为目标，严格执行重要生态功能保护区规划，不断提升高邮湖水生态保护水平。加快开发区生态化改造，推进开发区污水处理厂和老城区雨污分流管网建设，大幅度提升污水收集率。开展新一轮涉铅及"五小"企业专项整治，建立健全监测网络体系和适时监测系统，提高资源综合利用和污染防治水平。加快发展循环经济和环保产业，着力培育具有可持续发展优势的新兴产业和清洁能源产业。深入推进蓝天工程，抓好秸秆禁烧及综合利用、汽车尾气污染防治，加强PM2.5监测，不断提高空气质量优良率。要提高社会保障水平。继续扩大城镇社会保险覆盖面，全市职工居民养老、医疗保险参保率98%以上。加大财政投入力度，城乡低保标准每月分别提高到500元、360元，五保供养标准提高到年人均5 800元以上。加强慈善救助工作，全年发放各类救助资金650万元以上。扎实推进被征地农民社会保障工作，全面实行即征即保、应保尽保。加强市场监管，保持物价稳定，居民消费价格指数低于全省平均水平。要加快民生实事兴办。全力实施居民收入倍增计划，积极促进充分就业，重点解决好高校毕业生、农村转移劳动力、城镇困难人群就业问题，新增农村劳动力转移3 000人、就业困难人员再就业300人、城镇就业6 000人，城镇登记失业率控制在4%以内。落实好低收入农户脱贫政策措施，确保脱贫率达70%。完善创业服务体系，开展创业培训500人以上，推介创业项目40项，新建大学生农业创业园1个。继续加大力度改善办学条件，巩固省学前教育改革发展示范区创建成果，创建省义务教育优质均衡改革发展示范区。深入推进基本公共文化服务均等化，力争创成省公共文化服务示范区。深化医药卫生体制改革，推广居民健康卡，全面实现从省到村五级"一卡通"，新农合筹资标准提高到每人400元，其中财政补助320元。全面实施大病救助制度。积极推进人口计生"邮都幸福家庭计划"。深入开展全民健身活动，积极做好省第十八届运动会参赛工作。加快推进社会化养老服务，新增20家居家养老服务中心(站)。推进住房公积金扩面，促进房地产市场健康发展，做好保障性安居工程建设，新建保障房490套。要创新社会治理体制。改进社会治理方式，深入推进平安、法治和诚信高邮建设，扎实开展"六五"普法宣传教育，加强全社会信用体系建设，加大"网络社会"监管力度，改善流动人口服务管理，做好特殊人群帮教管理，加大残疾人关爱力度，提高基层工会建设水平。筹建市社会管理服务中心，推动城乡社区基础设施建设达标工程，深化推进"四位一体"社区治理模式，启动"政社互动"试点，推进政府向社会组织购买公共服务。健全公共安全体系，严格落实安全生产责任制，强化食品药品安全监管，完善预防预警和应急处置体系。加强信访工作，全面建立社会稳定风险评估机制，完善矛盾纠纷排查调处工作机制，运用法治理念和方法，妥善处理好群众反映强烈的突出矛盾和问题，切实维护社会和谐稳定。完善社会治安防控体系，继续保持对严重刑事犯罪活动的高压态势，不断提升全社会法治满意度和公众安全感。

四、加强党建聚合力，改进作风服务群众

做好2014年的各项工作，创造率先崛起新业绩，关键看行动，核心在干部。全市各级党组织和广大党员干部要以党的群众路线教育实践活动为总抓手，切实加强党的思想、组织、作风、制度建设和反腐倡廉建设，加强社会主义核心价值体系建设，全面提升党的建设科学化水平，为推动高邮又好又快发展提供坚强保证。

学习贯彻十八届三中全会精神，进一步提升改革能力。十八届三中全会的胜利召开，标志着新一轮改革正式启动。作为推动改革全面深化的"决定性因素"，广大党员干部特别是领导干部，要认真学习宣传贯彻十八届三中全会精神，深刻领会精神实质和重大意义，进一步统一思想、投身改革、推动发展。要提升把握市场规律、运用市场规律的能力。坚持社会主义市场经济改革方向，努力学习市场经济知识，深入研究市场经济现象，准确把握市场经济规律，不断改进和完善与市场经济要求相适应的领导方式，进一步解放思想、解放和发展社会生产力、解放和增强社会活力。要提升发现问题、解决问题的能力。改革由问题倒逼而产生，又在不断解决问题中得以深化，推动新的发展。当前，制约全市融合发展、率先崛起的问题在很多领域还不同程度地存在，要不断增强对各类问题的“把脉”能力、“开方”能力，从而把握发展的主要问题，实现“牵一发而动全身”的突破；抓住矛盾的主要方面，取得“一子落而满盘活”的效果。要提升开拓创新、敢于担当的能力。面对推进发展中的困难，最要不得的是固步自封、胆怯退缩。要围绕争先进位、率先崛起，以不甘落后、积极进取的精神，善于创新、勇于奋进、敢于争先。尤其是对工作中遇到的突出问题和矛盾，要敏于判断、敢于决断，确保矛盾不上交、困难不下推、责任不逃避，努力打开工作新局面。

扎实开展群众路线教育实践活动，进一步改进工作作风。全市上下要按照统一部署，以“照镜子、正衣冠、洗洗澡、治治病”为总要求，以服务对象为重点，在“联、转、改”上下功夫，“联”就是要推进党员干部直接联系群众制度，始终保持与群众最密切的血肉联系；“转”就是要转变观念、转变作风、转变发展方式，牢固树立正确的世界观、权力观、政绩观和事业观；“改”就是要着力解决人民群众反映强烈的突出问题，纠正损害群众利益的行为和做法，提高做好新形势下群众工作的能力。要坚持实事求是反对形式主义。积极倡导求真务实，多做打基础利长远的事，把精力用在谋发展、求突破上，把功夫下在察实情、办实事上。继续深入开展“三解三促”、“三下三联三交”、领导干部挂联等联系群众活动，努力维护好、发展好、实现好人民群众的切身利益。要坚持群众观点反对官僚主义。始终牢记宗旨，深入基层了解民情民意，走近群众联络感情，把群众当作家人，把群众的事当作自己的事。继续加强服务型基层党组织建设，深入实施基层组织“星级化”管理，分类构建基层服务网络。扎实推进村级“四有一责”建设，认真做好村委会、居委会换届选举后续工作，建立健全基层村、社区党组织书记激励保障机制，完善村、社区干部服务群众体制机制，加强大学生村官队伍建设，不断提高基层党组织的凝聚力和战斗力。要坚持积极进取反对享乐主义。始终保持良好的精神状态、高尚的道德追求，培养积极向上的生活情趣。牢记职责使命，珍惜岗位、珍惜舞台，力戒自我满足、不思进取，力戒萎靡不振、敷衍塞责，力戒贪图享受、吃喝玩乐，始终做到比学赶超、创先争优。要坚持勤俭节约反对奢靡之风。牢固树立节约光荣、浪费可耻的思想观念，进一步把中央“八项规定”落到实处，严控“三公”经费，转变文风会风，注重个人小节，减少迎来送往，腾出更多时间精力狠抓落实。

不断深化干部人事制度改革，进一步优化干部队伍。推动融合发展、实现率先崛起，迫切需要造就一支政治坚定、能力过硬，抓铁有痕、踏石留印的干部队伍。要强化实绩导向。坚持党管干部，深化干部人事制度改革，增强民主推荐、测评工作的科学性，重点选优配强各级领导班子。严格执行党政干部选拔任用工作条例，坚持不看说功看做功，不看资历看实绩。改革创新考核评价体系，实行差别化考核、全方位评价，在强化对重点工作完成情况考核的基础上，加大对转型升级、融合发展、民生改善和生态建设等方面的考核比重。同时，要把政府债务纳入政绩考核，举债要负责，离任要审计。要强化基层实践。加强区划调整后干部队伍管理，适应换届和班子建设的需求，建设新一轮乡局级后备干部队伍。大力推动各层面干部交流，注重在实践中发现、培养、储备和使用干部。实施“墩苗计划”，选派年轻干部到农村基层一线、经济发展一线和矛盾调处一线，积累实践经验，提升能力本领。要强化教育培训。切实加强学习型党组织建设，强化理论武装，坚定理想信念，提高能力水平，为保持良好的精神状态提供强有力的理论修养和能力支撑。开展新一轮大规模干部教育培训，重点突出党的十八届三中全会精神学习培训、党性教育培训、新经济知识培训和提升干事能力培训，切实解决不愿解放思想、不敢解放思想、不会解放思想等问题，用改革的精神、创新的思路、开放的勇气，谋求新突破，实现大发展。

深入推进党风廉政建设，进一步营造风清气正的环境。认真贯彻中央《建立健全惩治和预防腐败体系 2013—2017 年工作规划》，严格执行党风廉政建设责任制，扎实推进惩防体系建设。加强“勤政廉洁、幸福从政”常态化教育，筑牢党员干部拒腐防变的思想防线、道德防线和法纪防线。强化制度建设，完善监管体系，形成凭制度用权、按制度办事、靠制度管人的良好局面。推行干部监督“三卡”制度，完善运行干部选任全程电子记实系统。切实加强对“三重一大”事项、“三直接”环节和人员的监督管理，规范政府采购、招投标、土地出让、产权转让等程序，进一步健全权力运行制约和监督体系，坚决防止权力失控、决策失误、行为失范。深入推进纪检监察公共关系建设，进一步打造“清风高邮”品牌。始终保持惩治腐败的高压态势，坚决纠正各种不正之风，坚决查办各类违纪违法案件，促进全社会形成反腐倡廉的良好风尚。强化各级党委（党组）对党风廉政建设工作的主体责任，强化纪委的监督责任，充分发挥纪检监察派驻机构职能。广大党员干部特别是领导干部要做简朴清廉的表率，始终对权力怀有敬畏之心，既“一心干事”又“一身干净”，永葆共产党员的先进性和纯洁性，进一步营造干部清正、政府清廉、政治清明的发展氛围。

要进一步加强各级党委自身建设，更好地发挥党委总揽全局、协调各方的领导核心作用，积极支持人大常委会、政府、政协围绕中心开展工作，推动人大与时俱进强化制度创新和工作机制创新，保障人大有效行使宪法和法律赋予的各项职权；制定并组织实施协商年度工作计划，就一些重要决策听取政协意见，推进协商民主广泛多层制度化发展；建立重大项目、重点工程、重要工作市委、市政府与市人大常委会、市政协联动推进机制，实现调研、决策、督查工作的一体化、常态化、制度化。要切实加强人武工作，充分发挥工会、共青团、妇联、工商联、科协等群众团体、各类社会团体作用，巩固和扩大统一战线，广泛调动一切积极因素，汇聚推动高邮更好更快发展的强大合力。　（该报告系摘要）

政府工作报告

——在高邮市第十四届
人民代表大会第三次会议上
高邮市市长　方桂林
（2014年1月8日）

2013年政府工作回顾

2013年，面对错综复杂的经济形势，我们以党的十八大精神为指引，在中共高邮市委的坚强领导下，在市人大、市政协的监督支持下，紧紧依靠全市人民，统筹做好稳增长、调结构、抓创新、惠民生、促和谐等各项工作，经济社会发展稳中向好，主要经济指标增幅高于全省平均水平，多项指标位居扬州前列。全年预计实现地区生产总值375亿元、增长12.5%；财政收入57.89亿元、增长13.5%，其中公共财政预算收入25.44亿元、增长17.1%、增幅列扬州第二，税收增长20%、增幅列扬州第一，税收占比提高至82.1%；固定资产投资286亿元、增长20.5%；社会消费品零售总额124.5亿元、增长12%；城镇居民人均可支配收入2.47万元、农民人均纯收入1.31万元，分别增长9.4%、11%。

一、全力以赴保增长，经济发展稳中有进

项目建设推进有力。全年新开工10亿元项目9项、亿元项目56项，竣工10亿元项目6项、亿元项目40项。大体量项目、产业高端项目、现代服务业项目持续突破。海德森、艾诺斯储能电池、易事特智能电网控制系统等项目相继落户电池工业园，振发光伏电站项目延伸了光伏产业链，智慧大厦项目推进了软件产业园建设。迅达机械、爱力生蓄电池、振兴铝业、光明特种电缆等10亿元项目第一期工程竣工。秦邮特钢全年实现开票销售近50亿元。着力化解重大项目建设土地瓶颈，供地250.8公顷，其中工业用地180.8公顷；获批土地点供项目4项、61.2公顷，独立选址项目6项、42公顷，盘活处置闲置土地23宗、70.1公顷；全年争取土地指标214.5公顷，列扬州第一。首获省土地融资规模控制卡，顺利通过国家土地例行督察。

工业经济健康发展。强化为企服务，释放企业产能，实现工业开票销售404.4亿元、增长26.5%，增幅列扬州第二；工业用电量19.9亿千瓦时、增长65.5%，完成购进设备抵扣税2.4亿元、增长59%，增幅均列扬州第一。实施技改项目328项，当年投入98亿元、增长32%。机械装备、电线电缆、纺织服装、照明灯具四大基本产业开票销售185亿元，增长30%。全市开票销售超亿元企业达50家，净增规模以上工业企业30家，新增产值超10亿元企业1家、总数达7家。波司登公司纳税2.7亿元，华翔公司半年纳税超5 000万元。完成建筑业企业总产值650亿元、增长30%，新晋一级总包资质企业3家，新辟外埠市场14个，瑞沃公司继弘盛、兴厦之后跻身江苏省建筑业百强。

服务业加速壮大。预计完成服务业增加值142亿元、增长13.2%，占地区生产总值比重37.9%。新增限上企业48家，获批扬州市级服务业集聚区2个。天赐联华物流配送中心、尚程国际家居广场、港口码头物流园第一期工程、郭集灯具城第一期工程建成投运，波司登世贸广场部分封顶，五里坝国储库建成数字化粮库。加快清水潭旅游度假区建设，启动神居山文化旅游度假区建设。获“全国最美生态旅游示范市”和“江苏省油菜花胜境”称号，菱塘回族乡被评为省特色旅游名镇。邮驿旅行社在苏中苏北各县市中率先创成“四星级”。全年接待游客300万人次，实现旅游总收入23亿元。招商银行正式营业，村镇银行获准设立，与中国进出口银行江苏分行开展中小企业信贷合作。金融机构年末存、贷款余额比年初分别增加53.9亿元、36.7亿元。销售房屋面积89.3万平方米、增长69.3%。

农业经济提质扩量。粮食产量实现“十连增”，水稻超高产攻关突破每亩880千克。新增高效设施农业面积3 600公顷、农业适度规模经营面积4 067公顷，新建高标准农田4 000公顷。特水养殖量效齐增，畜禽规模化、小区化养殖比重持续提高，禽流感疫情防控工作有序有效。农村“三大合作”转型升级步伐加快，创建市级以上“五好”示范合作社20家。新注册家庭农场52家，八桥钻友家庭农场注册成为扬州市首个家庭农场有限公司。组建高邮湖大闸蟹行业协会。新增省级农业龙头企业

6家、总数达16家，居扬州市首位。新增农产品"三品"品牌79个、总数达275个。高效农业保险保费3 120万元、占农业保险保费45%，新增各类农业机械1.1万台(套)，均列扬州市第一。

二、坚定不移促转型，发展活力持续增强

科技创新步伐加快。创成"省创新型试点市"。新增国家高新技术企业14家、省以上高新技术产品107个，全社会研发投入占地区生产总值比重提高至2.1%。签约实施产学研合作项目93个，与重庆大学达成校地产学研全面合作。新建省级以上"三站三中心"13家。人才引进层次提高，获省市人才资助项目40项，219名教授博士柔性进企业。继续实施工业"四大战略"，曙光电缆上市辅导公示结束，华富储能完成股改；获批专利授权1 873件，其中发明专利28件；组织制定行业标准4个；新创省著名商标7件、省名牌产品6个，科凌医疗器械创成中国驰名商标。建成省道路照明产品质量监督检验中心，创成省优质道路照明灯具产品生产示范区。宏远公司获全市首个扬州市长质量奖先进单位。争取国家创新基金6项，获批省首台套重大装备产品认定2个。菱塘回族乡创成省创新型试点乡镇，车逻镇创成省五金机械制造名镇。

开发开放不断深入。成功举办第九届中国双黄鸭蛋节和第六届中国邮文化节。成立6个产业投促分局，积极开展央企招商、专业招商。招引1 000万美元以上项目5项、亿元以上民资项目34项，其中世界500强及跨国公司投资项目2项、10亿元项目8项。全年外资实际到账8 000万美元；新增有限公司注册资本金实际到账87亿元。实现自营出口3.55亿美元，增长18%，增幅列扬州第一。获批"省电动工具出口基地"。向上争取工作取得历史性突破，全面享受省政府苏中苏北结合部经济相对薄弱地区扶持政策，争取资金超20亿元。

园区发展整合提升。出台促进乡镇工业集中区整合提升特色发展的意见。各类园区规模以上企业达314家，占全市的66%；实现工业开票销售286.3亿元，占全市的70.8%。开发区加快推进南北园区共建步伐，与哈工大、南工大开展深度合作，建成10万平方米科技创业中心第二期工程，工业开票销售突破百亿、实现倍增。城南新区紧扣产城融合发展，实施软件产业园、汽车城、建筑业总部集聚区和产学研基地建设，都市产业特色更加明显。光电园区实行"区镇合一"，整合资源、集聚发展的优势进一步放大。

各项改革有力推进。顺利完成新一轮乡镇区划调整。改革财政分成体制，财力进一步下倾。强化乡镇园区债务管理，出台相关管理办法。积极稳妥推进事业单位分类改革。"建投"、"水投"、"交投"等3个融资平台实体化运作。探索实施政府投资工程委托代建模式。进一步完善招投标相关管理细则。对行政事业单位土地、房屋产权实行集中管理，国有资产管理水平和效益不断提高。组建清水潭旅游度假区管委会和旅游投资开发有限公司，景区建管体制进一步理顺。深入推进行政审批"八个一"工程，发展环境进一步优化。成立城市管理行政执法局，扎实开展"城市管理推进年"工作。在扬州率先推进国有粮食流通业目标管理、统一经营。

三、一着不让抓建设，人居环境更趋美好

基础设施日益完善。S237第二、三期工程建成通车，第四期工程路基贯通。北澄子河新王、南圩大桥主体工程完工。完成车八线县道大修12千米，疏浚通扬线航道20千米。农村公路危桥改造三年行动计划圆满收官，累计改造危桥672座、投入资金1.25亿元。制定城乡公交发展规划，开通马横线、周八线城乡客运班车，新增镇村公交专线6条。淮河入江水道整治工程加快实施，完成投资4.5亿元。完成里下河水源调整工程、京杭运河高邮段血防工程。横泾河整治工程顺利推进。110千伏回乡变建成投运，110千伏文游变加快推进，新建10千伏线路397千米，电气化乡镇实现全覆盖。

城市品质不断提升。启动城市总体规划修编工作，实施城建"双十"重点工程建设。全市城镇化率达48%。东部新城加快崛起，残疾人康复中心等6个重点建筑相继封顶，实验小学东校区、人民医院东区分院、珠光路改造等项目顺利推进。投入1.7亿元，完成北关河风光带第二期工程；投入6 000万元，高规格完成S237城区段绿化工程。古城保护全面启动，投入2.2亿元，实施穿心河(市河)整治第一期工程；投入9 000万元，开展城南历史文化街区整治，完成盂城驿景区第一期扩容。惠民力度不断加大，建成社会福利中心、城东农贸市场和珠光路、蝶园路停车场，碧水新城第一期424套保障性住房主体竣工，奎楼新村、奎楼二村、蝶园新村老小区改造、文游北路立面整治及39条后街后巷整治工程顺利实施。推进"清水活水，不淹不涝"城市建设，疏浚整治城区河道10条、新建闸站1座。全面开展城市环境综合整治和"三拆三整治"行动，拆除违法建设3.14万平方米，琵琶西路虾仁加工点、水榭华庭水产品批发点、城区农贸市场脏乱差等一批顽症得到有效治理。

镇村建设扎实推进。完善镇村布局规划，菱塘、三垛、临泽3个重点中心镇累计投入城镇建设资金4.04亿元，集镇品质进一步提升。完成村庄环境整治任务，通过省全域验收，新创三星级"康居乡村”6个，车逻特平村、菱塘清真村创建特色示范村通过省级验收。投入3 600万元，启动通乡公路照明亮化工程。推进农民集中居住，建成农民集中居住区14个。改造农村危房600户。农村“五位一体”长效管护成果不断巩固，新增农村无害化卫生户厕1.7万座，新建沼气用户1 850户。菱塘回族乡入选全国美丽乡村，菱塘村被命名为江苏最美乡村。三垛镇创成江苏省卫生镇。村级组织“四有一责”建设水平不断提高，年集体经营性收入20万元行政村实现全覆盖。

生态环境更显秀美。创成“国家生态市”。《高邮市生态文明建设规划》通过省环保厅评审。全年关闭“三高一低”企业23家，淘汰蓄电池企业落后产能61万千伏安时，实施节能技术改造和循环经济项目29项、减排工程8个，完成年度节能减排任务。新建城区污水管网7.8千米，建成开发区污水处理厂，城区污水集中处理率达85%。清水潭旅游度假区水环境综合整治及景区道路等基础设施建设全面展开。疏浚县乡河道476条，完成北澄子河三垛至城区段综合环境整治，三垛西大桥断面稳定达标，城市水域功能区水质达标率100%。新增造林面积1 267公顷，其中成片造林800公顷。新增城区绿地52公顷。继续强化秸秆禁烧和综合利用工作，建成PM2.5大气自动监测站。

四、千方百计惠民生，社会建设全面加强

保障体系更加健全。落实各项促进就业创业扶持政策，新增城镇就业8 693人，农村劳动力转移8 245人，城镇登记失业率2.2%。养老、医疗、失业三大保险覆盖率保持在98%以上。城乡居民基础养老金调高至每月80元，城镇职工和居民医保政策范围内住院支付比例分别达80%、70%，在扬州率先启动城镇居民大病保险试点。实施城乡低保、农村五保、孤儿赡养标准新一轮提标。开展救助帮扶活动，发放慈善救助金648万元。低收入农户脱贫率40%，高分通过省扶贫办考评。新建居家养老服务中心(站)20个、城区社区托老所5个、农村“老年关爱之家”4个。五保集中供养率85.3%。全力做好“7·7”风雹救灾重建工作。落实保障性住房政策，新建经济适用房258套、公租房728套(间)，完成直管公房解危三年计划，共解危2 269户。住房公积金扩面5 514人，发放公积金贷款2.3亿元。建成平价蔬菜商店11家，物价水平基本稳定。

社会事业全面进步。创成“省学前教育改革发展示范区”，全国义务教育基本均衡县通过省督导评估，教学质量稳步提高。建成武安中心小学及中心幼儿园、甘垛镇初中，完成35所中小学运动场地塑胶化改造。开展第一次全国可移动文物普查工作，完成明清运河故道整治工程。创成“省诗词之乡”。市图书馆通过国家一级馆评估定级。扬剧《淮海悲歌》获全国第八届戏剧文化奖银奖。成功举办第四届环高邮湖国际自行车越野赛、“我们的节日·七夕”等品牌文体活动。大运河越野半程马拉松赛列入中国田协赛事。启动全国第三次经济普查工作。通过省“十二五”人口协调发展先进市中期评估验收。创成“省户户通有线电视县”、“省妇幼卫生先进市”。疟疾病防治提前五年达到国家标准。荣获“全国防震减灾工作先进单位”和“全国群众体育先进单位”称号。

社会治理不断加强。“六五”普法扎实推进。“12348”法律援助专线影响力不断增强。和谐劳动关系企业创建有力。以信息化引领的打防管控机制不断健全，公众安全感、满意度全面提升。“信、访、网、电”为一体的信访新渠道进一步畅通。保持安全生产高压态势，建成隐患排查治理信息系统，规上企业全部实现安全生产三级标准化。开展食品药品系列专项整治行动，成功举行扬州市食品安全事故四级应急演练。关闭手工屠宰场21个，建成投运机械化屠宰场3家。建立肇事肇祸精神病人救助机制。渣土车、残疾人营运车专项治理工作取得实效。深入开展城乡和谐社会创建，顺利完成第十届村委会和第五届居委会换届选举工作。荣获“全国法治县创建活动先进单位”称号。

政府建设持续推进。坚决执行市人大及其常委会的决议和决定，自觉接受政协民主监督。全年办理人大代表建议196件、政协提案206件，办结率61.7%。进一步畅通民生诉求，“12345”政府热线接处群众来电1.06万条，解决率99.7%。升级政府门户网站，公开了五大类涉及民生的财政支出信息。推行“阳光行政、绿色服务”，实施企业注册登记“一表制”和基本建设项目收费“一费制”。加强依法行政工作，强化行政执法监督，行政复议渠道畅通。加强党风廉政建设，制定实施“三直接”15个环节的操作规范。严格资金管理，政府投资工程项目概算核减1.5亿元、审计核减8 895万元。

2013年，人武、人防、双拥、民族宗教、对台事务、侨务、地方志、气象、档案等工作也取得了新的成绩。

在充分肯定成绩的同时，我们也清醒地看到工作中还存在一些问题和矛盾：一是经济发展不够充分，经济总量规模亟待壮大，特色产业做大做强任务依然艰巨；二是重大项目投入产出效益偏低，经济增长的质量和效益有待加快提升；三是生态环保、文化资源尚未得到整合提升和深度挖掘，没有充分转化为发展竞争力；四是城乡居民增收的基础比较脆弱，实现收入倍增的任务十分繁重；五是社会管理面临群众诉求多元、矛盾纠纷多发等新情况，统筹协调各方利益的难度不断加大，等等。对此，我们将认真分析研究，采取切实可行的措施加以解决。

2014年工作任务

2014年是全面深化改革的开局之年，也是全市实施"十二五"规划的攻坚之年。当前，高邮经济社会发展步入了深度调整期和转型磨合期，面临着做大总量与调优结构的双重目标，提高质量与加快速度的双重要求，稳健运行与跨越赶超的双重任务，需要下更大力气保增长、促发展。我们将始终坚持以科学发展观统揽全局，全面贯彻落实党的十八大、十八届三中全会和中央、省经济工作会议精神，按照市委十届七次全会的决策部署，坚持"稳中求进、进字当先，改革创新、融合发展"主基调，按照"改革创新快转型、争先进位快融合"总要求，抓好"改革创新推进年"、"重大项目突破年"、"城镇建设提升年"和"党的群众路线教育实践活动年"的各项工作，以"改革创新、项目建设、转型升级、城乡统筹、关注民生"为重点，切实增强发展的稳定性、协调性、普惠性和可持续性，促进全市经济社会转型发展、特色发展、融合发展，全面加快在沿河地区率先崛起步伐。

主要目标是：地区生产总值增长11%以上；规模以上工业增加值增长12%以上；服务业增加值增长13%以上；公共财政预算收入增长11%以上；固定资产投资增长18%以上；社会消费品零售总额增长12%以上；注册外资实际到账和新增有限公司注册资本金实际到账增长10%以上；出口总额增长10%以上；城镇居民人均可支配收入和农民人均纯收入分别增长10%、11%以上；完成节能减排任务。

一、坚持科学发展，不断激活内生动力

深入推进改革创新。坚持政府和市场各就其位，通过市场配置要素，更好地发挥政府作用。深化经济体制改革，组建国资投资公司，运用市场机制经营国有资产；增强市旅游总公司整合资源、自主经营能力，提高市场化运作水平；推进工商注册便利化。深化行政审批制度改革，推行重大项目模拟审批制度，制定土地快速报批流程，与行政审批相关的中介机构实现市场化、规范化运作。深化农村综合改革，大力培植种养大户、家庭农场、专业合作社等新型农业经营主体，承包土地经营权登记颁证工作实现行政村全覆盖；统筹推动户籍、社保等制度改革，促进有意愿有条件的农业转移人口市民化。深化财政体制改革，按照事权、财权相统一的原则健全乡镇基本财力保障机制。实施教育领域综合改革，逐步推行校长教师交流轮岗，缓解择校难题。启动公立医院综合改革，破除以药补医机制。稳妥实施食品药品监管机构改革，继续推进事业单位分类改革。

积极推动追赶融合。坚持融入沿江、接轨苏南，实现更大空间内的资源要素配置和合作错位发展。推进规划融贯，开展高邮城市空间发展战略研究，按照承接苏南辐射、发挥自身优势特色的要求，明确发展方向、功能定位和战略重点。推进空间融达，做好连淮扬镇铁路和京沪高速扩容项目的前期工作，规划建设高铁站点、客运中心、站前广场。全力推动S333东延段和S611项目，完善大交通格局。推进产业融通，用好省委苏中发展政策，强化载体建设，全面承接长三角地区产业的梯度转移。深化南北园区共建合作，着力引进大体量、高层次、高产出项目。推进资金融动，引进交通银行、光大银行、射阳农商行在我市设立分支机构，财政性存款与金融单位信贷投放挂钩，新增贷款36亿元以上。新设创投基金1家。逐步改变建投、水投、交投公司和土地储备中心依托土地融资的单一模式，积极拓展债券融资、股权融资、信托融资渠道，力争直接融资15亿元。规范民间借贷和农村小贷公司经营行为，建立健全金融风险防范联动应对机制，打击非法集资、高利率放贷和恶意逃废债务行为。

强化生态文明建设。坚持生态立市、产业强市，着力推进绿色发展、循环发展。全面实施《高邮市生态文明建设规划》，启动国家级环境保护模范市创建。积极提高环境容量，打造南水北调生态廊道和运河风光带，加强清水潭、绿洋湖地区森林培育，新增市区绿地54公顷，确保全市生态功能区面积达国土面积25%以上。推动水环境综合治理，申报实施高邮湖生态保护项目，新增城区污水管网4.5千米，提高城乡生活污水集中处理率，全面消除主要河道劣五类水体。北澄子河三垛西大桥断面持续稳定达标，全市集中式饮用水源地水质100%达标。大力实施蓝天工程，强化燃煤锅炉、餐饮油烟、工地扬尘、机动车尾气防治管理，加强PM2.5值监测，定期向社会公布，不断提高空气质量优良率。实行最严格的环境保护制度，建立全天候、全方位的在线实时监控体系，确保电池工业园、秦邮特钢、卸甲华翔等重点部位达标排放，开发区创成省级生态工业园区。实施重点节能项目20项、循环经济项目5项、减排工程6项。

二、加大有效投入，保持经济较快增长

全力推进项目建设。以扬州烟花三月经贸旅游节、中国双黄鸭蛋节等活动为平台，深入开展锁定特色产业、锁定产业集聚地区、锁定重点项目、锁定行业排名企业、落实责任载体、落实责任人的招

大引强行动。全年包装推介招商项目50项，签约10亿元或1亿美元项目6项以上，其中央企或500强投资项目2项，力争50亿元项目再有新突破。全年新开工10亿元工业项目6项、10亿元服务业项目2项、亿元项目40项以上，竣工10亿元项目6项、亿元项目40项，当年重大项目固定资产投资200亿元。着力提高项目效益，严格按投资强度确定土地供给，按财税贡献兑现优惠政策，按投入产出比认定项目竣工。重点推进国信天然气、秦邮特钢第二期、华翔再生金属材料、能一蓄电池、诺力达蓄电池、麦太保园林装备等10亿元以上项目建设。加快实现中信戴卡轮毂、华富蓄电池、海德森蓄电池等结转项目的投产达效。努力突破土地瓶颈，获批土地点供、独立选址指标80公顷以上，盘活存量土地53.33公顷以上。突出国资项目的包装申报，向上争取资金增长20%以上。

全力扶持企业发展。落实扬州市服务企业文件精神，执行绿色通道、定企挂钩、服务企业行等行之有效的制度，新增贷款和土地供给的60%用于工业企业。坚持依法治税，进一步规范涉企收费，减轻企业负担。设立企业安静生产日，实行轻微违章首违不罚和容期整改制度，营造有利发展的环境。继续实施重点企业上台阶和小微企业进规模工程。采用一企一策支持骨干企业增产、扩销，鼓励龙头企业合作、重组。实现开票销售超50亿元企业1家、超10亿元企业3家，新增入库税收5000万元以上企业1家。加大对中小企业的扶持力度，重点促进成长型、效益型、创新型企业发展，净增规模以上企业20家。加快推进诚信建设，弘扬重实业、讲诚信、有担当的企业家精神。

全力促进园区转型。按照生产力分布和建制镇格局，分类指导、加快推进园区建设。实现园区基础设施投入5亿元，新建标准化厂房10万平方米，园区工业开票销售占全市比重提高2个百分点。开发区围绕建设国家级政产学研金示范区，打造国内一流的电池工业园和生命健康产业园，新开工10亿元以上项目5项，确保财政收入突破9亿元、工业开票销售超115亿元。城南新区围绕加快产城一体化发展，侧重于绿色制造业、现代服务业、总部经济的培育，新开工10亿元以上项目2项，确保财政收入突破2亿元、工业开票销售超23亿元。光电园区（送桥镇）围绕打造省级高新区，提升区镇融合成效，大力发展新型照明灯具、太阳能光伏、汽车零部件产业，新开工10亿元以上项目1项，力争实现财政收入4亿元、工业开票销售60亿元。菱塘、郭集、汤庄、卸甲四个特色型园区每家落户亿元项目3项，其中5亿元以上项目1项。其他工业集中区坚持有所为、有所不为的原则，整合提升现有产业，推进优化发展。

三、调整优化结构，加快产业扩展升级

提升工业经济竞争力。以优化增量、调整存量、提高质量为着力点，加快转型升级步伐，实现工业开票销售增长15%以上。机械装备产业瞄准高端装备制造，向系列化、专用化、精细化和高性能方向发展，规上企业开票销售110亿元。电线电缆产业加快开发特种及专用产品，将产业链向高性能电缆料、智能电网应用两端延伸，规上企业开票销售47亿元。照明灯具产业实施集群发展规划，提升龙头企业研发能力，提高产品档次和质量，规上企业开票销售18亿元。纺织服装产业提升加工能力，创新加工工艺，形成特色代工品牌，逐步打造自主品牌，规上企业开票销售25亿元。推动光伏产业加快复苏，力促新能源、新材料、新医药产业以新技术、新设备、新产品扩大市场份额，开票销售占全市比重提高2个百分点以上。围绕创建中国建筑之乡，稳步推进建筑业总部集聚区建设，实现建筑业企业总产值800亿元，新增一级资质企业2家，创国优工程1项、省优工程9项。

培育服务业新亮点。优化服务业布局，提升服务业发展层次，服务业增加值占地区生产总值比重提高1个百分点，新增限上企业20家。加快发展生活性服务业，打造城市东区新商圈，着力推进高邮镇五星级大酒店、城南新区汽车城和车逻镇城镇综合体建设，波司登世贸广场竣工开业，尚程国际家居培育成市。加快发展生产性服务业，着力推进澳洋金属物流、京易源物流园、诚信应急物流中心、港口物流园第二期和开发区电子商务综合体建设，升级改造国有粮食企业危仓老库，创省级服务业集聚区2个。加快培育软件和信息服务业，着力推进城南新区软件产业园建设，建成国际技术转移中心。加快发展健康服务业，投运社会福利中心，有序开发集养老、健康、休闲于一体的养生地产。推动现代农业上水平。落实“米袋子”行政首长负责制，稳定粮食种植面积，积极提高单产水平，加快推进粮食流通现代化，努力夺取丰产丰收。以“一网两园三带四区”为抓手，引领特色农业园区发展，做优做强高邮鸭、扬州鹅、特种水产、有机稻米、设施果蔬等优势特色产业。高邮鸭产业园创国家级农业产业化示范基地，推动扬大农业科技园落户八桥现代农业产业园。新增高效设施农业面积2 000公顷，每个乡镇建成1个连片千亩以上高效农业园区。新建高标准农田3 333公顷，新增农业适度规模经营面积2 000公顷、入股土地经营面积2 000公顷。创扬州市级以上示范合作社3家。推广各类农业机械5 000台套。高效农业保险比重提高至50%。启动大学生农业创业孵化基地建设。新增农产品"三品"品牌20个。

增强科技创新驱动力。深入推进创新型城市建设。新增国家高新技术企业8家、省以上高新技术产品70个,全社会研发投入占地区生产总值比重提高到2.2%。加强创新平台建设,新建创新载体5万平方米,新增科技孵化企业30家,新建省级以上"三站三中心"8家。加强产学研合作,加快高校院所在我市的产业研究院和成果转化基地建设,深入开展产学研"三百"计划,签订产学研协议85个以上。坚持工业"四大战略",曙光电缆和华富储能上市报会,传艺公司进入辅导期,推动3家以上企业进军"新三板";申报专利3 000件;创中国驰名商标1件、省著名商标5件,省名牌产品4个;参与制定国家、行业标准2项,制定省级地方标准1项,高邮湖大闸蟹申报地理标志证明商标。大力实施秦邮人才集聚计划和秦邮英才培育计划,发挥科技镇长团作用,全年引进高层次人才100名以上,产业急需人才1 000名以上,促成150名教授博士柔性进企业,建设人才公寓3万平方米。

四、完善功能配套,实现城乡统筹发展

突出基础设施完善。完成S237第四期工程建设,高邮境内全线通车。实施农村公路提档升级工程,建成北澄子河新王、南圩大桥接线。加快推进运东船闸扩容、淮河入江水道整治、横泾河综合整治和北澄子河上段区域治理工程,完成小型农田水利重点县、农业水价综合改革示范项目年度建设任务。实施城市公交公车公营,建设"一站三场"。强化区域供水经营质态管理,确保城乡群众饮上卫生放心水。升级高邮电网中心电源,建成500千伏扬州北输变电工程,实施220千伏品祚变、110千伏观鹤变等区域电源点建设。启动气象灾害监测预警服务中心建设,增强防灾减灾能力。

突出城市功能提升。完成城市总体规划修编,推进新一轮"双十"重点工程建设。推动新区发展,实施蝶园路南延、屏淮路南延和武安路东延工程,完善东部新区路网,确定东部新区生态公园规划选址,完成S237城区段城市设计。营造康居环境,改造30条后街后巷和烟雨园小区,整治琵琶西路、文游中路、海潮西路街道立面,加快建设学士园、福人居、润丰苑等拆迁安置小区,新建珠湖、新华和东部新区农贸市场,建成人民医院东区分院、实验小学东校区,中医院东区分院投入使用。提升城市品位,建设盐河风光带、运河西堤休闲风光带,实施穿心河(市河)二期截污导流工程,疏浚元沟子河、老横泾河、南海子河、东门大沟,打造"清水活水、不淹不涝"城市。强化城市管理,扎实推进城市环境综合整治三年行动计划,全面启动数字化城管建设。创省级城市管理示范路1条。新建机动车停车场2个、压缩式垃圾中转站4个、公厕12座、摊点疏导区2个。组建南海、北海、高沙园社区物业服务中心,为辖区内老旧小区提供基本物业管理服务。

突出镇域经济崛起。坚持以人为本推进城镇化,重点解决人口集聚和产业发展问题。在中心市区推动开发区与马棚街道、龙虬镇融合发展,推动城南新区与高邮街道、车逻镇、卸甲镇互动发展。在湖西地区开展城镇化综合改革试点,推动光电园区与菱塘回族乡、送桥镇一体化发展。在东部和北部地区强化产业立镇,汤庄镇着力发展特色工业、培育空港经济,甘垛镇加强三次产业联动、做大经济总量,界首镇申报省历史文化名镇,周山镇建设红色名镇。三垛镇、临泽镇、菱塘回族乡加快完善功能,增强承载能力,申报全国重点中心镇。对乡镇园区实施差别化考核,促进转型发展、特色发展。继续加强撤并镇供电、供水、交通、医疗等公共服务和社区建设。

突出美好乡村建设。探索村庄保洁市场化运作模式,巩固提升美好城乡建设行动和农村环境综合整治成果。打造卸甲绿洋湖村、三垛少游村、马棚东湖村等一批休闲旅游、生态宜居的特色村庄,甘垛带程村创成省特色示范村。强化农村"五位一体"长效管护,实施农村环境连片整治项目。疏浚农村河道200条,完成土方280万立方米。新增无害化户厕1.5万座,普及率80%以上。大力推进造林绿化"1234"工程,新增造林面积666.67公顷,其中成片林433.33公顷。创省级绿化示范村16个,森林覆盖率达18.1%。抓好秸秆禁烧及综合利用,机械化还田6.67万公顷以上。深入推进村级组织"四有一责"建设,确保80%以上的行政村年集体经营性收入达30万元以上,创扬州市村级组织能力建设"百强村"5个。

五、坚持特色发展,彰显宜居宜游魅力

推进古城保护利用。加快推进国家历史文化名城申报。统筹抓好城南、城中、城北三个历史文化街区保护和利用。建设南水关、王氏文化广场和中市口广场三个节点景观,恢复东台巷、西后街等一批古街巷历史风貌。实施盂城驿扩容第二期工程,建设接官厅、景区东入口,打造柳荫禅林及马饮塘河沿线景观。修缮清代当铺,修建抗日战争最后一役纪念馆。依托现存古建筑,恢复一批老字号商铺,开放一批民间博物馆,培育一批文化工作室,千方百计将历史文化资源优势转化为推动历史名城永续繁荣的新亮点。

促进文化繁荣发展。加大文化遗产保护力度,启动新博物馆布展工作和明清运河故道遗址文化公园建设,编制国家级非物质文化遗产《高邮民歌》保护规划。加快完善公共文化服务体系,启动高邮市文体中心规划选址，修建老年大学和老干部活动中心，创成省级公共文化服务示范区，建成城区10分钟公共文化服务圈和体育健身圈。精心打造特色文体品牌，举办第五届环高邮湖国际自行车越野赛、第三届大运河越野半程马拉松赛、新年音乐会、周末大舞台等活动。繁荣文艺创作，创成中华诗词之乡。弘扬道德新风，开展第五届“高邮好人”评选。落实文化产业扶持政策，不断提高文化产业规模化、集约化和专业化水平。

加快旅游开发步伐。坚持科学规划、政府主导，推进环高邮湖旅游开发。做大清水潭旅游度假区规模，提升改造10平方千米核心生态区，建成东入口、游客接待中心，开工建设温泉假日酒店，创省级生态旅游示范区。加快开发神居山文化旅游度假区，建设游客休闲服务中心、环山步道、东入口广场。提质文游台景区、镇国寺景区，建设龙虬庄遗址文化公园。加大旅游宣传包装力度，举办旅游美食节、高邮湖大闸蟹节，积极发展乡村旅游和农家乐，重点推进扬州至高邮水陆游，开辟高邮湖水上游览观光线路。新增3A级景区1个、五星级酒店1家、省“乐游农家”4个。接待游客350万人次，实现旅游总收入30亿元。

六、立足共建共享，加强和谐社会建设

促进居民持续增收。把增加收入作为保障和改善民生的首要任务，努力做到居民收入增长和经济发展同步。实现城镇新增就业6 000人，就业困难人员再就业300人，新增农村劳动力转移3 000人，城镇登记失业率控制在4%以内。大力推进全民创业，放宽市场准入、降低创业门槛，全年推介创业项目40项，发放创业就业小额担保贷款1 000万元。城乡居民低保标准分别提高到月人均500元和360元，五保供养标准提高到年人均5 800元以上，提升农村敬老院规范化建设水平。积极开展扶贫帮困工作，城镇“零就业”家庭保持动态为零，5 000元以下低收入农户脱贫率达70%，发放慈善救助资金650万元以上。开通“西气东输”分输站，让市民用上质优价廉的管道天然气。落实价格调控目标责任制，居民消费价格指数不高于省平均水平。

促进社会公平发展。调整中小学布局，优化教育资源配置，创建省义务教育优质均衡改革发展示范区。加快现代化学校建设步伐，升级改造城北小学，建设界首实验小学、三垛实验小学，实验小学东校区及附属幼儿园年内正式投入使用，第二中学创省四星高中。积极支持扬州职业大学师范学院、高邮中等专业学校发展，更好地服务地方经济建设。加大科普宣传力度，提高全民科学素质。做好省定20种重大疾病与大病保险制度的有机衔接。新农合人均筹资标准提高到400元，其中财政补助320元。全面推广居民健康卡，实现从省到村五级“一卡通”。新增居家养老服务中心(站)20家。对800名贫困残疾人进行辅具适配和家庭无障碍设施改造。实施邮都幸福家庭计划，增强计生特困家庭发展能力。新建公共租赁住房400套、经济适用房90套。推进住房公积金公平缴存，全年扩面4 000人，发放公积金贷款1.6亿元。加强民族工作，促进共同发展。

促进社会治理创新。改进社会治理方式，扎实开展“六五”普法，深入推进平安高邮、法治高邮和诚信高邮建设。加强社会治安综合治理，创新立体化社会治安防控体系。加大网络社会监管力度，依法打击各类违法犯罪。开展信访工作基层基础提高年活动，促进信访突出问题解决。筹划社会管理服务中心，城乡社区一站式服务大厅基本达标，城区社区办公服务用房80%达标。推进政府向社会组织购买公共服务，激发社会组织活力。大力构建和谐劳动关系，健全企业工资集体协商和劳动争议协商调解仲裁机制。建立医疗纠纷第三方调解机制，畅通医患沟通平台。加强安全生产监管力度，推动职业安全健康工作，建立完善隐患排查常态化机制，坚决遏制重特大事故发生。

加强政府自身建设

加快政府职能转变，建设人民满意政府，重在群众评判。新的一年，我们将突出抓好以执行力为核心的自身建设，切实打造一支“敢为、能为、有为”的政府团队，确保每一项工作任务都得到最坚决、最有力的落实。

建设责任政府。积极开展党的群众路线教育实践活动，切实提高政府服务基层、服务企业、服务群众的针对性、精准度。制定个性化部门考核办法，以作为定地位，以口碑为标准，全力打破部门利益固化藩篱。控制和化解政府性债务风险，规范举债行为，建立备案制度，健全偿债机制，纳入预算管理。从源头遏制投资冲动，乡镇园区政府投资项目必须按权限切实履行审批手续，明确投资金额、资金来源、付款及偿还方式。加大失信惩戒力度，坚决纠正政府机关失信行为。

建设效率政府。大力实施减章、减时、减负、提效“三减一提”行政效能提升行动，建立否决报告、首接负责和限时办结制度，制定重大项目建设快速开工办法，提升政府专业化服务能力。规范精简公文，除法律法规规定或经市政府批准，部门不得向乡镇园区发文。控制压缩会议，一般性会议不印讲话、不做会标、不宣传报道。强化效能监察，实行重要工作、重点项目、重大工程目标责任制和责任追究制。狠抓作风建设，惩戒松、懒、散、拖行为，解决中梗阻问题，着力推动机关高效运转。

建设法治政府。切实提高运用法治思维和法治方式化解矛盾、深化改革、推动发展的能力。自觉接受市人大的法律监督、工作监督和市政协的民主监督。加大新闻发布和政府信息公开力度，办好市长信箱、“寄语市长”栏目和“12345”政府服务热线，保障人民群众的知情权、参与权、监督权。健全完善重大事项集体决策、专家咨询、群众参与制度。坚持依法行政，进一步清理行政权力事项，推行行政执法责任制。强化对政府全口径预算、社会公共资金的审批、审计与监督。

建设廉洁政府。以制度建设为根本，以规范权力运行为重点，着力构建惩治和预防腐败体系，建设清风高邮。加快公共资源交易市场建设，进一步扩大“三直接”规范环节。所有国资项目招投标实施技术、商务、信用“三合一”评标。严格落实中央“八项规定”、国务院“约法三章”和《党政机关厉行节约反对浪费条例》，坚持过紧日子，勤俭办一切事情，确保“三公”经费只减不增，运转性支出统一削减5%，把有限的资金和资源更多地用在社会发展、民生改善上。（该报告系摘要）

注释

1. 土地融资规模控制卡：由省财政、国土、银监等部门联合颁发监管，确定土地储备机构年度可融资规模。

2. 服务业限上企业：年主营收入2 000万元以上的批发企业、500万元以上的零售企业、200万元以上的住宿餐饮企业。

3. 接待游客300万人次，实现旅游总收入23亿元：根据国家旅游统计制度，游客的定义是不以谋求职业、获取报酬为目的，离开惯常居住环境，出行距离超过10千米、出游时间超过6小时。

4. “五好”示范合作社：服务成员好，经济效益好，利益分配好，民主管理好，示范带动好。

5. 农产品“三品”：无公害农产品、绿色食品、有机食品。

6. “三站三中心”：院士工作站、研究生工作站、博士后科研工作站、工程技术研究中心、企业技术中心、工程中心。

7. 工业“四大战略”：实施企业上市、专利创造、标准建设、品牌打造工程。

8. 省首台套重大装备产品认定：近三年省内企业首家自主研发并经用户使用的产品，达到国内先进水平，成套设备价值每套在100万元以上，单机价值每台在50万元以上。

9. 南北园区共建：在苏北地区省级以上开发区中，划出一定面积土地，由苏南地区开发区负责规划、投资开发、招商引资和经营管理。

10. 行政审批“八个一”工程：“一站式”行政服务工作机制，“一网式”三级联动服务机制，“一表制”企业注册登记系统，“一费制”项目办理扎口收费机制，“一条龙”重大项目审批绿色通道制度，“一揽子”重大问题综合协调联审会办机制，“一门式”联合办理服务机制，“一窗式”重大工业项目全程代办服务制度。

11. “三拆三整治”行动：以“拆违、拆破、拆烂，治脏、治乱、治差”为主要内容的市容环境综合整治。

12. 农村“五位一体”长效管护：将道路养护、河道保洁、绿化维护、村庄保洁和治安联防结合起来，实行长效管理。

13. 村级组织“四有一责”：有持续稳定的集体收入、有功能齐全的活动阵地、有先进适用的信息网络、有群众拥护的带头人，强化村党组织领导责任。

14. “三高一低”：高消耗、高污染、高危险、低效益。

15. “三直接”：直接面向群众服务、直接分配财政资金、直接接触工程建设的领域、环节。

16. 扬州市服务企业2号文件：2014年扬州市委、市政府《关于解决企业反映的突出问题净化经济发展环境的意见》。

17. “一网两园三带四区”：农业物联网，高邮鸭产业园、八桥现代农业产业园，特色水禽产业带、花卉苗木产业带、休闲观光农业产业带，农产品加工集中区、生态渔业养殖区、循环农业区、复合型现代农业示范区。

18. 产学研“三百”计划：百家企业访高校、百家高校进高邮、百名专家高邮行。

19. “新三板”：经国务院批准设立的全国性证券交易场所，是全国多层次资本市场的组成部分。主要解决科技创新企业融资问题。

20. 城市公交“一站三场”：城市公交总站，南场（城南新区）、北场（开发区）、西场（运河西堤）。

21. 造林绿化“1234”工程：中心城区绿化提升，清水潭湿地生态中心、送桥镇千亩连片绿化，沿路、沿河、沿湖绿化，集镇村庄绿化、农田林网建设、京沪高速绿化完善、农村中幼龄林抚育。

22. 健康卡“一卡通”：由省卫生厅与农行江苏分行合作发行，在医疗机构就医过程中可识别个人身份，存储个人基本健康信息，调阅医疗机构电子病历和诊疗信息，进行费用结算。同时具有金穗借记卡功能。

23. 国务院“约法三章”：本届政府任期内，政府性的楼堂馆所一律不得新建，财政供养的人员只减不增，公费接待、公费出国、公费购车只减不增。

大 事 记

Major Events

1 月

5 日 市第十四届人民政府召开第四次常务会议。

10 日 市残疾人联合会第五次代表大会召开。大会选举产生新一届市残联主席团主席、副主席和理事会组成人员。

15～16 日 由东南大学编制的《高邮历史文化名城保护规划》,通过江苏省住房和城乡建设厅组织的专家组的论证。

15～17 日 市政协第十二届委员会第二次会议召开。

16～18 日 市第十四届人民代表大会第二次会议召开。会议补选韩方为市第十四届人民代表大会常务委员会主任。

17 日 市政协召开第十二届第四次常务会议。

19 日 高邮市被江苏省农业资源开发局表彰为 2012 年度全省农业资源开发先进市。

25 日 由市慈善总会主办的全市特殊困难家庭慈善资助金集中发放仪式在市西苑宾馆举行,共发放善款 280 万元。

30 日 扬州曙光电缆股份有限公司董事长郑连元当选第一届“扬州市十大功臣”。

30 日 市赞化学校学生管仲培当选为第二届“十大扬州好人”。

是月 高邮市被江苏省农业委员会公布为全省首批“亩产吨粮县”之一。

是月 高邮市被江苏省海洋与渔业局表彰为 2012 年度江苏省渔业科技入户工作先进集体。

是月 由江苏弘盛集团承建的盐城市中级人民法院综合楼被国家工程建设质量奖审定委员会公布为获“国家优质工程银质奖”项目。此为全市首例。

是月 市五里坝国家粮食储备库和界首粮油经营公司,获江苏省粮食局授予的“全省百家农民满意粮食收购企业”称号。

是月 扬州市文物考古研究所在周巷镇周巷村发掘出距今2 000多年的西汉晚期墓葬群,出土琉璃蝉、五铢钱、铜镜、灰陶器等一批珍贵文物。此为高邮市运东地区首次发现的汉代墓葬群。

2 月

1 日 市委、市政府召开全市农业工作会议。

2 日 市政府召开全市水利工作会议,部署开展“水利现代化建设年”活动,全力建设安全、民生、资源、环境“四大水利”工程。

2 日 《人民日报》《农民日报》《新华日报》《扬子晚报》和江苏人民广播电台、中国江苏网等 6 家新闻媒体记者到高邮市,集中采访该市“农家书屋”建设情况。

4 日 市委、市政府召开全市人才工作会议。

4 日 市委人才工作办公室揭牌成立。

5 日 市政府在市皇华国际大酒店举行“少游宴”入选“中国名宴”新闻发布会。

12 日 市委、市政府在市加州阳光大酒店举办 2013 年新春恳谈会暨“凤还巢”项目签约仪式。签约项目共 9 项,总投资额 20.56 亿元。

12 日 市委宣传部、市文广新局、市文联、市城管局在市蝶园市民广场,联合举办 2013 年“周末大舞台”春节专场文艺演出。

16 日 市委、市政府召开全市经济工作暨机关作风建设大会。

17日 市委召开全市党建工作会议。

17日 中共高邮市第十届纪律检查委员会召开第三次全体会议。

18日 市委、市政府召开全市建筑业工作会议。

18日 市第十四届人民政府召开第五次常务会议。

18～19日 全市突降暴雪，降雪量为23毫米，积雪深度为19厘米，是高邮市有气象记录以来2月份最大一次降雪。

27日 市第十四届人大常委会召开第六次常委会议。会议决定，任命徐永宝为高邮市人民政府副市长。

28日 市政府召开全市安全生产暨信访稳定工作会议。

是月 界首镇益友植保专业合作社、马棚镇水稻生产服务专业合作社、龙虬镇水稻生产服务专业合作社、周山镇水稻生产服务专业合作社等4家农机合作社，被农业部表彰为"全国农机合作社示范社"。

3 月

3日 联合国粮农组织40名专家学者专程赴高邮市，考察头闸干渠城区段改造工程和卸甲镇南关灌渠节水改造技术示范园，称"高邮灌区经验值得借鉴"。

5日 全市"纪念开展学习雷锋活动50周年"志愿服务集中行动启动仪式，在市蝶园市民广场举行。

15日 全市举办2013年"3·15"国际消费者权益保护日大型广场咨询服务活动。30多个部门和单位派员现场接受消费者投诉、咨询和举报。

20日 市政府召开全市人力资源和社会保障工作会议。

20日 水利部特派员李粤安一行到高邮市，对农村饮水安全项目建设管理情况进行稽查。

20日 在扬州市科技创新大会上，高邮市共获扬州市科学技术奖项目9项，其中一等奖3项、二等奖1项、三等奖5项。

21日 市政府召开全市环境保护工作会议。

29日 市药品流通行业协会成立。

29日 市第十四届人大常委会召开第七次常务会议。

29日 市政协召开第十二届第五次常委会议，专题协商中心镇建设议题。

30日 市政府召开全市建筑工程安全生产工作会议。

是月 市烈士陵园被江苏省人民政府公布为第四批省重点烈士纪念设施保护单位之一。

4 月

1日 市党政军群机关工作人员和部分群众祭扫革命烈士墓。

2日 市首届中小企业电子商务培训班开班。

2～3日 美国好莱坞L&D传媒集团摄制组一行12人专程到高邮市，为拍摄《扬州形象》大型纪录片取景。

3日 中共江苏省委书记、省人大常委会主任罗志军到高邮市，对经济社会发展、民生事业改善、城镇化建等方面工作进行调研。10～15日，罗志军到八桥镇金港村驻点调研。

8日 《高邮湖旅游开发概念性规划》通过省专家组的评审。

10～11日 市民间文艺家协会理事、市收藏家协会理事朱军华获中国报业协会授予的"中国集报精品证书"。

11日 高邮市首届千人广场舞大赛在市蝶园市民广场举行。40多支代表队、1 000多名舞蹈爱好者参赛。28日，通过决赛，4支代表队获一等奖。

15日 市第十四届人民政府召开第六次常务会议。

16日 新华社、人民网、江苏卫视、江苏新闻广播网、中国江苏网和《中国财经报》《农民日报》《新华日报》《江苏经济报》、等9家媒体记者相聚高邮市，集中采访该市实施农机购置补贴政策的创新模式。

16日 2013年全民健身体育节在市体育场举办。

17日 第九届中国双黄鸭蛋节开幕式暨产业合作商机说明会，在市汇富金陵大饭店举行。应邀出席会议嘉宾、客商近200人，现场签约项目共30项。

17日 市城市规划展览馆揭牌开馆。

17日 市委召开全市领导干部会议，传达学习省委书记罗志军重要讲话精神——推动高邮在更高水平小康社会建设中率先崛起。

18日 2013扬州"烟花三月"国际经贸旅游节暨第九届中国双黄鸭蛋节重点项目集中开工、竣工投产活动在高邮市举行。共有项目71项、总投资额126.53亿元。

18日 盂城驿扩容暨城南历史街区整治工程开工仪式举行。

20日 市政府召开全市防震减灾工作会议。

各乡镇、园区分别与市政府签订2013年防震减灾工作目标管理工作责任书。

23日　第七届读书节开幕式暨首批“十大学习之星”颁奖仪式举办。

23日　市政府召开全体(扩大)会议。

25日　市委、市政府召开全市农村工作会议。

25日　市预备役新入队预任军官任职授衔仪式在高邮城南经济新区举行。此次被授衔预任军官共7人。

27日　市委、市政府召开庆祝“五一”暨表彰劳动模范大会。

30日　“中国梦·梦之蓝杯”第四届环高邮湖自行车越野赛在高邮湖畔举行。有来自23个城市的350多名赛车手参赛。

是月　全国普法办公室公布2010～2012年度全国法治县(市、区)创建活动先进单位名单,高邮市名列其中。

是月　高邮市获江苏省发展和改革委员会授予的“江苏省光电高技术特色产业基地”牌匾。

5　月

2日　市委召开常委扩大会议,贯彻中共中央“八项规定”、省委“十项规定”、扬州市委“二十条禁令”。

5日　中共江苏省委副书记、江苏省省长李学勇到高邮市,调研南水北调东线工程建设和水质监测情况。

9日　市委、市政府召开全市园区工作会议。

9日　全国闻名的“白衣圣人”“感动中国人物”吴登云事迹展览馆在郭集镇建成开馆。

10日　由江苏省文物局授予的“江苏大遗址——高邮市龙虬庄遗址”揭牌仪式,在龙虬庄遗址举行。

12日　国家农业综合开发办公室主任王光坤到高邮市,调研农业综合开发产业化经营工作。

15日　八桥镇金港村村民潘钻友创办的高邮市钻友家庭农场有限公司,获工商行政管理部门颁发的营业执照。该公司为扬州市首家家庭农场有限责任公司。

15日　全市首届“十佳自强之星”颁奖暨助残捐赠仪式在高邮大剧院举行。

17日　市委、市政府举行“5·19慈善一日捐”活动暨市慈善总会成立十周年纪念大会。

20日　经美国联邦巡回上诉法院判决,高邮市民营企业扬州百仕德礼品工艺有限公司诉美国商务部在窄幅织带反倾销案中获胜诉。此为全市成功应诉涉外反倾销案首例。

29日　市第十四届人大常委会召开第八次常委会议。

29日　由市工商联和扬州职业大学师范学院联办的高邮市非公经济商学院成立。

31日　全市庆祝“六一”国际儿童节大会暨第三届幼儿体育艺术节开幕式在市体育馆举行。

是月　菱塘回族乡获江苏省住房和城乡建设厅、省旅游局授予的“江苏省特色景观旅游名乡”称号。

是月　高邮市被江苏省旅游局、新华报业传媒集团联合评选为“2013网民最喜爱的江苏春季赏花胜地——油菜花胜境”。

是月　全省首家消费维权纠纷司法服务站在高邮工商局挂牌成立。

6　月

7～9日　全市2013年普通高校招生统一考试在3个考点176个考场进行,应试考生共5 145人。

13日　高邮市城市管理行政执法局成立。高邮市城市管理执法大队、高邮市城市管理规划大队于同日成立。

17日　市政府召开全市安全生产工作会议。

17日　全市“食品安全宣传周”活动启动仪式在乐购超市广场举行。

21日　位于清水潭旅游度假区的高邮“地热1号井”通过省专家组评审验收。

23日　高邮市姓氏文化研究会成立,并召开首届会员大会。

24日　高邮市灯具产业服务中心暨行政服务中心灯具产业分中心揭牌运行。

25日　市政协召开第十二届第六次常委会议。

25日　市委、市政府召开全市新一轮低收入农户脱贫奔小康暨经济薄弱村脱贫攻坚工程会议。

29日　市第十四届人民政府召开第七次常务会议。

29日　全市征兵工作会议召开。从是年起,征兵工作改为夏秋季进行。

7　月

4日　市委召开常委扩大会议,总结上半年工作,部署下半年工作。

7日　17时10分,三垛镇、卸甲镇、司徒镇、横泾镇等乡镇遭受龙卷风袭击,造成49人受伤、503户村民房屋受损。

14日 晚，高邮市首届戏曲票友大赛总决赛颁奖晚会在北海影城举行。

17日 市委中心组举行群众路线教育实践活动集体学习会。

18日 市政府召开信息安全等级保护工作会议。

19日 城区穿心河整治工程全面启动。

27日 市委、市政府召开全市深入推进素质教育工作座谈会。

30日 市第十四届人大常委会召开第九次常委会议。

30日 市政府召开全市新型金融组织联席会议。

8 月

1日 中共高邮市第十届委员会第六次全体会议举行。

1日 市人民法院知识产权审判庭设立，并于是日起受理知识产权纠纷案件。

3日 晚，由市委宣传部、市文广新局、市文联等部门单位共同主办的中国高邮“六和液杯”第30届“珠湖之波”全国优秀歌手邀请赛总决赛举行。来自五省十县市的23名选手参加决赛。

4日 中国农工民主党高邮市支部委员会成立，并选举产生支委会组成人员。

6日 市委、市政府召开老干部情况通报会。

7日 市政府召开全市国有投资建设工程管理工作会议。

8日 市第十四届人民政府召开第八次常务会议。

11日 由市妇联、团市委联合举办的全市首次“七夕”大型青年人才相亲交友会在界首镇连标葡萄园举行。

21日 市委、市政府召开全市“科技镇长团”工作会议。省委、省政府派驻高邮市的第六批“科技镇长团”的9名专家、教授到任挂职。

24日 第六届横渡高邮湖活动开赛仪式在高邮二桥举行。是日14时，来自江苏、上海、浙江、安徽等四省市的21支代表队、500名运动员参赛。

26日 界首镇获农业部农机试验鉴定总站授予的“水稻栽植及收获机械试验示范区”称号。此为全国首例。

是月 高邮市被江苏省农业委员会列为全省水稻病虫害全程承包防治试点县(市、区)。

是月 全省首家“江苏省新能源储能装置工程中心”在市欧力特能源科技有限公司建成。

是月 全市首家“预防职务犯罪工作站”在高邮工商局成立。

9 月

1日 扬州市唯一被国家卫生和计划生育委员会选点进行第五次国家卫生服务调查工作的高邮市，启动该项调查活动。

3日 市第十四届人大常委会召开第十次常委会议，审议通过《市人大常委会关于全市行政区划调整的决定》等事项。全市20个乡镇被调整为11个乡镇、2个街道。

4日 市委、市政府召开全市行政区划调整工作动员大会。

7日 市委、市政府在乐购超市广场举行2013年安全用药月(9月)宣传活动暨假劣药械销毁仪式。被销毁假劣药械有300多个品种，货值50万元。

10日 市第十四届人民政府召开第九次常务会议。

10日 高邮市高邮湖大闸蟹行业协会成立。

12日 公安部、国家税务总局在高邮市举行“打击骗税‘8·27’集群战役集中收网行动”启动仪式。全国17个省市参战，前线指挥部设于高邮市，先后共抓获犯罪嫌疑人49人。

13日 市委、市政府召开城市环境综合整治工作动员大会。

18日 大连理工大学高邮研究院产业化基地暨高邮市新能源材料公共技术创新与服务平台挂牌运行。

18日 市委、市政府举办中秋电影招待会。

18日 全市行政事业单位产权集中管理工作启动。

22日 城区中小学生中的500名集邮绘画爱好者齐聚市蝶园市民广场，参加“放飞邮城梦想”邮人绘邮现场绘画活动。

23～25日 首届信息安全员岗位培训班在市委党校开班。

25日 市委、市政府举行“秦邮人才集聚”启动仪式。全国40多个高校院所的部分专家、教授、博士聚于高邮市。

25日 市第十四届人民政府召开第十次常务会议。

26日 中国招商银行股份有限公司高邮支行开业。

28日 《高邮神居山文化旅游度假区总体策划及控制性详细规划》通过由南京、上海、扬州等地专家组成的专家组的评审。

29日 市政协召开第十二届第七次常委

会议。

29～30 日 市第十四届人大常委会召开第十一次常委会议。

是月 经国家人力资源和社会保障部、全国博士后管理委员会联合批准,同意江苏华富能源股份有限公司设立国家级博士后科研工作站。此为全市首例。

是月 历经三年调查,《高邮市第一次水利普查公报》发布。

是月 临泽镇朱堆村 67 岁的杨文华获登由中共中央精神文明建设指导委员会办公室主办、中国文明网承办的“我推荐、我评议身边好人”活动 2013 年 9 月“中国好人榜”。

是月 在科学技术部、财政部公布的 2013 年科技型中小企业技术创新基金立项名单中,高邮市获国家创新基金无偿资助的项目共 6 项、基金 530 万元,列项数和基金额度均列扬州市各县(市、区)前茅。

是月 在科学技术部、财政部公布的 2013 年度国家星火计划立项项目名单中,高邮市入选的农业项目共 10 项,列项数居扬州市第一。

10 月

2 日 由市政府主办,市体育局、市跑步协会承办的 2013 高邮大运河越野半程马拉松赛在城区运河东堤举办。省内外的 600 多名选手参赛。该项赛事于 12 月 20 日获国家体育总局田径运动管理中心认可。

8 日 由市残联主办、市特殊教育学校协办的高邮市劲帆残疾人文化创业基地在盂城驿挂牌成立。

12 日 市委召开全市离退休干部工作会议。

12～14 日 澳大利亚南格莱片郡(市)市长阿尔伯特·卡瓦诺一行,到高邮市进行友好访问,并签订两市加强友好合作与交流的协议。

15 日 江苏省副省长曹卫星率队到高邮市,调研教育现代化建设工作。

16 日 市委、市政府举办高邮湖大闸蟹产学研基地签约、揭牌暨农业招商引资项目集中签约活动。签约项目共 16 项,总投资额 10.32 亿元。

17 日 市统计局发布 2012 年高邮市人才发展统计公报。全市人才资源总量 7.29 万人,占总人口的 8.92%。

18 日 由中华全国集邮联合会、扬州市人民政府主办,江苏省邮政管理局、江苏省邮政公司协办,高邮市人民政府承办的第六届中国邮文化节,在市城市商务大厦广场开幕。

18 日 高邮市获江苏省诗词协会授予的“江苏省诗词之乡”称号,并于是日揭牌。

18 日 首届中华集邮联合会会士论坛在高邮市城市规划馆举办。

21 日 由东北亚开发研究院、中国社会科学院社会科学文献出版社、中国中小城市经济发展委员会等单位联合发布的《2013 年中国中小城市绿皮书》载:高邮市列入“2013 中国中小城市综合实力百强县(市)”“2013 中国最具投资潜力中小城市百强县(市)”榜单,分别列 72 位、54 位。此为高邮市连续 7 年跻身“双百强”。

21 日 高邮市被环境保护部公布为第六批全国生态文明建设试点地区。

22 日 市委、市政府召开实施市级机关中层干部任期制动员会议。

22 日 位于临泽镇西河村的扬州市首座非公布式光伏电站——江苏振发新能源科技有限公司第一期 20 兆瓦光伏发电站,成功并入国家电网发电。

24 日 全市首家由私营企业兴办的金融企业——金信银通扬州高志投资管理有限公司开业。

25 日 由中国人民解放军空军指挥学院副院长朱和平率领的外国军官团到高邮市参观。

30 日 扬州市第九次学校精致管理现场推进会在高邮市召开。

31 日 市委、市政府召开全市农民专业合作社规范化建设工作会议。

是月 全市首个“希望村塾”在送桥镇庙家村挂牌开学。

11 月

1～3 日 由市政府主办、市住房保障和房产管理局承办的“百年家居·圆梦邮城”2013 秋季房产交易会举办。

5 日 在中华全国供销合作总社公布的 2013 年全国供销合作社系统农业产业化重点龙头企业名单中,临泽水产品批发市场、高邮市兴旺鸭业产销专业合作社榜上有名。

5 日 高邮市清水潭旅游度假区管理委员会、清水潭旅游投资开发有限公司举行揭牌仪式。

6 日 全省唯一获江苏省环境保护厅批建的专业电池产业园——高邮市电池产业园《高邮市高性能电池产业发展规划》通过专家组评审。

6～7 日 中国照明电器协会理事长刘升平率专家组到高邮市,对该市“中国路灯制造基地”进行复评。

12～15 日 市委、市政府在广东省佛山市举办2013年高邮产业合作(佛山)恳谈会,现场签约项目4项,总投资额15亿元。

15日 市委召开全市精神文明建设工作表彰会议,对37个获省表彰的文明单位进行集中授牌。

16日 菱塘回族乡菱塘村被江苏省精神文明建设指导委员会办公室、省委农村工作办公室、省农业委员会、新华报业传媒集团、省广播电视总台等10个部门单位联合表彰为“江苏最美乡村”。

20日 江苏省农产品加工集中区建设推进会在高邮市召开。

21日 市第十四届人民政府召开第十一次常务会议。

26～27日 市第十四届人大常委会召开第十二次常委会议。

是月 高邮市获中国县域品牌发展协会、中国生态旅游研究与促进会、中国旅游投资促进会联合授予的“全国最美生态旅游示范市”称号。

是月 市政府首批表彰“市民学习品牌”单位20个、“学习型先进个人”30人。

12 月

4日 中共江苏省委宣讲团在市行政中心会议中心举行中共十八届三中全会精神宣讲报告会。

5日 工业和信息化部中小企业发展中心、中国中小企业国际合作协会在高邮市举办“国家中小企业银河培训工程——中国中小企业大讲堂·推动中小企业挂牌融资走进高邮”活动。

17日 市政府向江苏波司登制衣有限公司发出“贺信”。截至15日,该公司已向市国税局、市地税局缴纳税金2.68亿元,比上年同期增长41.14%,居全市之首。

19日 由苏州科赛集团投资38亿元兴建的神居山文化旅游度假区项目开工仪式,在送桥镇举行。

20日 高邮市获江苏省商务厅授予的“江苏省电动工具出口基地”称号。

24日 扬州市委、市人大常委会、市政府、市政协领导成员和市级机关职能部门、各县市区主要负责人到高邮市,观摩重大项目和民生工程实施情况。

25日 市政协召开第十二届第八次常委会议。

26日 市政府举办农村居民健康卡首发仪式。

26日 高邮市大学生村官联合会成立。

28日 中共高邮市委第十届第七次全体会议召开。

28日 是全市村(居)委会换届选举日。全市175个村委会、53个社区居委会全部一次性选举成功。

31日 市第十四届人大常委会召开第十次常委会议。

31日 市第十四届人民政府召开第十二次常务会议。

是月 高邮市为全省首个经江苏省财政厅、省国土资源厅、中国人民银行南京分行、中国银行业监督管理委员会江苏监管局审核而获得“土地融资规模控制卡”的县市。

是月 全市实现电气化乡镇全覆盖。

是月 全市6个新建镇完成选举新一届镇人大代表工作,共选举产生镇人大代表530人。

是月 高邮市公共法律服务中心成立。

是月 江苏弘盛建设工程集团有限公司、江苏兴厦建筑安装有限公司、江苏瑞沃建设集团有限公司等3家建筑企业入选2013年江苏省建筑业“百强企业”名单。

是月 车逻、临泽、送桥等3家机械化屠宰场,通过由江苏省商务厅牵头、省政府九部门参加的联合审核验收,投入运营。

是月 耿高鹏、葛纪平被江苏省公安厅、省见义勇为基金会授予“江苏省见义勇为先进分子”称号。

是月 江苏波司登制衣有限公司总经理何其新被评选为第二届“扬州市十大功臣”。

专　　记

Special Records

导读

第九届中国双黄鸭蛋节

【概况】 4月17日，第九届中国双黄鸭蛋节举办。按照“节俭、高效”原则，先后举行2013年“高邮湖春色·里下河风情”主题游启动仪式，全民健身体育节启动仪式，鸭蛋节开幕式暨产业合作商机说明会，市城市规划展览馆揭牌开馆仪式，组织部分嘉宾赴扬州参加“烟花三月”国际经贸旅游节活动，举行产业推介暨集中签约活动，举行海峡两岸农业合作试验区项目签约活动，组织重点项目集中开工、竣工投产活动，举行产学研深度合作洽谈会，举办“高邮市民日活动”，组织千人看邮城、千人广场舞蹈大赛、第四届环高邮湖国际自行车越野赛等系列活动。　（高志中）

【召开第一次节庆经贸招商活动对接会】 3月4日，市委、市政府召开第一次扬州“烟花三月”国际经贸旅游节暨高邮第九届中国双黄鸭蛋节经贸招商活动对接会。市委副书记、市长方桂林提出，各乡镇、园区和有关部门要按照市政府《关于开展“春季招商迎节庆”活动的通知》《2013年全市招大引强行动计划》等文件要求，开展定向招商、敲门招商，做到三个百分之百，即文件列出的关联企业，要百分之百联系一遍；与高邮市有业务往来的相关企业，要百分之百拜访一遍；招商小分队，要百分之百由党政主要负责人分别带队活动。市委常委、常务副市长徐永宝主持会议，副市长朱莉莉、市政协副主席肖伯群和各乡镇、园区和部门负责人出席会议。　（高志中）

【召开第二次节庆经贸招商活动对接会】 3月20日，市委、市政府召开第二次节庆经贸招商活动对接会。各乡镇、园区和相关部门负责人分别交流汇报招商任务落实情况。据统计，至3月19日，全市已邀请客商293人，其中外商92人，占任务数的92%；已初步落实签约项目52项，总投资额折合人民币85.8亿元；已初步落实节庆期间实施开工、竣工、投产项目53项，总投资额70.33亿元。副市长朱莉莉出席会议并提出下一步工作要求。　（高志中）

【整治市容迎节庆】 4月初，市城管局制定《迎“双节”城区市容环境综合整治方案》。同时一方面向沿街单位、商家发放《告市民一封信》，加强宣传引导，提高市民文明意识；另一方面，采取错时、延时工作法，将所有执法人员上班时间调整到上午7时，强化对重点路段、重要节点、重要时点的巡查管控，加大对各类流动摊点、占道经营、马路市场、车辆乱停乱放、灯箱戗牌占道、“野广告”等违章行为的执法管理力度，以解决城市“脏、乱、差”现象。4月14日，市委、市政府召开城市管理工作会议，要求全力营造文明、卫生、整洁、祥和的城市环境，迎接“双节”召开。会上，宣布建立城市管理工作联席会议制度。市市容管理执法大队连续组织开展市容环境综合整治行动。至14日，已取缔各类店外出摊839处，依法暂扣各类占道灯箱戗牌150多个，清理乱堆乱放杂物124处，割除乱拉横幅76条。　（高志中）

【2013年全民健身体育节开幕】 4月16日上午，2013年全民健身体育节在市体育场开幕。市人大常委会副主任薛晓寒宣布体育节开幕，副市长钱富强致词。在开幕仪式上，市武术协会与空竹队、柔力球队、春晖健身队等健身团队表演精彩节目。市领导和相关单位负责人还向各市民健身点赠送体育音响器材。　（高志中）

【市城市规划展览馆开馆】 4月17日，市城市规划展览馆开馆揭牌仪式举行。市委常委、常务副市

长徐永宝，市人大常委会副主任薛晓寒为展览馆揭牌。揭牌仪式结束后，参加活动人员在讲解员的引导下，进入馆内参观。（高志中）

资料链接　高邮城市规划展览馆于2011年2月开工兴建。总面积5 300平方米。共分三层，以过去、现在、未来三个时段为布展顺序，以“水墨丹青、工笔雅韵、多彩霓裳”为布展主题，分别设“水文化”“邮文化”“中心城市规划”和相关专业规划等30多个展区。（高志中）

【举行鸭蛋节开幕式和产业合作商机说明会】　4月17日下午，第九届中国双黄鸭蛋节开幕式暨产业合作商机说明会在市汇富金陵大饭店举行。近200名嘉宾、客商应邀出席，其中有施耐德电气（中国）有限公司业务拓展总监施伟，江苏沿海集团董事局主席、扬州秦邮特种金属材料有限公司董事长陈家旺，波司登控股集团有限公司董事、副总裁、英国博特公司副总经理王文洪，无锡兆顺不锈钢中板有限公司董事长杨兆顺，加拿大皇家投资公司执行董事魏荣宁，澳洋顺昌股份有限公司总经理助理房红亮，台湾立晟集团副总经理陈庆鸿，江苏同科蓄电池股份有限公司董事长张志祥，艾诺斯（江苏）华达电源系统有限公司总经理赵俊，深圳一电电源有限公司董事长宋国松，深圳海龙模具塑料制品有限公司董事长颜美聪，无锡振发新能源有限公司董事长陆蓉等。市委常委、常务副市长徐永宝主持会议，市委书记、市人大常委会主任韩方致欢迎词，市委副书记、市长方桂林就市产业基础及发展重点作推介说明，施伟、陈家旺、杨兆顺、魏荣宁等客商代表分别发言。

会上，现场签约项目共30项。另有会外乡镇、部门、企业自组签约项目30项，赴扬州参加“烟花三月”节集中签约项目4项。据统计，节庆期间全市共签订产业合作项目64项，总投资额折合人民币125.9亿元，注册资本折合人民币38.1亿元。其中，外资项目11项，总投资额3.7亿美元，协议外资额1.35亿美元；民资项目53项，总投资额102.6亿元，注册资本29.5亿元。（杨龙）

【举行重点项目集中开工、竣工投产活动】　4月18日，2013扬州“烟花三月”国际经贸旅游节暨第九届中国双黄鸭蛋节重点项目开工、竣工投产活动举行。市领导韩方、倪文才、金春林、张秋红、朱勇、徐永宝、汤学仁、孙建年、郭海平、薛晓寒、葛桂秋、孙明如、钱富强、高长明、杨文喜、肖伯群、王薇、李春青、张拥军等赴高邮经济开发区，参加3项重点项目集中开工、竣工投产仪式；市领导金春林、朱勇、孙建年、葛桂秋、孙明如、高长明、李春青、张拥军等赴高邮城南经济新区，参加4项重点项目集中开工仪式。是日，全市集中开工、竣工投产项目共87项，项目总投资额173.64亿元。其中，开工项目71项，投资额126.53亿元；竣工投产项目16项，投资额47.11亿元。（高志中）

【举行产学研深度合作洽谈会】　4月24日上午，市委、市政府举行2013高邮市产学研深度合作洽谈会。洽谈会由副市长朱莉莉主持；市委书记、市人大常委会主任韩方致词；中国产学研合作促进会副会长王建华、扬州大学副校长范健、重庆大学校长助理喻洪麟分别致词；大连理工大学船舶学院院长陈明、江苏华尔石英材料股份有限公司总经理刘爱军分别代表专家、教授和企业发言；重庆大学与市政府签署校地产学研全面合作协议，现场签约产学研合作项目共16项；“国家火炬高邮特种电缆特色产业基地”“中国产学研合作创新示范基地”“江苏食品与健康产业研究院”在会上集中揭牌；举行“全国‘讲理想、比贡献’活动先进院士专家工作站”和扬州市级院士工作站授牌仪式；举行中国产学研合作创新奖、成果奖颁奖和2012年度高邮市人才资助资金颁发仪式；哈尔滨工业大学、大连理工大学还发布科技成果信息。市领导汤学仁、孙建年、葛桂秋、蒋乃华、王薇等参加活动。（高志中）

第六届中国邮文化节

【概况】　10月18～19日，第六届中国邮文化节举办。以“打造文化品牌，加快建设名城”为主题，先后举行书信体散文大赛，邮人绘邮，邮文化节开幕式，邮票、邮品与现代通讯产品展览，集邮会士论坛，文化产业合作商机说明会和签约仪式，文艺晚会，文献集邮研究会年会，盂城驿扩容改造工程典礼，促进集邮发展研讨会等系列活动。（高志中）

【召开邮文化节动员部署会议】　8月29日上午，市委、市政府召开第六届中国邮文化节动员部署会议。市委副书记、市长方桂林要求，要统一思想，明确任务，强化措施，狠抓落实，全力以赴做好各项准备工作，确保将邮文化节办成一次既隆重热烈又务实节俭的盛会。市政协主席倪文才、副市长高长明对相关工作提出具体要求，市委常委、宣传部部长张秋红主持会议。会上，第六届中国邮文化节各工作组组长还汇报节庆活动筹备工作计划。（高志中）

【召开邮文化节文化产业招商工作布置会】　9月6日上午，市委、市政府召开第六届中国邮文化节文化产业招商工作布置会，就做好邮文化节期间文化产业合作商机说明会相关准备工作进行部署。会议要求各乡镇（园区）、市相关部门分别包装推介两个以上项目、邀请两名以上外地客商、至少签约一个服务业项目。市领导张秋红、钱富强参加会议，并提出具体工作要求；市服务业发展局负责人就招

商工作任务分工进行说明；部分乡镇和单位负责人汇报在手招商项目情况及工作计划。　（高志中）

【举办“放飞邮城梦想”邮人绘邮活动】　9月22日下午，市城区中小学近500名集邮绘画爱好者齐聚市蝶园市民广场，参加第六届中国邮文化节系列活动之一——“放飞邮城梦想”邮人绘邮现场绘画活动。市委常委、宣传部部长张秋红致词，副市长钱富强宣布活动开始。在绘画现场，学生们用手中的画笔画出近年来高邮发生的变化和对家乡美好未来的憧憬。现场绘画结束后，有的学生将自己的绘画作品制成百米长卷进行展示，有的学生则将绘画作品挂在彩色气球上进行放飞。　（高志中）

【督察城市环境综合整治工作】　10月11日，市委常委、常务副市长徐永宝率市监察、城管、城建、水利等部门和高邮镇、高邮经济开发区、高邮城南经济新区负责人，现场督察、推进城市环境综合整治和“三拆三整治”（拆违、拆破、拆烂；治脏、治乱、治差）工作，并随机抽查海潮路、府前街、运堤路、琵琶路、屏淮路、S237城区段等处环境，对存在问题提出整改意见，要求以优美、整洁的城市环境迎接邮文化节。至是日，全市共拆除破旧户外广告牌106块、清理乱挂条幅201处、拆除违法建筑74座、面积7 500平方米。　（高志中）

【举办邮文化节集邮展】　10月18日上午，第六届中国邮文化节集邮展览暨“勤政廉洁、幸福从政”主题邮展开展，展出的300框邮集全部由市集邮爱好者编组。其中，倪文才编组的《道教文化》《京杭大运河》《洞穴世界》邮集，朱雯和她家人编组的6框《中国书画》邮集，朱其庭编组的5框《邮戳上的百家姓》邮集，一位女干部编组的《柳》邮集，中小学生编组的《一页贴片》邮集，市纪委编组的《勤政廉洁，幸福从政》主题邮集，引起观展集邮爱好者的极大兴趣和赞誉。　（高志中）

【召开邮文化学术研讨会】　10月14日，市邮文化研究会召开以“打造东方邮都”为主题的学术研讨会。市政协主席、市邮文化研究会会长倪文才主持会议，副市长钱富强出席会议。此次会议共交流研讨邮文化研讨论文9篇。　（高志中）

【举办邮票、邮品与现代通讯产品展】　10月18～21日，作为第六届中国邮文化节系列活动之一的邮票、邮品与现代通讯产品展开展，并免费对外开放。本次展出的展品有各类邮票和新老通讯产品等，品种繁多，让观众大饱眼福。该展览展厅设于市博物馆一楼大厅。组织展品参展的单位有市经信委、市邮政局、市电信公司、高邮移动分公司、高邮联通分公司等。共设7个展区，其中5个展区为5家参展单位展区，2个展区分别为历届中国邮文化节回眸图片展区与邮票、邮品展售区。（高志中）

【邮文化节纪念邮戳制作完毕】　10月15日，邮文化节期间将启用的4枚纪念邮戳已全部制作完毕。其中，“第六届中国邮文化节”邮政纪念日戳（圆形）、“中华全国集邮联合会会士论坛”邮政纪念日戳（长方形）为具备销票功能的纪念邮戳；“第六届中国邮文化节集邮展”连体戳为普通纪念邮戳；“江苏高邮邮都广场（临）”邮戳则为增设于市博物馆邮展现场“邮都广场”临时邮政服务台使用盖销邮品的邮戳。　（高志中）

【举办高邮湖大闸蟹产学研基地揭牌和农业招商项目签约活动仪式】　10月16日上午，市委、市政府举行高邮湖大闸蟹产学研基地签约、揭牌暨农业招商引资项目集中签约活动仪式。市委书记、市人大常委会主任韩方致词，市委常委、市纪委书记朱勇主持仪式，市领导孙明如、肖伯群等参加仪式。在仪式上，韩方和上海海洋大学党委副书记何雅共同为高邮湖大闸蟹产学研基地揭牌，副市长杨文喜与合作单位负责人共同签订产学研合作备忘录。同时，高邮镇、高邮城南经济新区等乡镇、园区与客商共同签署16项农业招商引资项目合约，总投资10.32亿元，注册资本2.81亿元。　（高志中）

【召开文献集邮研究会理事（扩大）会议】　10月17日晚，文献集邮研究会在高邮市召开第三届第四次理事（扩大）会议。文献集邮研究会会长葛建亚，中华全国集邮联合会常务副会长兼秘书长徐建洲，副会长刘佳维，原副会长李近朱，理事、文献集邮研究会名誉会长、市政协主席倪文才应邀出席会议。会上，葛建亚作工作报告，并对举办文献集邮研究会成立10周年纪念活动提出建议。　（高志中）

资料链接　文献集邮研究会成立于2005年。至2013年，已发展分会20个，拥有会员1 000多人，遍及中国和法国、澳大利亚等国家与地区。

（高志中）

【第六届中国邮文化节开幕】　10月18日上午，由中华全国集邮联合会、扬州市人民政府主办，江苏省邮政管理局、江苏省邮政公司协办，高邮市人民政府承办的第六届中国邮文化节，在市城市商务大厦广场开幕。开幕式由高邮市委副书记、市长、第六届中国邮文化节组委会主任方桂林主持，中华全国集邮联合会会长杨利民宣布邮文化节开幕。高邮市委书记、市人大常委会主任、第六届中国邮文化节组委会名誉主任韩方致词，扬州市副市长董玉海讲话并表示祝贺。

在开幕式上，江苏省诗词协会会长凌启鸿为高邮市获“江苏省诗词之乡”授牌，高邮市委常委、宣传部部长张秋红领牌；江苏省作家协会党组书记、主席范小青揭晓“弘邮杯”书信体散文征文大赛评选结果；国家邮政局普遍服务司副司长王国栋和中国集邮总公司纪委书记李鸥为第六届中国邮文化节个性化邮票揭幕；江苏省邮政管理局副局长孙安宁和江苏省邮政公司副总经理江淞宁为第六届中国邮文化节首日封揭幕；中华全国集邮联合会常务副会长徐建洲和韩方为集邮与现代通讯产品展览揭幕。

出席开幕式的领导和嘉宾还有：中国文联副主席、中国杂技家协会主席边发吉，中华全国集邮联合会副会长刘佳维、孙蒋涛，上级邮政系统领导、集邮联合会会士、文献集邮研究会会员，省市集邮协会代表，全国集邮爱好者和友好县市代表，高邮市全体领导等。　（高志中）

【举办首届中华集邮联合会会士论坛】　10月18日，首届中华集邮联合会会士论坛在高邮市城市规划展览馆举办。此次论坛主题是“集邮与文化建设”。出席论坛的有来自全国各地的会士21人和参加邮文化节的集邮爱好者全体代表。中华全国集邮联合会会长杨利民，高邮市市委副书记、市长方桂林分别致词。中华全国集邮联合会副会长刘佳维主持论坛。在论坛上，李近朱、王宏伟、谢学洪、葛建亚等4名会士围绕主题，展开论述，并回答8名集邮爱好者的提问。此次论坛会场气氛活跃，互动形式活泼，论坛取得预期效果。　（高志中）

【扬州运河文化集邮研究会在高邮成立】　10月18日，扬州运河文化集邮研究会在高邮市举行成立会议。其成员为京杭运河沿线城市的集邮爱好者。高邮市政协主席、市集邮协会会长倪文才应邀担任该研究会顾问。其会旨为以运河邮品为纽带，联系团结集邮爱好者，加强与兄弟城市运河邮会之间的合作，挖掘整理运河历史资料，宣传、研究运河文化，为保护运河和申报世界文化遗产多作努力与贡献。该研究会正以“精致扬州运河行”“运河沿线风景”“运河46个古代邮驿(驿站)”等为选题，研发邮品。　（高志中）

【举行文化产业商机说明会】　10月18日下午，第六届中国邮文化节重头戏之一的文化产业商机说明会，在市皇华国际大酒店举行。该说明会由副市长钱富强主持，市委副书记金春林致欢迎词，市委常委、宣传部部长张秋红作文化产业招商项目推介。在会上，现场签约文化产业项目17项，包装推介文化产业项目20项，其中被作为重点推介的有龙虬庄遗址公园项目、盂城驿至东塔历史文化街区项目、汪曾祺纪念馆建设工程项目、运河遗址文化公园项目、高邮湖半岛国际旅游度假区项目、界首芦苇荡“渔家乐”生态旅游开发项目、清水谭旅游度假区项目、高邮市文体艺术中心项目等8项。参加活动的还有薛晓寒、张贵龙等市领导和参加邮文化节的嘉宾。　（高志中）

【举办促进集邮发展研讨会】　10月19日，中华全国集邮联合会在高邮市召开促进集邮发展研讨会。徐建洲、刘佳维、孙蒋涛、倪文才等中华全国集邮联合会领导出席研讨会。会上，倪文才作《巩固创建成果，再促集邮发展》的主题发言；吉林省、北京市、广东省、河南省、湖北省等省市集邮协会秘书长，先后就如何促进集邮发展作发言；与会人员还对中华全国集邮联合会过去五年主要工作进行回顾和总结。　（高志中）

【举行盂城驿扩容改造工程典礼】　10月19日上午，盂城驿扩容改造工程第一期竣工暨第二期开工典礼举行。市委书记、市人大常委会主任韩方出席仪式并宣布盂城驿扩容改造工程一期竣工和二期开工，市委副书记、市长方桂林致词，市委常委、常务副市长徐永宝主持仪式，市领导张秋红、薛晓寒、钱富强、肖伯群参加仪式。仪式结束后，参加邮文化节的嘉宾还兴致勃勃地参观第一期扩容改造工程竣工后的盂城驿。　（高志中）

概　　况

General Situation

自然地理

【地理位置】　高邮市位于沿江经济带的长江北岸，北纬 32°38′～33°05′，东经 119°13′～119°50′。地处长江三角洲的江苏省中部、里下河西缘。东邻兴化市，南连江都区、邗江区、仪征市，西接天长市（安徽省）、金湖县，北界宝应县。市区西南经扬州市达南京市 165 千米，东南经无锡市、苏州市抵上海市 331 千米，北距北京市 980 千米。（史志）

【区域面积】　全境南至北 50.04 千米，东至西 57.6 千米。总面积1 963平方千米，其中陆地面积 1 175平方千米、水域面积 788 平方千米，分别占总面积的 59.9％、40.1％。城市面积扩大到近 40 平方千米，建成区土地面积 25.38 平方千米。（史志）

【地形、地貌】　地势西南略高，东北偏低，多为水乡平原。高邮湖西南部属仪六低山丘陵尾端，多数海拔 15 米～20 米，最高处神居山（火山熔岩）海拔 49.5 米；京杭大运河高邮段以东里下河浅洼平原由古泻湖淤积而成，河渠成网，良田万顷，一般海拔 0.85 米～4.8 米，最低处海拔 0.75 米。（史志）

【水文】　高邮市水面之多，居扬州市之首。美丽富饶的高邮湖有 55.3％的水域面积在高邮市境内。邵伯湖北部水域和渌洋湖东北一角水域亦属高邮市。境内主要灌排、交通河流有 19 条，即京杭大运河高邮段、澄潼河、龙须沟、人字河、张叶沟、小泾沟、三阳河、第三沟、南澄子河、南关大沟、北澄子河、东平河、横泾河、六安河、新六安河、二里大沟、子婴河、天菱河、向阳河。径流总量 1.5 亿立方米。水网密度 2.83 千米/平方千米。（史志）

【高邮湖】　为江苏省第三大湖，属平原浅水型淡水湖泊，淮河入江水道穿湖而过。水域总面积 780 平方千米（水位在 8.5 米以上），其中在高邮境内水域面积 431.50 平方千米。高邮湖自然风光秀丽，有天赋的自然美，有许多令人神往的传说。宋代，甓社湖曾现珠光（河蚌珠光），并为在甓社湖居室临窗夜读的著名学者孙觉亲眼所见，被其好友沈括记载于《梦溪笔谈》，故后人称高邮湖为珠湖。《高邮州志》记载，夏秋之际，雨过天晴，湖面上会出现鳞次栉比的高楼大厦、连绵的大山，活脱脱一个天上的世界，这就是高邮湖上有名的“海市蜃楼”奇观。西湖夕照，渔舟唱晚，珠湖雪浪，邗沟烟柳，美不胜收。（史志）

高邮湖风光　（王林山 摄）

【自然资源】　高邮土地肥沃，物产丰富，素有“鱼米之乡”之称。京杭大运河高邮段以东 10 个镇以种植水稻、小麦、棉花、油菜为主，高邮湖以西 2 个乡镇以种植水稻、小麦、油菜为主，其中菱塘回族乡、原天山镇分别兼种湖桑、茶叶。全市今存植物 479 种，其中木本植物 203 种、草本植物 220 种、水生植物 56 种。野生植物资源主要有柳树、刺槐树、榆树、杨树等 59 科、108 属、177 种，豨莶草、青蒿等 60 科、140 属、200 种。绿化造林树种有 61 科、132 属、274 种。其中，乔木 161 种，灌木 99 种，藤本植

物 14 种；落叶树种 162 种，常绿树种 112 种；阔叶树种 216 种，针叶树种 58 种。淡水渔业资源丰富，碧波浩渺的高邮湖、京杭大运河高邮段以东成网的河渠、东北部成片的荡滩，为发展淡水养殖提供条件，同时也适宜于高邮鸭、扬州鹅的生长。水产资源有银、鲤、青、草、白、鳝鱼和蟹、虾等 63 种；野生动物资源有野鸡、野鸭、秧鸡、野兔、黄鼠狼等，鸟类约有120种，其中国家一级保护鸟类有东方白鹳、大鸨、丹顶鹤等。矿产资源主要有石油、天然气和品质好、储量大的矿泉水，已开发储量近千万吨的大中型油田有金沙油田和马头庄油田。2013年，耕地面积7.63万公顷，人均耕地0.093公顷。 （史志）

历史文化

【建置沿革】 高邮，属海退成陆的里下河浅洼平原。代表江淮地区东部史前文化的龙虬庄遗址，表明七千多年前境内便有人类的璀璨文明。春秋，吴邗沟地，越并吴属越。战国，楚并越属楚。秦王嬴政二十四年（公元前 223 年），灭楚，筑高台，置邮亭，故名高邮，亦称秦邮。西汉，先后属荆国、吴国、江都国。西汉元狩五年（公元前 118 年），置高邮县，属广陵国。东汉，高邮县属广陵郡。东汉末，高邮县废。三国，地属广陵郡，先属魏，后属吴。西晋，复高邮县，属临淮郡。东晋，高邮县属广陵郡。东晋和南北朝，高邮西北（今金湖县、天长市部分）侨置幽、冀、青、并州及后魏平阿县，由此形成北阿镇（亦曰三阿），与平阿湖、下阿溪三者合称三阿等地名。南北朝期间，南宋置高邮县，属广陵郡，又划设临泽县，属海陵郡；南梁起，先后置广邺郡、神农郡，辖高邮县划设的高邮、竹塘、三归三县；临泽县仍属海陵郡。隋，竹塘、三归、临泽三县仍并入高邮县，属吴州（不久改称扬州），后属江都郡。唐，高邮县先后属兖州、邗州、扬州、广陵郡、扬州（均为现扬州）。玄宗天宝元年（742 年），划江都、六合、高邮三县部分地区置千秋县，天宝七年（748 年）改称天长县。五代十国，高邮县先后属吴都江都府、后唐东都（扬州）、后周扬州大都督府。宋，开宝四年（971 年）置高邮军，直属京师。诏文为：“惟彼高邮，古称大邑，舟车交会，水陆要冲，宜建军名，以雄地望。”军同下州高沙郡，辖高邮县；熙宁五年（1072 年）军罢，县属扬州；元祐元年（1086 年），复置高邮军；建炎四年（1130 年），升高邮军为承州，领承州、天长军，辖高邮县与兴化县；绍兴五年（1135 年），废州，县属扬州；绍兴三十一年（1161 年），复为军，仍领高邮、兴化二县。元，至元十四年（1277 年），置高邮路，辖高邮、兴化二县；至元二十年（1283 年），改为高邮府，辖高邮、兴化、宝应三县，属扬州路。至正十四年（1354 年），张士诚在高邮建都，国号大周。元末，高邮改为散府。明，洪武元年（1368 年），置高邮州，领兴化、宝应二县，属扬州府；洪武四年（1371 年），升守御所为高邮卫。清，顺治元年（1644 年），置高邮州，属扬州府，不久遂为散州。古代高邮，史称“江左名区，广陵首邑”，由宋置军至清设州，有九百多年中等行政区划的经历。民国元年（1912 年），废州为县。在中国共产党领导下的抗日战争和解放战争期间，高邮县澄子河以南地区曾先后属江高行政区、江都县，高邮湖西菱塘地区曾先后属天高县、甘泉县、东南县、仪扬县、仪征县。中华人民共和国成立后仍设高邮县。1991 年 2 月，经国务院批准撤县设市（县级），同年 4 月 1 日，正式建高邮市，实行计划单列。 （史志 伯翔）

【古今名人】 宋至清代，有进士 177 人、举人 428 人。北宋著名文学家、婉约派词宗秦观和文学家孙觉，南宋诗词家陈造，明代右丞相汪广洋、散曲家王磐和名诗词家张綖，明清之际唯物主义哲学家王夫之（祖籍高邮），清代海内无匹的训诂学家王念孙、王引之父子和数学家李惇，均是代表人物。张延仁、葛耀山是中国共产党早期的革命烈士。文化部原副部长徐平羽、古生物学家孙云铸、棉花专家孙恩麟、蚕桑专家赵鸿基、黑热病防治专家孙志戎、历史学家王绳祖、教育家沈亦珍、著名作家汪曾祺等，在国内外享有较高声誉。

客籍名人，古代范仲淹、王安石、苏轼、黄庭坚、韩世忠、岳飞、陆游、杨万里、文天祥、萨都剌、王士禛、康熙帝、郑板桥、乾隆帝、魏源、张謇等，在高邮留下了政绩、论著、墨宝或佳话；抗日战争和解放战争时期，无产阶级革命家陈毅、粟裕、谭震林、张鼎丞、陶勇、惠浴宇等威震高邮城乡；社会主义建设时期，原国家主席刘少奇于 1958 年到高邮视察；原国务院总理李鹏、朱镕基分别于 1994 年、2000 年到武安乡视察。 （史志）

【秦邮名胜】 清代蒲松龄称：“秦邮文物，素号名区。”全市有全国、省、市文物保护单位 96 处，馆藏文物2 000余件。全国重点文物保护单位有：新石器时代龙虬庄遗址，明盂城驿，明、清里运河故道，清当铺，唐镇国寺塔，唐平津堰遗址；江苏省文物保护单位有：天山汉墓、宋文游台、宋城墙及明奎楼、商周时期的周邶墩遗址、明净土寺塔、清代菱塘清真寺；高邮市文物保护单位有：明、清州署头门，清训诂学家王氏父子故居，唐王墩遗址，明陈瑄治水纪念室等 84 处。

“邮”是高邮之根，高邮是全国唯一以“邮”命名的县市。秦邮亭，后为宋代高邮新城北郊的九里亭和清代绿营兵驻防高邮运河堤的十汛（讯）之一的九里汛（讯）。南宋诗人杨万里写有《过九里亭》五

言律诗，清代训诂学家王念孙之子王敬之作过“今营房古亭堠也”的考证性的七言古诗。以秦邮亭为源的高邮邮驿制度不断发展变化。元、明代设两处驿站。明代有盂城驿、界首驿、界首递运所和中南北东十五处急递铺的邮传系统。清代盂城驿（大部分迁入城内马棚巷，南门外留皇华厅）、界首驿和十五处铺舍延续运行到辛亥革命胜利为止。始建于明代的盂城驿，是全国现存规模最大、有代表性的古代邮驿。盂城驿风景区，包括修缮一新的盂城驿，明、清风格的南门大街，重建的秦邮亭以及复建的其他邮文物，重现了高邮悠久的邮驿史。

被列为1993年全国十大考古新发现之一的龙虬庄遗址，在1997年9月22～24日高邮龙虬庄遗址暨江淮地区古文化研讨会上，26名中外考古专家、学者对其个性特点和保护价值给予充分肯定，认为可称为龙虬文化，是人类文明的摇篮之一。2004年，具有重要历史价值和旅游观赏价值的龙虬庄生态博物苑（部落村）一期工程建成开放。

始建于唐代的镇国寺塔，俗称西塔，为方形仿楼阁式，原为9层，现存7层，置于京杭大运河河心岛上。镇国寺景区一期工程于2005年年底建成开放，2010年4月被确定为国家AAA级旅游景区，2014年3月被确定为第七批全国重点文物保护单位。位于市区东北角的宋文游台，为全国20座名台之一的淮壖名胜，台内盍簪堂嵌有著名的《秦邮碑帖》石刻和画像石刻，还建有四贤祠、读书台、映翠园、重光亭、秦观塑像等，最高处的主体楼修葺一新，在东展区建成汪曾祺文学馆，西展区设有反映1931年高邮特大洪灾及运堤修复资料的“水鉴馆”。清王氏父子故居，1983年建馆，陈列王氏父子故物、典籍和现代多名学者、书画家的作品。人民公园革命烈士墓、革命烈士纪念馆等数十处革命文物，为后人景仰。近年来，高邮市陆续开发融古代文化和现代观念为一体的江苏东湖湿地公园、三垛秦观故里亭、界首芦苇场渔家乐生态旅游区、八桥渌洋湖森林公园和城区蝶园市民广场、海潮市民广场、邮都广场、文游台广场、大淖广场、净土寺塔广场、运河东堤风光带、新河风光带等新景观，秦邮古城不断焕发青春的魅力。（史志）

区划与人口

【行政区划】 9月，市委、市政府启动实施部分乡镇行政区划调整工作。至年底，高邮市有11个镇（街道），1个乡（菱塘回族乡），1个省级经济开发区（高邮经济开发区）、1个高邮城南经济新区（高邮鸭业园区）。有175个村民委员会，2 726个村民小组；53个社区居民委员会，453个居民小组。（史志）

【人口】 2013年，全市户籍总户数259 934户，户籍总人口818 180人。其中，非农业人口327 918人，农业人口490 262人；男性408 000人，女性410 180人，男女性别比99.47。新出生5 234人，死亡6 132人，人口出生率6.35‰、死亡率7.5‰，人口自然增长率－0.56‰。年末常住人口73.99万人，比上年增加0.09万人。人口密度416.8人/平方千米。

（史志）

【民族】 2013年，全市共有34个民族，即汉族、回族、苗族、土家族、布依族、壮族、彝族、满族、蒙古族、侗族、白族、黎族、拉祜族、傣族、仡佬族、瑶族、傈僳族、藏族、朝鲜族、佤族、羌族、哈尼族、畲族、水族、仫佬族、土族、景颇族、布朗族、赫哲族、纳西族、基诺族、京族、普米族、珞巴族。少数民族人口9 545人，其中回族人口占74.9%。（史志）

气 候

【常年气候】 属北亚热带季风气候区，四季分明，寒暑显著，阳光充足，雨水充沛。年平均气温14.9℃，无霜期221天，常年降水量1 018毫米。主要灾害性天气为水灾、风灾、雷击灾害，偶有旱灾。

（史志）

【2013年气候特点】 平均气温正常略偏高，降水量正常略偏少，日照时数正常略偏多。

全年极端最高气温为8月11日的38.9℃，极端最低气温为1月4日的－6.9℃。年平均气温为16.1℃，比常年平均值高0.8℃。平均气温，1月、6月和12月略偏低，其他各月均偏高。同常年同期平均值比较，2012年12月～2013年2月，平均气温为2.9℃，与常年同期平均值持平，其中比2012年12月低1.6℃，2013年1月低0.1℃、2月高0.3℃。3～5月，平均气温为15.0℃，比常年平均值偏高1.1℃，其中3、4、5月分别高1.1℃、0.1℃、0.4℃。6～8月，平均气温为28.4℃，比常年平均值高2.4℃，其中6月低0.2℃，7、8月分别高2.9℃、3.6℃，7月4日、9～14日、19日、23～30日和8月1～2日、5～18日出现高温天气。9～11月，平均气温为17.5℃，比常年同期平均值偏高1.1℃，其中9、10、11月分别高0.5℃、0.4℃、0.8℃。12月，平均气温比常年同期平均值低0.3℃。

全年冷空气活动频繁，强度强，其中3月9～11日出现1次寒潮天气。

全年降水量为784.8毫米，比常年平均值少24%，其中2、5、6月偏多，其他各月均偏少。与常年同期平均值相比，1、3、4、7、8、9、10、11、12月降水量分别少67%、46%、39%、22%、76%、9%、20%、71%、98%，2、5、6月降水量分别多87%、

35%、14%。6月25日和7月21日降暴雨，其中6月25日降水量为93.5毫米，为全年最大降水量。

全年日照时数为2 303.5小时，比常年平均值多11%，其中2、5、6、9月偏少，其他各月偏多。2、5、6、9月日照时数分别少35%、20%、13%、1%，1、3、4、7、8、10、11、12月日照时数分别多15%、26%、40%、26%、37%、25%、8%、9%。

6月23日入梅，偏迟，7月8日出梅；梅期16天，偏短；梅雨量204毫米，偏少。 （市气象局）

【异常气候】 1月6～31日和11月3、8、9、24日及12月，全市频繁出现雾、霾天气，给交通安全和人民群众身体健康造成较大影响。2月18～19日，一次暴雪造成积雪深度19厘米，是市气象站有记录以来同期最大的，对人民群众的生产生活、道路交通运输和农业生产等造成极大影响。3月极端最高气温、7月平均气温、8月平均气温和平均最高气温都是市气象站有记录以来同期最高的。5月26～27日、29～31日，出现降雨和大风天气过程，农田积水，麦田倒伏，农机难下田，对夏熟生产造成了一定影响。7月7日17时20分，出现突发雷雨大风并伴随局部龙卷风天气，造成三垛、卸甲等4镇受灾。7月31日12时左右，出现大风暴雨天气，导致三垛镇、汤庄镇多个村庄受灾。7月中旬到9月中旬，全市降水量持续偏少，气温偏高，土壤墒情差，部分地区出现土壤水分亏缺或旱情，对农作物生长、农业生产和群众生活造成一定影响。 （市气象局）

表2 **2013年高邮市逐月地面气象资料主要项目统计表**

项目 \ 月份		一	二	三	四	五	六	七	八	九	十	十一	十二	全年
极端最高气温	极值(℃)	15.6	16.9	29.2	31.3	32.6	36.2	37.0	38.9	31.3	29.0	21.7	15.7	38.9
	日期	30	28	9	15	13	17	12	11	21	10	8	3	11/8
极端最低气温	极值(℃)	−6.9	−5.9	−1.8	2.9	11.5	16.6	23.7	19.5	15.0	8.6	−1.7	−3.7	−6.9
	日期	4	2天	2	7	2	2	6	31	29	25	28	2天	4/1
平均气温(℃)		2.0	4.4	9.6	14.8	20.7	24.1	30.5	30.6	23.3	17.8	11.5	4.1	16.1
极端最高地面温度	极值(℃)	25.9	26.0	43.3	58.4	58.3	58.2	60.3	65.4	58.6	46.9	32.7	25.1	65.4
	日期	30	25	9	28	14	17	29	9	4	5	7	12	9/8
极端最低地面温度	极值(℃)	−7.3	−4.3	−2.0	0.1	8.4	15.2	23.3	18.1	13.2	5.5	−3.3	−8.9	−8.9
	日期	18	9	2天	7	1	3	6	31	26	27	29	2天	2天/12
平均地面温度(℃)		3.3	5.6	12.8	20.5	24.9	26.8	33.6	37.1	27.6	20.4	11.9	4.0	19.0
降水量(毫米)		12.5	79.0	35.7	37.2	104.9	163.9	179.2	38.0	72.5	45.3	16.1	0.5	784.8
一日最大降水量	量(毫米)	9.2	25.2	17.7	12.9	22.0	93.5	56.5	26.2	31.7	19.0	6.4	0.5	93.5
	日期	31	5	17	6	26	25	21	25	24	7	24	16	25/6
降水日数(天)		4	10	10	11	10	7	13	15	6	5	10	12	113
一日降水量≥25日数		—	1	—	—	—	2	3	1	1	—	—	—	8
一日降水量≥50日数		—	—	—	—	—	1	1	—	—	—	—	—	2
最长连续降水日数(天)		3	3	2	2	6	7	4	2	3	3	3	1	7
最长连续无降水日数(天)		21	6	11	13	14	5	9	18	11	14	9	21	21
平均相对湿度		75	81	66	57	74	75	69	68	75	70	67	65	70
日照时数(小时)		168.5	89.7	205.5	258.7	164.9	147.1	243.9	284.9	174.6	221.1	174.0	170.6	2303.5
蒸发量(毫米)		20.2	23.8	72.7	102.4	85.3	88.9	132.3	163.5	93.3	84.8	50.2	32.3	949.7
大风日数(天)		—	—	—	1	—	—	—	—	—	—	—	—	1
最大冻土深度(厘米)		7	5	—	—	—	—	—	—	—	—	—	8	8
雪		上年度初日2012年12月23日					上年度终日2013年2月19日				本年度初日2013年12月25日			
霜		上年度初日2012年11月7日日					上年度终日2013年4月21日				本年度初日2013年11月18日			

（市气象局）

地方特产

【高邮麻鸭】 高邮麻鸭系与北京鸭、绍兴鸭齐名的全国三大名鸭之一，为蛋肉兼用型食用鸭。鸭肉鲜美，含脂量少，为加工板鸭、盐水鸭、琵琶鸭的好原料。该鸭产蛋率高，每年每只鸭产蛋200枚，平均每枚蛋重81.4克。2013年，据市统计局统计，全

市高邮麻鸭出栏量 330.3 万只。（史志）

【高邮双黄鸭蛋】 该蛋为高邮麻鸭所生，一蛋双黄，蛋大如鹅卵，蛋壳质细，蛋白似碧玉，蛋黄如玛瑙，是世界罕见珍品。1909 年，高邮双黄鸭蛋在南京举办的南洋劝业会陈赛，获得较高声誉，后远销至美国、日本、新加坡、马来西亚等十多个国家，是内外宾客不忍动箸的佳肴和馈赠亲友的厚礼。高邮双黄鸭蛋单枚最大重量为 135 克。2013 年，加工销售双黄鸭蛋2 500万枚。（史志）

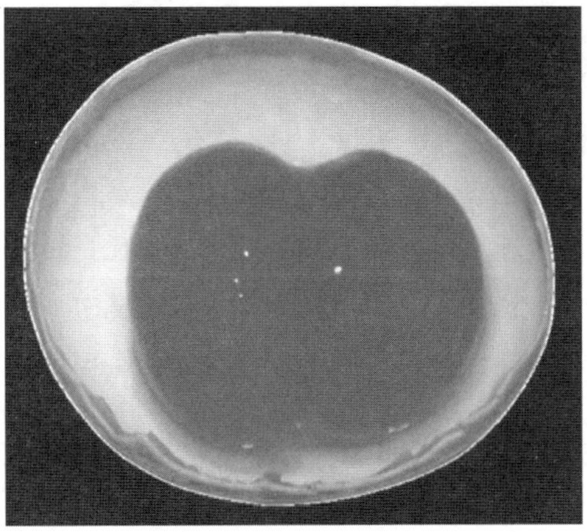

【高邮咸鸭蛋、松花蛋】 高邮咸鸭蛋采用特色辅料和传统配方、工艺腌制而成。高邮咸鸭蛋久享盛誉，具有鲜、细、嫩、红、沙、油的风味特点。清代文学家袁枚说："脆蛋（即咸鸭蛋）以高邮为佳，颜色红而油多。"高邮咸鸭蛋营养丰富，含有人体必需的锌、锗、硒、钙等元素。国家质量监督检验检疫总局于 2002 年批准高邮鸭蛋为原产地域保护产品（现更名为国家地理标志产品），颁布实施《高邮鸭蛋国家强制性标准》。"红太阳"牌咸鸭蛋为中国名牌农产品，"秦邮"牌、"三湖"牌和"红太阳"牌蛋品商标分别为省名牌商标和扬州市知名商标，"三湖"牌、"红太阳"牌、"秦邮"牌咸鸭蛋、松花蛋先后获中国绿色食品发展中心颁发的绿色食品标志。

松花蛋是将高邮鸭蛋采用独特配料和工艺制作而成。分硬心皮蛋（湖彩蛋）和溏心皮蛋（京彩蛋）两种。硬心皮蛋味醇香略咸，蛋白为黑褐色半透明体，有明显的松花纹状，蛋黄一般呈墨绿或黄色，宜制成各种形状入盘；溏心皮蛋清凉可口，可助消化，解酒开胃。

2013 年，全市各类蛋品加工企业共加工蛋品 7.55 亿枚，其中加工泥灰咸鸭蛋 1 亿枚、真空包装熟咸鸭蛋 5 亿枚、松花蛋 1.3 亿枚。（史志）

【扬州鹅】 江苏省"九五"重点攻关项目，系扬州大学畜牧兽医学院教授赵万里主持选育的杂交新种。1997～1999 年在送桥镇通过杂交选育和试养比较，扬州鹅显示了生长快、耐粗饲、肉质好、产量多、经济效益高的特点。2000 年，开始在全省推广饲养。2013 年，据市统计局统计，全市扬州鹅出栏量 407.6 万只。（史志）

【高邮湖大闸蟹】 高邮湖大闸蟹，学名中华绒螯蟹，属于十足目方蟹科绒螯蟹属。身体分两部分：头胸部和腹部，附有步足 5 对。头胸部的背面为头胸甲所包盖，呈墨绿色，俯视近六边形，后半部宽于前半部，中央隆起，表面凹凸不平，共有 6 条突起为脊，额及肝区凹降，其前缘和左右前侧缘共有 12 个棘齿。额部两侧有一对带柄的复眼。头胸甲的腹面，除前端为头胸甲所包裹外，大部分为腹甲，腹甲分节，周围有绒毛，腹部紧贴在头胸部的下面，俗称蟹脐，周围有绒毛，共分 7 节。雌蟹的腹部为圆形，俗称"团脐"；雄蟹腹部呈三角形，俗称"尖脐"。第一对步足呈棱柱形，末端似钳，为螯足，强大并密生绒毛；第四、五对步足呈扁圆形，末端尖锐如针刺。高邮湖大闸蟹体型肥大，蟹黄细酥，肉质白嫩，蟹味美且营养丰富，历来被视为上品。秦少游曾把此蟹作为上等礼品馈赠苏东坡，并赋诗《以莼姜法鱼糟蟹寄子瞻》一首。每百克高邮湖大闸蟹食用部分含蛋白质 14%、脂肪 5.9%、碳水化合物 7%。此外，还含有维生素 A、核黄素、烟酸，其发热量超过一般鱼类的营养水平。2002 年，"高邮湖"牌大闸蟹获中国绿色食品发展中心颁发的绿色食品标志。2005 年，"河荡"牌螃蟹、"碧湖"牌螃蟹通过国家无公害食品认定。2008 年，"王鲜记"大闸蟹获扬城地产优质生态大闸蟹、扬城最正宗的生态大闸蟹"蟹王"称号。2011 年，"左岸"牌大闸蟹通过江苏省无公害农产品产地认证；由扬州江淮湖泊渔业有限公司养殖、生长于高邮湖水域的“宝湖”牌大闸蟹囊括“华东杯”蟹王、蟹后大奖，为“中国十大名蟹”之一、江苏名牌产品，通过农业部无公害农产品标志及中华人民共和国出境动物养殖场注册认证。2013 年 3 月，向国家工商总局申报并获批高邮湖大闸蟹地理标志商标。2013 年，高邮湖大闸蟹养殖面积 1 万多公顷，产量 0.42 万吨，产值 4 亿多元。 （史志）

【高邮罗氏沼虾】 亦称白脚虾、马来西亚大虾、金钱虾、万氏对虾等，素有淡水虾王之称。原产地集中在厄瓜多尔沿岸，是世界上养殖量最高的三大虾种之一。其壳薄体肥，肉质鲜嫩，味道鲜美，营养丰富。除富有一般淡水虾类的风味之外，成熟的罗氏沼虾头胸甲内充满了生殖腺，具有近似于蟹黄的特殊鲜美之味。每百克虾肉含蛋白质 20.6 克、脂肪 0.7 克，并含有多种维生素及人体必需的微量元素，系高蛋白营养水产品。高邮市于 1992 年引进养殖罗氏沼虾。2002 年，高邮市罗氏沼虾养殖标准化示范区被列为全国农业标准化示范区，罗氏沼虾被评为省无公害农产品。2005 年，“司徒潭”牌、“少游”牌、“龙虬庄”牌罗氏沼虾通过国家无公害食品认定。2013 年，据市农委统计，罗氏沼虾养殖面积 0.91 万公顷，产量 3.97 万吨。 （史志）

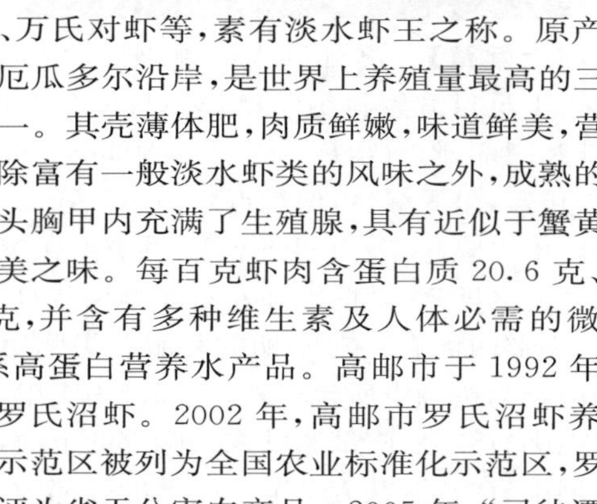

【高邮湖青虾】 高邮湖青虾，学名日本沼虾。高邮湖青虾体形粗短，整个身体由头胸部和腹部两部分构成。头胸部各节接合，由一大骨片覆盖背方和两侧，叫头胸甲或背甲。头胸部粗大，腹前部较粗，后部逐渐细而且狭小。额角位于头胸部前端中央，上缘平直，末端尖锐，背甲前端有剑状突起，上缘有 11 个赤～15 个赤，下缘有 2 个齿～4 个齿。体色通常呈青蓝色并有棕绿色斑纹，但常随着栖息环境而变化。高邮湖青虾肉质松软，易消化，营养丰富，对身体虚弱以及病后需要调养的人是极好的食物。2005 年，“横泾河”牌青虾通过国家无公害食品认定。2013 年，据市农委统计，青虾养殖面积1 953公顷，产量1 067吨。 （史志）

【高邮湖龙虾】 高邮湖龙虾，学名克氏原螯虾，也叫红螯虾或者淡水小龙虾。体形较大呈圆筒状，甲壳坚厚，头胸甲稍侧扁，前侧缘除海螯虾科外，不与口前板愈合，侧缘也不与胸部腹甲和胸肢基部愈合。颈沟明显。第 1 触角较短小，双鞭；第 2 触角有较发达的鳞片。3 对颚足都具外肢。步足全为单枝型，前 3 对螯状。其中，第 1 对特别强大、坚厚，故又称螯虾；末 2 对步足简单，爪状。鳃为丝状鳃。龙虾头部有触须 3 对，触须近头部粗大，尖端小而尖。在头部外缘的一对触须特别粗长，一般比体长长 1/3；在一对长触须中间为两对短触须，长度约为体长的一半。栖息和正常爬行时 6 条触须均向前伸，若受惊吓或受攻击时，两条长触须弯向尾部，以防尾部受攻击。胸部有步足 5 对，第 1 对～3 对步足末端呈钳状，其中第 2 对步足特别发达而成为很大的螯，第 4 对～5 对步足末端呈爪状。区别雄雌龙虾的重要特征是螯，雄性的螯比雌性的发达，且雄性龙虾的前外缘有一鲜红的薄膜，雌性则没有此红色薄膜。龙虾的蛋白质成分约占 18.9%；氨基酸组成比肉类优质，含有人体所必需的而体内又不能合成或合成量不足的异亮氨酸、色氨酸、赖氨酸、苯丙氨酸、缬氨酸、苏氨酸、精氨酸、组氨酸。2013 年，据市农委统计，龙虾养殖面积 852 公顷，养殖产量1 184吨。 （史志）

【高邮湖银鱼】　高邮湖银鱼，亦称冰鱼或玻璃鱼。体细长，约 12 厘米，近圆筒形，后段略侧扁。头部极扁平，眼大，口亦大，吻长而尖，呈三角形，上下颌等长，前上颌骨、上颌骨、下颌骨和口盖上都生有一排细齿，下颌骨前部具犬齿 1 对，下颌前端没有联合前骨，但具一肉质突起。背鳍Ⅱ 11～13，略在体后 3/4 处。胸鳍 8～9，肌肉基不显着。臀鳍Ⅲ 23～28，与背鳍相对；雄鱼臀鳍基部两侧各有一行大鳞，一般为 18～21 个。背鳍和尾鳍中央有一透明小脂鳍。体柔软无鳞，全身透明，死后体呈乳白色。体侧各有一排黑点，腹面自胸部起经腹部至臀鳍前有 2 行平行的小黑点，沿臀鳍基左右分开，后端合而为一，直达尾基。此外，在尾鳍、胸鳍第一鳍条上也散布小黑点。可食部分每百克含水分 89 克、蛋白质 8.2 克、脂肪 0.3 克、碳水化合物 1.4 克、灰分 1.0 克、钙 258 毫克、磷 102 毫克、铁 0.5 毫克、硫胺素 0.01 毫克、核黄素0.05毫克、尼克酸0.2毫克。晒干后的银鱼叫燕干，每100克燕干含蛋白质72.1 克、脂肪 13 克、热量1 709.4千焦、钙 761 毫克、磷 1 000多毫克。补虚，健胃，益肺，利水。　（史志）

【高邮湖青鱼】　高邮湖青鱼体长，略呈圆筒形，腹部平圆，无腹棱。尾部稍侧扁。吻钝，较草鱼尖突。上颌骨后端伸达眼前缘下方。眼间隔约为眼径的 3.5 倍。鳃耙 15～21 个，短小，乳突状。咽齿一行，4(5)/5(4)，左右一般不对称，齿面宽大，臼状。鳞大，圆形。侧线鳞 39～45。体青黑色，背部更深；各鳍灰黑色，偶鳍尤深。背鳍软条 7～9 枚，臀鳍软条 8～10 枚，体长约 145 厘米。青鱼是一种富含蛋白质、脂肪很低的食物，含有丰富的核酸。高邮湖青鱼蛋白质含量 19.5%、脂肪含量 5.2%，还有钙、磷、铁、B1、B2、二十碳五烯酸（EPA）、二十二碳六烯酸（DHA）和微量元素锌、硒、碘等。　（史志）

【高邮湖鲫鱼】　高邮湖鲫鱼呈流线型（也叫梭型），体高而侧扁，前半部弧形，背部轮廓隆起，尾柄宽，腹部圆形，无肉稜。头短小，吻钝，无须；鳞片大；背鳍长，外缘较平直，背鳍、臀鳍第 3 根硬刺较强，后缘有锯齿。胸鳍末端可达腹鳍起点，尾鳍深叉。背银灰色而略带黄色光泽，腹部银白而略带黄色，各鳍灰白色。高邮湖产的鲫鱼肉质细嫩，肉味甜美，营养价值很高，每百克肉含蛋白质 13 克、脂肪 11 克，并含有的钙、磷、铁等矿物质。高邮湖的鲫鱼以 2～4 月、8～12 月的最肥美。2002 年，“碧湖”牌、“金荡”牌鲫鱼被评为省无公害农产品；2005 年，“河荡”牌鲫鱼、“碧湖”牌鲫鱼、“龙虬庄”牌鲫鱼通过国家无公害食品认定。2013 年，据市农委统计，鲫鱼养殖面积 870 公顷，产量 4.18 万吨。　（史志）

【高邮湖白鱼】　高邮湖白鱼属鲤科鱼类，俗称大白鱼、翘嘴白鱼、白鱼。白鱼多生活在流水及大水体的中上层，游泳迅速，善跳跃，以小鱼为食，是一种凶猛性鱼类。雌性 3 龄、雄性 2 龄成熟，6～7 月产卵，幼鱼喜栖湖泊进岸水域或河道、港湾水流较缓沿岸生活。自然分布甚广，为中国南北水域常见的淡水鱼类。体形长，甚侧扁，头背平直，头后背部隆起，眼大且位于头的侧下方。口上位，下颌很厚，上翘，口裂与体长轴几乎成垂直，下咽齿末端成钩状。腹鳍基部至肛门有腹棱，背部具强大而光滑的硬刺，尾鳍分叉，下叶稍长于上叶。体背略呈青灰色，两侧银白，各鳍灰黑色。高邮湖白鱼除味道鲜美

外，还有较高的药用价值，具有补肾益脑，开窍利尿等作用，尤其鱼脑是不可多得的强壮滋补品。（史志）

【高邮湖泥鳅】 高邮湖泥鳅的体形在腹鳍以前呈圆筒状，由此向后渐侧扁，头较尖，无眼下刺，背鳍无硬刺，前两枚为不分支鳍条，胸鳍距腹鳍较远，腹鳍不达臀鳍，尾鳍圆形。体背部及两侧深灰色，腹部灰白色，尾柄基部上侧有黑斑，尾鳍和背鳍具黑色斑点，胸鳍、腹鳍和臀鳍为灰白色，但生活环境及饲料营养不同体色有变化。高邮湖泥鳅可食部分占整个鱼体的 80％左右，味道鲜美，营养丰富，含蛋白质较高、脂肪较低，能降脂降压，素有“天上的斑鸠，地下的泥鳅”和“水中人参”之美誉。2013 年，据市农委统计，高邮泥鳅养殖面积 49 公顷，产量为 311 吨。（史志）

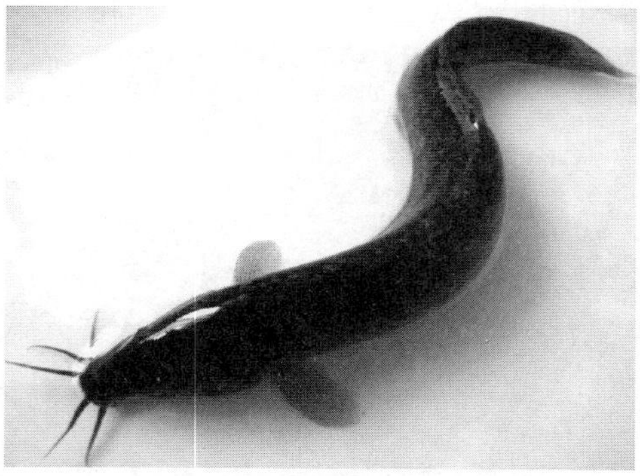

【高邮湖鳊鱼】 高邮湖鳊鱼，学名鳊，亦称长身鳊、鳊花、油鳊，古名槎头鳊、缩项鳊。在中国，鳊鱼为三角鲂、团头鲂（武昌鱼）的统称。该鱼全长约 40 厘米，比较适合于静水性生活。高邮湖鳊鱼体侧扁而高，呈菱形；头较小，头后背部急剧隆起；眶上骨小而薄，呈三角形；口小，前位，口裂广弧形；上下颌角质不发达；背鳍具硬刺，刺短于头长；胸鳍较短，达到或仅达腹鳍基部，雄鱼第一根胸鳍条肥厚且略呈波浪形弯曲；臀鳍基部长，具 27～32 枚分枝鳍条；腹棱完全，尾柄短而高；鳔 3 室，中室最大，后室小。体背部青灰色，两侧银灰色，腹部银白；体侧鳞片基部灰白色，边缘灰黑色，形成灰白相间的条纹。高邮湖鳊鱼具有补虚、益脾、养血、祛风、健胃之功效。2013 年，据市农委统计，鳊鱼养殖面积 780 公顷，养殖产量5 700吨。（史志）

【界首茶干】 界首茶干，始产于明嘉靖年间。形似银元，色泽酱红，质如鸡肉，鲜美香醇。清代被列为贡品，1911年、1927年、1929年在杭州西湖博览会上连连获奖，1954年获省物品展览会一等奖，从1983年以来多次获江苏省名特优产品称号。（史志）

【高邮大米】 高邮大米是采用在无污染、无公害的绿色食品生产基地种植的新品种粳稻加工而成。米质新鲜，颗粒整齐，晶莹似玉，免淘洗，易储藏，蒸煮后味道香浓诱人、口感滋润爽滑。经国家权威部门检测，确认高邮大米内含丰富蛋白质、脂肪、糖及人体必需的微量元素。“珠光”牌大米于 1997 年被中国绿色食品发展中心评为绿色食品；“双兔”牌大米在 2002 年中国（淮安）优质稻米博览会上获“十大金奖大米”称号，2005 年获“国家免检产品”称号，2007 年“双兔”品牌获中国驰名商标、中国名牌；“邮宝”牌、“鸿运”牌大米获中国绿色食品发展中心颁发的绿色食品标志，“周巷”牌、“米河”牌大米被评为省无公害农产品。（史志）

【秦邮董糖】 秦邮董糖是高邮的传统名特产品，已有三百多年历史。原名酥糖，之所以称董糖，有两种说法：一说以此糖为董姓师傅所制而得名，一说此糖为时末清初秦淮名妓董小宛所创，故名。董糖每块长约3厘米、宽、厚各约1.5厘米，每块有48层软片组成，用糯米粉、芝麻、白糖、麦芽等原料，手工精制而成，拆开包装纸，色泽呈深麦黄色，厚薄均匀，入口酥软，味美香甜，老少皆宜，是馈赠亲友的佳品。该产品有一定的季节性，不适合在气温高的地方或季节储运。（史志）

【七大名宴】 高邮菜属淮扬菜系，又因其浓郁的水乡风味和深厚的文化内涵而自成体系，形成特色，给海内外嘉宾留下深刻印象。2002年，《中国食品报》先后两次以整版篇幅，分别介绍高邮的“汪氏家宴”和“少游宴”。2003年8月27日，经由市个体私营经济协会、市商贸总公司、市旅游局、高邮工商局等单位联合成立的餐饮业名店、名师、名宴、名菜评定委员会评出“汪氏家宴”“少游宴”“全鸭宴”“珠湖鱼宴”“清真宴”“盂城驿宴”等六大名宴。2006年，增添“少游虾宴”。现将七大名宴简介如下：

少游宴 注重秦少游诗文中对饮食文化描绘的钩沉，又结合当地传统的美食佳肴，其风味可用“清新、雅致”概括。如先社芽姜、菰蒲嫩心等，清新、清香、清纯，食之如闻泥土的芬芳和流水的清甜，体味到既清且浓的亲情。糟鱼、醉蟹等土特产品更为文人雅士饮酒论文、诗歌唱和时常常提及。2013年1月，此宴入选“中国名宴”。

汪氏家宴 取料平常，高邮麻鸭、高邮鸭蛋、杨花萝卜、慈姑、荠菜、茶干、螺蛳、青虾、昂嗤鱼、虎头鲨等做成的菜肴，经汪曾祺记述、描绘，让人感到滋味极佳。

全鸭宴 原料以高邮麻鸭为主，菜菜有鸭。全鸭宴充分展示了淮扬烹饪技艺和水乡特色，因春、夏、秋、冬季节不同，而有桃花全鸭席、荷花全鸭席、菊花全鸭席、梅花全鸭席之别。桃花全鸭席有雏鸭迎春、芙蓉鸭舌、西湖鸭群、鸭肉春卷等；荷花全鸭席有清香解热的荷花白焖鸭、三色鸭雪糕，玲珑剔透的玉骨穿翅、盐水玉鸭；菊花全鸭席有银杏鸭丁、琵琶鸭舌、仙鹤望月；梅花全鸭席则有涮全鸭、雪盖鸭方、油炸鸭串、鸭血豆腐等。

珠湖鱼宴 冷菜有鱼跃龙门、七星彩碟等，热菜有太极双鱼、鸿运当头、粉蒸荷鱼、软兜黄鳝等，点心有碧玉虾包、鱼翅金糕、珠湖鱼面等。珠湖鱼宴清纯、鲜美，水乡风味浓郁。

清真宴 菱塘回族乡伊斯兰教徒吸收汉民族烹饪技术特长，创造出独特风格的淮扬清真食品，既是淮扬菜系的重要组成部分，也是中国清真饮食南北两大流派的南方代表。菱塘回族乡许多回民善于制作各种清真食品，他们严守教规，精心制作，什锦面盒、熘羊肉片、芝麻牛排、椒盐牛筋、爆炒牛百叶等菜肴，以其风味独到、注重清洁而备受青睐。

盂城驿宴 盂城驿开设于明洪武八年（1375年），为全国现存较好的规模最大的驿站。驿丞是一驿之长，常设“盂城驿宴”接待全国各地政要显贵。桃源居大酒店厨师查阅典籍和地方志，走访耆老名流，熔铸古代文化与现代文明，制作了盂城驿宴。

少游虾宴 是近年来以罗氏沼虾为主要原料制作的。（史志）

【十大名菜】 璧合珠联 取咸双黄鸭蛋煮熟带壳切开，蛋白似白玉凝脂，蛋黄如红橘流丹，且两黄相连，寓意吉祥。

珠湖雪浪 又名“雪花豆腐”。高邮湖因有过珠光，故别名珠湖。高邮名厨烹制的豆腐，腐块细如飞雪，盛于碗中犹如珠湖雪浪。食之只觉得鲜美、香甜、细嫩、光滑、舒适、暖胃。艺术大师刘海粟题为“其乐无穷”。

地久天长 又名“砂锅天地鸭”。以野鸭和高邮麻鸭同锅清炖而成。野鸭飞天，麻鸭在地，故名。清香美味，为冬令滋补佳肴。

金宝大发 香酥麻鸭，油氽枣红，乳制金黄，皮酥肉嫩。筷子稍稍一拨，骨散架，肉脱骨，皮酥脆。“鸭”谐音“发”，寓意财源大发。

霞蔚凤仙 此菜以高邮湖野鸭为主料，钗烤时火光熊熊，蒸气腾腾，故名。食之，清汤润肺天然美味，骨脆肉酥野味香醇，可称筵席中难得的美馔佳肴。

雏凤迎春 五香八角卤桃花鹨。鹨是高邮特有的一种小水鸟，桃花盛开、秧苗青青时节最多，也最香嫩。

金裹银装 金丝鱼，又名昂嗤鱼。取其腮边两片如蒜瓣状肉热炒，一面金黄，一面洁白，其嫩无比。

玉珠藏丹　夹心鱼圆。鱼圆象征大的玉珠，夹心小肉圆为"丹"色。鱼中有肉味，玉珠藏美丹，其寓意从古秦邮八景之一"鹿女丹泉"化出。

文游玉带　是黄瓜鱼的雅号。黄瓜鱼白色透明，柔软细嫩，如玉带般晶莹。每到黄瓜开花时节是捕捉黄瓜鱼的最好时期。

三阳开泰　羊肉汤，以高邮东北临泽镇羊肉汤为最。寒冬腊月，喝羊肉汤犹如三春艳阳在心头，全身暖和，通体舒泰。（史志）

【秦邮名点】 秦邮点心，品种繁多，选料考究，制作精细，具有馅丰、皮薄、多卤、味鲜、形美的特色，是全国三大点系之一的淮扬细点的组成部分。

蟹黄大包　高邮传统名点，与镇江、靖江的蟹黄汤包不同，有体形圆、肥口小、皮薄、多蟹黄、卤馅调配得当的特点。蒸熟后，皮亮形美，蟹油浸出包口，渗透出金黄色斑块。

虾肉菜包　用虾肉配菜做成包子，虾肉鲜嫩，卤汁盈溢，甜咸适中，口味别致。

鲜笋肉包　采撷地方鲜芽笋，切成细碎丁，配制生肉馅，制作成点。

野鸭菜包　选用鲜肥野鸭肉，做成野鸭菜包，异香扑鼻，鲜美可口，色味俱佳。

五丁大包　馅中含有鸡、虾、参、肉、笋等五丁，以鸡汤作卤。

干菜糖包　馅心以咸干菜（即晒干的咸白菜）为主料，浸泡去咸汁，保持干菜原味，加配糖油，搅拌成馅，制成点心，味鲜食美。

翡翠烧卖　选用新鲜青菜叶为馅心主料，将菜焯熟凉透，再加淀粉熬成糊状，制成烧卖。

千层油糕　以面粉、大油、油丁、白糖、桂花等为原料，制作精细，程序讲究。蒸熟后切成菱形，糕面上布有红色油丝，立面呈现出为多层相叠、层层相分、色泽透明的水晶体。

各式花卷　品种多样，分甜、咸、椒盐三种口味。多用上等面粉发酵，分品种配制各种调料精制而成。（史志）

经济社会发展

【概况】 2013 年，全市实现地区生产总值 381.5 亿元，其中第一、二、三产业增加值各为 62.79 亿元、173.31 亿元、145.4 亿元，分别增长 12.5%、5%、14.1%、13.5%；第一、二、三产业结构由上年的 16.7∶46.4∶36.9 调整为 16.5∶45.4∶38.1；第三产业对 GDP 增长的贡献率 38.1%。人均地区生产总值51 592元，按当年汇率折算达8 462美元。（史志　黄晓荷）

【农业和农村工作】 实现现价农、林、牧、渔总产值 113.96 亿元（含农林牧渔服务业，不含农民家庭兼营商品性工业），其中农业产值 42.01 亿元、林业产值 1.71 亿元、牧业产值 19.24 亿元、渔业产值 44.93 亿元、农林牧渔服务业产值 6.06 亿元，分别增长 10.7%、8.1%、10.8%、3.6%、16.9%、9.4%。种养业平衡发展，全年粮食、棉花、油料、蔬菜种植面积分别为 11.6 万公顷、0.25 万公顷、0.83 万公顷、1.09 万公顷，总产量分别为 87.52 万吨、0.34 万吨、2.29 万吨、42.83 万吨；生猪出栏量 31.14 万头、家禽出栏量1 163万只、水产品产量 20.84 万吨。新增现代高效设施农（渔）业面积 0.37 万公顷，累计达 5.18 万公顷。高邮鸭 50 亿元特色连片农业基地实现产值 53.82 亿元。新增农业绿色食品 6 种、无公害食品 101 种，累计农业"三品"（绿色食品、有机食品、无公害农产品）372 种；新建"三品"基地面积 0.21 万公顷，累计 15.86 万公顷；新创农产品省著名商标 1 个、扬州知名商标 4 个、扬州名牌产品 1 个。经过新一轮农业产业化龙头企业认定和监测，全市新增扬州市农业产业化龙头企业 17 家、新认定高邮市农业产业化龙头企业 10 家，累计有农业产业化龙头企业 68 家，其中国家农业产业化龙头企业 2 家、省农业产业化龙头企业 11 家、扬州市农业产业化龙头企业 35 家、高邮市农业产业化龙头企业 20 家，当年农业产业化龙头企业实现销售 118.57 亿元、利润 3.88 亿元。推进农村"三大合作"转型发展，新创建国家级农机示范合作社 4 家、省级示范合作社 21 家；新注册家庭农场 52 家，八桥钻友家庭农场注册成为扬州市首个家庭农场有限公司。组建并运营高邮湖大闸蟹行业协会。新增农业适度规模经营面积 4 533.33公顷，累计 5.74 万公顷，占全市耕地面积的 75.2%。

全年落实"一免四补"（减免农业税，粮食直接补贴、良种补贴、农机补贴、综合直补政策）资金 1.66 亿元，兑现政策性农业保险理赔资金2 494.1 万元。被列入扬州市新一轮帮扶的53 个村在高邮经济开发区建设标准化厂房实现租金收益 407.04 万元，村均获租金 7.68 万元。制定实施高邮市 2013～2015 年经济薄弱村集体经济发展规划，争取省级财政扶持经济薄弱村发展项目 11 项，行政村集体经营性收入达 20 万元以上实现全覆盖，其中有 81 个行政村集体经营性收入达 30 万元以上。突出创业扶持、就业援助、生活保障、教育资助、医疗救助、社会帮扶等六个方面，启动实施新一轮低收入农户脱贫奔小康工程，实现低收入农户脱贫率 52%。创成江苏省社会主义新农村建设示范村 2 个、扬州市新农村建设"优美乡村"1 个、村级"五项能力"（发展集体经济能力、组织农民合作能力、服务农民致富能力、民主管理能力、公共事业服务能力）建设“百强村”5个。

实施农业综合开发项目15项，财政总投资4638万元。全市农机总动力65万千瓦，农业综合机械化水平79%。秸秆禁烧、还田及综合利用工作水平进一步巩固提高，通过省农委“秸秆综合利用示范县”考核验收。农村公路危桥改造三年行动计划全面完成，累计改造危桥672座。推进以“五位一体”（河道管护、道路养护、绿化维护、村庄保洁、垃圾收集转运）管护模式全覆盖为重点的农村环境综合整治工程，车逻镇、卸甲镇、三垛镇、界首镇、菱塘回族乡、龙虬镇创建成高邮市农村环境综合整治先进单位。继续实施农村河道疏浚整治工程，疏浚河道476条、558.6千米，完成土方560.3万立方米，投入资金1 445万元。投入资金4.34亿元，完成小型农田水利工程、农村河道疏浚整治工程、城区水务工程、淮河入江水道整治工程等4项重点工程建设。　（史志　黄晓荷）

【工业】　实现全部工业产值1 682.3亿元、开票销售404.4亿元，分别增长16.5%、26.5%。规模以上工业企业（全部国有及销售2 000万元以上非国有企业）实现产值863.51亿元、销售收入846.26亿元、利税87.56亿元、利润52.19亿元，分别增长17.6%、18.1%、29.4%、37.4%。规模以上工业产销率97.9%，与上年持平。实现工业增加值141.24亿元，按可比价计算，增长15.4%；工业增加值占GDP比重45.4%，上升7.8个百分点。优势产业集群加速壮大，机械装备、电线电缆、照明灯具、纺织服装四个基本产业的产值规模分别达254.5亿元、132.2亿元、64.4亿元、131.2亿元，分别增长44.9%、15.8%、7.3%、11.6%，各占全市规模以上工业企业产值的29.5%、15.3%、7.5%、15.2%。全市规模以上企业高新技术产业实现产值245.47亿元，下降14.1%，占规模以上工业企业产值的28.4%。重点企业支撑作用增强，全市规模以上工业企业产值占全部工业产值的51.3%，比上年增加1.3个百分点。全年新增产销超1亿元的企业23家，累计180家，其中新增产销超10亿元的企业1家，累计7家；亿元企业实现产值694.8亿元、开票销售213.9亿元，分别占工业总量的41.3%、52.9%。项目建设深入推进，全年在建投资额1亿元以上工业项目102项。全年新开工投资额1亿元以上项目64项、竣工投资额1亿元以上项目46项，其中新实施10亿元以上项目9项、竣工投产10亿元以上项目6项。制定出台《关于促进全市乡镇工业集中区整合提升特色发展的意见》《高邮市乡镇工业集中区专项资金扶持和考核奖励办法》，切实推进园区开发建设。全年园区基础设施投入4.5亿元；新增入园企业98家；园区工业企业实现开票销售182.2亿元，占全市工业开票销售总量的45.1%。1个工业集中区创成省级优质道路照明灯具生产示范区，2个工业集中区被扬州市中小企业局确认为扬州市特色产业基地。获批省级两化融合试点企业7家、扬州市创新型企业及创新型试点企业82家；农村综合信息服务平台（网上村委会）服务功能进一步完善，通过扬州市考核验收，在扬州市率先实现涉农信息资源整合和公开共享。　（史志　黄晓荷）

【建筑业】　全年新增一级总承包资质企业2家、二级总承包资质企业4家、三级总承包资质企业7家、专业承包资质企业44家、劳务分包资质企业2家，累计有有资质企业285家。承接高层建筑1 934幢，其中超高层建筑277幢。资质以上建筑企业承接房屋建筑施工面积4 707.2万平方米，其中新开工面积2 860.6万平方米，竣工房屋面积2 190.8万平方米。获扬州市级以上优质工程奖56项。完成建筑业增加值32.07亿元、建筑企业总产值650亿元，分别增长7.8%、30%。有23家建筑安装企业产值过5亿元。江苏弘盛建设工程集团有限公司、江苏兴厦建筑安装有限公司、江苏瑞沃建设集团有限公司获评“江苏省建筑业百强企业”。　（史志　韦璟）

【旅游业】　加大旅游业策划、资源开发和保护及市场开拓力度，编制《高邮湖环湖休闲度假项目创意策划》《高邮市东湖休闲度假旅游景区项目创意策划》《高邮市文游台名人文化休闲景区项目创意策划》和《高邮休闲旅游城市品牌塑造和宣传推广活动策划》《龙虬庄遗址保护总体规划》，《高邮湖旅游开发概念性规划》通过评审，推出“高邮湖春色·里下河风情”、“扬州至高邮水上休闲游”等特色旅游项目，投资38亿元打造神居山文化旅游度假区，举行“江苏大遗址——高邮市龙虬庄遗址”揭牌仪式，高邮市第一口地热井通过专家评审验收，高邮汇富金陵大饭店正式开业。全年接待游客300万人次，实现旅游收入23亿元。高邮市入选“全国最美生态旅游示范市”榜单。　（史志　黄晓荷）

【国内贸易】　加强商贸流通业网点建设，推动苏果超市、乐购超市、苏中农贸城、临泽水产品批发市场销售额、成交额稳步增长。推进实施“万村千乡市场工程”“新网工程”，进一步完善提升农村现代流通体系，“万村千乡市场工程”物流配送中心——高邮市天赐商贸有限公司物流配送中心建成并投入使用。新增限额以上企业48家，获批扬州市级服务业集聚区2个。尚程国际家居广场、港口码头物流园一期、郭集灯具城一期建成投运，波司登世贸广场部分封顶，五里坝国储库建成数字化粮库。全市实现社会消费品零售总额124.3亿元，增长12.4%。其中，批发业、零售业、住宿业、餐饮业各实现零售额14.08亿元、98.04亿元、0.54亿元、11.64亿元，分别增长16.7%、13.5%、-15.6%、1.2%；城镇、乡村消费品市场各实现零售额120.93亿元、3.37亿元，分别增长12.9%、-2.2%。 （史志 黄晓荷）

【对外贸易】 成立6个产业投资促进分局，开展央企招商、专业招商。招引1 000万美元以上项目5个、1亿元以上民资项目34个，其中世界500强及跨国公司投资项目2个、10亿元项目8个。举办第九届中国双黄鸭蛋节和第六届中国邮文化节。全年注册外资实际到账8 100万美元，下降17.2%；新增有限公司注册资本金实际到账87.1亿元，增长10.9%。全年进出口总额38 497万美元，其中出口额36 108万美元，分别增长17.7%、19.9%。全年完成外经营业额558.4万美元，增长45.6%。新增外派劳务49人，年末累计在外劳务人员522人。 （史志 黄晓荷）

【固定资产投资】 全年完成固定资产投资278.75亿元，其中第一、二、三产业各投资3.81亿元、197.94亿元、77亿元，分别增长20.7%、65.3%、18.1%、29.5%，三次产业占全社会固定资产投资的比重各为1.4%、71%和27.6%。完成房地产开发投资35.26亿元，增长74%。 （史志 翁加良）

【交通、邮电与供电】 S237第二期工程（秦邮路至扬八干渠，全长12千米）、第三期工程（扬八干渠至江都交界处，全长5.2千米）建成通车，第四期工程（马横公路至宝应交界处，全长14.2千米）完成路基贯通。北澄子河新王、南圩大桥主体工程完工。养护农村公路里程1 834千米，实施县道车八公路路面大修12千米，改造乡村公路危桥186座。开通马横线、周八线城乡客运班车，新增镇村公交专线6条、班车6辆。交通系统有载客汽车307辆（不含出租车）、0.92万客位，当年完成客运量1 615万人，旅客周转量14.22亿人千米。

全年完成邮政业务总收入9 448万元、电信业务收入7 704.8万元。至年底，城乡累计有固定电话19.06万门，其中城区电话用户6.32万户、农村电话用户12.74万户。城乡固定电话普及率81部/百人。电信和移动宽带网络在市区、12个乡镇政府所在地和20个非乡镇政府所在地集镇实现全覆盖。移动通信发展迅速，累计用户突破60万户。

获省发改委批准的高邮首座500千伏扬州北输变电工程开工建设，位于菱塘回族乡骑龙村的高邮首座110千伏智能化变电站竣工投运，扬州地区首座非分布光伏电站——江苏振发新能源科技有限公司20兆瓦光伏发电站并入国家电网发电，新建10千伏线路397千米，新农村电气化乡镇实现全覆盖。全年全社会用电量27.56亿千瓦时，增长47.7%。其中，城乡居民生活用电量4.36亿千瓦时、各行业用电量23.2亿千瓦时，分别增长18.5%、54.9%；第一、二、三产业用电量各为1.1亿千瓦时、20.2亿千瓦时、1.95亿千瓦时，分别增长18.1%、63.5%、13.2%。售电量25.91亿千瓦时，增长49.6%。至年末，实现安全记录3 660天。市龙虬供电所被国家电网公司表彰为中国最美供电所。 （史志 黄晓荷）

【城乡建设】 创成国家生态市。启动城市总体规划和6项专项规划的修编工作。实施城建“双十”重点工程建设，加快残疾人康复中心、市实验小学东校区、珠光路改造等一批项目建设进度，建成北关河风光带二期工程、S237城区段绿化工程、经三路、城东农贸市场等一批工程，完成穿心河（市河）整治一期工程、盂城驿扩容改造一期工程和蝶园新村、奎楼新村、奎楼二村等3个小区环境综合整治工程、文游北路立面整治及39条城区后街后巷改造任务。改造升级老城区老旧公厕29座。推进“清水活水，不淹不涝”城市建设，疏浚、整治城区河道10条，新建闸站1座。成立高邮市城市管理行政执法局。开展城市环境综合整治和市区“三拆三整治”（拆违、拆破、拆烂，治脏、治乱、治差）工作，拆除违法建设3.14万平方米，治理琵琶西路虾仁加工点、水榭华庭水产品批发点、城区农贸市场取得成效。继续开展渣土车专项整治行动。加强环卫基础设施建设，城乡生活垃圾无害化处理综合水平进一步提升，朱家生活垃圾填埋场被中国环境卫生协会评为“国家无害化等级一级填埋场”。全市房地产开发投资35.26亿元，其中住宅投资28.63亿元、商业营业用房投资5.43亿元，分别增长74%、71.6%、67.3%。全市商品房施工面积347.99万平方米，其中新开工面积230.88万平方米，分别增长39.9%、62.5%；商品房竣工面积119.1万平方米，增长2.3%；商品房销售面积89.25万平方米，增长69.3%。

结合乡镇区划调整，适时完善镇村布局规划。加大投入，切实推进菱塘、三垛、临泽3个重点中心镇建设。启动实施通乡公路照明亮化工程。推进农民集中居住，建成具有一定规模的农民集中居住区14个。改造农村危房600户。全面完成“美好城乡建设行动”任务，通过省、扬州市全域考核验收，共创成三星级“康居乡村”6个、整洁村1 392个。新增农村无害化卫生户厕1.7万座，新建沼气用户1850户。菱塘回族乡入选全国美丽乡村，菱塘回族乡菱塘村被命名为江苏最美乡村，三垛镇创成江苏省卫生镇。

城市化水平进一步提高，年末城市化水平47.8%，比上年提高0.7个百分点。

（史志　黄晓荷）

【环境保护和生态建设】 创成国家生态市。编制完成《高邮市生态文明建设规划》并通过省环保厅评审。编制完成《高邮湖生态环境保护试点项目实施方案》并上报环保部备审。继续实施北澄子河三垛西大桥国控断面达标巩固工程。全年实施重点节能改造项目29项、减排工程8个，关闭“三高一低”企业23家，淘汰蓄电池企业落后产能61万千伏安时。单位GDP能耗下降4.0%，化学需氧量、氨氮、二氧化硫、氮氧化物排放量削减率分别达到序时目标。新增成片造林面积1.9万亩。巩固提高秸秆禁烧、禁抛和综合利用工作水平。城市水域功能区水质达标率100%。建成PM2.5大气自动监测站，市区空气质量良好以上天数占91.6%，公众对环境质量满意率80.1%以上。

（史志　黄晓荷）

【财政与金融】 全年财政总收入为57.89亿元，其中公共财政预算收入25.44亿元，分别增长13.5%、17.1%。人均财政收入由上年的6 238元提高到7 075元。公共财政预算支出41.15亿元，增长11.5%。

年末金融机构各项存款余额343.5亿元，其中居民储蓄存款234.38亿元，比年初分别增加46.37亿元、30.76亿元，分别增长15.6%、15.1%；各项贷款余额206.39亿元，比年初增加38.09亿元，增长22.6%。全年市内4家保险股份有限公司共实现保费收入6.27亿元，增长11.4%；受理各类理赔案件15 053起，增长29.2%；累计支付赔款15 871.07万元，增长98.9%。长城证券、利安人寿、常熟农商行、中国光大银行、交通银行等获准在高邮设立分支机构。

（史志　黄晓荷）

【科学技术与教育】 创成省创新型试点市。全年获批省级以上各类科技项目29项，其中国家创新基金项目6项、国家星火计划项目1项、国家火炬计划项目10项、省重大科技成果转化项目2项、省科技支撑计划项目4项、省基础设施计划项目6项，新增国家高新技术企业13家、省级以上高新技术产品165种，全社会研发投入占地区生产总值比重提高至2.1%。签订产学研合作项目110项，与重庆大学达成校地产学研全面合作。新建扬州市级以上“三站三中心”50多家，其中国家级博士后工作站1家、院士工作站3家。引进高层次人才21人、博士6人、急缺专业技术人才170人；入选省“高层次创新创业人才引进计划”23人、省“企业博士集聚计划”31人、省“六大人才高峰”第9批高层次人才项目2人。扬州曙光电缆股份有限公司上市辅导公示结束，江苏华富储能新技术股份有限公司完成股改。获批专利授权1 873件，其中发明专利28件；组织制定国家、行业标准4个；新增注册商标986件，新创中国驰名商标1件、省著名商标7件、省名牌产品6种。宏远公司获扬州市长质量奖先进单位。菱塘回族乡创成省创新型试点乡镇，车逻镇创成省五金机械制造名镇。

完成35所中小学运动场地塑胶化改造，实现每所市属学校都有塑胶运动场地、每家原建制乡镇都有一片塑胶运动场地的目标。省优质幼儿园占比达78%，高考、中考成绩稳中有升。创成省学前教育改革发展示范区，全国义务教育基本均衡县通过省督导评估。高邮教育信息网获评全国区县级教育门户百佳网站，高邮中等专业学校被表彰为全国校园影视教育研究实验学校。（史志　黄晓荷）

【文化、卫生与体育】 实施文化惠民工程，全年送戏下乡80多场、送书下乡1.5万余册、送电影进农村放映3 000多场。“农家书屋”提升工程取得显著成绩，《人民日报》《农民日报》《新华日报》《扬子晚报》和江苏人民广播电台、中国江苏网等6家新闻媒体予以专题报道。市图书馆通过国家一级图书馆评估定级。开展第一次全国可移动文物普查工作。扬剧《淮海悲歌》获全国第八届戏剧文化奖银奖。唐镇国寺塔、平津堰遗址两处大运河遗产点跻身全国重点文物保护单位行列。全市数字电视总用户突破20万户，创成江苏省户户通有线电视县（市）。

全面深化医疗卫生综合改革，完善新型农村合作医疗方案，开展健康社区行、卫生镇和卫生村创建活动，强化疾病预防控制，提高公共卫生服务同质化、均等化水平。江苏省妇幼卫生先进市创建工作通过省级初评。疟疾病防治提前五年达国家标准。实现乡镇卫生院“中医特色诊疗区”建设全覆盖。推进计生幸福家庭建设，通过省“十二五”人口协调发展先进市创建中期评估验收。

高邮大运河越野半程马拉松赛列入中国田协赛事。举办第四届环高邮湖自行车越野赛、第二届高邮大运河半程马拉松赛和全民健身体育节。市体育局被国家体育总局表彰2009～2012年度全国群众体育先进单位。（史志　黄晓荷）

【人民生活和社会保障】 年末，全市城镇非私营单位在岗职工和劳务派遣人员12.25万人，比上年末增加6.65万人；在岗职工和劳务派遣人员年平均工资50 197.6元，增长17.8%。城镇居民人均可支配收入24 711元，人均生活消费支出15 025.35元，分别增长9.4%、－1.1%；百户家庭电话（固定、移动电话，下同）、电脑拥有量分别达351部、109台；

城镇居民恩格尔系数40%。农民人均纯收入13 248元,人均生活消费支出10 002.17元,分别增长12%、19%;百户家庭电话、电脑拥有量分别达282部、29台;农民恩格尔系数35%。全年居民消费价格指数102.2,上涨2.2个百分点,涨幅比上年回落0.6个百分点。城镇居民人均住房建筑面积37.15平方米,农村居民人均钢筋、砖混结构住房面积34.82平方米。

认真落实各项就业创业扶持政策,新增城镇就业8 693人、转移农村劳动力9 822人,帮助下岗失业人员再就业7 021人、就业困难人员再就业1 198人,城镇登记失业率为2.2%。为自谋职业、自主创业的失业人员累计发放小额担保贷款1 503万元。建立特殊企业工资支付保证金制度、欠薪应急周转金制度,保障劳动者合法权益。

社会保险覆盖面不断扩大,养老、医疗、失业三大保险覆盖率保持在98%以上。新农合医疗人均筹资标准提高到350元,302万人次享受基金补偿2.15亿元。城镇职工和居民医保政策范围内住院支付比例分别达80%、70%,在扬州率先启动城镇居民大病保险试点。城乡低保标准分别提高到人均每月450元、310元。"五保"供养标准提高到每人每年5 400元,集中供养率85%。坚持执行尊老金制度,强化城市"三无"(无劳动能力、无生活来源、无赡养人和扶养人)老人保障,开工建设残疾人康复中心。开展慈善募捐活动,支出慈善救助资金865万元,受助群众1.45万人次,保持"五星级慈善城市"称号。落实保障性住房政策,新建经济适用住房164套,筹集公共租赁住房(含廉租住房)728套(间)、棚户区改造安置住房424套、限价商品房286套,发放廉租住房租赁补贴132户、22.98万元,以廉租房实物配租方式安置住房困难家庭51户;完成直管公房解危737户。住房公积金扩面5 514人,发放贷款2.3亿元。 (史志 黄晓荷)

精神文明建设

【"身边好人"推荐活动】 2013年,市文明办不断完善道德模范的发现、推荐机制,积极开展"身边好人"推荐活动,大力推进公民思想道德建设,培育知荣辱、讲正气、做奉献、促和谐的良好社会风尚。至年底,全市当选中国好人榜1人、候选中国好人榜3人,入选江苏好人榜2人。 (夏斌 戴俊芳)

【杨文华当选中国好人榜9月助人为乐好人】 10月,由中央文明办主办、中国文明网承办的"我推荐,我评议身边好人"活动揭晓,高邮市推荐的"助人为乐好人"杨文华荣登2013年9月"中国好人榜"。 (夏斌 戴俊芳)

资料链接 现年68岁的杨文华是临泽镇朱堆村人,在任职该镇铝箔纸厂厂长时曾连续四年(1987~1990年)荣获"江苏省明星企业家"称号,1987年被评为江苏省劳动模范,1998年被林业部、劳动部表彰为综合治理先进工作者。他退休后发现,虽然省革命烈士英名录登记在册的在朱堆这块土地上献身的革命烈士有19位之多,但朱堆却没有一处像样的纪念场所。为告慰英烈在天之灵,将他们的精神发扬光大,一代一代传承下去,刚退休的杨文华便抱病冒高温酷暑,自带干粮和路费,先后赴南通、海安、东台、兴化、宝应等地的民政、党史、档案等部门查核资料,到烈士家乡一一拜访烈士的亲属和知情人,并整理、撰写近2万字的烈士生平资料。他还牵头成立朱堆爱国主义教育基地筹建小组,吸纳143名志愿者,先后募集资金4万多元,建成占地5 000平方米、规划用地1万平方米的烈士陵园,并在陵园内建立一座高3米、宽0.9米的烈士纪念碑。 (夏斌 戴俊芳)

【"学习雷锋好榜样"志愿服务活动启动】 3月5日,由市委宣传部、市文明办、市级机关工委、团市委、市志愿者协会联合开展的以"践行志愿精神,汇聚道德力量"为主题的"学习雷锋好榜样"志愿服务活动正式启动。启动仪式上,市领导钱富强和张贵龙分别为新加入市志愿者协会的红围巾志愿者分会和文化志愿者分会授旗,团市委主要负责人带领现场志愿者进行集体宣誓。仪式结束后,市文化志愿者服务队为市民奉献一台精彩的专场文艺演出。当日,来自全市20多家部门单位的志愿者服务队还分赴居民小区、车站码头、医院、学校、工地、交通道口、敬老院、福利院等处,集中开展道德宣讲、文化宣传、关爱他人(空巢老人、残疾人、留守儿童、"五保户"等)、文明交通劝导、便民利民、环境维护、净化网吧、科普宣传、无偿献血等多种志愿服务,受到广大市民的交口称赞。(韩瑛 夏斌 戴俊芳)

图为"学习雷锋好榜样"志愿服务集中启动仪式

(夏斌 摄)

【"文明交通周周行"志愿服务活动】 从5月起,市文明办组织20多家文明单位开展"文明交通周周行”活动，在全市10个主要交通道口、10个繁忙交通站台，由各有关单位安排志愿者开展文明交通劝导和宣传志愿服务。此活动历时一年，至2014年5月结束。 （夏斌 戴俊芳）

【道德模范与扬州好人现场交流活动（高邮专场）】 7月30日下午，由扬州市委宣传部和扬州市文明办主办，高邮市委宣传部和高邮市文明办承办的“道德模范与扬州好人现场交流活动（高邮专场）”在高邮市供电公司举行。在交流现场，高邮市道德模范代表孙亚平和杨文华面对面向近百名观众讲述自己的事迹，使众多聆听者深受触动，更加深刻地感受道德模范高尚的人格和魅力。活动期间，高邮市供电公司和卸甲镇相关负责人还就如何构建社会主义核心价值体系，选树、培养和宣传身边好人作经验交流发言；往届“高邮好人”部分代表、高邮各乡镇宣传委员、省文明单位分管负责人和市民代表等共同观看《高邮好人》宣传片。 （韩瑛）

【“道德讲堂”】 2013年，全市继续着力打造“道德讲堂”品牌，使之成为推进社会主义核心体系建设、公民道德建设的有效载体和突破口，切实加强对社会公德、职业道德、家庭美德、个人品德的宣传教育，不断增强人民群众的道德判断力和道德荣誉感。全年围绕“道德模范与身边好人”“诚信”“做一个讲文明、有道德的人”等主题，组织开讲“道德讲堂”200期，听众8 000多人次。 （夏斌 戴俊芳）

【高邮市国税局获“江苏省文明单位标兵”】 9月，省文明委根据《2010～2012年度江苏省文明单位评选标准》，经各省辖市文明委、省各有关主管部门组织自查申报、公开竞争、择优推荐，省文明委组织考核评审，确定157个单位为江苏省文明单位、文明乡镇、文明村、文明社区标兵，高邮市国税局名列其中，获“江苏省文明单位标兵”称号。

（史志 夏斌 戴俊芳）

优化发展环境

【“三集中、三到位”工作回头看】 2月24日，市优办出台《关于扎实开展行政审批“三集中、三到位”工作回头看的通知》，就行政服务中心各窗口部门开展行政审批“三集中、三到位”工作回头看进行部署。重点围绕部门行政审批事项进驻市行政服务中心的到位率，部门对窗口行政审批事项办理授权率、部门行政服务科科长（或副科长）进驻窗口的到位率、行政审批事项网上办理率以及部门行政审批事项平均承诺时限是否压缩到5个工作日以内、部门从事项目审批的业务骨干是否进驻窗口、窗口分管负责人是否分管窗口行政审批业务等方面进行认真排查，并对存在的不足及时落实整改措施。

（马宝元 孟琳晴）

【开展为投资者服务系列活动】 3月和9月，市优办联合有关部门分别开展“八个一”系列服务活动。期间，通过印发《高邮市涉企收费项目目录》、进一步规范基层行政执法权、检查涉企处罚情况、跟踪问效存在问题的整改落实情况等，切实开展为投资者服务活动，受到投资者的欢迎。

（马宝元 孟琳晴）

【经济“110”巡访服务百家企业】 3月，市优办、市监察局组成“经济110”服务小分队，开展集中上门服务全市企业活动，认真听取有关诉求和意见、建议，协调解决企业生产经营中遇到的困难和问题。至年底，累计巡访服务企业112家，受理诉求128件，现场解决问题16个，召开专题协调会5次；形成交办有关部门限期解决一般性问题的《函》27份，报请市委、市政府研究解决共性问题、复杂问题的《情况专报》4期。 （马宝元 孟琳晴）

图为经济“110”巡访服务企业现场 （孟琳晴 摄）

【为投资者提供“绿色服务”】 2013年，市优办、公安局为44家企业颁发和换发“车辆绿色通行证”，协调车辆通行问题65次。打造“绿色执法”，进一步规范涉企检查处罚行为，严格执行企业宁静生产日和检查报批制度。全年涉企检查报备61批次，涉企处罚审批51件次。 （马宝元 孟琳晴）

【优化涉企执法环境】 4月7日，市优办、市监察局出台《关于进一步优化涉企执法环境的若干规定》，重点就严格执行涉企检查报备制、涉企行政处罚审批制等，认真落实外来投资服务举措，积极推进行政审批服务“八个一”工程，严厉打击各类涉企犯罪活动，服务企业实现常态化，严守工作纪律，提高工作效能，加大涉企行政行为监督和违纪违规行为问责力度等方面，作出更加具体的要求，切实优化全市涉企执法环境。 （马宝元 孟琳晴）

【工业项目基本建设审批流程二轮简化】 4月，市优办、市监察局会同市政府法制办、市行政服务中心等部门通过排查梳理、流程比对等方法，对工业项目基本建设行政审批流程进行第二轮梳理整合，将57项行政审批事项精简优化至48项。5月，就工业项目基本建设审批流程简化落实情况，开展专项监督检查，重点查处执行不力、消极应付、进度缓慢的人和事。（马宝元　孟琳晴）

【开展优化发展环境服务品牌、服务标兵评选】 7月5日，市委办、政府办下发《2013年度优化发展环境服务品牌、服务标兵评选实施意见》，就评选目的、要求、程序、方法、时限等进行明确规定。经自主申报、评选领导小组初审、入围对象登报公告、民主投票评选等程序，评选表彰5个优化发展环境服务品牌和5名服务标兵。受表彰的优化发展环境服务品牌为：市财政局"'五心'服务"、市行政服务中心"行政审批'八个一'服务"、高邮工商局"红盾巾帼示范岗"、市供电公司"'六式'服务"、市地税局"'双特'服务"；受表彰的服务标兵为：市国土局土地利用科科长陈大明、周山镇财政所结算会计张所兰、市发改委综合科科长钱明、市地税局第四分局风险应对股股长金大华、市城建局城建科科长翁宏定。（马宝元　孟琳晴）

【作风效能建设】 2013年，市优办会同市纠风办、市级机关工委，并借助社会力量组成5个明察暗访小组，对机关作风建设、窗口服务质量、公路河道"三乱"、"三公"消费以及禁酒令、禁钓令执行情况开展明察暗访。期间，累计开展明察暗访活动20多轮次，发现问题50多个，全部问责追究到位，其中免职1人、停职1人、调整岗位2人、诫勉谈话4人、发放作风效能提醒函、作风效能告诫书55份，并将其作为年终目标考核、机关作风建设考评和机关工作人员年终考核的重要依据。同时，通过"经济110"和干部能力作风建设投诉热线、"清风高邮"网络公共服务平台等载体广开言路、开门纳谏，积极拓展线索收集渠道，全面促进作风效能建设。（马宝元　孟琳晴）

【规范基层行政执法专项行动】 7月12日，市优办、市监察局、市政府法制办出台《规范基层行政执法专项行动工作方案》，并会同市公安局、市人社局、市国土局、市环保局、高邮工商局、高邮质监局、市安监局等部门，在全市治安管理、劳动监察、土地执法、环监执法、工商执法、质监执法、安监执法等领域集中开展规范基层行政执法专项行动，重点解决滥用行政处罚自由裁量权，乱收费、乱罚款等严重侵犯群众利益的问题和以权谋私、渎职侵权违纪违法等问题，进一步推进依法行政工作（马宝元　孟琳晴）

【行政权力网上运行工作】 2013年，市优办、市监察局根据《江苏省行政权力电子监察标准和规范》要求，实施行权电子监察系统升级改造工作，进一步完善预警监控、督查督办、绩效评估、投诉处理、监察人员库等模块，建立电子监察视频监控系统，实现对市行政服务中心和8个分中心窗口服务的实时监控。进一步督促各有关部门所有行政权力网上运行，不断提高权力运行的规范性、时效性和实效性。至12月底，行政权力网上公开透明运行系统办结量80 360件，其中行政许可30 560件、行政处罚2 750件、行政征收1 811件、行政强制2件、非许可审批3 799件、行政确认29 192件、其他12 246件；发出督查、督办通知5 121件次。（马宝元　孟琳晴）

【"清风高邮"网络公共服务平台】 2013年，市优办、市监察局稳步推进"清风高邮"政务微博平台建设，共发布微博3 900余条，听众数量近40万人，参与互动交流2万余人次，受理投诉求助460多件（次），成为全国听众数量最多的纪检监察部门官方微博之一。以"清风高邮"政务微博为龙头，以48个涉企涉民部门政务微博为基础，着力打造"民声帮办"高邮市政务微博公共服务平台，各有关部门全年通过微博平台办理投诉咨询200多件次。"清风高邮"文游台论坛专版开展在线服务，累计发布主题3575个，互动帖45 349个，版块点击量3 026万人次。（卢登祥）

【执法队伍和重点科室作风建设考评】 7月9日，市优办、市监察局下发《关于开展执法队伍和重点科室作风建设考评活动的实施意见》，就考评要求、原则、程序和目的等作出规定。经过平时考核、满意度测评两大程序，评选表彰2013年度创业者最满意执法队伍6个、重点科室为群众最满意科室10个。受表彰的创业者最满意执法队伍为：市财政稽查大队、市地税局稽查局、市安全生产执法大队、市国税局稽查局、市水政监察大队、市公安局防控处警大队；受表彰的群众最满意科室为：市水利局农村水利科、市财政局经济建设科、市民政局社会救助科、市卫生局合管办、市经信委信息化推进科、市国土局地籍科、市地税局征管和科技发展科、市发改委固定资产投资科、市人口计生委政策法规科、市科技局综合计划和高新技术产业科。（马宝元　孟琳晴）

【市级机关作风建设考评】 12月份，市优办组织开展2013年度市级机关能力作风建设考评活动。作风建设考评包括平时考核和满意度测评两部分。参加市级机关作风建设考评对象分为三个序列共95个部门单位，第一类参评部门和单位共34个，第二类参评部门和单位共31个，第三类参评部门和单位共30个。参与满意度测评人员分为四个层面，即市领导班子成员，市委委员、市委候补委员、市纪委委员、人大代表、政协委员，各乡镇（园区）主要负责人、市级机关各部门主要负责人，各类企业负责人、基层群众代表，共1 500人，考评分值权重分别为15%、15%、15%、30%、25%。按照考评规定，经过测评结果统计，确定市级机关能力作风建设考评标兵单位11个，即市财政局、市发改委、市经信委、市行政服务中心、市农委、市公安局、市委农工办、市级机关工委、市国土局、市地税局、市国税局；确定市级机关能力作风建设先进单位11个，即市人口计生委、市水利局、市统计局、市人社局、市城建局、市残联、市信访局、高邮工商局、高邮质监局、市供电公司、高邮农村商业银行。

（马宝元　孟琳晴）

高邮市党政军群组织机构和负责人名录

（2013年4月1日～2014年3月31日）

中共高邮市委员会

（第十届）

书　记　韩　方

副书记　方桂林　金春林（2014年3月18日免）

常　委　韩　方　方桂林
　　　　金春林（2014年3月18日免）
　　　　张秋红（女）　汪爱智（6月17日免）
　　　　朱　勇　徐永宝　汤学仁　孙建年
　　　　付有根（6月17日任）
　　　　徐　健（10月17日任）

中共高邮市纪律检查委员会

（第十届）

书　记　朱　勇

副书记　郭建新　姜永顺

常　委　朱　勇　郭建新　姜永顺　李永安
　　　　陈　军　高日平　仲崇明

市委工作机构

市委办公室

主　任　居晓波

副主任　顾吉林（12月6日免）
　　　　赵德清　居育明（兼任）　郑　舟（女）
　　　　杨海蔚　周　成　仇家春（12月6日任）
　　　　张来根（2014年2月11日任，试用期一年）

市委组织部

部　长　孙建年

副部长　朱　光（6月13日免）　王　鸿
　　　　张曰兴　谭　旭（6月13日任）　顾卫东

市委宣传部

部　长　张秋红（女）

副部长　姚正安　胡行球　王俊坤　杨建国
　　　　金晓云（女）

市委统一战线工作部

部　长　张贵龙

副部长　张年喜　居永平　濮国华　张龙香（女）

市委政法委员会

书　　记　徐永宝（10月25日免）
　　　　　徐　健（10月25日任）

副 书 记　王家斌　黄安良　毛振洋

纪检组组长　宋继红（女）

政治处主任　徐克俊

市委农村工作办公室（市政府农村工作办公室）

主　任　万兆良

副主任　赵如荣　翁玉才　孔祥明
　　　　俞　翔（2014年2月11日任，试用期一年）

市机构编制委员会办公室

主　任　谭　旭

副主任　陈春满（12月6日任）　孙兆松

市委合署办公、挂牌、部门管理机构

市委研究室（在市委办公室挂牌）

主　任　顾吉林（12月6日免）
　　　　赵德清（2014年2月11日任）

副主任　遇宝新（2014年2月11日任，试用期一年）

市委台湾工作办公室（市政府台湾事务办公室）（与市委办公室合署办公）

主　任　万豪海

副主任　周宏中

市信访局

局　长　居育明

副局长　谢骁勇　赵秋宸
　　　　晏　忠（2014年2月11日免）
　　　　戴小斌（2014年2月11日任，试用期一年）

市委机要保密局（市委保密委员会办公室）（挂市国家保密工作局牌子，为市委办公室部门管理机构）

局　长　周　成

副局长　张文义　赵金俊

市委市级机关工作委员会（与市委组织部合署办公）

书　　记　王　鸿

副 书 记　周道宏（2014年2月11日免）
　　　　　王士华（2014年2月11日任）
　　　　　居　锋

纪工委书记　周道宏（2014年2月11日免）
　　　　　　居　锋（2014年2月11日任）

市委老干部局（为市委组织部部门管理机构）

局　长　张曰兴
副局长　李宇宙
　　　　高　明(2014 年 2 月 11 日任,试用期一年)
市精神文明建设指导委员会办公室(在市委宣传部挂牌)
副主任　夏　斌
　　　　戴俊芳(2014 年 2 月 11 日任,试用期一年)
市委、市政府督查室＊(在市委办公室挂牌)
主　任　赵德清(2014 年 2 月 11 日免)
市委市政府接待办公室＊(与市委办公室合署办公)
主　任　郑　舟(女,兼任)
市民族宗教事务局(在市委统战部挂牌)
局　长　濮国华
副局长　曹　巍　胡凤林(12 月 6 日任)
市委党史办公室(在市档案局挂牌)
主　任　刘春龙
副主任　宝珍芳
市地方志办公室(在市档案局挂牌)
主　任　刘春龙
副主任　宝珍芳
市社会治安综合治理委员会办公室(与市委政法委员会合署办公)
主　任　王家斌(兼任)
副主任　闵宇权　吴书林　王瑞珏　赵书宝
市依法治市领导小组办公室(与市委政法委员会合署办公)
主　任　徐永宝(兼任,10 月 25 日免)
　　　　徐　健(10 月 25 日兼任)
副主任　黄安良(兼任)　胡迎春
市国家安全领导小组办公室(与市委政法委员会合署办公)(5 月 14 日设)
主　任　毛振洋(1 月 5 日兼任)
市事业单位登记管理局(在市机构编制委员会办公室挂牌)
局　长　宰兆山(4 月 3 日免)
　　　　陈春满(12 月 16 日任)
市委人才工作办公室(在市委组织部挂牌)
主　任　谭　旭

市委直属事业机构和单位

市委党校
校　长　金春林(兼任,2014 年 3 月 18 日免)
副校长　钱宝祥(主持工作)
　　　　居　锦(女)　陈友献
市档案局(市档案馆)
局长(馆长)　戚维斌
副局长　李才稳
市新闻信息中心
主　任　胡行球
副主任　唐以军　韩粉琴(女)

市委、市政府派出机构

中共江苏省高邮经济开发区工作委员会
书　记　方桂林(兼任)
副书记　汤学仁
　　　　赵广华(2014 年 2 月 11 日任)
　　　　苏延祥　金　锋　刘国和
江苏省高邮经济开发区管理委员会
主　任　汤学仁(兼任,2014 年 1 月 20 日免)
　　　　赵广华(2014 年 1 月 20 日任)
副主任　詹东周(12 月 16 日免)
　　　　张拥军　赵锦章　王兆宏　王　林
　　　　张倩桦(女,9 月 11 日兼任)
　　　　夏伟军(9 月 16 日任,挂职)
　　　　李　壹(9 月 16 日任,挂职)
　　　　高明华(2014 年 2 月 17 日任)
中共江苏省高邮经济开发区纪律检查工作委员会
书　记　刘国和
副书记　赵宏霞(女)　郭才荣(9 月 3 日任)
江苏省高邮经济开发区管理委员会办公室
主　任　陈富广(4 月 3 日任)
副主任　邵德军
江苏省高邮经济开发区农村工作处
党委书记　苏延祥
党委副书记　王永林　韩传龙　王建华
　　　　赵锦章(9 月 3 日任)
　　　　吴长宝(9 月 3 日任)
　　　　郭丛云(9 月 3 日任)
　　　　李贵军(9 月 3 日任)
　　　　韦忠涟(12 月 6 日任)
主　任　赵锦章(9 月 11 日任)
副主任　王永林　张有桃　黄叶飞　黄叶森
　　　　戴华文(9 月 11 日任)
　　　　周仁忠(9 月 11 日任)
　　　　陆永霞(女,9 月 11 日任)
　　　　戴和斌(9 月 11 日任)
江苏省高邮经济开发区经济发展局
局　长　詹东周(12 月 16 日免)
副局长　刘　康(4 月 3 日免)　蒋庆奎
　　　　陈　俊(4 月 3 日任,试用期一年)
江苏省高邮经济开发区园区建设管理局
局　长　张拥军(兼任)
副局长　朱华春　陶桂春(9 月 11 日任)
江苏省高邮经济开发区招商局

局　长　高明华
副局长　刘　斌　王　全　徐　斌
江苏省高邮经济开发区财务审计局＊
局　长　陈维飞
江苏省高邮经济开发区规划分局＊
局　长　朱广跃（兼任，10 月 23 日免）
　　　　陈俊生（10 月 23 日任，试用期一年）
江苏省高邮经济开发区国土资源分局＊
局　长　王　斌
江苏省高邮经济开发区人民武装部＊
部　长　顾　勇
中共高邮城南经济新区工作委员会
书　记　潘建奇
副书记　王瑞峰　陆登峰　陈梅英（女）
　　　　杨金辉　刘传政　陈　烨（12 月 6 日任）
高邮城南经济新区管理委员会
主　任　王瑞峰
副主任　陆登峰　严和平　史美山
　　　　王运龙　施　伟（9 月 16 日任，挂职）
　　　　阳玉球（9 月 16 日任，挂职）
　　　　王长海（12 月 16 日任）
中共高邮市城南经济新区纪律检查工作委员会
书　记　王长海（12 月 6 日免）
　　　　路荣山（12 月 6 日任，试用期一年）
中共扬州菱塘光电科技产业园区工作委员会
书　记　徐永宝（9 月 3 日兼任）
副书记　王永海　王怀忠（兼任）
　　　　顾吉林（12 月 6 日任）
　　　　陆　炜（兼任，10 月 14 日免）
　　　　张　澍（兼任，12 月 6 日免）
　　　　韦恒林（12 月 6 日任）
扬州菱塘光电科技产业园区管理委员会
主　任　王永海（9 月 11 日任）
副主任　张定林（4 月 3 日免）
　　　　赵小山（兼任，12 月 16 日免）
　　　　顾吉林（12 月 16 日任）
　　　　韦恒林　张恩仁
　　　　张　澍（兼任，9月11日任，12月16日免）
　　　　陈　烨（9 月 11 日任，12 月 16 日免）
　　　　陈恩平（9 月 11 日任）
　　　　吴玉来（9 月 11 日任）
　　　　沈　超（9 月 16 日任，挂职）
　　　　杨　明（9 月 16 日任，挂职）
　　　　马文宝（12 月 16 日任）
中共扬州菱塘光电科技产业园区纪律检查工作委员会
书　记　李永安（兼任）
扬州菱塘光电科技产业园区党政办公室
主　任　陈春满（12 月 16 日免）
副主任　丁兆年（12 月 16 日任，主持工作）
　　　　吴正军（12 月 16 日任）
　　　　李臣浩（12 月 16 日任）
扬州菱塘光电科技产业园区管理委员会产业发展处（11 月 26 日止）
副处长　赵宝松（11 月 26 日止）
　　　　刘玉其（11 月 26 日止）
　　　　曹国忠（9 月 3 日任，11 月 26 日止）
扬州菱塘光电科技产业园区管理委员会规划建设处（11 月 26 日止）
处　长　张定林（兼任，4 月 3 日免）
副处长　李道海（11 月 26 日止）
扬州菱塘光电科技产业园区管理委员会社会事业处（11 月 26 日止）
副处长　吴耀平（11 月 26 日止）
　　　　张正平（9 月 11 日任，11 月 26 日止）
扬州菱塘光电科技产业园区管理委员会农村工作局（11 月 26 日设）
局　长　吴玉来（12 月 16 日任）
副局长　陈如林（12 月 16 日任）
　　　　谈中英（女，12 月 16 日任）
　　　　杨正宏（12 月 16 日任）
　　　　丁兆山（12 月 16 日任）
　　　　朱友清（12 月 16 日任）
　　　　朱文龙（12 月 16 日任）
扬州菱塘光电科技产业园区管理委员会党群工作局（11 月 26 日设）
局　长　韦恒林（12 月 6 日任）
副局长　李长太（12 月 6 日任）
　　　　孙兆清（12 月 6 日任）
　　　　吴登峰（12 月 6 日任）
　　　　徐龙海（12 月 6 日任）
　　　　赵　军（12 月 6 日任）
扬州菱塘光电科技产业园区管理委员会经济发展局（11 月 26 日设）
局　长　赵宝松（12 月 16 日任）
副局长　刘玉其（12 月 16 日任）
　　　　王义忠（12 月 16 日任）
　　　　吴长根（12 月 16 日任）
　　　　林　虎（12 月 16 日任）
　　　　曹国忠（12 月 16 日任）
扬州菱塘光电科技产业园区管理委员会建设管理局（11 月 26 日设）
局　长　陈恩平（12 月 16 日任）
副局长　夏永金（12 月 16 日任）
　　　　郑汉宏（12 月 16 日任）
　　　　包桂田（12 月 16 日任）

李道海(12 月 16 日任)
张明光(12 月 16 日任)
胡德东(12 月 16 日任)

扬州菱塘光电科技产业园区管理委员会社会事业局(11 月 26 日设)

局　长　马文宝(12 月 16 日兼任)
副局长　夏瑞香(女,12 月 16 日任)
张正平(12 月 16 日任)
吴凤星(12 月 16 日任)
阮中阳(12 月 16 日任)
明昌岗(12 月 16 日任)
王正久(12 月 16 日任)

市规划局湖西分局

局　长　张定林(兼任,4 月 3 日免)
顾桂金(11 月 22 日兼任)

市财政局湖西分局

局　长　王家扬(兼任)

市住房保障和房产管理局湖西分局

局　长　金大春(11 月 22 兼任)

市国土资源局湖西分局

局　长　顾文中

市环境保护局湖西分局(11 月 22 日设)

局　长　明昌岗(11 月 22 日兼任)

高邮市清水潭旅游度假区管理委员会(10 月 23 日设)

主　任　金　锋(10 月 23 日任)
副主任　吴长宝(10 月 23 日任)
李贵军(10 月 23 日任)
夏国华(10 月 23 日兼任)
杨少荣(10 月 23 日兼任)
顾　宏(10 月 23 日兼任)
林　森(10 月 23 日兼任)
韦忠涟(12 月 16 日任)

高邮市人大常委会

(第十四届)

主　　任　韩　方
副 主 任　郭海平　薛晓寒　葛桂秋　孙明如
党组书记　韩　方
党组副书记　郭海平

办公室

主　任　吕天龙
副主任　蒋杏朝　林玉顷(2014 年 3 月 28 日任)
王　培

内务司法工作委员会

主　任　费绍兴
副主任　端武斌

财政经济工作委员会

主　任　陈德元
副主任　邵贞清(2014 年 3 月 28 日任)

社会事业工作委员会

主　任　杨庆林
副主任　赵万和　周春万

人事代表联络工作委员会

主　任　周荣祥
副主任　卢　红(女)

农村工作委员会

主　任　赵云峰
副主任　李　纲

政策研究室

主　任　蒋杏朝
副主任　林玉顷(2014 年 3 月 28 日免)
施维峰(2014 年 3 月 28 日任)

高邮市人民政府

(第十四届)

市　　长　方桂林
副 市 长　徐永宝　钱富强　高长明
徐　健(10 月 16 日辞)
朱莉莉(女)　杨文喜　蒋乃华
潘建奇(2014 年 1 月 22 日任)
党组书记　方桂林
党组副书记　徐永宝

市政府工作机构

市政府办公室

主　任　李　生
副主任　陈富权(4 月 3 日免)　詹　刚
滕志云(女,4 月 3 日免)
戴光耀　居远松　魏道智(4 月 3 日任)
盛文希　张宏林　何　飞
张　胜　吴兆亮

市发展和改革委员会

主　　任　郭登明(2014 年 3 月 28 日免)
杨向东(2014 年 3 月 28 日任)
副 主 任　杨向东(10 月 23 日任)
于　洪(兼任,7 月 2 日免)
夏志平(兼任,4 月 3 日免)
陈　培　纪玉景　邵永宏　陈　刚
夏伟军(9 月 16 日免)
宋长龙(4 月 3 日兼任)
高明华(2014 年 2 月 17 日兼任)
党组书记　郭登明(10 月 14 日免)
杨向东(10 月 14 日任)
党组副书记　郭登明(10 月 14 日任)
纪检组组长　王文斌

市经济和信息化委员会

主　　任　杨向东(9 月 30 日免)
　　　　　陆　炜(9 月 30 日任)
副 主 任　宦锦平　张华荣　徐学斌　马向阳
　　　　　林恩茂　王启华　陈增清　李圣忠
　　　　　王　林(兼任)
党组书记　宦锦平
党组副书记　杨向东(10 月 14 日免)
　　　　　陆　炜(10 月 14 日任)　张华荣
纪检组组长　徐学斌

市教育局

局　　长　许　明
副 局 长　刘定明(9 月 16 日任)　戴万顺
　　　　　邵正祥　孔祥鹏　陈生桃
　　　　　吴海梅(女,2014 年 2 月 17 日任,试用期一年)
党委书记　刘定明(9 月 10 日任)
党委副书记　许　明　郦　宏
纪委书记　郦　宏

市科学技术局

局　　长　詹惜文
副 局 长　孙　刚　周泓心　曹　勇　徐　光
　　　　　蒋　娟(女)　王运龙(兼任)
党组书记　曹　勇(10 月 14 日任)
党组副书记　詹惜文

市公安局

局　　长　高长明
副 局 长　杨　林(12 月 16 日任)
　　　　　张　萍(女,12 月 16 日任)　金传铮
　　　　　李建军　任春铭　徐顺山　潘万宝
政　　委　李苏俊
党委书记　高长明
党委副书记　李苏俊　杨　林(12 月 6 日任)
督 察 长　高长明(兼任)
纪委书记　徐　超
政治处主任　赵金标

市监察局(与中共高邮市纪律检查委员会机关合署办公)

局　长　郭建新
副局长　李永安　陈　军　陈永平

市民政局

局　　长　张立中
副 局 长　凌高玉(9 月 16 日任)　王功林
　　　　　王士华(2014 年 2 月 17 日免)
　　　　　吴桂顺
　　　　　晏　忠(2014 年 2 月 17 日任)
党组书记　张立中(9 月 10 日免)
　　　　　凌高玉(9 月 10 日任)
党组副书记　张立中(9 月 10 日任)
纪检组组长　吴健生

市司法局

局　　长　邵义坤(9 月 30 日免)
　　　　　张国平(9 月 30 日任)
副 局 长　张　弛(4 月 3 日免)　刘　伟
　　　　　汤真龙(10 月 23 日任)
党组书记　邵义坤
党组副书记　张国平(9 月 3 日任)

市财政局

局　　长　赵广华
副 局 长　王新元　王家扬　戚剑冰
党组书记　刘　明(女,6 月 13 日免)
党组副书记　赵广华
纪检组组长　戚剑冰(2014 年 2 月 11 日免)
　　　　　嵇明峰(2014 年 2 月 11 日任,试用期一年)

市人力资源和社会保障局

局　　长　高　健
副 局 长　王宏旭　颜有春(4 月 3 日免)
　　　　　叶　芸(女)　王如桂　姚茂源
　　　　　李士平　廖孝勇(9 月 16 日免)
　　　　　梁新立(9 月 18 日任,挂职)
党组书记　王宏旭
党组副书记　高　健
纪检组组长　蒋国茂(12 月 6 日任)

市国土资源局

局　　长　涂志成
副 局 长　王荣芳(女)　李明鹏　时　锋
党组书记　涂志成
纪检组组长　林　森

市城乡建设局

局　　长　孙禹文
副 局 长　吴惠山(兼任)　陈德顺(兼任)
　　　　　蒋德升(兼任)　郜才宏
　　　　　张定林(4 月 3 日兼任)　林学斌
　　　　　徐兴春　张拥军(兼任)　朱广跃
　　　　　雍殿健
党委书记　郜才宏(6 月 13 日任)
党委副书记　孙禹文　朱艳曦(女)
纪委书记　钟宏春

市城市管理局

局　　长　潘万宝
副 局 长　滕志云(女,4 月 3 日任)
　　　　　林恩富　嵇朝玉
　　　　　孙尔明(4 月 3 日免)
党组书记　滕志云(女)
党组副书记　潘万宝

纪检组组长 何瑞山

市交通运输局

局 长 张德宏

副局长 陈有春 陈仁梅 宋 健 陈 祥 何瑞荣 孙永文 温云景 杨少荣

党组书记 林启斌

党组副书记 张德宏 陈有春

纪检组组长 宋 健

市水利局

局 长 卢金贵(2014年3月28日免)
周建峰(2014年3月28日任)

副局长 赵方庆 顾 宏 秦 超 王海生
茆德华(6月21日任,试用期一年)

党组书记 卢金贵

纪检组组长 高 凌(6月13日任)

市农业委员会

主 任 肖伯群

副主任 吴 华 姜 岭(兼任) 沈恒桃
吴桂余(4月3日免) 孙桂尧
吴朝森 尤兆荣 郭万胜
徐龙海(兼任)

党组书记 吴 华

党组副书记 沈恒桃

纪检组组长 王兆才

市商务局

局 长 张 锋

副局长 冯国庆 曹 林 范建华 倪荣平
吴 铭 陈 忠 禹光宏 卢安伟
刘定明(兼任,9月16日免)
朱耀洲(9月16日兼任)

党组书记 张 锋

纪检组组长 秦兴夏

市文化广电新闻出版局

局 长 黄 平

副局长 道书林(兼任)
高炳才(10月23日免) 杨德彪
金晓云(女,4月3日免) 陆晓祥
周 琳(女,兼任)

党组书记 刘春雨

党组副书记 黄 平

纪检组组长 张成来

市卫生局

局 长 周建峰(2014年3月28日免)
胡朝霞(女,2014年3月28日任)

副局长 吴增强(2014年2月17日免)
姚学仁 顾永祥 沈 哲
王月芳(女)
徐尔山(2014年2月17日任,试用期一年)

党委副书记 周建峰 王 进
吴增强(2014年2月11日免)

纪委书记 王 进

市人口和计划生育委员会

主 任 胡朝霞(女)

副主任 朱大臻(4月3日免)
徐庆年(4月3日免)
邹建华(女) 姚松强
姚 慧(女)
高兆义(2014年2月17日任,试用期一年)

党组书记 胡朝霞(女)

纪检组组长 吴士来

市审计局

局 长 蒋琪彬

副局长 刘 云 陈 敏(女)
戚秋虹
时玉康(2014年2月17日任)

党组书记 蒋琪彬

纪检组组长 周群智

市统计局

局 长 张学雷

副局长 王宏标 石正平 吴雁平(女)

党组书记 王宏标

党组副书记 张学雷

市安全生产监督管理局

局 长 孙建中(2014年3月28日免)
徐晓君(2014年3月28日任)

副局长 张国华(4月3日免)
徐晓君(9月16日任)
沈奎罡 朱崇高 葛仕海

党组书记 孙建中(9月10日免)
徐晓君(9月10日任)

党组副书记 孙建中(9月10日任)

市环境保护局

局 长 陆鹏海

副局长 张仲林 吴耀平(12月16日任)
冯荣春 黄 翔 明昌岗

党组书记 张仲林

党组副书记 陆鹏海

纪检组组长 冯荣春(12月6日免)
王 斌(12月6日任)

市食品药品监督管理局

局 长 朱海涛

副局长 张贞明(4月3日任) 戚小梅
陈红兵 苏正高

党组书记 张贞明

党组副书记　朱海涛
纪检组组长　戚小梅

市政府合署办公、挂牌机构

市政府研究室（在市政府办公室挂牌）
主　任　陈富权（4 月 3 日免）
　　　　戴光耀（4 月 3 日任）
副主任　冯　元
　　　　龙在祥（2 月 28 日任，试用期一年）
　　　　杨　铖（2014 年 2 月 17 日任，试用期一年）

市政府法制办公室（在市政府办公室挂牌）
主　任　滕志云（女，4 月 3 日免）
　　　　魏道智（4 月 3 日任）
副主任　潘国清　汤真龙（10 月 23 日免）
　　　　高　峰

市政府外事侨务办公室（在市政府办公室挂牌）
主　任　詹　刚
副主任　高炳才（10 月 23 日任）
　　　　万豪海

市政府金融工作办公室（在市政府办公室挂牌）
主　任　居远松

市粮食局（在市发展和改革委员会挂牌）
局　　长　于　洪
副 局 长　许爱俊　纪　和
　　　　　时玉康（2014 年 2 月 17 日免）
　　　　　陶兴海
　　　　　盛福朝（2014 年 2 月 17 日任，试用期一年）
党委书记　于　洪
党委副书记　许爱俊

市物价局（在市发展和改革委员会挂牌）
局　　长　夏志平（4 月 3 日免）
　　　　　宋长龙（4 月 3 日任）
副 局 长　钟晓来　朱正江　朱在清
　　　　　华劲松
　　　　　陈玉祥（10 月 23 日任）
党组书记　钟晓来
党组副书记　宋长龙

市服务业发展局（在市发展和改革委员会挂牌）
局　长　郭登明（兼任，6 月 21 日免）
　　　　陈　培（6 月 21 日任）
副局长　傅元春
　　　　陈建民（2014 年 2 月 17 日任）

市中小企业局（在市经济和信息化委员会挂牌）
局　长　张华荣
副局长　陶　银　陆士平

市政府国有资产监督管理办公室＊（在市财政局挂牌）
主　任　薛金平

市规划局（在市城乡建设局挂牌）
局　长　张定林（4 月 3 日任）
副局长　夏国华

市人民防空办公室（在市城乡建设局挂牌）
主　任　陈德顺
副主任　张曰昌　佘富祥

市住房保障和房产管理局（在市城乡建设局挂牌）
局　　长　吴惠山
副 局 长　吴邦耀　张宗桥　薛建平
　　　　　姜传斌　徐金鹏
　　　　　金大春（12 月 16 日任，试用期一年）
　　　　　周道宏（2014 年 2 月 17 日任）
党组书记　姜传斌
党组副书记　吴惠山
纪检组组长　胡　克（12 月 6 日任）

市建筑工程管理局（在市城乡建设局挂牌）
局　　长　蒋德升
副 局 长　潘寿田　卞红莲（女）　王　斌
　　　　　绪　军
党组书记　潘寿田
党组副书记　蒋德升　卞红莲（女）
纪检组组长　卞红莲（女）

市城市管理行政执法局（在市城市管理局挂牌）
局　长　魏道智（兼任，4 月 3 日免）
　　　　潘万宝（4 月 3 日兼任）
副局长　滕志云（女，4 月 3 日兼任）
　　　　孙尔明（4 月 3 日免）　从　明

市水务局（在市水利局挂牌）
局　长　卢金贵（兼任）

市农业机械管理局（在市农业委员会挂牌）
局　　长　徐龙海
副 局 长　孙新国（10 月 23 日任）　葛洪喜
　　　　　徐瑞杏　姜建平
党总支书记　徐龙海
纪检组组长　徐临震（2014 年 2 月 11 日任，试用期一年）

市农业资源开发局（在市农业委员会挂牌）
局　　长　姜　岭（9 月 10 日任）
副 局 长　姜文超（9 月 16 日任）　钟晓强
党组书记　姜　岭（9 月 10 日免）
　　　　　姜文超（9 月 10 日任）
党组副书记　姜　岭（9 月 10 日任）

市水产局（在市农业委员会挂牌）
局　长　肖伯群

市体育局（在市文化广电新闻出版局挂牌）
局　长　周　琳（女）

副局长 陆 翔

市旅游局(在市文化广电新闻出版局挂牌)

局 长 道书林

副 局 长 赵小山(12月16日任) 孙文辉
陈建民(2014年2月17日免)
钱宗岗

党组书记 赵小山(12月6日任)

党组副书记 道书林(12月6日任)

市地震局(在市科学技术局挂牌)

局 长 詹惜文(兼任)

副局长 蒋延林(兼任)

市知识产权局(在市科学技术局挂牌)

局 长 詹惜文(兼任)

市拥军优属、拥政爱民工作领导小组办公室 *

主 任 郭海明

市政府直属事业机构和单位

市广播电视台

台 长 王俊坤

副 台 长 印卫平 陈冬梅(女) 周友良

党组书记 王俊坤

党组副书记 于 彤

纪检组组长 王 斌(12月6日免)
周 悦(女,12月6日任)

市残疾人联合会

(第三届)

执行理事长 朱杏玲(女)

副理事长 石文俊 吉 平(6月21日任)

转为经济实体机构和经济实体单位

市工业总公司(归口市经济和信息化委员会管理)

经 理 杨向东(兼任,10月23日免)
陆 炜(10月23日兼任)

副 经 理 郑 治 史龙云
任春雷 陈海平

党委书记 郑 治

党委副书记 史龙云

纪委书记 闵 宇(6月14日免)

市供销合作总社(挂市商贸总公司牌子)

主 任 刘定明(9月16日免)
朱耀洲(9月16日任)

副 主 任 姜黎明 卞雷生

党委书记 刘定明(9月10日免)
朱耀洲(9月10日任)

纪检书记 薛晓忠(12月6日任)

专业系统和金融单位

市国家税务局

局 长 刘正群

副 局 长 李跃明 曾久疆 阮衍恩
肖 红(2014年3月31日任)
刘 忠(2014年3月31日任)

党组书记 刘正群

纪检组组长 肖 红(2014年3月31日免)
潘卫明(2014年3月31日任)

市地方税务局

局 长 王周飞(2014年2月21日免)
张耀斌(2014年2月21日任)

副 局 长 刘久扬 薛树华 吕艾芳(女)
陈爱明(4月22日免)

党组书记 王周飞(2014年2月21日免)
张耀斌(2014年2月21日任)

纪检组组长 陈爱明(4月22日免)
汤和强(5月24日任)

扬州市高邮工商行政管理局

局 长 方 震(10月9日免)
卞荣中(10月9日任)

副 局 长 张广钊 颜启山
朱 宏 曹 钧

党组书记 方 震(10月9日免)
卞荣中(10月9日任)

纪检组组长 徐 行(10月9日免)

扬州市高邮质量技术监督局

局 长 周建伟

副 局 长 郭如林 陈春伍 张 勇

党组书记 周建伟

纪检组组长 郭如林

扬州市住房公积金管理中心高邮分中心

主 任 吕士桃(10月17日止)

副主任 杨向华(主持工作) 邢桥玲(女)
王步金(10月17日任)
颜 星(4月9日任)

市邮政局

局 长 朱其庭

副 局 长 宋正华(4月28日免)
王宇平(9月26日任) 袁在祥

党委书记 朱其庭

纪委书记 宋正华(4月28日免)
王宇平(9月26日任)

中国电信股份有限公司高邮分公司

总 经 理 葛正春

副总经理 李剑锋 颜连顺

党委书记 葛正春

纪委书记 颜连顺

江苏省电力公司高邮市供电公司

总 经 理 魏向阳

副总经理　于　翔　戴云国
高金林　姜　俊
党委书记　于　翔
党委副书记　魏向阳
纪委书记　张　晖

市烟草专卖局(扬州市烟草公司高邮分公司)
局长(经理)　王太法(10月9日免)
汤权松(10月9日任)
副局长　王松山　佘正斌(10月9日免)
副经理　佘正斌(10月9日免)
戴　阳(10月9日任)
党组书记　王太法(10月9日免)
汤权松(10月9日任)

市盐务管理局＊(江苏省苏盐连锁有限公司高邮分公司)
局长(经理)　查学军(1月24日免)
韩晓震(1月24日任)
副局长　查学军(1月24日任)
姜建中(1月24日任)
副经理　查学军(1月24日任)
姜建中(1月24日任)
党支部书记　查学军(1月24日任)

市气象局
局长　龚　庆
副局长　熊　伟

国家统计局高邮调查队
队长　孙　权
副队长　许彩萍(女)

中国人民银行高邮市支行(国家外汇管理局高邮市支局)
行长(局长)　李顺祥
副行长　薛朝勤　张　敏(女,5月22日任)
党组书记　李顺祥
纪检组组长　薛朝勤

中国银行业监督管理委员会扬州监管分局高邮办事处
主任　吴兆魁

中国农业发展银行高邮市支行
副行长　翁德海(主持工作)　李香静(女)

中国工商银行股份有限公司高邮支行
行长　戚跃进(3月11日免)
嵇　洋(3月11日任)
副行长　李建中
党总支书记　戚跃进(2月11日免)
嵇　洋(2月11日任)
纪检监督员　王　健(3月11日任)

中国农业银行高邮市支行
行长　林学忠
副行长　仇正宏(7月25日免)
马　翔(1月5日免)
程　明(2014年3月7日免)
沈晓林(1月5日任)
柯红兵(12月31日任)
王　磊(7月25日任)
党委书记　林学忠
纪委书记　马　翔(1月5日免)
沈晓林(1月5日任)

中国银行股份有限公司高邮支行
行长　郝　锋
副行长　林　明　郭玉峰
党支部书记　郝　锋
党支部副书记　滕志凤(女)

中国建设银行股份有限公司高邮支行
行长　孔德胜
副行长　王朝岭(1月22日免)
袁洪涛　常永宏(12月24日任)
党委书记　孔德胜

中国邮政储蓄银行江苏省高邮市支行
行长　陶锦祥
副行长　胡剑东　钟　彬

江苏银行股份有限公司高邮支行
行长　柏忠华
副行长　陈　建　崔爱军

江苏高邮农村商业银行股份有限公司
理事长　詹　毅
行长　胡绍来
副行长　朱崇安　童雪松
张建宏　姚步疆
监事长　李旭升
党委书记　詹　毅
党委副书记　胡绍来
纪委书记　李旭升

中国人民财产保险股份有限公司高邮支公司
经理　张晓萌
副经理　韩　斌　许永慧

中国人寿保险股份有限公司高邮支公司
经理　王　勇(5月13日免)
周宜春(5月13日任)

中国大地保险股份有限公司高邮支公司
经理　柏文森
副经理　王　军(8月1日免)　夏世勇　张　权

利安人寿保险股份有限公司高邮支公司(6月28日设)
经理　徐宏昌

江苏省高邮地震台
台长　蒋延林

市公路管理站＊
站　长　姚　军(12月19日免)
副站长　孙晓震(主持工作)
市航道管理站＊
站　长　高　新
副站长　陈晓华
市运东船闸管理所＊
所　长　崇玉峰

其他机构

市委610办公室(市人民政府防范和处理邪教问题办公室)
主　任　杨　林(12月6日免)
　　　　张　萍(女,12月6日任)
副主任　卞根宏　毛　正(3月29日任)
市优化发展环境领导小组办公室
主　任　郭建新
副主任　李永安　俞武群　姜宝新
市行政服务中心
主　　任　王　薇(女,兼任)
副　主　任　姜宝新　史承进　徐升光
党工委书记　张宏林
纪工委书记　姜宝新
市城市投资公司(8月16日止)
经　　理　郜才宏(6月21日免)
副　经　理　林学斌(7月29日免)
　　　　　　徐兴春(6月21日免)
党组书记　孙禹文(6月13日免)
党组副书记　郜才宏(6月13日免)
　　　　　　林学斌(8月16日止)
市建设投资公司(8月16日设)
董事长　孙禹文(6月21日任)
副董事长　林学斌(7月21日任)
总经理　林学斌(7月21日任)
副总经理　黄士民(6月21日任,试用期一年)
市交通投资公司(8月16日设)
董事长　张德宏(6月21日任)
副董事长　何瑞荣(6月21日任)
副总经理　何瑞荣(6月21日任)
　　　　　杨连安(6月21日任,试用期一年)
市水利投资公司(8月16日设)
董事长　卢金贵(6月21日任)
副总经理　戴桂忠(6月21日任,试用期一年)
市清水潭旅游投资公司(10月23日设)
董事长　金　锋(10月23日任)
总经理　金　锋(10月23日任)
副总经理　吴长宝(10月23日任)
　　　　　李贵军(10月23日任)
　　　　　夏国华(10月23日兼任)
　　　　　杨少荣(10月23日兼任)
　　　　　顾　宏(10月23日兼任)
　　　　　林　森(10月23日兼任)
江苏省高邮中学
校　　长　黄仁云
副　校　长　董晓波　张广华(4月3日免)
　　　　　　刘久胜　王庆余　李建军
党委书记　黄仁云
党委副书记　田开象
纪委书记　田开象
扬州广播电视大学高邮分校
校　长　许　明
副校长　陈同清　单国周
市疾病预防控制中心＊
主　任　黄亚民
市地方海事处＊
处　长　王　全
市公安局110指挥中心＊
主任兼指挥长　仇玉权
市公安局交通巡逻警察大队＊
大队长　潘万宝(4月3日免)
　　　　杨万荣(6月21日任)
教导员　严长龙
市公安局刑事警察大队＊
大队长　徐顺山
教导员　王桂华
市公安局治安警察大队＊
大队长　尹子宽
教导员　朱崇平
市公安局防控处警大队＊
大队长　黄栋甫
教导员　居万国
市公安局水上警察大队＊
大队长　朱友富
教导员　周振林
市公安局经济案件侦查大队＊
大队长　毛　正(4月3日免)
　　　　孙尔明(4月3日任)
教导员　周德祥
市公安局国内安全保卫大队＊
大队长　吴国安
教导员　师林清
市市容管理执法大队(5月20日止)
大队长　孙尔明(4月3日免)
教导员　从　明(5月20日止)
市城市管理执法大队(5月20日设)
大队长　陈德山(6月21日任,试用期一年)

市城市规划执法大队（5 月 20 日设）
副大队长　陈长源（主持工作，6 月 21 日任）

政协高邮市委员会

（第十二届）

主　　席　倪文才
副 主 席　李春青　肖伯群　王　薇（女）
　　　　　张贵龙　张拥军
党组书记　倪文才
党组副书记　李春青
秘 书 长　林荣岩

办公室
主　任　林荣岩
副主任　颜世权　夏恒荣（女）

提案委员会
主　任　沈晓明
副主任　戴光耀（兼任）　刘晓秋（女，兼任）

经济和科技委员会
主　任　陈东辉
副主任　詹惜文（兼任）　林恩茂（兼任）

教卫文史委员会
主　任　孙晓宝
副主任　黄　平（兼任）　孔祥鹏（兼任）

社会与法制委员会
主　任　陈正阳
副主任　毛振洋（兼任）　濮国华（兼任）

城乡联络委员会
主　任　胡明亮
副主任　魏道智（兼任）

人口资源环境委员会
主　任　张锦山
副主任　姚　慧（女，兼任）

人民武装部

中国人民解放军江苏省高邮市人民武装部
党委第一书记　韩　方
党 委 书 记　汪爱智（3 月 31 日免）
　　　　　　白　江（3 月 31 日任）
党委副书记　付有根
部　　长　付有根
政　　委　汪爱智（3 月 31 日免）
　　　　　白　江（3 月 31 日任）

人民法院、人民检察院

市人民法院
院　　长　韩雪峰
副 院 长　吴家明　沈福宁　周启泉
　　　　　陈国俊（12 月 31 日任）
党组书记　韩雪峰
纪检组组长　许云霞（女）
政治处主任　时金泉
审判委员会专职委员　林　坚
　　　　　陈连峰（12 月 6 日任）
执行局局长　陈连峰（12 月 6 日免）
　　　　　朱林源（12 月 6 日任）

市人民检察院
检 察 长　鞠　进
副检察长　朱桂明
　　　　　樊跃先（2014年3月28日任）
　　　　　吴必蔚
党组书记　鞠　进
政治处主任　时通顺
检察委员会专职委员　范启晓

市人民检察院反贪污贿赂局 *
局　长　吴必蔚（兼任）

市人民检察院反渎职侵权局 *
副局长　张　冰

工商联、人民团体

市工商业联合会
（第十届）
主　　席　王　薇（女）
副 主 席　张龙香（女，驻会）
　　　　　孙新国（驻会，10 月 23 日辞）
　　　　　徐升明（驻会，4 月 8 日选任）
　　　　　何其新（兼任）　戴顺民（兼任）
　　　　　居春山（兼任）　陈有新（兼任）
　　　　　乔龙山（兼任）　张　和（兼任）
　　　　　张春元（兼任）　陈还喜（兼任）
党组书记　张龙香（女）

市总工会
（第十五届）
主　席　陈满祥
副主席　刘晓秋（女）　杨寿群　高金海

共青团高邮市委员会
（第十二届）
书　记　张方俊
副书记　张雪莹

市妇女联合会
（第十一届）
主　席　卢　琳（女）
副主席　谈　竞（女）

市文学艺术界联合会

（第五届）
主　席　黄　平
副主席　杨德标（兼任）　朱崇平（兼任）
　　　　王学朴
市科学技术协会
（第六届）
主　席　孙　刚
副主席　周弘心　颜庆亮（12 月 9 日任）
　　　　尤兆荣（兼任）　王启华（兼任）
　　　　陈生桃（兼任）　姚学仁（兼任）
市计划生育协会
（第四届）
会　长　马根生（兼任）
副会长　徐庆年（常务）　顾永华
市哲学社会科学界联合会
（第一届）
主　席　姚正安
副主席　杨建国（兼任）　孙　刚（兼任）
　　　　张　胜（兼任）　吴朝森（兼任）
市红十字会
会　长　钱富强（兼任）
副会长　吴增强（2014 年 2 月 11 日免）
　　　　姚学仁（2014 年 2 月 11 日任）
　　　　纪　骏（2014 年 2 月 11 日任，试用期一年）
市法学会（在市委政法委员会挂牌，为市委政法委员会部门管理机构）（12 月 21 日设）
会　长　徐　健（2014 年 1 月 22 日兼任）
副会长　王家斌（2014 年 1 月 22 日兼任）
　　　　徐克俊（12 月 26 日兼任）

乡镇党政机构

高邮镇
党委书记　王庆东
党委副书记　李深红（女）　曹　国
　　　　杨万荣（兼任，6 月 13 日免）
　　　　徐春虎
人大主席　韩　非
人大副主席　唐　椿
镇　　长　李深红（女）
副 镇 长　冯国庆　赵永海
　　　　徐有和　张中斌
　　　　周德全（12 月 25 日辞）
　　　　夏伟军（挂职）
　　　　管正斌（12 月 25 日选任）
政协工委主任　徐　进
纪委书记　周　悦（女，12 月 6 日免）
　　　　周德全（12 月 6 日任）
纪委副书记　吕启明（12 月 6 日免）
组织委员　马德龙
宣传委员　冯国庆
政法委员　戴仁才
人武部部长　梁殿文
高邮街道办事处（9 月 3 日设）
党工委书记　王庆东（9 月 3 日任）
主　　任　李深红（女，9 月 11 日任）
人武部部长　梁殿文（9 月 4 日任）
车逻镇
党委书记　王有泉
党委副书记　张　萍（女，12 月 6 日免）
　　　　詹东周（12 月 6 日任）
　　　　张德新（12 月 6 日免）
　　　　李　壹（9 月 10 日任，挂职）
　　　　朱玉珊（12 月 6 日任）
人大主席　张宝东
人大副主席　嵇　宏
镇　　长　张　萍（女，10 月 25 日辞）
　　　　詹东周（12 月 26 日选任）
副 镇 长　吴德朝　宗兰妹（女）
　　　　王勤栋（10 月 25 日辞）
　　　　许学宏
　　　　孙必香（12 月 26 日选任）
政协工委主任　张德新（12 月 25 日任）
纪委书记　高　凌（6 月 13 日免）
　　　　王勤栋（12 月 6 日任）
组织委员　肖　斌
宣传委员　张才良
政法委员　管　隽
人武部部长　胡尔丰
龙虬镇
党委书记　仇家春（12 月 6 日免）
　　　　陆有林（12 月 6 日任）
党委副书记　姜国权　朱万香（女）
　　　　沈　超（9 月 10 日任，挂职）
人大主席　王龙年
人大副主席　刘宏秀
镇　　长　姜国权
副 镇 长　陈建春　徐万水　秦荣建
　　　　刘　玲（女）
政协工委主任　朱万香（女，12 月 25 日任）
纪委书记　黄海铭
组织委员　张爱萍（女）
宣传委员　陈建春（兼任）
政法委员　谢振军
人武部部长　张万林

马棚镇(9 月 3 日止)

党委书记 金 锋(9 月 3 日止)
党委副书记 赵锦章(9 月 3 日止)
陶桂春(9 月 3 日止)
人大主席 王德兴(9 月 3 日止)
人大副主席 周仁忠(9 月 3 日止)
镇长 赵锦章(9 月 3 日止)
副镇长 吴长宝(9 月 3 日止)
郭从云(9 月 3 日止)
李贵军(9 月 3 日止)
纪委书记 郭才荣(9 月 3 日止)
组织委员 戴和斌(9 月 3 日止)
宣传委员 陆永霞(女,9 月 3 日止)
政法委员 陶桂春(9 月 3 日止)
人武部部长 戴华文(9 月 3 日止)

马棚街道办事处(9 月 3 日设)

党工委书记 金 锋(9 月 3 日任)
主任 张倩桦(女,9 月 11 日任)
人大工委主任 王德兴(9 月 9 日任)

八桥镇(9 月 3 日止)

党委书记 张 伟(3 月 4 日免)
党委副书记 夏瑞林(9 月 3 日止)
吕传祥(9 月 3 日止)
人大主席 高祥富(9 月 3 日止)
人大副主席 王吉甫(9 月 3 日止)
镇长 夏瑞林(9 月 3 日止)
副镇长 李春琴(女,9 月 3 日止)
杨大忠(9 月 3 日止)
刘 凡(9 月 3 日止)
纪委书记 陶才清(9 月 3 日止)
纪委副书记 陈安全(9 月 3 日止)
组织委员 王方树(9 月 3 日止)
宣传委员 居红英(女,9 月 3 日止)
政法委员 茅 平(9 月 3 日止)
人武部部长 李 祥(9 月 3 日止)

卸甲镇(9 月 3 日止)

党委书记 张 伟(4 月 15 日免)
党委副书记 孙德明(9 月 3 日止)
蔡以岗(9 月 3 日止)
人大主席 钱爱农(9 月 3 日止)
人大副主席 胡星林(9 月 3 日止)
镇长 孙德明(9 月 3 日止)
副镇长 秦其锦(9 月 3 日止)
陈大权(9 月 3 日止)
凌宏兴(9 月 3 日止)
李荣军(9 月 3 日止)
问 聪(9 月 3 日止)
政协工委主任 周文龙(9 月 3 日止)
纪委书记 蔡以安(9 月 3 日止)
纪委副书记 朱兰香(女,9 月 3 日止)
组织委员 杨立志(9 月 3 日止)
宣传委员 孙方贵(9 月 3 日止)
政法委员 花国蓉(女,9 月 3 日止)
人武部部长 秦其锦(9 月 3 日止)

卸甲镇(9 月 3 日设)

党委书记 孙德明(9 月 3 日任)
党委副书记 夏瑞林(9 月 3 日任)
蔡以岗(9 月 3 日任)
吕传祥(9 月 3 日任)
秦其锦(9 月 3 日任)
陈大权(12 月 6 日任)
人大筹备组组长 钱爱农(9 月 3 日任)
人大筹备组副组长 高祥富(9 月 3 日任)
人大筹备组成员 王吉甫(9 月 3 日任)
胡星林(9 月 3 日任)
居宏英(女,9 月 3 日任)
政府筹备组组长 夏瑞林(9 月 3 日任)
政府筹备组成员 陈大权(9 月 3 日任)
蔡以安(9 月 3 日任)
茅 平(9 月 3 日任)
李春琴(女,9 月 3 日任)
杨大忠(9 月 3 日任)
凌宏兴(9 月 3 日任)
杨立志(9 月 3 日任)
李荣军(9 月 3 日任)
刘 凡(9 月 3 日任)
问 聪(9 月 3 日任)
人大主席 高祥富(12 月 20 日选任)
人大副主席 胡星林(12 月 20 日选任)
居宏英(女,12 月 20 日选任)
镇长 夏瑞林(12 月 20 日选任)
副镇长 蔡以安(12 月 20 日选任)
茅 平(12 月 20 日选任)
李春琴(女,12 月 20 日选任)
杨大忠(12 月 20 日选任)
凌宏兴(12 月 20 日选任)
杨立志(12 月 20 日选任)
李荣军(12 月 20 日选任)
刘 凡(12 月 20 日选任)
问 聪(12 月 20 日选任)
杨 明(12 月 20 日选任)
政协工委副主任 王吉甫(12 月 25 日任)
卸甲镇八桥办事处主任 吕传祥(9 月 3 日任)
卸甲镇八桥办事处副主任 陈安全(9 月 3 日任)
纪委书记 陶才清(9 月 3 日任)
纪委副书记 朱兰香(女,9 月 3 日任)

组织委员 王方树(9月3日任)
宣传委员 孙方贵(9月3日任)
政法委员 花国蓉(女,9月3日任)
人武部部长 李 祥(9月4日任)

汉留镇(9月3日止)

党委书记 李德华(9月3日止)
党委副书记 张倩桦(女,9月3日止)
吴春芳(女,9月3日止)
人大主席 颜庆亮(9月3日止)
人大副主席 李正海(9月3日止)
镇长 张倩桦(女,9月3日止)
副镇长 赵天春(9月3日止)
王方俊(9月3日止)
吴才安(9月3日止)
纪委书记 黄建龙(9月3日止)
组织委员 张小平(9月3日止)
宣传委员 乔根美(9月3日止)
政法委员 潘维才(9月3日止)
人武部部长 赵天春(9月3日止)

汤庄镇(9月3日止)

党委书记 张国平(9月3日止)
党委副书记 张 龙(9月3日止)
廖孝勇(9月3日止)
人大主席 毛礼良(9月3日止)
人大副主席 刘文芳(女,9月3日止)
镇长 张 龙(9月3日止)
副镇长 张 荣(9月3日止)
王荣山(9月3日止)
浦良胜(9月3日止)
王正玉(9月3日止)
纪委书记 吴义祥(9月3日止)
组织委员 张海军(9月3日止)
宣传委员 王荣山(9月3日止)
政法委员 李凤华(9月3日止)
人武部部长 李中祥(9月3日止)

汤庄镇(9月3日设)

党委书记 李德华(9月3日任)
党委副书记 张 龙(9月3日任)
吴春芳(女,9月3日任)
贾志宏(9月10日任,挂职)
姚义平(12月6日任)
人大筹备组组长 毛礼良(9月3日任)
人大筹备组副组长 颜庆亮(9月3日任)
人大筹备组成员 刘文芳(女,9月3日任)
李正海(9月3日任)
政府筹备组组长 张 龙(9月3日任)
政府筹备组成员 赵天春(9月3日任)
浦良胜(9月3日任)
王正玉(9月3日任)
张 荣(9月3日任)
王荣山(9月3日任)
黄建龙(9月3日任)
王方俊(9月3日任)
吴才安(9月3日任)
人大主席 毛礼良(12月20日选任)
人大副主席 刘文芳(女,12月20日选任)
李正海(12月20日选任)
镇长 张 龙(12月20日选任)
副镇长 赵天春(12月20日选任)
浦良胜(12月20日选任)
王正玉(12月20日选任)
张 荣(12月20日选任)
王荣山(12月20日选任)
黄建龙(12月20日选任)
王方俊(12月20日选任)
吴才安(12月20日选任)
政协工委主任 姚义平(12月25日任)
汤庄镇汉留办事处主任 吴春芳(女,9月3日任)
汤庄镇汉留办事处副主任 潘维才(9月3日任)
纪委书记 吴义祥(9月3日任)
组织委员 张海军(9月3日任)
宣传委员 乔根美(9月3日任)
政法委员 李凤华(9月3日任)
人武部部长 李中祥(9月4日任)

三垛镇(9月3日止)

党委书记 孙明如(9月3日止)
党委副书记 凌高玉(9月3日止)
雍殿健(兼任,9月3日止)
人大主席 陈 斌(9月3日止)
人大副主席 姜金花(女,9月3日止)
镇长 凌高玉(9月3日止)
副镇长 孙如标(9月3日止)
李 淮(9月3日止)
朱泰山(9月3日止)
管文斌(9月3日止)
杨芹芹(女,9月3日止)
政协工委主任 陈传江(9月3日止)
纪委书记 秦 寨(9月3日止)
组织委员 潘宏斌(9月3日止)
宣传委员 秦 寨(9月3日止)
政法委员 张寿安(9月3日止)
人武部部长 陈玉鸿(9月3日止)

司徒镇(9月3日止)

党委书记 朱耀洲(9月3日止)
党委副书记 孙定勇(9月3日止)
王德泉(9月3日止)

人大主席 高步林(9月3日止)
镇长 孙定勇(9月3日止)
副镇长 吴福龙(9月3日止)
沈连登(9月3日止)
俞一飞(9月3日止)
周颖昕(女,9月3日止)
纪委书记 俞一飞(9月3日止)
组织委员 左伍琴(9月3日止)
宣传委员 吴冬云(9月3日止)
政法委员 王才明(9月3日止)
人武部部长 姚恩进(9月3日止)

三垛镇(9月3日设)

党委书记 孙明如(9月3日任)
党委副书记 孙定勇(9月3日任)
高步林(9月3日任)
王德泉(9月3日任)
孙如标(12月6日任)
人大筹备组组长 陈斌(9月3日任)
人大筹备组副组长 高步林(9月3日任)
人大筹备组成员 姜金花(女,9月3日任)
姚恩进(9月3日任)
政府筹备组组长 孙定勇(9月3日任)
政府筹备组成员 沈连登(9月3日任)
吴福龙(9月3日任)
潘宏斌(9月3日任)
孙如标(9月3日任)
李淮(9月3日任)
朱泰山(9月3日任)
俞一飞(9月3日任)
管文斌(9月3日任)
杨芹芹(女,9月3日任)
周颖昕(女,9月3日任)
人大主席 陈斌(12月19日选任)
人大副主席 姜金花(女,12月19日选任)
姚恩进(12月19日选任)
镇长 孙定勇(12月19日选任)
副镇长 沈连登(12月19日选任)
吴福龙(12月19日选任)
潘宏斌(12月19日选任)
李淮(12月19日选任)
朱泰山(12月19日选任)
俞一飞(12月19日选任)
管文斌(12月19日选任)
杨芹芹(女,12月19日选任)
周颖昕(女,12月19日选任)
政协工委主任 陈传江(12月25日任)
三垛镇司徒办事处主任 高步林(9月3日任)
三垛镇司徒办事处副主任 王才明(9月3日任)

纪委书记 秦寨(9月3日任)
组织委员 左伍琴(9月3日任)
宣传委员 吴冬云(9月3日任)
政法委员 张寿安(12月6日免)
王爱群(2014年2月11日任)
人武部部长 陈玉鸿(9月4日任)

横泾镇(9月3日止)

党委书记 杨朝友(9月3日止)
党委副书记 姜文超(9月3日止)
朱玉珊(9月3日止)
人大主席 姚义平(9月3日止)
人大副主席 朱广虎(9月3日止)
镇长 姜文超(9月3日止)
副镇长 詹福江(9月3日止)
凌生平(9月3日止)
刘定骏(9月3日止)
侍广彬(9月3日止)
罗利(女,9月3日止)
纪委书记 沐国芳(女,9月3日止)
组织委员 王生帮(9月3日止)
宣传委员 凌生平(9月3日止)
政法委员 詹福江(9月3日止)
人武部部长 刘定骏(9月3日止)

甘垛镇(9月3日止)

党委书记 徐晓君(9月3日止)
党委副书记 薛斌(9月3日止)
鲍飞琴(9月3日止)
人大主席 陈学富(9月3日止)
镇长 薛斌(9月3日止)
副镇长 王富桂(9月3日止)
姚灿音(9月3日止)
张美兰(女,9月3日止)
徐德爱(9月3日止)
纪委书记 钱士卫(9月3日止)
组织委员 阮勇峰(9月3日止)
宣传委员 王开宏(9月3日止)
政法委员 王富桂(9月3日止)
人武部部长 王文平(9月3日止)

甘垛镇(9月3日设)

党委书记 杨朝友(9月3日任)
党委副书记 薛斌(9月3日任)
鲍飞琴(9月3日任)
朱玉珊(9月3日任,12月6日免)
王富桂(9月3日任)
廖孝勇(9月10日任,挂职)
人大筹备组组长 陈学富(9月3日任)
人大筹备组副组长 姚义平(9月3日任)

人大筹备组成员 朱广虎(9月3日任)
政府筹备组组长 薛 斌(9月3日任)
政府筹备组成员 詹福江(9月3日任)
张美兰(女,9月3日任)
姚灿音(9月3日任)
凌生平(9月3日任)
侍广彬(9月3日任)
徐德爱(9月3日任)
刘定骏(9月3日任)
钱士卫(9月3日任)
罗 利(女,9月3日任)
人大主席 陈学富(12月21日选任)
人大副主席 侍广彬(12月21日选任)
钱士卫(12月21日选任)
镇长 薛 斌(12月21日选任)
副镇长 詹福江(12月21日选任)
张美兰(女,12月21日选任)
凌生平(12月21日选任)
徐德爱(12月21日选任)
刘定骏(12月21日选任)
王开宏(12月21日选任)
罗 利(女,12月21日选任)
政协工委主任 姚灿音(12月25日任)
甘垛镇横泾办事处主任 詹福江(9月3日任)
甘垛镇横泾办事处副主任 王生帮(9月3日任)
纪委书记 沐国芳(女,9月3日任)
组织委员 阮勇峰(9月3日任)
宣传委员 王开宏(9月3日任,12月6日免)
王文平(12月6日任)
政法委员 王富桂(9月3日任)
人武部部长 王文平(9月4日任,12月10日免)
朱广虎(12月10日任)

临泽镇(9月3日止)

党委书记 相文生(3月4日任,9月3日免)
党委副书记 潘玉华(9月3日止)
徐兴春(兼任,9月3日止)
戴少清(9月3日止)
人大主席 李文林(9月3日止)
人大副主席 陆 喜(9月3日止)
镇长 潘玉华(9月3日止)
副镇长 朱 明(9月3日止)
陈春星(9月3日止)
王业星(9月3日止)
邹文勇(9月3日止)
邵 晨(9月3日止)
政协工委主任 胡凤林(9月3日止)
纪委书记 葛桂荣(9月3日止)
组织委员 杨慧梅(女,9月3日止)
宣传委员 王业星(9月3日止)
政法委员 徐善国(9月3日止)
人武部部长 姜晓刚(9月3日止)

周巷镇(9月3日止)

党委书记 相文生(3月4日免)
党委副书记 陆有林(9月3日止)
汤高东(9月3日止)
人大主席 张福华(9月3日止)
人大副主席 陈定明(9月3日止)
镇长 陆有林(9月3日止)
副镇长 晏 彬(9月3日止)
杨代成(9月3日止)
温义章(9月3日止)
张爱方(9月3日止)
纪委书记 陈晓娟(女,9月3日止)
组织委员 颜有珍(女,9月3日止)
宣传委员 朱晓峰(9月3日止)
政法委员 王本荣(9月3日止)
人武部部长 谭红祥(9月3日止)

临泽镇(9月3日设)

党委书记 潘玉华(9月3日任)
党委副书记 陆有林(9月3日任,12月6日免)
戴少清(9月3日任,12月6日免)
汤高东(9月3日任)
施 伟(9月10日任,挂职)
王业星(12月6日任)
人大筹备组组长 李文林(9月3日任)
人大筹备组副组长 张福华(9月3日任,12月6日免)
人大筹备组成员 陆 喜(9月3日任)
陈定明(9月3日任)
政府筹备组组长 陆有林(9月3日任,12月6日免)
政府筹备组成员 晏 彬(9月3日任)
朱 明(9月3日任)
杨代成(9月3日任)
温义章(9月3日任)
陈春星(9月3日任)
姜晓刚(9月3日任)
王业星(9月3日任)
张爱方(9月3日任)
邹文勇(9月3日任)
邵 晨(9月3日任)
人大主席 李文林(12月24日选任)
人大副主席 陈定明(12月24日选任)
朱 明(12月24日选任)
镇长 汤高东(12月24日选任)
副镇长 晏 彬(12月24日选任)

杨代成(12 月 24 日选任)
温义章(12 月 24 日选任)
陈春星(12 月 24 日选任)
姜晓刚(12 月 24 日选任)
张爱方(12 月 24 日选任)
邹文勇(12 月 24 日选任)
邵　晨(12 月 24 日选任)
政协工委主任　胡凤林(12 月 25 日免)
戴少清(12 月 25 日任)
临泽镇周巷办事处主任　汤高东(9 月 3 日任)
临泽镇周巷办事处副主任　颜有珍(女,9月3日任)
纪委书记　葛桂荣(9 月 3 日任)
纪委副书记　陈晓娟(女,9 月 3 日任,12 月 6 日免)
组织委员　杨慧梅(女,9 月 3 日任)
宣传委员　朱晓峰(9 月 3 日任)
政法委员　王本荣(9 月 3 日任)
人武部部长　谭红祥(9 月 4 日任)

周山镇

党委书记　孙海山(12 月 6 日任)
党委副书记　孙海山(12 月 6 日免)
张福华(12 月 6 日任)
万卫荣(12 月 6 日免)
李大骏(12 月 6 日任)
人大主席　夏继荣
人大副主席　姚泽荣
镇长　孙海山(12 月 25 日辞)
张福华(12 月 25 日选任)
副镇长　李大骏(12 月 25 日辞)
李龙奎　孙玉林　周　军
政协工委主任　万卫荣(12 月 25 日任)
纪委书记　陆永华
组织委员　李金荣
宣传委员　晏　萍(女)
政法委员　罗贤文
人武部部长　周朝阳

界首镇

党委书记　夏春来(9 月 3 日免)
张　澍(12 月 6 日任)
党委副书记　万　钧　丁迎国
贾志宏(9 月 10 日任,挂职)
人大主席　王纬经
人大副主席　薛　云
镇长　万　钧
副镇长　孙荣桂　周谦祥
韦忠涟(2014 年 1 月 3 日辞)
钱　景
政协工委主任　丁迎国(12 月 25 日任)

纪委书记　毛向前
组织委员　周谦祥
宣传委员　居晓芳(女)
政法委员　徐永来
人武部部长　郑开亮

菱塘回族乡

党委书记　王怀忠
党委副书记　薛元金
张定林(兼任,9 月 3 日免)
梁西平
盛九琴(女,9 月 3 日任)
潘　杰(9 月 3 日任)
廖孝勇(9 月 10 日任,挂职)
李高坤(12 月 6 日任)
人大主席　杨文喜(2014 年 1 月 2 日辞)
王怀忠(2014 年 1 月 3 日选任)
人大副主席　李高坤(2014 年 1 月 2 日辞)
乔元江(2014 年 1 月 3 日选任)
乡长　薛元金
副乡长　潘　杰(2014 年 1 月 2 日辞)
吉　平(2014 年 1 月 2 日辞)
毕彩云(女,4 月 18 日辞)
李克云
王　勋
赵国良(2014 年 1 月 3 日选任)
政协工委主任　乔德国
纪委书记　曾庭超
组织委员　林生军
宣传委员　张爱琴(女)
政法委员　姚宏宝
人武部部长　李高坤

送桥镇(9 月 3 日止)

党委书记　陆　炜(9 月 3 日止)
党委副书记　赵小山(9 月 3 日止)
夏瑞香(女,9 月 3 日止)
人大主席　陈恩平(9 月 3 日止)
人大副主席　包桂田(9 月 3 日止)
镇长　赵小山(9 月 3 日止)
副镇长　丁兆年(9 月 3 日止)
杨正宏(9 月 3 日止)
丁兆山(9 月 3 日止)
吴长根(9 月 3 日止)
纪委书记　孙兆清(9 月 3 日止)
组织委员　阮中阳(9 月 3 日止)
宣传委员　曹国忠(9 月 3 日止)
政法委员　徐龙海(9 月 3 日止)
人武部部长　张明光(9 月 3 日止)

郭集镇(9 月 3 日止)

党委书记 张 澍(3月4日任,9月3日止)
党委副书记 吴玉来(9月3日止)
李长太(9月3日止)
人大主席 吴玉来(9月3日止)
人大副主席 王正久(9月3日止)
镇长 张 澍(9月3日止)
副镇长 朱有清(9月3日止)
谈中英(女,9月3日止)
赵国良(9月3日止)
胡德东(9月3日止)
李臣浩(9月3日止)
纪委书记 马振斌(9月3日止)
组织委员 吴登峰(9月3日止)
宣传委员 王正久(9月3日止)
政法委员 朱有清(9月3日止)
人武部部长 郑汉宏(9月3日止)

天山镇(9月3日止)

党委书记 王永海(9月3日止)
党委副书记 陈 烨(9月3日止)
陈如林(9月3日止)
人大主席 马文宝(9月3日止)
人大副主席 林 虎(9月3日止)
镇长 陈 烨(9月3日止)
副镇长 夏永金(9月3日止)
朱文龙(9月3日止)
吴凤星(女,9月3日止)
纪委书记 盛九琴(女,9月3日止)
纪委副书记 王义忠(9月3日止)
组织委员 赵 军(9月3日止)
宣传委员 吴正军(9月3日止)
政法委员 王义忠(9月3日止)
人武部部长 张正平(9月3日止)

送桥镇(9月3日设)

党委书记 王永海(9月3日任)
党委副书记 顾吉林(12月6日任)
陆 炜(9月3日任,10月14日免)
张 澍(9月3日任,12月6日免)
赵小山(9月3日任,12月6日免)
陈 烨(9月3日任,12月6日免)
夏瑞香(女,9月3日任)
陈如林(9月3日任)
李长太(9月3日任)
人大筹备组组长 陈恩平(9月3日任)
人大筹备组副组长 马文宝(9月3日任)
吴玉来(9月3日任)
人大筹备组成员 包桂田(9月3日任)
林 虎(9月3日任)
政府筹备组组长 张 澍(9月3日任)
政府筹备组成员 谈中英(女,9月3日任)
吴凤星(女,9月3日任)
杨正宏(9月3日任)
丁兆山(9月3日任)
夏永金(9月3日任)
朱有清(9月3日任)
吴长根(9月3日任)
马振斌(9月3日任)
王义忠(9月3日任)
李臣浩(9月3日任)
人大主席 陈恩平(12月21日选任)
人大副主席 包桂田(12月21日选任)
林 虎(12月21日选任)
镇长 顾吉林(12月21日选任)
副镇长 谈中英(女,12月21日选任)
吴凤星(女,12月21日选任)
杨正宏(12月21日选任)
丁兆山(12月21日选任)
王义忠(12月21日选任)
夏永金(12月21日选任)
朱有清(12月21日选任)
吴长根(12月21日选任)
李臣浩(12月21日选任)
政协工委主任 吴玉来(12月25日任)
送桥镇送桥办事处主任 陈恩平(9月3日任,12月6日免)
夏瑞香(女,12月6日任)
送桥镇送桥办事处副主任 阮中阳(9月3日任)
张明光(9月3日任)
送桥镇郭集办事处主任 吴玉来(9月3日任,12月6日免)
李长太(12月6日任)
送桥镇郭集办事处副主任 王正久(9月3日任)
胡德东(9月3日任)
送桥镇天山办事处主任 陈如林(9月3日任)
送桥镇天山办事处副主任 朱文龙(9月3日任)
赵 军(9月3日任)
纪委书记 孙兆清(9月3日任)
纪委副书记 朱兰香(女,9月3日任)
组织委员 吴登峰(9月3日任)
宣传委员 吴正军(9月3日任)
政法委员 徐龙海(9月3日任)
人武部部长 郑汉宏(9月4日任)

说明：1. 根据全市干部调整，全市党政军群机构负责人有所变动，为便于联系工作，故将各机构负责人延载至2014年3月底。凡2013年内任免的干部，在其姓名后括注的任免时间只注明月日；2014年1月1日～3月31日任免的干部，其姓名后括注的任免时间注明年月日。2. 凡机构后面右上角带＊者为二级局单位。

表3

2013年市委、市政府成立或调整的临时机构表

时　间	领导机关	临时机构名称或调整内容	负　责　人
1月5日	市　委	调整高邮市依法治市领导小组成员	韩方、方桂林任组长，徐永宝、郭海平、高长明、李春青任副组长
1月10日	市　委	调整市维护稳定工作领导小组成员	韩方、方桂林任组长，王正年、刘春晓任副组长
1月30日	市　委	调整市人才工作领导小组成员	韩方、方桂林任组长，王正年、刘春晓任副组长
2月1日	市政府	成立高邮市城市总体规划修编工作领导小组	方桂林任组长，朱莉莉、张拥军任副组长
3月1日	市　委	成立清水潭旅游度假区神居山文化旅游度假区建设领导小组	韩方、方桂林任组长，金春林、张秋红、徐永宝、汤学仁、钱富强任副组长
3月8日	市　委	调整市机构编制委员会成员	方桂林任主任，徐永宝、孙建年任副主任
3月14日	市政府	成立高东线航道高邮段疏浚改扩建工程指挥部	杨文喜任总指挥，盛文希、张德宏任副总指挥
3月19日	市政府	调整市交通工程建设指挥部、农村公路管理养护工作领导小组成员	杨文喜任总指挥，盛文希、张德宏任副总指挥
3月19日	市政府	调整高邮市绿色食品原料标准化生产基地建设领导小组成员	杨文喜任组长，肖伯群、盛文希任副组长
4月8日	市政府	成立高邮市“菜篮子”工程蔬菜生产基地建设领导小组	方桂林任组长，杨文喜、肖伯群任副组长
4月8日	市政府	调整市防治重大动物疫病指挥部成员	方桂林任总指挥，杨文喜任指挥长，肖伯群、盛文希任副指挥长
4月10日	市　委	调整创建“江苏省诗词之乡”领导小组成员	韩方任组长，倪文才、张秋红、薛晓寒、钱富强、张贵龙任副组长
4月11日	市政府	成立高邮市农机购置补贴工作领导小组	杨文喜任组长，盛文希、赵广华、徐龙海任副组长
4月16日	市　委	成立国信高邮热电联产项目建设领导小组	韩方、方桂林任组长，徐永宝、汤学仁任副组长
4月15日	市　委	调整农业和农村工作领导小组成员	朱勇任组长，孙明如、杨文喜、肖伯群任副组长
4月15日	市　委	调整扶贫工作领导小组成员	金春林任组长，朱勇、杨文喜任副组长
4月19日	市政府	调整市防震减灾工作联席会议成员	徐永宝任主任，高长明，朱莉莉、付有根任副主任
4月25日	市政府	成立高邮市创建药品安全示范市工作领导小组	方桂林任组长，钱富强任副组长
4月25日	市政府	调整高邮市创建省优质道路照明灯具生产示范区工作领导小组成员	朱莉莉任组长，张胜、周建伟、韦恒林、张澍、赵小山任副组长

续表 3

时 间	领导机关	临时机构名称或调整内容	负 责 人
4月27日	市政府	调整高邮市质量强市工作领导小组成员	方桂林任组长，朱莉莉任副组长
4月27日	市政府	调整高邮市城镇妇女“巾帼建功”活动领导小组、高邮市农村妇女“双学双比”竞赛活动领导小组成员	朱莉莉、杨文喜任组长，张胜、卢琳、盛文希、万兆良任副组长
4月27日	市政府	调整高邮市残疾人工作委员会组成人员	杨文喜任主任，盛文希、朱杏玲、张立中、高健、周建峰任副主任
4月27日	市 委	成立提升八桥现代高效农业园区建设领导小组	朱勇任组长，杨文喜、肖伯群任副组长
5月8日	市 委	调整高邮市党政领导干部“三责联审”工作领导小组成员	孙建年任组长
5月8日	市 委	调整《中共高邮地方史》(第二卷)编纂委员会成员	金春林任主任委员，孙建年任副主任委员
5月8日	市 委	调整高邮市新四军研究会成员	金春林任名誉会长，孙建年任会长，史善成、刘春龙、宝珍芳任副会长
5月14日	市 委	成立“全国发展改革试点城市”工作领导小组	韩方、方桂林任组长，朱勇、徐永宝、杨文喜任副组长
5月17日	市政府	调整市农业产业化经营和渔业成品油价格补贴发放工作领导小组成员	杨文喜任组长，肖伯群、盛文希任副组长
5月29日	市 委	调整高邮市企务公开协调小组成员	金春林任组长，孙建年、钱富强任副组长
5月31日	市 委	成立“5.31”重大交通事故调查处理领导小组	韩方、方桂林任组长，张秋红、徐永宝、钱富强、高长明、杨文喜任副组长
6月3日	市政府	成立京杭运河港口码头整治工作领导小组	徐永宝任组长，高长明、杨文喜任副组长
6月3日	市政府	成立城市商务大厦工程争创国家“鲁班奖”领导小组	徐永宝任组长，戴光耀、孙禹文、蒋德升、胡恒春任副组长
6月15日	市政府	成立安全生产大检查领导小组	方桂林任组长，徐永宝、钱富强、高长明、朱莉莉、杨文喜、蒋乃华任副组长
6月24日	市 委	调整申报国家历史文化名城工作领导小组成员	韩方、方桂林任组长，倪文才、张秋红、徐永宝、钱富强任副组长
6月24日	市 委	成立高邮市申报国家历史文化名城工作委员会	张秋红任主任，徐永宝、钱富强任副主任
6月27日	市政府	调整市征兵工作领导小组成员	方桂林任组长，付有根、高长明、白江任副组长
7月5日	市 委	调整高邮市双拥和国防教育工作领导小组成员	金春林任组长，付有根、杨文喜任副组长
7月5日	市政府	调整市全面推进依法行政工作领导小组成员	方桂林任组长，徐永宝任副组长
7月8日	市政府	成立穿心河整治工程建设指挥部	方桂林任总指挥，徐永宝、杨文喜任副指挥
7月10日	市政府	成立创建江苏省电动工具出口基地工作领导小组	方桂林任组长，朱莉莉任副组长

续表 3

时间	领导机关	临时机构名称或调整内容	负责人
7月15日	市委	调整高邮市干部教育培训领导小组成员	金春林任组长，张秋红、孙建年任副组长
7月19日	市政府	调整市住房保障工作领导小组成员	徐永宝任组长，戴光耀、吴惠山任副组长
7月23日	市委	调整市委党的建设工作领导小组成员	韩方任组长，金春林、张秋红、朱勇、孙建年任副组长
7月23日	市政府	调整高邮市网络与信息安全协调小组成员	朱莉莉任组长，张胜、王家斌、杨向东任副组长
7月23日	市政府	成立《高邮军事年鉴》编纂委员会	方桂林任主任，徐永宝、付有根、白江任副主任
7月29日	市委	调整市大学生村官工作领导小组成员	孙建年任组长，张曰新、高健任副组长
7月3日	市委	成立高邮市信息安全等级保护工作领导小组	徐永宝任组长，高长明任副组长
7月4日	市委	成立高邮市非公有制经济人士理想信念教育实践活动领导小组	金春林任组长，王薇、张贵龙任副组长
7月29日	市委	调整市构建和谐劳动关系与推进工资集体协商工作领导小组成员	金春林任组长，徐永宝、孙建年任副组长
7月30日	市政府	成立高邮市关闭手工屠宰场实施机械化屠宰工作领导小组	朱莉莉任组长，张胜、张锋、吴华、方震、赵广华任副组长
8月6日	市政府	调整高邮市道路交通安全委员会成员	高长明任主任，孙建年、潘万宝、何飞任副主任
8月8日	市政府	成立市级政府性债务管理领导小组	方桂林任组长，徐永宝任副组长
8月9日	市政府	调整土地矿产卫片执法检查工作领导小组成员	方桂林任组长，徐永宝任副组长
8月22日	市政府	成立市减灾工作委员会	杨文喜任主任，盛文希、张立中任副主任
9月2日	市政府	成立大连理工大学高邮研究院建设工作协调领导小组	方桂林任组长，朱莉莉、蒋乃华任副组长
9月3日	市委	成立高邮市行政区划调整工作领导小组	韩方、方桂林任组长，倪文才任副组长，金春林任执行副组长
9月3日	市政府	成立“中国建筑之乡”申报工作领导小组	徐永宝任组长，戴光耀、蒋德升任副组长
9月10日	市委	成立高邮市城市环境综合整治和“三拆三整治”工作指挥部	方桂林任总指挥，张秋红、朱勇、徐永宝、汤学仁、孙建年、高长明任副总指挥
9月11日	市委	成立市制度廉洁性评估工作指导小组	金春林任组长，朱勇、徐永宝任副组长
9月16日	市政府	调整市农村小额贷款组织工作领导小组成员	朱莉莉任组长，居远松任副组长
9月17日	市政府	调整深化国有粮食企业改革领导小组成员	杨文喜任组长，盛文希、于洪、赵广华任副组长

续表 3

时 间	领导机关	临时机构名称或调整内容	负 责 人
9 月 22 日	市政府	成立公路沿线户外广告设施整治工作领导小组	杨文喜任组长，盛文希、张德宏任副组长
9 月 30 日	市政府	成立高邮市实施水域滩涂养殖证制度工作领导小组	杨文喜任组长，肖伯群、盛文希任副组长
10 月 23 日	市政府	成立 500KV 扬州北输变电工程建设协调领导小组	徐永宝任组长，朱莉莉任副组长
10 月 25 日	市 委	成立市委党的群众路线教育实践活动筹备工作领导小组	韩方任组长，方桂林、金春林任常务副组长，张秋红、朱勇、孙建年、徐健任副组长
10 月 25 日	市 委	成立高邮市村(居)民委员会换届选举工作指导小组	金春林任组长，薛晓寒、杨文喜任副组长
11 月 1 日	市政府	成立城市公交改造工作领导小组	方桂林任组长，高长明、杨文喜任副组长
11 月 14 日	市 委	成立市城乡一体化发展工作领导小组	韩方、方桂林任组长，朱勇、徐永宝、杨文喜任副组长
11 月 26 日	市 委	成立创建"中华诗词之乡"领导小组	韩方任组长，倪文才、张秋红、薛晓寒、钱富强、张贵龙任副组长
12 月 16 日	市政府	成立高邮市河道管理"河长制"领导小组	方桂林任组长，杨文喜任副组长
12 月 21 日	市政府	成立通扬线运东船闸扩容工程建设服务指挥部	方桂林任总指挥，徐永宝、杨文喜任副指挥
12 月 24 日	市政府	调整高邮市科学技术评审委员会成员	朱莉莉任主任，张胜、詹惜文任副主任
12 月 24 日	市政府	调整高邮市爱国卫生运动和健康促进委员会成员	钱富强任主任，周建峰任副主任
12 月 28 日	市 委	成立高邮市蟹业经济发展领导小组	朱勇任组长，孙明如、杨文喜、肖伯群任副组长
12 月 30 日	市政府	成立"江苏省计量惠民示范市"创建工作领导小组	朱莉莉任组长，张胜、周建伟任副组长
12 月 31 日	市 委	调整市民族宗教工作领导小组成员	徐健任组长，高长明、杨文喜、张贵龙任副组长
12 月 3 日	市 委	调整高邮市地方志年鉴编纂委员会成员	方桂林任主任委员，钱富强任副主任委员

（史志）

体 制 改 革

Structural Reform

综 述

2013 年，全市继续深化各项改革，推进社会经济稳步、持续发展。

“全国发展改革试点城市”试点前期准备工作稳步推进。先后完成组建领导班子、制定印发实施方案等项工作。

事业单位实施分类改革。先后完成成立领导班子、组织调研、制定实施意见、进行模拟分类等项工作。

企业改革继续进行。确定首批 5 家上市企业名单，建立拟发债企业储备库，清理、解除 4 家“挂靠”企业。

农村改革继续推进。新组建农民专业合作社 40 家、农村土地股份合作社 23 家。至年底，全市累计有农民专业合作社 527 家、农村土地股份合作社 311 家。全年组建家庭农场 54 家。

社会保险继续深化。推出城乡居民大病保险，启动医保异地就医结算和社会保障一卡通工作，继续开展其他各项社会保险工作。

住房制度改革继续深入。调整住房公积金缴存基数，全年住房公积金归集总量和发放住房公积金贷款总额分别为 2.75 亿元、2.30 亿元，创历史新高。 （高志中）

综合改革与企事业单位改革

【推进“全国发展改革试点城市”工作】 2013 年，全市扎实开展“全国发展改革试点城市（区）”试点工作。成立由市委、市政府主要领导任组长，市党政分管领导任副组长，相关部门主要负责人为成员的“高邮市全国发展改革试点城市”工作领导小组；制定出台《高邮市全国发展改革试点城市实施方案》，明确开展试点工作的思路和具体要求。

（杨定祥 刘军）

【事业单位分类改革】 11 月，按照江苏省、扬州市统一部署，市编办牵头组织实施高邮市事业单位分类工作。以市委文件形式出台《关于分类推进事业单位改革的实施意见》，并成立市分类推进事业单位改革工作领导小组，召开动员会议，推动分类工作迅速展开。按照市委办《关于开展各乡镇（街道、园区）、市级机关事业单位分类工作的通知》要求，指导各单位根据江苏省事业单位分类改革指导目录自行分类；先后两次对全市事业单位进行模拟分类，确保初步方案切合高邮实际和各单位实际。 （徐瑞芝）

【企业上市工作】 2013 年，在全市首批确定的 5 家上市后备企业中，扬州曙光电缆股份有限公司分别在《新华日报》《扬州日报》刊登接受辅导公告，公司负责人与券商代表向中国证券监督管理委员会江苏监督管理局（以下简称江苏证监局）汇报辅导期间的有关工作。10 月 21 日，江苏省人民政府办公厅下发《关于确认扬州曙光电缆股份有限公司历史沿革及改制等有关事项合规性的函》，对该企业在历史沿革及集体企业改制等有关事项的合法合规性进行确认。待江苏证监局进行辅导验收后，该企业上市申报材料即可上报中国证券监督管理委员会审核。 （杨定祥 刘军）

【全市拟发债企业储备库建立】 2013 年，通过对全市符合发债条件的企业进行排查，建成市拟发债企业储备库。市发改委根据国家和省、扬州市发改委的要求，结合服务全市重大项目建设的需要，按照项目轻重缓急和发债条件成熟程度，统筹安排，及时上报。

（杨定祥 刘军）

【挂靠企业清理】 2013年，全市继续清理“挂靠企业”，先后解除高邮市华兴器材厂、高邮市金福高分子材料厂、高邮市越洋制衣厂、高邮市宏扬助剂厂等4家企业的挂靠关系。 （杨定祥 刘军）

表4 **2013年高邮市清理挂靠集体企业情况登记表**

驻地	企业名称	资产持有人	解除挂靠时企业净资产(万元)	解除挂靠时间	原挂靠单位
郭集镇	高邮市华兴器材厂	李有栋	20.74	8月8日	郭集镇毛港村
三垛镇	高邮市金福高分子材料厂	陆永会	57.14	9月25日	三垛镇经济发展中心
高邮经济开发区	高邮市越洋制衣厂	倪文松	—7.12	11月5日	马棚镇企业经营管理站
高邮经济开发区	高邮市宏扬助剂厂	戴生华	240.70	12月19日	马棚镇企业经营管理站

（杨定祥 刘军）

农村改革

【新组建农民专业合作社40家】 2013年，全市新建农民专业合作社40家，新增工商登记成员数2.23万人。至年底，全市累计有农民专业合作社527家，工商登记成员数20.03万人，工商登记率100%。 （李程）

【新组建农村土地股份合作社23家】 2013年，全市新组建经工商登记的农村土地股份合作社23家，入股土地面积0.41万公顷。至年底，全市累计组建土地股份合作社311家，工商登记率100%，工商登记成员数5.48万人，入股土地面积2.42万公顷。 （李程）

【新组建家庭农场54家】 2013年，启动家庭农场组建工作。至年底，全市以工商个体经营户（家庭经营）和有限公司形式注册登记的家庭农场法人主体54家，经营面积868公顷，农场人数161人，注册资金2 789万元。 （李程）

【农民负担监督管理】 2013年，全市实际落实卡内负担2 250.9万元，涉农收费合计9 373.18万元，归户表签字盖章率94%，“两卡”（农民负担监督卡和涉农收费公示卡）发放率95%以上。全年实施“一事一议”财政奖补项目86项，投入建设资金2 145.22万元，其中争取省奖补资金1 640万元。 （李程）

【高效农业保险】 2013年，全市完成农业保险保费总额6 919.95万元，参保率96%。其中高效农业保险开办险种12个，保费总额3 120.44万元，占政策性农业保险保费总额的45.1%，居扬州各县（市、区）前列。全年兑现政策性农业保险理赔资金2 494.1万元。 （李程）

【新增农业适度规模经营农田面积0.46万公顷】 2013年，全市新增农业适度规模经营面积0.46万公顷，累计5.75万公顷。通过电子显示屏和土地流转网站累计发布土地储备信息3 861条，涉及土地面积0.86万公顷；土地需求信息1 312条，面积1.01万公顷；成功流转土地181宗，面积0.52万公顷。 （李程）

【土地承包经营权登记工作】 2013年，全市继续推进土地承包经营权登记发证工作，累计有31个村基本完成登记发证工作，占应发证村的20%。

12月25日，江苏卫视《江苏新时空》栏目组专程到高邮市，拍摄和采访该市农村土地承包经营权登记发证工作，并于12月29日在江苏卫视专题播出。 （李程）

【农村财务和“三资”管理】 2013年，市委农工办在乡镇行政区划调整期间，下发关于加强村账镇管的通知，加强村账镇管的档案管理、阵地及队伍建设。坚持以数据更新、发挥监管为重点，进一步完善农村“三资”（资金、资产、资源）管理信息平台。全年全市农村财务公开合规率、村级资金统管率在95%以上，行政村财务审计覆盖面77%。完成4个集体资产在1 500万元以上的村（社区）财务审计。 （李程）

【经济薄弱村帮扶工作】 2013年，全市围绕实现村级集体经营性收入20万元以上村全覆盖的目标，找准薄弱环节，加大帮扶力度。制定2013～2015年经济薄弱村集体经济发展规划，明确目标任务、帮扶措施和保障制度。全年共争取省级财政扶持经济薄弱村发展项目11项，各经济薄弱村年增收7.68万元（在高邮经济开发区统一建设标准化厂房的租金）。至年底，全市所有行政村集体经营性收入均在20万元以上，其中有81个行政村集体经营性收入达到30万元以上，占行政村总数的46%。 （李程）

【启动新一轮低收入农户脱贫奔小康工程】 6月25日，全市农村扶贫工作会议召开，全面部署新一轮低收入农户脱贫奔小康工作；市委、市政府下发《关于新一轮低收入农户脱贫奔小康的实施意见》，从创业扶持、就业援助、生活保障、教育资助、医疗救助、社会帮扶等6个方面，明确扶持低收入农户脱贫奔小康的具体要求；市各职能部门切实做好扶持低收入农户脱贫的各项工作。该工程及推进措施得到江苏省扶贫办公室的肯定。至年底，全市5 000元以下低收入农户脱贫率52%。 （李程）

【土地承包信访工作】 2013年，市农村土地承包纠纷仲裁庭依照法律和政策，仲裁土地纠纷案件2起，调解土地纠纷案件2起。市委农工办及时调查处理土地承包方面的来信22件次，接访77人次。（李程）

社会保险制度改革

【城乡居民大病保险试点工作】 年初，高邮市被江苏省人民政府确定为扬州地区城乡居民大病保险试点县(市)。其试点内容是在对城乡居民实行基本医疗保障的基础上，对大病患者发生的高额医疗费用提供进一步保障。在筹资来源上，从城镇居民医保基金、新农合基金中划出一定额度作为大病保险资金；在承办方式上，采取向商业保险机构购买大病保险的方式运作。该制度从 7 月 1 日起正式实施，全年人均筹资标准为 15 元，起付线为 1.2 万元，对经新农合补偿后个人承担的合规费用超过起付线的部分给予二次报销，原则上个人承担的合规可报销费用补偿比例不低于50%。（杨定祥　刘军）

【启动医保异地就医实时结算】 4 月，全市城镇医疗机构的医保实时结算网络平台与扬州苏北人民医院医保实时结算网络平台正式并网运行，在扬州市各县(市、区)中率先实现与扬州市三甲医院医保联网实时结算。城镇职工和城镇居民医疗保险参保人员在苏北人民医院就医时可直接实时报销医疗费用。（杨定祥　刘军）

【企业职工基本养老保险】 2013 年，全市企业职工养老保险参保总人数 12.16 万人，净增缴费人数 0.75 万人；征收基金 7.87 亿元，比上年增收 1.60 亿元。书面稽核参保职工 0.96 万人，稽查退休(职)人数 3.04 万人，实地稽核企业 12 家。至年底，全市共有企业离退休人数 3.05 万人，养老金全部实行社会化发放，共发放养老金 5.77 亿元，增长 21.2%。（吴杨）

【城镇职工基本医疗保险】 2013 年，全市城镇职工医疗保险参保人数增加3 777人；累计 11.3 万人。基金总收入 2.51 亿元，支付 2.45 亿元，结余 600 万元。其中，统筹基金收入 1.61 亿元，支付 1.62 亿元，赤字 68 万元。大病救助收入2 775万元，支出 2 820 万元；个人账户收入 8 960 万元，支出8 288万元。（吴杨）

【城镇居民基本医疗保险】 2013 年，全市城镇居民参加医疗保险人数 4.54 万人，参保率 100%；征收基金1 197万元，支付 494 万元，结余 703 万元，结余率 59%。（吴杨）

【工伤保险】 2013 年，全市参加工伤保险人数新增3 826人，累计 8.58 万人；征收工伤保险基金 2 224万元，支出1 485万元，结余 739 万元，结余率 33%。（吴杨）

【生育保险】 2013 年，全市参加生育保险人数新增1 000人，累计 5.62 万人；征收生育保险基金 1 197万元，支出 494 万元，结余 703 万元，结余率 59%。（吴杨）

【失业保险】 2013 年，全市参加失业保险人数新增2 800人，累计 5.93 万人；征收失业保险基金 3 183.63万元，支出 507.66 万元；领取失业金人数 1 593人。向失业金领取人员核报(报销)参加城镇职工医疗保险费3 203人次，计 58.91 万元。（吴杨）

【城乡居民社会养老保险】 2013 年，全市参加城乡居民社会养老保险人数 21.99 万人，参保覆盖率 99.99%；养老金发放人数为 13.9 万人，发放个人账户养老金1 713.3万元、基础养老金 1.32 亿元，基础养老金发放率 100%；全年征收城乡居民社会养老保险费6 470.05万元，基金累计结余 3.19 亿元。（吴杨）

【机关事业单位养老保险】 2013年，全市机关事业单位养老保险参保单位342家，参保人数4 177人；机关事业单位的参保离退休人数2 357人。全年养老保险基金收入7 751万元，养老保险金支出8 834万元，收支相抵，全年基金透支1 083万元。（吴杨）

【参加生育保险女职工免费体检】 3 月，市人社局对参加生育保险并足额缴纳生育保险费的在职女职工进行免费妇科检查，全部体检费用从市生育保险基金中列支。全年有 1.05 万人参加体检，生育保险基金支出体检费用 52.34 万元。（吴杨）

【落实失业人员医保补贴政策】 2013 年，市人社局继续落实失业人员医保补贴政策，实际报销医保费用3 203人次，累计支出医疗保险费 57.26 万元。（吴杨）

【失业金发放标准调整】 6 月，根据《江苏省失业保险规定》，市人社局决定从 7 月起，调整全市失业金发放标准。具体标准为：下限从 520 元/月调整到 585 元/月，月增 65 元；上限从 950 元/月调整到 1 100元/月，月增 150 元。（吴杨）

【提高城乡居民社会养老保险基础养老金发放标准】 3 月，市人社局决定，从 1 月 1 日起，提高全市城乡居民社会养老保险基础养老金发放标准。具体标准为：由 70 元/月提高到 80 元/月，月增 10 元，全市 13 万人受益。（吴杨）

【企业职工退休和工伤鉴定审批】 2013 年，市人社局为企业参保人员办理退休手续 2 722 人，其中正常到龄退休2 376人，按照特殊工种提前退休政策办理退休 170 人，因重病、伤残办理退休 176 人。全年组织劳动能力鉴定会 4 次，经扬州市劳动能力鉴定委员会作伤残等级鉴定 155 人。其中，1 级～4 级伤残 3 人、5 级～6 级伤残 8 人、7 级～10 级伤

残141人;未达等级3人。全年认定工伤事故938起。 (吴杨)

【企业退休(职)人员社会化管理】 2013年,全市共有企业退休(职)人数2.83万人,其个人档案入库率100%。企业退休(职)人员居住在外地实行委托管理的1 232人,在市内的退休(职)人员全部实行社区管理,社区管理率100%。10月12日,市人社局在高邮大剧院举办"九九重阳节浓浓敬老情"文艺汇演,庆祝江苏省第26个敬老日和全市推行企业退休(职)人员社会化管理服务工作十周年。 (吴杨)

【企业退休人员免费体检】 2013年,市人社局根据《江苏省劳动保障厅关于全面开展企业退休人员免费健康体检工作的通知》要求,以两年为一个周期,对全市2013年应参加健康体检的退休人员1.44万人,全部进行一次免费健康体检,周期免费健康体检率100%。 (吴杨)

【社会保障一卡通平台启动】 8月28日,高邮市全面启动社会保障卡一卡通数据采集和系统升级改造工作。该市计划到2015年,社会保障卡全部发放到位,基本建立覆盖全市、标准统一、多领域应用的社会保障卡应用服务体系与运行管理机制,方便持卡人在全市享受公共就业、参保缴费、社保关系转移、医疗费用结算、待遇领取等人力资源和社会保障服务。至年底,累计采集社会保障卡数据信息8.5万份。 (吴杨)

住房制度改革

【公有房产管理】 2013年,市政府出台《高邮市公有房屋出租管理办法》和《高邮市国有资产处置管理办法》,明确审批程序,细化招租流程,完善国有资产管理制度体系,按照自清自查、统计核查、两证收缴、集中会办、委托代管、建立档案等工作步骤,对行政事业单位土地房屋产权实行集中管理。全年办理公有土地房产初始登记和产权过户150宗,并颁发"国有资产使用证",对产权证实行归档管理。 (房学志)

【公有住房改革】 2013年,市住房保障和房产管理局共受理、审批职工住房补贴121人,审核补贴金额237.61万元;办理手续出售公房9处,出售面积504.61平方米。 (朱玉霞)

【归集住房公积金2.75亿元】 2013年,扬州市住房公积金管理中心高邮分中心通过强化宣传、调整基数、启动行政执法、联动推进建制的方法,全力谋求公积金归集量的扩张和缴存面的扩大。全年新增住房公积金开户单位158家,新增缴存公积金职工5 853人;全年归集住房公积金2.75亿元(含结息),增长23.9%。至年末,全市累计归集住房公积金14.58亿元,归集余额6.98亿元。 (赵吉哲)

【发放住房公积金贷款2.30亿元】 2013年,扬州市住房公积金管理中心高邮分中心在坚持现行政策不变的前提下,对购买普通住房初次贷款的购房对象实施倾斜,使有限的资金发挥更广泛的保障支持作用。全年共向1 004户职工家庭发放住房公积金贷款2.30亿元,户均22.9万元。至年末,全市住房公积金贷款余额6.57亿元,个贷比94.1%,创历史新高。 (赵吉哲)

【住房公积金缴存基数调整】 12月30日,扬州市住房公积金管理中心高邮分中心与高邮市财政局联合下发《关于调整住房公积金缴存基数的通知》。该通知规定,从2014年1月1日起,对高邮市机关事业单位职工个人住房公积金缴存基数进行调整。缴存住房公积金的月工资基数按职工本人2013年度月平均工资收入(工资总额)核定。各单位职工的月工资缴存基数,下限不低于本市上年最低月工资标准0.11万元,上限不高于1.01万元。同时明确在职公务员(含参照人员)、义务教育段在职教师、事业性质人员等三类人员月缴存住房公积金基数计算口径。 (赵吉哲)

开放型经济

The open Economy

导读

- 全年在建投资额5 000万元以上招商引资项目206项 P72
- 高邮市创建成省电动工具出口基地 P73
- 特种金属材料项目第一期工程竣工 P74
- 大连理工大学高邮研究院投入产业化运行 P77

综 述

2013年，全市积极应对复杂多变的宏观经济形势，以实施外资量质提升、外贸结构提优为突破口，采取务实举措，扎实推进招商引资工作，全市开放型经济呈现平稳发展势头。

外资利用总量下降。全年注册外资实际到账8 100万美元(经省商务厅确认为7 313万美元)，比上年下降17.2%，完成扬州年度目标(1.81亿美元)44.8%。在全市14个乡镇、园区中，有外资到账实绩的11家，占总数78.5%。服务业到账3 925万美元，占比为53.7%。平均每个项目到账额405万美元，高于上年87万美元，增长27.3%。

外贸、外经增势良好。全年完成自营进出口总额3.85亿美元，增长17.7%，其中完成自营出口额3.61亿美元，增长31.3%，完成年度目标的104.2%，增幅和完成率分别列扬州市各县(市、区)第一和第二。机电行业完成出口额2.01亿美元，占出口总额的55.6%，增长18.4%。全市出口额列前10位的企业累计完成出口额2.28亿美元，占出口总额的63%，超上年6.2个百分点。新增出口实绩企业10家，累计126家，新增出口额1 000万美元～5 000万美元和5 000万美元以上企业各1家，分别累计为2家和4家。实现外经营业额573.6万美元，增长2.7%。至年末，全市在外劳务人数共522人。

园区开发有效推进。制定出台《关于促进全市乡镇工业集中区整合提升特色发展的意见》《高邮市乡镇工业集中区专项资金扶持和考核奖励办法》，加快推进园区开发建设。全市园区基础设施投入4.5亿元；新增入园企业96，累计达2 329家；实现开票销售182.2亿元，占全市工业开票销售的45.1%。 (杨龙 陶香潮 史志)

行政举措

【出台年度考核奖励办法】 年初，市委、市政府修订出台《2013年开放型经济考核奖励办法》。该办法规定，全年注册外资实际到账完成目标任务50%以上的单位方可进入考评。2014年年初，市委、市政府依据上年年终考核结果，表彰开放型经济先进单位9个，并按标准兑现奖金。 (杨龙)

【督察服务】 2013年，市商务局完善、建立、充实“外资项目库”，分门别类，加以跟踪指导服务。对艾诺斯电源、考斯特机电、鼎鑫食品等重大外资项目落实专人跑部、跑厅帮助办理审批、注册等手续。至年底，3项项目分别到账外资1 000万美元、1 300万美元、360万美元，并实现开工建设。同时，市商务局会同相关部门及时化解项目建设遇到的难题，力促快审批、快到账、快建设。坚持每月印发“商务工作简报”，排序公布外资利用实绩、预排下月外资到账项目等，督促外资到账。 (杨龙)

【推进招大引强】 年初，市委、市政府下发《2013年全市招大引强行动计划》，开展以“五定”(定重点产业、定重点招商项目、定重点招商对象、定责任载体、定责任人)为主要内容的招大引强项目行动。全年招商引资1 000万美元以上外资项目5项、1亿元以上内资项目34项。其中，世界500强企业和跨国公司投资项目2项，投资额10亿元以上项目8项。 (杨龙)

【新设6个投资促进分局】 5月初，市委、市政府出台《关于加强全市专业招商队伍建设和管理的意见》，撤销原10个产业招商分局，在高邮经济开发区、高邮城南经济新区、扬州菱塘光电科技产业园区、高邮镇、市服务业发展局、市农委各设立投资促进分局1个，并根据各自产业定位、部门职能确定招商主攻方向和目标任务。同时，在市商务局设立投资促进办公室，负责对各分局业务工作的指导、协调和督察、考评。至年底，全市6个投资促进分局注册到账项目共10项。（杨龙）

【实行外资企业网上联合年检】 4月，由市行政服务中心牵头设立由工商、商务、财政、税务、外汇等相关部门人员组成的联合年检办公室，通过下发年检通知、建立年检QQ群，及时公布企业年检须知，并对参检企业递交的相关资料和信息实行互通有无，集中办公、集中解疑。全年参与网上年检外商投资企业150家，通过率93%。（杨龙）

【新增扬州市“城市贵宾”2人】 2013年，全市新增扬州市“城市贵宾”2人，即中信戴卡轮毂制造有限公司副总经理梅兴龙（河北秦皇岛）、江苏鑫华能电源科技有限公司总经理张志祥（江苏泰州）。至年底，全市累计有扬州市“城市贵宾”16人。（邱昆）

招商活动

【新春恳谈会暨“凤还巢”项目签约仪式】 2月12日上午，市委、市政府在市加洲阳光大酒店举行2013年新春恳谈会暨“凤还巢”项目签约仪式。市委书记、市人大常委会主任韩方致辞，市长方桂林主持会议。在恳谈会上，中共北京市委常委陈刚、海军装备研究院政委李道明、上海市总工会副主席周志军、深圳市投资推广署署长王有明等高邮籍在外成功人士相继发言，高度评价高邮市经济社会发展取得的重大成就，并表示将一如既往地关注、关心、支持家乡的发展。现场签约项目9项，总投资额20.56亿元。（杨龙）

【举行第九届中国双黄鸭蛋节开幕式暨产业合作商机说明会】 （详见《节庆活动》篇目《第九届中国双黄鸭蛋节》分目）

【赴日、韩招商】 6月25日～7月1日，市委书记韩方率队参加扬州市统一组织的赴韩国、日本招商活动，市委常委、高邮经济开发区管委会主任汤学仁，副市长朱莉莉参加活动。

韩方一行先后拜访韩国的DH照明、OSSTEM牙科医疗器械、OCI、一洋制药和日本的杰士汤浅、粹元、芝技研等知名企业与中日投资促进协会，有针对性地洽谈推进项目7项，并有2项投资额在2 000万美元以上的项目分别在扬州举行的首尔恳谈会、东京恳谈会上签约。

期间，高邮还分别在韩国、日本自行举办小型恳谈会。有关大商会的近30名嘉宾应邀分别参加活动。（杨龙）

【2013年高邮产业合作(佛山)恳谈会】 11月12～15日，市委副书记金春林率市商务局、市经信委、高邮工商局、高邮经济开发区、高邮城南经济新区、扬州菱塘光电科技产业园区、高邮镇、三垛镇等有关部门、园区、乡镇负责人，赴广东佛山举行“2013年高邮产业合作（佛山）恳谈会”。会上，金春林就高邮市特色产业、投资环境等作全面推介，现场签约项目4项，总投资额15亿元。市人大常委会副主任孙明如、副市长朱莉莉参加招商活动。

期间，金春林、孙明如、朱莉莉等还拜访广东科立盈光电技术公司等企业和佛山青年企业家协会、佛山江苏商会、佛山潮州商会、佛山南海区工商联直属商会等。（杨龙）

【全年在建投资额5 000万元以上招商引资项目206项】 2013年，根据市发改委（市重大办）统计，全市全年在建投资额5 000万元以上招商引资项目共206项，计划总投资451.67亿元，当年完成投资145.58亿元，分别比上年下降8.8%、上升18.5%、上升5.9%。其中，全年组织集中开工、竣工投产活动3次，被列入活动项目共114项，投资总额272.49亿元。（冯广东）

表5 **2013年高邮市招商引资项目集中开工、竣工投产活动简况表**

活动安排		全部项目						其中			
		合计		开工项目		竣工投产项目		工业项目		亿元项目	
次数	时间	项目（项）	投资额（亿元）	项目（项）	投资额（亿元）	项目（项）	投资额（亿元）	项目（项）	投资额（亿元）	项目（项）	投资额（亿元）
合计		114	272.49	88	205.13	26	67.36	87	223.52	93	260.78
第一次	2月27日	2	20.00	2	20.00	—	—	1	10.00	2	20.00
第二次	4月18日	87	173.64	71	126.53	16	47.11	65	149.27	66	161.93
第三次	8月18日	25	78.85	15	58.60	10	20.25	21	64.25	25	78.85

（冯广东）

对外贸易

【高邮市创建成省电动工具出口基地】 12月20日，江苏省商务厅下发《关于认定江苏省机电产品出口基地、科技、兴贸创新基地及基地骨干企业的通知》，认定高邮市为江苏省电动工具出口基地，这是全市首次获批的省级出口产品生产基地。同时认定高邮市基地骨干企业8家，即江苏金飞达电动工具有限公司、扬州和益电动工具有限公司、扬州市威高机电有限公司、扬州市康乐机械有限公司、高邮市北方动力机械有限公司、江苏金润龙科技有限公司、扬州市华胜机电制造有限公司、扬州市邮谊工具制造有限公司。 （陶香潮）

资料链接 2013年，市委、市政府突出把基地创建作为出口转型升级、扩量提质的重要突破口，成立创建领导小组，完善产业发展规划，出台基地建设实施意见，组织实施创建工作。市商务局对照创建标准，深入企业调研摸情，落实相关政策，引导企业扩大出口，逐项完善申报资料，于年初完成编制申报材料并上报，在11月份省商务厅组织的对全省30多家申报单位审核和验收中，一次性通过。 （陶香潮）

【争取外贸政策资金】 2013年，市商务局先后组织“进企业、下基层、送政策”活动5次，及时把外贸利好政策宣传到企业，提振企业出口信心。同时，按照“应报尽报、应争尽争”的要求，帮助企业做好项目申报、资金争取工作。全年帮助60家外贸企业共争取外贸扶持资金717.03万元。 （陶香潮）

【外贸市场开拓】 2013年，市商务局按照省商务厅贸易促进计划，有针对性、选择性地组织65家企业参加“华交会”“广交会”“乌洽会”和国外相关展会，落实摊位70个。新开辟非洲、南美洲等市场，实现成交额500万美元以上。组织70多家企业加入“扬州外贸商品展示交易平台”，展示产品、扩大销售。 （陶香潮）

【外贸企业信保平台建设】 2013年，市商务局运用信保平台，免费帮助38家小微外贸企业加入信保统保，免收保费60多万元。加大中小企业出口信保和信保融资力度，帮助5家中小外贸企业参加出口信保，其中3家企业通过信保融资1亿多元，并帮助企业促成签约500万美元的出口产品业务订单1份。 （陶香潮）

【建立特色产业园5个】 2013年，市委、市政府为加快全市电动工具、高效农业、液压机械、照明灯具、电线电缆等特色产业发展，进一步壮大其产业规模，提升其发展水平，新建立特色产业园5个，即卸甲镇卸甲电动工具特色产业园、卸甲镇八桥高效农业特色产业园、汤庄镇汤庄液压机械特色产业园、送桥镇郭集照明灯具特色产业园和菱塘回族乡电线电缆特色产业园。 （史志）

【江苏金飞达电动工具有限公司获评AA类企业】 2014年1月23日下午，扬州海关关长王守军一行到高邮，专程向江苏金飞达电动工具有限公司授予由中国海关总署评定的AA类企业匾牌，这是扬州市各县、(市、区)中唯一一家获评的AA类企业。市领导韩方、朱勇、朱莉莉出席授牌仪式。至2013年底，全市共创成海关A类企业9家、AA类企业1家。 （陶香潮）

江苏省高邮经济开发区

【概况】 9月，在全市行政区划调整中，马棚镇并入江苏省高邮经济开发区。该区位于高邮市城区北部，行政区划面积101平方千米，开发规划面积50平方千米，建成区20平方千米，辖行政村15个、社区4个，村民小组共249个，总人口7.03万人。

农业。全年实现农业生产总值7.7亿元，农业增加值4.1亿元，粮食总产量5.11万吨，油料总产量1276吨，农民人均年纯收入1.82万元。新增高效农业面积276.6公顷，其中秦邮人家高效设施农业面积10公顷、江邮集团高效农业面积200公顷；高效水产面积66.7公顷；原马棚镇水稻生产服务专业合作社被评为全国示范农机合作社。实施省“一事一议”以奖代补到村的政策，共争取专项资金54万元，在佛塔村新建成0.5个流量的排涝泵站，受益农田80公顷；扩建昌农村太堡泵站，受益农田147公顷。实施省农桥改造贴补政策，共争取专项资金92万元，重建农桥5座。

工业。初步形成纺织服装、电子电气、机械制造、医药食品、电池、钢铁和光伏新能源等六大产业集群。是年，全区实现工业总产值340.6亿元，增长30.2%，其中规模以上工业产值254.46亿元、技改投入27.2亿元、固定资产投入66亿元，分别增长22.6%、15.7%、29.9%；实现自营出口额7 100万美元，增长18.3%；实现财政收入7.87亿元，增长25.32%。新增规模以上企业10家，累计达74家。年产值超亿元工业企业有33家，其中扬州市秦邮特种金属材料有限公司当年实现产值74.73亿元，列全市重点工业企业之首。

建筑业。全区共有建安公司28家。全年承接建筑施工总面积220万平方米，完成建筑业产值47亿元，分别增长29.4%、42.9%。

第三产业。按照“南城北厂、东市西港”的空间布局，重点打造沿路、沿河、沿节点产业项目，开工建设银河湾、名门公馆、加州豪庭、紫金城、秦邮嘉园、天润园、鸿基万和城、东部尚程家居、诚信物流大楼、加州大型超市、北部江苏省食品快检中心主体大楼等商业楼盘。全年实现第三产业增加值15.2亿元，增长34.2%。

招商引资。通过完善机制、壮大招商队伍，提升洽谈项目签约率。全市签约投资额10亿元以上的项目有振邮不锈钢中板、广东易事特电源、金城富威电池、金快乐电池、汇能达电池、力能电池、双龙新能源电池等7项和1亿美元的艾诺斯电池1项。与哈尔滨工业大学合作的绿科生物工程项目，与南京工业大学合作的省食品快检中心项目，与中国广核合作集团有限公司合作的核包装材料项目，与香港龙瀛保健品冬虫夏草、灵芝胶囊等项目，先后落户该区。全年共引进项目31项，其中投资额10亿元以上项目7项，即兆顺不锈钢中板、振发光伏发电、富威蓄电池、同科蓄电池、金快乐电池、能一电池、力能电池项目；1亿美元以上项目2项，即艾诺斯电池和真空镀膜设备研发与制造项目。全年实际利用外资2 463万美元，实现自营出口额0.71亿美元，实际利用民资65亿元，新增民资注册资本16.5亿元。

基础设施建设。继续加强园区环境基础设施工程建设。建设安置小区25.7万平方米；新建道路5.4千米，建成桥梁4座；新增绿化面积17.5万平方米。

社会事业。争取省“一事一议”以奖代补资金91万元，新建混凝土道路2条，即3号河清水潭村段、6号河东墩社区段。全区新农合参合人数为4.16万人，参合率100%；投资40万元新建200平方米省级标准化东墩社区卫生服务站；区卫服中心通过江苏省示范城市社区卫生服务中心验收，全年接治门、急诊病人14.4万人次，收治住院病人1 100人次。全区“五保户”145人，其中集中供养75人，集中供养率52%；全年共发放失地农民养老金补助金261.36万元、特困家庭救助金18.54万元。对失去独生子女家庭进行救助。大型游乐场建成并投入运营。完成高沙园垃圾中转站改造工程。

党建和精神文明建设。开展党的十八届三中全会和省市党代会精神学习宣传活动，深入推进机关廉政作风建设，扎实开展学习型园区建设。全区发展新党员39人，转正94人，新建非公有制企业党支部3家，升格企业党总支1家；新组建工会13个，改选到期工会25个，发展新会员1 200多人；建立团支部4个。开展双拥工作，超额完成新兵征集任务。（帅琪）

【储能电池项目第一期工程竣工】 该项目由南京爱力生蓄电池有限公司投资兴建，计划总投资10亿元，注册资本3亿元，占地面积12公顷，建设生产厂房、办公用房及附属用房8万平方米，主要生产铅酸蓄电池及相关配套产品，项目达产后可年产蓄电池320万千伏安，可实现年销售15亿元，利税1.5亿元。该项目第一期工程于2012年6月12日开工建设，2013年年底第一期工程竣工投产。（帅琪）

【多孔微通道扁形铝管项目第一期工程竣工】 该项目由上海振兴集团投资兴建，计划总投资10亿元，注册资本4亿元，占地面积20公顷，建设生产厂房及配套用房15万平方米，主要从事多孔微通道铝管及高档铝型材产品的生产、销售，项目达产后可实现年销售15亿元，利税1.5亿元。该项目第一期工程用地6.7公顷，建设生产厂房及配套用房5万平方米；于2012年2月开工建设，2013年6月竣工投产。（帅琪）

【特种金属材料项目第一期工程竣工】 该项目由江苏沿海钢铁集团投资建设，计划总投资50亿元，主要从事金属材料及特种铸钢件的生产与销售。第一期工程投资20亿元，注册资本7亿元，占地面积72.6公顷，新上“1080”高炉2座、轧钢生产线2条，可年产特种钢材200万吨。该第一期工程于2012年12月竣工投产，2013年实现销售额50亿元。第二期工程投资30亿元，项目达产后，可形成年产特种钢材300万吨的能力，可实现销售额200亿元。（帅琪）

【汽车轮毂项目第一期工程完成主体厂房建设】 该项目由中信集团中信戴卡轮毂制造股份有限公司投资兴建，计划总投资10亿元，注册资本2亿元，用地20公顷，第一期工程占地6.67公顷建设厂房、办公用房及附属用房8万平方米。主要从事汽车轮毂制造、铝锭、金属材料销售等，项目达产后可形成年产汽车轮毂500万只，年销售额10亿元以上，利税1亿元。该项目第一期工程于2012年11月开工建设，至2013年年底，主体厂房和附属厂房都已封顶。（帅琪）

【光伏发电及智能电网系统项目开工建设】 该项目由广东易事特电源股份有限公司投资兴建，计划总投资10亿元，注册资本2.5亿元，用地10.67公顷，建设厂房、办公楼及附属用房共12万平方米。项目建成后，主要进行光伏并网逆变器、智能电网系统等各类储能电池等研发、生产、销售，可实现销售25亿元以上。该项目于2013年2月开工建设，至年底，建成厂房3.65万平方米，累计用款3.12亿元。（帅琪）

【蓄电池项目开工建设】 该项目由中航工业金城集团南京电动车业有限公司投资兴建，计划总投资10亿元，注册资本2亿元，用地9.13公顷，建设厂房、办公楼及附属用房 6.5 万平方米。主要从事铅酸电池、锂电池、银锌电池的研发、生产和销售，设计年产能 150 万千伏安各类蓄电池，项目达产后可实现年销售额 10 亿元。该项目于 2013 年 4 月开工建设，至年底，建成厂房 3.4 万平方米，累计用款 2.36 亿元。 （帅琪）

【储能电池项目开工建设】 该项目由全球最大的工业电池制造商美国艾诺斯集团投资兴建，计划总投资1亿美元，注册资本2 800万美元，计划用地11.07公顷。主要从事各类工业用电源电池的研发、生产和销售，全部达产后可实现年产值15亿元，并将创造超过1 000个就业岗位。该项目于2013年9月开工建设，至年底，建成厂房4万平方米，累计用款0.9亿元。 （帅琪）

表 6

2013 年高邮经济开发区主要经济社会指标实绩表

项　目	单位	2013 年	2012 年	比上年(+、-%)	项　目	单位	2013 年	2012 年	比上年(+、-%)
地区生产总值	亿元	77.60	63.5	22.2	工业技改投入	亿元	27.25	23.53	15.8
第一产业	亿元	4.18	1.80	132.2	工业从业人数	万人	4.25	3.45	23.2
第二产业	亿元	58.2	47.10	23.6	建筑业产值	亿元	47.00	32.90	42.9
第三产业	亿元	15.20	13.00	16.9	建筑业利润	亿元	1.50	1.33	12.78
公共财政预算收入	亿元	7.87	6.36	23.7	建筑业从业人数	人	3 821	2 619	45.9
农业总产值	亿元	7.72	3.60	114.4	引进项目数	项	31	34	-8.8
粮食总产量	万吨	5.11	2.50	104.4	实际利用外资	万美元	2 463	6 050	-59.3
油料总产量	吨	1276	580	120.0	第三产业从业人数	万人	1.51	1.05	43.8
水产品产量	万吨	1.51	0.66	128.8	新增个体工商户	户	343	200	71.5
农业从业人数	人	5 898	3 911	50.8	学校	所	6	5	20.0
工业企业数	家	534	459	16.3	在校学生数	人	2 035	1751	16.2
全部工业总产值	亿元	340.6	269.10	30.2	外出劳务人数	人	2 106	1 749	20.4
规模以上工业产值	亿元	254.46	197.60	28.8	外来劳务人数	人	8 013	7 529	6.4
规模以上企业利润	亿元	13.52	11.90	13.6	农民人均纯收入	万元	1.82	1.63	11.7

（帅琪）

表 7

2013 年高邮经济开发区村、社区基本情况表

村、社区	党支部书记	村(居)委会主任	会　计	村(居)民小组数(个)	户数(户)	总人口(人)	农业面积(公顷)	人均收入(元)
文游台村	张　剑	赵　荣	凌淑一	9	457	2 638	—	20 156
花　王　村	梁荣祥	李凤祥	刘永新	18	1 500	5 495	37	19 866
奥　林　村	黄开元	吴增海	凌深宽	17	1 072	4 302	112	19 748
双　庙　村	徐善宏	袁鹤万	黄昌亮	20	1 109	4 320	241.8	18 608
杨　桥　村	李永来	倪荣桂	芦志清	13	930	3 891	101.27	19 546
腰　圩　村	丁文虎	陶兴安	郭士龙	14	969	3 095	195.1	18 624
灯　塔　村	赵叶宽	凌加仁	凌加莹	12	845	3 266	213.1	17 685
清水潭村	凌生展	龚玉喜	顾永超	11	736	2 801	152.4	17 947
昌　农　村	王永明	吴有宏	周长义	16	978	3 515	310.6	17 816
北太平村	杨超	赵金阳	茆明莉	9	639	2 353	240	18 615
佛　塔　村	黄志远	嵇国华	郭朝顶	8	468	1 860	85.2	18 600
钱　厦　村	王永树	陶远来	黄正松	24	1 279	4 800	482.3	16 350
塔　院　村	赵同海	王庆云	郭富斌	17	904	3 074	381.1	16 818
阳　沟　村	郭正亚	王恒贵	周宏军	13	777	2 761	291.5	16 350
东　湖　村	郭长銮	黄桂松	于建美	15	911	3 200	358.6	16 583
九园社区	黄叶森	郑庆梅	—	—	7857	21571	—	18 184
金塘社区	周奇	范协祥	郭长明	9	893	2 846	140.5	16 380
东墩社区	郭如山	赵帮仁	—	14	1 031	4 179	279.5	18 425
高沙园社区	周梅楠	汤海燕	—	10	3 160	11 992	—	19 250

（帅琪）

高邮城南经济新区

【概况】 高邮城南经济新区位于高邮市城区南部，东依京沪高速公路，南临车逻镇，西傍京杭大运河。行政区划面积21平方千米，开发规划面积28平方千米。辖4个行政村、1个社区、1个站（高邮市蚕种管理站），总人口2万人（含外来务工人员）。

"三农"工作。全区全年实现农业总产值1.58亿元、农民人均纯收入1.99万元，新成立家庭农场1家，渠南粮食种植土地股份合作社新增入股土地面积33.47公顷。全面完成农干校的培训任务，其中完成持证农民培训200人、农机技能培训17人、扬州市职业技能培训8人次。农业机械化装备水平不断提高，新购置插秧机17台，其中乘坐式插秧机1台；购置全喂入式收割机1台、旋耕机2台、开沟机2台。实现区域全天24小时供水，全年用水27.5万吨。"五位一体"管护有序有效，清理乱堆乱放638处，拆除旧猪圈10座，改建厕所127座，出动机械81台，投入用工2 968人次，清理垃圾1 200吨，新建村内道路1 200米，安装路灯296盏，25个自然村庄全部通过省验收。完成冬春河塘清淤3条河道共2.8万立方米，其中乡（区）河道1条。改建渠南吴庄泵站1座，维修泵站2座，全区11座泵站完好率100%。植树造林24.27公顷，其中成片林20公顷、田间林网4.27公顷。全面落实惠农政策，累计发放各类补贴资金173.2万元。启动新一轮脱贫奔小康工程，全区278户低收入农户脱贫率30%。投入35万元完成18户危房改造。

工业。全区全年实现工业总产值73.05亿元、入库税收0.5亿元，分别增长21.6%、13.3%；规模以上企业产值增幅超全市10.5个百分点；自营出口6 551万美元，占全市总量的17%。新增省重点龙头企业1家、亿元公司1家、规模以上企业5家，其中规模企业总量30家，占全市的6.4%。新增注册商标44件，授权专利56件，发明专利2件。创省高新技术产品17种，占全市总量的16%；创省名牌名品5个、省优产品1种；2家企业产品采用国际标准。获批省高新企业3家、省"两化融合"试点企业4家、省绿色食品示范企业1家、扬州"专精特新"企业6家。获省工业转型引导、科技支撑计划等资助资金140万元、市创新型经济奖励79万元，省科技贷款占全市22%；高邮鸭集团获省科技进步一等奖。签订企业"产学研"合作协议13份。成立大连理工大学高邮研究院产业化基地、高邮市新能源材料公共技术创新与服务平台、江苏赛尔橡胶股份有限公司河海大学教学实践基地，全年新增扬州市级以上研发机构8家。积极申报人才计划，江苏吉信远望船舶设备有限公司博士马坤成功申报省双创计划创新型人才资助项目，高邮汉升高分子材料有限公司、江苏康宝电器有限公司博士党晓容、武传宇成功申报"企业博士集聚计划"资助项目，高邮市秦邮蛋品有限公司博士刘源成功申报扬州优秀博士资助项目。

第三产业。坚持生活性、生产性服务业两手抓。一方面以珠光南路为带，努力形成以商贸零售、餐饮休闲为主要业态的传统服务业；另一方面依托三大特色园大力发展科技研发、公司总部、汽车贸易等高端产业、前沿产业，致力于打造成两平方千米的商贸核心圈。聚集红太阳物流、天赐联华物流、汽车交易市场等效益型企业，规划软件产业园、汽车城、建筑业总部集聚园区、大型物流园四大特色产业园，储备北京现代、上汽通用、上海大众等一批汽车4S店项目和天成公司、润扬集团等建筑总部。全区全年实现第三产业总产值12.2亿元、第三产业（服务业）增加值4.06亿元，分别增长26.3%、22.7%。被市委、市政府表彰为服务业工作先进单位一等奖。

招商引资。以全区招商工作意见引领、行政组织推动、考核办法激励为保障，联合实施中介招商、代理招商、驻点招商等形式，加强投资信息搜集、人脉资源拓展、意向项目落实。与佛山江苏商会建立战略同盟，新签约投资额亿元以上项目10项，其中10亿元以上项目2项、上市公司投资项目1项。注册外资实际到账2 076万美元，民资注册资本到账6.05亿元。被市委、市政府表彰为民营经济先进单位一等奖和开发型经济先进单位一等奖。

项目建设。全年新开工投资额1亿元以上项目7项，即扬州考斯特房地产信息咨询服务有限公司投资1亿美元的软件园第一期智慧大厦项目、扬州市天成建筑安装工程有限公司投资1.08亿元的天成大厦项目、江苏奥利思特机电设备有限公司投资2.28亿元的液压机电及配件制造项目、江苏朗格建筑幕墙科技有限公司投资1.5亿元的新型幕墙材料制造项目、园区经济发展有限公司投资1.1亿元的新29路南延及市民广场工程建设项目、扬州市金穗机械有限公司投资1.06亿元的拖拉机零部件生产销售项目、扬州绿环建材有限公司投资1.02亿元的环保建材制造项目。新签约的10亿元园林装备项目获批点供土地指标14公顷。采取领导挂钩督办，部门联手推动，重大办专业服务促进，重点项目竣工7项，其中亿元以上项目3项。被市委、市政府表彰为重大项目建设先进单位二等奖。

基础设施建设。全年投入2亿元，开展第六轮基础设施大会战。完成S237生态走廊绿化美化13万平方米，3座城雕亮相S237、中心大道等节点，廉政广场正式开放。新29路“三化”、水电管网同步到位。顺应发展大势，增强区位优势，蝶园南路延伸段接轨城市大动脉，拆迁房屋61户、2万平方米。坚持建管并举、重在管理，城管执法分局挂牌运作。被市委、市政府表彰为城镇化工作先进单位一等奖。

党建工作和社会事业。全面加强基层党组织建设和党员干部队伍建设，完成村（社区）党组织换届选举工作。强化基层党组织建设，新成立大连理工大学高邮研究院党支部，建立亿泰公司党支部、金晖公司党支部、顺达公司党支部等党建示范点。全年新增党员23人，发展预备党员8人，转正20人。关注弱势群体，发放助学助残、扶贫济困、尊老金、老党员慰问金176万元。全区2 700名60周岁以上老人享受免费体检，“安康关爱险”分别覆盖80岁以上和60岁以上的“三无”“五保”老人。创省“二星级”扶贫基地1家。建成浩芝便民服务中心。“五险一金”参保率持续上升，在全市率先启动工资保证金制度。建立教育、卫生投入动态增长机制。（仇慧）

【规划建设四大特色产业园】 2013年，高邮城南经济新区在市委、市政府的总体规划部署下，按照产业转型升级的要求，创新规划建设四大特色产业园，即高邮软件产业园、全市建筑业总部集聚园、大型物流园、汽车城。至年底，高邮软件产业园详细规划已落实，第一期工程智慧大厦项目已开工并进入地上建设；全市建筑业总部集聚园定位为全市二级以上资质建筑企业总部汇集区，实现江苏弘盛建设工程集团有限公司、江苏润扬建设工程集团有限公司、扬州市天成建筑安装工程有限公司、江苏华坤建设工程有限公司等建筑业重点企业入驻；大型物流园继市“万村千乡市场工程”——天赐联华物流项目后，新签约总投资10亿元的澳洋顺昌金属物流项目；汽车城顺应城市化发展需求，紧抓S237、S333贯穿优势，第一期已签约上汽通用、上海大众、北京现代等品牌4S店。（仇慧）

【大连理工大学高邮研究院投入产业化运行】 9月18日，大连理工大学高邮研究院产业化基地暨高邮市新能源材料公共技术创新与服务平台在高邮城南经济新区举行挂牌仪式。市委书记韩方和大连理工大学副校长李俊杰共同为其揭牌。该平台是大连理工大学高邮研究院重点建设项目，结合大连理工大学科技成果优势，以新能源材料研究为基础，重点对新能源迫切需求的新材料进行科学研究，主要研究方向是光伏产业用材料和先进电池用材料。产业化基地成立后，首先实施碳纤维隔热材料等项目的产业化，并重点推广环保技术与工程装备、智能控制、特种设备安全监控等科技成果应用。（仇慧）

图为大连理工大学高邮研究院产业化基地揭牌仪式
（城南经济新区供稿）

表8　**2013年高邮城南经济新区主要经济社会指标实绩表**

项　目	单位	2013年	2012年	比上年（+、-%）	项　目	单位	2013年	2012年	比上年（+、-%）
地区生产总值	亿元	12.20	10.46	16.6	工业技改投入	亿元	4.43	12.30	-64.0
第一产业	亿元	0.59	0.49	20.4	工业从业人数	人	5 599	5 186	8.0
第二产业	亿元	7.54	6.66	13.2	建筑业产值	亿元	20.49	15.08	35.9
第三产业	亿元	4.06	3.31	22.7	建筑业利润	亿元	0.23	0.21	9.5
公共财政预算收入	亿元	1.92	1.63	17.8	建筑业从业人数	人	4 382	2 747	59.5
农业总产值	亿元	1.58	1.42	11.3	引进项目数	项	101	88	14.8
粮食总产量	万吨	2.39	2.31	3.5	实际利用外资额	万美元	2 076	1 226.80	69.2
油料总产量	吨	1 151.00	1 705.00	-32.5	第三产业从业人数	人	1 854	1 969	-5.8
水产品产量	吨	2 203.00	2 080.00	5.9	新增个体工商户	户	78	91	-14.3
农业从业人数	人	956.00	1 933.00	-50.5	学校	所	2	2	0
工业企业数	家	146.00	138.00	5.8	在校学生数	人	520	601	-13.5
全部工业总产值	亿元	73.05	60.08	21.6	外出劳务人数	人	5 011	5 647	-11.3
规模以上工业产值	亿元	41.62	40.83	1.9	外来劳务人数	人	699	907	-22.9
规模以上企业利润	亿元	2.32	1.57	47.8	农民人均纯收入	万元	1.99	1.74	14.4

（仇慧）

表9 2013年高邮城南经济新区村(站、社区)基本情况表

村、站、社区	党支部书记	村(居)委会主任	会计	村(居)民小组数(个)	户数(户)	总人口(人)	农业面积(公顷)	工业企业(家)	社会总产值(万元)	人均收入(元)
浩芝村	张其忠	张炎	任安琪	14	740	2 826	234	6	21 515	22 533
勤王村	仇素明	赵金安	成汝祥	12	542	2 100	224	4	19 954	18 717
渠南村	方芳	王静源	朱子清	12	497	2 087	196	7	14 969	18 702
管伙村	姜乃普	师玉彩	张荣根	18	1 006	3 922	331	14	23 577	19 291
市蚕种管理站	孙道坤	张月鹏	王成虎	4	168	681	35	7	3 200	25 000
南苑社区	陈奎龙	牛宝山	仇开敏	14	1 700	7 699	30	5	13 756	19 625

(仇慧)

扬州菱塘光电科技产业园区

【概况】 2013年,扬州菱塘光电科技产业园区围绕打造“新型示范镇、高邮副中心、扬州后花园、省级高新区”的目标,以园区产业定位为引导,以基础设施、创新载体建设为核心,以招商引资、项目建设为重点,有效整合湖西地区各类资源,加快以光电产业为主导的高科技产业在湖西地区的集聚发展,切实推进生产服务平台、生活服务平台、公共服务平台建设,各项工作取得明显成效。全年新增私营企业40家,实际利用民资3.5亿元;固定资产投资4.2亿元;在建投资额1亿元以上项目10个,其中工业项目7个;实现财政收入1 500万元。

(宋文宝)

【市委、市政府出台《关于鼓励支持扬州菱塘光电科技产业园区加快发展的若干意见》】 11月22日,为进一步释放全市区划调整带来的巨大潜能,加快湖西地区优势产业集聚集群发展,提高科技创新和综合竞争能力,开创扬州菱塘光电科技产业园区转型发展、特色发展、融合发展新局面,市委、市政府出台《关于鼓励支持扬州菱塘光电科技产业园区加快发展的若干意见》,从充分认识进一步加快该区发展的重要意义,进一步明确该区发展的目标定位、发展路径和生产力布局,加大政策扶持促进该区提升综合实力,建立统一高效的行政管理体制等四个方面,以16条具体政策对加快该区发展予以鼓励支持。 (宋文宝)

【LED灯具、太阳能电池板项目开工建设】 该项目由江苏现代照明集团有限公司和中奇香港投资集团有限公司投资,于2013年4月开工建设。总投资额2亿元,注册资本金1.07亿元。占地面积6公顷。新建厂房和办公楼3.5万平方米,新上LED灯具及太阳能电池板生产线10条。项目全部达产后,可实现年销售收入2.5亿元。(宋文宝)

【太阳能电池组件项目竣工投产】 该项目由江苏奔亚科技发展有限公司投资扩建,于2012年12月开工建设,2013年12月竣工投产。总投资额1亿元,新增注册资本金1亿元。占地面积1.13公顷。新建厂房9 500平方米,新上太阳能电池组件生产线8条。项目全部达产后,年可生产太阳能电池组件100兆瓦,可实现销售收入4亿元。 (宋文宝)

农村工作和农业·水利

Rual Work and Agriculture·Water Conservancy

导读

综 述

2013 年，各乡镇、园区和市农口各部门以“农业发展更快、农民收入更高、农村发展更好”为目标，加强组织领导，强化政策扶持，严格督查推进，农业、农村各项工作取得新成绩。全年实现农业产值 113.96 亿元（含农林牧渔服务业，不含农民家庭兼营商品性工业）、增加值 62.79 亿元，分别增长 10.7%、5%；农民人均纯收入 1.32 万元，增长 11.9%。

农村工作成效明显。全面落实“一免四补”（减免农业税，粮食直接补贴、良种补贴、农机补贴、综合直补政策）资金 1.66 亿元，兑现政策性农业保险理赔资金 2 494.10 万元。创成江苏省社会主义新农村建设示范村 2 个，建成扬州市新农村建设“优美乡村”1 个、村级“五项”能力（发展集体经济能力、组织农民合作能力、服务农民致富能力、民主管理能力、公共事业服务能力）建设“百强村”5 个。全年举办农民实用技术培训 5.12 万人次，创业培训 200 人次，农村劳动力转移培训 5 102 人，新增劳动力转移 9 822 人。完成第十届村民委员会换届选举工作。继续加大经济薄弱村脱贫力度，制定高邮市 2013～2015 年经济薄弱村集体经济发展规划，争取省级财政扶持经济薄弱村发展项目 11 项，各经济薄弱村年增收 7.68 万元（在高邮经济开发区统一新建标准化厂房的租金）。突出创业扶持、就业援助、生活保障、教育资助、医疗救助、社会帮扶等六个方面，启动实施新一轮低收入农户脱贫奔小康工程。至年底，所有行政村集体经营性收入 20 万元以上，其中 81 个行政村集体经营性收入 30 万元以上；低收入农户脱贫率 52%。

农业结构持续优化。积极培育产业特色，不断壮大产业规模，积极推进现代农业发展。全市新增高效农业面积 0.37 万公顷，累计 5.18 万公顷。推进种植业结构调整。粮食种植面积 11.60 万公顷，增长 0.5%；棉花种植面积 0.25 万公顷，与上年持平；油料种植面积 0.80 万公顷，与上年持平；水产养殖面积 3.05 万公顷，水产品产量 20.84 万吨，分别增长 0.3%、10.6%；生猪出栏量 31.14 万头，增长 3.7%，家禽出栏量 1 163 万只，下降 3%；新增造林面积 984.60 公顷，林木覆盖率 23.1%（不含高邮湖）。

农业招商引资和农业产业化水平实现提升。实施农业招商引资项目 114 项。其中，民资项目 102 项，总投资 68.33 亿元；外资项目 12 项，总投资 8 600 万美元；新增注册民资 8.83 亿元，协议注册外资 5 100 万美元；全年实际到账民资 21.66 亿元、外资 2 445.60 万美元。高邮鸭 50 亿元特色连片基地实现产值 53.82 亿元。新增扬州市以上农业重点龙头企业 17 家，累计 48 家，其中全国农业重点龙头企业 2 家、江苏省农业重点龙头企业 11 家、扬州市农业重点龙头企业 35 家。扬州市级以上农业重点龙头企业共实现销售 108.10 亿元、利润 3.69 亿元，分别增长 19.3%、17.6%。新创市级以上农产品加工集中区 1 个。成立高邮湖大闸蟹行业协会，向国家工商总局申报并获批高邮湖大闸蟹地理标志商标。

农产品质量品牌建设稳步推进。新创农业“三品”（绿色食品、有机食品、无公害农产品）107 种，累计 372 种；建设“三品”基地面积 0.21 万公顷，累计 15.86 万公顷；新创省著名商标 1 个、扬州知名商标 4 个、扬州名牌产品 1 个。

农业基础设施建设不断提升。平稳推进农业

资源综合开发，实施农业综合开发项目15项，财政总投资4 638万元。全市农机总动力65万千瓦，农业综合机械化水平80%。农村公路危桥改造三年行动计划全面完成，累计完成672座危桥改造任务。完成小型农田水利工程、农村河道疏浚整治工程、城区水务工程、淮河入江水道整治工程等4项重点工程建设。

农村环境持续改善。全面推进村庄环境整治，新创省三星级“康居乡村”6个。秸秆禁烧、还田及综合利用工作水平进一步巩固提高。高邮城南经济新区浩芝村、高邮经济开发区杨桥村获第四批“江苏省社会主义新农村建设示范村”称号。菱塘回族乡菱塘村创建成江苏最美乡村。

农村改革全面深化。注册家庭农场54家，成立扬州市首家家庭农场有限公司。新创国家级农机示范合作社4个、省级示范合作社21个。组建并运营高邮湖大闸蟹行业协会。新增农业适度规模经营面积0.46万公顷，累计5.75万公顷，高效农业保险保费收入3 000万元。高邮市以目标管理、统一经营为核心的国有粮食购销企业改革做法，在全省粮食系统推广。

全市农业和农村工作存在的主要问题是：农业基础设施相对薄弱；村级集体经济收入和农民收入持续稳定提高的能力不强；农产品精深加工不足；部分产业特色彰显不够；土地、资金、用工等要素对农业农村经济发展的制约明显。 （李程）

【粮食直接补贴、良种补贴和农资综合补贴】 2013年，全市继续保持粮食直接补贴和良种补贴全覆盖，所有补贴资金通过“一折通”账户直接发放到农民手中。粮食直接补贴面积5.48万公顷，每公顷补贴300元，共发放补贴资金1 644万元。水稻良种实际补贴面积5.51万公顷，每公顷补贴225元，涉及农户15.30万户，共发放补贴资金1 239.75万元；小麦良种补贴面积5.49万公顷，每公顷补贴150元，涉及农户15.39万户，共发放补贴资金823.50万元；棉花良种补贴面积0.31万公顷，每公顷补贴225元，涉及农户0.86万户，共发放补贴资金69.75万元；油菜良种补贴面积0.76万公顷，每公顷补贴150元，涉及农户8.81万户，共发放补贴资金114万元。农资综合补贴面积5.78万公顷，每公顷补贴1 551元，共发放补贴资金8 964.78万元。 （倪艳云）

【实施农业、水产科技入户示范工程】 2013年，市农委根据江苏省农（渔）业科技入户示范工程的工作要求，在全市实施水禽（高邮鸭、扬州鹅）、优质稻米、高效瓜果蔬菜、罗氏沼虾养殖等4项科技入户示范工程项目。全市遴选科技示范户3 250户，辐射户6万户；选聘技术指导员210人，全年入户指导2.40万人次，主要推荐品种和技术入户率95%，示范户、辐射户综合效益比普通农户分别提高10%和5%。 （陈友斌）

【实施农民培训工程】 2013年，市农委按照江苏省农民培训工程的总体要求，根据各乡镇的产业特点，有针对性地实施菜单式培训。全年共举办各类培训班644期，培训5.91万人次，其中农业实用技术培训5.12万人次、农民职业培训1 259人、农业创业培训200人、农业信息技能培训607人、阳光工程培训1 737人、农民持证培训4 095人；印发各类农业科普资料28万份，接受农民咨询和现场技术指导8.50万人次。 （陈友斌）

【无公害农产品与产地复查换证】 2013年，市农委按照无公害农产品与产地认定和产品认证一体化要求，对到期的无公害农产品与产地进行复查换证。全年提交无公害农产品与产地一体化复查换证材料的农产品及产地26种，即扬州市春色满园农业发展有限公司的青椒、西红柿、黄瓜、丝瓜、苦瓜、瓠瓜产品和产地，扬州市帝尧故里鹅业专业合作社的鹅产品和产地，市丰盛果蔬土地股份专业合作社的茄子、西红柿、黄瓜、瓠瓜、苋菜产品和产地，市联红蔬菜产销专业合作社的青椒、西红柿、黄瓜、瓠瓜、菠菜、青菜产品和产地，扬州市隆盛畜禽有限公司的生猪、猪肉产品和产地，扬州新州高效农业科技有限公司的青椒、黄瓜、苦瓜、西葫芦、冬瓜、南瓜产品和产地；提交无公害产地复查换证材料的生产基地18个，即高邮镇种子供应站、郭集镇农业服务中心、市鸿运米业有限公司、界首镇农业服务中心、高邮经济开发区农业服务中心、临泽镇农业服务中心、菱塘回族乡农业服务中心、马棚镇农业服务中心、送桥镇农业服务中心、卸甲镇农业服务中心、周巷镇农业服务中心的无公害粮油生产基地，周巷镇农技中心经营服务部的无公害蔬菜生产基地，甘垛镇动物防疫站、高邮镇农业服务中心、郭集镇农业服务中心、菱塘回族乡畜牧兽医站、汤庄镇农业服务中心、卸甲镇农业服务中心的无公害畜禽生产基地。至年底，全市申报的26种无公害农产品及产地和18个无公害农产品生产基地复查换证材料均通过省和农业部农产品质量安全中心审核，并换发证书。 （徐兴锋）

【新增“三品”农产品107种】 2013年，全市新增“三品”农产品107种，新建“三品”农产品基地面积2 113.32公顷。其中，绿色食品6种，即苏中大地农业科技发展有限公司的“珠璨牌”草鸡蛋、“苏中大地牌”葡萄，市爱红葡萄专业合作社的“兆全牌”葡萄，扬州市丰园菌业有限公司的“玉茸亭牌”金针菇，市南海食品厂的“南湖牌”双黄咸鸭蛋，市金富蛋品加工厂的“88牌”双黄咸鸭蛋，基地面积26.66

公顷；无公害食品 101 种，即扬州市瑞苑蔬菜瓜果专业合作社的芹菜、生菜、苋菜、芫荽、茼蒿、菠菜，临泽镇西沟蔬菜专业合作社的芹菜、茼蒿、苋菜、菠菜、芫荽、蕹菜，卸甲镇虎头涌泉蔬菜土地股份专业合作社的莲藕、茭白、慈姑、荸荠、芡实、水芹，临泽镇东沟葡萄土地股份专业合作社的巨峰、红提、甬优、夏黑、美人指、青提等葡萄品种，市金禾葡萄生产专业合作社的美人指、巨峰、紫玉、青提、甬优、夏黑等葡萄品种，扬州市神居山葡萄专业合作社的美人指、红提、巨玫瑰、夏黑、京亚、金手指等葡萄品种，市神居山茶场的神居山绿茶，市鑫三角原生态家禽养殖场的草鸡、草鸡蛋，龙虬镇兴北蛋鸡场的蛋鸡、鸡蛋，扬州顶牛生态奶业发展有限公司的生鲜牛乳，市丰盛果蔬土地股份专业合作社的白菜、金花菜、包菜、韭菜、上海青、莴苣、丝瓜、豇豆、青椒、西葫芦、冬瓜、甜瓜、扁豆、豌豆、毛豆、西瓜、红萝卜、白萝卜、糯玉米、甜玉米，市惠诚生态养殖园的猪肉、生猪，市田园家禽养殖场的鸡蛋，市泰润综合养殖专业合作社的乳鸽、鸽蛋，市润禾贸易有限公司的青仁豆、蚕豆、豌豆、红小豆、绿小豆、芸豆，江苏澳林达农业科技发展有限公司的黄瓜、冬瓜、白瓜、南瓜、西葫芦、丝瓜，扬州黄四庄生态农业发展有限公司的黄瓜、丝瓜、冬瓜、瓠瓜、西葫芦、草莓，江苏双兔食品股份有限公司的稻谷、小麦，汤庄镇益禾植保专业合作社的稻谷、小麦，市鸿运米业有限公司的稻谷、小麦，市湖畔水产专业合作社的中华绒螯蟹，临泽镇小葛兴渔水产专业合作社的鲫鱼、鲢鱼、草鱼、中华绒螯蟹，三垛镇惠农特种水产产销专业合作社的鳊鱼、罗氏沼虾，司徒镇江华生态养殖专业合作社的鲢鱼、罗氏沼虾，市亚华水产专业合作社的罗氏沼虾，基地面积 2 086.66 公顷。至年底，全市累计获批“三品”农产品品牌 329 种，其中有机食品 2 种、绿色食品 55 种、无公害农产品 272 种，建成“三品”农产品生产基地面积 6.63 万公顷。 （徐兴锋）

【高邮市绿色食品原料标准化基地建设通过农业部考核验收】 10月27日，农业部中国绿色食品发展中心科技标准处处长李显军率考核验收组到高邮，对该市绿色食品原料（稻、麦）标准化生产基地建设进行现场验收。经过实地检查、查阅资料和听取汇报，专家组对该市绿色食品原料标准化生产基地建设工作给予充分肯定，同意通过现场验收。 （徐兴锋）

资料链接 高邮市自 2007 年被列为全国绿色食品原料（稻、麦）标准化生产基地以来，强化组织领导，加大投入力度，严格督查考核，全国绿色食品原料（稻、麦）标准化生产基地建设工作取得明显成效。至 2012 年年底，全市累计建成全国绿色食品原料标准化生产基地 8.46 万公顷，其中水稻 4.33 万公顷、小麦 4.13 万公顷。在建设过程中，严格执行生产管理制度、投入品管理制度、技术指导和推广制度、培训制度、环境保护制度、监督管理制度等六项制度，并按照绿色水稻、小麦生产操作规程，加强基地的生产技术指导与管理，提高基地的标准化生产水平。在 2008 年和 2012 年组织开展的农业污染源普查中，各项指标均未超标，环境条件符合《绿色食品产地环境技术条件》的要求。 （徐兴锋）

【农业行政执法】 2013 年，市农委开展农资打假专项整治活动，规范农资市场，保护农民合法权益。全年出动行政执法人员 1 200 人次，检查生产经营企业 850 家，整顿规范农资市场 21 个；立案查处行政违法案件 36 起，其中一般处罚程序案件 30 起；查获假冒伪劣农资产品 128 千克，罚款 40 万元；捣毁制售假饲料窝点 1 个。 （刘宝喜）

社会主义新农村建设

【概况】 2013 年，市社会主义新农村建设工作领导小组办公室（以下简称市新农办）以农业增效、农民增收、农村繁荣为中心，以示范创建（江苏省社会主义新农村建设示范村、江苏最美乡村、扬州市新农村建设优美乡村、村级五项能力建设百强村）和农村环境长效管护为重点，以“城乡统筹、强镇兴村、创业富民、建设农民幸福生活的美好家园”为目标，坚持工业化、城镇化、农业现代化“三化同步”，加快推进社会主义新农村建设。全年共创建成省社会主义新农村建设示范村 2 个、江苏最美乡村 1 个，扬州市新农村建设“优美乡村”1 个、村级五项能力建设“百强村”5 个，高邮市农村环境综合整治先进乡镇 6 个。 （张嵩）

【示范创建工作】 2013 年，经省和扬州市考核验收，江苏省高邮经济开发区杨桥村、高邮城南经济新区浩芝村创建成江苏省社会主义新农村建设示范村；菱塘回族乡菱塘村创建成江苏最美乡村；界首镇龙翔村创建成扬州市新农村建设“优美乡村”；高邮镇湖滨村、送桥镇邵庄村、三垛镇少游村、送桥镇张公渡村、江苏省高邮经济开发区腰圩村创建成扬州市村级五项能力建设“百强村”。 （张嵩）

【农村环境长效管护】 2013 年，全市推进以“五位一体”（河道管护、道路养护、绿化维护、村庄保洁、垃圾收集转运）管护模式全覆盖为重点的农村环境综合整治工程，明确市环保局、市卫生局、市供销合作总社、市城管局、市城建局、市农委、市农机局、市委农工办、市水利局、市交通局等 10 个部门的挂钩责任，由两个部门挂钩联系 1 个片的农村环境综合整治长效管护督查考评工作，实行季度督查、年度考评。全市 14 个乡镇（园区）均成立“五位一体”专职管护机构，实现“五位一体”常态化管理，其中有5个乡镇成立保洁公司，共落实专业管护人员2 282人，管护市、乡、村河道3 191千米、道路1 896千米，自然村庄2 600个，落实管护资金2 784万元。至年底，车逻镇、卸甲镇、三垛镇、界首镇、菱塘回族乡、龙虬镇创建成农村环境综合整治先进单位。（张嵩）

【农村清洁能源项目建设】 2013年，全市实施农村清洁能源建设项目6项，财政投资1 235万元。其中，中央预算内项目3项，财政投资550万元，建设大型畜禽场沼气治理工程3处；省项目3项，财政投资685万元，建设中小型畜禽养殖场沼气治理工程5处、秸秆沼气集中供气工程4处、秸秆收贮中心1处、农业可再生资源循环利用工程3处。（汤立斌）

【秸秆综合利用】 2013年，市农委推进“秸秆综合利用示范县”创建工作，采取多种形式，完成秸秆综合利用面积7.53万公顷，处理秸秆37.93万吨，除机械化秸秆还田外，秸秆利用率52%；建设秸秆固化成型点3处、秸秆收贮点2处、秸秆覆草1处、秸秆收贮中心1处，总投资170万元，年可收集处理秸秆15万吨，实现秸秆综合利用率98.3%。至年底，全市通过省农委“秸秆综合利用示范县”考核验收。（汤立斌）

现代高效农业建设

【概况】 2013年，全市围绕市委、市政府提出“保供增收惠民生，改革创新添活力”的总体目标，落实扶持政策，优化服务指导，持续推进发展现代高效农业。全市新增高效设施农(渔)业面积0.37万公顷，累计5.18万公顷。全年争取省级以上财政支农项目112项，累计争取资金2.40亿元。高邮鸭50亿元特色连片基地实现产值53.82亿元。至年底，市农委被省农委表彰为全省发展高效设施农业先进单位。（张德明）

【高效设施农业园区建设】 2013年，全市重点打造和提升江苏省高邮鸭现代农业产业园区、八桥现代农业产业园区、龙虬罗氏沼虾高效产业园区、送桥扬州鹅特色产业示范基地和卸甲高效蔬菜生产基地。5月30日，八桥镇获省农业基本现代化建设示范乡镇称号；八桥现代农业产业园区通过省农委专家组评审，被认定为省级现代农业产业园区。至年底，全市共有高效设施农业面积1.96万公顷。（张德明）

【八桥现代农业产业园区】 2013年，该园区先后有年红花木、瑞康农场、盛川园林、飞扬科技等23个高效农业项目落户，发展高效设施农业面积408.70公顷，总投资1 200万元，建成融农业展示中心、农副产品检测中心、科技推广中心、农民教育培训中心等为一体的园区综合服务中心。该园区连续3年被评为“扬州市现代农业亮点工程”。（张德明）

农业产业化

【概况】 2013年，全市拥有规模以上农产品加工企业323家，实现加工总产值190.10亿元、增长11.1%，与农业总产值之比为1.68∶1。其中，拥有高邮市级以上农业产业化龙头企业68家(国家级农业龙头企业2家、省级农业龙头企业11家、市级农业龙头企业35家、县级农业龙头企业20家)，实现销售118.57亿元、利润3.88亿元、出口创汇3 105万美元、带动农户45.23万户，分别增长23.2%、18.4%、28.1%、14.7%；扬州市级以上农业产业化重点龙头企业实现销售108.10亿元、利润3.69亿元、出口创汇3 105万美元、带动农户44.07万户，分别增长19.3%、17.6%、28.1%、14.5%。（张德明）

【农业龙头企业监测认定工作】 5月，市农委对江苏富裕达粮食制品股份有限公司、江苏高志农业股份有限公司、江苏戚伍水产发展股份有限公司、江苏绿科生物技术有限公司、扬州市临泽水产品批发交易市场、市万嘉面粉有限公司、市宇鑫棉业有限公司、市三湖蛋品有限公司等8家省级农业龙头企业开展监测工作，经过监测，扬州市临泽水产品批发交易市场监测结果为不合格，其余7家公司均为合格；市秦邮生物科技有限公司候补成为省级重点农业龙头企业。6月，市农委对全市18家扬州市农业龙头企业开展监测工作，均通过终审。18家扬州市农业龙头企业分别为江苏美滋滋食品有限公司、扬州神游羽绒制衣有限公司、扬州天歌鹅业发展有限公司、扬州朝晖农业产业发展有限公司、扬州市丽邮人造板有限公司、扬州大江鸭业科技发展股份有限公司、扬州市金宏食品有限公司、扬州市宏大饲料有限公司、扬州市三福食品有限公司、扬州财富农业发展有限公司、市新文游面粉有限公司、市秦邮再生资源回收加工有限公司、市红太阳食品有限公司、市五有有机农业有限公司、市元鑫冷冻有限公司、市秦邮生物科技有限公司、市兴旺鸭业产销专业合作社、市大海鸭业专业合作社。（张德明）

【新增扬州市级农业龙头企业17家】 2013年，经过新一轮农业产业化龙头企业认定和监测，全市新增扬州市级农业龙头企业17家，即扬州市临泽水产品批发交易市场、高邮巧妹子科技养殖园、扬州星月农产品有限公司、高邮市邮星食品有限公司、扬州高邮湖米业有限公司、扬州马棚湾生态农业科技有限公司、扬州市高特经济动物有限公司、高邮市润禾贸易有限公司、扬州市华兴乳业有限公司、扬州灵谷农业科技发展有限公司、高邮市应天水产有限公司、扬州青青生态畜业有限公司、扬州瑞泰食品有限公司、扬州市丰园菌业有限公司、江苏苏中大地农业科技发展有限公司、扬州十二粉黛生物工程有限公司、江苏五谷米业有限公司。至年底，全市共有农业产业化龙头企业 68 家，其中国家级农业产业化龙头企业 2 家、省级农业产业化龙头企业 11 家、扬州市级农业产业化龙头企业 35 家、高邮市农业产业化龙头企业 20 家。

（张德明）

表 10　**至 2013 年年底高邮市被认定为扬州市级以上农业产业化重点龙头企业表**

企业名称	认定单位	企业名称	认定单位
江苏高邮鸭集团	国家农业产业化办公室	高邮市兴旺鸭业产销专业合作社	扬州市农业产业化经营工作领导小组
江苏双兔食品股份有限公司	国家农业产业化办公室	江苏美滋滋食品有限公司	扬州市农业产业化经营工作领导小组
江苏富裕达粮食制品股份有限公司	省农业产业化经营工作领导小组	扬州市三福食品有限公司	扬州市农业产业化经营工作领导小组
高邮市万嘉面粉有限公司	省农业产业化经营工作领导小组	扬州财富农业发展有限公司	扬州市农业产业化经营工作领导小组
江苏戚伍水产发展有限公司	省农业产业化经营工作领导小组	高邮市大海鸭业专业合作社	扬州市农业产业化经营工作领导小组
高邮市宇鑫棉业有限公司	省农业产业化经营工作领导小组	高邮市红太阳食品有限公司	扬州市农业产业化经营工作领导小组
江苏高志农业股份有限公司	省农业产业化经营工作领导小组	高邮市五有有机农业有限公司	扬州市农业产业化经营工作领导小组
高邮市三湖蛋品有限公司	省农业产业化经营工作领导小组	高邮市元鑫冷冻有限公司	扬州市农业产业化经营工作领导小组
江苏绿科生物技术有限公司	省农业产业化经营工作领导小组	高邮市巧妹子科技养殖园	扬州市农业产业化经营工作领导小组
扬州日兴生物科技股份有限公司	省农业产业化经营工作领导小组	扬州星月农产品有限公司	扬州市农业产业化经营工作领导小组
高邮市秦邮蛋品有限公司	省农业产业化经营工作领导小组	高邮市邮星食品有限公司	扬州市农业产业化经营工作领导小组
扬州市隆盛畜禽有限公司	省农业产业化经营工作领导小组	高邮市应天水产有限公司	扬州市农业产业化经营工作领导小组
高邮市秦邮生物科技有限公司	省农业产业化经营工作领导小组	扬州高邮湖米业有限公司	扬州市农业产业化经营工作领导小组
扬州市丽邮人造板有限公司	扬州市农业产业化经营工作领导小组	扬州青青生态畜业有限公司	扬州市农业产业化经营工作领导小组
扬州绿森源生态农业发展有限公司	扬州市农业产业化经营工作领导小组	扬州马棚湾生态农业科技有限公司	扬州市农业产业化经营工作领导小组
扬州市临泽水产品批发交易市场	扬州市农业产业化经营工作领导小组	扬州瑞泰食品有限公司	扬州市农业产业化经营工作领导小组
扬州神游羽绒制衣有限公司	扬州市农业产业化经营工作领导小组	扬州市高特经济动物有限公司	扬州市农业产业化经营工作领导小组
扬州天歌鹅业发展有限公司	扬州市农业产业化经营工作领导小组	扬州市丰园菌业有限公司	扬州市农业产业化经营工作领导小组
扬州大江鸭业科技股份有限公司	扬州市农业产业化经营工作领导小组	高邮市润禾贸易有限公司	扬州市农业产业化经营工作领导小组
高邮市新文游面粉有限公司	扬州市农业产业化经营工作领导小组	江苏苏中大地农业科技发展有限公司	扬州市农业产业化经营工作领导小组
扬州朝晖农业产业发展有限公司	扬州市农业产业化经营工作领导小组	扬州市华兴乳业有限公司	扬州市农业产业化经营工作领导小组
扬州市金宏食品有限公司	扬州市农业产业化经营工作领导小组	扬州十二粉黛生物工程有限公司	扬州市农业产业化经营工作领导小组
扬州市宏大饲料有限公司	扬州市农业产业化经营工作领导小组	扬州灵谷农业科技发展有限公司	扬州市农业产业化经营工作领导小组
高邮市秦邮再生资源回收加工有限公司	扬州市农业产业化经营工作领导小组	江苏五谷米业有限公司	扬州市农业产业化经营工作领导小组

（张德明）

【省级农业产业化经营项目申报及验收】 2013年，扬州日兴科技股份有限公司、江苏高志农业股份有限公司和江苏高邮鸭集团申报省级农业产业化经营项目，争取省级财政补助资金300万元。10月10日，江苏高邮鸭集团承担的农产品加工集中区项目和江苏戚伍水产发展股份有限公司、高邮市万嘉面粉有限公司承担的省级农业产业化经营项目，通过扬州市农委专家组组织的现场考评与验收。 （张德明）

【农业龙头企业网络营销工作】 2013年，市农委帮助全市68家农业产业化龙头企业推进农副产品网络营销，督促企业定期上报企业运行情况。至年底，通过淘宝网、阿里巴巴、天猫网或自建网站开展农产品网络销售的企业共有17家，实现销售额1.10亿元，其中扬州神游羽绒制衣有限公司网络销售5 600万元、扬州十二粉黛生物工程有限公司网络销售超1 000万元、高邮秦邮生物科技有限公司网络销售980万元。 （张德明）

种植业

【概况】 2013年，全市种植业围绕稳定面积、主攻单产、改善品质、提高效益的发展思路，按照“四主推”（主推品种、主推技术、主推配方肥、主推农药）要求，推广稻麦新品种、新技术，取得明显进展。全年引进和推广农作物新品种36种，继续推广应用稻麦生产新技术12项；实现种植业总产值39.50亿元，增长4.5%。市农委被省农委表彰为2013年全省粮棉油高产增效创建工作先进单位。 （韩国路）

表11　2013年高邮市主要农产品生产简况表

作物名称	播种面积（万公顷）		总产量（万吨）		每公顷单产（吨）	
	数量	比上年±%	数量	比上年±%	数量	比上年±%
粮食作物	11.60	0.5	87.52	1.7	7.55	1.2
麦子	5.54	1.3	33.84	5.3	6.10	3.7
大麦	0.07	16.7	0.34	6.3	5.13	0.4
小麦	5.47	1.1	33.50	5.3	6.12	4.1
水稻	5.41	0.4	50.70	0.3	9.35	0.1
籼稻	0.54	−6.9	4.07	−9.4	7.54	−3.5
粳稻	4.87	1.2	46.63	1.3	9.57	—
油菜籽	0.80	—	2.26	0.4	2.83	0.7
棉花	0.25	—	0.34	−2.9	1.37	—
蔬菜	1.09	−0.9	42.83	10.9	39.33	11.8

（市统计局）

【引进推广农作物新品种36种】 2013年，全市共引进推广农作物新品种36种。其中，稻麦棉油主推品种11种，即南粳“九一〇八”、武运粳“二十四”号、武运粳“二十七”号、宁麦“十三”、宁麦“十四”、扬麦“十六”、扬辐麦四号、科棉六号、苏杂三号、秦优十号、秦优七号；搭配品种20个，即淮稻五号、镇稻“九十九”、南粳“五〇五五”、南粳“四十九”、南粳“四十四”、镇稻“十四”号、新两优“六三八〇”、新两优六号、扬稻六号、扬麦“十三”、扬麦“十四”、扬麦“十五”、扬辐麦五号、宁麦“十六”、镇麦“一六八”、镇麦四号、生选六号、科棉五号、鄂杂棉“二十六”号、沣油“七三七”；引进推广种植特种经济作物新品种5种，即苏科糯三号、丹波黑大豆、乌青一号、药用类菊花、芡实。 （聂春生）

【测土配方施肥续建项目】 2013年，全市继续实施测土配方施肥续建项目，免费为15万农户提供测土配方施肥技术服务，建立测土配方施肥万亩示范方1个、百亩示范方180个，推广测土配方施肥技术面积11.33万公顷·次，推广应用配方肥面积6.93万公顷·次，推广兴欣系列叶面肥面积6.67万公顷·次，农民增加经济效益1.16亿元。

（吴家跃）

【商品有机肥推广应用补贴试点续建项目】 2013年，全市继续实施商品有机肥与有机无机复混肥推广应用补贴项目，省财政拨付补贴170万元。该项目涉及马棚镇、横泾镇、卸甲镇、周巷镇、临泽镇、周山镇、车逻镇、郭集镇、界首镇、三垛镇、汉留镇、汤庄镇、江苏省高邮经济开发区、八桥镇等14个镇（园区）的20个村，受益农户5 265户，其中基地（公司、合作社）21个、种植大户5户。商品有机肥主要应用在瓜果、蔬菜等经济作物和有机稻米生产上，施用面积2 570.20公顷，累计供应商品有机肥6 000吨及有机无机复混肥2 000吨，其中江苏天地缘肥业有限公司供应商品有机肥3 600吨、江苏中房农牧有限公司供应商品有机肥2 400吨、常州科力农业资源科技有限公司有机无机复混肥2 000吨。通过项目实施，累计为农民节本增收570万元。 （吴家跃）

【土壤有机质提升补贴项目】 2013年，全市继续在96个行政村实施土壤有机质提升补贴项目，实施面积1.32万公顷。该项目建设所需的有机物料腐熟剂由扬州博轩生物科技有限公司供应，应用数量396.04吨，总投资200万元，由中央及省财政全额拨付，农民无偿使用。秸秆腐熟剂由市土肥站根据各乡镇备耕进展情况，联合供货企业组织发放，5月10～16日全部发放到位，保证项目实施和全市秸秆禁烧工作的开展。据统计，项目区实现稻田秸秆还田率95%。 （吴家跃）

【千亿斤粮食产能规划田间工程】 该工程为高标准粮田建设项目，涉及八桥镇、菱塘回族乡、临泽镇，实施面积 1 333.33 公顷。主要新建防渗渠 8.99 千米、排灌站 8 座、过路箱涵 1 座、节制闸 1 座、机耕桥 15 座、田间配套建筑物 956 座、水泥道路 10.39 千米、沙石道路 4.90 千米。至年底，该工程竣工。项目建成后，防洪抗洪标准和抗灾能力得到提高，年增产粮食 2 000 吨，年增加经济效益 436 万元。

（吴家跃）

【水稻、小麦高产增效创建工作】 2013 年，高邮市作为全省水稻高产增效创建项目整建制推进的示范县之一，共承担水稻万亩示范片建设任务 17 个、小麦万亩示范片（2012 年秋播）7 个、大豆万亩示范片 1 个。11 月，由农业部组织专家组实割验收，周巷镇水稻万亩示范片机插攻关田平均每公顷单产 12.28 吨，继续保持高邮市粳稻单产新纪录。全市 3 个水稻万亩示范片、2 个小麦万亩示范片、1 个大豆万亩示范片被省农委评为 A 级。

（闵思桂）

【蔬菜生产】 2013 年，据市农委统计，全市蔬菜播种面积 1.64 万公顷，总产量 56 万吨，实现产值 9.95 亿元，分别增长 2.5%、1.8%、3.9%。日光温室、大中小棚面积 3 600 公顷，遮阳网、防虫网使用量 800 公顷・次。全市累计建成设施蔬菜基地面积 0.24 万公顷，实现产值 4.20 亿元；建成蔬菜“三品”基地面积 0.10 万公顷，通过认证的绿色蔬菜品牌 6 个。同时，编制市“菜篮子”工程蔬菜生产基地建设规划（2013～2017 年），建成钢架大棚 55 公顷，新增两网一灌（遮阳网、防虫网、喷滴灌）面积 70 公顷。

（马长青）

【种子管理】 2013 年，市种子管理站按照农业部颁布的《农作物种子生产经营许可管理办法》要求，加强种子管理工作。全年共核发种子经营许可证 1 份，核发种子生产许可证 24 份，注销种子经营许可证 4 份，确保持证生产和经营。市种子管理站人员于春、秋两季对全市 3 030 公顷稻麦种子生产基地进行田间质量验收和确认，并对全市主推的大宗作物品种进行 15 批次监督抽样检测，确保农业生产用种安全。

（聂春生）

【农作物病虫害防治】 2013 年，全市主要农作物病虫草害的发生总体为中等至偏重发生。主要病虫发生概况：小麦，病虫总体中等发生，白粉病中等偏重发生，穗蚜、纹枯病中等偏轻，赤霉病、梭条花叶病、黏虫等轻发生。水稻，病虫总体中等发生，纹枯病中等偏重发生，稻纵卷叶螟中等局部偏重发生，褐飞虱、二化螟、大螟偏轻局部中等发生，稻曲病、黑条矮缩病、条纹叶枯病、稻瘟病零星发生。油菜，油菜菌核病、蚜虫均为轻发生。棉花，病虫总体中等至大发生，棉铃虫大发生，斜纹夜蛾、烟粉虱中等发生，棉蚜、棉红蜘蛛、甜菜夜蛾、棉盲蝽轻发生。田间杂草发生呈上升趋势，尤其是小麦、油菜田草害面积上升较快。据统计，全年主要农作物病虫害累计发生 4.46 万公顷・次，防治 2.42 万公顷•次，减少粮食损失 13.73 万吨、油菜籽 60 吨、皮棉 2 500吨。

（陈海新）

【植保技术研究】 2013 年，全市植保技术研究主要有：实施省水稻全承包专业化统防统治项目，共有 14 个乡镇、68 个村、4 952 户参加，落实水稻全承包专业化统防统治面积 3 333 公顷，11 月通过省市验收；实施省“三新”（新品种、新技术、新模式）工程项目，在界首镇、马棚镇、卸甲镇、送桥镇、天山镇建立水稻病毒病防控关键技术推广示范区，示范面积 0.33 万公顷，并在每个示范区建立 66.67 公顷的核心试验区，辐射面积 3 333 公顷；省农药所牵头实施的“农药抗性及作物安全性监测项目”，当地职能部门主要承担水稻上丙环唑，蔬菜上高效氟吡甲禾灵、啶虫咪、氯氰菊酯，小麦上精噁唑禾草灵；南京农业大学牵头的公益性行业（农业）科研专项“直播稻田杂草防控技术研究与示范（201303022）项目”，开展田间草相、密度调查，草种采集及相关的试验；农药新品种试验示范项目，累计进行 10 项农药新品种的试验示范，推广高效、持效、低毒、低残留的药剂品种 60 吨。

（陈海新）

【植物检疫工作】 5 月，市植保站对 10 个小麦繁种单位、面积 1 693.30 公顷田块进行产地检疫，签发小麦产地检疫证书 50 份；9 月，对面积 551 公顷水稻繁（制）种田块进行产地检疫，签发水稻产地检疫合格证书 46 份。全年共签发检疫证书 96 份，其中省间植物检疫证书 22 份，种子数量 527.73 吨；省内植物检疫证书 74 份，种子数量 1 583.79 吨。全年先后调查加拿大一枝黄花、Q 型烟粉虱发生情况 10 次，基本搞清加拿大一枝黄花在个别地区零星发生，主要在城区及荒地发生；Q 型烟粉虱发生期迟，后期在部分地区有发生危害。同时，培训指导相关人员，开展香蕉穿孔线虫、扶桑绵粉蚧、稻水象甲、小麦一号病（TCK）、瓜类果斑病菌、葡萄根瘤蚜、黄瓜绿斑驳花叶病毒、梨枯梢病、苹果棉蚜、苹果蠹蛾、假高粱等 11 种病虫害的监测工作，开展小麦孢囊线虫病、三叶斑潜蝇的大面积普查工作。

（陈海新）

【植保专业化服务】 2012 年，全市新注册成立乡镇植保专业合作社 10 个，拥有防治专业队近 300 个，累计有各式弥雾机 5 000 多台（套），重点开展以植保专业化服务为主体的农业综合服务。继续开展水稻病虫全程承包防治工作，防治面积 3 333.30公顷；对所有部、省级高产创建示范方、乡级千亩示范方全部实行专业化统防统治，服务面积占病虫草总防控面积 68%。全市实施植保专业化服务的区域，全年未出现病虫严重危害。（陈海新）

林蚕业

【概况】 2013年，全市林业生产贯彻落实新一轮“绿扬城廓新扬州三年行动计划”要求，开展植树造林工作。全年共完成各类造林面积984.60公顷，其中成片造林面积664.60公顷、四旁植树144万株(折实造林面积320公顷)；新建省级绿化示范村15个、标准化绿化示范村1个。至年底，全市共有成片林3.42万公顷，其中公益林1.40万公顷、商品林2.02万公顷，全市森林覆盖率23.1%(不含高邮湖)。

全市有桑园60公顷，比上年减少15公顷；市蚕种场共制蚕种0.70万张，与上年持平；全市生产蚕茧3.10吨，较上年减少0.80吨；收购平均价格36.50元/千克。实现林业产值3.20亿元，增长4.6%。 (张爱礼)

表12　2013年高邮市林蚕业生产简况表

项　目	单位	数　量		比上年
		2013年	2012年	±%
森林管护面积	公顷	21500.0	21000.0	2.4
成片造林面积	公顷	664.6	885.0	−24.9
育苗面积	公顷	435.0	420.0	3.6
更新造林面积	公顷	42.7	62.0	−31.1
四旁植树	万株	144.0	160.0	−10.0
果园面积	公顷	1050.0	1050.0	—
水果产量	万吨	1.1	1.2	−8.3
桑园面积	公顷	60.0	75.0	−20.0
制蚕种	万张	0.7	0.7	—
蚕茧产量	吨	3.1	3.9	−20.5
茶园面积	公顷	35.0	35.0	—

(张爱礼)

【重点林业工程】 2013年，全市以“城镇五大工程”和“农村六大工程”为重点，推动造林绿化工作的全面开展。城镇绿化主要实施五大绿化工程，即道路绿化建设工程、公园绿地建设工程、老小区改造及环境整治工程、城区重要节点绿化配套工程、中心集镇绿化建设工程，全年新增城镇绿化面积82.60公顷。农村主要实施六大工程，即绿色通道建设工程、河道综合整治绿化配套工程、村庄绿化建设工程、高效林业建设工程、长防林建设工程、中幼龄林抚育工程，全年新增造林面积533.33公顷。 (张爱礼)

【义务植树】 2013年植树节前后，全市利用电视、广播、报纸、会议、标语、流动宣传车等多种形式，全方位开展植树造林工作宣传。从3月上旬开始，全市开展“义务植树突击旬”活动，义务植树面积150公顷。 (张爱礼)

【林政管理】 2013年，市农委按照新农村建设要求，在保护生态建设成果、提升生态环境优势的前提下，发展一批木材加工企业，扶优扶强一批起点高、规模大的板材加工企业，促进森林资源的科学合理利用，提高林业的投入产出水平。全年核发和年检林产品加工经营许可证53份，累计开出木材运输证、森林植物检疫证4 200份；发放林木采伐许可证43份，采伐面积130.96公顷，采伐林木5.67万株，采伐蓄积量9 008.67立方米。 (张爱礼)

畜牧业

【概况】 2013年，市农委继续推进畜牧业转型升级，组织实施省“六项创建”(畜牧生态健康养殖示范场创建、畜禽良种示范场创建、动物防疫规范达标示范场创建、畜禽粪便综合利用示范场创建、畜产品质量安全示范场创建、畜牧新型合作经营模式示范单位创建)示范场活动，提升现代畜牧业的发展水平。全年共有规模化畜禽养殖场504个，下降5.4%；实现畜牧业产值33.50亿元，增长80.4%。高邮市获“江苏省畜牧工作先进县”称号，市畜牧兽医站获扬州市“兴旺杯”考核综合奖。 (黄开华)

表13　2013年高邮市畜牧业生产简况表

项　目	单位	数　量		比上年
		2013年	2012年	±%
生猪饲养量	万头	53.0	51.9	2.1
生猪出栏量	万头	31.1	30.0	3.7
家禽饲养量	万只	1569.9	1608.3	−2.4
家禽出栏量	万只	1163.0	1199.3	−3.0
鸡	万只	410.7	415.1	−1.1
鸭	万只	330.3	350.3	−5.7
鹅	万只	407.6	415.8	−2.0
羊饲养量	万只	7.3	7.3	—
羊出栏量	万只	5.0	5.6	−10.7
特种畜饲养量	万只	67.7	2.1	3123.8
特种禽饲养量	万只	53.2	51.1	4.1
畜禽肉	万吨	7.0	7.4	−5.4
禽蛋	万吨	3.6	3.2	12.5

(市统计局)

【兽药、饲料、生鲜奶专项整治】 2013年，全市继续开展兽药经营清理和规范化工作，推进饲料经营企业和畜产品质量安全示范创建，杜绝无生产许可证、无产品批准文号、无产品标签的“三无”饲料企业生产，严厉打击企业违规经营行为。全年抽检兽药、饲料、生鲜乳样品41批次，合格率分别为85%、100%、100%。 (居元照)

【28家单位通过省“六项创建”示范场验收】 2013

年，市农委根据省农委统一要求，组织相关单位开展“六项创建”示范场活动。2014 年 2 月 10 日，省农委公布省“六项创建”示范场名单，高邮市有 28 家单位名列其中。　　（黄开华）

表 14　**2013 年高邮市获省“六项创建”示范场称号的单位一览表**

称　号	被命名单位
江苏省畜牧生态健康养殖示范场	市红九星鸭业专业合作社、市明发生态农场、市桂清蛋鸡养殖场、市兴澄畜禽养殖场、江苏回乡农牧科技发展有限公司、市菱塘东昌牧业有限公司、横泾树松蛋鸡养殖场
江苏省畜禽良种示范场	市红九星鸭业专业合作社、市兴澄畜禽养殖场
江苏省动物防疫规范达标示范场	市红九星鸭业专业合作社、市明发生态农场、市横泾树松蛋鸡养殖场、市桂清蛋鸡养殖场、市兴澄畜禽养殖场、市永泰生猪养殖家庭农场、江苏回乡农牧科技发展有限公司、市菱塘东昌牧业有限公司
江苏省畜禽粪便综合利用示范场	市明发生态农场、横泾树松蛋鸡养殖场、市桂清蛋鸡养殖场、市兴澄畜禽养殖场
江苏省畜产品质量安全示范场（单位）	市红九星鸭业专业合作社、市明发生态农场、横泾树松蛋鸡养殖场、市桂清蛋鸡养殖场、市兴澄畜禽养殖场、江苏乐甜仕饲料有限公司
江苏省畜牧新型合作经营模式示范单位	市红九星鸭业专业合作社

（黄开华）

【畜牧业科技推广】 2013 年，市农委重点推广普及水禽优质高效生产技术、三元杂交瘦肉型猪生态健康养殖技术、优质鸡生态健康养殖技术和秸秆养畜技术。全年举办培训班 62 期，培训 1.48 万人次，印发各类技术资料 3.80 万份，接受养殖户技术咨询 6 500 人次。同时，承担实施“水禽科技入户示范工程”“全国农村基层体系改革与建设”“农业‘三新’工程建设”等项目 3 项，获省财政投入资金 230 万元。　　（黄开华）

【动物防疫】 2013 年，市农委以“努力确保不发生区域性重大动物疫情”为防控目标，落实各项防控措施，在实施畜禽常年免疫的基础上，组织实施重大动物疫病春季突击防疫行动、夏季高温大消毒和补免行动、秋冬季突击防疫行动“三大战役”，确保高致病性禽流感等重大动物疫病应免密度常年保持在 100%、免疫抗体合格率 80%、免疫标识配戴率 100%。制定全市中长期动物疫病防治工作实施意见和重大动物疫情应急预案。全面开展 H7N9 禽流感的普查和监测工作，发放动物防疫条件合格证 31 份。至年底，全市未发生一起重大动物疫情和畜产品质量安全事故。　　（万晓星）

【动物检疫与监督执法】 2013 年，全市启用动物检疫票证电子化管理系统，全年共检疫电子出证 1.54 万份，实施生猪产地检疫 6.53 万头，家禽产地检疫 100.50 万羽，产地检疫用证率 100%；屠宰检疫生猪 10.70 万头，生猪定点屠宰场（点）检疫率、检疫出证率、病害畜禽及其产品无害化处理率 100%。加强菱塘回族乡天高大桥畜禽运输检查消毒站的监督检查力度，全年共检查消毒车辆 5 465 车次、牲畜 17.33 万头、家禽 317.90 万只、动物产品 934.80 吨、副产品 345.60 吨。全年共查处动物卫生监督案件 13 件。　　（祁从春）

【病死畜禽无害化处理监管】 2013 年，全市落实国家病死畜禽无害化处理补助相关政策，加强对病死畜禽无害化处理监管工作。每月对乡镇上报的数据、材料进行核查、统计，经登记、核实公示后，由财政部门通过“一折通”及时发放到养殖户手中。至年底，全市年出栏生猪 50 头以上的规模化养殖场共无害化处理病死猪 8 236 头，发放财政补助资金 65.89 万元。　　（祁从春）

【生猪“瘦肉精”专项整治】 2013 年，全市建立健全生猪生产、屠宰、运输监测制度，加大生猪“瘦肉精”监督抽检力度，对辖区内现存栏 50 头或年出栏 100 头以上的生猪饲养场（户），每场（户）抽取尿样 3 个头份，每月抽检覆盖面 10%。同时，对生猪定点屠宰场的生猪，每场按不低于 5%的日屠宰量比例进行抽检；督促生猪屠宰企业按日屠宰量 5%的比例开展“瘦肉精”自检工作。全年共开展生猪“瘦肉精”专项检查活动多次，检测生猪 1.10 万头，合格率 100%。　　（祁从春）

高　邮　鸭

【概况】 2013 年，全市高邮鸭业经济保持稳定发展。据市农委统计，全年鸭饲养量 1 150 万只，其中蛋鸭 660 万只、肉鸭 490 万只，鸭饲养量中高邮鸭 960 万只；加工各类蛋品 7.55 亿只，其中泥灰蛋 1 亿只、真空包装熟咸蛋 5 亿只、松花蛋 1.30 亿只、双黄蛋 0.25 亿只；加工琵琶鸭、板鸭、香酥鸭等各类鸭肉制品 300 万只；饲料加工 35 万吨，产值 6.50 亿元；羽绒服装加工 110 万件，产值 2.10 亿元。实现鸭业经济总产值 54.30 亿元，利税 5.10 亿元。　　（汤业朝）

【高邮鸭业经济】 2013 年，高邮鸭业经济继续保持良好发展态势。高邮鸭和“苏邮 1 号”蛋鸭高产配套系推广力度加强，全年“苏邮 1 号”蛋鸭高产配套系向农户推广 520 万只；全市蛋品加工企业规模化养殖基地建设加快，江苏高邮鸭集团、市红太阳食品有限公司、市三湖蛋品有限公司、市秦邮蛋品有限公司等企业均建立现代高效规模高邮鸭养殖基地，年饲养高邮鸭 200 万只；科学研究成果确保向农户及时推广，先后成功推广“鸭鱼混养”“稻鸭共作”“大群关养”“生态旱养”“放牧饲养”和“笼上养鸭”6 种养殖模式。（汤业朝）

【高邮鸭业经济宣传】 4月28日，中央电视台第七频道《农广天地》栏目播出电视科教片，介绍“苏鸭1号”国家级高产蛋鸭配套系新品种饲养管理技术；5月26日，中央电视台第七频道《每日农经》栏目播出电视专访，介绍“端午”红菜分外红；6月11日，江苏电视台《江苏公共栏目》播出电视专访，介绍“最难忘那一枚高邮咸鸭蛋”；12月2日，中央电视台第七频道《每日农经》栏目播出电视专访，介绍“红太阳”双黄鸭蛋和系列产品；12月5日，江苏电视台《江苏国际栏目》播出电视专访，介绍“水乡高邮”。

（汤业朝）

水 产 业

【概况】 2013 年，全市水产业围绕“渔业增效、渔民增收”的双增目标，强化组织领导，扎实开展工作，加大新品种、新技术、新模式的推广力度，促进水产业快速发展。全年实现渔业产值 31.97 亿元，与上年持平。市农委被省海洋与渔业局表彰为全省渔业科技入户工作先进集体。（刘志国）

表 15 **2013 年高邮市水产品生产简况表**

项目	单位	数量		比上年±%
		2013 年	2012 年	
养殖总面积	万公顷	3.05	3.04	0.3
精养鱼池面积	万公顷	1.69	1.68	0.6
罗氏沼虾面积	万公顷	0.90	0.89	1.1
水产品总量	万吨	20.84	18.85	10.6
养殖产量	万吨	17.00	16.25	4.6
捕捞产量	万吨	2.82	2.53	11.5
鱼类	万吨	13.10	12.19	7.5
虾类	万吨	5.02	4.68	7.3
蟹类	万吨	0.42	0.46	−8.7
贝类	万吨	1.05	1.13	−7.1
其他	万吨	0.24	0.32	−25.0

（市统计局）

【罗氏沼虾养殖】 2013 年，全市罗氏沼虾养殖面积 9 054 公顷，总产量 3.97 万吨，实现养殖产值 14.30 亿元、产业链产值 35 亿元。罗氏沼虾养殖重点乡镇扩张到龙虬镇、三垛镇、周山镇、送桥镇、汤庄镇、卸甲镇、界首镇、临泽镇和江苏省高邮经济开发区等 9 个镇（区）。累计建成江苏富裕达公司特种水产良种场、市富达虾苗育种场、市联盛罗氏沼虾育苗场、市华源虾苗场、市惠民虾苗场、市菱塘增泽水产养殖场、市进步虾苗养殖场、市白天鹅虾苗场、市龙阔虾苗场、市阿民虾苗育种场、扬州富源水产有限公司、扬州金汇源特种水产有限公司、市富润海水产科技有限公司、市三庄虾业有限公司等育苗企业 14 家，养殖水域面积 6.07 公顷，实际生产罗氏沼虾虾苗 35.20 亿尾，比上年增加 3 亿尾。

（刘志国）

【实施渔业科技项目】 2013 年，全市建立由“县级专家组成员、技术指导员、示范户、辐射户”组成的服务网络，在 11 个乡镇实施省渔业科技入户项目。遴选 450 户罗氏沼虾养殖户作为渔业科技入户示范户，示范面积 1 103.90 公顷，共选聘 23 名技术指导员，深入塘口服务，辐射罗氏沼虾养殖户 6 850 户，辐射面积 8 080 公顷。其中，罗氏沼虾养殖科技示范户 360 户，示范面积 892.50 公顷，示范户每公顷纯效益 3.52 万元，平均增效 35%；常规鱼养殖科技示范户 90 户，示范面积 211.40 公顷，示范户每公顷纯效益 3.50 万元，平均增效 11.9%。被列入省水产三项工程项目支持的“罗氏沼虾池水质培育及调控技术研究与示范”，通过省海洋与渔业局组织的专家组验收。（刘志国）

【罗氏沼虾与河蟹混养技术试验】 2013 年，市水产局技术人员在三垛镇少游村渔业科技示范户秦红鹏的塘口进行罗氏沼虾与河蟹混养技术试验。试验塘口面积 1.76 公顷，放养扣蟹 1.40 万只、罗氏沼虾淡苗 135 万尾，收获成品河蟹 555 千克、成品虾 9 124 千克，每公顷纯效益 9.02 万元。

（刘志国）

【鱼苗放养】 2013，全市投入资金 2.80 万元，先后在南澄子河、横泾河、人字河等市属公共水域放养流草、鲢鱼等鱼种的鱼苗 35 万尾。同时，开展人工放流活动，不断丰富渔业资源，增加捕捞渔民收入，改善渔业水域生态环境，促进渔业可持续发展。全年新（换）发放水产苗种生产许可证 5 本，新增罗氏沼虾育苗面积 0.31 公顷。（高志平）

【渔政工作】 2013 年，市渔政监督大队继续加强渔业行政执法工作。全年出动渔政执法人员 1 050 人次、渔政船 36 艘次，实施渔业安全检查 15 次、水产苗种场执法检查 26 次；登船检验 3 003 艘，检查渔船 3 866 艘次，查处非法电捕作业 8 起，没收电捕器 8 台套；调查处理渔业污染事故 1 起，为养殖户挽回经济损失 4 万元；发放机动渔船柴油补贴 2 341.94万元，惠及渔户 2 918 户。（高志平）

农业综合开发

【概况】 2013年，全市实施农业综合开发项目15项，财政投资总额4 638万元。其中，国家农业综合开发一般土地治理项目1项，财政投资1 600万元；国家农业综合开发高标准农田建设示范项目1项，财政投资1 300万元；国家农业综合开发产业化经营财政补助项目2项，财政投资270万元；国家农业综合开发产业化经营贷款贴息项目6项，财政投资623万元；省丘陵山区农业综合开发项目5项，财政投资845万元。市农开局被表彰为全省农业综合开发宣传信息工作先进单位、扬州市农业综合开发工作考核一等奖。 （徐霞）

【国家农业综合开发一般土地治理项目】 该项目于2013年在三垛镇、界首镇、卸甲镇实施，总投资1 760万元，其中省以上财政资金1 480万元、高邮市财政配套资金120万元、实施单位自筹资金160万元。至年底，共建成排灌站25座、桥梁20座、闸2座、圩口洞3座、渡槽2座、田间配套建筑物1 780座，硬化渠道27.15千米，新建机耕路19.81千米，疏浚河道28.93千米，栽植常绿树1.20万株。项目建成后，新增节水灌溉面积799公顷、除涝面积333公顷，改善灌溉面积666公顷、除涝面积733公顷，粮食增产1 230吨，农业产值增加484万元。

（嵇九权）

【国家农业综合开发高标准农田建设示范项目】 该项目于2013年在车逻镇实施，总投资1 430万元，其中省以上财政资金1 202.50万元、高邮市财政配套资金97.50万元、实施单位自筹资金130万元。至年底，共建成排灌站6座、桥梁13座、闸6座、涵洞1座、特斗首及渠道改建1座，田间配套建筑物2 978座，硬化渠道28.36千米，新建机耕路13.25千米，疏浚河道4.80千米，架设输变电线路1.30千米，栽植常绿树1.05万株。项目建成后，新增节水灌溉面积600公顷、除涝面积346公顷，改善灌溉面积466公顷、除涝面积320公顷，粮食增产1 140吨，农业产值增加256.75万元。

（嵇九权）

【王光坤到高邮市调研】 5月12日，国家农业综合开发办公室主任王光坤一行，到高邮市调研农业综合开发产业化经营工作，省农开局局长唐铁飞、省财政厅副厅长黄晓平、扬州市副市长丁一及部分高邮市领导参加调研。调研期间，王光坤一行先后参观江苏双兔食品股份有限公司、江苏戚伍水产发展股份有限公司、扬州日兴生物科技股份有限公司等企业，听取高邮市市长方桂林关于高邮市农业综合开发产业化经营工作汇报。 （徐霞）

【国家农业综合开发产业化经营财政补贴项目】 2013年，高邮市实施国家农业综合开发产业化经营财政补贴项目2项。

扬州市隆盛畜禽有限公司实施的3.60万头生猪发酵床生态健康养殖基地扩建项目，总投资755.30万元，其中省以上财政资金185万元、高邮市财政配套资金15万元、企业自筹资金555.30万元。至年底，共建成标准化猪舍8 000平方米、雨水排放管道2千米、污水排放管道2千米、发酵床垫料晒场2 000平方米，新增设备870台套、水电配套设施20间。项目建成后，猪肉产量新增1 400吨，利润增加126.80万元。

周巷镇营北村蔬菜土地股份专业合作社实施的5 000吨蔬菜储藏保鲜冷库新建项目，总投资163.13万元，其中省以上财政资金64.75万元、高邮市财政配套资金5.25万元、合作社自筹资金93.13万元。至年底，共建成冷库保温墙1 100平方米、水泥地面500平方米，新增设备33台套、塑料周转筐1 500只、200千伏变压器1台、电动操作台流水线1条及配电材料。项目建成后，蔬菜产量年新增5 000吨，利润增加72万元。 （嵇九权）

【国家农业综合开发产业化经营贷款贴息项目】 2013年，高邮市实施国家农业综合开发产业化经营贷款贴息项目6项，共拨付贴息资金623万元，其中中央财政拨付贴息资金533万元、省级财政拨付贴息资金90万元。

扬州日兴生物科技股份有限公司实施的500吨功能性壳聚糖精深加工扩建固定资产贷款贴息项目，中央财政拨付贴息资金164万元；江苏富裕达粮食制品股份有限公司实施的虾饲料车间新建暨1.50万吨生产原料收购固定资产和流动资金贷款贴息项目，中央财政拨付贴息资金123万元；扬州财富农业发展有限公司实施的新增7万平方米农副产品批发交易市场固定资产贷款贴息项目，中央财政拨付贴息资金59万元；高邮市万嘉面粉有限公司实施的2.60万吨仓容粮食仓储设施建设暨1万吨优质小麦收购加工固定资产贷款贴息项目，中央财政拨付贴息资金55万元；江苏双兔食品股份有限公司实施的年产8万吨优质稻米加工生产原料收购流动资金贷款贴息项目，中央财政拨付贴息资金132万元；江苏戚伍水产发展股份有限公司实施的7 200吨水产冷库及附属设施扩建与收购生产原料固定资产和流动资金贷款贴息项目，省级财政拨付贴息资金90万元。 （嵇九权）

【省丘陵山区农业综合开发项目】 2013年，高邮市实施省丘陵山区农业综合开发项目5项，即在送桥镇神居山村实施花卉苗木基地项目和种草养鹅基地项目，在送桥镇德华村实施缤纷柳园项目，在送桥镇黄圩村实施花卉苗木基地项目，在菱塘回族乡清真村实施林牧经济园项目。项目总投资1 916万元，其中省财政资金650万元、高邮市配套资金195万元、实施单位自筹资金1 071万元。至年底，完成建设面积373.33公顷，新建泵站6座、桥梁3座、涵洞81座、节制闸2座、拦水坝1座、蓄水池1座、泄洪沟1座、渠系建筑物194座，硬化渠道7.59千米，暗管1.97千米，山塘护坡340平方米，建成水泥道路10.62千米、砂石道路6.32千米，禽舍3 900平方米、生产用房4 200平方米，架设输变电线路5.15千米，种植牧草93.33公顷、良种苗木220公顷，植树18公顷，推广新技术7项，引进彩色柳树20种，技术培训680人次。（陈庆和）

图为项目区新建泵站（市农开局供稿）

农业机械

【概况】 2013年，全市新增各类农业机械1.10万台（套），其中推广各类插秧机583台、联合收割机186台、大中型拖拉机136台、秸秆还田机209台、三麦条播机292台、高效设施及特色农业装备390台（套）、烘干机65台、鱼塘增氧机2 531台、投饵机1 756台、其他各类小型农业机械4 871台。全市农机总动力65万千瓦，农业综合机械化水平80%。实现水稻机插秧面积4.35万公顷、机直播面积4 600公顷，机插秧率81%，水稻种植机械化水平84.9%。秸秆机械化还田7.53公顷。新建机电灌排泵站55座，改建机电灌排泵站21座，累计1 140座；新增排涝流量62立方米/秒，累计拥有灌排流量1 150立方米/秒，改善灌排面积3 380公顷。（贾海涛）

【实施农机购置补贴政策】 2013年，市农机局编制农机购置补贴计划，争取省以上财政资金2 829.63万元，其中农机购置补贴专项资金1 984.71万元，秸秆机械化还田、农机政策性保险补助资金、农机服务体系建设等项目资金844.92万元，带动农民和各类经济合作组织投资4 000万元，购置各类农业机械1.10万台（套）。（贾海涛）

【新华社等媒体聚焦高邮市农机购置补贴创新模式】 4月16日下午，新华社、人民网、江苏卫视、江苏新闻广播网、中国江苏网和《中国财经报》《农民日报》《新华日报》《江苏经济报》等多家媒体的记者相聚高邮市，集中采访该市农机购置补贴政策创新工作实施情况。期间，各媒体记者先后到高邮市牧丰农机有限公司、马棚镇铁牛科技农业生产服务专业合作社等处实地参观和深入采访，一致认为该市“全价购机、县级结算、直补到卡”的农机购置补贴创新模式成效显著，对全国其他地区的农机购置补贴政策改进实践有着较强的借鉴意义。（史志）

资料链接 高邮市自2004年实施农机购置补贴政策以来，全市农业机械化水平快速提高，有效地提高农业综合生产能力，保障农业生产和粮食安全。2012年，该市在全省率先开展“全价购机、县级结算、直补到卡”的农机购置补贴创新试点工作，并把密切配合、优化服务、严格程序、阳光操作、注重监管、强化考核等要求贯穿试点工作全过程，切实调动广大农民和各类农机合作经济组织购机、用机的积极性。是年该市共使用农机购置补贴资金1 015.67万元，新增各类补贴机具3 045台（套），受益农户1 428户，全市农机总动力64.4万千瓦，农业综合机械化水平79%。（史志）

【全国首家“水稻栽植及收获机械试验示范区”落户界首镇】 8月26日上午，农业部农机试验鉴定总站副站长朱良、江苏省农机局副局长王峰到高邮市界首镇，共同为“水稻栽植及收获机械试验示范区”揭牌。至此，全国首家“水稻栽植及收获机械试验示范区”落户界首镇。此前，农业部农机试验鉴定总站经过认真调研和多次组织有关专家考证评审后，决定在界首镇建设全国唯一一家“水稻栽植及收获机械试验示范区”，并与界首镇水稻生产专业合作社正式签订《水稻栽植及收获机械试验示范区协议书》。按照协议规定，该试验示范区主要承担全国水稻插秧机、联合收割机等新机具的试验示范、技术培训、鉴定等工作。（史志）

【农机合作社建设和跨区作业】 2013年，全市新增各类农机合作社5家，累计118家。在农机生产过程中，各类农机合作社承担70%以上的工作量。全年新建农机合作社机库12个，组织外地农业机械1 380台次到高邮作业，作业面积7 016公顷。组建跨区作业队83个，培养跨区作业经济人34名，组织外出跨区作业机械2 625台次，作业面积22.75万公顷，实现跨区作业收入2.30亿元。（贾海涛）

【4 家专业合作社获“全国农机合作示范社”称号】 1 月 31 日，国家农业部办公厅发布《关于公布全国农机合作社示范社的通知》，高邮市有 4 家专业合作社获“全国农机合作社示范社”称号，分别是：界首镇益友植保专业合作社、马棚镇水稻生产服务专业合作社、龙虬镇水稻生产服务专业合作社、周山镇水稻生产服务专业合作社。 （高志中）

【农机安全生产管理】 2013 年，市农机局先后开展“创建平安农机，促进新农村建设”“农机安全专项整治”“农机生产安全月”等活动，宣传农机行业法律法规，促使农机安全生产持续保持稳定。全年检审拖拉机 3 853 台、变型拖拉机 457 台、联合收割机 1 269 台，实行“三同时”（同时开展安全检查、安全教育和签订责任状）备案管理无挂车拖拉机 1.52 万台，农机“三率”（农业机械挂牌率、持证率和检验率）水平在全省率先超过 90%。 （贾海涛）

【建成农机化示范园区（基地）10 个】 2013 年，市农机局加大农业高效园区农机化推广力度，依托扬州市政利生态农副产品专业合作社、扬州秦邮人家蔬果专业合作社、市兴旺鸭业产销专业合作社、市四羊养殖场、市恒源种养专业合作社、市金龙生态农业园土地股份专业合作社、临泽镇营西村水产土地合作社、三垛镇水稻生产服务专业合作社、马棚镇庭权果业专业合作社建成县级现代高效农机化示范园区 9 个。同时，在界首镇建成国家级稻麦全程机械化生产示范基地 1 个。 （贾海涛）

【农村机电灌排泵站建设】 2013 年，市农机局按照“建大站不建小站、建电站不建机站、建外河不建内河”的原则，指导各乡镇新建机电灌排泵站55座，改建机电灌排泵站21座，新增流量62立方米/秒；全市累计机电灌排泵站 856 座，拥有灌排流量 1 073 立方米/秒。 （贾海涛）

【农机科技培训】 2013 年，市农机局举办插秧机、秸秆还田、大中型拖拉机驾驶员、劳动力转移等多种形式的农机培训班 40 期，与乡镇联合举办农机培训班 22 期，累计培训农机手 4 400 人，通过农机行业职业技能获证奖补考核验收 750 人，促进农村劳动力转移 1 000 人次。 （贾海涛）

水利工作

【概况】 2013 年，市水利局坚持以科学发展观为指导，按照水利现代化建设的要求，加强水利基础设施建设，全面完成小型农田水利工程、农村河道疏浚整治工程、城区水务工程、淮河入江水道整治工程等 4 项重点工程建设，总投资 4.34 亿元，其中争取扬州市以上资金 2.86 亿元。着力构建覆盖全市的防洪保安、水环境保护、水资源保障和水利管理体系，为全市经济社会建设发展提供良好的水利保障。 （陆增来）

【2013 年度水资源总量与用水量】 2013 年，全市水资源总量 9.89 亿立方米，其中地表水 3.03 亿立方米、过境水 5.84 亿立方米、地下水总量 1.02 亿立方米（全年开采 946.7 万立方米）。全年水资源使用情况：农业用水 5.80 亿立方米，工商业用水 3 228万立方米，居民生活用水 2 625 万立方米，其他用水 7 000 万立方米。市海潮污水处理厂全年处理城区生产、生活污水 1 368.70 万立方米。 （陆增来）

【水利现代化建设】 2013 年，市水利局紧扣“水利现代化建设年”主题，强势推进水利现代化建设的各项工作，在防洪工程减灾能力、水资源供给与效率水平、河湖水质与水生态状况、农田水利保障能力、涉水管理能力、发展保障能力等 6 个方面取得明显进展，水利现代化建设初见成效。6 月，扬州市水利局对照《高邮市水利现代化规划》评价指标体系，组织开展高邮市水利现代化进程监测评价，综合得分 81.60 分。 （陆增来）

【《高邮市第一次水利普查公报》发布】 9 月，市委、市政府发布《高邮市第一次水利普查公报》，公布全市河流湖泊、水利工程、经济社会用水及水利行业能力建设等方面普查结果。此次普查历时三年，调查普查对象 1.2 万个，普查结果显示：全市有乡镇级及以上河流 279 条，市内河流总长度 1 798.28千米；有湖泊 2 个（高邮湖、邵伯湖），本市境内水面面积 474.44 平方千米；水库工程 6 座，总库容 139.54 万立方米；水闸1 400座；堤防 192 条，总长度1 941.51千米；泵站2 171处；有农村供水工程 48 处，受益人口 65 万人；有灌区 15 个，总灌溉面积 6.89 万公顷。 （阮宗彬 周麟）

【防汛防旱】 汛前，市水利局认真开展工程大检查，完善全市防洪预案，争取中央特大抗旱经费 200 万元，新购置防汛设备 40 台套，完成 61 座新拆建泵站接电工程。7 月中旬～8 月上旬，全市出梅后遭遇长达 1 个月的高温伏旱天气，局部地区旱情严重，市水利局及时协调补充里下河水源，适时启用补水站开机补水，加强自灌区用水调度，做到有旱情无旱灾。加强沿运闸洞管理，统筹调配大运河水源，在做好沿运农业灌溉用水工作的同时，保证大运河向北调水，全力支持淮北抗旱。（陆增来）

【小型农田水利工程】 该工程于 2012 年 12 月开工，2013 年 5 月底竣工。总投资 4 910 万元，其中省以上补助资金（3 450）万元。共新建或改建小型灌溉泵站 7 座、排涝泵站 35 座、圩口闸 25 座，新建桥梁 5 座，修建机耕路 0.90 千米，建成防渗衬砌末级渠道 54.50 千米，配套建筑物 5 050 座。

（陆增来）

【农村河道疏浚整治工程】 2013 年，全市投入资金 1 445 万元，其中争取省和扬州市补助资金 800 万元，疏浚整治农村河道 476 条、558.60 千米，完成土方 560.30 万立方米。其中，县乡河道 26 条、176.30 千米，完成土方 245 万立方米；村庄河塘 450 条、382.30 千米，完成土方 315.30 万立方米。通过综合整治，农村河道淤积状况大为改观，水环境面貌大幅提升。（陆增来）

【城市水务工程】 2013 年，全市投入资金 1 670 万元，其中争取省级以上财政投资 200 万元，推进实施南海子河入口处改造、蝶园南路管道沟通、金桥路北澄子河南侧雨水管道改造、南海五区固定泵站建设等一批城市水务工程。继续对 19 条城河实施长效保洁，并对琵琶河、护城河、万斤河上段等河道进行清淤、清杂、清障，共清理河道 5.30 千米，完成土方2.30万立方米。组织实施海潮污水处理厂尾水导流工程，铺设城区污水管网8.30千米。（陆增来）

【淮河入江水道整治工程】 2013 年，市水利局配合省、扬州市实施淮河入江水道整治工程，做好土地征用、林木砍伐、房屋拆迁等工作，完成高邮镇太平渔业村拆迁任务，启动界首镇金墩渔业村安置区建设。全年共完成各类房屋拆迁 3.80 万平方米，砍伐树木 15 万棵，迁移坟墓 4 000 穴。至年底，该工程投入资金 4.66 亿元，占工程总投资 50%。高邮市境内主要完成新民滩新港以西、杨庄河以东、漫水公路南北滩切滩面积 300 公顷、弃土 420 万立方米；运河西堤加固 1.20 千米，护坡翻建 3.10 千米；湖西大堤加固 7.80 千米，配套建筑物 12 座。

（陆增来）

【联合国粮农组织专家称“高邮灌区经验值得借鉴”】 3 月 3 日上午，在南京参加“灌溉现代化及加强农业用水管理能力建设”研讨会的联合国粮农组织的 40 名国内外专家学者，专程到高邮市考察头闸干渠城区段改造工程和卸甲镇南关灌渠节水改造技术示范区。考察期间，专家们对高邮灌区建设发展与节水工程的做法和经验赞不绝口，一致认为高邮灌区在建设现代化节水生态型灌区方面的经验值得其他国家借鉴。此次由联合国粮农组织举办、中国国家灌排委员会承办的“灌溉现代化及加强农业用水管理能力建设”研讨会，于 2 月 28 日～3 月 6 日在南京召开。高邮灌区被水利部指定为此次研讨会的唯一考察点。（史志）

【水资源管理】 2013 年，市水利局坚持“以水定需、因水制宜、量水而行”的用水原则，加大水资源管理保护力度。全年对全市 137 眼地下水井、13 处地表水取水口换发新取水许可证，健全 85 户取水单位一户一档资料。同时，加强水资源执法管理，全年依法处理各类水事违法案件 58 件，拆除各类违法建筑物 754.60 平方米，封闭取水井 30 眼。

（陆增来）

【水利工程管理】 2013 年，市水利局根据省、扬州市加强河道管理的要求，完善《高邮市水利工程管理办法》，出台《高邮市河道管理“河长制”实施意见》，进一步加强水利工程管理工作。同时，严格水利工程管理执法，查处违法案件 2 起，有效保证水利工程安全运行。（陆增来）

【水利经济】 2013 年，全市水利经济持续保持良好发展势头，农业水费稳定计收，实现各类水费收入 1 190 万元，占考核指标的 118%；行政收费 1 150万元，保持良好增长态势；市水利建筑安装工程公司全年实现总产值 2.87 亿元，利税 1 500 万元；市润邮供水公司实现营业额1 500万元，利税 98 万元。（陆增来）

【李粤安到高邮市检查农村饮水安全项目】 3 月 20～25 日，水利部特派员李粤安一行到高邮市，检查农村饮水安全项目建设管理情况。李粤安听取高邮市农村饮水安全项目建设管理情况汇报，深入高邮市部分乡镇进行实地调研，详细查阅高邮市农村饮水安全项目建设管理资料，并在此基础上形成稽查报告。（高志中）

工 业

Industry

综 述

2013 年，市委、市政府面对复杂多变的经济形势，坚持工业第一方略不动摇，切实强化对工业经济的领导，注重调结构、抓创新、稳增长相结合，以壮大总量、提升质量为发展目标，启动和推进机械装备、电线电缆、照明灯具、纺织服装等基本产业发展规划和新光源、新能源、生物健康等新兴产业发展规划的编制，统筹抓好基本产业发展、重大项目建设、重点园区建设、骨干企业培育、创新型经济发展等各项工作，努力推动全市工业经济保持平稳发展的总体态势。

工业经济总量较快增长。全市6 310家工业企业实现产值1 682.3亿元、开票销售额 404.4 亿元，分别增长 16.5%、26.5%。实现工业增加值 141.24 亿元，按可比价计算，增长 15.4%。工业增加值占 GDP 比重为 45.4%，比上年上升 7.8 个百分点。规模以上工业企业实现产值 863.51 亿元、销售收入 846.26 亿元、利税 87.56 亿元、利润 52.19 亿元，分别增长 17.6%、18.1%、29.4%、37.4%；规模以上工业产销率 97.9%。

重点企业支撑作用增强。全市规模以上工业企业 470 家，产值占全部工业产值的 51.3%，比上年增加 1.3 个百分点。全市 180 家产销超亿元企业（比上年增加 23 家）实现产值 694.8 亿元、开票销售 213.9 亿元，分别占全市总量的 41.3%、52.9%。在年产值超 1 亿元的企业中，扬州市秦邮特种金属材料有限公司、江苏波司登制衣有限公司、扬州市光明电缆有限公司、扬州曙光电缆股份有限公司、江苏赛德电气有限公司、江苏华富控股集团有限公司、江苏金飞达电动工具有限公司等 7 家企业的产销超 10 亿元，其中体量最大的扬州市秦邮特种金属材料有限公司产值突破 70 亿元，达 74.73 亿元。

优势产业集群加速壮大。机械装备、电线电缆、照明灯具、纺织服装四个基本产业继续保持平稳较快的发展势头，其规模以上企业实现产值 582.5 亿元，增长 24.6%，占全市规模工业产值的 67.5%。其中，机械装备、电线电缆、照明灯具、纺织服装各个产业的产值规模分别达 254.5 亿元、132.2 亿元、64.4 亿元、131.2 亿元，分别增长 44.9%、15.8%、7.3%、11.6%，各占全市规模以上工业企业产值的 29.5%、15.3%、7.5%、15.2%。四个基本产业规模以上企业实现开票销售 177.7 亿元，增长 28.8%，占全市规模工业开票销售的 62%。其中机械装备产业规模以上企业开票销售大幅提升，实现 94.4 亿元，增长 80.5%，占全市规模工业开票销售的 34.7%。

项目建设深入推进。全年实施投资额 1 亿元以上工业项目 102 项（上年结转续建项目 58 项、当年新开工项目 44 项），项目累计用款 215.62 亿元，当年用款 88.65 亿元。当年竣工投资额 1 亿元以上项目 59 项，计划总投资 111.51 亿元，实际完成投资 91.64 亿元。全年在建工业技术改造项目 332 项，计划总投资 112.9 亿元，累计用款 126.9 亿元，当年用款 97.5 亿元，增长 31.6%。

科技创新能力不断提高。全年新增国家高新技术企业 13 家、省级以上高新技术产品 159 种、省以上品牌 9 个，新增省级以上研发机构 5 个、扬州市级研发机构 17 个，获批江苏省优秀新产品奖 3 项、省“专精特新”产品 1 种，31 项项目被列入省重点技术创新项目计划，5 种新产品被列入《省重点推广应用新技术新产品目录》。获批省中小企业创新能力建设示范（培育）企业3家、省高成长型（培育）企业3家、扬州市“专精特新”示范（培育）中小企业40家。江苏朝阳液压机械集团有限公司（江苏朝阳气动液压机械设备有限公司）获工业和信息化部授权起草的秸秆烘干机、秸秆解包机两个机械行业标准，通过全国农机标委会审定。全市规模以上企业高新技术产业实现产值245.47亿元，下降14.1%，占规模以上工业企业产值的28.4%。

园区开发建设强势推进。制定出台《关于促进全市乡镇工业集中区整合提升特色发展的意见》，进一步明确重点发展型、特色发展型、优化发展型、控制发展型四类工业集中区的总体布局。研究制定《高邮市乡镇工业集中区专项资金扶持和考核奖励办法》，定向扶持园区建设。全年园区基础设施投入4.5亿元；新增入园企业98家，累计有生产企业2 339家。园区企业实现开票销售182.2亿元，占全市工业开票销售总量的45.1%。1个工业集中区创成省级优质道路照明灯具生产示范区，2个工业集中区被扬州市中小企业局确认为扬州市特色产业基地。

服务企业水平有效提升。健全完善市领导和市级机关部门挂钩联系和服务企业的各项规定，深入持久地做好服务企业的各项工作。全年共走访企业600多家，开展各类服务活动近1 000次，受到企业的好评。根据国务院下发的《关于促进光伏产业健康发展的若干意见》等文件精神，研究制定《关于推进当前全市光伏产业发展的政策意见》，有效激活光伏产业存量资源，促进光伏生产企业走出困境。兑现2012年度工业经济转型升级政策性奖励资金1 597.66万元、光伏产业主要环节生产用电财政补贴208万元。全年向上争取项目资金3 524.44万元，完成年度目标的271%。开展工业项目基本建设审批流程二轮简化，进一步方便投资客商，切实加快项目建设进程。加快对重点骨干企业在主板上市的培育步伐，加强对科技型、成长型企业在“新三板”挂牌交易的培训和指导。加强企业融资服务工作，组织开展银企对接活动6次，协议授信金额近40亿元。积极帮助相关企业争取中国进出口银行的政策贷款，全市有4家中小企业获得1.15亿元的融资款项。组织企业参加中国（昆山）品牌产业进口交易会、江苏产品万里行、跨国零售集团采购会、经济投资贸易洽谈会、中国扬州汽车产业专家咨询暨招商推介会等，为企业开拓市场搭建平台。组织50名企业负责人参加在浙江大学继续教育学院举办的高邮市企业经营管理高级研修班。

全市工业经济在复杂的经济下，虽然取得一定的成绩，但也存在一些问题。主要有：一是整体实力不强。全市工业总量在苏中16个县市中排名靠后，工业在全市经济总量中所占份额偏低。工业增加值、工业开票销售、工业入库税收等工业经济的核心指标与周边县市相比，一直处于劣势状态，全市工业整体实力不强的局面没有得到根本改变。二是骨干企业偏弱。基本产业缺少一批龙头企业的强劲带动，全市虽有一批产销超亿元的企业，但其占规模以上企业的比重还是不大，致使相关产业的规模扩张和转型升级缺乏强而有力的支撑。机械装备、电线电缆、纺织服装等基本产业的龙头企业年产值尚不足20亿元，道路灯具产业还缺少过10亿元的龙头企业支撑，全市仅有扬州秦邮特种金属材料公司1家企业开票销售过50亿元，至今没有1家上市公司。三是盈利能力不足。工业制造水平低、品牌影响力弱，全市仍未创成1家国家级企业技术研发中心。大多数企业在机制、技术、管理方面的创新能力不强，缺少自主核心技术，生产基本处于产业链和价值链的低端，致使全市工业开票销售与工业入库税收比例失调。四是技术人才缺乏。在企业经营者队伍中具有高层次文化程度的人才和科技型领军人才偏少，在企业人才中高素质专业技术人才特别是在设计、研发、管理、营销等方面的人才数量还是不多，在企业中受过专业技术培训、技术素质高的产业工人数量还是不多，因而限制企业的资本运作、市场开拓、产品创新和内部管理，制约企业的转型发展、创新发展和特色发展。五是项目产出偏低。因项目建设初期的市场预期与项目建成后的市场实际偏离较大，近年来竣工或部分竣工的工业重大投资项目在投资与产出上存在着明显的不对等迹象，与上级考核要求的40%产出率差距较大。六是产业布局不优。产业布局规划执行不严格，市重点园区和乡镇工业集中区仍然存在规划跟着项目走的状况。园区发展特色不太鲜明，服务不够配套，缺少企业有共同需求、高端的公共技术服务平台，致使园区工业经济规模占全市工业经济总量的比例难以较快提升。各重点园区内产业的上下游配套、同类企业的协作联系不紧密，没有形成真正有合力、有张力的产业集群。七是产业困境频现。一方面，光伏产业发展仍面临巨大困难。虽有部分生产企业出现回升势头，但绝大多数的企业仍未从“停产、待产乃至濒临破产”状态中走出来。另一方面，电缆行业也面临困境。因受原材料价格下降、市场订单减少因素的影响，整个电缆行业的开票销售和入库税收下降幅度较大。 （史志 顾小青）

表 16

2013 年高邮市规模以上工业企业主要产品产量实绩表

产品名称	单位	产量		产品名称	单位	产量	
		2013 年	比上年(±%)			2013 年	比上年(±%)
小麦粉	万吨	34.84	8.21	塑料制品	万吨	2.87	2.1
饲料	万吨	7.71	11.9	水泥	万吨	36.40	8.0
纱	万吨	5.77	2.4	钢材	万吨	110.16	314.2
服装	万件	6 510.76	3.5	铜材	万吨	1.07	102.7
皮革鞋靴	万双	2754.4	−6.4	电力电缆	万千米	11.03	10.5
纸制品	万吨	3.46	0.32	灯具及照明装置	万套(台、个)	20.80	9.1
单晶硅	吨	267.03	−76.6	光电子器件	万只(片、套)	44 804	−19.7
多晶硅	吨	2 831.86	35.7				

（市统计局）

表 17

2013 年高邮市分地区规模以上企业主要经济指标实绩表

单位名称	企业数（家）	现价产值（万元）	产品销售收入（万元）	高新技术产业产值（万元）	利税（万元）	利润（万元）
一、城市工业	94	2 960 765	2 921 434	778 509	401 071	276 302
高邮经济开发区	69	2 544 570	2 509 693	585 041	365 905	253 127
高邮城南经济新区	25	416 196	411 741	193 469	35 166	23 175
二、乡镇工业	376	5 674 381	5 540 095	1 676 223	474 447	246 759
高邮镇	64	1 740 489	1 716 775	569 739	99 845	40 337
龙虬镇	13	113 235	105 393	15 748	10 088	3 473
车逻镇	11	99 738	93 666	59 420	11 148	5 971
汤庄镇	42	472 991	456 797	111 946	38 584	19 005
卸甲镇	25	351 082	323 107	237 984	34 476	12 555
三垛镇	25	242 781	233 418	21 955	12 121	6 498
甘垛镇	15	147 325	143 707	57 477	5 428	3 214
界首镇	11	71 576	70 688	20 812	5 986	2 182
周山镇	6	48 956	61 407	12 928	4 505	3 208
临泽镇	30	491 406	469 065	36 045	42 740	27 660
送桥镇	89	920 174	904 859	464 981	8 7088	53 982
菱塘回族乡	45	974 629	961 212	67 189	122 440	68 674

（市统计局）

表 18

2013 年高邮市分行业规模以上企业主要经济指标实绩表

指标名称	企业数（家）	现价产值（万元）	工业销售产值（万元）	主营业务收入（万元）	新产品产值（万元）	出口交货值（万元）	利税总额（万元）	利润总额（万元）
总　计	470	8 635 146	8 452 590	8 461 529	483 701	815 790	875 523	523 061
农副食品加工业	22	433 441	427 213	427 124	750	2 982	28 204	21 369
谷物磨制业	5	142 718	140 639	148 276	—	—	8 597	6 832
饲料加工业	4	59 664	58 520	53 320	—	—	2 139	2 027

续表 18

指 标 名 称	企业数（家）	现价产值（万元）	工业销售产值（万元）	主营业务收入（万元）	新产品产值（万元）	出口交货值（万元）	利税总额（万元）	利润总额（万元）
屠宰及肉类加工业	3	21 841	21 310	21 300	—	1 830	1 987	1 149
水产品加工业	6	103 228	101 970	101 940	750	1 152	6 852	6 021
其他农副食品加工业	4	105 990	104 775	102 288	—	—	8 630	5 341
食品制造业	2	10 848	10 574	10 574	—	—	517	400
方便食品制造业	2	10 848	10 574	10 574	—	—	517	400
纺织业	11	178 926	176 118	171 693	910	5 331	12 069	6 108
棉纺织及印染精加工业	7	145 506	143 462	138 819	910	804	10 451	5 382
家用纺织制成品制造业	1	9 501	9 357	9 501	—	—	78	—7
非家用纺织制成品制造业	3	23 919	23 300	23 374	—	4 527	1 540	733
纺织服装、服饰业	43	1 075 250	1 052 401	1 061 254	70 478	372 110	134 781	81 632
机织服装制造业	43	1 075 250	1 052 401	1 061 254	70 478	372 110	134 781	81 632
皮革、毛皮、羽毛及其制品和制鞋业	36	449 116	440 269	434 844	11 205	114 247	38 796	20 768
皮革制品制造业	6	26 790	26 027	25 385	—	5 621	949	437
羽毛(绒)加工及制品制造业	1	3 586	3 586	3 586	—	—	183	50
制鞋业	29	418 740	410 656	405 874	11 205	108 626	37 664	20 282
木材加工和木、竹、藤、棕、草制品业	2	17 762	17 193	17 171	—	—	1 726	864
人造板制造业	1	11 015	10 515	10 515	—	—	1114	570
木制品制造业	1	6 747	6 678	6 655	—	—	612	293
造纸和纸制品业	8	120 061	117 260	116 497	25 733	4 000	10 875	4 774
造纸业	2	15403	14 866	14 617	263	—	2 273	1 477
纸制品制造业	6	104 658	102 395	101 880	25 470	4 000	8 602	3 297
文教、工美、体育和娱乐用品制造业	6	27 122	25 607	24 917	628	18 495	1 694	807
工艺美术品制造业	1	10 290	10 065	9 483	—	10 065	916	489
体育用品制造业	4	10 353	9 193	8 964	—	8 430	230	161
玩具制造业	1	6 479	6 349	6 470	628	—	549	157
石油加工、炼焦和核燃料加工业	1	3 685	3 091	3 091	—	—	221	132
精炼石油产品制造业	1	3 685	3 091	3 091	—	—	221	132
化学原料和化学制品制造业	51	705 728	681 801	686 873	80 663	26 048	59 063	33 342
基础化学原料制造业	19	298 689	287 383	289 832	69 027	23 319	21 040	8 988
涂料、油墨、颜料及类似产品制造业	4	54 793	53 642	52 937	1 475	1 340	6 089	4 076
合成材料制造业	8	95 541	94096	94347	8 053	1 387	9 656	5 374
专用化学产品制造业	20	256 704	246 680	249 758	2 108	2	22 278	14 905
医药制造业	7	121 107	118 267	117 747	17 249	—	16 179	9 296
化学药品原料药制造业	1	4 806	4 687	4 602	—	—	344	91
化学药品制剂制造业	2	58 151	55 631	55 241	16 353	—	11 258	7 224

续表 18

指标名称	企业数（家）	现价产值（万元）	工业销售产值（万元）	主营业务收入（万元）	新产品产值（万元）	出口交货值（万元）	利税总额（万元）	利润总额（万元）
兽用药品制造业	1	4 928	4 728	4 679	896	—	603	407
卫生材料及医药用品制造业	3	53 222	53 222	53 225	—	—	3 974	1 574
化学纤维制造业	1	75 024	75 024	75 024	—	—	4 981	3 396
纤维素纤维原料及纤维制造业	1	75 024	75 024	75 024	—	—	4 981	3 396
橡胶和塑料制品业	25	370 355	364 556	365 215	18 673	20 963	27 392	13 668
橡胶制品业	7	157 403	153 997	153 967	—	—	11 494	5 257
塑料制品业	18	212 952	210 559	211 248	18 673	20 963	15 898	8 411
非金属矿物制品业	8	68 494	65 263	63 893	—	—	6 048	3 969
水泥、石灰和石膏制造业	2	12 249	9 516	8 967	—	—	1 177	855
石膏、水泥制品及类似制品制造业	4	50 831	50 439	49 649	—	—	4 250	2 711
玻璃制品制造业	1	3 950	3 861	3 835	—	—	512	345
石墨及其他非金属矿物制品制造业	1	1 464	1 446	1 443	—	—	109	58
黑色金属冶炼和压延加工业	24	1 091 610	1 076 432	1 080 550	—	4 032	129 291	85 656
钢压延加工业	23	1 088 580	107 3621	1 077 739	—	4 032	129 183	85 645
铁合金冶炼业	1	3 030	2 811	2 811	—	—	108	12
有色金属冶炼和压延加工业	15	259 452	253 501	253 809	3 925	—	23 490	7 182
常用有色金属冶炼业	4	105 515	104 759	104 590	3 925	—	16 938	4 574
有色金属压延加工业	11	153 937	148 742	149 219	—	—	6 552	2 608
金属制品业	19	187 514	184 885	184 228	27 107	—	12 866	7 509
结构性金属制品制造业	10	95 794	94 249	94 444	26 678	—	8 073	4 581
金属工具制造业	2	35 374	35 374	35 374	—	—	1 273	936
集装箱及金属包装容器制造业	1	7 073	6 973	6 973	429	—	598	279
金属丝绳及其制品制造业	1	4 432	4 338	3 999	—	—	269	161
金属表面处理及热处理加工业	4	39 581	38 890	38 323	—	—	2 157	1 294
搪瓷制品制造业	1	5 260	5 062	5 115	—	—	496	257
通用设备制造业	33	400 690	390 149	390 573	27 595	24 495	41 789	24 838
锅炉及原动设备制造业	2	13 005	12 883	12 883	—	—	1 561	786
金属加工机械制造业	1	38 210	37 100	38 024	1 553	24 300	6 253	4 563
泵、阀门、压缩机及类似机械制造业	19	243 315	238 326	237 401	26 042	—	28 212	16 146
轴承、齿轮和传动部件制造业	1	17 201	17 201	17 201	—	—	1 398	582
烘炉、风机、衡器、包装等设备制造业	1	3 104	2 771	2 770	—	195	150	64
通用零部件制造业	9	85 855	81 869	82 294	—	—	4 214	2 697
专用设备制造业	16	281 467	275 012	27 1651	8 373	13 489	25 811	13 434
采矿、冶金、建筑专用设备制造业	8	144 198	141 447	139 383	1 967	10 759	16 466	9 702
化工、木材、非金属加工专用设备制造业	2	7 985	7 280	7 294	458	—	1 101	804

续表 18

指标名称	企业数（家）	现价产值（万元）	工业销售产值（万元）	主营业务收入（万元）	新产品产值（万元）	出口交货值（万元）	利税总额（万元）	利润总额（万元）
农、林、牧、渔专用机械制造业	2	81 570	81 454	81 455	—	2 730	4 017	1 155
医疗仪器设备及器械制造业	1	12 600	12 344	12 228	3 506	—	1 401	728
环保、社会公共服务及其他专用设备制造业	3	35 113	32 487	31 291	2 442	—	2 827	1 046
汽车制造业	10	141 336	136 685	135 888	11 325	—	13 379	8 185
汽车零部件及配件制造业	10	141 336	136 685	135 888	11 325	—	13 379	8 185
铁路、船舶、航空航天和其他运输设备制造业	8	60 231	60 067	59 664	—	—	3 994	1 968
船舶及相关装置制造业	2	20 876	20 792	20 813	—	—	1 735	1 053
航空、航天器及设备制造业	1	2 890	2 890	2 468	—	—	261	59
摩托车制造业	5	36 465	36 385	36 383	—	—	1 998	856
电气机械和器材制造业	97	2 070 012	2 017 427	2 027 766	138 796	158 479	219 074	130 109
电机制造业	12	311 185	299 312	292 821	49 709	157 119	31 488	18 897
输配电及控制设备制造业	8	111 983	110 696	111 124	2 829	—	10 384	4 283
电线、电缆、光缆及电工器材制造业	40	1 215 624	1 177 821	1 190 509	77 194	—	142 489	87 366
电池制造业	4	187 269	186 921	186 949	9 064	628	11 546	6 624
照明器具制造业	33	243 952	242 677	246 363	—	732	23 167	12 941
计算机、通信和其他电子设备制造业	22	460 931	459 515	457 232	37 591	51 119	60 923	42 200
计算机制造业	1	2 957	2 823	2 823	—	—	233	169
雷达及配套设备制造业	1	37 763	40 336	37 797	—	—	3 778	3 262
电子器件制造业	17	306 644	304 356	304 642	30 434	37 469	43 488	29 413
电子元件制造业	2	95 021	93 453	93 424	7 156	13 650	12 060	8 714
其他电子设备制造业	1	18 547	18 547	18 547	—	—	1 364	641
仪器仪表制造业	3	24 987	24 281	24 253	2 701	—	2 362	1 458
通用仪器仪表制造业	2	9 950	9 697	9 676	1 125	—	659	291
专用仪器仪表制造业	1	15 037	14 585	14 578	1 576	—	1 703	1 166

（市统计局）

工业管理

【市委、市政府表彰 2013 年度工业经济和信息化先进单位】 2014 年 1 月 28 日，市委、市政府在作出《关于表彰 2013 年度全市经济社会发展先进单位的决定》中，对 8 个乡镇、园区的工业经济和信息化工作进行表彰，其中高邮经济开发区、送桥镇获一等奖，高邮镇、卸甲镇、高邮城南经济新区获二等奖，菱塘回族乡、临泽镇、周山镇获三等奖。

（顾小青　周萍　杨宝权）

【市委、市政府表彰 2013 年度创新型经济先进单位】 2014 年 1 月 28 日，市委、市政府在作出《关于表彰 2013 年度全市经济社会发展先进单位的决定》中，对 8 个乡镇、园区的创新型经济工作进行表彰，其中菱塘回族乡、高邮镇获一等奖，高邮城南经济新区、高邮经济开发区、车逻镇获二等奖，送桥镇、汤庄镇、临泽镇获三等奖。

（顾小青　周萍　杨宝权）

【市委、市政府表彰 2013 年度工业纳税十强、纳税先进企业】 2014 年 1 月 28 日，市委、市政府在作出《关于表彰 2013 年度全市经济社会发展先进单位的决定》中，对工业纳税十强、纳税先进企业进行表彰，受表彰的纳税十强企业分别是扬州曙光电缆股份有限公司、扬州市华翔有色金属有限公司、扬州一洋制药有限公司、江苏金飞达电动工具有限公司、高邮市经纬纺织有限公司、江苏华富储能新技术股份有限公司、高邮市卫星卷烟材料有限公司、扬州宏远电子有限公司、扬州市秦邮特种金属材料有限公司、江苏传艺科技有限公司，受表彰的纳税先进企业分别是扬州市金海铸造有限公司、江苏赛德电气有限公司、高邮市华星石油管件制造有限公司、扬州凯尔化工有限公司、扬州市环球礼品包装有限公司、扬州三鑫五金工具有限公司制衣分公司、国联制衣有限公司、扬州市百仕德礼品工艺有限公司、扬州惠众服饰有限公司、扬州天宇服饰股份有限公司。 （杨宝权）

【市政府表彰2013年度高邮市节能目标先进单位】 2014年2月19日，市政府作出决定，对节能目标先进乡镇、园区和部门进行表彰。受表彰的先进单位分别是高邮城南经济新区、高邮镇、界首镇、三垛镇、卸甲镇、送桥镇、市经信委、市统计局、高邮质监局、市安监局、市环保局、市财政局。 （杨舜年）

【市政府兑现工业政策性奖励资金1 597.66万元】 4月，根据市政府《关于促进工业经济转型升级的政策性意见》精神，市经信委联合市财政局在各乡镇、园区所属企业中组织开展工业经济转型升级政策性奖励工作，经过申报、评审并经市政府批准，全市有202家企业的263项项目符合条件，累计兑现奖励资金1 597.66万元。 （顾小青）

【市政府出台推进光伏产业发展意见】 8月，为帮助全市光伏生产企业及早走出困境，市政府出台《关于推进当前全市光伏产业发展的政策意见》。该意见从部门服务、税收奖励、合资合作、资产重组、房产土地税收、技术改造、融资贷款、市场开拓、公积金缓缴、供用电服务等10个方面，进一步加大对光伏生产企业的扶持力度。 （顾小青）

【永高企业投资管理有限公司投入运作】 2013年，为帮助全市中小企业解决融资难、融资贵的问题，市财政出资3 000万元，成立永高企业投资管理有限公司，由市经信委具体负责管理和运作，与中国进出口银行江苏省分行实施中小企业信贷成长计划。至年底，该公司累计为全市中小企业争取各项贷款1.15亿元。 （顾小青）

【市委、市政府出台《关于促进全市乡镇工业集中区整合提升特色发展的意见》】 11月，为充分发挥行政区划调整的功能和优势，加大政策扶持力度，进一步促进全市乡镇工业集中区整合提升、特色发展，市委、市政府出台《关于促进全市乡镇工业集中区整合提升特色发展的意见》。该意见按照重点发展型、特色发展型、优化发展型、控制发展型四类对工业集中区总体布局进行调整，实行分型发展、分类打造、重点扶持。 （祁跃明 孙翔）

【编制《高邮市路灯与绿色照明产业集群发展规划》】 2013年，为引导路灯产业健康发展，市经信委邀请东南大学集团经济与产业组织研究中心胡汉辉教授编制《高邮市路灯与绿色照明产业集群发展规划》。该规划明确路灯产业以送桥镇为核心的集群发展空间布局，并确定路灯产业“三步走”的发展目标等。2014年3月21日，该规划通过评审。

（祁跃明 孙翔）

【“中国路灯制造基地”区域品牌通过复评】 11月5～7日，根据《关于授予中国照明电器行业特色区域荣誉称号的行业规范》的有关规定，中国电器照明协会组成复评考核专家组，对高邮市“中国路灯制造基地”荣誉称号的规范使用情况进行复评验收。期间，通过听取发展情况汇报、召开企业负责人座谈会、检查企业生产现场等，专家组一致认为高邮市灯具产业近年来发展迅速，成效显著，其“中国路灯制造基地”在业界已具有一定的知名度和影响力，同意继续授予高邮市“中国路灯制造基地”称号。 （祁跃明 孙翔）

【50名企业家在浙江大学继续教育学院培训】 8月18～22日，高邮市在浙江大学继续教育学院举办高邮市企业经营管理高级研修班，市内50名企业家参加培训。此次培训班是落实市委、市政府实施人才战略，推进企业家素质提升工程的具体举措。学员们通过此次学习交流，实现个人综合素养与经营管理能力的“双提升”。 （马向阳 周莉）

节能减排

【完善节能工作目标管理体系】 年初，为进一步分解落实《市政府关于加强节能工作的实施意见》，市政府办公室下发《关于下达2013年度乡镇（园区）、部门节能目标任务的通知》，进一步明确各乡镇（园区）及20个有关部门节能降耗的主要工作任务。市政府与各乡镇（园区）负责人签订节能工作目标责任状，并对乡镇（园区）引入万元开票销售电耗指标进行考核，将节能降耗工作作为各乡镇（园区）重要考核内容，定期组织督促检查，实行节能工作评先评优一票否决。市经信委对重点用能企业的主要产品综合能耗指标进行分解下达，与13家年耗能3 000吨标准煤以上的重点用能企业签订《2013年度节能工作目标责任书》，明确建立节能目标责任制、加强节能管理制度、严格执行产品能耗限额等方面的工作要求。认真执行固定资产投资项目节能评估和审查制度，严把新、改、扩建项目节能准入关，从源头上控制新建高耗能、高污染的项目。加强节能工作信息的公开，建立能耗公报制度，强化社会用能监督。围绕“践行节能低碳，建设美丽家园”主题，组织开展“第23个全国节能宣传周”活动，在全社会大力营造节能减排的浓厚氛围。至年底，全市单位GDP能耗下降4.0%以上，完成“十二五”期间节能降耗目标任务。 （杨舜年）

【节能监管工作】 2013年，全市继续强化对年耗标准煤3 000吨以上重点耗能企业单位产品能耗管理，开展单位产品能耗专项监察，确保重点产品能耗达标率达90%以上。根据《关于下达2013年节能监察计划的通知》精神，市经信委配合扬州市节能监察中心组织对扬州市丽邮人造板有限公司等23家重点用能单位实施专项能源监察审计，重点加强对被列入省“万家企业节能低碳行动计划”的3家企业节能目标分解和完成序时进度的情况进行监察。按照省、扬州市下达的电机能效提升计划要求，对扬州宏远电子有限公司、高邮市经纬纺织有限公司、扬州亿泰纺织有限公司、扬州市新邮特种铸造金属制品有限公司等4家企业进行能效电机专项检查，并针对检查中发现的问题，责成企业列出淘汰计划，有序推进整改进程。 （杨舜年）

【清洁生产审核工作】 2013年，市经信委在全市18家工业企业中开展清洁生产审核工作，共实施高中费方案29项，收到较好的经济和环境效益。

（杨舜年）

【企业资源综合利用工作】 2013年，市经信委指导企业开展资源综合利用，按照有关鼓励政策规定，帮助4家企业完成资源综合利用项目的认定（含复审）工作，共获得政策性退税5 461万元。

（杨舜年）

【实施节能技改和循环经济项目】 2013年，全市共有22家工业企业开展节能技术改造工程，重点是实施窑炉改造、余热余压利用和电机系统节能等节能技术改造工程。至年底，完成节能技术改造项目22项，项目总投资1.32亿元，实现节能量1.63万吨标准煤。

突出源头减量、循环利用、再制造、零排放和产业生态链接技术应用等重点，进一步扩大循环经济试点范围。全市共实施循环经济项目7项，项目总投资9126万元，年节约用水126万吨，减少废水排放4.8万吨，减少固体废物排放量5.1吨，减少二氧化碳排放量326吨。 （杨舜年）

技术改造与创新

【江苏朝阳液压机械集团有限公司两产品的行业标准被确定为国内行业标准】 12月，江苏朝阳液压机械集团有限公司获工业和信息化部授权起草的“生物质处理设备——秸秆烘干机和秸秆解包机”两产品的国内行业标准，通过全国农机标委会审定，被确定为国内行业标准。 （祁跃明）

资料链接 2010年，江苏朝阳液压机械集团有限公司自主研制开发“秸秆烘干机和秸秆解包机”两款生物质处理设备新产品，填补国内生物质发电系列装备相关产品的空白。2012年，该公司开发的两产品被工业和信息化部列入当年机械行业标准制订计划，该公司获工业和信息化部授权为第一起草单位，具体负责两产品的国内行业标准起草工作。起草过程中，该公司组织专门小组，精心起草、修改和完善两产品的行业标准，并向国内用户和同行广泛征求意见和建议，确保该行业标准达到标准化、权威性的目标。2013年12月，该公司起草的两产品行业标准通过全国农机标委会审定。

（祁跃明）

【3家企业被确认为省高成长型中小企业】 6月，省经济和信息化委员会、省中小企业局根据《江苏省高成长型中小企业认定办法（试行）》，经各市、县推荐和专家评审，公布全省100家企业为2013年度江苏省高成长型中小企业、83家企业为2013年度高成长型中小企业重点培育企业。江苏华富储能新技术股份有限公司、江苏吉信远望船舶设备有限公司被确认为2013年度省高成长型中小企业，江苏康宝电器有限公司被确认为2013年度省高成长型中小企业重点培育企业。 （周萍 裴鸿翔）

【3家企业被确认为省中小企业创新能力建设示范企业】 5月，省经济和信息化委员会、省中小企业局根据《江苏省中小企业创新能力建设示范企业认定办法（试行）》，经企业自愿申请、各地推荐、专家评审，认定全省100家企业为2013年度江苏省中小企业创新能力建设示范企业、70家企业为2013年度江苏省中小企业创新能力建设重点培育企业。江苏承煦照明电气有限公司、江苏欧力特能源科技有限公司被确认为2013年度江苏省中小企业创新能力建设示范企业，扬州高扬机电制造有限公司被确认为2013年省中小企业创新能力建设重点培育企业。 （周萍 裴鸿翔）

【1家企业被确认为省科技小巨人企业】 2014年4月，根据省经信委《关于印发江苏省科技小巨人企业培育计划实施方案（2013～2015年）的通知》，经企业申报、各地推荐、实地调研，省经信委认定江苏苏博特新材料股份有限公司等50家企业为2013年度江苏省科技小巨人企业，高邮市的江苏华富储能新技术股份有限公司名列其中。 （史志）

【1种产品获批省“专精特新”产品】 6月，省经济和信息化委员会根据《江苏省万企升级行动计划（2011～2015年）》《江苏省中小企业创新工程行动计划（2011～2015年）》精神，经企业申报、各地推

荐和专家评审认定，公布全省 50 个中小企业“专精特新”产品名单，高邮市的扬州曙光电缆股份有限公司生产的核电常规岛胜耐辐射抗开裂 1E 型控制电缆，榜上有名。（周萍　裴鸿翔）

【3 种产品获批省优秀新产品奖】 11 月，省经济和信息化委员会根据《江苏省政府关于进一步加强新技术新产品推广应用的意见》和《江苏省优秀新产品奖评选办法（试行）》精神，经企业申报、各地推荐和专家评审认定，公布全省 22 个产品为江苏省优秀新产品金奖、116 个产品为江苏省优秀新产品奖，高邮市的江苏华富储能新技术股份有限公司生产的高海拔地区分散式新能源发电系统储能电池、江苏华能电缆股份有限公司生产的油田注水井流量测调系统专用电缆、江苏朝阳液压机械集团有限公司生产的墙体保温装饰板自动化生产线设备，榜上有名。（周萍　裴鸿翔）

【5 种产品入选省重点推广应用的新技术新产品目录】 5 月，省经济和信息化委员会根据省政府《关于进一步加强新技术新产品推广应用的意见》和《省重点推广应用的新技术新产品指南（第一批）》，经企业自愿申报、各地择优推荐、专家行业论证，确定全省 522 个新技术新产品列入省重点推广应用的目录，高邮市的高邮市林源科技开发有限公司研发的高效生物质固定床气化发电成套技术及关键设备、扬州亚光电缆有限公司研发的耐高温纳米级陶瓷化硅橡胶、江苏朝阳液压机械集团有限公司研发的生物质发电用解包输送烘干成套设备和 CYJGH—40 型秸秆烘干输送系统、江苏华富储能新技术股份有限公司研发的储能用磷酸铁锂电池模组，位列其中。（周萍　裴鸿翔）

【7 家企业被确认为省级两化融合试点企业】 6 月 27 日，省经济和信息化委员会根据《江苏省两化融合示范企业认定管理暂行办法（试行）》，经企业申报、各地推荐和专家评审，确认全省 264 家企业为 2013 年江苏省第一批两化融合试点企业、43 家企业为江苏省两化融合电子商务试点企业。高邮市的江苏华富储能新技术股份有限公司、扬州亚光电缆有限公司、扬州通威饲料有限公司、江苏欧力特能源科技有限公司、高邮市万嘉面粉有限公司、江苏戚伍水产发展股份有限公司被确认为 2013 年江苏省第一批两化融合试点企业，扬州曙光电缆股份有限公司被确认为江苏省两化融合电子商务试点企业。（朱万伟）

【4 家企业技术中心通过省级认定】 12 月，省经信委、省发改委、省科技厅、省财政厅、省国税局、省地税局、南京海关根据《江苏省认定企业技术中心管理办法（2010 年修改）》，经企业申报、各地推荐、专家评审、答辩考察、部门会审等程序，认定省级企业技术中心 250 家，高邮市的扬州亚光电缆有限公司技术中心、扬州市新港电机有限公司技术中心、江苏科凌医疗器械有限公司技术中心、江苏欧力特能源科技有限公司技术中心名列其中。至此，全市累计建成省级工业企业技术中心 19 家。（周萍　任建高）

【31项项目被列入省重点技术创新项目计划】 4月，为推进企业技术创新，加快新产品新技术开发，提升工业产品质量水平，促进产业转型升级，经企业申报、市经信委推荐和评审，省经信委编制下达《2012 年江苏省重点技术创新项目计划》。高邮市被列入省重点技术创新项目计划的项目 31 项，其中创新能力建设类项目 1 项、品牌产品质量攻关类项目 1 项、重点新技术新产品研发和推广类项目 29 项，项目总投资 3.72 亿元。（周萍　裴鸿翔）

表 19　**2013 年高邮市被列入江苏省重点技术创新项目计划表**

企业名称	所在行业领域	类　别	项 目 名 称	项目计划形成专利数（件）	项目规模（万元）			经济效益（万元）	
					项目总投资	研发费用	研发设备投资	销售收入	利税
高邮市华兴石油机械制造有限公司	机械装备	重点新技术新产品研发和推广类	XJ650 型车载式石油钻/修井两用机	6	1 960	875	650	15 000	3 200
江苏金飞达电动工具有限公司	电动工具	重点新技术新产品研发和推广类	MJ10250X 数控纵横木工圆锯机	4	1 900	980	630	3 800	411
扬州曙光电缆股份有限公司	智能电网	重点新技术新产品研发和推广类	耐辐射抗开裂环保型核电站用IE级控制电缆	4	1 800	1 300	1 000	4 000	853
扬州市刘氏化工有限公司	石油化工	重点新技术新产品研发和推广类	间氟基氯苄新产品研发	3	1 500	1 100	800	5 500	1 500
江苏华富储能新技术股份有限公司	新能源	重点新技术新产品研发和推广类	高海拔地区分散式新能源发电系统储能装置研发与产业化	8	1 500	1 100	800	10 000	2 200
江苏赛德电气有限公司	智能电网	重点新技术新产品研发和推广类	风力发电机组抗扭数据传输电缆	3	1 400	800	600	4 900	2 540
扬州日兴生物科技股份有限公司	生物技术及新医药	重点新技术新产品研发和推广类	一种分离提取龙虾头中虾青素的研发	2	1 300	1 135	975	4 200	2 100

续表 19

企业名称	所在行业领域	类 别	项 目 名 称	项目计划形成专利数（件）	项目规模（万元）			经济效益（万元）	
					项目总投资	研发费用	研发设备投资	销售收入	利税
扬州天华光电科技有限公司	新能源	重点新技术新产品研发和推广类	高效节能太阳能电池组件用清洗机	3	1 100	620	450	2 400	524
江苏朝阳液压机械集团有限公司	机械装备	重点新技术新产品研发和推广类	双O型石灰窑研发项目	4	1 000	820	730	5 000	900
江苏吉信远望船舶设备有限公司	机械装备	重点新技术新产品研发和推广类	无底座舰船设备与船舶结构优化匹配研发	3	920	738	670	6 085	913
高邮市汉升高分子材料有限公司	石油化工	重点新技术新产品研发和推广类	芳香族聚醚氨酯医用热塑性弹性体（TPU）材料	4	2 000	800	580	15 000	5 000
江苏弘鼎汽车零部件有限公司	汽车及零部件	重点新技术新产品研发和推广类	液压铣床节能装置研发	2	1 650	770	600	4 200	785
扬州凯普电子有限公司	电子信息	重点新技术新产品研发和推广类	新能源汽车用大功率薄膜电容器	5	1 300	580	450	4 080	285
扬州市新港电机有限公司	机械装备	重点新技术新产品研发和推广类	高性能无铁心复合式伺服电机	5	1 200	800	650	6 111	1 083
扬州亚光电缆有限公司	智能电网	重点新技术新产品研发和推广类	C55A 轻型抗辐射耐高温高性能传输线	2	1 200	800	700	5 000	710
江苏晨光电缆有限公司	智能电网	重点新技术新产品研发和推广类	海上石油平台用耐油耐泥浆抗拉电缆	2	1 200	800	600	5 200	1 204
江苏长城电缆有限公司	智能电网	重点新技术新产品研发和推广类	复合氟塑料绝缘耐强腐蚀电缆	1	1 100	750	660	5 400	1 280
扬州市特能保险柜制造有限公司	轻工	重点新技术新产品研发和推广类	机场面快速修复设备的开发与应用	2	1 100	890	650	7 200	1 500
高邮市迅达工程机械集团有限公司	机械装备	重点新技术新产品研发和推广类	一种地板、翼板总成研发	3	1 000	650	450	1 800	216
扬州润明轻工机械有限公司	机械装备	重点新技术新产品研发和推广类	高效玻璃瓶理瓶生产线研发	8	1 000	600	450	4 000	1 000
扬州市创新包装有限公司	机械装备	重点新技术新产品研发和推广类	全自动、清洁化粉体包装生产线	5	950	680	450	4 500	900
江苏华能电缆股份有限公司	智能电网	重点新技术新产品研发和推广类	油田注水井流量测调系统专用电缆研发	3	880	720	630	4 100	186
扬州永辉纺织科技有限公司	轻工	重点新技术新产品研发和推广类	“高效过滤用纳米裂纹丙纶纤维及滤芯成套加工”项目	3	850	560	450	3250	493
扬州神游羽绒制衣有限公司	轻工	重点新技术新产品研发和推广类	服装信息化集成制造系统关键技术开发及产业化	16	800	600	450	5 000	1 000
扬州市普林斯化工有限公司	石油化工	重点新技术新产品研发和推广类	2-(2-氯乙氧基)乙醇的研发和推广	1	800	580	400	4 800	928
高邮市盛鑫消防科技有限公司	轻工	重点新技术新产品研发和推广类	大空间智能灭火系统	2	800	550	450	3 000	600
扬州高扬机电制造有限公司	机械装备	重点新技术新产品研发和推广类	拨轮给料筛	2	800	650	530	3 500	830
扬州市高升机械有限公司	机械装备	重点新技术新产品研发和推广类	智能化空气浮式带腰衬节装置的工程机械座椅	4	700	550	350	3 000	600
扬州凯尔化工有限公司	石油化工	重点新技术新产品研发和推广类	特种功能性医用 PVC 塑料研发	4	800	580	400	3 700	555
江苏华富储能新技术股份有限公司	新能源	品牌产品质量攻关类	大容量长寿命 LC 混合电池的研发	6	1 200	900	650	8 000	1 900
扬州光明电缆有限公司	智能电网	创新能力建设类	轻型舰船用环保型特种电缆研发项目	4	1 500	1 200	1 050	11 000	1 960

（周萍　裴鸿翔）

【82家企业获批扬州市创新型企业及创新型试点企业】 11月，根据《扬州市千企创新升级行动计划》、《扬州市千企创新升级评价管理办法》，经企业申报、各地初审、市经信委审核、综合评分、相关部门联审等程序，高邮市高袁机械制造有限公司等50家企业被命名为2013年度扬州市创新型企业，扬州市金诺尔不锈钢有限公司等32家企业被命名为2013年度扬州市创新型试点企业。（周萍　裴鸿翔）

表20

2013年高邮市被命名为扬州市创新型企业一览表

企业名称	所在行业领域	所在地	企业名称	所在行业领域	所在地
高邮市高袁机械制造有限公司	机械装备	车逻镇	扬州市凯尔化工有限公司	石油、化工	高邮经济开发区
江苏金润龙科技有限公司	机械装备	车逻镇	扬州旭日物联科技有限公司	软件与信息服务	高邮经济开发区
扬州市百仕德礼品工艺有限公司	轻工	车逻镇	扬州永济医药新技术有限公司	生物技术及医药	高邮经济开发区
扬州市伊兴机械有限公司	机械装备	车逻镇	高邮市万嘉面粉有限公司	其他	临泽镇
高邮市北方动力机械有限公司	机械装备	高邮城南经济新区	扬州市丽邮人造板有限公司	新材料	临泽镇
江苏康宝电器有限公司	机械装备	高邮城南经济新区	扬州市宏飞电缆照明有限公司	智能电网	菱塘回族乡
江苏润德管业有限公司	新材料	高邮城南经济新区	扬州市金鑫电缆有限公司	智能电网	菱塘回族乡
江苏科意达机械有限公司	机械装备	甘垛镇	扬州中大电缆有限公司	智能电网	菱塘回族乡
扬州鸿信生物制品有限公司	生物技术及医药	甘垛镇	高邮市洋浦精铸机械厂	机械装备	龙虬镇
高邮市经纬纺织有限公司	纺织	高邮镇	江苏海潮科技股份有限公司	机械装备	龙虬镇
高邮市精诚液压机械厂	机械装备	高邮镇	高邮市盛鑫消防科技有限公司	机械装备	三垛镇
高邮市新高明动力机械有限公司	汽车、船舶	高邮镇	扬州大大饲料有限公司	其他	三垛镇
高邮市邮星食品有限公司	轻工	高邮镇	扬州金利达饲料有限公司	其他	三垛镇
高邮亚普塑业有限公司	新材料	高邮镇	江苏宝尔特光电科技有限公司	新光源	送桥镇
江苏华富储能技术股份有限公司	新能源	高邮镇	扬州市时光灯业制造有限公司	新光源	送桥镇
江苏华富能源有限公司	新能源	高邮镇	扬州文达胶业有限公司	新材料	送桥镇
江苏新美德电气有限公司	机械装备	高邮镇	扬州鑫晶光伏科技有限公司	新能源	送桥镇
扬州凯普电子有限公司	新能源	高邮镇	高邮市华宝颜料有限公司	石油化工	汤庄镇
高邮市恒盛肠衣厂	生物技术及医药	高邮经济开发区	江苏鑫莲液压机电有限公司	机械装备	汤庄镇
江苏奥普莱医疗用品有限公司	机械装备	高邮经济开发区	高邮市光明化工厂	石油化工	卸甲镇
江苏富裕达粮食制品股份有限公司	其他	高邮经济开发区	高邮市力博机床附件厂	机械装备	卸甲镇
江苏广源电线电缆有限公司	智能电网	高邮经济开发区	扬州康龙环保工程有限公司	机械装备	卸甲镇
江苏金旸太阳能电力科技股份有限公司	新能源	高邮经济开发区	扬州市博升科技发展有限公司	机械装备	卸甲镇
江苏绿科生物技术有限公司	生物技术及医药	高邮经济开发区	扬州市特能保险柜制造有限公司	其他	卸甲镇
扬州市百思特机械设备有限公司	机械装备	高邮经济开发区	扬州市政兴树脂有限公司	新材料	卸甲镇

（周萍　裴鸿翔）

表 21

2013 年高邮市被命名为扬州市创新型试点企业一览表

企业名称	所在行业领域	所在地	企业名称	所在行业领域	所在地
扬州市金诺尔不锈钢有限公司	机械装备	车逻镇	高邮江北金属结构件制造有限公司	其他	高邮经济开发区
高邮市八里塑料制品厂	轻工	高邮城南经济新区	高邮市秦邮生物科技有限公司	生物技术及医药	高邮经济开发区
高邮市东郊包装厂	轻工	高邮城南经济新区	江苏龙源先锋电气有限公司	电子信息	高邮经济开发区
高邮市红太阳食品有限公司	轻工	高邮城南经济新区	上海新亚药业高邮有限公司	生物技术及医药	高邮经济开发区
高邮市顺达动力机电有限公司	机械装备	高邮城南经济新区	扬州市鸿信线路器材有限公司	电子信息	高邮经济开发区
江苏省云鹏塑业有限公司	轻工	高邮城南经济新区	江苏恒通照明器材有限公司	新能源	菱塘回族乡
扬州江峰机械制造有限公司	机械装备	高邮城南经济新区	扬州华瑞电缆有限公司	机械装备	菱塘回族乡
扬州明晟新能源科技有限公司	新能源	高邮城南经济新区	扬州太极铜业有限公司	机械装备	菱塘回族乡
扬州神龙机械制造有限公司	机械装备	高邮城南经济新区	江苏长松科技发展有限公司	新能源	送桥镇
扬州市森木机械有限公司	机械装备	高邮城南经济新区	江苏昊天龙集团有限公司	机械装备	送桥镇
扬州市玄裕电子有限公司	电子信息	高邮城南经济新区	江苏恒祥灯饰有限公司	机械装备	送桥镇
高邮市鑫能电源有限公司	智能电网	甘垛镇	扬州金源灯饰有限公司	新能源	送桥镇
扬州宏泰液压机电设备制造有限公司	机械装备	甘垛镇	扬州市欣宝树脂有限公司	石油化工	送桥镇
高邮市包装制品有限公司	轻工	高邮镇	扬州昇业机械有限公司	机械装备	汤庄镇
江苏西尔特橡胶股份有限公司	轻工	高邮镇	高邮市华天电机厂	机械装备	卸甲镇
高邮环流泵业有限公司	机械装备	高邮经济开发区	江苏扬州市德运塑业科技有限公司	轻工	卸甲镇

（周萍　裴鸿翔）

【36 家企业获批扬州市“专精特新”示范企业、培育企业】 12 月，根据扬州市中小企业局《关于组织申报 2013 年度扬州“专精特新”中小企业的通知》要求，经企业申报、市经信委推荐和评审，扬州市中小企业局公布 2013 年度扬州“专精特新”示范（培育）中小企业名单。高邮市的扬州曙光电缆股份有限公司、高邮市卫星卷烟材料有限公司、扬州日兴生物科技有限公司、江苏吉信远望船舶设备有限公司被认定为 2013 年度扬州市“专精特新”示范中小企业，高邮市北方动力机械有限公司等 32 家企业被认定为 2013 年度扬州市“专精特新”培育中小企业。

（周萍　裴鸿翔）

表 22

2013 年高邮市被认定为扬州市“专精特新”培育中小企业一览表

企业名称	所在行业领域	所属乡镇园区	企业名称	所在行业领域	所属乡镇园区
高邮市高袁机械制造有限公司	机械装备	车逻镇	高邮市申发电机制造有限公司	机械装备	高邮经济开发区
高邮市迅达工程机械集团有限公司	机械装备	车逻镇	江苏传艺科技有限公司	电子信息	高邮经济开发区
扬州明增生物科技有限公司	生物技术及新医药	车逻镇	江苏华尔石英材料股份有限公司	新能源	高邮经济开发区
扬州市百仕德礼品工艺有限公司	轻工	车逻镇	江苏绿科生物技术有限公司	生物技术及新医药	高邮经济开发区
扬州市伊兴机械有限公司	机械装备	高邮城南经济新区	江苏威伍水产发展股份有限公司	轻工	高邮经济开发区
高邮市北方动力机械有限公司	机械装备	高邮城南经济新区	扬州高扬机电制造有限公司	机械装备	高邮经济开发区
高邮市汉升高分子材料有限公司	石油化工	高邮城南经济新区	扬州和益电动工具有限公司	机械装备	高邮经济开发区
江苏迪萨机械有限公司	机械装备	甘垛镇	扬州凯尔化工有限公司	石油化工	高邮经济开发区

续表 22

企业名称	所在行业领域	所属乡镇园区	企业名称	所在行业领域	所属乡镇园区
江苏金晖光伏有限公司	新能源	甘垛镇	扬州锦江有色金属有限公司	机械装备	临泽镇
江苏康宝电器有限公司	机械装备	高邮镇	扬州市金阳光电缆有限公司	智能电网	菱塘回族乡
江苏科意达机械有限公司	机械装备	高邮镇	江苏海潮科技股份有限公司	机械装备	龙虬镇
江苏华能电缆股份有限公司	智能电网	高邮镇	高邮市盛鑫消防科技有限公司	轻工	三垛镇
江苏润华电缆股份有限公司	智能电网	高邮镇	扬州市普林斯化工有限公司	石油化工	送桥镇
扬州凯普电子有限公司	电子信息	高邮镇	扬州文达胶业有限公司	轻工	送桥镇
扬州神游羽绒制衣有限公司	轻工	高邮镇	扬州鑫晶光伏科技有限公司	新能源	送桥镇
扬州市高升机械有限公司	机械装备	高邮镇	高邮市电塑厂	轻工	卸甲镇

（周萍 裴鸿翔）

【20 家企业技术中心获批扬州市级企业技术中心】 2013年，全市建成扬州市企业技术中心20家，即扬州市普林斯化工有限公司技术中心、高邮市汉升高分子材料有限公司技术中心、扬州文达胶业有限公司技术中心、江苏绿科生物技术有限公司技术中心、高邮市申发电机制造有限公司技术中心、扬州永辉纺织科技有限公司技术中心、江苏海潮科技股份有限公司技术中心、江苏康宝电器有限公司技术中心、高邮市北方动力机械有限公司技术中心、江苏科意达机械有限公司技术中心、扬州凯普电子有限公司技术中心、扬州科诺成套设备有限公司技术中心、扬州百仕德礼品工艺有限公司技术中心、江苏金晖光伏有限公司技术中心、扬州鑫晶光伏科技有限公司技术中心、扬州龙鑫机械有限公司技术中心、扬州市荣清机械电子有限公司技术中心、江苏鑫莲液压机电有限公司技术中心、扬州市金鑫电缆有限公司技术中心、高邮市盛鑫消防科技有限公司技术中心。至此，全市有扬州市级企业技术中心74家。 （周萍 任建高）

【20 家企业技改项目被列入扬州“122”重大技改项目建设计划】 2013 年，扬州市经信委根据《扬州市政府关于推进企业技术改造实施意见》规定，围绕增量扩能型、内涵提升型、节能环保型、服务平台型、两化融合型、兼并重组型等六个类型，组织实施“122”重大技改项目建设计划。该计划的激励政策是，在全面落实国家、省有关促进企业技术改造扶持政策的同时，扬州将对列入市“122”重大技改项目对象的企业，以五大千亿级产业和传统产业改造提升项目为重点，以项目技术设备投资不低于 5000 万元、实施周期原则上不超过两年、企业实际总体税负不低于全市工业平均税负为基本条件，在项目竣工投产后第二年，按企业实际入库增值税和企业所得税超上年基数部分一次性给予奖励，每新增 100 万元税收奖励 20 万元，奖励资金用于技术改造再投入。至年底，经企业申报、各地初审及职能部门联审等程序，高邮市有 20 家企业的技改项目被列入该计划。 （史志 张晓展）

表 23 **高邮市被列入扬州“122”重大技改项目建设计划企业一览表**

企业名称	项目名称	计划投资(亿元)	技改类型
江苏华富储能新技术发展有限公司	储能材料及新型电池项目	10.00	内涵提升
高邮迅达重型工程机械有限公司	重型机械(推土机)项目	10.00	增量扩能
江苏航天水力设备有限公司	年产 500 台套大型高效节能泵生产线技术改造	2.00	兼并重组
扬州宏远电子有限公司	轨道交通、平板显示等新兴产业用电极箔技改项目	2.50	内涵提升
江苏广源电线电缆有限公司	电力金具项目	2.50	兼并重组
扬州神游羽绒制衣有限公司	服装服饰	2.00	增量扩能
高邮市卫星卷烟材料有限公司	激光冷烫烟用接装纸二期	1.80	内涵提升
江苏省苏宁照明科技有限公司	风力发电机项目	1.50	增量扩能

续表 23

企 业 名 称	项 目 名 称	计划投资(亿元)	技改类型
扬州日兴生物科技股份有限公司	氨糖系列产品扩产新征项目	1.50	内涵提升
江苏华富能源有限公司	汽车动力管理系统	1.50	增量扩能
扬州市创新包装有限公司	智能化、全自动粉体包装生产线装备制造	1.50	内涵提升
江苏赛尔橡胶股份有限公司	橡胶护舷项目	1.38	增量扩能
江苏浩明光电科技股份有限公司	节能灯管全自动生产线	1.25	内涵提升
扬州市华翔有色金属有限公司	含铅物料的再生处理	1.20	增量扩能
扬州市丽邮人造板有限公司	年产 15 万中高密度纤维板	1.10	增量扩能
江苏凯尔科技股份有限公司	医用 PVC 塑料	1.00	内涵提升
江苏润华电缆股份有限公司	高压交联电缆二期	1.00	内涵提升
高邮市华胜机电制造有限公司	开发出口电动园林工具新品	1.00	增量扩能
高邮市润华橡胶厂	橡胶护舷	1.00	增量扩能
江苏龙腾照明器材有限公司	LED 封装与应用	1.00	增量扩能

(史志 张晓展)

【实施在建工业技术改造项目 332 项】 2013 年，全市在建工业技术改造项目 332 项，计划总投资 119.2 亿元，项目数和投资额比上年分别下降 61.4%、74.9%。 (张晓展)

【实施投资额 1 亿元以上工业技术改造项目 102 项】 2013 年，全市在建投资额 1 亿元以上工业技术改造项目 102 项，计划总投资 368.51 亿元，项目累计用款 215.62 亿元，当年用款 88.65 亿元。其中，上年结转续建项目 58 项，计划投资 248.22 亿元，累计用款 182.91 亿元，当年用款 55.94 亿元；当年新开工项目 44 项，计划总投资 120.29 亿元，当年用款 32.71 亿元。当年投资额 1 亿元以上项目竣工 59 项，计划总投资 111.51 亿元，实际完成投资 91.64 亿元。 (张晓展)

表 24 **2013 年高邮市实施投资额 1 亿元以上工业技术改造项目表**

	企 业 名 称	项 目 名 称	总投资(亿元)	累计完成投资(亿元)	当年完成投资(亿元)	项目实施情况	项目所在地
上年结转项目	扬州秦邮特种材料有限公司	特种金属材料	30.00	34.15	—	第一期竣工试产；第二期工程筹备规划中	高邮经济开发区
	威达吉润建筑材料有限公司	防水材料	1.90	1.16	0.66	厂房在建	高邮经济开发区
	康博新材料科技有限公司	光伏新材料	60.00	25.92	—	第一期竣工投产	高邮经济开发区
	江苏艺霖电子科技有限公司	艺霖电子	10.00	8.00	—	竣工	高邮经济开发区
	江苏振兴铝业有限公司	多孔微通道扁形铝管	10.00	5.20	0.70	第一期正式投产	高邮经济开发区
	江苏海德森能源有限公司	智能电网储能设备	10.00	8.23	5.23	厂房在建	高邮经济开发区
	南京爱力生蓄电池有限公司	储能电池	10.00	7.55	5.30	第一期竣工待投产，第二期厂房在建	高邮经济开发区
	江苏华富储能新技术发展有限公司	储能材料及新型电池	10.00	7.33	6.13	厂房在建	高邮经济开发区
	扬州中信邮都轮毂有限公司	汽车铝合金轮毂制造	10.00	8.18	7.38	厂房建成，厂区配套设施部分完成	高邮经济开发区
	江苏康博羽绒有限公司	羽绒制品	3.00	2.50	—	竣工并试生产	高邮经济开发区
	江苏省苏宁照明科技有限公司	风力发电机	1.50	1.27	0.35	厂房基本建成，进行内部配套工程，和厂区道路建设	高邮经济开发区
	扬州星皓不锈钢制品有限公司	不锈钢材料	1.00	0.80	—	竣工投产	高邮经济开发区

续表 24

	企业名称	项目名称	总投资（亿元）	累计完成投资（亿元）	当年完成投资（亿元）	项目实施情况	项目所在地
上年结转项目	扬州吉宝机电有限公司	电梯配件	1.00	0.92	0.27	正在建设	高邮经济开发区
	扬州润昌板业有限公司	彩涂钢板	1.00	0.92	0.22	正在建设	高邮经济开发区
	高邮金钥机械制造有限公司	机械制造	1.00	0.97	0.22	建设正在	高邮经济开发区
	江苏仕烽机械设备制造有限公司	港机配件	1.00	0.81	0.31	主体厂房封顶，内外装饰基本完成	高邮经济开发区
	扬州智泽机电有限公司	机电配件	1.00	0.85	0.40	正在建设	高邮经济开发区
	江苏凯尔科技股份有限公司	医用 PVC 塑料	1.00	0.90	—	厂房工程全部竣工，部分设备安装到位	高邮经济开发区
	江苏朗鸿机电有限公司	发动机零部件、机电一体化	1.30	1.20	0.57	竣工	高邮城南经济新区
	江苏艾利克储能设备科技有限公司	液化天然气储能设备的研发、制造、销售	1.28	1.14	0.98	厂区道路平整、内外装修	高邮城南经济新区
	江苏方大光电科技有限公司	LED 及信号灯	1.05	1.01	0.62	竣工	菱塘光电科技产业园区
	江苏奔亚科技发展有限公司	太阳能电池组件	1.00	0.43	0.38	厂房在建	菱塘光电科技产业园区
	高邮迅达重型工程机械有限公司	重型机械（推土机）	10.30	7.38	2.30	第一期主体厂房竣工，部分设备投产。	高邮镇
	扬州日兴生物科技股份有限公司	氨糖系列产品扩产	1.50	1.60	0.39	主体厂房竣工，设备正在安装	高邮镇
	扬州市创新包装有限公司	智能化、全自动粉体包装生产线装备制造	1.50	1.34	0.44	第一期厂房竣工	高邮镇
	扬州市格莱特钢杆有限公司	照明器材	1.08	1.28	0.38	竣工投产	高邮镇
	江苏润华电缆股份有限公司	高压交联电缆二期	1.00	0.87	0.55	厂房竣工，进行设备安装	高邮镇
	高邮创美生物质能源有限公司	秸秆固化	1.00	1.00	0.78	竣工投产	车逻镇
	山水新能源公司	电极板	2.00	1.65	0.85	厂房竣工	龙虬镇
	江苏宇坤光电科技有限公司	LED光源生产研发制造	3.00	3.00	2.40	竣工	高邮经济开发区
	上海工业锅炉高邮有限公司	锅炉及成套装配	3.00	1.94	0.16	第一期厂房竣工，进行调试设备	三垛镇
	江苏健客生物科技发展有限公司	生物制药	3.00	1.21	0.65	厂房建成，进行设备安装	三垛镇
	扬州立华畜禽有限公司	畜禽饲养加工	2.00	1.05	0.85	厂房竣工，设备已购	三垛镇
	江苏东邦新材料公司	石墨毡、石墨件生产	1.30	0.75	—	第一期厂房竣工，	三垛镇
	高邮市盛鑫消防科技有限公司	大空间智能灭火系统生产	1.00	1.00	0.20	竣工	三垛镇
	扬州淏洋船舶附件有限公司	船舶附件制造	1.05	0.52	—	标准化厂房建成	甘垛镇
	扬州三元动力机械有限公司	水利机械制造	1.00	1.00	0.63	第一期工程建成，部分设备调试安装	甘垛镇
	扬州万松鞋业有限公司	制鞋	1.10	1.10	0.40	竣工投产	汤庄镇
	民生特种设备有限公司	压力容器	2.18	0.60	0.45	正在建设	卸甲镇
	扬州友联电子工业发展有限公司	电子元件及标准化厂房	1.08	1.08	0.28	竣工投产	卸甲镇

续表 24

	企业名称	项目名称	总投资（亿元）	累计完成投资（亿元）	当年完成投资（亿元）	项目实施情况	项目所在地
上年结转项目	扬州光明电缆有限公司	舰船电缆	10.00	8.33	3.60	竣工投产	菱塘回族乡
	扬州曙光电缆有限公司	超高压电缆（三期工程）	5.00	5.00	0.73	竣工投产	菱塘回族乡
	江苏鸿润电气有限公司	电力钢杆	1.00	1.00	0.17	第一期工程完工	菱塘回族乡
	扬州华城电缆有限公司	特种电缆	1.00	1.00	0.15	竣工	菱塘回族乡
	江苏迪生照明电器有限公司	大功率 LED 封装	2.00	1.60	0.27	标准化厂房在建，购置设备	送桥镇
	江苏尚品光电科技有限公司	LED、灯具	1.50	1.50	0.50	标准化厂房建成，正在安装调试设备	送桥镇
	江苏奥泰照明有限公司	庭院灯	1.50	1.50	0.50	竣工投产	送桥镇
	江苏普信热交换系统有限公司	汽车配件	1.00	1.20	0.30	主体厂房封顶，设备进场安装	送桥镇
	江苏金通交通器材有限公司	交通信号控制系统	1.00	1.20	0.70	主体厂房已封顶，正在安装设备	送桥镇
	江苏京煦光电科技有限公司	LED 灯具、地源热泵	1.00	1.30	0.60	竣工	送桥镇
	江苏星扬照明科技有限公司	LED 灯具	1.00	1.00	0.80	竣工	送桥镇
	扬州市迎辉照明电器有限公司	LED 灯具	1.00	1.00	0.14	竣工投产	送桥镇
	江苏舜邦照明电器有限公司	太阳能电池组件	1.00	1.00	0.80	竣工投产	送桥镇
	高邮市振发新能源科技有限公司	太阳能发电	10.00	4.62	3.00	正在建设	临泽镇
	扬州森杰机械制造有限公司	机械制造	1.00	1.00	0.70	竣工	临泽镇
	江苏环流电机制造有限公司	水泵及配件	1.00	0.75	0.25	厂房在建	临泽镇
	扬州方润铝业有限公司	工业铝型材	1.00	1.00	0.50	正在建设	界首镇
	江苏优信邦泰工贸有限公司	塑料粉末	1.10	1.10	0.80	进行试生产	周山镇
当年新开工项目	艾诺斯（江苏）华达电源系统有限公司	储能电	10.00	0.90	0.90	厂房在建	高邮经济开发区
	扬州振邮金属板材有限公司	精品管板材制品	30.00	1.81	1.81	主厂房规划设计完成	高邮经济开发区
	扬州易事特电力系统技术有限公司	智能电网系统及逆变器	10.00	3.12	3.12	厂房在建	高邮经济开发区
	江苏富威能源有限公司	储能电池、锂电池及银锌电池	10.00	2.36	2.36	厂房在建	高邮经济开发区
	扬州明康食品检测设备科技有限公司	食品快检中心	10.00	0.30	0.30	前期规划设计基本完成，正在进行厂房桩基实验	高邮经济开发区
	高邮桃源企业发展有限公司	益佰纺织园	3.00	0.20	0.20	厂房在建	高邮经济开发区
	高邮希望铝业有限公司	铝杆、铝型材	1.00	0.48	0.48	厂房在建	高邮经济开发区
	扬州问天汽车内饰件有限公司	汽车零部件	1.00	0.58	0.58	厂房在建	高邮经济开发区
	江苏一洋制药有限公司	制药扩产	1.00	0.54	0.54	主厂房进行内部配套工程，附属设施在建	高邮经济开发区
	江苏奥利思特机电设备有限公司	液压机电及配件制造	2.28	0.57	0.57	主体厂房建设	高邮城南经济新区
	江苏朗格建筑幕墙科技有限公司	新型幕墙材料制造	1.50	0.60	0.60	主体厂房建设	高邮城南经济新区
	扬州绿环建材有限公司	环保建材制造	1.02	0.57	0.57	主体厂房建设	高邮城南经济新区

续表 24

	企 业 名 称	项 目 名 称	总投资（亿元）	累计完成投资（亿元）	当年完成投资（亿元）	项目实施情况	项目所在地
当年新开工项目	江苏德皇文具有限公司	文具用品	1.10	0.60	0.60	第一期厂房建设扫尾	高邮镇
	扬州新美德电气有限公司	发电机组	1.05	0.60	0.60	第一期厂房封顶	高邮镇
	扬州市海达塑料科技有限公司	改性塑料粒子	1.05	0.40	0.40	厂房建到主体框架	高邮镇
	高邮市华联制衣有限公司	服装服饰	1.00	0.40	0.40	厂房即将封顶	高邮镇
	扬州中凯针纺服饰有限公司	针织品	1.00	0.40	0.40	厂房封顶，附属工程在建	高邮镇
	扬州市世海橡胶有限公司	橡胶制品	1.00	0.55	0.55	主体厂房封顶	车逻镇
	扬州市万仕达彩印包装有限公司	彩印包装	1.00	0.15	0.15	主体厂房在建	车逻镇
	扬州市方圆工贸有限公司	模具	1.00	0.10	0.10	主体厂房在建	车逻镇
	高杰防水公司	防水材料	1.00	0.90	0.90	进行设备安装	龙虬镇
	高邮市天大建材科技有限公司	新墙体材料	1.00	1.00	1.00	竣工	高邮经济开发区
	扬州市亮金不锈钢制品有限公司	不锈钢制品	1.00	0.70	0.70	厂房竣工，订购设备	三垛镇
	江苏科之拓科技发展有限公司	高科技防伪检测设备及材料	1.20	0.67	0.67	厂房在建	甘垛镇
	高邮市威风碳业有限公司	微型电机生产项目	1.08	0.80	0.80	正在建设	甘垛镇
	江苏元鑫食品有限公司	食品加工	2.00	0.55	0.55	开工建设	汤庄镇
	扬州万鸿鞋业有限公司	制鞋	1.20	1.12	1.12	竣工	汤庄镇
	扬州龙鑫机械有限公司	液压启闭机	1.20	0.10	0.10	开工建设	汤庄镇
	扬州高标机械有限公司	余热回收设备	1.10	0.43	0.43	厂房在建	汤庄镇
	江苏牛牌电器科技有限公司	高压电设备	1.03	0.95	0.95	设备购置，第一期投产	汤庄镇
	江苏中鑫液压机械有限公司	液压纺织机械	1.00	0.60	0.60	第一期投产	汤庄镇
	扬州市德运塑业科技有限公司	PVC 人造革	1.20	1.17	1.17	正在建设	卸甲镇
	江苏顺成动力设备有限公司	发电机组	1.20	0.45	0.45	正在建设	卸甲镇
	扬州诺诚机械有限公司	工程机械配件	1.08	1.08	1.08	竣工投产	卸甲镇
	江苏金飞达电动工具有限公司	电动工具	1.00	0.80	0.80	标准化厂房封顶	卸甲镇
	江苏寅凯科技有限公司	LED	1.00	0.81	0.81	正在建设	菱塘回族乡
	江苏天恒激光有限公司	智能激光灯	2.00	0.58	0.58	正在建设	送桥镇
	江苏赛德电气有限公司	核电缆二期	2.00	2.00	2.00	厂房竣工、进行安装设备	送桥镇
	江苏润明光电科技有限公司	LED 灯具	2.00	0.64	0.64	厂房在建	送桥镇
	扬州现代光电科技有限公司	太阳能电池板	2.00	0.97	0.97	厂房在建，进行设备订购	送桥镇

续表 24

企业名称		项目名称	总投资（亿元）	累计完成投资（亿元）	当年完成投资（亿元）	项目实施情况	项目所在地
当年新开工项目	江苏新逵凯科技发展有限公司	机场航路指示灯(近进灯)	2.00	0.36	0.36	厂房在建	送桥镇
	扬州联皓光电科技有限公司	大功率 LED 灯具	1.00	0.40	0.40	正在建设	送桥镇
	江苏科森电气发展有限公司	汽车减震器	1.00	0.30	0.30	正在建设	送桥镇
	扬州市凯立德电子科技有限公司	电子元器件生产	1.00	0.10	0.10	厂房在建	临泽镇

（张晓展）

部分重点企业简介

【扬州市秦邮特种金属材料有限公司】 该公司前身为秦邮特种金属材料有限公司，成立于 2001 年，坐落在高邮经济开发区。于 2008 年接受无锡市兆顺不锈钢中板有限公司的产业转移，同时围绕“总量控制、淘汰落后、企业重组、技术升级”的重点，整合扬州市高邮新邮钢厂、扬州钢铁厂、扬州轧钢总厂的钢铁产能，重组成为扬州市秦邮特种金属材料有限公司，将炼、轧钢年产能稳定控制在 140 万吨以内。现有员工2 200多人，其中工程技术人员 600 多人。占地面积 70 多公顷，建筑面积 30 万平方米。净资产 10 多亿元。拥有的高炉、转炉以及配套设备全部符合国家《产业结构调整指导目录(2005 年本)》的要求，生产的产品质量达到国家优质产品标准。2013 年，该公司实现现价产值 74.73 亿元，列全市重点工业企业之首。（史志）

【江苏波司登制衣有限公司】 该公司由波司登股份有限公司和沙龙集团股份有限公司共同投资组建，于2005年12月5日落户高邮经济开发区凌波路北侧。注册资本为5 000万元，其中外资2 750万元。总用地面积18.67公顷，拥有6万多平方米厂房，建有1.2万平方米员工食堂、1万平方米职工公寓楼。共有员工3 500人。该公司系波司登股份有限公司在国内的“三大羽绒服生产基地”“四大服装生产基地”之一。引进法国 CAD 设计系统、意大利蒸烫流水线和德国、日本等国服装专业化生产设备，产品质量达国际标准和日本市场 A 级水平。2013年，该公司实现现价产值61.52亿元。（史志）

【扬州市光明电缆有限公司】 该公司创建于1991年，1999年改制为有限责任公司，为集舰船用电缆研发、生产、销售为一体的规模化专业生产企业，注册资金2 000万元。占地面积3.3公顷，标准厂房和现代化办公大楼2.55万平方米，拥有12条生产线、128台套先进的生产及检测设备，自有资产7 750万元，员工370多人。该公司先后被农业部授予全国质量管理达标企业称号，被评为国家高新技术企业，江苏省高新技术企业、省工商联先进企业、省计量保证确认单位、省民营科技型企业，扬州市名牌产品企业、“重合同、守信用”企业、AAA 级信用企业等称号。该公司董事长兼总经理杨福贵被国家民委授予全国少数民族优秀(厂长)经理称号。

该公司以市场为导向，以发展高新技术产业为重点，与上海电缆研究所等国内多家高等院校、科研所建立长期的技术协作关系，在全市同行中较早创建成扬州市级企业技术中心；先后通过 ISO 9002 质量管理体系认证以及国家军用系列标准 GJB9001A—2001 质量体系认证；通过海军装备部认定审核，被列入海军装备承制单位名录；全塑电力电缆和控制电缆取得全国机电产品生产许可证，船用和橡套电缆通过中国质量认证中心 CCC 认证，船用产品通过 CCS、ABS、BV、NK、RINA、DNV 等船级社认可。先后自主研发系列舰船用特种电线电缆，其中研发的“A 级抗干扰防火净化型船用特种电缆”等 7 个系列产品获得国家重点新产品证书，“综合铠装无卤阻燃耐火船用电缆”等 4 个系列产品被列为国家“火炬”计划项目，“抗干扰低烟无卤阻燃聚乙烯绝缘屏蔽控制软电缆”获’96 国家专利新产品博览会金奖，“船用对称式控制低烟无卤信号电缆”被评为 2010 年省中小企业专利新产品，“轻型舰船用环保型特种电缆研发项目”被列入 2013 年江苏省重点技术创新项目。获批建立省院士工作站 1 家。2013 年，该公司实现现价产值 14.2 亿元。（史志）

【扬州曙光电缆股份有限公司】 该公司创办于 1985 年，坐落在江苏省唯一的少数民族乡菱塘回族乡。占地面积 28 公顷，建筑面积 9.2 万平方米，自有净资产 7.8 亿元，员工近 800 人。系国家重点高新技术企业、中国电子信息百强企业，江苏省“重合同、守信用”企业、省 AAA 级资信企业、省文明单位、省环境保护先进企业、省优秀民营企业、省首批信用管理示范企业、省和谐劳动关系模范企业、省两化融合电子商务试点企业、省质量管理奖、质量奖，扬州市重点利税大户、工业销售30强企业，高邮市首届市长质量奖。生产的“强菱”牌系列电缆是国家免检产品、江苏省名牌产品。董事长兼总经理郑连元先后被授予江苏省优秀企业家、江苏省劳动模范、全国乡镇企业家、扬州市十大经济新闻人物称号。

该公司拥有从芬兰、法国、美国、英国、瑞士等国家引进的电缆行业最先进生产和测控设备，主要产品500千伏、220千伏及以下交联电力电缆、塑力缆、架空绝缘导线、屏蔽控制和计算机电缆、核电站用1E级K3类电缆、煤安电缆、变频电缆、补偿电缆、耐高温电缆、钢芯铝绞线、通信光缆等20多个系列近万个规格。20世纪90年代，该公司先后与上海电缆研究所、河海大学等高等院校、科研机构合作，在全行业率先通过ISO 9001质量管理体系认证后，先后通过产品安全认证、ISO 14001环境管理体系认证、GB/T28001职业健康安全管理体系认证和测量管理体系认证等；2005年，在全市工业企业中首家建立省级企业技术中心。先后承担国家级火炬、星火项目13个，有8种新产品被确认为国家新产品、29种新产品被确认为省高新技术产品，“核电常规岛胜耐辐射抗开裂1E型控制电缆”被确认为省“专精特新”产品，“耐辐射抗开裂环保型核电站用IE级控制电缆项目”被列入2013年江苏省重点技术创新项目。从2008年起，该公司先后投入4亿多元，征用土地20.67公顷，实施500千伏超高压交联电缆项目，新添的2条35千伏生产线已于2010年年底试投产。2013年，该公司实现现价产值14亿元。　（史志）

【江苏赛德电气有限公司】　该公司创办于1996年，坐落在高邮市送桥镇，系集科、工、贸为一体的国家重点高新技术企业，下设扬州赛德电缆厂、江苏赛德太阳能电力有限公司、江苏赛德特种电缆有限公司、扬州赛德大酒店四个全资或控股企业。其中，扬州赛德电缆厂是其核心企业，专业从事电线电缆、特别是特种电缆的开发和生产。拥有员工530人，其中大中专毕业生220人、各类工程技术人员180人。占地面积9.8万平方米，现代化的标准厂房12幢，建筑面积4.6万平方米。拥有先进的生产设备和检测设备，资产4.2亿元，年生产能力48万千米。

该公司先后通过ISO 9001：2000质量管理体系认证、计量保证确认认证、“C”标志使用资格认证、AAA级资信等级认证，是国家火炬计划重点高新技术企业，江苏省学习型企业、“重合同、守信用”企业、著名商标企业、名牌产品企业、清洁文明生产企业。主要产品有：高压电缆、电力电缆、控制电缆、计算机电缆、补偿导线、架空绝缘线、高温电缆、风能移动电缆、矿用电缆、硅橡胶电缆和K1～K3类核电站用电缆等。该公司与上海电缆研究所、哈尔滨理工大学等国内科研院所合作，不断研制开发市场亟需的新特产品，其中K3类核电站用电缆已于2006年通过国家鉴定，DJ、K、SPT、M、IA、V等系列电缆广泛应用于国家电力、石油化工、冶金、军工、核工、有色、轻纺、交通、医药、城建等行业的特大型工程。公司还多次协办或支持举办中国电力论坛、中电联理事会以及中国电力30年成就展等重大活动。2007年春，该公司在扬州市维扬经济开发区内投资兴建江苏赛德太阳能电力有限公司和江苏赛德特种电缆有限公司。2010年4月，开工建设投资2亿元的江苏赛德电气有限公司核电缆项目；8月，该公司测试中心通过扬州市工业企业产品质量优秀实验室评审。研发的核电站核岛内用耐强辐射抗开裂耐高温控制电缆、额定电压3千伏及以下风力发电用耐扭曲软电缆、矿井安全探测用网络抗强干扰铠装信号传输电缆、船用多功能铠装组合电缆被认定为2013年江苏省高新技术产品，“风力发电机组抗扭数据传输电缆项目”被列入2013年江苏省重点技术创新项目。2013年，该公司实现现价产值13.51亿元。　（史志）

【江苏华富控股集团有限公司】　该公司创办于1990年，是一家跨地区、跨行业融科研、生产、工贸为一体的高科技企业集团，系国家高新技术企业、江苏省储能材料工程技术研究中心、全国铅酸蓄电池标准化技术委员会胶体电池分技术标准委员会，有江苏华富能源有限公司、江苏福力特电源有限公司、江苏华山电气有限公司、江苏润春电气有限公司、扬州澳玛电气有限公司、扬州市富泰塑胶实业有限公司、江苏金禾置业有限公司、江苏钰丰置业有限公司、高邮市天地通物流有限公司等十多家投资控股公司，形成以新能源、新型蓄电池、房地产、电子、物流、贸易、科研开发等多行业发展的格局。有员工1 200多人，其中中专以上学历人员334人、技术人员125人。先后通过ISO 9002、ISO 14001、ISO 18001认证和美国UL及欧盟CE安全认证，拥有国防通信、电信、广播电视、铁道、电力、联通等设备进网许可证，有自营出口权。与中国科学院、哈尔滨工业大学、东南大学、扬州大学、浙江大学等科研院校进行产学研合作，聘请院士何祚庥、陈洪渊、曹楚南等23名专家组建公司技术咨询委员会，先后开发纳米胶体蓄电池、聚合物太阳能储能电池、电动汽车用新型无镉动力电池等高新技术产品，承担多项国家、省科技攻关项目，有核心技术专利50余项。该集团有2个中国驰名商标、2个国家免检产品、3个江苏省品牌产品、16个江苏省高新技术产品，参加5个国家（行业）标准的起草。2009年以来，该集团先后建成国家级博士后科研工作站和省级企业院士工作站、博士后工作站，形成“四站两中心”（国家级博士后科研工作站、省级企业院士工作站、省级博士后工作站、省级研究生工作站、省储能材料工程技术研究中心、省级企业技术中心）研发格局。集团旗下的江苏华富储能新技术股份有限公司被确认为2013年江苏省第一批两化融合试点企业和2013年度省高成长型中小企业省中小企业创新能力建设示范企业，有1项目入选国家火炬计划（高原专用胶体储能电池项目），生产的高海拔地区分散式新能源发电系统储能电池获批省优秀新产品奖，研发的储能用磷酸铁锂电池模组入选省重点推广应用的新技术新产品目录，“高海拔地区分散式新能源发电系统储能装置研发与产业化”项目被列入2013年江苏省重点技术创新项目，承担的“分布式发电系统储能用磷酸铁锂电池模组技术研发”项目入选省科技支撑（工业）计划项目。2013年，该集团实现现价产值11.49亿元。（史志）

【江苏金飞达电动工具有限公司】 该公司坐落在高邮市卸甲镇东风街。系台式电动工具专业生产厂家，为国家二级企业、国家机电产品出口生产基地，江苏省明星企业、高新技术企业、优质民营企业、科技进步先进企业、质量管理先进企业，扬州市工业销售30强企业，有进出口经营权。占地面积36.6公顷，其中建筑面积18.6万平方米，有加工中心20台（套）、大吨位压铸机8台（套）、自动绕线机12台（套）、注塑机12台（套）、自动化生产流水线26条、各类机床280多台（套），固定资产2.52亿元。主要产品有斜断锯系列、台锯系列、刨类系列、台钻系列、带锯系列、线锯系列、切割机系列和园林工具等100多个规格品种。该公司生产的MJ2625Ⅶ型自吸尘全自动激光校准斜断锯、高精度闭环全自动水槽切割机、MJ－ⅣD型智能化变频调速圆锯机、G4012双柱液压全自动卧式带锯床、JDD315II型PLC控制多功能液压带锯机，被认定为2013年江苏省高新技术产品。2013年，该公司实现现价产值10.04亿元。（史志）

【江苏苏发照明实业有限公司】 该公司前身为高邮市声光器材厂，成立于1987年，坐落在高邮市送桥镇，为全国大型城市照明灯具生产企业之一，江苏省高新技术企业。现有员工400多人，其中工程技术人员80余人、市场开发人员60多人。占地面积3.3万平方米，建筑面积2.2万平方米。拥有大型数控折弯机、全电脑注塑机、压塑机、1 250吨压铸机、液压拉伸机和双工位粉末静电瞳涂流水线，有自动切割、埋弧焊、气焊、发电机组、车、刨、钻床等设备百余台套。净资产2 800多万元。先后被评为计量合格企业、质量信得过明星企业、AAA级资信企业，拥有进出口自营权，“苏发”牌商标为江苏省著名商标。该公司生产的“劲贝”牌系列大功率LED道路照明灯具及各种功率LED光源，节能降耗、绿色环保，广泛应用于城市照明、夜景灯光亮化和隧道、工矿照明。2013年，该公司实现现价产值9.76亿元。（史志）

【扬州千禧龙鞋业有限公司】 该公司创办于2000年5月，坐落在高邮镇南郊经济开发区，是生产各类PU底、TPU底工业用鞋的专业工厂，为国内规模较大、出鞋货量、品种和防护功能较完善的安全防护鞋制造企业之一。现有员工300多人，其中技术员工50多人。占地面积4公顷，其中建筑面积16 000多平方米。资产5 000万元。拥有国产PU连帮注射生产线4条和从德国进口的DESMA全自动PU/TPU24工位注射成型生产线2条、PU/PU18工位注射成型生产线1条，制帮针车290台（套）；年生产安全鞋、劳保鞋、职业工作鞋、耐油鞋、防酸碱、耐高温、防静电鞋、登山鞋等各类鞋130万双。为适应国际市场的要求，公司在同行业中率先通过ISO 9001:2000版国际质量管理体系认证，陆续取得欧洲“CE”质量认证。并在原有以防砸安全鞋、防穿刺安全鞋、绝缘安全鞋、防静电工作鞋、焊工安全鞋等主要产品的基础上，又设计开发时尚休闲安全鞋，登山鞋等系列产品，产品远销世界各地。2013年，该公司实现现价产值9.49亿元。（史志）

【扬州宏远电子有限公司】 该公司成立于1995年，坐落在高邮经济开发区，是一家由扬州升达集团和广东宏远集团共同投资兴建的合资企业，专业从事铝电解电容器用低、中压阳极箔的研究、开发与生产。系国家“火炬”计划重点高新技术企业、江苏省高新技术企业、江苏省“技术密集、知识密集型”企业、江苏省管理创新示范企业，被国家发展和改革委员会确认为国内最大的低压电极箔生产基地先后通过ISO 9001国际质量体系管理认证和ISO 14001国际环境管理体系认证。有员工200人，占地面积8万平方米，拥有固定资产1.63亿元，主产品为高低压电极箔，年产高低压电极箔约350万平方米。2010年，该公司实施的高压电极箔产业化项目，被国家发展和改革委员会授予“新材料领域国家高技术产业化示范工程”；特高压电极箔关键技术及设备的研究和产业化项目，获“中国产学研合作创新成果奖”。该公司生产的LED驱动电源用长寿命耐纹波电极箔，被认定为2013年江苏省高新技术产品。2013年，该公司实现现价产值9.02亿元。（史志）

表 25

2013 年高邮市工业“五十强”企业一览表

企业名称	法定代表人	企业性质	主要产品	现价产值（亿元）	电话	地址
扬州市秦邮特种金属材料有限公司	陈家榕	私营有限责任公司	特种铸钢件	74.73	84742050	高邮经济开发区腰圩村
江苏波司登制衣有限公司	何其新	与港澳台商合资	休闲服	61.52	84603641	高邮经济开发区凌波路
扬州市光明电缆有限公司	杨福贵	私营有限责任公司	电线电缆	14.20	84232148	菱塘乡回族乡清真路
扬州曙光电缆股份有限公司	郑连元	其他有限责任公司	电缆制造	14.00	84239040	菱塘回族乡团结街
江苏赛德电气有限公司	戴光华	私营有限责任公司	电缆	13.51	84249690	送桥镇大营村
江苏华富控股集团有限公司	居春山	其他有限责任公司	太阳能电池	11.49	84541805	高邮镇工业集中区
江苏金飞达电动工具有限公司	张庆奇	私营有限责任公司	电动工具	10.04	84732424	卸甲镇东风街
江苏苏发照明实业有限公司	陈正明	集体	LED 光电制造	9.76	84248418	送桥镇郭集社区苏发路
扬州千禧龙鞋业有限公司	于有银	私营有限责任公司	合成革鞋人造革鞋	9.49	84638118	高邮镇南郊经济开发区
扬州神游羽绒制衣有限公司	刘正凯	其他有限责任公司	服装加工	9.02	84613901	高邮镇文游中路12号
扬州宏远电子有限公司	张沛贤	与港澳台商合资	铝电解电容器用电机箔	8.55	84681292	高邮经济开发区长兴路4号
江苏精佳制动器集团有限公司	王　坤	私营有限责任公司	汽车轮毂	8.04	85606866	高邮经济开发区文游北路
江苏润华电缆股份有限公司	茆玉斌	私营有限股份公司	电缆	7.64	84583598	高邮市丁庄村
扬州亿泰纺织有限公司	王昌宏	私营有限责任公司	人造纤维	7.50	84665899	文游南路159号
高邮市万嘉面粉有限公司	任有毅	私营有限责任公司	面粉加工	7.44	84328182	临泽工业集中区
扬州市鹏达橡胶制品有限公司	秦国安	私营有限责任公司	橡胶护舷	7.08	84610485	高邮市南郊经济开发区
扬州市新邮特种铸造金属制品有限公司	杨仕民	私营有限责任公司	钢压延加工	6.93	84616312	高邮市汉留镇三阳北路
高邮市助剂厂	秦国柳	股份合作	荧光增白剂	6.84	84582888	高邮运河大桥北
江苏金晖光伏有限公司	金开明	其他有限责任公司	单晶硅	6.78	80955038	高邮城南经济新区兴区路90号
高邮市永发机械有限公司	朱恩权	私营有限责任公司	五金机械加工	6.66	84540888	高邮镇丁庄村
江苏传艺科技有限公司	邹伟民	私营有限责任公司	柔性线路板	6.45	84606629	高邮经济开发区凌波路
扬州市华翔有色金属有限公司	宋　巍	集体	再生铅	6.42	84502080	卸甲镇兴旺村
江苏金丰机电有限公司	陶家山	私营有限责任公司	电感器生产	5.92	84545883	高邮镇丁庄村
扬州市方正铜业有限公司	杨正森	私营有限责任公司	铜材加工销售	5.66	84369628	临泽镇周巷工业集中区
扬州市亚光电缆有限公司	鲁建才	私营有限责任公司	电线电缆	5.58	84232032	菱塘回族乡菱塘村
江苏匡克防护有限公司	朱国华	港澳台商独资	鞋业制造	5.56	84320913	临泽镇工业集中区
江苏广源电线电缆有限公司	谭金龙	其他有限责任公司	钢缆铝绞线	5.55	84661575	高邮经济开发区泰北路
扬州市高升机械有限公司	管芝连	私营有限责任公司	液压配件系列、工程车座椅	5.42	84543363	高邮镇丁庄村
扬州市天宇鞋业有限公司	于徐生	私营有限责任公司	鞋业制造	5.27	84325558	临泽镇临兴路
高邮市经纬纺织有限公司	张贵南	私营有限责任公司	生产纯棉/涤棉纱线/纯涤	5.26	84615800	城区通湖路128号
江苏跃马钢管制造有限公司	卢金安	其他有限责任公司	照明灯具制造	5.23	84244178	送桥镇柳集村

续表 25

企业名称	法定代表人	企业性质	主要产品	现价产值(亿元)	电话	地址
扬州市红旗电缆制造有限公司	陈有新	其他有限责任公司	电线电缆	5.21	84232078	菱塘回族乡团结街
高邮市迅达工程机械集团有限公司	吴年林	其他内资	工程自动化设备	5.05	84565988	车逻镇湾桥村
高邮市金宝电工有限公司	刘国强	私营有限责任公司	电线制造	5.05	84885612	甘垛镇工业集中区
扬州通威饲料有限公司	孙庆高	股份有限公司	水产饲料	4.98	84601188	城区文游南路888号
高邮亚普塑业有限公司	刘文斌	其他有限责任公司	塑料制品	4.92	84540196	高邮镇工业集中区
扬州和益电动工具有限公司	潘朝霞	与港澳台商合资	水槽切割机	4.88	84603518	高邮经济开发区开发区金桥北路
扬州市华冶钢材有限公司	丁国春	其他有限责任公司	钢板销售	4.45	84248333	送桥镇柳集村
扬州市创新包装有限公司	方其先	私营有限责任公司	包装袋	4.40	84540666	高邮镇武安路
江苏朝阳液压机械集团有限公司	陈还喜	私营有限责任公司	生物燃料制造	4.33	84712359	汤庄镇建业路15号
扬州永辉纺织科技有限公司	赵　刚	与港澳台商合资	丙纶纤维	4.30	85088873	高邮经济开发区波司登大道
江苏华能电缆股份有限公司	陶沂源	股份有限公司	电线电缆	4.29	84613573	高邮镇南郊经济开发区
江苏航天水力设备有限公司	钱文恩	私营有限责任公司	机械设备制造销售	4.14	84616266	高邮经济开发区波司登大道
扬州市刘氏化工有限公司	刘顺兆	私营有限责任公司	其他基础化学原料制造	4.09	84522032	卸甲镇八桥社区西侧
扬州市志高建筑防水材料有限公司	沈志高	私营有限责任公司	防水涂料	4.07	84666229	高邮经济开发区奥林村
江苏恒辉电气有限公司	翁志俊	私营有限责任公司	电线电缆	3.87	84239818	菱塘回族乡菱塘村
高邮市红太阳食品有限公司	乔龙山	私营有限责任公司	蛋品	3.86	84616770	高邮城南经济新区南外环路
扬州兴益机械有限公司	杨卫平	与港澳台商合资	铝件加工	3.82	84603519	高邮经济开发区屏淮路
扬州日兴生物化工制品有限公司	张　和	私营有限责任公司	氨基葡萄糖盐酸盐	3.78	84545552	高邮镇同心路
江苏华富储能新技术股份有限公司	居春山	股份有限公司	阀控式全密封电池	3.78	84540805	高邮镇工业集中区

注:以企业实现现价产值从多到少为序排列。

（市统计局）

建筑业·房产业

Architecture·Real Estate Business

建 筑 业

【概况】 2013年，全市建筑企业加快转型升级，调优产业结构，提升行业质态，各项工作均取得明显成效。全年全市建筑企业承接施工面积2 860.6万平方米，竣工面积2 129.5万平方米；承接高层建筑1 934幢，其中超高层建筑277幢。全年实现建筑企业总产值650亿元、增加值118.3亿元，分别增长30%、297%；建筑业完成税收3.6亿元，增长10.7%。全市建筑业从业人数12.7万人，其中农民工近5万人。至年底，全市新增总承包一级资质企业2家、总承包二级资质企业4家、总承包三级资质企业7家、专业承包资质企业44家、劳务分包资质企业2家；累计有有资质建筑企业285家，其中总承包特级资质企业1家、总承包一级资质企业8家、总承包二级资质企业23家、总承包三级资质企业41家、专业承包资质企业178家、劳务分包资质企业34家。全市有年产值超亿元建安企业42家，其中年产值超10亿元建安企业12家。全年全市建筑企业共获国家实用新型技术专利15项，获批省级以上施工工法25项，获省级新技术示范工程3项，获地市级以上优质工程奖65项，获批地市级以上文明工地81处，获地市级以上QC活动成果奖32项。是年，高邮市政府获2013年度扬州市建筑业目标管理奖二等奖。 （朱丹）

表26 **2013年高邮市总产值超10亿元建安企业主要指标实绩表**

企业名称	资质等级	法定代表人	从建设单位承揽工程完成产值（亿元）	总产值 实绩数（亿元）	总产值 其中省外工程产值（亿元）
江苏弘盛建设工程集团有限公司	房屋总承包特级	胡恒春	177.01	187.24	92.96
江苏兴厦建筑安装有限公司	房屋总承包一级	赵宏才	65.10	86.18	38.27
扬州市天成建筑安装工程有限公司	房屋总承包一级	刘长春	9.04	35.27	3.77
江苏润扬建设工程有限公司	房屋总承包一级	李志森	23.86	30.58	4.28
江苏建宇建设工程有限公司	房屋总承包一级	管民良	19.49	22.75	—
江苏瑞沃建设集团有限公司	市政公用总包一级	张金生	16.80	19.25	—
扬州统一建设工程有限公司	房屋总承包二级	居述青	1.31	16.65	—
扬州市秦邮建筑安装工程有限公司	房屋总承包二级	王 玠	16.59	16.59	3.04
江苏华坤建设工程有限公司	房屋总承包二级	吴华生	4.17	16.23	—
扬州首裕建设工程有限公司	房屋总承包二级	陆 峰	9.30	12.90	—
扬州市邮城建筑安装工程有限公司	房屋总承包二级	郭士文	7.18	11.03	—
扬州市宏厦建筑安装工程有限公司	房屋总承包二级	董恒发	1.16	10.46	2.99

（朱丹）

【建筑企业资质升级】 2013年，市建管局引导鼓励建筑企业做大做强，加快建筑企业资质等级提升、资质项目增项，促使建筑企业综合实力和竞争力不断增强。全年共有57家建筑企业资质升级，其中晋升总承包一级资质企业2家、总承包二级资质企业4家、总承包三级资质企业7家、专业承包一级资质企业7家、专业承包二级资质企业11家、专业承包三级资质企业26家，基本形成以房屋建设工程为主，装修工程、道路工程、市政工程、民居开发工程等齐头并进的多元化经营格局。（朱丹）

【专业技术职称评审】 2013年，市建管局加大一、二级注册建造师和小型项目管理师培养力度，引导建筑企业加强专业技术人才储备，不断提升全行业人才队伍建设水平。全年新增一级注册建造师106人、二级注册建造师650人，新增小型项目管理师40人；在面向全市建筑业从业人员组织的专业技术职称评审中，有11人取得高级职称资格、39人取得中级职称资格、556人取得初级职称资格。（朱丹）

【江苏兴厦建筑安装有限公司技术中心通过省建筑业企业技术中心认定】 7月，省经信委、省住建厅联合印发《关于公布第五批江苏省认定建筑业企业技术中心名单的通知》，文中列有江苏兴厦建筑安装有限公司技术中心，这是高邮市第二家通过省建筑企业技术中心认定的技术中心。（周萍 任建高）

【建筑行业人员培训】 2013年，市建管局组织建筑企业负责人、项目负责人、安全员、检测员、取样员、小型项目管理师等建筑业从业人员参加培训，全年累计培训人数4 300人次；开展建筑行业特殊工种换证考试培训，培训人数1 689人次。（朱丹）

【14项工程获省级优质工程奖】 2013年，全市建筑业企业承建的工程项目获省级优质工程奖14项，比上年增加6项。获奖工程涉及江西省、江苏省、上海市等建筑市场。获得奖项包括江西省优质建设工程杜鹃花奖、军优工程奖、江苏省扬子杯优质工程奖、上海市建设工程白玉兰奖、江苏省紫金杯建筑装饰优质工程奖。（朱丹）

【51项工程获地市级优质工程奖】 2013年，全市建筑业企业承建的工程项目获地市级优质工程奖51项，比上年增加4项。获奖工程涉及北京市、天津市、江苏省、河北省等建筑市场。获得奖项包括南京市金陵杯优质工程奖、扬州市琼花杯优质工程奖、扬州市市外优质工程奖、扬州市五亭杯优质工程奖、宿迁市优质工程奖。（朱丹）

【3项工程获省级建筑业新技术应用示范工程奖】 6月24日，上海市建筑业管理办公室印发《关于公布2012年度上海市建筑业新技术应用示范工程的通知》，通知中列有江苏兴厦建筑安装有限公司承建的上广电地块经济适用房2—Ⅱ标段工程。9月5日，江苏省住房和城乡建设厅印发《关于公布2013年度江苏省建筑业新技术应用示范工程名单的通知》，通知中列有江苏弘盛建设工程集团有限公司承建的江阴新梅豪布斯卡工程、高邮市城市商务大厦工程。

【3项工法获批国家级工法】 2014年3月19日，中华人民共和国住房和城乡建设部工程质量安全监管司印发《关于公布2011～2012年度国家级工法的通知》，由江苏兴厦建筑安装有限公司研发的“吹填超软土地基处理改性真空预压施工工法”“空间多变型异曲面钢筋混凝土筒体群结构模板和支架施工工法”“大直径泥水盾构浅覆土推进施工工法”等3项工法获批为国家级工法。（朱丹）

【22项工法获批省级工法】 4月18日，上海市城乡建设和交通委员会印发《关于公布2011～2012年度上海市市级工程建设工法的通知》，由江苏兴厦建筑安装有限公司研发的“空间多变型异曲面钢筋混凝土筒体群结构模板和支架施工工法”“大直径泥水盾构浅覆土推进施工工法”“混凝土连续箱梁移动模架施工工法”“冲孔破岩清障施工工法”“大跨度钢桁架梁托架法悬臂拼装施工工法”“设排气通道的倒置式屋面施工工法”等6项工法获批为省级工法。

5月31日，重庆市城乡建设委员会印发《关于公布2013年第一批市级工法的通知》，由江苏兴厦建筑安装有限公司研发的“大跨度钢结构穹顶悬挑支撑辅助安装工法”“预制钢筋混凝土方桩桩端后注浆施工工法”等2项工法获批为省级工法。

6月28日，江苏省住房和城乡建设厅印发《关于公布2012年度第三批江苏省工程建设省级工法名单的通知》，由江苏弘盛建设工程集团有限公司研发的“复杂弧型建筑免圆心双重交会圆弧法放样施工工法”“直埋U—PVC排水管箍穿越楼层施工工法”“先搭后降式悬挑脚手架施工工法”“地下连续墙振冲组合抓斗一次成槽施工工法”“室内高空锚板式牛腿隔层结构施工工法”“混凝土墙板钢塑抗裂格栅网施工工法”，江苏兴厦建筑安装有限公司、江苏弘盛建设工程集团有限公司共同研发的“两驱多根二重管两项深搅水泥土地连墙施工工法[TDBMS(T)W工法]”，江苏兴厦建筑安装有限公司研发的“新型可回收式锚杆施工工法”“吹填超软土地基处理改性真空预压施工工法”“复合加筋排水褥垫施工工法”“预制钢筋混凝土方桩桩端后注浆施工工法”“大跨度钢结构穹顶悬挑支撑辅助安装工法”“大面积复杂建筑造型金属屋面装饰施工工法”等13项工法获批为省级工法。

2014年1月7日，江苏省住房和城乡建设厅印发《关于公布2013年度江苏省工程建设省级工法名单的通知》，由江苏华泰道路桥梁工程有限公司研发的“木质素维及废橡胶粉沥青混凝土施工工法”获批为省级工法。（朱丹）

【15项实用新型技术获国家专利】 2013年，全市

建筑行业获国家知识产权局颁发专利证书的实用新型技术共有15项，即江苏弘盛建设工程集团有限公司研发的“一种手动钻孔器”“一种便携式工程梯”“一端固定式对拉螺栓”“一种可周转使用的止水螺杆”“一种工具式支设管道周边专用模板”“工具式柱模固定扣”“一种高层建筑集料平台固定环形螺栓”“一种卡槽式集料平台梁”“一种平台梁U型螺栓固件”“可调式砖夹”“一种磁砖倒角机”“一种剪力墙端部模板截面控制工具”和江苏兴厦建筑安装有限公司研发的“模板加固夹具”“支模用锥螺杆”“预制钢筋混凝土方桩”。 （朱丹）

【9项QC成果获省级工程建设QC小组活动成果奖】 2013年，全市建筑行业获省级工程建设QC小组活动成果奖的成果共有9项。江苏润扬建设工程集团有限公司的“确保地下室底板CCCW防水涂膜施工质量”获2013年度江苏省工程建设优秀质量管理小组活动成果二等奖，江苏弘盛建设工程集团有限公司的“数字化模板支撑组合质量控制”、江苏润扬建设工程集团有限公司的“型钢混凝土组合结构隐蔽工程质量控制”获2013年度江苏省工程建设优秀质量管理小组活动成果三等奖，江苏兴厦建筑安装有限公司的“地下室外墙养护新工艺研究”、江苏建宇建设工程有限公司的“高强钢筋直螺纹连接施工质量控制”获2013年度江苏省工程建设优秀质量管理小组活动成果优秀奖，江苏兴厦建筑安装有限公司的“分户验收室内净空尺寸控制”获2013年上海市工程建设优秀QC成果一等奖，江苏兴厦建筑安装有限公司的“提高现浇钢筋砼空心楼板质量”获2013年上海市工程建设优秀QC成果二等奖，江苏兴厦建筑安装有限公司的“宽扁梁加腋于板柱接头模板支撑及混凝土成型质量的控制”“泡沫玻璃保温屋面”获2013年上海市工程建设优秀QC成果三等奖。 （朱丹）

【17处工地获“省级文明工地”称号】 2013年，全市建筑业企业承建的工程工地中，获“省级文明工地”称号的有17处，比上年减少6处。获奖工程涉及北京市、江苏省、安徽省等建筑市场。 （朱丹）

【64处工地获“市级文明工地”称号】 2013年，全市建筑业企业承建的工程工地中，获“市级文明工地”称号的有64处，比上年增加2处。获奖工程涉及扬州市、南京市、宿迁市等建筑市场。 （朱丹）

【18家单位和16名个人获表彰】 2013年，全市建筑行业有18家单位和16名个人获得市级以上表彰。

4月18日，江苏省住房和城乡建设厅印发《关于表彰2012年度全省建筑行业管理先进单位、先进工作者的决定》，市建管局获“2012年度全省建筑行业管理先进单位”称号，市建管局蒋德升获“2012年度全省建筑行业管理先进工作者”称号。

7月23日，扬州市城乡建设局、扬州市统计局印发《关于表彰2012年度扬州市“建筑业综合实力20强企业”的决定》，江苏弘盛建设工程集团有限公司、江苏兴厦建筑安装有限公司、江苏润扬建设工程集团有限公司、江苏华泰道路桥梁工程有限公司获“2012年度扬州市建筑业综合实力20强企业”称号。

12月，市建管局蒋佳洁被扬州市统计局授予“扬州市十佳最美统计人”称号。

2014年1月7日，扬州市城乡建设局发布《2013年度扬州市建筑业先进企业公示》，江苏弘盛建设工程集团有限公司、江苏兴厦建筑安装有限公司、江苏润扬建设工程集团有限公司、扬州市天成建筑安装工程有限公司、江苏瑞沃建设集团有限公司等5家企业位列其中。

2014年1月14日，扬州市城乡建设局发布《2013年度优秀建造师和优秀班组长公示》，师永生、夏鹤富、吴宏山获“扬州市建筑业优秀建造师”称号，孙士领、王玉章获“扬州市建筑企业优秀班组长”称号。

2014年1月21日，扬州市城乡建设局、扬州市城建监察协会印发《关于表彰2013年度城乡建设系统法制工作和城建监察工作先进集体、先进个人的决定》，市建管局获“2013年度城乡建设系统依法行政工作先进单位”称号，市建筑市场监察执法大队及高邮经济开发区城建监察中队、菱塘回族乡城建监察中队、高邮镇城建监察中队获“2013年度城建监察先进基层队伍”称号；陶健、周正良、胡顺峰、陈桂祥获“2013年度优秀城建监察队员”称号。

2014年3月25日，扬州市城乡建设局印发《关于表彰2013年度扬州市优秀造价咨询企业和优秀造价工程师的决定》，江苏中建业工程项目管理咨询有限公司、扬州建鑫工程咨询有限公司获“2013年度扬州市优秀造价咨询企业”称号，王义清、朱金忠、胡意华、乔长林获“2013年度扬州市优秀造价工程师”称号。

2014年3月27日，扬州市城乡建设局印发《关于表彰2013年度扬州市“优秀监理企业”“优秀总监”和“优秀监理工程师”的通知》，扬州市建兴监理公司获“2013年度扬州市优秀监理企业”称号，戴叶权获“2013年度扬州市优秀监理工程师”称号。 （朱丹）

江苏弘盛建设工程集团有限公司

【概况】 2013年，江苏弘盛建设工程集团有限公司(以下简称弘盛集团)下辖20家分公司和规划建筑设计院(甲级)、咨询管理公司、江苏省弘升置业有限公司、弘益农村小额贷款有限公司等子公司;拥有房屋建筑工程施工总承包特级资质1个,市政公用工程施工总承包、建筑装修装饰工程专业承包、地基与基础工程专业承包、园林古建筑工程专业承包、土石方工程专业承包等一级资质5个,机电安装工程施工总承包、公路工程施工总承包、水利水电工程施工总承包、起重设备安装工程专业承包、消防设施工程专业承包、送变电工程专业承包等二级资质6个;承建项目涉及北京市、上海市、天津市、重庆市、南京市、扬州市、成都市、东莞市、太原市、苏州市、无锡市、常州市、盐城市、青岛市、昆明市、黄冈市、徐州市等城市。全年共承建工程项目275项,承接施工面积1 368.6万平方米、竣工面积835.8万平方米,分别增长9.9%、10.6%;实现企业总产值187亿元,增长27%;先后获"全国优秀施工企业""中国建筑业竞争力百强企业""江苏省建筑业竞争力百强企业""扬州市建筑业先进企业"等称号。(汪飞)

【多元经营转型升级】 2013年,弘盛集团按照"一业为主,多元经营"思路,经营范围向房地产开发、金融业、餐饮服务业等领域延伸,着力拉长增值产业链、价值链。全年江苏省弘升置业有限公司完成开发面积18万平方米,销售收入3.2亿元,利润3 042万元;高邮市弘益农村小额贷款有限公司实现各项贷款余额2.76亿元,利息收入4 852.94万元,净利润3841.42万元,贷款回收率、利息回收率均接近100%,被评为扬州市"十佳"农村小额贷款有限公司。(汪飞)

【科技兴企】 2013年,弘盛集团坚持科技兴企战略,加快科技创新步伐,大力推广应用新技术、新工艺,积极申报施工工法和专利。至年底,获国家科技创新成果一等奖1项、省级施工工法7项、省级QC成果3项、市级QC成果17项,获省级施工学术论文奖4项、市级施工学术论文奖11项,全年获批专利13项、省新技术应用示范工程立项7项,2项工程通过省级新技术应用示范工程验收、10项工程通过市级新技术应用示范工程验收。(汪飞)

【工程创优】 2013年,弘盛集团加强施工管理,提高工程质量,工程创优工作取得新成果。是年,该集团承建的解放军政治学院教学综合楼工程获军队优质工程二等奖,承建的南昌市A—11地块南区工程获江西省"杜鹃花杯"优质工程奖;承建的省内工程获江苏省"扬子杯"优质工程奖4项、南京市"金陵杯"优质工程奖5项、扬州市"琼花杯"优质工程奖14项、无锡市优质工程奖1项;获省级文明工地7处、市级文明工地15处。(汪飞)

表27 **2013年江苏弘盛建设工程集团有限公司分公司名录**

名　称	负责人	地　址	邮　编
南京分公司	姚在翔(兼)	南京市鼓楼区福建路12号泰润公寓01幢401室	210003
北京分公司	徐德祥(兼)	北京市海淀区玉泉路6号院5号楼1单元301～302室	100143
苏州分公司	李学琪	苏州市相城区相城大道168号新尚商业广场阅城大厦1501～1508室	215168
天津分公司	闵安付	天津市河东区华兴道福建大厦603室	300010
苏中分公司	宰永昌	高邮市城南经济新区南环路88号	225006
扬州分公司	卞洪益(兼)	扬州市文昌路18号文昌花园83幢601室	225002
重庆分公司	黄乃文	重庆市江北区电测村100号北辰名都14—2号	400020
广东分公司	秦宏伟	广东省东莞市南城区第一国际F座810室	523000
上海分公司	华火亮	上海市杨浦区大连路1548号13楼B、C座	200082
山西分公司	王震宇	太原市太榆路(北营火车站对面)学府雅园C区6号楼601室	030006
四川分公司	陈宝宏	成都市武侯区高升桥南街2号风尚国际5号楼二单元304室	610041
湖北分公司	张晓林	黄冈市黄州区路口镇路口大道506号	438021
云南分公司	陆文清	昆明市官渡区关上银海温泉花园8—2—4C室	650200
无锡分公司	胡　泊	无锡市奥林花园D区151—1904室	214062
贵阳分公司	吴业中	贵阳市云岩区大营坡紫金庄园3号楼1单元701室	550000
盐城分公司	吴士富	江苏省大丰市桃园小区468号	224100
青岛分公司	陈福定	山东省青岛市市南区南京路9号联合大厦10F	266071
常州分公司	张晓明	常州市新北区文源路2号海事大厦8楼808室	213000
徐州分公司	赵运平	徐州市新城区吉田商务广场507～508室	221000
国发公司	戎　胜(兼)	贵州省贵阳市金阳新区麒龙CBD中心A座16层	550000

(汪飞)

房 产 业

【概况】 2013年，市房管局围绕做好住房保障、规范房地产市场秩序、提升物业管理水平等工作，积极转变工作作风，提高服务水平，较好地完成全年各项工作。是年，在高邮市从事房产开发的企业有65家。其中，市内企业37家，市外企业28家；二级资质企业31家，三级资质企业34家。全年共完成房地产开发投资35.26亿元，其中住宅开发投资28.63亿元、商业营业用房开发投资5.43亿元，其他类型开发投资1.19亿元，分别增长74%、71.5%、66.1%、296.7%。全市房地产开发施工面积347.99万平方米，其中住宅施工面积298.86万平方米，分别增长39.9%、30.8%。新开发商品房施工面积230.9万平方米，其中住宅新开发施工面积192.4万平方米，分别增长62.5%、45.4%。全年市区新建商品房成交8 271套、面积89.25万平方米，分别上升89.2%、69.3%。其中，住宅成交7 354套、面积81.67万平方米，分别上升90.1%、86%；商业营业用房成交917套、面积7.58万平方米，分别上升81.9%和下降14.2%。市区商品房合同成交平均价5 356.8元/平方米，其中住宅合同成交平均价4 922.3元/平方米、商业营业用房合同成交平均价10 039.6元/平方米，分别增长7.6%、7.3%、45.1%。全年市区出让房地产开发用地62.8公顷，成交金额12.04亿元，平均地价1 917.3元/平方米，分别下降22.1%、8.9%、17%。 （朱玉霞）

【秋季房产交易会】 11月1～3日，由市政府主办，市房管局承办的"百年家居·圆梦邮城"秋季房产交易会在高邮城市商务大厦举行，共有17家房地产开发企业参展，观展人数近1万人次。此次房产交易会共正式签约商品房116套、面积1.27万平方米，有145人现场交纳购房定金，有792人次进行预约登记。 （朱玉霞）

【16项重点房产开发项目建设情况】 2013年，全市投入建设的重点房产开发项目有16项，累计建筑面积168.09万平方米。

"翰林国际二期"，位于文游南路399号，占地面积2.5万平方米，建筑面积5万平方米，投资额1.5亿元。于2012年5月10日开工，由建融（扬州）房地产开发有限公司投资兴建。

"翰林国际"，位于文游南路399号，占地面积14.18万平方米，建筑面积12.5万平方米，投资额1.7亿元。于2012年8月28日开工，由建融（扬州）房地产开发有限公司投资兴建。

"开园世家B区"，位于通湖路南侧、通汉路东侧，占地面积1.87万平方米，建筑面积4.86万平方米，投资额1.11亿元。于2012年9月10日开工，由扬州广开源置业有限公司投资兴建。

"鸿安佳园"，位于高邮镇武安路18号，占地面积6.95万平方米，建筑面积13.81万平方米，投资额4.24亿元。于2012年10月18日开工，由高邮市鸿大房地产开发有限公司投资兴建。

"银河湾"，位于秦邮路北侧、文游北路东侧，占地面积3.33万平方米，建筑面积9.67万平方米，投资额3亿元。于2012年12月23日开工，由高邮盛景房地产开发有限公司投资兴建。

"加洲锦苑"，位于秦邮路北侧，屏淮路西侧，占地面积4.43万平方米，建筑面积9.63万平方米，投资额3.9亿元。于2月25日开工，由扬州尚方投资发展有限公司投资兴建。

"佳晟东方御景东区一期"，位于卸甲镇黄渡村邮汉路南侧，占地面积4.3万平方米，建筑面积8.6万平方米，投资额2.62亿元。于4月20日开工，由高邮市佳晟房地产开发有限公司投资兴建。

"波司登世贸广场"，位于屏淮路与通湖路交叉口，占地面积8.4万平方米，建筑面积30万平方米，投资额11.5亿元。于4月30日开工，由扬州永兴置业有限公司投资兴建。

"名门公馆"，位于高邮经济开发区泰北路帝景龙庭小区南侧，占地面积2.72万平方米，建筑面积6.8万平方米，投资额2.16亿元。于5月5日开工，由扬州市亿通房地产开发有限公司投资兴建。

"鸿基万和城一期"，位于高邮经济开发区兴业路，占地面积2.4万平方米，建筑面积5.2万平方米，投资额2.37亿元。于5月6日开工，由扬州鸿基房地产开发有限公司高邮分公司投资兴建。

"珠光豪庭住宅小区一期"，位于车逻镇车逻村，占地面积4万平方米，建筑面积4.68万平方米，投资额1.36亿元。于5月10日开工，由江苏钰丰置业有限公司投资兴建。

"开元世家"，位于通汉路东侧、通湖路南侧，占地面积4.02万平方米，建筑面积10.45万平方米，投资额3.55亿元。于7月7日开工，由扬州广开源置业有限公司投资兴建。

"华昇沁园二期"，位于高邮市珠光路西侧、沿河路东侧，占地面积8.94万平方米，建筑面积20.31万平方米，投资额6.98亿元。于7月25日开工，由扬州市华昇房地产开发有限公司投资兴建。

"紫金城"，位于屏淮路东侧，秦邮路南侧，占地面积5.4万平方米，建筑面积18.9万平方米，投资额2.58亿元。于9月10日开工，由高邮盛世置业有限公司投资兴建。

"波司登世贸广场3区"，位于屏淮路和通湖路交叉口，占地面积3.34万平方米，建筑面积10.69万平方米，投资额5.08亿元。于9月13日开工，由高邮永胜贸易有限公司投资兴建。

“和园”，位于金桥路西侧，110千伏高邮变电所东侧，占地面积1.42万平方米，建筑面积1.99万平方米，投资额1.12亿元。于9月20日开工，由扬州市祥安置业有限公司投资兴建。（朱玉霞）

【住房保障工作】 2013年，市房管局出台《高邮市共有产权经济适用住房管理试行办法》《调整住房保障相关政策的通知》《高邮市城市棚户区（危旧房）改造规划（2013～2017）》等文件，对经济适用房管理、住房保障政策、危旧房改造等工作做出调整和规划。全年筹集公共租赁住房（含廉租住房）728套（间），新建经济适用住房164套，筹集棚户区改造安置住房424套，筹集限价商品房286套；发放廉租住房租赁补贴132户、22.98万元；廉租房实物配租方式安置住房困难家庭51户；41户低收入家庭通过摇号方式选购经济适用房。（朱玉霞）

【商品房预销售管理】 2013年，全市办理商品房竣工备案手续22份、面积92.9万平方米，核发商品房预售许可证64份、面积182.7万平方米；网上合同备案8 795份。（朱玉霞）

【二手房产交易登记】 2013年，市区办理二手房交易登记1 790套、面积19.24万平方米。其中，住宅成交1 645套、面积17.51万平方米；商业营业用房成交145套、面积1.73万平方米。办理房屋权属抵押登记4 360套、面积47.66万平方米。托管二手房交易资金930笔。（朱玉霞）

【房屋权属登记交易管理】 2013年，全市共办理房屋权属登记8 204户、面积90.36万平方米，发放房屋所有权证9 420本、他项权证6 090本，办理房屋按揭抵押服务4 360户、面积47.66万平方米。

（朱玉霞）

【房屋测绘与评估】 2013年，市房管局引进测绘技术人才，推广运行房产测绘系统，积极拓展测绘市场。全市完成测绘面积300万平方米，其中商品房预测绘58宗、158万平方米，竣工商品房测绘64宗、160万平方米，个人自建房及厂房测绘116宗、1.1万平方米。完成各类委托性评估215笔、面积6.3万平方米，评估标的额1.93亿元；完成房屋征收评估项目9项、1 013户、面积17.52万平方米，评估标的额3.93亿元。（朱玉霞）

【房屋征收】 2013年，市政府修订并出台《规范房屋征收（拆迁）行为的意见》《房屋征收补偿评估技术细则》，制定《高邮市直管公房征收补偿安置规定》《高邮市国有土地上房屋征收与补偿最低保障规定》等文件，进一步完善房屋征收政策。加大对“一镇两区”房屋征收（拆迁）的业务指导，全年共完成城市规划区内房屋征收（拆迁）项目16项，征收面积28.61万平方米。（朱玉霞）

【直管公房危房解危】 2013年，市房管局落实市政府《直管公房解危实施意见》，推进危房解危工作。至年底，投入资金900万元，完成公房危房解危737户、解危面积3.32万平方米。（朱玉霞）

【白蚁防治】 2013年，市白蚁防治所加大职工培训力度，强化白蚁防治责任，提高白蚁防治水平。全年签订白蚁预防工程合同196份，预防面积268.69万平方米。（朱玉霞）

【物业管理】 2013年，市房管局加强物业服务企业资质管理，严把前期物业管理准入关，指导和监督开元世家、翰林国际、鸿安佳园、名门公馆、加洲锦苑、佳晟东方御景（东区）、华昇沁园（东区）、珠光豪庭、鸿基万和城、碧水新城（南苑）、紫金城等11个建设项目进行前期物业管理招投标。按照市老旧住宅小区实施基本物业服务五年规划目标，有计划地指导水部楼社区、奎楼社区、琵琶社区、文游社区组建物业服务中心，投入16万元实施文通花苑、公园小区两个老旧住宅小区环境提升工程并介入基本物业服务。指导富城汇贤居、碧琅秀水苑、汇金大公馆、朗盛天琴、盛丰南苑、新贵城邦等6个住宅小区成立小区业主委员会，指导瑞和·阳光城、盛丰福邸2个住宅小区业委会换届选举。建立住宅专项维修资金软件管理系统，加大住宅专项维修资金归集力度，全年归集维修资金3 580万元。启动维修资金应急使用程序，投入资金106万元，实施9个小区共用部位、共用设施的维修工作。（朱玉霞）

【物业管理行业培训】 2013年，市房管局组织房地产开发企业及社区负责人、部分小区业主委员会成员和物业服务企业负责人、项目经理、业务骨干等人员共300人进行培训，先后培训《江苏省物业管理条例》《物业管理概论》《物业管理法律实务》《电梯安全管理》等基础理论知识和专业技能，不断提高物业管理行业从业人员专业理论水平、业务技能和实际操作能力。（朱玉霞）

非公有制经济

None—Public Ownership Economy

导读

综　述

2013年，私营企业发展平稳。全年新增私营企业2 454家，注销、吊销营业执照的私营企业2 121家。至年底，累计有私营企业8 172家。新增注册资本（金）在100万元以上的私营企业406家，其中注册资本（金）在1 000万元以上的私营企业118家。新增私营有限责任公司687家，其中1人独资有限公司272家（含13家分公司）。在全年新增私营企业中，第一产业202家、第二产业1 343家、第三产业909家，分别占总数的8.2%、54.7%、37.1%。

个体工商户发展量质并举。全年新增个体工商户4 795家，增长13%；被注销的个体工商户2 478家。至年底，累计有个体工商户2.38万家。全年新增个体工商户注册资金4.69亿元、从业人员9 225人，分别增长49.3%、19.9%；全年个体工商户累计注册资金18.06亿元、从业人员4.47万人，分别增长22.8%、16.1%。

外商投资企业发展放缓。全年新登记独资或合资企业8家，注册资本（金）9 786.49万美元。其中，新增注册外商独资企业1家，注册资本（金）1 000万美元；新增注册香港、台湾客商投资企业4家，注册资本（金）2 150万美元；新增注册与外商合资企业2家，注册资本（金）3 600万美元；新增注册中外合作企业1家，注册资本（金）3 036.49万美元；注销外商投资企业2家和台湾、香港客商投资企业8家。　（王竹茂）

私营企业

【新发展工业私营企业 1 540 家】 2013年，全市新注册登记开业的工业（制造业）私营企业1 540家，投资者1 733人，雇工1.42万人，注册资本（金）26.79亿元。至年底，全市累计注册登记的工业私营企业4 786家，投资者7 300人，雇工11.38万人，注册资本（金）310.55亿元。工业私营企业数、投资者数、雇工数和注册资本（金）规模均位居全市私营企业各行业之首。　（王竹茂）

【新发展商业私营企业 401 家】 2013年，全市新注册登记开业的商业（批发和零售业）私营企业401家，投资者441人，雇工1 580人，注册资本（金）5.05亿元。至年底，全市累计注册登记的商业私营企业1 575家，投资者1 929人，雇工9 065人，注册资本（金）37.4亿元。　（王竹茂）

【新发展农业私营企业 202 家】 2013年，全市新注册登记开业的农业（含农、林、牧、渔业）私营企业202家，投资者218人，雇工722人，注册资本（金）1.62亿元。至年底，全市累计注册登记的农业私营企业334家，投资者434人，雇工2 381人，注册资本（金）9.26亿元。　（王竹茂）

【新增注册资本（金）100 万元以上私营企业 406 家】 2013年，全市新增注册资本（金）100万元以上私营企业406家，累计实有注册资本（金）在100万元以上的私营企业共有3 511家。其中，注册资本（金）在100万元～500万元的私营企业1 571家，占总数的44.75%；注册资本（金）在500万元～1 000万元的私营企业607家，占总数的17.29%；注册资本（金）在1 000万元～1亿元的私营企业1 178家，占总数的33.55%；注册资本（金）在1亿元以上的私营企业有155家，占总数的4.41%。　（王竹茂）

【办理变更登记2 053家】 2013年，高邮工商局共办理变更各类工商企业登记2 053家，其中非公司制内资企业50家、有限公司1 769家、个人独资（合伙）企业142家、外资企业92家。　（王竹茂）

【注销、吊销私营企业营业执照 2 121 家】 2013 年，因多种原因被注销、吊销营业执照的私营企业 2 121家，其中注销营业执照的1 744家、吊销营业执照的 377 家。 （于金国）

表 28　**2013 年高邮市分行业私营企业基本情况表**

行业分类	至 2013 年年底累计数									2013 年新发展数			
	合计					其中:城镇							
	户数（家）	分支机构（家）	投资者人数（人）	雇工人数（人）	注册资本(金)（万元）	户数（家）	投资者人数（人）	雇工人数（人）	注册资本(金)（万元）	户数（家）	投资者人数（人）	雇工人数（人）	注册资本(金)（万元）
合　计	8 172	625	12 115	163 880	4 854 368	3 614	5 349	66 523	2 259 288	2 454	2 835	19 900	528 213
农、林、牧、渔业	334	22	434	2 381	92 616	94	103	521	17 116	202	218	722	16 221
采矿业	2	—	2	19	145	—	—	—	—	—	—	—	—
制造业	4 786	76	7 300	113 847	3 105 564	1 444	2 340	42 118	1 287 367	1 540	1 733	14 180	267 934
金属制品、机械和设备修理业	3	—	7	26	210	3	7	26	210	2	5	16	60
电力、热力、燃气及水的生产和供应业	7	—	16	63	4 659	4	5	43	4 131	1	1	10	3 800
建筑业	414	51	686	24 228	384 806	251	370	7 895	143 917	98	113	1 343	23 626
批发和零售业	1 575	333	1 929	9 065	373 975	1 054	1 280	6 250	246 880	401	441	1 580	50 483
交通运输、仓储和邮政业	119	6	213	1 847	78 737	88	170	1 392	66 349	13	13	107	2 710
住宿和餐饮业	32	6	32	756	5 570	22	21	677	2 062	8	6	270	470
信息传输、计算机服务和软件业	77	1	99	384	19 248	70	90	356	9 163	8	15	84	11 431
金融业	57	40	144	591	167 680	47	96	463	46 600	6	19	38	49 000
房地产业	174	8	294	3 440	288 379	117	186	1 822	220 698	23	40	272	34 748
租赁和商务服务业	287	43	408	2 317	151 647	221	308	1517	101 726	77	111	534	30 573
科学研究和技术服务业	132	8	259	3 401	154 173	78	162	2 366	104 034	57	99	628	35 915
水利、环境和公共设施管理业	6	1	26	195	13 749	3	18	147	1 535	3	6	50	738
居民服务、修理和其他服务业	151	29	246	1 124	11 891	108	180	782	6 470	17	20	82	564
教育	4	—	9	71	469	2	6	31	290	—	—	—	—
卫生、社会保障和社会福利业	1	—	1	22	400	1	1	22	400	—	—	—	—
文化、体育和娱乐业	14	1	17	129	660	10	13	121	550	—	—	—	—

（王竹茂）

【新登记农民专业合作社 62 家】 2013 年，高邮工商局积极探索以土地承包经营权出资设立农民专业合作社的工作，努力提升农民专业合作社发展质态。至年底，新登记农民专业合作社 62 家，其中以土地承包经营权出资设立的农民专业合作社 23 家，作价出资的土地1 679.17公顷。 （王竹茂）

附:2013 年度新增农民专业合作社名单

润邮农机服务专业合作社、扬州秦邮人家蔬果专业合作社、志松水产专业合作社、司徒镇民生农机服务专业合作社、甘垛镇庆丰禽业专业合作社、马棚镇东汉种业土地股份专业合作社、宏朝大闸蟹生态养殖土地专业合作社、卸甲镇禾丰农机专业合作社、龙腾水稻土地股份专业合作社、扬州市一品红欧洲大樱桃专业合作社、界首镇应龙水稻土地股份专业合作社、菱塘回族乡同心粮食种植土地股份专业合作社、临泽镇瓦港村姜港养殖土地股份专业合作社、绿康果蔬专业合作社、诚信特种水产专业合作社、牧歌禽业专业合作社、田润育秧专业合作社、田旺粮食种植土地股份专业合作社、丰登粮食种植专业合作社、卸甲镇子刚特种水产养殖土地股份专业合作社、卸甲镇国强特种水产土地股份专业合作社、甘垛镇子明粮食种植土地股份专业合作社、周山镇汤沟粮食种植土地股份专业合作社、车逻镇曹庄粮食种植土地股份专业合作社、三垛镇利群罗沼虾土地股份专业合作社、谷丰种子服务专业合作社、带程春蕾谷物种植土地股份专业合作社、汤庄镇高友水产养殖专业合作社、汇金水产专业合作社、鑫凤农机服务专业合作社、民生特种水产专业合作社、高邮镇益丰农机服务专业合作社、横泾田源农机服务专业合作社、惠余水产养殖专业合作社、友联特种水产养殖专业合作社、四野花木农家乐专业合作社、菱塘回族乡润民农业机械化服务专业合作社、郑家特种水产养殖专业合作社、玉山特种水产养殖专业合作社、吉祥水产专业合作社、三垛镇俞胡粮食种植土地股份专业合作社、送桥镇朝良粮食种植土地股份专业合作社、梅子水产专业合作社、富强特种水产专业合作社、周山镇远东水产专业合作社、卸甲镇红英农机专业合作社、朝阳虾业专业合作社、金平农机服务专业合作社、车逻镇砖场粮食种植土地股份专业合作社、三垛镇雨萱粮食种植土地股份专业合作社、裕源水产专业合作社、旺发农机服务专业合作社、吉达特种水产专业合作社、朝露花木土地股份专业合作社、周山镇花枝蔬菜种植土地股份专业合作社、鑫磊生态农业专业合作社、丰源特种水产专业合作社、甘垛镇启南粮食种植土地股份专业合作社、添穗粮食种植土地股份专业合作社、扬州宽裕粮食专业合作社、泽丰现代农作物种植专业合作社 （王竹茂）

个体工商户

【新发展商业个体经营户3 621家】 2013年，全市新注册登记和开业的商业（批发和零售）个体经营户3 621家，新增从业人员5 371人、注册资金3.09亿元，均居全市各行业之首。至年底，全市累计注册登记的商业（批发和零售）个体经营户1.68万家，从业人员2.47万人，注册资金11.20亿元。 （王竹茂）

【新发展服务业个体经营户 473 家】 2013 年，全市新注册登记和开业的服务业（居民服务和其他服务业，信息传输、计算机服务和软件业，住宿和餐饮业，租赁和商务服务业）个体经营户 473 家，新增从业人员1 226人、注册资金5 685.9万元。至年底，全市累计注册登记的服务业个体经营户3 439家，从业人员7 450人，注册资金 2.87 亿元。其中，居民服务和其他服务业个体经营户1 918家，从业人员3 773人，注册资金 1.36 亿元；信息传输、计算机服务和软件业 62 家，从业人员 109 人，注册资金 461万元；住宿和餐饮业1 308家，从业人员3 267人，注册资金 1.25 亿元；租赁和商务服务业 151 家，从业人员 301 人，注册资金2 121万元。 （王竹茂）

【新发展工业个体经营户 506 家】 2013 年，全市新注册登记和开业的工业（制造业）个体经营户506 家，新增从业人员2 115人、注册资金 0.7 亿元。至年底，全市累计注册登记的工业个体经营户2 832家，从业人员 1.09 万人，注册资金 3.16 亿元。 （王竹茂）

【注销个体工商户营业执照2 478家】 2013 年，因多种原因被高邮工商局注销的个体工商户2 478家，其中驻城镇个体工商户 976 家、驻乡镇个体工商户1 502家。 （王竹茂）

表 29 **2013 年高邮市分行业个体工商户基本情况表**

行业分类	至2013年年底累计数						2013年新发展数			2013年注销	
	合　计			其中:城镇							
	户数（家）	从业人员（人）	注册资本（金）（万元）	户数（家）	从业人员（人）	注册资本（金）（万元）	户数（家）	从业人员（人）	注册资本（金）（万元）	合计	其中:城镇
合　计	23 804	44 680	180 614	14 903	27 602	112 726	4 795	9 225	46 877	2 478	976
农、林、牧、渔业	377	788	4 612	168	297	1 643	129	373	2 418	29	15
采矿业	1	12	30	—	—	—	—	—	—	—	—
制造业	2 832	10 900	31 634	1 236	4 465	13 663	506	2 115	7 021	165	46
金属制品、机械和设备修理业	94	115	899	9	14	74	79	88	795	1	0
电力、热力、燃气及水生产和供应业	3	5	48	1	3	8	1	1	10	1	0
建筑业	20	48	211	16	32	171	7	16	100	1	1
批发和零售业	16 780	24 744	112 003	10 744	16 753	74 294	3 621	5 371	30 907	2 025	812
交通运输、仓储和邮政业	39	63	384	26	40	243	16	20	171	3	—
住宿和餐饮业	1 308	3 267	12 540	1 002	2 577	9 717	162	497	2 414	62	38
信息传输、计算机服务和软件业	62	109	461	46	84	369	10	24	175	2	0
金融业	9	16	144	8	14	124	1	2	10	0	0
房地产业	111	162	482	107	157	461	16	24	106	1	1
租赁和商务服务业	151	301	2121	89	153	779	22	50	284	5	1

续表 29

行业分类	至2013年年底累计数						2013年新发展数			2013年注销	
	合　计			其中:城镇							
	户数(家)	从业人员(人)	注册资本(金)(万元)	户数(家)	从业人员(人)	注册资本(金)(万元)	户数(家)	从业人员(人)	注册资本(金)(万元)	合计	其中:城镇
科学研究和技术服务业	81	155	517	60	125	388	7	26	120	1	1
水利、环境和公共设施管理业	2	10	20	1	4	10	1	4	10	—	—
居民服务、修理和其他服务业	1 918	3 773	13 642	1 298	2 591	9 226	279	655	2 813	172	51
教育	12	37	55	12	37	55	—	—	—	—	—
卫生和社会工作	—	—	—	—	—	—	—	—	—	—	—
文化、体育和娱乐业	98	290	1 710	89	270	1 578	17	47	318	11	10

（王竹茂）

独资企业

【新办1人独资有限公司272家】　2013年，全市新办1人独资有限公司272家，注册资本(金)9.61亿元，分别增长28.3%、76.3%。　（王竹茂）

附:2013年高邮市新办1人独资有限公司名单

扬州市灵川商贸有限公司、扬州舒洁家政服务有限公司、市湖西物业服务有限公司、扬州市泰和道路设施有限公司、市东方爱婴信息咨询有限公司、市龙程机械制造有限公司、市万泰供水服务有限公司、中沙建筑装潢有限公司、中胜建筑装潢有限公司、扬州贝瑞康生物科技有限公司、扬州伟跃汽车配件有限公司、扬州鑫灿益机械设备有限公司、市华泰铜业有限公司、扬州宇程广告装饰有限公司、市宁通物流有限公司、市荣鑫疏浚工程有限公司、市元通投资管理有限公司、扬州天衡建设工程有限公司、扬州市帝豪物流有限公司、真美利商贸有限公司、扬州贵和置业有限公司、江苏林杉风置业有限公司、扬州星宇物流有限公司、志恒服饰有限公司、扬州光瑞照明器材有限公司、扬州乐居光电科技有限公司、市众鑫汽车销售有限公司、扬州市祥顺照明有限公司、扬州牛力农机配件有限公司、市宝德机械有限公司、扬州亿昇物业服务有限公司、扬州市德邦光电科技有限公司、扬州新翔体育用品有限公司、扬州春之馨装饰设计工程有限公司、市天地人物流有限公司、扬州市三辰农业发展有限公司、扬州游龙金属科技有限公司、扬州市昊瑞太阳能照明有限公司、扬州均益投资有限公司、扬州市典煦照明有限公司、扬州亮宇机电有限公司、市润豪贸易有限公司、顺鑫服饰有限公司、扬州普瑞光电有限公司、市风云海服饰有限公司、林芳塑业有限公司、市鑫天源建设配套工程有限公司、市明烨机械有限公司、扬州市舍德照明工程有限公司、扬州市安生照明工程有限公司、扬州市维江电器销售有限公司、扬州创德机械有限公司、扬州市松嘉贸易有限公司、扬州市恩泽太阳能有限公司、扬州润光聚合材料有限公司、扬州市宝石灯业有限公司、扬州市金辉房地产营销策划有限公司、扬州中易通物流有限公司、市日月鸣建筑工程有限公司、世嘉医疗用品有限公司、扬州冠喆智能科技有限公司、市界首镇盂陵供水服务有限公、市博金商贸有限公司、市欧瑞商贸有限公司、扬州市小羊工业装备配件有限公司、市博亦投资有限公司、市吕氏土石方工程有限公司、扬州峰宝驰橡胶器材有限公司、市联友食品有限公司、扬州威希亚能源科技有限公司、扬州市金龙光电科技有限公司、市海林保洁有限公司、市龙运达物流有限公司、市科建新型建材有限公司、市天安土石方工程有限公司、扬州市一崇天机械制造有限公司、扬州普成建设工程有限公司、市众恒广告传媒有限公司、市爱杰进出口有限公司、江苏泰荣国际货运代理有限公司、扬州市锦能光电科技有限公司、扬州梦童商贸有限公司、市强力置业有限公司、市兰卡特种水产有限公司、扬州宏乐通讯管道有限公司、扬州沃夭信息技术有限公司、扬州华成生物科技有限公司、市兴林钢结构有限公司、扬州市润明建设工程有限公司、扬州西展能源物资有限公司、扬州市山湖庄园景观亮化工程有限公司、扬州市源康园林绿化有限公司、扬州捷荣防护用品有限公司、扬州市汇能光伏科技有限公司、扬州少游新能源有限公司、江苏汇得光电有限公司、扬州欧达欣电气有限公司、扬州源恒鑫服饰有限公司、市福美时装有限公司、扬州市搏立之星体育用品有限公司、扬州市雅鑫光电科技有限公司、市金炫广告传媒有限公司、市永安仓储有限公司、扬州圣钦服饰有限公司、扬州市宝吉光电科技有限公司、扬州市国环新能源科技发展有限公司、扬州市信聚投资有限公司、扬州飞腾网络科技有限公司、市经济开发区凯盛污水处理有限公司、市鸿顺投资管理有限公司、扬州市玉程液压机械有限公司、市浦德装饰工程有限公司、扬州市佰瑞特橡胶有限公司、扬州云川服饰有限公司、扬州百川路桥劳务分包有限公司、市柯盈服饰有限公司、扬州市普尔机械科技有限公司、扬州汇美服饰有限公司、扬州东方传奇广告有限公司、扬州市润珍汽车销售有限公司、市振宇土石方工程有限公司、扬州市龙虬庄生态农业发展有限公司新庄经营部、扬州永兴监控设备有限公司、扬州乐腾物资有限公司、扬州建通交通设施有限公司、扬州市天松光电科技有限公司、扬州顺康生物技术有限公司、江苏骏行建设工程有限公司、扬州市锦驿建筑劳务有限公司、扬州硕成电气有限公司、扬州天泽大药房有限公司、扬州市包打天下餐饮有限公司、扬州市玉荣窗业有限公司、市松达土石方工程有限公司、扬州市鼎睿光电科技有限公司、市龙鑫装潢工程有限公司、市宝富商贸有限公司、扬州市宏博建设工程有限公司、扬州市银恒门窗有限公司、江苏东方力拓工程设备科技有限公司、市兆骏土石方工程有限公司、扬州市赛莱斯服饰有限公司、市博云建材贸易有限公司、扬州市瑞嘉照明电器有限公司、远景投资咨询有限公司、市白玉红食品有限公司、飞通电子商务有限公司、扬州洪辰投资有限公司、有祥果品销售有限公司、扬州艺格文化传媒有限公司、扬州国本生物科技有限公司、扬州市丰瑞医疗器械有限公司、市昊东物资贸易有限公司、扬州市元泰新能源科技有限公司、扬州市元元机械有限公司、扬州市祺圣四方电子科技有限公司、市万山办公用品商贸有限公司、市鼎富日用品商贸有限公司、扬州智赢企业管理咨询有限公司、市龙源供水服务有限公司、市小康汽车销售服务有限公司、扬州康丽欣电池有限公司、扬州爱水生物科技有限公司、市昌源金属制品有限公司、扬州恩熠建材商贸有限公司、扬州市邮驿国际旅行社有限公司北海营业部、扬州鼎能电源有限公司、扬州鑫霖投资有限公司、扬州顺然园林绿化有限公司、市伟业服饰贸易有限公司、扬州市荣华生物设备科技有限公司、扬州盈嘉液压机械设备有限公司、市高瑞装饰装潢有限公司、市大唐广告传媒有限公司、市客缘建材有限公司、扬州天泽大药房有限公司广缘店、扬州天泽大药房有限公司康龙店、扬州天泽大药房有限公司康和店、扬州梅静瀚实验设备有限公司、扬州东昇新光源科技有限公司、扬州市晟宇塑业有限公司、扬州市英达电气工程有限公司、市大鹏物流有限公司、扬州市恒兴钢结构工程有限公司、扬州联歌光电有限公司、扬州市联发特种水产有限公司、扬州英飞凌电源有限公司、市明和装饰工程有限公司、市仁远建材贸易有限公司、扬州格美建筑装饰有限公司、扬州凯能金属材料有限公司、扬州市夜辉网络信息技术有限公司、扬州宝锦盛节能科技有限公司、扬州市润坤金属材料贸易有限公司、市金缘投资管理有限公司、市祥宇建筑装潢工程有限公司、扬州市仁鼎建筑劳务有限公司、市平锋机械有限公司、扬州博强不锈钢有限公司、扬州市腾博照明科技有限公司、扬州市氧滋康电器有限公司、扬州润和投资管理咨询有限公司、扬州天泽大药房有限公司加洲店、扬州市煜巳光电科技有限公司、翔科电子有限公司、扬州市大唐宏源投资有限公司、江苏苏米米业有限公司、市胜利照明器材有限公司、市天同塑料制品有限公司、扬州市五方农业发展有限公司、扬州云涛液压机械有限公司、扬州菱电电梯成套部件有限公司、克莱德数控机床江苏有限公司、市高科装饰装潢有限公司、扬州圣美服饰有限公司、市阳光爱车汽车销售有限公司、扬州市毛毛虫装饰设计有限公司、扬州隆名机械装备有限公司、江苏世浦建设工程有限公司、扬州玲珑装饰装潢有限公司、市宝诚不锈钢制品有限公司、扬州市欧联医药化工装备有限公司、市居林大酒店有限公司、市龙腾电子数码有限公司、扬州跃宇光电有限公司、市华顺建筑材料有限公司、扬州市亮典装饰设计工程有限公司、和泰物资贸易有限公司、扬州元邦纳米材料有限公司、市龙邮物资有限公司、市奕哲珠宝有限公司、瑞丰土石方建设工程有限公司、市天盛鞋材有限公司、市久旺油品有限公司、扬州市庭俊建材商贸有限公司、扬州宸泰设备安装有限公司、拓普投资有限公司、市永昌模具钢材有限公司、市秦邮劳务服务有限公司、扬州郡王置业有限公司、市高湖蛋品有限公司、扬州市安征化学品有限公司、扬州明馨生态农业发展有限公司、市长虹蛋品有限公司、市萱阳酒业贸易有限公司、扬州特味佳速冻食品有限公司、方泉建筑安装工程有限公司、扬州市诺迈物资商贸有限公司、扬州千富建筑架设有限公司、扬州明安优机械科技有限公司、扬州健圆酒业有限公司、扬州市清舟疏浚工程有限公司、江苏伊佰恋信息科技有限公司、市兴友会计咨询服务有限公司、市天惠汽车零部件有限公司、扬州颖鑫装饰装潢工程有限公司、扬州悦凯工贸有限公司、扬州市地平线旅行社有限公司正道营业部、扬州州际乐器有限公司、扬州建盈金属有限公司、扬州市跃马新能源有限公司、市乐安居装饰装潢工程有限公司、市鑫意电气服务有限公司、扬州市龙伟食品有限公司、扬州琼花电力设备有限公司、扬州市国奎物资贸易有限公司。

（王竹茂）

【新增注册外商独资企业 1 家】 2013 年，全市新增注册外商独资法人企业 1 家、注册资本1 000万美元。至年底，全市累计有外商独资法人企业 23 家，累计注册资本（金）1.12 亿美元。（韦民裕）

表 30　**2013 年高邮市新增注册外商独资企业简表**

企　业　名　称	投资商所在国家	注册资本（金）（万美元）	设立时间
江苏星浪光学仪器有限公司	萨摩亚	1 000	10 月 28 日

（韦民裕）

【新增注册香港、台湾客商独资企业 4 家】 2013 年，全市新增注册香港、台湾客商独资企业4家、注册资本2 150万美元。其中香港客商独资企业3家、注册资本1 850万美元，台湾客商独资企业1家，注册资本300万美元。至年底，全市共有香港、台湾客商独资企业44家，注册资本2.24亿美元。（韦民裕）

表 31　**2013 年高邮市新增注册香港、台湾客商独资企业简表**

企　业　名　称	投资商籍贯	注册资本（金）（万美元）	设立时间
高邮市年丰农业发展有限公司	台湾	300	4 月 12 日
高邮市和瑞农业发展有限公司	香港	200	6 月 21 日
荷尔仕食品（江苏）有限公司	香港	1 250	10 月 11 日
高邮市茂晟农业发展有限公司	香港	400	11 月 5 日

（韦民裕）

合资企业

【新增注册与外商合资企业 2 家】 2013 年，全市新增注册与外商合资企业 2 家、注册资本3 600万美元，投资商分别来自法国、加拿大。至年底，全市累计有中外合资企业 30 家，累计注册资本（金）1.33 亿美元。（韦民裕）

表 32　**2013 年高邮市新增注册中外合资企业简表**

企　业　名　称	高　邮　方	投资商所在国家	注册资本（金）（万美元）	设立时间
扬州鑫佳源科技发展有限公司	扬州恒丰旅游用品有限公司	法国	620	4 月 8 日
扬州诺力达电源有限公司	镇江市金快乐蓄电池有限责任公司	加拿大	2 980	11 月 22 日

（韦民裕）

【新增注册中外合作企业 1 家】 2013 年，全市新增注册中外合作企业 1 家，新增注册资本3 036.49 万美元。至年底，全市累计有中外合作法人企业 2 家，注册资本（金）3 836.49万美元。（韦民裕）

表 33　**2013 年高邮市新增注册中外合作企业简表**

企　业　名　称	高　邮　方	投资商所在国家	注册资本（金）（万美元）	设立时间
艾诺斯（扬州）华达电源系统有限公司	艾诺斯（中国）华达电源系统有限公司	卢森堡	3 036.49	5 月 15 日

（韦民裕）

【注销外商投资企业 2 家】 2013 年，全市注销外商投资企业 2 家，分别是韩国、法国客商投资的企业扬州开心农庄生态农业发展有限公司、扬州鑫佳源科技发展有限公司。（韦民裕）

【注销香港、台湾客商投资企业 8 家】 2013 年，全市注销香港客商投资企业 7 家，即扬州麦莎现代农业发展有限公司、高邮华顺光电科技有限公司、扬州华益光电科技有限公司、高邮益听科技有限公司、扬州盛威光电科技有限公司、扬州邮兴物流服务有限公司、扬州丽展国际服饰有限公司；注销台湾客商投资企业 1 家，即扬州安平电子有限公司。

（韦民裕）

信息化建设

Informatization Construction

导读

信息化工作

【概况】 2013 年，全市信息化工作将推进“两化融合”作为促进经济发展方式转变和产业结构优化升级突破口，加大项目的培育和引导力度，推进信息技术在企业研发、设计、生产、管理、销售等各个环节的广泛应用。推广首席信息主管（CIO）制度建设，引导和推动企业 CIO 职业化、常态化和制度化。全年累计获批省级“两化融合”示范企业 2 家、试点企业 13 家，创成省级五星级数字企业 2 家、扬州市星级数字企业 15 家，有 3 家企业信息化项目获批 2013 年扬州市“两化融合”示范项目，帮助企业向上争取国家、省级信息化专项资金 300 多万元。（朱万伟）

【电子政务建设】 2013 年，全市行政权力网上公开透明运行向纵深发展，与部门核心业务工作逐步融合，进一步巩固“三个全覆盖”的工作成果。全年共清理规范各类行政权力事项2 039项，其中挂起1 775项、废止 56 项、调整 208 项，运行各类行政权力办件12 828件、运行数据86 204条。农村综合信息服务平台（网上村委会）服务功能进一步完善，通过扬州市考核验收，在扬州市率先实现涉农信息资源整合和公开共享。（朱万伟）

【网络信息安全工作】 2013 年，全市信息化工作执行信息安全工作会议制度、通报制度、考核制度等三项基本工作制度。加强春节、全国“两会”、扬州“烟花三月”国际经贸旅游节、第六届中国邮文化节等重要时期信息安全保障工作，确保网络信息安全。加强信息安全防护能力建设，完成市重要信息系统在线攻防测试、安全漏洞扫描等风险评估工作事项。举办首届党政机关信息安全员岗位专业培训班，有 106 人完成培训学习，并经过考试考核全部获发“江苏省信息安全员上岗证书”。（朱万伟）

【企业信息化工作】 2013 年，全市累计获批省级两化融合示范企业 2 家、试点企业 13 家，创成省级五星级数字企业 2 家、扬州市星级数字企业 15 家，组织认定高邮市星级“数字企业”65 家。帮助企业向上争取国家、省级信息化专项资金 300 多万元，3 家企业通过扬州市两化融合示范项目评审认定。举办首届中小企业电子商务培训班，开展两化融合服务企业行活动。组织各类“两化深度融合”培训班 2 期，不断提高企业信息化决策能力、应用能力。推进企业 CIO 制度建设，26 家企业负责人通过扬州市首席信息主管（CIO）认定。（朱万伟）

【农村信息化工作】 2013年，推进完成乡镇和行政村光纤网络延伸组网和线路整合工作，提前2年实现扬州市下达的乡村农村党员干部远程教育网、便民服务网、有线电视网和互联网等“四网齐全”全覆盖的目标；鼓励农村信息化应用创新，充分发挥信息技术在农业增效、农民增收、农村发展中的作用，不断推进农村经济社会发展各领域信息化。至年底，全市累计有农村宽带互联网用户7万余户、有线数字电视用户10万余户、便民服务网点176个、农村党员干部远程教育网176个；三垛镇少游村创成江苏省农村信息化应用示范基地。（朱万伟）

【行业信息化工作】 2013年，全市城市管理、文化教育、社会保障、医疗卫生、环境保护、人口计生、工商管理等领域的信息化水平明显提升，市综合治税信息管理平台通过扬州验收，数字城管建设方案通过评审，区域卫生信息平台初步建成。至年底，全市实现市内“城乡学校网上结对工作”和扬州市“数字化校园”创建全覆盖；累计设置监控探头1万余只，通过“技防城”建设省级验收。（朱万伟）

【软件和信息服务业招商】　年初，市经信委制作向高邮籍在外电子信息高端人才邮寄电子贺卡及《致高邮籍电子信息技术高端人才一封信》，重点介绍全市加快发展服务业政策意见、加快发展软件和信息服务业政策意见和引进高层次人才等方面政策意见。3月，将高邮城南经济新区智慧大厦（软件园）、中国路灯网等项目及时充实到招商项目库并对外发布。4月，邀请江苏鸿信系统集成有限公司、神州数码扬州公司、江苏三宝信息技术有限公司、扬州开普互联信息科技有限公司、扬州仕德伟网络科技有限公司、扬州国脉科技通信有限公司等6家重点软件企业，参加第九届中国双黄鸭蛋节、扬州"4・21"软件和信息服务外包大会和第六届中国邮文化节。联合高邮城南经济新区赴无锡市、如皋市、海安县、宝应县等地，考察学习软件园的规划建设、招商工作，并拜访相关客商。至年底，高邮城南经济新区完成与清华紫光股份有限公司、北航软件信息产业对外合作部、长沙软件园、上海浦东软件园、北京中关村等多家软件企业的合作洽谈，有力推进软件和信息服务业项目的落户。　（徐晨）

【智慧大厦项目开工建设】　9月，作为高邮软件产业园第一期工程的智慧大厦项目开工建设。该工程位于高邮城南经济新区珠光路西侧、S333北侧，由扬州考斯特房地产信息咨询服务有限公司投资建设，总投资1亿美元，注册资本3 000万美元，占地面积3.67公顷，拟建成一个集信息、软件、设计、动漫、科技以及综合配套为一体的综合性研发服务中心。总建筑面积4.97万平方米。其中，第一期工程建筑面积3.7万平方米，包括主楼2.78万平方米，会议中心、展览中心、培训中心、后勤中心等附属楼0.92万平方米；第二期工程1.27万平方米，包括高层次人才服务中心及地下建筑。全部项目建成后，将成为高邮市人才集聚、技术研发、科技孵化、成果转化的创业创新基地和新型总部经济基地，对全市高新技术产业具有促进和推动作用。至年底，该大厦完成3层办公用房建设。　（徐晨　仇慧）

【项目资金争取工作】　2013年，全市积极开展软件信息服务业项目资金争取工作。全年组织申报2013年中央财政物联网发展专项资金项目、国家中小企业发展专项资金项目和2013年度江苏省工业和信息产业转型升级专项引导资金项目3项，成功获批项目1项，即苏安物联传感科技有限公司的农产品冷链物流溯源监控及信息服务云平台项目，获批由江苏省财政厅、江苏省经济和信息委员会下拨的第一批2013年度工业和信息产业转型升级专项引导资金100万元。　（徐晨）

【"12315消费维权服务站"进驻网络交易平台】10月，高邮工商局"12315消费维权服务站"在"中国路灯网"设立，"12315投诉直通车"图标同时在"中国路灯网"上线。该局"12315消费维权服务站"进驻网络交易平台，为扬州市首家。"12315消费维权平台"与"中国路灯网"的互联互通，适应电子商务交易纠纷调解网络化、信息化、标准化、智能化的发展趋势，通过企业建立标准化的网络消费纠纷解决机制和智能化的服务平台，实现与工商部门"12315网络消费者权益保护监管网络"的实时交互，防止网络商品交易过程中夸大宣传、虚标价格、货样不符等情况的发生，从而形成对网上消费的动态监控，形成逐步健全完善电子商务交易纠纷解决体系。　（王林）

【统计信息化建设】　2013年，市统计局在全市各个乡镇（园区）的统计办、企管站和三产办建立内网连接，实现国家、省、市、县、乡的五级统计网络互联互通。按照统计工作信息化需求，利用扬州广电网络平台实现与各个乡镇（园区）的有效对接，与电信网络互为备份。全国第三批经济普查工作启动后，组织和指导各乡镇（园区）统计办全面完成所有核查单位和个体户的信息录入工作，通过光缆高速传输，确保统计资源在获取、处理、传递中的准确性、完整性。　（张博）

表34　**2013年高邮市政府部门、乡镇网站一览表**

网站名称	网址	主办单位
中国・高邮网	www.gaoyou.gov.cn	市人民政府
高邮经信网	www.jsgaoyou.gov.cn	市经信委
高邮发改委网	yangzhou.jsdpc.gov.cn/gqxzz/gys	市发改委
高邮城建网	www.jsgyjs.gov.cn	市城建局
高邮农业资源开发网	www.gyacd.com	市农开局
高邮民政网	www.gysmzj.gov.cn	市民政局
高邮市人力资源保障网	www.jsgyrc.gov.cn	市人社局
高邮招商网	www.gybi.net	市商务局
高邮科技信息网	www.gyskj.gov.cn	市科技局
高邮旅游网	www.gaoyou.cn	市旅游局
高邮教育网	jyj.gaoyou.gov.cn	市教育局

续表 34

网站名称	网址	主办单位
高邮物价网	www.jsgywj.gov.cn	市物价局
高邮房产网	www.gyfgj.gov.cn	市房管局
今日高邮网	www.gytoday.cn	市新闻信息中心
高邮统计网	www.gytjj.gov.cn	市统计局
高邮国土资源网	www.gygt.gov.cn	市国土局
高邮药监网	www.yzgyfda.gov.cn	市食药监局
高邮文明网	www.gywmw.com	市委宣传部、市文明办
高邮水务网	www.gysw.gov.cn	市水利局
高邮档案信息网	www.gyda.com.cn	市档案局
高邮企业诚信网	www.gyqycx.com	高邮工商局
高邮建管网	www.gyjgj.gov.cn	市建管局
高邮农机网	www.gynjj.com	市农机局
高邮安监网	www.gyaj.gov.cn	市安监局
高邮人口计生网	www.gaoyoujsw.gov.cn	市计生委
高邮农业信息网	www.jsgy.agri.gov.cn	市农委
高邮残联网	www.jsgydpf.org.cn	市残联
高邮审计网	www.jsgysj.gov.cn	市审计局
高邮交通网	www.jsgyjt.gov.cn	市交通局
高邮人防网	www.gyrfb.gov.cn	市人防办
高邮司法网	www.gysfw.gov.cn	市司法局
高邮粮食网	www.gyls.gov.cn	市粮食局
高邮卫生网	www.jsgyws.gov.cn	市卫生局
高邮总工会网	www.gyszgh.org	市总工会
高邮气象网	www.jsgyqx.com	市气象局
高邮住房公积金网	www.gygjj.net	扬州市住房公积金管理中心高邮分中心
高邮质监网	www.gyzjj.gov.cn	高邮质监局
高邮公安网	gy.yzga.gov.cn	市公安局
高邮财政网	www.jsgycz.gov.cn	市财政局
高邮经济开发区网	www.jsgy.com	高邮经济开发区
高邮城南经济新区网	www.gyjjxq.gov.cn	高邮城南经济新区
高邮镇人民政府网	www.gyz.gov.cn	高邮镇
车逻镇人民政府网	www.cncl.com.cn	车逻镇
龙虬镇人民政府网	www.longqiu.gov.cn	龙虬镇
卸甲镇人民政府网	www.xiejia.gov.cn	卸甲镇
汤庄镇人民政府网	www.gytz.gov.cn	汤庄镇
三垛镇人民政府网	www.gysd.gov.cn	三垛镇
界首镇人民政府网	www.jieshou.gov.cn	界首镇
临泽镇人民政府网	www.linze.gov.cn	临泽镇
周山镇人民政府网	www.gyzs.gov.cn	周山镇
送桥镇人民政府网	www.gysqz.gov.cn	送桥镇
菱塘回族乡人民政府网	www.lingtang.com	菱塘回族乡

（朱万伟）

电信通信

【概况】 2013年，中国电信股份有限公司高邮分公司（以下简称电信公司）围绕收入保障目标，以"一去两化"（去电信化，推进市场化，坚持差异化）深化战略转型，以创新和服务双领先推动规模与效益双提升，各方面工作均取得新成效。是年，该公司被表彰为江苏省文明单位。

（薛勇）

【4G网络规划建设】 2013年，在中华人民共和国工业和信息化部颁发TD—LTE商用4G牌照后，市电信公司迅速行动，以前后端联动方式开展移动网基站谈点选址专项活动，制定站址获取的激励标准，加大关键站点获取力度。至年底，累计落实站址68个，站址获取率100%，城区4G信号基本覆盖。

（薛勇）

【医疗卫生综合信息化平台建设】 2013年，市电信公司将市卫生局、市城乡各医院、村卫生所、社区等各医疗机构的业务数据、信息资源整合，建成全市医疗卫生综合信息化平台，方便市卫生系统内部办公、开电子处方和百姓看病报销等事宜。（薛勇）

【装机维护质量管理】 2013年，市电信公司加强装机维护质量管控，障碍坚持"日结日清"，装机严格按照48小时进行管控；强化装机维护派单制度，减少扯皮环节；开展"降低H故障发生率"专项劳动竞赛，组织所有装维人员参与短板指标攻坚，实现故障指标由年初的3.7%降低到年底的2.3%。每月梳理装维短板指标，重点围绕FTTH障碍发生率、VIP重复障碍发生率和VIP修复及时率等，明确整改目标，细化推进措施，促进各类装机维护质量指标明显提升。（薛勇）

【合理化建议征集活动】 2013年，市电信公司组织开展合理化建议征集活动，全年共征集合理化建议71条；组织参加扬州电信分公司合理化建议评审活动，获二等奖2人、三等奖3人。（薛勇）

【驻地网共建共享】 2013年，扬州市通信行业协会高邮市工作委员会牵头召开由中国移动公司高邮分公司、中国联通公司高邮分公司、市电信公司3家运营企业负责人等参加的座谈会，并就驻地网共建共享工作达成协议。该协议规定，3家运营企业坚决贯彻执行各级政府部门出台的有关通信设施共建共享、楼房通信管线建设的文件精神；共同成立通信基础设施共建共享工作小组，具体负责本地共建共享的日常工作；不得直接参与或变相投资建设新建住宅小区及商住楼建设规划红线内的通信管道和楼内通信暗管、暗线，安装通信线路配线设备的机房和多媒体箱等；不得以任何理由、借口，与房地产开发企业、项目管理者及物业管理者签订排他性协议，阻止其他电信运营企业的通信网络接入新建住宅小区及商住楼。该协议的签订和施行，将会对全市通信市场的健康、规范、有序发展产生积极的意义。（薛勇）

移动、联通通信

【概况】 2013年，中国移动通信集团江苏省有限公司高邮分公司（以下简称中国移动高邮分公司）坚持转型发展战略，客户规模进一步壮大，行业市场占有率80%，继续保持领先。至年底，通话用户总数超48万户，实现集团信息化收入130万元。（孙晶璐）

【转型发展】 2013年，中国移动高邮分公司实施转型发展战略，加快个人市场、政企市场、家庭市场融合发展，重点提升企事业单位信息化水平，促使集团行业信息化服务向立体化、多维度、纵深拓展，全面提升发展效率。向各类客户提供政企宽带、互联网专线、综合布线、移动办公信息化等一批产品，尤其是提供行业视频监控、车辆定位、移动一卡通、集团短彩信等信息化精品；帮助江苏航天水力设备有限公司、扬州曙光电缆股份有限公司等行业龙头企业开展信息化建设工作；与市公安局交巡警大队联手打造交通掌上平台"高邮交警"，实现全市约5万名驾驶员的交通信息综合查询服务；为现代化农业搭建信息平台，助力特色农业产业发展。全年通话用户数超48万户，3G用户超12万户，4G商用用户1万户，家庭宽带用户突破2万户，互联网电视用户数突破1万户。（孙晶璐）

【4G网络规划建设】 12月，在中华人民共和国工业和信息化部颁发TD－LTE商用4G牌照后，中国移动公司高邮分公司于年内快速规划建成TD－LTE基站78个，其中建成城区站点70个、城郊及相关重要区域站点8个，4G信号实现高邮主城区全覆盖，基于4G的各项信息化应用功能将会进一步拓展。（孙晶璐）

【客户满意度提升工程】 2013年，中国移动高邮分公司坚持对内提升基础服务能力，对外强化服务宣传力度，扎实开展客户满意度提升工程，着力提升广大客户的满意度。推进溯源管理机制，聚焦热点投诉，围绕重点流程，挖掘投诉背后的问题，制定营业前台、客户经理等一线人员标准作业程序11项；以新一代信息基础设施建设为契机，对营业厅服务执行、现场规范、班组建设等进行标准化管理；加强对一线人员的技能培养，通过常态内训、跨界学习、驻厅辅导、正向激励提升一线人员的服务技能。同时，全年开展满意度提升系列活动3期，覆盖客户20万户。通过内控外宣、标本兼治，有效确保移动客户满意度继续保持行业领先。（孙晶璐）

【高邮市联通分公司业务经营实绩】 2013年，高邮市联通分公司贯彻落实省公司"3G保姆式服务"理念与工作要求，打造高素质3G专属服务团队，建立"一对一"的服务体系。强化营销组织和营销模式转型，创新体验营销、文化营销、异业合作模式，通过3G渠道建设、价值链合作，促进3G业务的快速发展和3G品牌的传播。利用联通"沃·3G"向用户提供无线上网卡、手机音乐、手机电视、手机上网、可视电话等3G优势业务，打造精品3G网络服务品牌。全年投入6500万元建设WCDMA网络，WCDMA信号覆盖率98%；投入6 000万元，发展光纤接入专线17条。新增2G用户1.1万户，累计有6.2万户；新增3G用户1.8万户，累计有4.3万户；新增固网用户1 500户，累计有8 000户。累计完成通服收入5 700多万元。（杨亚波）

供电·交通·邮政

Power Supply·Transportation·Post

供　电

【概况】 2013年，高邮电网拥有变电站28座。其中，220千伏变电站3座、主变压器5台，累计变电容量84万千伏安；110千伏变电站11座、主变压器20台，累计变电容量110.65万千伏安；35千伏变电站14座、主变压器27台，当年变电量新增4.12万千伏安，累计变电容量27.33万千伏安；当年新增10千伏、20千伏公用配电变压器320台，增加变电容量20.14万千伏安，累计公用配电变压器4 913台、总容量115.56万千伏安。有220千伏线路5条、238.35千米；110千伏线路19条、265.80千米；35千伏线路24条、245.62千米。10千伏、20千伏线路当年增加27条，总长增加156.91千米，累计215条、2 984.73千米。全年累计完成电网建设投资2.15亿元。累计完成供电量27.56亿千瓦时，增长47.7%。其中，第一产业用电1.10亿千瓦时，增长18.1%；第二产业用电20.2亿千瓦时，增长63.5%；第三产业用电1.95亿千瓦时，增长13.2%；城乡居民生活用电4.31亿千瓦时，增长18.5%。售电量25.91亿千瓦时，增长49.6%。线损率6.0%。电费回收率100%。电网最高负荷38.94万千瓦，最高日供电量1 159.07万千瓦时，单月最高供电量3.14亿千瓦时。至年底，市供电公司实现安全记录3 660天。该公司被表彰为江苏省健康促进示范企业、江苏省电力公司先进集体。市龙虬供电所被国家电网公司表彰为中国最美供电所。（周纬）

【高邮首座500千伏扬州北输变电工程开工建设】 9月，该工程获省发改委批准。10月25日开工建设，设址三垛镇，沿途经三垛镇、甘垛镇、龙虬镇、高邮经济开发区等乡镇（园区），占地面积为5.22平方千米。共安装500千伏远期出线8回，本期出线4回，总长50.4千米；220千伏远景出线规模为24回，本期7回，总长115.5千米。共投入资金8.55亿元。（周纬）

【高邮首座110千伏智能化变电站竣工投运】 该工程于2012年8月20日开工建设，2013年4月2日竣工投运。该变电站位于菱塘回族乡骑龙村，按照无人值班变电站标准设计建造，本期建成2.5万千伏安主变压器1台、110千伏进线2回、10千伏出线12回，按35千伏等级降压运行。共投入资金5 942万元。（周纬）

【高邮建成扬州地区首座并网发电非分布光伏电站】 10月22日，江苏振发新能源科技有限公司一期20兆瓦光伏发电站经过24小时试运行，成功并入国家电网发电，成为扬州地区首座投运并网发电的非分布光伏电站。该发电站位于高邮市临泽镇西河村荡滩，占地面积46.67公顷，共装设每块面积为1.8平方米的多晶硅太阳能电池板8.56万块。所产生的电能经变压器升压后，通过并网式逆变器将直流电源转换为符合电网条件的交流电，再经一条长14.3千米的35千伏专用线路接入高邮110千伏周山变35千伏母线。该工程于2012年10月1日开工建设，总投资2.14亿元，预计年发电量3 000万千瓦时，可节约标准煤9 000吨，减排二氧化碳3万吨。所发的电能将在高邮市的周山、界首等乡镇就地销售，可满足3万余户中等家庭一年的用电需求。（史志　周纬）

【高邮实现电气化乡镇全覆盖】 2013年，市供电公司继续着力推进电气化乡镇建设工作，共投入资金0.8亿元。10月20日，甘垛镇、临泽镇两镇23个行政村的电气化村创建工作通过验收。至此，高

邮市实现电气化乡镇全覆盖，电气化村普及率100%。（史志 周纬）

资料链接 为有效解决乡镇农村电网电压低、供电能力不足等问题，高邮市委、市政府及有关职能部门自2006年起，逐年加大投入，加速新农村电气化建设，每年选择一批经济基础较好、村建规划较为合理的行政村进行建设，切实加快全市电气化乡镇建设进程。至2012年年底，累计投入资金2.3亿元，建成电气化镇11个、电气化村117个，惠及农户近14万户。（史志 周纬）

交　通

【概况】 2013年，据市公安局交通巡逻警察大队登记，全年新增各类机动车12 011辆，其中新增私人轿车7 001辆，增长39.9%。累计有各种机动车12.13万辆。其中，汽车4.64万辆（大客车842辆、小型客车36 709辆、大型货车3 068辆、小型货车3 487辆、其他类型汽车2 243辆），二轮、三轮和轻便摩托车7.49万辆。全年新增机动车驾驶员1.57万人，小马力机动车驾驶员减少1 394人，累计有机动车驾驶员18.09万人，其中汽车驾驶员11.07万人、小马力机动车驾驶员7.02万人。

全年投资7.2亿元，续建237省道和北澄子河新王、南圩大桥，改造乡村公路危桥186座、总跨度2 350延米。至年底，全市共有道路2 531.92千米。按技术等级分，高速公路44.26千米，一级公路60.02千米，二级公路336.68千米，三级公路187.18千米，四级公路1 439.32千米，等外级公路464.46千米。全市公路网密度为128.98千米/百平方千米。境内有航道44条，总里程613.86千米，其中二级航道1条、41.15千米，五级航道1条、37.65千米，六级航道1条、16.70千米，七级航道8条、199.23千米，等外级航道33条、319.19千米。

全市有营运线路79条，客运车辆691辆、1.21万客位。其中直达北京、天津、上海、杭州、温州、苍南、余姚、武汉、青岛、合肥、芜湖、宿州、南京、苏州、昆山、常熟、无锡、常州、镇江、南通、徐州、盐城等省市县际长途营运线60条，省市县际班车103辆；农村公交营运线路14条，农公班车176辆；城市公交营运线路5条，公交车44辆；开通镇村公交乡镇3个，班车6辆；境内出租车公司4家，出租车337辆。全年交通系统完成客运量1 615万人、旅客周转量14.22亿人/千米（不含出租车、公交车），其中1月16日～2月24日春运期间投放营运客车732辆、1.44万客位，发送班次2.64万次，安全运送旅客73万人次，增长3%。港口吞吐量657万吨。

2013年，高邮市县道管理养护质量、农村公路管养工作在扬州市公路综合考核中均获第一名。市公路站被省交通运输厅表彰为首批平安交通示范点、被省交通运输厅公路局表彰为全省优胜公路站、被省文明委表彰为江苏省文明单位，并连续20年被扬州市表彰为文明单位。市公路站职工书屋被中华全国总工会表彰为全国职工书屋示范点，市农村公路管养“邮乡阡陌服务组”被表彰为省交通优质服务品牌。（赵新 俞德斌）

【S237公路工程建设】 2013年，全市继续分段推进S237公路工程建设，完成年度投资3.6亿元。至2013年10月，第二期工程（秦邮路至扬八干渠）建成通车，全长12千米。至年底，第三期工程（扬八干渠至江都交界处，全长5.2千米）完成路基、路面底基层、桥涵、水稳碎石基层、沥青面层下面层等工程建设；第四期工程（马横公路至宝应交界处，全长14.2千米）完成路基贯通。（赵新 俞德斌）

资料链接 S237公路工程高邮境内全长42.9千米，按照一级公路标准设计，于2010年开始分段实施，其先导段第一期工程马横公路至秦邮路，全长11.5千米，于2012年11月建成通车。该工程总投资13.9亿元，至2013年年底累计完成投资9.8亿元。（赵新 俞德斌）

【农村危桥改造工程】 2013年，全市改造农村危桥186座，其中中小桥146座、涵40座，累计2 350延米，共投入资金4 500万元。乡村公路危桥改造三年行动完成，共完成危桥改造694座，累计完成总投资1.6亿元。（赵新 俞德斌）

表35　**2013年度高邮市农村公路桥梁建设表**

所属乡镇	项目名称	所属线路名称	建设规模				
			桥梁分类	跨径总长（米）	单孔最大跨径（米）	桥宽（米）	桥梁面积（平方米）
界首镇	郑墩桥	周山支路	中桥	40.00	8.00	5.50	220.00
	周山支桥	孟陵南路	小桥	8.00	8.00	5.50	44.00
	光明桥	丰收支路	小桥	13.00	13.00	5.50	71.50
	曹塘桥	界东河路	小桥	16.00	16.00	4.60	73.60
	子婴干渠桥	孟陵南路	小桥	22.00	8.00	13.00	286.00

续表 35

所属乡镇	项目名称	所属线路名称	建设规模				
			桥梁分类	跨径总长（米）	单孔最大跨径（米）	桥宽（米）	桥梁面积（平方米）
临泽镇	一号桥	瓦东路	小桥	6.00	6.00	5.50	33.00
	二号闸	瓦东路	小桥	6.00	6.00	5.50	33.00
	合兴六组桥	合兴支路	小桥	6.00	6.00	5.50	33.00
	三组二桥	临林路	小桥	8.00	8.00	5.50	44.00
	十号桥	侯王路	涵	3.50	0.35	5.50	—
	五组闸	法葛路	涵	3.00	3.00	5.50	—
	六组二桥	合兴支路	涵	3.00	3.00	5.50	—
	一号桥	姜港路	涵	1.50	1.50	5.50	—
	一号桥	南荡路	涵	3.00	3.00	5.50	—
	四号桥	南荡路	涵	3.00	3.00	5.50	—
	沙家二桥	沙家路	涵	4.00	4.00	5.50	—
	化肥站桥	法葛路	小桥	30.00	10.00	5.00	150.00
周山镇	红升桥	红升路	中桥	20.00	20.00	6.50	130.00
	镀锌厂桥	郭庄河路	中桥	36.00	16.00	5.50	198.00
	轮窑桥	北长路	小桥	10.00	10.00	5.50	55.00
	薛庄桥	高阳线支线	小桥	8.00	8.00	5.50	44.00
	薛家南桥	高阳线支线	小桥	8.00	8.00	5.50	44.00
	黎河排桥	黎河排西路	中桥	36.00	16.00	5.50	198.00
	新六安河狄奔桥	中心路	小桥	26.00	10.00	5.50	143.00
周巷镇	澄潼河桥	二里支渠路	中桥	33.00	13.00	5.50	181.50
	一号桥	穿乡路	中桥	33.00	13.00	5.50	181.50
	分支桥	东风河路	小桥	8.00	8.00	5.50	44.00
	尤东桥	东风河路	小桥	10.00	10.00	5.50	55.00
	子婴干渠三合桥	东风河路	小桥	13.00	13.00	5.50	71.50
	二号桥	才沟路	小桥	8.00	8.00	5.50	44.00
	周桥支渠桥	蒲塘线周桥段	小桥	5.00	5.00	5.50	27.50
	前巷北桥	新楼路	涵	5.00	3.00	5.50	27.50
	市河桥	四河线	小桥	6.00	6.00	4.10	24.60
	营南桥	东风河路	小桥	5.00	5.00	4.70	23.50
	六安河桥	姚夏路	中桥	48.00	16.00	5.50	264.00
	宴河分支桥	二里支渠路	涵	3.00	3.00	12.50	—
	营东村部涵	营居路	涵	3.00	3.00	5.50	—
	营东闸	子婴干渠路	涵	2.00	2.00	10.00	—
	卫星涵		涵	3.00	3.00	5.50	—
	卫星管涵		涵	1.50	1.50	5.50	—
	碧波桥	马庄路	小桥	20.00	8.00	6.00	120.00
	和平排河桥	蒲塘路周桥段	小桥	6.00	6.00	5.00	30.00
	和平花湾河桥	蒲塘路周桥段	小桥	5.00	5.00	5.00	25.00
	果园子婴河桥	先进路	小桥	24.00	8.00	4.60	110.40
	祥梅支北桥	祥梅支路	小桥	16.00	16.00	4.60	73.60
	何下干渠桥	姚夏路双沟段	小桥	13.00	13.00	5.50	71.50
	胡庵村部桥	马庄路	小桥	13.00	13.00	5.50	71.50
	营东子婴河桥	姚夏路双沟段	小桥	24.00	8.00	4.60	110.40
甘垛镇	横铁桥	沙野路	小桥	8.00	8.00	5.50	44.00
	渔海三组桥	渔海路	小桥	6.00	6.00	5.50	33.00
	袁家桥	袁家路	小桥	20.00	8.00	5.00	100.00

续表 35

所属乡镇	项 目 名 称	所属线路名称	建 设 规 模				
			桥梁分类	跨径总长（米）	单孔最大跨径（米）	桥宽（米）	桥梁面积（平方米）
甘垛镇	二号桥	新庄路	小桥	6.00	6.00	5.50	33.00
	横铁七组二桥	一沟河路	涵	5.50	5.50	5.50	—
	横铁二组闸	一沟河路	涵	1.00	1.00	5.50	—
	荷花二桥	荷花路	小桥	5.00	5.00	5.50	27.50
	荷花三桥	荷花路	小桥	8.00	8.00	5.50	44.00
	荷花一桥	荷花路	小桥	5.00	5.00	5.50	27.50
	北韩桥	北四路	小桥	20.00	8.00	5.00	100.00
	北四桥	北四路	小桥	5.00	5.00	5.00	25.00
	合心一桥	合心路	小桥	6.00	6.00	5.00	30.00
	南汉路七桥	南汉路	小桥	18.00	6.00	4.00	72.00
	南汉路五桥	南汉路	小桥	18.00	6.00	4.00	72.00
	南汉路三桥	南汉路	小桥	18.00	6.00	4.00	72.00
	南汉路一桥	南汉路	小桥	18.00	6.00	4.00	72.00
	农沈桥	农沈路	小桥	8.00	8.00	5.00	40.00
横泾镇	唐李桥	永胜二路	涵	3.00	3.00	5.50	—
	李家桥	永胜二路	涵	3.00	3.00	5.50	—
	带程庄东桥	带程路	小桥	10.00	10.00	5.00	50.00
	西北分河桥	建联路	小桥	24.00	8.00	5.00	120.00
司徒镇	明理桥	龙甘路	小桥	8.00	8.00	5.50	44.00
	一号桥	曹庄路	小桥	8.00	8.00	5.50	44.00
	人字河大桥	龙甘路	中桥	42.00	46.00	5.50	231.00
	胡庄北桥	米仓路	小桥	8.00	8.00	5.50	44.00
三垛镇	东平河大桥	夏家路	中桥	20.00	20.00	5.50	110.00
	大卢桥	龙联路	中桥	39.00	13.00	5.50	214.50
	宜州大桥	龙联路	中桥	39.00	13.00	5.50	214.50
	东平河桥	幸福路	中桥	33.00	13.00	5.50	181.50
	东平河大桥	九西路支线	中桥	33.00	13.00	5.50	181.50
	东平河桥	荡沟头路	中桥	33.00	13.00	5.50	181.50
	新生桥	甘马线	中桥	33.00	13.00	5.50	181.50
	生产河桥	夏家路	小桥	8.00	8.00	5.50	44.00
	二号桥	龙联路	小桥	10.00	10.00	5.50	55.00
	王家桥	南洋路	涵闸	4.00	4.00	5.50	—
	一号闸	老高兴东公路	涵闸	4.00	4.00	7.00	—
	二号桥	老高兴东公路	涵闸	4.00	4.00	7.00	—
	三号闸	老高兴东公路	涵闸	4.00	4.00	7.00	—
	四号闸	荡楼路	涵闸	4.00	4.00	5.50	—
	大卢一组庄台桥	俞王支路	涵闸	4.00	4.00	5.50	—
	跃进桥	顾家路	中桥	52.00	20.00	5.50	286.00
	秦家涵闸	花家路	涵闸	4.00	4.00	5.50	—
	三阳一组桥	任家路	小桥	6.00	6.00	10.50	63.00
郭集镇	盘塘一桥	大营路	小桥	13.00	13.00	7.00	91.00
	槽坊平安桥	大营路	小桥	13.00	13.00	7.00	91.00
	联合桥	毛港路	小桥	10.00	10.00	6.00	60.00
	联心桥	毛港路	小桥	13.00	13.00	5.50	71.50
	先锋桥	乐庄路	小桥	8.00	8.00	5.00	40.00

续表 35

所属乡镇	项目名称	所属线路名称	建设规模				
			桥梁分类	跨径总长（米）	单孔最大跨径（米）	桥宽（米）	桥梁面积（平方米）
菱塘回族乡	合心桥	合心路	中桥	39.00	13.00	5.50	214.50
	常集桥	送菱路	中桥	33.00	13.00	5.50	181.50
	牛庄桥	东大路	小桥	6.00	6.00	9.00	54.00
	庙庄桥	向阳路	小桥	6.00	6.00	6.00	36.00
	沙湖桥	沙湖路延伸段	中桥	20.00	20.00	7.00	140.00
	通湖桥	沙湖路延伸段	小桥	5.00	5.00	7.00	35.00
送桥镇	送驾桥	送菱路	中桥	20.00	20.00	10.00	200.00
天山镇	向阳桥	顾集路	中桥	48.00	16.00	13.00	624.00
	吴庄闸	许黄二路	涵	3.00	3.00	7.00	—
	新圩涵	抢险路	涵	2.00	2.00	5.50	—
车逻镇	太丰节制闸	杨庄南路	中桥	31.00	13.00	5.50	170.50
	管庄桥	管金路	小桥	6.00	6.00	5.50	33.00
	新胜一桥	特平环片路三段	小桥	6.00	6.00	9.50	57.00
	山墩村部桥	山墩路	小桥	8.00	8.00	5.50	44.00
	东庄桥	绿杨路	小桥	13.00	13.00	5.50	71.50
	凌湖 1 桥	上凌支路	涵	2.00	2.00	5.50	—
	北墩一桥	长兴路	小桥	6.00	6.00	5.50	33.00
	砖场村部桥	长兴线	小桥	8.00	8.00	5.50	44.00
	公厦 1 桥	山广公厦路	小桥	8.00	8.00	5.00	40.00
高邮镇	钱庄桥	绿杨路	小桥	18.00	6.00	5.50	99.00
	大闸子桥	高汉路	小桥	24.00	8.00	8.00	192.00
高邮经济开发区	德胜桥	佛塔路	小桥	6.00	6.00	5.50	33.00
高邮城南经济新区	管伙桥	环镇路	小桥	24.0	8.0	8.0	192.00
龙虬镇	胜利桥	跃进河路	中桥	36.00	16.00	5.50	198.00
	卞阳桥	唐柘河路	中桥	36.00	16.00	5.50	198.00
	大横桥	一沟路	小桥	20.00	8.00	5.50	110.00
	二号桥	雍家路	小桥	8.00	8.00	5.50	44.00
	强民桥	龙甘路	小桥	6.00	6.00	5.50	33.00
	通荡三桥	跃进河路	小桥	6.00	6.00	5.50	33.00
	小垛桥	连接路	小桥	13.00	13.00	5.00	65.00
	一号桥	雍家路	小桥	8.00	8.00	5.50	44.00
	友谊二桥	兴友路	小桥	6.00	6.00	5.50	33.00
	友谊六桥	兴友路	小桥	8.00	8.00	5.50	44.00
	友谊三桥	兴友路	小桥	8.00	8.00	5.50	44.00
	友谊四组桥	雍家路	小桥	8.00	8.00	5.50	44.00
	友谊五桥	兴友路	小桥	6.00	6.00	5.50	33.00
	张轩集镇南桥	德胜路	小桥	5.60	5.60	5.50	30.80
	朱家三桥	朱家路于朱段	小桥	6.00	6.00	5.50	33.00
	朱家五桥	朱家路于朱段	小桥	6.00	6.00	5.50	33.00
	戴家桥	唐柘河路	小桥	26.00	10.00	5.50	143.00
	朱家四桥	朱家路于朱段	小桥	6.00	6.00	5.50	33.00
	2 桥	顺宁路	小桥	8.00	8.00	5.50	44.00
	北角桥	龙甘路	小桥	6.00	6.00	5.50	33.00
	马奔闸	张轩路	小桥	6.00	6.00	5.50	33.00
	一号闸	团结路	涵	3.50	3.50	5.50	—

续表 35

所属乡镇	项 目 名 称	所属线路名称	建 设 规 模				
			桥梁分类	跨径总长（米）	单孔最大跨径（米）	桥宽（米）	桥梁面积（平方米）
龙虬镇	红庄闸	红星路	涵	1.00	1.00	20.00	—
	马垛桥	龙联路	涵	1.00	1.00	5.50	—
	戴家闸	唐柘河路	涵	3.50	3.50	5.50	—
	友谊赵王闸	财神路	涵	4.00	4.00	5.50	—
	老龙窝闸	甘马路	涵	3.00	3.00	6.00	—
马棚镇	东湖大桥	老横泾河路	中桥	33.00	13.00	5.50	181.50
	六安河桥	爱民路	中桥	20.00	20.00	5.50	110.00
	永兴闸桥	三号河路	小桥	8.00	8.00	5.00	40.00
	永幸三号河桥	跃进河路	小桥	10.00	10.00	5.00	50.00
	林场桥	八号河路	小桥	15.00	5.00	8.00	120.00
	永幸桥	三号河路	小桥	24.00	8.00	5.00	120.00
	宋家砖拱桥	跃进河路	小桥	13.00	13.00	5.50	71.50
八桥镇	欧阳桥	公庄路	小桥	6.00	6.00	7.00	42.00
	港西桥	港西路	小桥	10.00	5.00	8.00	80.00
汉留镇	富南路	何家桥	小桥	6.00	6.00	5.50	33.00
	跃进路	汽配厂桥	小桥	24.00	10.00	6.00	144.00
	富南路	西赵闸	涵闸	3.50	3.50	5.50	—
	联谊河桥	友好路	小桥	16.00	6.00	5.00	80.00
	四异西桥	高汉路	小桥	8.00	8.00	5.50	44.00
	松竹桥	松钰路	小桥	5.00	5.00	4.10	20.50
汤庄镇	缨阳大桥	朝阳路	中桥	60.00	20.00	5.50	330.00
	许家大桥	许兴路	中桥	36.00	16.00	5.50	198.00
	立新十一组桥	三汤路	小桥	6.00	6.00	5.50	33.00
	立新西桥	三汤路	小桥	6.00	6.00	5.50	33.00
	余东二号桥	汤武路	小桥	13.00	13.00	5.50	71.50
	新伍二组桥	三汤路	小桥	6.00	6.00	5.50	33.00
	贡庄七组桥	郭新路北段	小桥	13.00	13.00	6.50	84.50
	五庄七组桥	郭新路北段	小桥	6.00	6.00	5.50	33.00
	郭家四组桥	郭新路北段	小桥	6.00	6.00	5.50	33.00
	五庄九组桥	郭新路北段	小桥	6.00	6.00	5.50	33.00
	周庄二组桥	郭新路北段	小桥	10.00	10.00	6.50	65.00
	娄王闸	陵南路	闸涵	4.50	4.50	5.50	—
卸甲镇	南干渠桥	周八线	小桥	13.00	13.00	16.40	213.20
	幸福桥	高汉路	小桥	8.00	8.00	5.50	44.00
	张庄桥	扬八路	小桥	6.00	6.00	10.00	60.00
	潘阳支桥	两汉路	小桥	6.00	6.00	6.50	39.00
	中钱桥	新伯路	小桥	6.00	6.00	7.00	42.00
	冯家桥	虎头路	小桥	13.00	13.00	5.50	71.50
	李家桥	飞达西路二段	小桥	10.00	10.00	5.50	55.00
	老家桥	全家中心路	小桥	6.00	6.00	5.50	33.00
	张邵支东桥	两汉路	涵	3.00	1.50	5.50	—
	冯家西桥	虎头路	涵	1.50	1.50	5.50	—
	李庄桥	龚庄路	涵	1.50	1.50	5.50	—
	幸福桥	龚庄路	涵	1.50	1.50	5.50	—
	合兴闸	中市河二路	涵	4.00	4.00	5.50	—

（赵新　俞德斌）

【农村公路管理养护】 2013年，高邮市农村公路被列入养护里程1 834千米，其中县道333千米、乡道830千米、村道671千米。实施县道车八公路路面大中修9千米，完成投资919万元。全年完成农村公路管养投资3 300万元。菱塘回族乡“民族大道”和车逻镇“金黄路”获评“扬州市最美乡村路”。（赵新 俞德斌）

【“江苏快客”品牌班车创建】 2013年，市道路客运有限公司开展“江苏快客”品牌班车创建工作，经各地申报认定、省交通运输协会汽车运输分会抽查、“江苏快客”品牌班车认定工作委员会认定，全市共有8辆车、4条线路符合“江苏快客”品牌班车标准。符合创建标准的班线分别为高邮—南京(4辆车)、高邮—无锡(2辆车)、高邮—苏州(1辆车)、高邮—昆山(1辆车)，该班线8辆车均为使用LNG天然气燃料的绿色环保车型。（姚万明 赵新）

【燃油补贴】 2013年，全市发放2012年度燃油消耗补贴清算资金908.87万元，其中发放农村道路客运车辆补贴款572万元、城市公交车补贴款124.86万元、出租汽车补贴款212.01万元；发放2013年度燃油补贴预拨资金573万元，其中发放农村道路客运车辆补贴款304万元、城市公交车补贴款79万元、出租汽车补贴款190万元。（姚万明 赵新）

【诚信物流园扩建工程】 2013年，高邮市诚信物流有限公司按“一园三区”经营模式，启动诚信物流园服务中心、货运中心、仓储中心扩建工作，预计到2015年年底完成全部扩建工程。该物流园完成扩建工程后，将成为集应急物流动员指挥、冷链信息交易、电子商务物流交易、金融质押仓储以及酒店、餐饮服务等功能于一体的大型综合性物流服务平台。总投资5亿元。（姚万明 赵新）

【客运市场和出租车经营行为监管】 2013年，市客运管理处继续加强客运市场和出租车经营行为监督管理。全年共组织执法人员150人次，检查各类营运车辆750辆次，纠正各类不规范经营行为近600个；举办继续教育学习培训班12期，培训从业人员6 500人次。开展行业文明创建，努力打造出租车行业“文明服务车”“爱心车队”“雷锋车”。至年底，全市累计有“雷锋车、爱心车”37辆。（戚晓峰 赵新）

【路政管理】 2013年，市公路路政大队按照公路养护管理年的部署，综合整治市内300多千米县道公路环境，清除边坡种植6 700平方米、电杆84根、天然气管道78根、水泥涵管50个。挂钩帮扶7个乡镇，整治18条乡村道路环境。全年累计查处路政违法案件1 581件，强制拆除公路违法建筑31处、513平方米，拆除非标准标志牌395块，取缔摊点212处、非法搭接道口19个，清除占道堆积物3 955立方米，发放路政许可证6件。（周惟 赵新）

【安保工程】 2013年，市公路站继续组织实施县道安保工程。投资250万元，对周龙线、李周线沿线43千米进行改造；在7个农村公路交叉道口安装红绿灯；指导推进甘垛镇、汤庄镇、卸甲镇、临泽镇和高邮城南经济新区完成市乡村公路安保工程创建工作。（周惟 赵新）

【交通运政稽查】 2013年，市交通运政稽查大队加强全市道路运输市场监管，检查各类运输车辆1.4万辆次，查处纠正各类运输违章行为370件，处理投诉举报16次，无行政复议和行政诉讼。开展春运客运安全集中整治、客货运输市场重点路段违章整治和砂石渣土车专项整治；开展打击“黑车”行动13次，查处“黑车”32辆次。（杨其标 赵新）

【港务费征收】 2013年，全市加大港口管理力度，完善港区功能，认真做好货物港务费规范化征收工作。全年港口持证率75%以上，征收港务费166.9万元。（赵新 俞德斌）

【干线公路养护工程】 2013年，全市辖区干线公路完成S333高兴东段路面中修及S233、S333高兴东段路基水毁，S233、S237路面车辙热毁，S333漫水公路水毁，原淮江公路高邮收费站区段路面“白加黑”等5项养护大中修及专项工程，总投资1 401万元，其中大中修工程710万元、专项工程691万元。至年底，干线公路优良率92.8%。（姚军 赵新）

【干线公路路域环境综合整治】 2013年，市公路站开展“五项执法行动”，推动干线公路路域环境综合整治。共清除辖区干线障碍物2 620立方米、非交通标志牌233块，清理公路两侧占道经营摊点108个；检查超限运输车辆2 723辆，其中处理295辆，卸驳载货物4 965吨，干线公路平均超限率控制在2.06%以下。（姚军 赵新）

【海事工作】 2013年，市地方海事处出动艇力1 789艘次，巡航里程2.88万千米，组织上航上渡检查5 906人次；检查渡口88道次、渡船106艘次，签证装载原油船舶468艘次；实施船舶安检353艘次，新发、换发新版签证簿95本；送达隐患整改通知书10份；上报海事信息17篇，被各级媒体录用各类稿件72篇。是年，市地方海事处被江苏省地方海事局表彰为先进集体、被扬州市地方海事局表彰为先进单位标兵。（王全 李在国）

【水上交通安全管理】 2013年，市地方海事处继续开展水上交通安全监管工作。全年办理行政处罚案件3 648件，办理船舶签证12 121艘次；辖区内水上交通事故的四项指标均达标准，未发生重、特大水上交通责任事故、堵航责任事件、行政诉讼案

件、船舶检验责任事故、船舶污染水域责任事故等。（王全 李在国）

【航政管理】 2013年，市地方海事处实施行政处罚案件5起、行政处理案件1起，签发行政辅导书5件、行政建议书3件、行政纠错书1件。全年维护航标11座/540次，航道清障扫床684.83千米，巡航19 840千米。配合做好南水北调工程三垛西大桥断面水质达标工作，投入1 600万元，迁移船舶64艘，安装护岸隔离网2.98千米。实施高东线航道疏浚工程，全长20千米，疏浚土方23万立方米。（高新）

【高东线航道建设】 高东线三垛镇段航道护岸工程于4月12日开工建设，11月19日完工。全长1.7千米，采用重力式挡土墙结构。总投资448万元。（高新）

【运东船闸】 2013年，运东船闸全年开放1.8万闸次，通过船舶约5.7万艘，船舶总量2 228万吨，货物通过量1 309万吨，完成规费征收1 038万元。运东船闸被省文明委表彰为2010～2012年度江苏省文明单位、被省交通运输厅航道局表彰为全省航道系统先进基层单位；运东船闸工会被中华全国总工会表彰为全国模范职工之家。（崇玉峰）

【运西船闸】 2013年，运西船闸共开放8 289闸次，通过船舶1.66万艘，船舶吨位949.82万吨，货物通过量656.89万吨，征收过闸费356.75万元。运西船闸被扬州市交通运输局表彰为优质服务百日竞赛先进单位、被扬州市航道管理处表彰为2013年建功立业先进单位；该船闸以《船闸数字公示标牌研制》为课题进行QC技术攻关的QC项目小组，获全国交通行业“优秀质量管理小组”称号，并连续八年被全国交通行业、江苏省质量管理协会表彰为优秀质量管理小组。（朱建华）

邮　政

【概况】 2013年，市邮政局完成业务总收入9 448万元，增长4.7%，收入总量列扬州地区县（市）邮政局第一名。该局继续保持“江苏省文明行业”“扬州市文明行业”“扬州市文明单位”称号，并新获“江苏省文明单位”称号。文游支局继续保持“中国邮政集团公司先进集体”“江苏省邮政优质服务示范窗口”称号。车逻、甸垛支局被表彰为扬州市先进基层站所。（吴建平）

【储蓄业务】 2013年，市邮政局储蓄余额38.86亿元，比上年增加1.72亿元；金融业务实现收入6 528万元，其中储蓄利差收入5 280万元、中间业务收入1 170万元、汇总收入78万元，完成率92.2%，比上年增长19.8%。至年底，邮政网点共实现代理标准保费1.55亿元，其中中邮人寿保险5 883万元。（吴建平）

【电子商务】 2013年，市邮政局实现电子商务业收入742万元，其中信息业务收入355万、分销业务收入387万元，完成年度计划的103%。在信息业务收入中，邮储短信收入257万元，EMS短信收入3万元，汇兑短信收入3万元，全年商旅票务（飞机、火车、汽车票）业务收入42万元，自邮一族业务收入38万元，各类代收费、手续费收入12万元。在分销业务方面，主要是利用邮政电子商务平台，销售高邮产系列咸鸭蛋、菱塘鹅、马棚湾有机米等。（吴建平）

【报刊业务】 2013年，市邮政局订阅报刊流转额1 160万元，减少0.5%。实现报刊业务收入426万元，增长11.2%。累计收订《扬子晚报》1万多份，收订《江苏科技报》《农家致富》3 000份。配合市委、市政府开展市容整治，对17个报刊亭外观进行出新处理，迁移无人经营的报刊亭4个。与市残联合作新增农村网点报刊亭8个，开展报刊零售业务。（吴建平）

【函件业务】 2013年，市邮政局实现函件业务收入1 175万元，其中无名址函件收入（户外广告、印刷类广告、信报箱广告、媒体广告等）832万元、数据库商函收入190万元、邮资封片收入108万元、国内小包收入45万元，完成年度计划100.1%。开发8家房地产信报箱制作业务，创收50多万元。利用数据库资源，制作中考、高考大礼包，形成业务收入10万元。抓住“双十一”“双十二”节日等商机揽收国内小包近1.5万件；稳定“十二粉黛”“巨牛电子”2家大客户。积极开拓城区零散客户市场，增加揽收车辆1辆，实行社会化运作。新开发国际小包客户1家，形成业务收入30万元，为“两包”业务发展增添后劲。（吴建平）

【集邮业务】 2013年，市邮政局完成集邮业务收入511万元，其中新邮品预订收入92万元、金银制品收入168万元、邮品销售183万元、其他拓展类邮品68万元，增长9.3%。紧抓第六届中国邮文化节契机，精心做好《第六届中国邮文化节专题册》等系列邮品的设计和开发工作，指定专人负责节庆期间300余框邮集展览编组及场地安排事宜。按照市纪委的要求，完成廉政题材的《廉如清》邮集制作工作。（吴建平）

【专项整治行动】 2013年，市邮政局与市食药监局合作，开展打击利用寄递渠道销售假药违法行为的专项行动。其间，通过召开联席会议、落实收寄验视制度及增加监督检查频次等举措，有效遏制利用寄递渠道销售假药的违法行为。（吴建平）

商业·服务业

Trade · Service

综 述

2013 年，市委、市政府确立服务经济主体意识，先后出台《2013 年服务业工作意见》《2013 年度服务业目标管理考核办法》《进一步细化分解服务业重点产业分指挥部年度目标任务的通知》等一系列推进服务业加快发展的文件，进一步明确旅游产业、现代物流业、商贸流通业、文化创意产业、软件信息产业等服务业重点产业发展牵头部门和重点乡镇、园区的责任，不断提高服务业发展的组织水平。编制《高邮市现代物流业发展规划（2013～2020）》《高邮市现代服务业集聚区发展规划（2013～2020）》等 2 项规划，对全市现代服务业发展做出整体性指导。继续把服务业重大项目的招引和建设摆上突出位置，推动一批总投资5 000万元以上的服务业重大项目落地建设、达产见效，服务业发展取得较大成果。全年完成服务业国税收入 2.98 亿元，增长 27%；完成服务业地税收入 11.7 亿元，增长 29.5%。实现服务业增加值 145.4 亿元，增长 13.5%。实现社会消费品零售总额 124.3 亿元，增长 12.4%。其中，批发业 14.1 亿元，增长 16.8%；零售业 98.1 亿元，增长 13.6%；住宿业 0.5 亿元，减少 21.9%；餐饮业 11.6 亿元，增长 0.9%。全市有限额以上批发和零售业、住宿和餐饮业法人企业 108 家，其中批发业 60 家、零售业 33 家、住宿业 1 家、餐饮业 14 家；有限额以上批发和零售业、住宿和餐饮业个体经营户 86 户，其中批发业 1 户、零售业 40 户、住宿业 3 户、餐饮业 42 户。

加快服务业重大项目建设步伐，现代物流业、商贸流通业、软件信息业等服务业重点产业规模继续扩大，集聚度进一步提高。由江苏波司登物流发展有限公司投资 10 亿元建设的物流中心投入运营，江苏诚信应急物流园获评扬州市级服务业示范区，波司登世贸广场全面开工建设，汇富金陵大饭店、富新大酒店、扬州金沪汽车销售服务有限公司等大型商业项目竣工开业。尚程国际家居广场商户入驻率进一步提高，入驻商户 200 多家；苏果超市、乐购超市、苏中农贸城、临泽水产品批发市场销售额、成交额继续增加。加快高邮经济开发区 10 万平方米科技综合体建设步伐，弘盛科技研发中心申报成为扬州市级服务业集聚区，总投资 10 亿元的软件产业园智慧大厦开工建设。实施“万村千乡市场工程”“新网工程”，进一步完善农村现代流通体系。加强各类专业市场建设和经纪人队伍建设，为商品流通提供便捷渠道和优质服务。

商业布局不断拓展，成熟商业街区日趋完善，新兴商业街区加快形成。商品一条街、商业步行街、金海洋商业区、温州商城、龙祥商业中心和文化宫路、蝶园路、府前街等商业街区精品服饰门店及品牌连锁服饰店汇集，文游中路、海潮东路、屏淮路、文游北路及尚程国际家居广场的建材、家具、五金等经营门店扎堆，通湖路两侧成为经营珠宝首饰、摩托车、电动自行车、眼镜、手机等商品的特色街区，琵琶路、邓桥商业城、蝶园路、国雄路、水榭华庭商业区、金拇指广场、新河·新天地商业街区成为餐饮、娱乐行业的聚集地，秦邮路、外环路、金桥路汇聚众多汽车销售、保养门店。波士登世贸广场建设步伐加快，促进商业街区向新城区延伸，城东珠光路、海潮东路两侧商铺和屏淮路南段汽车美容装潢门店增多。

加大旅游业策划、资源开发和保护、市场开拓力度。编制《高邮湖环湖休闲度假项目创意策划》《高邮市东湖休闲度假旅游景区项目创意策划》《高邮市文游台名人文化休闲景区项目创意策划》和《高邮休闲旅游城市品牌塑造和宣传推广活动策划》，强化旅游策划工作。编制《高邮湖旅游开发概念性规划》，并通过评审。开展旅游资源保护工作，编制《龙虬庄遗址保护总体规划》。加大清水潭旅游度假区"地热1号井"旅游资源挖掘力度，推出"高邮湖春色·里下河风情""扬州～高邮水上休闲游"等特色旅游项目，增强对游客的吸引力。全年接待游客300万人次，实现旅游收入23亿元，分别增长16%、45%。（市统计局　李进凯　吴军勇）

粮食流通

【概况】　2013年，市粮食局围绕"开启粮食流通产业现代化新征程，再创高邮粮食事业新辉煌"总体目标，发扬"务实、开拓、争先"精神，认真开展各项工作，较好地完成年度目标任务。全年国有粮食企业实现粮食购销总量53万吨，其中收购粮食28.35万吨、销售粮食24.65万吨；粮食系统实现销售收入2.37亿元。完成储备粮轮换1.73万吨，按品种划分：小麦0.42万吨、稻谷1.31万吨；按属性划分：省储备粮0.93万吨、地方储备粮0.8万吨。是年，市粮食局3次代表扬州市粮食系统在全省粮食系统工作会议上作工作交流，被表彰为全省粮食流通监督检查示范单位和扬州市粮食系统年度综合考评一等奖、信息调研工作先进单位及高邮市农业农村工作创新创优奖；五里坝国家粮食储备库创建成扬州市廉政文化进企业示范点，江苏双兔食品股份有限公司获"全国大米加工企业50强"称号；许爱俊获全省粮食系统"安全生产工作先进个人"称号。（刘金友）

【粮食购销】　2013年，全市国有粮食企业收购粮食28.35万吨，其中小麦22.35万吨、稻谷6万吨，销售粮食24.65万吨，实现销售收入2.37亿元，帮助农民增收8 700万元。（刘金友）

【仓储项目建设】　2013年，市粮食局共实施数字粮库建设、重点收储库建设和危仓老库维修改造等项目11项，争取资金2 810万元，其中省级以上财政资金1 350万元。这11项项目分别是投资270万元的五里坝国家粮食储备库建设项目1项，投资650万元的车逻重点收储库建设项目1项，累计投资1 890万元的五里坝国家粮食储备库、汉留国家粮食储备库、菱塘粮油经营公司、八桥粮油经营公司、临泽粮油经营公司、甘垛粮油经营公司、甸垛粮油经营公司、天山库点、沙堰库点等危仓老库维修改造项目9项。（刘金友）

【"阵地建设"】　4月，市粮食局为改善基层粮食企业工作环境，打造良好对外形象，组织开展"阵地建设"工作，要求基层粮食经营企业配齐"一牌（单位门牌）""两机（电话机、传真机）""三室（经理室、会计室、会议室）"，同时做好"四旁（村旁、路旁、水旁、宅旁）"绿化工作。是月底，"阵地建设"工作全面完成，累计新添门牌16块，电话机、传真机32部，经理室、会计室、会议室48间，绿化面积2万平方米。（刘金友）

【粮食流通管理】　2013年，市粮食局联合市物价局、高邮工商局、高邮质监局、市海事处等单位，在全市范围内开展粮食市场监管和执法工作，切实维护粮食流通市场秩序和粮食生产经营者合法权益。全年共发出责令整改通知书30份、行政执法事项提醒书162份，注销不符合条件粮食经营许可证15本，查扣违法、违规经营船只4条，实施处罚8起，其中移交工商部门处罚4起。（刘金友）

【财务管理】　2013年，市粮食局顺应形势，结合高邮市实际，大胆探索并实行"四抓（抓组织建设作保障、抓人员选配建队伍、抓制度完善促规范、抓严格考核强责任）""四制（利润分配激励制、预算管理申报制、主办会计委派制、审计人员优选制）"和"四化（会计记账电算化、粮款支付网络化、资金筹集多元化、企业运行优质化）"新工作机制，推动财务管理工作规范化、制度化，受到省和扬州市粮食局充分肯定。是年，该局继续保持"全省粮食系统财务联系点优胜单位"称号。（刘金友）

【粮油工业】　2013年，全市粮油工业发展势头良好。全年有列入统计口径粮油工业企业14家，共实现产值31.78亿元、销售收入30.43亿元、利税1.29亿元，分别增长7.9%、12.2%、102.4%。（刘金友）

【宣传工作】　2013年，市粮食局围绕第33个"世界粮食日"和《粮食流通管理条例》颁布九周年等主题，先后组织开展宣传活动，通过发放材料、制作标语等形式，宣传国家粮食托市收购政策、国有粮食企业服务承诺及粮油日常储存知识等。（刘金友）

【信息工作】　2013年，市粮食局累计向上级部门和各级媒体报送信息475条，其中调研类信息82条、工作动态类信息246条、价格类信息147条。累计被扬州市级以上部门和媒体采用信息352条，其中省政府办公厅采用6条、扬州市政府办公室采用6条、《江苏粮网》采用332条（《粮情广角》栏目采用27条、《工作动态》栏目采用161条、《价格信息》栏目采用144条）、《粮油市场报》采用6条、《扬州日报》采用2条。是年，该局被表彰为扬州市粮食系统信息工作先进单位。（刘金友）

【粮食行业协会】　2013年，市粮食行业协会按照"服务、协调、监督、自律"宗旨，认真开展工作，打造行业平台，促进粮食市场规范有序发展。该协会先后组织人员赴丹阳市、天长市、来安县考察，学习各地在粮油精深加工、品牌创造、基地建设和行业协会建设等方面经验，对提升全市粮食市场竞争力、引导粮食行业健康发展起到积极作用。（刘金友）

【2家企业获“省农民满意粮食收购企业”称号】 1月，根据省粮食局《关于开展百家农民满意粮食收购企业评选活动的通知》，经县级粮食部门评选推荐，市级粮食部门评审，省粮食局办公会议研究同意，确定全省“百家农民满意粮食收购企业”101家，高邮市五里坝国家粮食储备库和界首粮油经营公司名列其中。（刘金友）

资料链接 在2012年粮食收购过程中，市五里坝国家粮食储备库和界首粮油经营公司均能及时发布粮食市场新动向和购销价格信息，让粮农卖“明白粮”；对磅秤、输送机和检验仪器进行修理和校验，确保粮食收购时正常使用、准确计量，让粮农卖“放心粮”；公布国家粮食收购标准，在醒目位置展示样品，方便卖粮农民比对，坚持按质论价，做到质量标准公开、验粮公正，让粮农卖“宽心粮”；优化收购流程，精减繁琐环节，缩短农民卖粮等候时间，让粮农卖“方便粮”；争取农发行高邮市支行资金支持，保证粮食收购资金及时落实到位，杜绝发生打白条现象，让粮农卖“开心粮”；搞好各项服务工作，为售粮农民提供休息场所、茶水并准备好必要的应急药品等，让粮农卖“舒心粮”。通过上述措施维护种粮农民利益，促进农民增收。（刘金友）

商贸流通

【概况】 2013年，全市实现社会消费品零售总额124.3亿元，增长12.4%。至年底，全市共有批发业、零售业、住宿业、餐饮业单位1.72万家，从业人员8.68万人。在批发业、零售业、住宿业、餐饮业单位总数中，有限额以上单位108家，实现营业额51.22亿元。其中批发业、零售业、住宿业、餐饮业单位分别有60家、23家、1家、14家，分别实现营业额40.29亿元、10.55亿元、0.07亿元、0.31亿元。（黄涛）

【关闭手工屠宰场】 2013年，市商务局借鉴送桥镇机械化屠宰场试点做法，推动临泽镇、车逻镇两家机械化屠宰场投入运营。8月，全市生猪全部实现机械化屠宰，为关闭手工屠宰场奠定基础；是月，市政府出台《高邮市关闭手工屠宰场、实施机械化屠宰的实施意见》，明确关闭手工屠宰场责任、时限等要求。市商务局联合市农委、市环保局、高邮工商局、市财政局、市物价局、市公安局、市食药监局、市卫生局，深入有关乡镇、园区推进手工屠宰场关闭工作。至年底，全市21家手工屠宰场全部关闭，市财政累计发放补贴200万元。（黄涛）

【生猪屠宰管理】 2013年，市商务局落实生猪屠宰长效监管措施，保障猪肉制品消费安全。全年出动执法人员6 500人次，查处案件8起，缴获私屠滥宰猪肉及病害猪肉120千克。（黄涛）

【酒类行业协会成立】 4月26日，高邮市酒类行业协会成立暨第一届会员代表大会在汇富金陵大饭店召开。此次会议，选举产生第一届酒类行业协会理事会及会长、副会长、秘书长人选。市酒类行业协会的成立对规范全市酒类市场生产、经营秩序，促进行业自律及酒类行业健康发展具有重要作用。省酒类行业协会会长陈国锁、副市长钱富强出席会议并讲话。（黄涛）

【“放心酒经营示范店”评选】 7月，市商务局在全市开展“放心酒经营示范店”评选活动。此次评选共有20家企业参加。经市商务局、市食安办、高邮工商局、高邮质监局、市民政局等部门和专家评审，并由报纸、电视等媒体公示后，共评定高邮市首批“放心酒经营示范店”12家，有效期两年。这12家“放心酒经营示范店”分别为高邮市金佰汇商贸有限公司、高邮市华益商行、高邮市旭日商场、高邮市精致五泉浆销售公司、高邮市久思缘酒业商行、高邮市诚远酒业有限公司、高邮市中糖名烟名酒有限公司、高邮市宏润商贸有限公司、高邮市顺美酒业经营部、高邮市名流烟酒总汇、高邮市华彩酒业商行、扬州市灵川商贸有限公司。（黄涛）

【酒类商品流通管理】 2013年，全市新增酒类商品批发零售备案企业22家。至年底，全市共有酒类批发零售备案登记企业291家，累计发放随附单6 000份。（黄涛）

【“扬州老字号”申报工作】 2013年，市商务局通过宣传发动、调查摸底、制定方案、落实措施，积极组织企业参加“扬州老字号”申报工作。此次申报企业须是在扬州市区域内注册的法人企业，且要具备7个要求，即拥有商标所有权或使用权，手续齐全且无争议；品牌创立于1956年（含）以前且未中断生产、经营；传承独特的产品、技艺或服务；有特色鲜明的企业文化；有中华民族特色和鲜明的地域文化特征，具有历史、文化价值；具有良好信誉，得到广泛的社会认同和赞誉；经营状况良好，有较强的可持续发展能力。经筛选，市商务局推荐高邮市秦邮蛋品有限公司申报“扬州老字号”。（王强）

【“万村千乡市场工程”物流配送中心投入使用】 7月，高邮市天赐商贸有限公司物流配送中心项目建成并投入使用。该项目属“万村千乡市场工程”，位于高邮城南经济新区，2012年4月启动，建筑面积2万平方米，项目总投资6 100万元，其中省商务厅扶持资金300万元。（王强）

供销合作总社

【概况】 2013年,全市供销合作社系统实现商品销售额53.4亿元,增长11.3%;实现农副产品收购额14亿元,下降46.2%;农产品市场完成交易额21.8亿元,增长21.1%。新建和改造村级便民服务中心(为农服务社)18家,创建成省三星级村级便民服务中心4家,新建农民专业合作社18家。市供销合作总社被江苏省供销合作总社表彰为"新网工程"建设优胜单位,被扬州市供销合作总社表彰为2013年度综合业绩考评二等奖和农产品市场建设先进单位;三垛镇司徒供销合作社获"2013年度全省基层供销合作社标杆社"称号,车逻镇太丰便民服务中心获"2013年度全省为农服务社样板社"称号,扬州市天然养蜂专业合作社获"2013年度全省农民专业合作社示范社"称号。 (徐克祥)

【"新网工程"】 2013年,市供销合作总社推进新农村现代流通服务网络工程(简称"新网工程")项目建设,完善、提升农村现代流通体系。全年建成各类连锁经营网点100家,实现连锁配送经营网点销售额11.5亿元,下降4.2%;获批省"新网工程"项目2项,获项目扶持资金90万元;获批国家农业综合开发供销总社新型合作示范项目2项,获项目扶持资金360万元。 (徐克祥)

【农资供应】 2013年,市供销合作总社发挥农资供应主渠道作用,按照"保质保供稳价"要求,利用全市基层供销合作社网络优势,依托苏邮农资连锁有限公司配送中心和52家农资连锁直营店、加盟店,开展农资商品连锁经营与统一配送,打造"苏邮农资无假货"和"诚信服务"品牌,最大限度减少流通环节,让利于民。开展"送农资、送农技服务下乡进村"活动,指导农民科学施肥用药,提高化肥利用率。至年底,全市供销合作社系统农业生产资料销售额3.6亿元,增长9.1%;销售各类化肥12.6万吨,增长23.5%。 (徐克祥)

【2家企业获"全国供销合作社农业产业化重点龙头企业"称号】 11月5日,根据《供销合作总社农业产业化重点龙头企业认定和运作监测管理办法》规定,经专人评审并由中华全国供销合作总社五届理事会第87次主任办公会通过,中华全国供销合作总社公布《2013年供销合作社农业产业化重点龙头企业名单》,扬州市临泽水产品批发市场和高邮市兴旺鸭业产销专业合作社再次被确定为农业产业化重点龙头企业,有效期为2014年1月1日～2015年12月31日。 (徐克祥)

【3人获"第二届江苏省百佳农产品经纪人"称号】 2013年,按照"第二届江苏省百佳农产品经纪人"评选活动要求,经资格审查、初评推荐、综合审定、名单公示等程序,省农产品经纪人协会确定"第二届江苏省百佳农产品经纪人"名单,高邮市兴旺鸭业产销专业合作社理事长王鹏、高邮巧妹子科技养殖园理事长薛巧云、扬州市珠湖农产品销售专业合作联社理事长蒋庆平等3人名列其中。 (徐克祥)

【2家单位获"扬州市诚信单位"称号】 2013年,按照"2013～2014年度扬州市诚信单位"评选活动要求,经组织申报、初评推荐、综合审定,扬州市消费者协会公布"2013～2014年度扬州市诚信单位"名单,高邮市伯勤供销社生产资料经营部、东方商厦投资发展高邮有限责任公司名列其中。 (徐克祥)

盐业专营

【概况】 2013年,高邮市盐务管理局(江苏省苏盐连锁有限公司高邮分公司)以转型发展为动力,推进食盐销售网络和农村食盐放心店建设,调整食盐供应品种结构,加强食盐市场监管,保持食盐市场安全稳定势头。全年购进盐1.46万吨,销售盐1.45万吨,其中销售食盐8 488吨(含小包装食盐3 385吨)。实现销售收入2 228.48万元,增长15.2%。是年,该局被江苏省盐务管理局评为全省盐业行政管理工作先进单位,被江苏省苏盐连锁有限公司扬州分公司表彰为先进集体,公司党支部被扬州分公司表彰为先进党支部;金辉被江苏省盐务管理局表彰为全省盐政管理工作先进个人。

(徐建军 王彬)

【盐业市场监管】 2013年,市盐务管理局围绕"维护专营、净化市场、保障安全"目标,坚持日常检查与定点检查相结合、盐政管理与营销工作相配合,扎实做好盐政各项工作,维护全市盐业市场稳定。全年共出动执法人员568人次、车辆187车次;检查行业盐用户114次、各级农贸市场90次、食盐零售店1 205家、食品加工作坊573家、饭店宾馆及单位食堂433家;查处盐业违法案件80起,缴获违法食盐产品8.49吨,罚款6万元。 (徐建军 王彬)

【盐业宣传】 2013年,市盐务管理局以食盐安全为主要内容,采用多种形式,针对不同群体,深入开展宣传活动,引导市民参与食盐市场监管,增强市民食用合格碘盐自觉性。全年共开展主题宣传活动4次,发放宣传资料3 000余份,制作展览图板8块,进行电视宣传报道4次,累计在扬州盐业系统网站、《苏盐连锁报》及《高邮日报》、市法制办网站发表通讯报道19篇。 (徐建军 王彬)

【食盐专项检查行动】 2013年,市盐务管理局加强和市卫生局、高邮工商局、市食药监局、市公安局等职能部门联系,加强盐业违法案件打击力度。全年在劳动节、端午节、中秋节、国庆节、春节和扬州“烟花三月”国际经贸旅游节、中考、高考等重大节日和重要活动期间，组织开展食盐安全专项检查行动，对辖区内各宾馆、饭店、公共食堂、食品用盐单位及食盐安全度较差的农村、城郊结合部进行检查，确保市民用盐安全。在居民制作腌制品旺季时，分别与仪征市盐务局、兴化市盐务局在城市边界结合部开展联合执法行动，建立信息互通制度，强化城市边界食盐市场监管。（徐建军　王彬）

烟草专卖

【概况】 2013年，市烟草专卖局（扬州市烟草公司高邮分公司）以市场需求为导向，以服务客户为重点，以终端建设为中心，加强市场调研，培育重点品牌，强化客户服务，营销工作取得新成果。全年销售卷烟2.86万箱，增长2.1%；实现销售收入7.4亿元，增长8.0%。是年，该局创建成省安全生产标准化二级企业，获省商业系统卷烟物流配送中心第五届技能竞赛三等奖，保持“江苏省文明单位”“扬州市文明单位”称号，获省、市烟草系统“宣传报道工作先进集体”称号，获市、县两级“依法行政示范单位”称号。（李建洪）

【烟草专卖管理】 2013年，市烟草专卖局继续开展“闪电行动”“冬季会战”等专项整治活动，打击各类涉烟违法行为。全年查处各类违法卷烟案件313起，其中涉案金额5万元以上案件14起、涉案金额10万元以上案件4起，查获涉案卷烟7 211.6条，罚款16.7万元，刑事处罚4人，破获国标网络案件1起。（李建洪）

物价管理

【收费许可证年审】 2013年，市物价局继续开展收费许可证审核工作，严格审验351家单位的收费项目和标准，切实规范收费行为。全年共审验收费许可证320本，年审合格率100%。（张新时）

【价格鉴证】 2013年，市物价局共实施各类价格鉴证234起，价格鉴证总额1 243万元。其中，刑事、民事案件价格鉴证134起，金额103万元；车损评估38起，金额107万元；行政执法案件价格鉴证30起，金额917万元；成本认证32起，金额116万元。（张新时）

【商品房价格备案】 2013年，市物价局严格执行商品住房销售“一价清”制度。全年受理商品房销售价格备案24宗、备案面积80.95万平方米，并根据论证调查，核减房地产开发企业申报金额2.02亿元。平均每平方米核减249.5元。（张新时）

【价格检查】 2013年，市物价局联合有关部门开展元旦、春节、端午、中秋、国庆等重大节假日专项检查活动，对重要商品和重点部位进行价格检查，确保市场价格稳定。同时，组织开展涉农、涉企和银行、学校收费情况检查，商品房销售“一价清”制度执行情况检查，乡镇水务站、广电站、村建站等部门及农药经营单位检查等工作，努力规范市场价格秩序。全年累计检查商场、超市、餐馆、宾馆、农贸市场、出租车公司、房地产开发企业、银行、学校等单位近150家，立案查处价格案件10起，没收违法所得108.78万元，罚款1.43万元，退还不合理收费82.94万元。（张新时）

【价格咨询与投诉】 2013年，市物价局依托“12358”价格投诉热线，实行举报与检查联动机制，推动价格咨询与投诉工作开展。全年接受价格咨询268次，受理价格投诉案件13起，立案查处10起，投诉回复率和群众满意率均为100%。（张新时）

【价格调整与审核】 2013年，市物价局全面落实国家、省取消和停止征收部分行政事业性收费和政府性基金项目规定，严格执行各项惠民政策，开展价格调整备案工作。按照定调价程序规定，对4所公办幼儿园保教费进行成本监审；征求有关部门、出租车司机及各界代表意见，作出暂不调整出租车管理服务费决定；核定市人民医院儿科病区床位费标准，配合扬州市物价局“巡查会诊”市中医医院医疗收费情况；经过调研，将商用、车用天然气最高销售价格调整为4.6元/立方米，将生猪屠宰加工费调整为22元/头。（张新时）

【开辟《物价之窗》专栏】 2013年，市物价局正式启动“价格晒场”工作，在《高邮日报》上开辟《物价之窗》专栏，按时公布城市居民生活必需品市场价格行情，该栏目涉及粮油类、肉禽蛋类、水产品类、副食品类、大宗蔬菜类、水电气类等六大类60个品种，每半月一期，为居民提供价格信息。（张新时）

【价格监测】 2013年，市物价局密切关注市场价格动态，通过全市31个价格监测点，重点开展米、面、食用油、蛋、奶、肉、药品、普通商品房、电冰箱、彩色电视机、水泥、钢材、液化气等商品的价格监测工作，并于每月中旬、下旬两次汇集价格信息，及时比较、分析、上报。全年出具集贸市场蔬菜、主副食品价格监测报告78期，主要副食品零售价格检测报告42期，生猪收购价格监测报告29期，鸡蛋价格监测报告29期，粳稻收购价、出厂价价格监测报告20期和民生价格公示41期。同时，充分利用监测数据，对粮食、食用油、肉、鸡蛋、蔬菜、化肥、农药及成品油、建材等商品价格走势进行分析、预测，服务人民群众生产生活。（张新时）

【平价蔬菜商店建设】 2013年，市物价局出台《平价商店考核补助办法》，探索平价蔬菜商店精细化管理模式，加强产销对接，推进平价蔬菜商店健康发展，着力解决“卖菜难”“买菜贵”问题。至年底，全市新建平价蔬菜商店6家，即扬州市四季飘香农产品销售专业合作联社高邮康华园平价店、扬州市四季飘香农产品销售专业合作联社高邮帝景龙庭店、扬州市东湖生态农产品销售专业合作联社高邮放心店、高邮市珠湖生态农产品销售专业合作联社江南明珠苑店、高邮市巧妹子科技养殖园农副产品经营部怡家天下店、高邮市兴裕隆康生猪专业合作联社王庄店，累计有平价蔬菜商店11家。

（张新时）

【价格调控】 4月，市政府出台《2013年价格调控目标责任制实施意见》，制定促进生产、保证供应、加强市场监管、稳定市场秩序的各项政策措施，建立健全由市物价局牵头，市财政局、市教育局、市农委、市粮食局、市商务局、市民政局、高邮工商局等单位参与的全市价格联席会议制度，切实推动价格调控目标的实现。（张新时）

市场管理与培育

【概况】 2013年，全市有交易额超亿元专业商品交易市场5家，总摊位数741个，总营业面积11.6万平方米。以经营方式划分，有批发市场4家、零售市场1家；以商品类别划分，有建材市场1家、水产品市场3家、汽车市场1家。至年底，5家交易市场累计商品成交总额24.4亿元，从业人员7.53万人。（市统计局）

【城区农贸市场环境整治】 2013年，市商务局对瑞和、南海、中市口、傅公桥、北海等5个城区农贸市场开展环境整治工作。在改造提升农贸市场内部基础设施的同时，坚持从证照管理、市场内部及周边经营秩序、市场内明码标价、市场计量单位规范、市场设施安全等方面进行综合整治和常态化管理，农贸市场经营秩序和环境明显改善。（王强）

【“万村千乡市场工程”农家店建设】 2013年，全市继续加强“万村千乡市场工程”农家店建设，完善农村商贸流通便民服务体系。至年底，全市新建成“万村千乡市场工程”农家店15家，其中直营店3家；累计建成农家店53家，其中直营店16家。界首镇、卸甲镇、三垛镇、送桥镇被市政府表彰为“万村千乡市场工程”农家店建设先进乡镇。（王强）

【成品油市场管理】 2013年，市成品油市场管理办公室按照《江苏省成品油市场管理暂行办法实施细则》要求，加强成品油市场监管。全年对全市42座加油站、42个加油点（船）进行年检初审，并将年检材料报送省商务厅，按要求进行换证。（班蔚）

【加油站油气回收改造】 2013年，高邮市根据《油气回收治理工作方案》，对列入改造计划的社会性加油站实施油气回收改造工作，通过吸收、吸附、冷凝等工艺，将车辆加油过程中挥发的油气转变成液态汽油，实现油气回收利用，减少环境污染。至3月底，完成35家加油站油气回收改造任务（因规划调整拟迁址的加油站除外），并通过验收。（班蔚）

餐饮业

【概况】 2013年，全市餐饮业实现销售额11.64亿元，增长1.2%。在餐饮业销售额中限额以上餐饮企业实现销售额0.87亿元、个体经营户（大个体）实现销售额2.81亿元、限额以下餐饮企业实现销售额7.96亿元。至年底，全市有限额以上餐饮企业42家，营业面积3.27万平方米，员工873人。

（市统计局）

【厨技交流活动】 2013年，市烹饪协会为提高厨技人员烹饪技能，加强会员单位之间沟通，达到共同提高目的，先后组织厨技人员在加洲阳光大酒店、皇华国际大酒店、华侨国际大酒店、艳阳天大酒店等餐饮企业开展厨技交流活动。（陈平）

【餐饮行业税费征收情况调查】 3月，根据省餐饮行业协会要求，市烹饪协会开展全市餐饮行业税费征收情况调查工作。期间，市烹饪协会组织人员走访餐饮企业18家，下发调查问卷70余份，形成调查报告1篇。（陈平）

【“皇华杯”高邮湖大闸蟹品鉴暨创新菜烹饪技能大赛】 10月16日，市商务局、市烹饪协会、市高邮湖大闸蟹行业协会在皇华国际大酒店联合举办“皇华杯”高邮湖大闸蟹品鉴暨创新菜烹饪技能大赛。此次比赛邀请扬州大学烹饪学院教授和高邮烹饪界专家组成评审小组，对参评的大闸蟹和各式菜品进行评比。经评审，选出高邮湖大闸蟹“蟹王”“蟹后”及品质前三名，评出烹饪金、银、铜奖共10名，并予以现场颁奖。（陈平）

【推出美食专题节目】 2013年，市广电台与市烹饪协会合作，在高邮电视台“玩转新时尚”栏目中推出一档高邮美食专题节目。该节目每半月制作一期，主要推介市内加洲阳光大酒店、华侨国际大酒店、皇华国际大酒店、鸿福记酒楼、松鹤楼等知名餐饮企业的招牌菜、特色菜、创新菜。（陈平）

【“光盘行动”】 3月30日，为引导消费者珍惜粮食，反对浪费，市烹饪协会向全市餐饮企业发出“厉行勤俭节约、反对铺张浪费、推动光盘行动”倡议书，号召全市餐饮企业关注并参与“光盘行动”，推动文明节约、绿色健康的餐饮新风。（陈平）

【8家企业参展“2013中国·扬州两岸素食文化暨绿色生活名品博览会”】 5月4～7日，由扬州市政府主办，扬州市旅游局、蜀冈——瘦西湖风景名胜区管委会、鉴真图书馆承办，台湾人间福报社协办的“2013中国·扬州两岸素食文化暨绿色生活名品博览会”在扬州鉴真图书馆举行。期间，市烹饪协会推选的江苏双兔食品股份有限公司、高邮市龙伟豆制食品厂、高邮食品厂、扬州美滋滋食品有限公司、高邮市袁氏食品有限公司、江苏新海康制药有限公司、扬州市丰园菌业有限公司、扬州马棚湾生态农业科技有限公司等8家企业在博览会设展，推介高邮素食，交流饮食文化。（吴军勇）

旅　游　业

【概况】 2013年，市旅游局围绕年度目标任务，以旅游项目建设为重点，加大旅游资源开发和旅游市场开拓力度，加快旅游配套设施建设，加强旅游行业管理，提高旅游服务水平和知名度。全年接待游客300万人次，实现旅游收入23亿元，分别增长16%、45%。至年底，全市有AAA级旅游景区1家、全国农业旅游示范点2家、江苏省特色旅游名乡1家、江苏省三星级乡村旅游示范点1家、扬州市乡村旅游示范点2家。是年，市旅游局道书林被表彰为扬州市旅游工作先进个人，高邮市邮驿旅行社被表彰为扬州市十佳旅行社。（吴军勇）

【高邮市入选“全国最美生态旅游示范市”榜单】 11月30日，在北京市举行的“美丽中国·首届全国特色生态旅游城市创建与发展论坛”上，高邮市以优越的自然生态环境，独特的旅游景观资源，丰富的历史文化底蕴，入选“全国最美生态旅游示范市”榜单。这是该市获得的以“生态旅游”为主题的国家级名片。此次“美丽中国·首届全国特色生态旅游城市创建与发展论坛”，由中国县域品牌发展协会、中国生态旅游研究与促进会、中国旅游投资促进会共同主办，根据《美丽中国生态县域之旅·特色生态旅游城市评价指标体系》测评标准（评分项目涉及生态文明、旅游发展、阳光政务等三大类指标72个子指标，总分100分），对全国200多个参与申报的县（市、区）进行遴选，最终评出50多个县（市、区）分获全国最美生态旅游、最美健康养生旅游、最佳生态宜居旅游、最具投资潜力旅游、最具民族特色旅游、美丽中国示范县（市、区、旗）等6类称号，其中高邮市以总分91分入选“全国最美生态旅游示范市”榜单。（史志）

【神居山文化旅游度假区】 12月19日，神居山文化旅游度假区项目开工典礼在高邮市送桥镇举行。该项目由苏州科赛投资发展集团有限公司投资兴建，规划面积8平方千米，总投资约38亿元，以文化之城、旅游之城、生态之城和民生之城为建设目标，打造集休闲、娱乐、购物、餐饮、演出、健康养生、影视制作于一体的文化休闲综合体。（史志）

【《高邮市清水潭旅游区（一期）修建性详细规划》通过评审】 1月30日，市政府召开《高邮市清水潭旅游区（一期）修建性详细规划》评审会。来自南京师范大学、北京大地风景旅游规划设计院、江苏省旅游局、扬州市旅游局、扬州市园林局、扬州市蜀岗——瘦西湖旅游风景区管委会的6位专家组成评审组，对该规划进行评审。评审组专家在审阅规划文本、听取规划编制单位汇报、充分讨论评议后，认定该规划通过评审。（吴军勇）

【《高邮湖旅游开发概念性规划》通过评审】 4月8日下午，市政府召开《高邮湖旅游开发概念性规划》评审会。该规划由大地风景（上海）旅游景观规划设计院编制，规划范围为高邮湖隶属高邮市行政区划部分以及与高邮湖岸线广泛相接的高邮城区、菱塘回族乡、送桥镇、马棚街道办事处和界首镇，规划内容包括资源与评价、市场分析、定位与战略、空间布局与分区详细策划等。在审阅规划文本、听取规划编制单位汇报、讨论评议后，以南京师范大学旅游系主任、博士生导师黄震方为组长的专家组认定该规划通过评审。（吴军勇）

【《龙虬庄遗址保护总体规划》研讨会】 3月15日，市政府召开《龙虬庄遗址保护总体规划》研讨会。市水利局、市旅游局、市发改委、市国土局、市规划局、市文广新局等部门负责人参加会议，研究由中国建筑设计研究院建筑历史研究所编制的《龙虬庄遗址保护总体规划》初步方案，并就龙虬庄遗址保护、开发和利用等问题进行讨论。（吴军勇）

【“高邮湖春色·里下河风情”主题游】 4月13日，“2013高邮湖春色·里下河风情”主题游启动仪式在市文游广场举行。来自上海、南京、苏州、无锡、常州、镇江和扬州等7条旅游专线的近3 000名游客参加启动仪式。市委副书记金春林、副市长钱富强出席仪式并讲话。（吴军勇）

【高邮汇富金陵大饭店开业】 该饭店于4月6日试营业、9月18日加盟“金陵连锁酒店”并正式营业，为高邮市首家“五星级”标准饭店。饭店位于文游中路与海潮路交会处，高28层，总建筑面积5.2万平方米，由扬州仁寿投资股份有限公司投资兴建，南京金陵酒店管理公司负责管理。（徐柏）

【组团参加“2013年中国国内旅游交易会”】 4月19～22日，市旅游局组织人员赴贵阳市，参加由国家旅游局和贵州省政府联合主办的“2013年中国国内旅游交易会”。此次旅交会展馆总面积4.15万平方米，设展位2 100个，有1 500余家旅行商参展。市旅游局围绕高邮邮文化、水文化、宗教文化、饮食文化等旅游资源，积极与各家参展商开展洽谈，加强推介，争取合作，累计发放高邮旅游指南、宣传折页、旅游地图、旅游招商指南等宣传资料近万份。旅交会期间，江苏省旅游局局长秦景安、副局长经圣贤等到高邮展台指导工作，就高邮旅游业发展提出建议。（吴军勇）

【“江苏大遗址——高邮市龙虬庄遗址”揭牌仪式】 5月10日上午，高邮市举行“江苏大遗址——高邮市龙虬庄遗址”揭牌仪式。省文物局副局长刘瑾胜、文保处处长李明昌，扬州市文物局局长冬冰，高邮市领导方桂林、倪文才、张秋红、郭海平、钱富强出席揭牌仪式。（吴军勇）

【高邮市第一口地热井打出热水】 5月16日，位于市清水潭旅游度假区的高邮市第一口地热井——高邮“地热1号井”成功打出地热水。该井最终成井深度1 500米，取水段位于地下800米至1 000米，井口出水温度44摄氏度，每日最大出水量3 630.6立方米，为全省日出水量最大的地热井。该地热井井水富含多种对人体有益矿物质成分，其中偏硅酸含量、偏硼酸含量、氡含量达到有矿水浓度标准和有医疗价值浓度标准。6月21日，该井顺利通过专家评审验收。（吴军勇）

【扬州～高邮水上休闲游线路确定】 7月9日，扬州～高邮水上休闲游线路确定，这是扬州旅游辐射高邮旅游的首条水上旅游线路，标志着高邮旅游逐渐融入扬州大旅游格局。该线路由造价近700万元的豪华游轮负责搭载游客，起点设在扬州东关古渡，经茱萸湾、凤凰岛等景区，经停江都区邵伯镇，终点在高邮市。高邮段线路包含“看高邮湖日落”“生态果园采摘”“扁舟游弋芦苇荡”“品尝湖鲜和农家野味”等高邮地方特色旅游项目。（吴军勇）

【高邮市入选“2013江苏名花胜境”】 10月20日，在南京新闻大厦举行的“2013网民最喜爱的江苏赏花胜地评选”颁奖活动上，高邮市被评为“江苏名花胜境”系列的“江苏油菜花胜境”。此次活动由省旅游局、新华报业传媒集团联合举办，全省近百家景区（点）报名参与，由省旅游局、中国江苏网、南京师范大学、东南大学负责人和专家参加评审，采取专家评选与网民投票相结合的办法，评选出江苏省春季10大赏花胜地、30个名花胜境和12个最具潜力赏花胜境。（吴军勇）

【60多家旅行社负责人到高邮踩线】 10月30日，扬州市旅游局、扬州瘦西湖游船公司和高邮市旅游局组织来自全国各地的60多家旅行社负责人到高邮踩线，实地考察扬州～高邮水陆游览线路及文游台、盂城驿、镇国寺等景区，并对高邮吃、住、行、游、购、娱等旅游资源及设施进行调研。（吴军勇）

【清水潭旅游度假区管委会成立】 11月5日，高邮市清水潭旅游度假区管委会、清水潭旅游投资开发有限公司举行揭牌仪式。市委副书记金春林，市委常委、高邮经济开发区管委会主任汤学仁，副市长钱富强和市旅游局、市服务业发展局等部门主要负责人出席揭牌仪式。（吴军勇）

【邮驿国际旅行社创建成“四星级”旅行社】 11月15～16日，江苏省旅游局旅行社星级评定委员会组织专家对高邮市邮驿国际旅行社进行综合评定。通过评审，高邮市邮驿国际旅行社成功创建成“四星级”旅行社，成为苏中地区第一家县级“四星级”旅行社。（吴军勇）

【春节期间全市旅游情况】 2月9～15日，全市共接待游客26.09万人次，增长10.8%；实现旅游收入1.44亿元，增长15.7%。其中盂城驿、文游台、镇国寺、龙虬庄遗址、东湖度假村、临泽度假村等景点累计接待游客18.26万人次，增长11.1%。全市旅馆业床位平均出租率79.4%，其中星级饭店出租率92.3%。（吴军勇）

【国庆节期间全市旅游情况】 10月1～7日，全市共接待游客33.6万人次，增长15.6%；实现旅游收入2.28亿元，增长26.6%。在全部游客中，过夜游客8.13万人次，增长38.7%，占接待人数24.2%；一日游游客25.47万人次，增长9.7%，占接待人数75.8%。全市旅馆业床位平均出租率88%，其中星级饭店床位平均出租率99%。（吴军勇）

财　政·税　务

Public Finance·Taxation Affairs

财　政

【概况】　2013年，市财政局设13个科室、9个内设事业单位，辖12个乡镇财政所(2013年9月，高邮市实施乡镇行政区划调整，乡镇财政所亦随之由20家调整为12家)及高邮经济开发区财务审计局、高邮城南经济新区财政所、扬州菱塘光电科技产业园区财政分局(与送桥镇财政所合署办公)。该局围绕全年工作目标，以法治财政建设、作风效能建设、文明创建为契机，求真务实，创新管理，各项工作取得明显进展。是年，该局被省政府评为财政收入质量提升表彰单位；被省文明委评为江苏省2010～2012年度文明单位；被省财政厅评为法治财政标准化建设先进单位、政法经费保障绩效考核优秀单位；获扬州市总工会颁发的扬州市五一劳动奖状；被高邮市委、市政府表彰为党建工作一等奖单位、市级机关能力作风建设标兵单位、依法行政先进单位、集体三等功；获全市“四位一体”政风行风评议第一名。

是年，全市财政预算平衡情况：公共财政预算收入25.44亿元，基金预算收入17.61亿元，税收返还收入1.52亿元，所得税基数返还补助收入1 041万元，上级追加支出指标收入10.05亿元，上级补助收入9.13亿元，转贷财政部代理发行地方政府债券收入7 000万元，调入资金4 295万元，上年结转资金3.25亿元，合计全市公共财政预算可用资金68.23亿元；全市公共财政预算支出41.15亿元，基金预算支出18.48亿元，上解支出4.85亿元，结转下年3.66亿元。收支相抵，当年结余947万元。　(房学志)

表36　**2013年高邮市公共财政预算收支简表**

预　算　科　目	金　额(万元)	预　算　科　目	金　额(万元)
公共财政预算收入合计	254 408	公共财政预算支出合计	411 469
1. 增值税	38 903	1. 一般公共服务	50 606
2. 营业税	58 071	2. 国防	356
3. 企业所得税	21 774	3. 公共安全	24 742
4. 个人所得税	5 306	4. 教育	91 484
5. 资源税	6 059	5. 科学技术	10 445
6. 城市维护建设税	13 432	6. 文化、体育与传媒	3 771
7. 房产税	5 429	7. 社会保障和就业	41 302
8. 印花税	2 367	8. 医疗卫生	33 565
9. 城镇土地使用税	5 885	9. 环境保护	10 993
10. 土地增值税	16 493	10. 城乡社区事务	41 164
11. 车船税	1 154	11. 农林水事务	64 681
12. 耕地占用税	6 083	12. 交通运输	13 036

续表 36

预　算　科　目	金　额(万元)	预　算　科　目	金　额(万元)
13. 契税	27 918	13. 资源勘探电力信息等事务	6 336
14. 专项收入	7 732	14. 商业服务业等事务	5 649
15. 国有资本经营收入	17 910	15. 金融监管等事务	128
16. 行政事业性收费收入	10 234	16. 援助其他地区支出	688
17. 罚没收入	8 700	17. 国土资源气象等事务	2 463
18. 国有资源有偿使用收入	958	18. 住房保障支出	6 094
19. 其他收入	—	19. 粮油物资管理事务	2 185
		20. 国债还本付息支出	423
		21. 其他支出	1 358

(房学志)

【组织收入工作】　2013 年,市财政局以“加强税源建设”和“提高收入质量”为组织收入工作重点,完善征管措施,加强纳税评估,严堵征管漏洞,深挖征收潜力,全市收入总量和质量均有明显提高。全年组织财政总收入 57.89 亿元,增长 13.5%;实现公共财政预算收入 25.44 亿元,增长 17.1%。在公共财政预算收入中税收占比 82.1%,比上年提高 2 个百分点。(房学志)

【部门预算编制与公开】　2013 年,市财政局加强财政支出预算管理,优化预算编审流程,形成内部科室权责明确、有机衔接的预算编审机制。进一步优化支出结构,优先保证工资发放、部门运转和社会民生等重点支出。继续按正常预算综合定额统一削减 5%的标准安排部门公用经费。按照“零增长”要求编制 2014 年“三公经费”预算,降低行政运行成本。按照“谁主管、谁公开、谁负责”原则,选择市财政局、市科技局、市民政局、市农开局、市委农工办、市城建局、市房管局等 7 个部门,开展预算公开试点工作。(房学志)

【专项资金管理】　2013 年,市财政局强化各类专项资金动态管理,全面清理往年因一次性或阶段性工作需要而安排的专项资金,归并使用效益不高、绩效评价不佳的专项资金,整合导向不明确、作用不明显的专项资金,使各类专项资金使用规范化、高效化。(房学志)

【组建市国有资产管理中心】　11 月 15 日,市财政局为强化国有资产管理、理顺国有资产投资关系、明确出资人管理职责、提高国有资产绩效管理水平、确保国有资产保值增值,经市机构编制委员会办公室批准,组建市国有资产管理中心。该中心为正科级建制,主要工作职能是:制定国有融资平台实体化运作方案以及考核奖励办法,指导和推进高邮市建设投资发展有限公司、高邮市水利产业投资有限公司、高邮市交通建设工程有限公司等国有融资平台实体化运作,定期实时跟踪融资项目进展情况,并协调解决运作过程中出现的问题,以保证融资工作顺利开展。(房学志)

【向上争取资金工作】　2013 年,市财政局进一步加强与上级财政部门沟通联系,积极跟踪、研究上级财政部门出台的基本财力保障补助、民生项目补助和生态补偿等扶持政策,积极开展向上争取资金工作。全年累计向上争取各类资金 20 亿元,增长 11.7%。(房学志)

【政府投资工程预算资金管理】　2013 年,市财政局合理安排政府投资重点工程资金计划,对盂城驿扩容工程、城区老小区整治工程、穿心河沿线改造工程等 38 项重点工程项目预算进行审核,同时坚持以直接支付方式拨付工程款,当年累计拨付工程款 14.23 亿元,保证政府投资重点工程建设顺利进行。(房学志)

【落实财政优惠政策】　2013 年,市财政局落实各项优惠政策,为企业打造良好发展环境。全年向符合优惠政策条件的 263 家企业兑现各类奖励资金 1 937万元;制定财税扶持政策,促成波司登集团税收向高邮市倾斜;落实增值税即征即退等税收优惠政策,扶持扬州华翔有色金属制品有限公司发展,推动财政收入稳定增长。(房学志)

【非税收入征管】　2013 年,市财政局利用非税收入网络管理系统,建立适时监控机制,进一步健全财政资金安全管理内控机制,规范资金收付业务流程,实行多层次对账制度,实现资金收付各环节之间有效制衡。积极参与专户资金收支管理、监督检查工作,建立收入督导机制,全年部门预算外资金执收单位共向非税收入专户缴存资金 2.13 亿元。(房学志)

【财政国库集中支付】　2013 年,市财政国库集中支付中心建立业务速办机制、沟通交流机制和网络运行处置机制,在确保资金安全前提下,有效提高工作效能。全年累计办理支付业务 2.19 万笔、支付金额 46.52 亿元,其中直接支付金额 39.21 亿元、授权支付金额 7.31 亿元，留库率 19%。继续深化财政国库改革，选择市人社局、市卫生局、市民政局、市水务局、市城建局等单位开展网上办理授权支付业务试点工作，共办理授权支付业务3 295笔、支付金额 1.03 亿元。（房学志）

【公务卡应用试点工作】 2013 年，市财政局分析全市预算单位近几年现金提取、使用情况，评估试点单位在职人员信用等级，制定推广公务卡试点工作实施方案。加大公务卡应用宣传力度，并联合人行高邮市支行、各商业银行支行和各预算单位统筹解决数据跨部门交换等问题。8 月，公务卡应用试点工作正式启动。（房学志）

【涉农补贴发放】 2013 年，市财政局通过到村入户走访，及时更新和完善“一折通”管理平台中的农户信息，以此核定涉农补贴发放的基础数据。全年累计发放粮食直补资金8 783.82万元、水稻良种补贴资金1 239万元、棉花良种补贴资金 70 万元、农机购置补贴资金1 658万元、小麦和油菜良种补贴资金 937.44 万元。（房学志）

【“一事一议”奖补工作】 2013 年，全市实施“一事一议”奖补项目 86 项，其中村内道路项目 66 项、小型水利设施项目 9 项、桥梁项目 7 项、植树造林项目 1 项、文化体育场所项目 1 项、综合环境整治项目 1 项、自来水改造项目 1 项。项目总投资2 145.22万元，其中省奖补资金1 640万元、“一事一议”筹资 268.05 万元、乡镇安排资金 22.1 万元、村集体筹资 102.44 万元、社会捐助 50.62 万元、以资代劳 56.21 万元、其他建设资金 5.8 万元。项目涉及 79 个行政村，受益农户 26.2 万人。（房学志）

【财政惠民】 2013 年，市财政局加大对城乡低保、农村“五保”、新型农村养老保险、新型农村合作医疗保险资金支持力度。90 岁以上老人尊老金发放标准，由每人每月 80 元提高到 200 元；城市居民和乡镇居民低保标准，分别由每人每月 260 元和 400 元提高到每人每月 310 元和 450 元；新型农村合作医疗保险人均筹资标准，由每人每年 240 元增加到 280 元；新型农村养老保险补助标准，由每人每年 70 元提高到 80 元。加大机关工作人员工资改革力度，启动机关事业单位工作人员新一轮工资调整工作。重视基层组织建设，新增村级运转经费 283 万元。安排经济薄弱村扶持资金3 975万元，加快经济薄弱村发展步伐。新增城乡社区专项资金 150 万元，安排城区 17 个社区工作经费补助 119 万元。（房学志）

【区划调整财务合并和乡镇财政就地、就近监管】 2013 年，市财政局按照冻结资产、结清账目、清核登记、财务合并程序，顺利完成行政区划调整后乡镇资产和财务合并工作，并以乡镇财政资金就地、就近监管，县乡联动为契机，将涉农资金划分为补贴类资金、项目类资金等 2 大类，落实信息传递、公开公示、抽查巡查等管理制度，完善资金监管台账登记制度，全面加大乡镇财政管理力度。（房学志）

【农业保险工作】 2013 年，市财政局坚持惠农政策、承保情况、理赔结果、服务标准、监管要求五公开原则，按照承保到户、定损到户、理赔到户服务规范，通过“一折通”将理赔资金直接发放到户。全年 18 种农业保险参保品种实现保费收入7 000万元，全年支付农业保险理赔资金3 500万元。（房学志）

【财政改革与监管】 2013 年，市政府继续完善乡镇财政体制，在深入调研基础上，按照鼓励发展、财力下倾、力求透明、责权衔接原则，出台《关于新一轮乡镇财政管理体制的实施意见》，进一步调动乡镇培植和开拓财源积极性。加强政府债务监管，根据国家相关法律、法规和《江苏省政府性债务管理暂行办法》，结合高邮市实际情况，出台《高邮市政府性债务管理暂行办法》，规范政府性债务举借、使用、偿还和担保等行为，防范和化解政府性债务风险。（房学志）

【财政稽查】 2013 年，市财政局努力做好财政稽查经常性工作，积极推行财政稽查行政指导工作，对被检查单位进行财会业务辅导，帮助建立完善财会管理制度，并积极做好财政稽查回访工作，形成强化监督与柔性执法结合的财政稽查工作机制。全年对 26 家财政预算单位和 47 家会计单位进行财政稽查，查出各类违规、违纪资金1 028万元，处罚入库金额 25.2 万元，追缴财政专户资金 175 万元，责令整改及调整账户资金 618 万元。（房学志）

【政府采购】 2013 年，市政府采购办公室通过《高邮日报》《高邮财政网》《高邮政府采购网》等平台，宣传政府采购政策。开展政府采购定点供应商履约检查、采购人培训，细化政府采购供应商价格诚信创建考核，出台《“三直接”政府采购环节操作规范实施意见》和《高邮市乡镇政府采购专管员工作制度》，建立代理选择、文件编制、诚信准入、专家抽取、评审确定等操作规范，打造阳光采购平台。是年，市政府采购办公室落实市政府采购支持中小企业发展政策，与江苏银行高邮支行签订《政府采购信用担保融资业务合作协议书》，实行“零利益”服务，政府采购评审费用由招标人承担改为财政预算支出。全年完成政府采购标的额 1.26 亿元，与市场价格相比，资金平均节约率 11%。（房学志）

【会计培训与继续教育】 2013 年，市财政局继续在企事业单位中开展会计基础工作规范化创建活动，先后举办事业单位会计制度和计算机应用培训，微小企业会计核算、纳税和融资专题讲座，累计参加培训人数 576 人次。组织会计人员参加继续教育，有5 218名会计从业人员参加网上学习并完成集中考试。全年共办结会计从业资格证书440份、注册192份，信息采集33件，信息变更101件，调转会计管理关系190件。（房学志）

【财政宣传】 2013年，市财政局深入开展"财政宣传月"活动，扩大财政工作影响力。在高邮大剧院广场开展"改进工作作风听民意解民困、提升理财水平促发展惠百姓"主题财政惠民政策宣传咨询活动，并先后在菱塘回族乡、临泽镇、三垛镇举办财政惠民政策宣传活动。全年共印制、发放各类财政政策宣传资料5 500份。（房学志）

国家税务

【概况】 2013年，市国税局内设办公室、政策法规科、收入核算科、征收管理科、人事教育科、监察室等6个科室，下辖1个稽查局、8个税务分局和1个信息中心。该局全年组织国税收入18.75亿元、增长8.5%，其中增值税收入14.63亿元、消费税收入300万元、企业所得税收入3.18亿元、个人所得税收入12万元、车辆购置税收入9 100万元，分别增长3.5%、33.5%、35.1%、下降63.8%、增长19.7%。是年，该局被省委、省政府表彰为2010～2012年度江苏省文明单位标兵，被江苏省国税局表彰为"五好"和谐基层建设示范点，被扬州市委宣传部等14家单位联合表彰为"三下乡"活动先进集体，被高邮市委、市政府表彰为市级机关能力作风建设标兵单位、服务业工作先进单位、法治工作先进单位，局党组被高邮市委表彰为全市组织工作先进集体；第二、第三、第六税务分局被省文明委表彰为2010～2012年度江苏省文明单位。

（黄桂东　姜振兴）

【税源专业化管理】 2013年，市国税局出台《高邮市国家税务局关于进一步完善税源专业化管理工作的实施意见(试行)》，明确税源专业化管理工作要求。全年对服装加工行业、五金机械行业、灯具制造行业、蛋品加工行业、电缆制造行业、橡胶及塑料制品行业、电动工具行业、建安及房地产行业等8个重点行业进行税源管理专项整治，事项包括低零税负申报审核、商贸企业专项治理、所得税汇算清缴申报质量审核、所得税专业化审核、所得税不征税收入审核、小规模纳税人及个体税收清理、营改增交通运输业发票审核和情报交换及反避税管理等。同时，强化税收风险应对工作，调整情报管理、分析识别、应对管理、应对实施4个专业团队组成人员，对三色预警重点税源企业、化工企业开展集中应对，对所得税汇缴质量进行重点审核。全年应对总成效金额1.12亿元，占税收收入总额6%。

（黄桂东　姜振兴）

【征管基础建设】 2013年，市国税局出台《征管基础常态化建设实施方案》，推行征管工作月度项目化，逐月开展征管基础建设系列活动，不断夯实征管基础。加强户源管理，对税务登记、税种认定等重要业务数据录入实行A、B岗复核，保证数据质量。重视筹建户、非正常户和注销户管理，严格管理非正常户认定和注销户申请工作，防止执法风险。加强发票管理，进一步规范票种、票量核定及发票发售、验旧、缴销等程序，对全市5 000余户纳税人发票核定情况进行全面清理，对356户普通发票长期未缴销户进行清查、催缴，补税90余万元。建立大个体管理格局，将高邮城区外环路以内所有个体工商户(不含一般纳税人)划入第一税务分局集中管理，统一管理模式和定额标准。

（黄桂东　姜振兴）

【纳税服务】 2013年，市国税局按照"五星级"标准，精心打造办税服务厅，全面提高服务质量。制定可视化管理办法，安装无线触摸取号管理系统，制作《办税服务厅业务操作实务指南》和业务流程图，实现办税流程"一眼明"，咨询服务"一口清"，业务办理"一次结"。在夏日提供清凉物品，冬天推行弹性工作时间，以方便纳税人。加强"12366"短信平台运用，全年共发布提醒信息3.98万条；在全省国税系统首家开通手机服务项目——"掌上国税"，满足征纳双方沟通交流、税务机关信息发布、纳税人涉税咨询等各类需求。做强"税收与回乡共发展"特色服务品牌，设立税收维权工作站，响应纳税人合理诉求，在菱塘回族乡实施"暖心工程"，为20多家成长型企业提供帮助。为新认定20户"A级纳税信用等级"企业设置办税绿色通道。与高邮地税局开展联合办税，在高邮地税局第七分局增设国税服务窗口，方便临泽镇及周边地区纳税人办税。在市国税局网站公布服务单位报修、投诉电话，开展防伪税控服务单位满意度调查，整理反馈意见114条。（黄桂东　姜振兴）

【税收执法】 2013年，市国税局继续加强日常风险管理，严厉打击涉税违法行为。与公安部门密切合作，成功查处"1·22"虚开增值税专用发票骗税案，涉案金额1.56亿元。9月11～12日，国家税务总局稽查局、公安部经济犯罪侦查局在高邮市启动"8·27"打击出口骗税集群战役集中收网行动，中央电视台、新华社、人民日报社、中国税务报社等多家媒体进行现场采访和报道。

（黄桂东　姜振兴）

【税收数据情报平台上线试点】 2013年，市国税局制定税收数据情报平台上线试点工作方案，逐一落实组织保障、工作思路、工作重点、工作要求，建立模型特征库，充分应用多种分析结果，促使执法风险明显降低，预警指标明显减少。全年通过情报平台共产生任务 91 户次，其中利用第三方信息简单比对（财政补贴比对）进行情报转化 67 户、BIEE 分析情报转化 24 户，实现应对成效金额 549.24 万元。（黄桂东　姜振兴）

【征管资料数字化】 2013 年，市国税局完成征管资料扫描 852 批次，扫描资料3 781份、8 619页，及时完成组卷归档工作，为实现 CTAIS2.0 流程管理系统江苏优化版工作流流转无纸化奠定基础，征管资料的管理效率和共享范围得到提升。

（黄桂东　姜振兴）

【建立业务交流平台】 2013 年，市国税局启用征管业务交流平台，推进实现业务流转衔接的机制化、规范化，切实解决征管信息不对称、工作推诿和信息资源不能及时、有效、全面共享等问题，努力夯实征管基础。至年底，累计交流 4 类（基础、风险管理、稽查、情报）信息1 194次、3.67 万条，涉及日常业务 41 项。（黄桂东　姜振兴）

【干部培训】 2013 年，市国税局注重干部学习培训与年轻干部培养工作。全年组织业务骨干赴国家税务总局干部学院和苏州大学参加培训活动两次，培训人员 50 多人次；继续举办年轻干部夜校，并组织 20 多名年轻干部到税务师事务所学习，以提升年轻干部工作能力。（黄桂东　姜振兴）

表 37　**2013年高邮市国家税务局分局名录**

分局名称	负责人	电　话	地　　址
稽　查　局	吴本林	84646449	城区通湖路 100 号
第一税务分局	邵正山	80951566	城区文化宫路 49 号
第二税务分局	黄　强	84631258	城区文游北路 66 号
第三税务分局	冯宝奎	84242033	送桥镇
第四税务分局	王士华	80958399	车逻镇
第五税务分局	成顺明	84743753	汤庄镇
第六税务分局	吴小虎	80959899	三垛镇
第七税务分局	王永坚	85083100	城区文化宫路 49 号
第八税务分局	佘国安	84682736	城区北海路 55 号

（黄桂东　姜振兴）

地 方 税 务

【概况】 2013 年，高邮地税局内设办公室、税政法规科、规划财务科、征管和科技发展科、数据管理科、人事教育科、监察室、机关党总支、工会等 9 个科室，下辖 1 个稽查局和 7 个税务分局，有工作人员 132 人。该局以服务科学发展、促进社会和谐为目标，落实税收政策，推进依法行政，改进纳税服务，创新税源专业化管理，各项工作取得明显进展。全年共组织收入 30.58 亿元，比上年增收 4.23 亿元、增长 16.1%。其中，省级税收收入8 396万元，增长 40%；县（市）级纳税收入 17.88 亿元，增长 19.8%；社会保险费收入 10.33 亿元，增长 8.9%；教育附加费收入6 779万元，减少 17.8%。是年，该局被表彰为省级依法行政示范点，获扬州市“五一”劳动奖状；局规划财务科被表彰为扬州市“五一”巾帼标兵岗，局团支部被表彰为江苏省“五四”红旗团支部。第一税务分局办税服务厅被表彰为江苏省“五一”巾帼标兵岗。（杨国海　王林山）

【落实税收优惠政策】 2013 年，高邮地税局树立“不落实税收优惠政策也是收过头税”理念，认真把各项税收优惠政策落到实处，增强企业发展后劲和“造血”功能。全年办理高新技术企业所得税减免 31 户、1 311万元，办理光伏、纺织等行业房产税、城镇土地使用税困难性减免 49 户、524 万元，办理金融保险业营业税减免2 053万元，办理残疾人就业企业所得税减免1 031万元，减免下岗工人再就业营业税 84 户、78.6 万元，减免小微企业所得税 141 万元，减免企业更名、个人房屋拆迁等契税6 393万元。（杨国海　王林山）

【“营改增”工作】 2013 年，高邮地税局扎实做好“营改增”试点工作，确保“1＋7”（交通运输业和现代服务业中的研发与技术服务、信息技术服务、文化创意服务、物流辅助服务、有形动产租赁服务、鉴证咨询服务、广播影视服务）试点工作平稳过渡。全年实施“营改增”转型管理纳税人 393 户，累计减少企业税收5 397万元。落实小微企业两税（增值税、营业税）减免政策，户均免税额2 800元。

（杨国海　王林山）

【机构职能调整优化】 2013 年，高邮地税局调整纳税服务机构职能，将第一税务分局设为征收分局（又称纳税服务局），第二税务分局设为风险监控分局，第三税务分局设为重点税源管理分局，第四、第五和第六税务分局设为一般税源管理分局，第七税务分局兼档案中心。同时，对纳税服务分局、税源管理分局部分职能进行优化，努力推动实现“凡是纳税人找税务机关办理的事项都在大厅当场或限时办结、凡是税务机关找纳税人的事项都由风险监控分局发起”的工作目标。推行“一级稽查”模式，将稽查选案纳入风险管理，耕地占用税、契税全面纳入专业化征管体系。成立档案中心，全面推行“一户式”电子档案管理模式。确立“还责于纳税人”制度，将核实确认纳税人基础信息成为风险应对的必经程序和基本内容。（杨国海　王林山）

【风险管理】　2013年，高邮地税局建立“风险指标识别、风险情报传递、应对方法指引和风险绩效评价”闭环管理机制，确保风险管理“脉络”清晰、“点穴”精准、“祛病”除根。推动税收征管资源向风险应对部门倾斜，全系统风险应对与税收征管人员配比为1.5∶1。强化风险管理与组织收入有机结合，针对纳税遵从薄弱领域构建集约化任务协调机制，实时通报，双向考核，有效提升风险应对质效，杜绝重复到户、多头到户现象发生。全年共识别风险点1.83万个，完成风险应对1 442户次，其中高等风险15户次、中等风险1 147户次、低等风险146户次、行为类风险134户次，应对入库各项收入8 539.68万元，税收贡献率5.23%。

（杨国海　王林山）

【税收数据基础管理】　2013年，高邮地税局建立税收数据协同管理模式，强化基础信息数据审计，利用综合治税平台，推进第三方信息采集利用工作，发挥综合治税整体效能。全年获取第三方数据10万多条，直接计算新增税款约800万元；运用数据审计规则193条，日均取样本数59.74万条，正确率99.99%，实现税收数据管理“零差错”目标。

（杨国海　王林山）

【“智慧地税”建设】　2013年，高邮地税局引进“ATS”自助办税服务终端，制定预约办税、延时办税制度，实现申报纳税、刷卡缴费、凭证打印、发票代开等业务自助办理，打破涉税事项办理时空限制；打造“新媒体”服务平台，通过微博、微信、二维码等新型媒体平台发布涉税信息，推动“信息流”在网络媒介、移动媒介、物联媒介的实时传递，实现征收人和纳税人之间就涉税需求、纳税服务等事项的全天候无缝衔接。　（杨国海　王林山）

【“双特”工作】　2013年，高邮地税局开展“双特”（特定项目、特别服务）工作，将45项特定项目进行挂钩分解，立足需求导向，制作联系台账，实行动态追踪，进行实时反馈，有效提升服务水平。全年形成走访服务记录112份，解决涉税难题38项；完成特定项目入库税收1.5亿元。（杨国海　王林山）

【服务优化】　2013年，高邮地税局完善服务承诺、首问负责、限时办结等工作制度，优化服务流程，提升服务效能。认真开展纳税人涉税资料和财务报表报送流程的清理、简化，以减轻纳税人办税负担。进一步规范检查流程，坚持“无风险不下户”，解决多头执法问题。全年受理纳税人咨询0.68万次，处理涉税事项1.77万次，纳税人实时评价满意率100%。

（杨国海　王林山）

【税收宣传】　2013年，高邮地税局通过举办新闻发布会、税收政策通报会和开展“身边的好税官”宣讲、社区税收宣传等活动，公开服务承诺，解读税收政策；强化“纳税人学校”“纳税人之家”建设，天天办班，随到随学，完善“教、学”主动，“虚、实”联动，“征、纳”互动机制，积极推进纳税服务品牌融合发展，增强纳税人办税能力。组织人员参加税收征文活动，获国家税务总局税收宣传博文大赛二等奖1项、三等奖2项。　（杨国海　王林山）

表38　**2013年高邮地方税务局分局名录**

单　位	负责人	电　话	地　址
稽　查　局	孙宜怀	84618522	城区秦邮路136号
第一税务分局	丁　亮	84686930	城区秦邮路136号
第二税务分局	韦　青	84686901	城区秦邮路136号
第三税务分局	李才富	84680830	城区文游中路171号
第四税务分局	王　琨	84610503	城区文游中路171号
第五税务分局	宇　斌	84818988	三垛镇少游路北端
第六税务分局	房士忠	84212582	送桥镇中兴西路
第七税务分局	徐祥丰	80959860	城区秦邮路136号

（杨国海　王林山）

金　融

Finance

导读

综　述

2013 年，全市共有各类金融机构 96 家。其中，人民银行支行、国家政策性银行支行各 1 家，国有商业银行支行 4 家，邮政储蓄银行支行 1 家，江苏银行支行 1 家，招商银行支行 1 家，农村商业银行 1 家，所属营业网点 82 家(含营业部、支行、办事处、分理处、储蓄所)；保险股份公司支公司 4 家。至年末，全市有金融业从业人员1 365人(不含保险公司营销人员)。此外，全市设有商业保险公司直属分支机构 62 家、农村小额贷款有限公司 14 家，证券公司营业部 2 家。

居民储蓄存款增长趋缓，企业储蓄存款增幅明显。至年底，全市金融机构各项存款余额 343.5 亿元，比年初增加 46.37 亿元，增长 15.6%。其中，居民储蓄存款 235.53 亿元，比年初增加 31.9 亿元，增长 15.7%，比上年同期增速下降 2.4 个百分点；企业储蓄存款 106.69 亿元，比年初增加 15.98 亿元，增长 17.6%，比上年同期增速上升 6.2 个百分点；保证金和结构性存款 1.28 亿元。

贷款总量持续增长，信贷期限结构分布紧随宏观调控政策走向。至年底，全市金融机构人民币各项贷款余额 206.39 亿元，比年初增加 38.09 亿元，增长 22.6%，增幅高于扬州市平均增幅 6.42 个百分点。从贷款期限上看，短期贷款、中长期贷款和票据融资业务增长平稳。年末，全市短期贷款余额 115.54 亿元、中长期贷款 84.04 亿元、票据融资(贴现)余额 6.79 亿元，分别比年初增加 17.79 亿元、19.52 亿元、0.78 亿元。从贷款投向上看，涉农贷款和、制造业、房地产等行业贷款余额增幅明显。年末，全市涉农贷款余额 159.26 亿元，比年初增加 27.7 亿元，增长 21.1%；制造业贷款余额 64.58 亿元，比年初增加 8.27 亿元，增长 14.69%；房地产贷款余额 49.46 亿元，比年初增加 13.44 亿元，增长 37.3%。

外汇收入平稳增长，收付汇顺差有所扩大。全市跨境外汇收入 3.25 亿美元，比上年增加 0.27 亿美元，增长 9.1%；外汇支出4 608万美元，比上年增加1 358万美元，增长 41.8%；收付汇顺差 2.79 亿美元，增加1 392万美元，增长 5.1%。全年经常项目外汇收入 2.5 亿美元，支出3 735万美元；资本项目外汇收入7 463万美元，支出 873 万美元。银行结汇收入 2.88 亿美元，增长 1.1%；售汇支出4 925万美元，增长 60.9%；结售汇差 2.39 亿美元，下降 6.6%；全年经常项目结汇收入 2.27 亿美元，售汇支出4 416万美元，结售汇差 1.83 亿美元，比上年增加1 252万美元；资本项目结汇收入6 110万美元，售汇支出 509 万美元，结售汇差5 601万美元，下降 33.3%。

保险业务收入稳步增长，理赔金额增幅迅猛。年末，全市 4 家保险股份有限公司(新增利安人寿保险股份有限公司高邮支公司 1 家)共实现保费收入 5.92 亿元，比上年增加 1.04 亿元，增长 21.3%；受理各类理赔案件 1.3 万起，与上年基本持平；累计支付赔款 1.22 亿元，比上年增加4 825万元，增长 54.1%。

全面落实“三防一保”责任制，通过召开行务会议、举行法治教育讲座、开展各项检查等形式，不断强化综治管理工作，切实提升应急和安保能力。坚持实行周问、月看、季查的安全检查制度，确保行区安全。强化考核，对安全管理实行一票否决制，纳入季度绩效考核范畴，将安全责任落到实处。提高应急管理工作能力，精心组织各项应急演练，提高突发事件处置能力。定期对计算机使用、涉密文件保管、相关业务密码和印鉴保管等情况进行全面检查，确保安保工作空间上无“死角”、时间上无“真空”。全年未发生安全事故。 （郭萍 高鹏）

表 39

2013 年高邮市主要金融机构信贷收支报表

项 目	单位	农发行	工 行	农 行	中 行	建 行	江苏银行	招商银行	高邮农商行	邮储银行
一、各项存款	亿元	4.02	36.91	59.91	31.39	41.53	14.14	6.36	90.79	57.87
1. 单位存款	亿元	4.02	17.34	14.71	12.64	17.68	11.33	5.49	16.81	6.67
(1)活期存款	亿元	1.40	7.45	9.71	6.91	10.04	5.95	2.89	13.00	4.24
(2)定期存款	亿元	1.98	8.25	2.72	2.92	3.40	1.79	0.62	2.36	2.43
(3)通知存款	亿元	—	0.22	—	0.05	0.11	—	—	—	—
(4)保证金存款	亿元	0.64	0.35	0.16	0.97	2.52	2.49	1.98	1.36	0.01
2. 个人存款	亿元	—	19.56	44.60	18.73	23.84	2.81	0.87	73.93	51.19
(1)储蓄存款	亿元	—	18.81	44.54	18.73	23.50	2.81	0.87	73.93	51.19
(2)保证金存款	亿元	—	0.18	—	—	—	—	—	—	—
(3)结构性存款	亿元	—	0.58	0.06	—	0.34	—	—	—	—
3. 临时性存款	亿元	—	—	—	0.02	0.01	—	—	0.05	—
4. 其他存款	亿元	—	—	0.60	—	—	—	—	—	—
二、各项贷款	亿元	9.57	29.34	18.97	22.11	34.81	12.53	8.53	63.47	7.07
1. 短期贷款	亿元	3.96	13.25	6.45	9.22	15.41	7.59	6.96	50.90	1.80
(1)个人贷款及透支	亿元	—	0.49	0.28	1.65	0.69	0.12	0.18	10.4	1.80
(2)单位普通贷款及透支	亿元	3.96	10.69	6.17	7.50	14.62	5.97	6.63	40.50	—
(3)普通并购贷款	亿元	—	—	—	—	—	—	—	—	—
(4)银团贷款	亿元	—	—	—	0.07	—	1.05	—	—	—
(5)贸易融资	亿元	—	2.07	—	—	0.10	0.46	0.15	—	—
2. 中长期贷款	亿元	5.41	15.98	12.51	12.78	19.40	4.18	1.57	6.94	5.27
(1)个人贷款	亿元	—	10.86	11.01	8.61	10.96	2.40	0.68	1.60	5.27
(2)单位普通贷款	亿元	5.41	5.12	1.50	4.17	8.44	1.25	0.88	4.80	—
(3)普通并购贷款	亿元	—	—	—	—	—	—	—	—	—
(4)银团贷款	亿元	—	—	—	—	—	—	—	0.54	—
(5)贸易融资	亿元	—	—	—	—	—	—	—	—	—
3. 票据融资	亿元	0.20	0.08	—	0.10	—	0.76	—	5.64	—
4. 各项垫款	亿元	—	0.02	—	—	—	—	—	—	—

（郭萍 高鹏）

表 40

2013 年高邮市外汇指定银行结、售汇情况表

项目 / 行别	单 位	合 计		贸 易		非 贸 易		资 本	
		结汇收入	售汇支出	结汇收入	售汇支出	结汇收入	售汇支出	结汇收入	售汇支出
合计	万美元	28 778	4 925	22 028	2 741	640	1 675	6 110	509
工行	万美元	5 075	311	4 978	220	48	91	49	—
农行	万美元	6 141	196	4 217	78	52	79	1 872	39
中行	万美元	8 306	1 806	6 342	80	540	1 256	1 424	470
建行	万美元	2 744	48	279	39	—	9	2 465	—
江苏银行	万美元	6 512	2 564	6 212	2 324	—	240	300	—

（郭萍 高鹏）

中国人民银行高邮市支行

【概况】 2013 年，人行高邮市支行设办公室、监察室、货币信贷与统计股、外汇管理股、国库会计股等5个职能科室，有在职员工28人。该行落实人民银行总、分行工作会议精神，推动国家宏观调控政策在辖区内有效落实，切实维护金融稳定，优化金融生态环境，努力提高金融服务水平，促进地方经济全面协调发展。是年，该行被市委、市政府表彰为2013年度开放型经济先进单位。（郭萍　高鹏）

【银企合作】 2013 年，人行高邮市支行围绕缓解机械装备业、照明灯具业、纺织服装业、电线电缆业、建筑业和旅游服务业等行业“贷款难”问题，先后牵头举办银企对接、签约活动4次，签约贷款金额38.22亿元，落实签约贷款金额37.57亿元，履约率98.3%。（郭萍　高鹏）

图为高邮市召开农口企业银企对接座谈会现场

（人行高邮市支行供稿）

【民生金融持续发展】 2013 年，人行高邮市支行加大民生金融支持力度，扩大信贷投放受惠面。继续加大创业小额担保贷款投放力度，全年累计投放金额1 987万元，增长15.1%。其中，妇女创业小额贷款投放金额733万元，比上年增加145万元；支持大学生村官创业贷款项目5项，投放金额120万元。发放青年创业贷款4.63亿元，比年初增加4 320万元。（郭萍　高鹏）

【金融管理】 2013 年，人行高邮市支行加强金融机构监督管理，修订《高邮市银行业机构执行人民银行政策情况评价标准(2013年)》，认真推进“两管理、两综合”(开业管理、营业管理、综合执法检查、综合评价)工作，维护辖区金融稳定。指导银行业机构健全内控制度、查堵安全隐患、完善业务系统、促进规范运行。指导和帮助招商银行股份有限公司完成在高邮市新设机构相关工作，确保该机构申报项目顺利加入人民银行系统。全年对辖内金融机构开展执法检查20次，检查项目涵盖金融统计、存款准备金缴存、支付结算管理、人民币现金收付和反假货币、国库经收、征信、反洗钱、国际收支申报、外汇业务、个人金融信息保护等内容，金融运行质态得到提升。（郭萍　高鹏）

【金融消费者权益保护】 2013 年，人行高邮市支行组织辖区内金融机构开展“3·15金融消费维权”系列活动，通过开展案例交流、广场宣传等活动，提升辖内金融机构维护消费者权益意识。全年共处理金融类投诉案件2起，办理“寄语市长”网络平台投诉与咨询30起，处理“12363”(金融消费权益保护咨询投诉电话)平台投诉1起，有效维护金融消费者的权益。（郭萍　高鹏）

【平安金融创建】 2013 年，人行高邮市支行组织辖区金融机构开展平安金融创建活动，按照“年初有计划，年中抓执行，年末再考评”要求，定期对各参创单位的责任、组织、措施、制度、管理、达标、执行、网点、金库、运钞车、服务、队伍、维稳、台账等14大类创建内容进行检查。加强对招商银行高邮支行、长城证券高邮营业部等新设金融机构业务指导，确保其规范有序开展各项工作。（郭萍　高鹏）

【征信管理】 2013 年，人行高邮市支行继续加强征信体系建设，提升征信管理效能，积极开展农村信用体系试验区建设。全年创成信用乡镇5个，评定信用村176个；通过高邮农商行“阳光信贷”档案管理系统，建立农户信用电子档案17.9万份，建档率89.7%；评定信用农户数11.2万户，评定面56.1%；评定青年信用示范户400户，向其中293户发放贷款5 205万元。加强机构信用代码证发放及维护，全年发放增量代码证1 441户、变更代码证91户。做好企业信息征集和信用记录查询工作，全年录入719户非信贷关系中小企业信用信息，查询企业信用报告257份，查询自然人信用记录报告906份。全年新发放贷款卡356张，通过贷款卡评审企业1 462家。（郭萍　高鹏）

【反洗钱风险评估】 2013 年，人行高邮市支行根据《2013年人民银行扬州市中心支行反洗钱工作要点》要求，探索建立反洗钱风险评估机制，组织人员对银行机构进行反洗钱风险评估工作。通过收集监管档案信息、发放调查问卷、调阅相关材料、现场核实等方式，针对其反洗钱环境、产品及客户、控制措施、工作沟通等情况，按照评估指标体系，运用非现场评估和现场评估方式予以综合评价，最终确定反洗钱风险等级。（郭萍　高鹏）

【反假币】 2013 年，人民银行高邮市支行不断加强人民币流通管理，提升人民币流通质量。积极开展各银行机构网点小面额现金供应情况的检查，加大对《人民币管理条例》《中国人民银行假币收缴、鉴定管理办法》执行情况的检查，全年共抽查辖内7家银行机构的13家营业网点，并针对问题提出整改意见。建立和落实“村村通叠加宣传站点”176个。认真做好假币收缴及上解工作，共收缴各类假币1 016张，9 1515元。 （郭萍 高鹏）

【“苏汇通”业务】 2013年，人行高邮市支行继续拓展“苏汇通”业务，拓展县域支付结算服务范围。全年新建“苏汇通”集中代收付合同库54个，累计333个；入网单位托收通信费用3 416笔、金额554.39万元，托收成功率94.8%。（郭萍 高鹏）

【推广非接触 POS 机具】 2013年，人行高邮市支行为发展小额快速支付应用和奠定手机支付产品支付基础，大力优化IC卡应用环境，推广非接触POS机具。全年在联华超市和东方商厦两个商圈投放非接触POS机具26台，实现两个商圈内非接触POS机全覆盖。 （郭萍 高鹏）

【农村支付环境建设】 2013年，人行高邮市支行提高金融服务水平，推广银行卡助农取款服务，满足“三农”金融服务需求。全年发生助农服务取款业务5.09万笔、金额1 153.66万元。 （郭萍 高鹏）

【国库管理】 2013年，人行高邮市支行支库强化国库管理，确保资金安全，对预算收入收纳、退库、拨款等凭证真实性、要素完整性、政策合规性进行审核。全年办理预算收入入库64.74万笔、金额72.55亿元，办理退库2 399笔、金额4.62亿元，办理财政支拨1.6万笔、金额62.53亿元。注重从源头防范风险，全年通过柜面监督发现不合规收入4笔、金额75.9万元，退库9笔、金额18.94万元。将涉及民生工程、社会弱势群体和涉农等资金作为直接支付业务重点，全年办理国库直接支付业务1.57万笔、金额1.1亿元。 （郭萍 高鹏）

【外汇业务】 2013年，国家外汇管理局高邮支局强化外汇管理与服务，促进开放型经济发展。全年办理贸易外汇收支名录登记43家，非现场监测贸易指标异常企业260家，现场核查企业64家，确定B类企业9家，办理货物贸易外汇收入登记11笔、金额105万美元，外汇支出登记2笔、金额12万美元，为企业办理贸易信贷登记102笔、金额533万美元，为43户企业办理经常项目开户备案，确保企业贸易外汇收支顺畅运行。严格资本项目外汇管理，确保跨境资金有序流动。全年办理外汇登记企业9家，办理外汇变更登记企业70家；办理验资询证40笔、金额7 613万美元；注销“三资”企业12家、暂停10家；对全市150家“三资”企业进行年检，年检率100%。对3家境外投资企业进行年检。加大非现场申报和现场申报核查力度，提高国际收支申报质量。全年完成涉外收入申报6 464笔、金额3.25亿美元，付汇申报1 692笔、金额4 608万美元，国际收支申报率100%。推进人民币跨境结算工作，全年为17家企业办理人民币跨境结算系统激活，人民币跨境结算收入4 232万元。加强对银行和企业外汇政策执行情况监督检查，全年现场检查外汇业务指定银行5家，立案查处违规企业1家，处罚金额72.41万元。 （郭萍 高鹏）

【金融运行情况调查】 2013年，人行高邮市支行紧密跟踪国家宏观经济信息和区域性经济信息，通过监测辖区各金融机构安全性指标、流动性指标、效益性指标及其变动情况，加强与市经信委、市物价局、市统计局等部门的定期信息沟通，积极开展调查研究，加强金融运行情况反馈，及时掌握辖区内经济运行状况。全年该支行完成调查信息138篇，被上级行采用134篇；完成调研论文39篇，被上级行采用29篇。 （郭萍 高鹏）

【内控建设】 2013年，人行高邮市支行加强管理，完善内控制度建设，全年新增内控制度12项、删除1项、修改4项。至年底，累计有内控制度392项，其中岗位职责128项、工作制度208项、工作流程及流程图56项。开展内部风险控制监测工作，加大重要岗位工作人员考核力度，排查员工8小时以外思想、行为状况及有无陷入已发生的金融风险案件中。完善“三重一大”决策制度、议事规则，建立健全“三公开”考核评价和监督检查机制，增强决策、权力透明度，将权力制衡、过程监控、公开透明原则和廉洁从政规定贯穿权力运行各个环节，把各项权力关进制度“笼子”。 （郭萍 高鹏）

中国农业发展银行高邮市支行

【概况】 2013年，农发行高邮市支行内设财务科、信贷科、办公室，有在职员工18人。该支行贯彻省、扬州市分行行长会议精神，加强信贷管理和财会管理，有效控制各类风险，各项业务发展迅速。至年底，实现日均存款余额3.66亿元，增长28%；各项贷款余额13.38亿元，增长26%；中间业务收入165万元，增长24%。实现经营性考核利润2 686万元；完成人日均存款2 091万元，增长16%；全行无不良贷款，达到“一级行”标准。 （姚志江）

【农业信贷业务】 2013年，农发行高邮市支行加大农业信贷投放力度，全年发放涉农贷款8.02亿元，比年初减少2.6亿元，下降24.5%。至年底，有各项贷款余额13.38亿元，其中，粮棉油贷款余额5.72亿元、增长7.5%，项目贷款余额6.32亿元、下降14.4%，商业性贷款余额1.34亿元、增长26%。 （姚志江）

【存款业务】 2013年，农发行高邮市支行发挥信贷政策优势，与市财政局、江苏高邮农村商业银行股份有限公司等单位合作，采取票据吸存、回笼抓存、激励增存等措施，促进存款业务实现较大增长。至年底，该行存款额比上年增加7 946万元，增长28%。 （姚志江）

【中间业务】 2013 年，农发行高邮市支行坚持多元化发展举措，努力提高中间业务收入。全年累计实现中间业务收入 165 万元，其中保险手续费收入15 万元、结算手续费收入 4.4 万元、国际结算手续费收入 0.81 万元、外币汇兑收入 0.88 元、银行汇票承兑收入 8.1 万元、投融资顾问费收入 135.81 万元，增长 24.1%。 （姚志江）

中国工商银行股份有限公司高邮支行

【概况】 2013 年，工行高邮支行设 3 科 1 室和 1 个个人贷款中心、1 个贵宾客户服务中心，下辖 1 个营业部、5 个二级支行，有在职员工 128 人。该行注重拓展重点市场、重点客户、重点项目，推广应用新业务、新产品、新技术，深化内部管理和风险防范，较好地完成全年各项工作任务，继续保持“零案件、零重大事故、零重大负面舆情”局面。至年底，各项存款余额 36.76 亿元，比年初增加 5.83 亿元，其中对公存款增加 2.8 亿元、储蓄存款增加 3.03 亿元，增长 18.8%；各项贷款余额 29.05 亿元，比年初增加 5.89 亿元，其中公司客户增加 3.34 亿元、个人客户增加 2.55 亿元，增长 25.4%；实现中间业务收入6 317万元，增长 43.2%；实现拨备前账面利润 1.14 亿元，增长 25.3%。 （周巧）

【重点项目信贷业务】 2013 年，工行高邮支行加大重点项目融资营销力度，努力服务全市经济社会发展。全年获批菱塘——天山万顷良田建设工程项目、汇富金陵大饭店建设项目、加州阳光大酒店固定资产融资项目等重点信贷项目 3 项，获批资金 2.9 亿元，至年底实际投放 2.55 亿元。 （周巧）

【中小企业信贷业务】 2013 年，工行高邮支行结合全市招商引资和中小企业产值、利润、纳税排名等情况，深入各工业园区、产业集聚地调研，摸清企业实际融资需求，梳理出目标客户，健全完善中小企业营销目标库，并据此加强对目标客户的营销力度，不断提升信贷业务水平。至年底，累计发放中小企业贷款7 921万元。 （周巧）

【《中小企业融资风险金战略合作协议》】 2013 年，工行高邮支行为提升营销水平，与高邮经济开发区达成《中小企业融资风险金战略合作协议》，采用“政府＋银行＋企业”运作模式，解决企业资金需求。至年底，累计向高邮经济开发区发放中小企业贷款5 200万元。 （周巧）

【小企业客户拓展】 2013 年，工行高邮支行加强小企业客户资源储备，围绕行业龙头企业及出口额 100 万美元以上企业进行营销，储备扬州恒通环保科技有限公司、扬州市百仕德礼品工艺有限公司、高邮北方动力机械有限公司等小企业目标客户 31 家，拓展小企业目标客户 20 家。全年拓展小企业供应链融资户 3 户，融资金额1 900万元。 （周巧）

【个人信贷业务】 2013 年，工行高邮支行通过争取住房按揭贷款资源、拓展个人经营贷款业务、巩固购车分期付款业务等手段，拓展个人信贷业务。全年累计发放住房按揭贷款1 346笔、金额 3.93 亿元；发放个人经营贷款 1.13 亿元；发放购车分期付款2 263笔、分期金额9 685万元。 （周巧）

【存款业务拓展】 2013 年，工行高邮支行强化重点市场营销，完善经营机制，加强金融创新，针对各类存款业务出台相应营销措施，通过加大批量揽存工作力度，做好代发工资“提质扩面”，注重理财产品与存款互动，积极开展“村长工程”，抢占优质市场，大力拓展源头储蓄存款。至年底，新增存款 5.83 亿元。 （周巧）

【中间业务】 2013 年，工行高邮支行调整收益结构，完善中间业务各项机制，加强服务和产品创新，重点发展贵金属、资产管理、国际结算等业务，中间业务收入对利润贡献度大幅提升。全年实现中间业务收入6 317万元，增长 43.2%。 （周巧）

中国农业银行股份有限公司高邮市支行

【概况】 2013 年，农行高邮市支行内设综合管理部、信贷管理部、运营财会部、公司业务部、个人金融部、网点管理部等 6 个部门，下辖 1 个营业部、2 个二级支行和 12 个分理处，有在职员工 213 人。至年底，该行本外币存款余额 59.91 亿元，比年初增加 6.55 亿元，增长 12.3%；本外币贷款余额 18.97 亿元，比年初增加 3.48 亿元，增长 22.5%；不良贷款余额8 094万元，比年初下降 692 万元，不良贷款占比 4.2%，比年初下降 1.47 个百分点；实现中间业务收入3 803万元，增长 36%；实现拨备后利润 1.23 亿元，增长 31%。 （唐越）

【客户营销】 2013 年，农行高邮市支行加强营销工作，通过组织“金钥匙春天行动”营销竞赛活动、“激情仲夏·金彩生活”综合营销竞赛活动、“赢在金秋”和电子银行双月赛等系列竞赛活动以及“千百工程”“千户企业百日行”“冲刺年末双月竞赛”“对公结算账户营销”等公司业务竞赛活动，推动各项业务发展。成功首发具有新型农村合作医疗参合缴费和金融服务功能的高邮市农村居民健康卡，为拓展农村居民业务打下良好基础。全年新增个人加权贵宾客户3 129户、各类企事业单位结算账户 491 户、法人信贷客户 23 户；新增各类电子银行客户 7.07 万户、个人网银用户 1.33 万户、短信通客户 2.62 万户，新开通个人手机银行用户 1.42 万户、个人电话银行用户 1.62 万户。 （唐越）

【项目信贷业务】 2013 年，农行高邮市支行采取“对条件成熟项目迅速组织上报，对已批授信项目及时组织实施”举措，提前做好客户评级、分类和授信上报工作，在理论授信额度充足和资金有效需求前提下，尽量报足授信额度和用信品种，着力开展项目信贷营销工作，积极稳健地“扩总量、调结构”。至年底，该支行发放扬州和盛置业有限公司天润园项目贷款 1 亿元、南水北调东线第一期工程北澄子河上游穿心河（南段）两岸改造水质达标工程项目贷款5 000万元。不断加大中小企业贷款项目投放力度，全年新增小企业客户 15 户、贷款金额6 800万元。 （唐越）

【中间业务】 2013 年，农行高邮市支行加大营销力度，在开展各类传统优势项目基础上，重点发展以银票、保函、信用证为主导的表外业务，拓展保险代理、贵金属、基金股票和信贷资金托管业务，深入挖掘同业合作和现金管理业务潜力。全年实现中间业务收入3 803万元，增长 36%。 （唐越）

中国银行股份有限公司 高邮支行

【概况】 2013 年，中行高邮支行内设综合管理部、业务管理部、公司业务部、个人金融部、营业部，下辖 6 个经营性支行，有在职员工 128 人。至年底，该行各项存款余额 31.41 亿元，比年初增加 1.85 亿元，增长 6.3%；各项贷款余额 23.57 亿元，比年初增加 2.46 亿元，增长 11.7%；实现中间业务收入3 404万元，下降 4.5%；实现净利润7 937万元，增长 9.9%。 （高惠忠）

【公司信贷业务】 2013 年，中行高邮支行调整信贷结构，加大新兴产业信贷投放力度，积极开展融易达、融信达、国内商业发票贴现、出口商业发票贴现等创新型信贷业务。全年新增公司客户 26 户、贷款金额 3.9 亿元。 （高惠忠）

【个人金融业务】 2013 年，中行高邮支行根据省、扬州市分行要求，将资产业务下沉至网点，促进各网点加大资产业务拓展力度，带动个人金融各项业务稳定增长。全年新增居民储蓄存款 1.85 亿元、个人消费贷款 1.76 亿元。 （高惠忠）

【内控管理】 2013 年，中行高邮支行坚持多措并举，切实推进内控管理工作，各项运营效能项指标均达到上级行目标。优化内控副职考核和柜员考核方案，形成良好工作氛围，努力改善运营质量；强化“二线”为“一线”服务理念，不断提升全行运营保障能力；以内控长效机制建设为核心，通过实施风险排查、集团操作风险监控分析平台数据运用、员工异常行为排查等举措，进一步提高全行内控管理水平。 （高惠忠）

中国建设银行股份有限公司 高邮支行

【概况】 2013 年，建行高邮支行内设办公室、公司业务部、个人金融部、计划财务部和营业部，下设 5 个二级支行、2 个分理处，有在职员工 132 人。至年底，该行一般性存款余额 41.52 亿元，比年初增加 5.76 亿元，增长 16.1%；各项贷款余额 34.81 亿元，比年初增加 4.87 亿元，增长 16.3%。全年实现中间业务收入4 864万元；实现账面利润 1.4 亿元。 （卢晓祥）

【信贷业务】 2013 年，建行高邮支行利用“对公贷款不良率为零”优势，积极向上争取信贷额度，及时谋划储备项目，加大信贷营销力度，提前超额完成市政府下达的 4 亿元信贷投放任务。至年末，新增贷款投放金额 4.87 亿元，增长 16.3%。 （卢晓祥）

【网点建设】 2013 年，建行高邮支行加强服务网点建设，提升金融服务能力。根据城区东扩发展布局，新设珠光路二级支行，扩大网点覆盖范围，拓展新客流，为经营提供可持续发展新动力；实施淮江二级支行升级改造工程，拓展营业面积，美化服务环境，完善服务功能；将阳光储蓄所升级为阳光二级支行，提升该支行金融服务水平。 （卢晓祥）

图为建行珠光路支行 （建行高邮支行供稿）

【存款业务】 2013 年，建行高邮支行围绕“夯基础、增份额、上台阶”发展主线，推动存款各项业务有序开展，促进存款总量稳中有升。至年底，该行新增一般性存款 5.76 亿元，增长 16.1%。其中，

新增个人存款 3.12 亿元，增长 15.1%；新增企业存款 2.64 亿元，增长 17.5%。（卢晓祥）

【经营管理模式创新】 2013 年，建行高邮支行整合人力、财力资源，先后组建信用卡业务团队、国际业务团队、公司业务团队等专业营销队伍，有针对性地开展营销；重新配置人力资源，再造业务流程，根据客户要求，实行营业窗口弹性排班制，提高服务效率；成立清分中心，对城区附行式自助设备集中清点、集中加钞，实现前后台有效分离；定期梳理、征集职工的各类意见和建议，将办公耗材申领制改为派送制，减轻柜台员工压力。（卢晓祥）

中国邮政储蓄银行高邮市支行

【概况】 2013 年，邮储银行高邮市支行内设综合管理部、综合业务部、市场拓展一部、市场拓展二部，下辖 1 个营业部和 6 个二级支行，有在职员工 123 人。该行突出精细管理，加强全面风险控制体系和内部控制机制建设，不断提升营销服务水平，努力增强市场竞争力。至年底，各项贷款余额 8.88 亿元，增长 36.6%；各项存款余额 18.97 亿元，增长 7.5%。（韦德明）

【个人金融业务】 2013 年，邮储银行高邮市支行充分挖掘客户资源，促进个人金融业务稳定增长。至年底，该行实现个人储蓄存款余额 12.29 亿元，增长 4.5%；代理保险2 950.22万元；实现个人金融业务收入2 173.36万元。（韦德明）

【信贷业务】 2013 年，邮储银行高邮市支行注重面向“三农”和小微企业进行市场营销，促进各项信贷业务有序开展。全年累计发放各类贷款2 690笔、金额 9.38 亿元；办理票据直贴业务 8.24 亿元。（韦德明）

【网点建设】 2013 年，邮储银行高邮市支行强化服务网点建设，提升便民服务能力。撤销汉留支行，新设高邮经济开发区支行；改善经营网点营业环境，扩展业务功能；加大网点自助机具投入和电子银行发展力度，增设扬州市职业大学师范学院 ATM 机 1 台。（韦德明）

江苏银行股份有限公司高邮支行

【概况】 2013 年，江苏银行高邮支行内设办公室、业务发展部、营业部，有在职员工 21 人。该行积极开展“银企统筹共建”“千户企业百日行深化年”等营销活动，各项业务取得较快发展。至年底，该行各项存款余额 14.14 亿元，比年初增加 3.5 亿元，增长 32.8%；各项贷款余额 12.53 亿元，比年初增加 2.36 亿元，增长 23.2%。全年实现各项收入6 391万元，增长 14.2%；实现账面利润5 266万元，增长 12.4%。是年，该行在江苏银行股份有限公司总行组织的“开门红竞赛活动”中，获零售业务项目类“标杆支行”“明星支行”称号；被江苏银行扬州市分行表彰为 2013 年度先进集体。（陈建）

【存、贷款业务】 2013 年，江苏银行高邮支行大力发展主营业务，存、贷款业务实现大幅增长。至年底，该行累计对公存款余额 11.33 亿元、居民储蓄存款余额 2.81 亿元，分别增长 31.7%、37.3%；累计公司贷款余额 9.26 亿元、零售贷款余额 2.51 亿元、贴现余额 0.76 亿元，分别增长 15.2%、32.8%、216.7%。（陈建）

【中间业务】 2013 年，江苏银行高邮支行累计实现中间业务收入 1 111 万元，增长 63.8%。其中公司业务收入 754 万元、零售业务收入 235 万元、国际业务收入 122 万元，分别增长 41.1%、195.8%、89.6%。（陈建）

江苏高邮农村商业银行股份有限公司

【概况】 2013 年，江苏高邮农村商业银行股份有限公司设董事会办公室、监事会办公室、办公室、人力资源部、绩效考核办公室、公司业务部、个人业务部、信贷管理部、风险管理部、运营管理部、财务统计部、电子银行部、审计稽核部、监察保卫部、合规管理部、科技创新部等 16 个部室，下辖 1 个营业部、36 个支行，有在职员工 485 人。至年底，各项存款余额 90.79 亿元，比年初增加 14.43 亿元，增长 18.9%；各项贷款余额 63.47 亿元，比年初增加 8.5 亿元，增长 15.5%。全年实现各项收入 6.55 亿元，比上年增加6 871万元，增长 11.7%。是年，该行在江苏省农村信用社系统考评中获 4A 等级，并获得合规风险、审计、信息宣传、四好领导班子等 4 项单项评比先进；被扬州银监分局评为扬州市公众金融服务良好银行创建先进单位；被市政府表彰为机关能力作风建设先进单位、金融考核一等奖、支持建筑行业发展金融先进单位、服务业龙头企业；行党委被高邮市委评为先进党委。

（张斌　冯春松）

【贷款营销】 2013 年，江苏高邮农村商业银行股份有限公司围绕涉农贷款和小微企业贷款“两个不低于”（增幅不低于全部贷款增幅、增量不低于上年）目标，组织开展“农户贷款户数营销竞赛”“千户企业百日行”等各类信贷营销活动，不断加大涉农行业和小微企业贷款投放力度。全年授信农户 1.23 万户、授信金额 7.68 亿元，用信农户7 080户、用信金额 4.25 亿元。至年底，该行涉农贷款余额 57.84 亿元，比年初增加 7.65 亿元，增长 15.2%；小微企业贷款余额 21.09 亿元，比年初增加 3.41 亿元，增长 19.3%。 （张斌 冯春松）

【信贷风险防控】 2013 年，江苏高邮农村商业银行股份有限公司坚持“额小分散”原则，强化提升抵质押率，实施股东股权出质反担保工作，努力降低信贷风险。全年办理股东股权出质 17 户，出质股权2 836万股，反担保贷款金额 1.23 亿元。注重大额贷款和贷款行业分布控制，杜绝投放光伏、钢贸、船舶等行业贷款，审慎投放房地产、建筑、服装、化工等行业贷款。规范信贷管理，严格执行贷款“三查”、面谈面签、受托支付等相关规定，严密授信、用信审查审批程序。组织开展建筑业贷款异地使用贷后管理、信贷资产风险分类偏离度、票据业务合规性、信贷打假和多头融资客户甄别、保证担保真实性、融资性担保公司及其股东授信等专项检查活动，切实消除信贷风险隐患。 （张斌 冯春松）

【人事管理】 2013 年，江苏高邮农村商业银行股份有限公司竞聘上岗营业部副总经理 2 人，新提拔年轻中层干部 9 人，竞聘产生后备主办会计 10 人、后备主办信贷员 6 人，适时调整主办信贷员 18 人、主办会计 8 人，新招聘大学生员工 20 人。推进人事管理制度建设，先后制定员工培训管理、在职学习考试奖励、竞业限制管理、岗位标准化建设实施方案等制度，为人事管理提供制度保障。

（张斌 冯春松）

中国人民财产保险股份有限公司高邮支公司

【概况】 2013 年，人保财险高邮支公司内设综合管理部、运营支持部、团险业务部、个险业务部、理赔分中心、三农保险部、直销一部、车商一部、车商二部、社保业务部、营销服务部，下辖天山营业部、三垛营业部、高邮经济开发区业务部，有在职员工 52 人。全年实现保费收入 1.39 亿元，增长 30%。在保费收入中，机动车险保费收入7 427万元，增长 25.3%；非机动车险保费收入3 078万元，增长 57.2%；农业政策性保险收入3 460万元，增长 26.4%。全年受理理赔案件5 753起，支付赔偿款 7574.07 万元。继续开展代收代缴车船税业务，全年代收代缴车船税 563.82 万元。是年，该公司获“江苏省农村保险明星单位”称号。 （吴宏发）

【联办共保政策性农业保险】 2013 年，人保财险高邮支公司与市政府继续联办共保政策性农业保险，该公司与政府共保资金比例均为 50%。全年联办共保水稻 3.46 万公顷、小麦 5.12 万公顷、棉花1 493公顷、油菜 780 公顷、水稻制种 1.41 万公顷、大棚蔬菜1 360公顷；承保奶牛 133 头、能繁母猪8 949头、育肥猪 8.08 万头、山羊2 000头、肉鸡 100 万只、蛋鸡 8 万只、蛋鸭 22.6 万只。全年联办共保政策性农业保险费收入6 919万元，赔付2 768万元；参保率 80%。 （吴宏发）

【机构改革试点】 2013 年 7 月，人保财险高邮支公司被人保财险江苏省分公司选为县域机构改革试点单位之一，尝试以机构改革推动职能转变。此次改革，按照新的管理要求和架构，增设团险管理部、个险管理部和运营支持部，实现管理与服务的部门配套，以此发挥内部服务机构的作用。同时，在经营观念上从以市场为中心转变为以客户为中心，提升整体服务质量。 （吴宏发）

中国大地财产保险股份有限公司高邮支公司

【概况】 2013 年，大地保险高邮支公司内设经理室、综合管理部、业务管理部、车商渠道部、客户服务部、重点客户部、业务部，有在职员工 22 人。该公司科学定位谋发展，顽强拼搏抢市场，积小胜为大胜，创造性开展工作，完成年度各项经营指标。全年实现保费收入4 480万元，增长 11.7%；其中人身险2 039万元、车险2 242万元、财产险 199 万元。受理各类理赔案件3 955起，支付赔款3 151万元，结案率 99.4%。是年，该公司升格为计划单列公司，直属江苏省分公司管理。 （姜学军）

【业务拓展】 2013 年，大地保险高邮支公司坚持效率优先，有效整合各类资源，把车商业务、学生平安保险和道路客运公司保险业务作为发展方向，取得较好业绩。与商业银行开展业务合作，加强保险品种直销工作，在市公安局车辆管理所设立摩托车保险办理窗口，扩大市场占有率。 （姜学军）

【代收代缴车船税】 2013 年，大地保险高邮支公司在开展机动车交通事故责任强制保险业务的同时，还按车型、自重分类代收代缴除拖拉机、警用车、军用车外的其他类型车辆车船税。至年底，代收代缴车船税 198 万元。 （姜学军）

中国人寿保险股份有限公司高邮支公司

【概况】 2013 年，人寿保险高邮支公司内设综合部、个险销售部、团体业务部、银行保险部、客户服务中心和 9 个营销服务部及 3 个营业部，有在职员工 81 人、营销员 611 人。全年实现保费收入4.04亿元，全年受理理赔案件3 360起，赔付金额1 402万元。是年，该公司被扬州市国税局、扬州市地税局联合评定为年度A级纳税信用等级，被中国人民银行高邮市支行表彰为反洗钱先进单位，被高邮市妇联表彰为高邮市十佳爱心妈妈（集体）。（梁静）

【营销员信用评估体系建设】 2013年，人寿保险高邮支公司为规范营销员信用品质分级管理工作，充分发挥信用品质管理对营销团队激励和约束作用，引导营销员诚信销售，促进营销队伍健康发展，组织开展由客户网上打分的营销员信用评估活动。此次活动，该公司获评A级以上营销员实现全覆盖，并评出AAA级营销员8人、AA级营销员91人。对所有获评高信用等级营销员颁发证书和相应资格证号，并通过中国人寿官方网站及95519服务热线对外公布。（梁静）

【参与社会公益事业】 2013年，中国人寿高邮支公司为塑造良好社会形象，提升公司品牌美誉度，增强员工服务社会责任感，热心参与社会公共事务和慈善活动。该公司连续6年向车逻镇中心小学春蕾班捐赠“国寿春蕾班爱心传递资金”1.5万元，帮助少年儿童健康成长。4月30日，该公司赞助第四届环高邮湖自行车越野赛，为35支代表队的352名选手赞助意外伤害保险，并组织自愿者为参赛选手提供沿途服务。（梁静）

利安人寿保险股份有限公司高邮支公司

【概况】 7月8日，利安人寿保险股份有限公司高邮支公司正式营业。该公司位于文游中路10号，内设个险销售部、团体业务部、银行保险部、客户服务部，有在职员工153人（含营销人员）。至年底，该公司实现个人保险业务保费收入373万元，银行保险业务、团体险业务逐步开展。（徐宏昌）

资料链接 利安人寿保险股份有限公司（以下简称利安人寿）成立于2011年7月14日，是经中国保险监督管理委员会批准设立的一家全国性人身保险公司。利安人寿由江苏省国际信托有限责任公司、江苏省信用再担保有限公司、江苏凤凰出版传媒集团有限公司、江苏交通控股有限公司、江苏汇鸿国际集团有限公司、南京紫金投资控股有限责任公司6家国有大型企业和雨润控股集团有限公司、远东控股集团有限公司、红豆集团有限公司、月星集团有限公司4家知名民营企业发起设立。公司注册资本金25亿元人民币，总部位于南京。（徐宏昌）

图为利安人寿高邮支公司营业厅（徐宏昌 摄）

【社会公益活动】 2013年，利安人寿高邮支公司热心公益事业，积极奉献社会。该公司坚持每承保一张寿险保单，就向“利安人寿一元公益基金”捐款1元，并倡议公司员工每月向该基金捐赠1元钱，用于发展公益事业。同时，该公司积极响应市委、市政府帮扶低收入农户脱贫奔小康的号召，结对帮扶临泽镇低收入农户5户。（徐宏昌）

其他金融机构

【新增寄卖行1家】 2013年，经高邮工商局核准登记，全市新增注册寄卖行1家，即高邮市盛大寄卖行，注册类型为个体工商户。至年底，全市累计有注册寄卖行61家，其中企业2家、个体工商户59家。（陈志华）

【新设立驻高邮市商业保险直属分支机构4家】 2013年，经高邮工商局核准登记，全市新设立商业保险直属分支机构4家，即华泰保险销售（上海）有限公司江苏省分公司高邮市永丰华泰营业部、华泰保险销售（上海）有限公司江苏省分公司高邮市瑞祥华泰营业部、华夏人寿保险股份有限公司扬州中心支公司高邮营销服务部、中国人民财产保险股份有限公司高邮支公司临泽营销服务部。至年底，全市累计有注册商业保险分支机构62家。（陈志华）

【新设理财服务机构1家】 2013年，经高邮工商局核准登记，高邮市新设理财服务机构1家，即扬州众富小快贷投资理财信息咨询服务有限公司。该公司位于城区花湾路，主要从事贷款及相关业务咨询服务，是全市首家从事该种服务的机构。（陈志华）

【新增农村小额贷款有限公司2家】 2013年，经高邮工商局核准登记，全市新成立农村小额贷款有限公司2家，即高邮市新泰农村小额贷款有限公司、高邮市承煦农村小额贷款有限公司。至年底，全市共有农村小额贷款有限公司14家。（陈志华）

表 41 **2013 年高邮市农村小额贷款有限公司一览表**

公 司 名 称	负责人	注册资本(亿元)	开业时间	所 在 地
高邮市汇通农村小额贷款有限公司	陈志荣	1.0	2008 年 12 月	高邮镇
高邮市弘益农村小额贷款有限公司	陈振华	1.5	2010 年 5 月	高邮城南经济新区
高邮市邮都农村小额贷款有限公司	周竹山	1.0	2010 年 12 月	三垛镇
高邮市万顺农村小额贷款有限公司	姚步成	1.0	2011 年 3 月	卸甲镇
高邮市兴华农村小额贷款有限公司	郑速雷	1.0	2011 年 6 月	菱塘回族乡
高邮市中信农村小额贷款有限公司	王建华	1.0	2011 年 9 月	界首镇
高邮市金元农村小额贷款有限公司	陈臻阳	1.0	2011 年 9 月	车逻镇
高邮市兴益农村小额贷款有限公司	张小平	1.0	2011 年 12 月	汤庄镇
高邮市汇银农村小额贷款有限公司	王 辉	1.0	2011 年 12 月	送桥镇
高邮市华缘农村小额贷款有限公司	陈贞元	1.0	2011 年 12 月	临泽镇
高邮市宝鑫农村小额贷款有限公司	张建强	1.6	2012 年 12 月	卸甲镇
高邮市龙腾农村小额贷款有限公司	沈岐清	1.5	2012 年 12 月	送桥镇
高邮市新秦农村小额贷款有限公司	吴玉麟	1.5	2013 年 7 月	汤庄镇
高邮市承煦农村小额贷款有限公司	王亚文	1.5	2013 年 11 月	送桥镇

(竺寿云)

金融管理

【概况】 2013 年，市金融办认真履行职能，创新思路，改进方法，各项工作取得明显进展。全年全市金融机构各项存款余额 343.5 亿元，比年初增加 46.37 亿元；各项贷款余额 206.39 亿元，比年初增加 38.09 亿元。人寿保险高邮支公司、人保财险高邮支公司、大地保险高邮支公司和利安人寿高邮支公司累计实现保费收入 5.92 亿元，增长 21.3%；全年实现证券交易收入 670 万元，增长 22.79%；农村小额贷款有限公司累计发放贷款 100.96 亿元，贷款余额 19.11 亿元；融资性担保公司当年新发生担保额 8.39 亿元，年末在保责任余额 8.5 亿元。 (竺寿云)

【金融服务体系建设】 2013 年，在高邮市新设网点的金融服务机构不断增加，金融服务体系不断完善。4 月 12 日，长城证券有限责任公司高邮营业部正式营业；7 月 8 日，利安人寿高邮支公司开业；9 月 26 日，招商银行股份有限公司高邮支行开业；江苏射阳农村商业银行高邮支行、扬州高邮常农商村镇银行、中国光大银行股份有限公司高邮支行等银行进入筹建阶段；交通银行股份有限公司高邮支行进入前期选址阶段。全年新开业农村小额贷款有限公司 2 家，累计 14 家；新增注册寄卖行 1 家，累计 61 家。 (竺寿云)

【农村小额贷款有限公司评级】 2013 年，市金融办组织全市开业时间 1 年以上的农村小额贷款有限公司参加省金融办举办的农村小额贷款有限公司监管评级活动，全市有 9 家农村小额贷款有限公司成功评级，其中 AAA 级 2 家、AA 级 4 家、A 级 3 家。 (竺寿云)

【企业上市工作】 2013 年，市金融办梳理全市业绩较好的成长型企业，建立上市后备企业资源库。举办企业上市和债权融资以及“新三板”(非上市股份有限公司股权交易平台)知识讲座，培养重点企业资本市场运作意识。带领部分重点企业负责人赴宝胜电缆股份公司考察，感受上市企业发展氛围。帮助协调解决扬州曙光电缆股份有限公司、江苏华富储能新技术股份有限公司、江苏华尔石英材料股份有限公司、江苏传艺科技有限公司等重点上市后备企业上市过程中遇到的难题。至年底，扬州曙光电缆股份有限公司辅导公示结束，江苏华富储能新技术有限公司完成股份制改造。 (竺寿云)

城乡建设·环境保护

Urban and Rural Construction·Environmental Protection

导读

城市规划

【编制6项城市专项规划】 2013年，市规划局印发《规划工作职责及规划管理制度》，加强规划基础管理。先后组织编制《盐河两岸和孟城驿片区城市设计规划》《穿心河整治工程规划》《孟城驿景区扩容规划》《城南历史街区修缮规则》《南门大街整治规划》《高邮城区公共服务设施布点规划》等6项城市专项规划。（陶香远）

【城市规划管理和技术审查工作】 2013年，市规划局为规范城市规划管理工作，出台《规划设计条件集体会商制度》《城市规划与建筑设计方案预审制度》《城市规划与建筑设计方案比选制度》《证后管理制度》等4项工作制度，加强城市规划编制完善、技术审查工作，严格审查项目包装、规划建筑设计方案和设计条件通知书，执行规划条件集体会商制度，组织专家评审设计方案，认真准备提交市规划建设管理委员会研究的议题和评审项目。全年共组织集体会商11次，会商项目28项；出具规划设计条件通知书62份；组织召开专家评审会10次，评审项目32项；市规划建设管理委员会召开会议4次，研究讨论项目和议题50项。（陶香远）

【"一书两证"发放工作】 2013年，市规划局加强与建设单位沟通联系，强化项目规划公布和批前公示制度，实行规划审批手续阳光操作。全年共核发建设项目选址意见书17份、用地面积104.1公顷；核发建设用地规划许可证49份、用地面积83.9公顷；建设工程规划许可证67份、建筑面积102.3万平方米；核发民房建设用地规划许可证52份、用地面积0.7公顷；建设工程规划许可证21份、建筑面积0.35万平方米。（陶香远）

【建设项目颁证后管理工作】 2013年，市规划局为确保规划意图和规划批准文件的落实，坚持实行建设项目挂钩负责人制度，认真开展建设项目颁证后管理工作。同时，加强建设项目放线、验线及规划核实工作，确保每个项目按规划实施到位。全年放线、验线建筑物200幢；核实规划项目69项，建筑面积168.36万平方米。其中，核实房地产开发项目23项，建筑面积124.56万平方米；核实工业项目46项，建筑面积43.8万平方米。（陶香远）

城市基础设施建设

【市政建设情况】 2013年，全市继续加强建成区道路、给排水管道、绿化等市政工程建设，市政基础设施不断完善。至年底，城区实有铺装道路278.26千米；城区排水管道总长度209千米；年供水综合生产能力（含自备水源）25.5万吨/日，年供水总量4 665万吨，年售水量3 543万吨，其中居民家庭用水2 625万吨；年液化石油气供应总量0.41万吨；城区绿地面积946公顷，建成区绿化覆盖面积1 030公顷，城区绿化覆盖率40.6%。（陶香远　史志）

【后街后巷改造工程】 该工程被列入2013年惠民十件实事工程项目，项目主要内容为：对城区范围内东台巷、桑园巷、东后街等39条街巷的道路、排水系统进行改造和完善，适当布置绿化、照明及环卫设施等，并对有一定历史文化价值、现存建筑有一定风貌特色的街巷进行提升文化品位的重点改造。该工程于7月19日开工建设，12月25日竣工，投入资金600万元。共铺设混凝土路面2.61万平方米，安装排水管道9 189米、照明灯具28盏，设置大（小）雨水井920口。（陶香远）

【小区环境综合整治工程】 该工程为2013年城市

建设十大工程之一，被列入惠民十件实事工程项目。工程主要内容是：对蝶园新村、奎楼新村、奎楼二村等3个小区实施道路、排水、绿化、亮化、停车场地、环卫设施、综合管线改造、小区车库建设工程和沿街楼宇出新、安防及物业管理等，累计整治面积4.9万平方米。该工程于9月12日开工，11月20日竣工。总投资650万元。由江苏华泰道路桥梁工程有限公司组织实施。（陶香远）

【盂城驿扩容改造一期工程竣工】 该工程为2013年城市建设十大工程之一，包括盂城驿扩容、城南历史街区修缮、南门大街整治三个部分，7月8日开工，10月15日竣工。工程包括拆除盂城驿周边部分房屋，保留驿丞宅、赵家宅等历史遗存建筑，在盂城驿主体建筑北侧新建开放式花园，在盂城驿主体建筑东侧，新建集餐饮住宿功能于一体、以高邮民居建筑风格为主的秦邮公馆（占地面积2 100平方米，建筑面积1 466平方米），提升盂城驿整体环境，完善盂城驿功能。对运粮巷、盐塘巷、詹家巷等历史街区和南门大街、馆驿路等街巷串联区域进行修缮和整治，街巷路面采用青石板或青砖进行铺装，综合管线下地，街巷原有建筑按照传统建筑风格适度修缮，对运河东堤背水坡绿化进行补植和提质，营造与盂城驿主体风格协调统一的历史街区风貌。工程还对南门牌坊至盂城驿牌坊段沿街商铺、立面进行修缮，引导调整其商业业态，加大旅游服务类项目招引和建设力度，积极展示高邮地方民俗文化特色和邮文化底蕴，使南门大街成为名副其实的旅游商业服务一条街。该工程总投资近9 500万元，由江苏江都古典园林建设有限公司和扬州重光古典建筑工程有限公司组织实施。（陶香远）

图为新建开放式花园中的诗词碑廊 （苏春 摄）

【经三路建设工程竣工】 该工程于9月10日开工建设，12月15日竣工，总投资1 400万元，由江苏华泰道路桥梁工程有限公司组织实施。该路位于新建的市人民法院和市人民检察院办公楼西侧，北起通湖路，南至海潮东路，长1 060米，宽18米，其中混合车道宽12米，两侧人行道各宽3米，配套建设完成亮化、绿化、标线标牌等设施。（陶香远）

【文游中路沿路建筑物立面整治工程】 该工程于10月20日开工，12月30日竣工，总投资1 100万元，由江苏华泰道路桥梁工程有限公司组织实施。该工程对北起高邮大桥，南至通湖路，全长480米的文游中路沿路20幢建筑物进修复保护，包括外墙面喷涂烟灰色涂料、新做雨篷并铺设盖瓦、统一店面招牌和外立面门窗设计风格、完善沿路亮化和绿化等配套。（陶香远）

村镇建设

【村镇规划编制工作】 2013年，市城建局结合乡镇区划调整实际，适时有序组织编制《卸甲镇总体规划》《界首镇总体规划》《“美好城乡建设行动”村庄环境整治规划》和菱塘回族乡清真村、车逻镇特平村2个省试点示范村整治规划；指导推进三垛镇创建“省综合规划示范镇”工作。开展全省镇村布局规划试点工作，邀请具有规划设计乙级资质的江苏省住房和城乡建设厅城市规划技术咨询中心承担全市镇村布局规划编制优化工作，至12月底，该规划编制优化工作取得阶段性成果。（陶香远）

【镇村规划管理】 2013年，市城建局依据《中华人民共和国城乡规划法》《江苏省城乡规划条例》等法律法规，进一步规范镇村建设项目审批工作。全年共发放各类书、证1 128份，其中个人选址意见书444份、个人建设工程规划许可证383份、单位选址意见书144份、单位建设工程规划许可证157份，完成土地挂牌包装资料112份，项目批前公示21项，批后公示16项，核实规划68份，评审各类规划和建筑设计方案22项。（陶香远）

【镇村建设】 2013年，全市共完成村镇建设投入12.62亿元，其中小城镇建设投入9.94亿元、小城镇基础设施建设投入1.8亿元。有2 022户镇村居民翻建或新建住宅，建筑面积943.01万平方米；新建公共建筑7.8万平方米、生产性建筑43.67万平方米；新建小城镇硬化道路32.93千米、面积51.41万平方米；新增绿化面积144.59万平方米。（陶香远）

【美丽乡村建设】 2013年，市城建局为保质保量完成美丽乡村“三年任务，两年完成”建设任务，先后召开村庄环境整治工作推进会4次，共完成1 398个村环境整治任务，其中三星级“康居乡村”6个、整洁村1 392个。12月，该项工作顺利通过省、扬州市全域考核验收。（陶香远）

【农村危房改造工作】 2013年，市城建局稳步推进农村危房改造工作，印发《高邮市2013年农村危房改造工作实施方案》，并与各乡镇详细核查危房情况，优先帮助住房最危险、经济最贫困农户解决住房安全问题。全年确定危房改造任务 600 户，至年底，危房改造任务全部完成。9 月，高邮市为省住建厅危房改造试点工作现场会提供现场。是年，界首镇子婴村作为省危房改造试点村，其危房改造工作通过省、扬州市验收。（陶香远）

表 42 2013 年高邮市镇、村房屋建设情况表

指标名称		单位	镇村	其中村庄
住宅	建房户	户	1 016.00	503.00
	在新址上新建	户	907.00	289.00
	竣工建筑面积	万平方米	29.10	7.00
	混合结构以上	万平方米	27.27	6.81
	年末实有建筑面积	万平方米	603.00	1 736.22
	混合结构以上	万平方米	520.82	1 135.71
	人均住宅建筑面积	平方米	39.05	39.86
公共建筑	竣工建筑面积	万平方米	6.60	0.60
	混合结构以上	万平方米	6.60	0.60
	年末实有建筑面积	万平方米	331.66	146.07
	混合结构以上	万平方米	269.12	115.12
生产性建筑	竣工建筑面积	万平方米	37.97	2.85
	混合结构以上	万平方米	37.67	1.93
	年末实有建筑面积	万平方米	465.73	100.38
	混合结构以上	万平方米	413.11	88.08

（程峰）

市容管理

【市容环境综合整治】 2013 年，市城管局以市容环境整洁有序为目标，坚持"为民、便民、利民"服务理念，不断创新工作方法，加强对占道经营摊点、店外出摊、乱堆乱放杂物、户外广告、乱停乱放、红白喜事占道、违法建设等行为的管理执法，市容环境得到明显改善。全年共发放《告沿街单位、商家的一封信》8 000余份，取缔各类流动及占道经营摊点 1.88 万次、店外出摊 1.27 万次，清理乱设、乱放灯箱饿牌1 905次，清除野广告2 673处、乱挂乱晒物品 1 183处、乱拉条幅 796 处，清理乱搭乱建 237 处、乱堆乱放杂物 751 处，规范车辆停放5 950次，清理卫生死角1 200余处，清运城市生活垃圾2 000多吨，平整主要道路周边及建筑场地 1.63 万平方米，冲洗主次干道面积4 825万平方米。（居桂森）

【查处违法建设行为】 2013 年，市城管局牵头制定《高邮市城市规划区防治违法建设工作实施意见》及相关考核办法，建立防违治违责任保证金制度和属地管理责任制。全年共查处各类违法建设案件1 067起、面积 14.08 万平方米。其中，实施现场拆除 532 起、面积 3.14 万平方米；罚款补证 13 起、面积 10.4 万平方米；控制停工 498 起、面积 5 164平方米；移交其他部门处理 24 起、面积 263 平方米。（居桂森）

【"三拆三整治"专项治理】 2013 年，市城管局按照全市城市环境综合整治工作动员大会部署，开展城市环境综合整治和市区"三拆三整治"工作，推动高邮城市形象和品质实现新提升。全年共整治城郊结合部片区 5 处、城中村 6 个、棚户区 7 个、老旧小区 2 个、背街小巷 39 条、城市河道 2 条、低洼易涝片区 2 处、建设工地 16 处、农贸市场 5 家、经营疏导点 3 个、停车设施 3 处、户外广告 105 处，完成拆违任务 81 起、面积 1.52 万平方米，完成拆破、拆烂任务 18 项。全年对 10 家部门、乡镇(园区)追加交办整治任务 43 项，最大程度减少整治盲区。（居桂森）

【高邮市城市管理行政执法局成立】 6月13日，市城市管理行政执法局挂牌成立，同时成立市城市管理执法大队、市城市规划执法大队和市城市管理行政执法局高邮经济开发区分局、高邮城南经济新区分局和高邮镇分局。该局的成立有利于理顺城市管理工作关系，确保城管领域相对集中行政处罚权工作顺利开展，有利于构建各职能部门齐抓共管、协调联动、高位指挥的"大城管"格局。（居桂森）

【琵琶西路虾仁占道加工点专项治理】 2013 年，市城管局采取疏堵结合方式，加大琵琶西路虾仁占道加工点整治力度。联合市水利局、市交通局、市公安局等部门设置卡口，实行二十四小时管理，定点值守、从严查处。同时，协调各虾仁加工业主转场至苏中农贸城加工，帮助其争取优惠政策，并开辟专用公交线路运送加工人员，解除业主后顾之忧。此次专项治理历时 130 多天，琵琶西路周边区域环境得到明显改善。该项治理活动被扬州市城市环境综合整治推进小组办公室作为典型案例，在《整治工作专报》上专版刊发，并作为高邮市信访典型案例推广。（居桂森）

【琵琶东路烧烤店占道经营专项治理】 2013 年，市城管局为彻底解决琵琶东路烧烤店油烟污染扰民问题，主动协调帮助烧烤经营业主引进、安装无烟烧烤设备、油烟净化装置以及采用防烟尘措施，并通过实行"业主自律、城管监管、群众监督"三位一体管理方式，规范烧烤店经营行为。经治理，烧烤油烟扰民问题得到解决。（居桂森）

【通湖路水产品占道交易整治】 2013 年，市城管局针对通湖路水榭华庭门前水产品占道交易问题，抽调执法力量开展专项整治工作。坚持每天凌晨两点安排人员对占道进行水产品交易的经营户进行宣传教育，对不听劝导乱停乱放车辆行为现场拍照取证，并移交市交巡警大队进行非现场处罚。坚持"以查促引"原则，组织召开经营业主座谈会听取

意见和建议，帮助其与苏中农贸城对接协调入场经营所需条件、后勤服务、安全保障等事项，积极引导经营户转场经营。（居桂森）

【渣土车专项整治】 2013年，市城管局牵头市公安局、市城建局、市交通局、市农机局、市建管局等单位成立高邮市渣土车专项治理办公室，严格审核渣土运输企业资质，推动渣土车实行公司化规模运营，加大超载、滴漏、抛洒和未经密闭运输、违规弃置渣土、擅自设场堆放处置等违法行为查处力度，全面规范建筑渣土处置和运输行为。整治期间，累计改装砂石运输车辆109辆、渣土运输车辆208辆，切除违规安装超高挡板93块，放大号牌、喷涂字样车辆197辆。（居桂森）

【整治文游路“马路市场”】 2013年，市城管局针对菜农、菜贩在文游路高邮大剧院广场前占用非机动车道和部分机动车道交易行为，组成专项整治小组，与菜农、菜贩进行沟通，对违停车辆进行疏导，及时清理路面，引导菜农、菜贩进入蔬菜批发市场规范经营，经整治文游路高邮大剧院广场段市容和交通环境明显改善。（李亮　王梅）

【环境卫生工作】 2013年，市环境卫生管理处累计收集清运城区生活垃圾12.72万吨，无害化填埋处理生活垃圾16.04万吨，冲洗道路面积4 825万平方米，清理建筑垃圾1.3万吨，清除卫生死角700余处，突击清理积存垃圾500余次，及时更换垃圾桶1 200只。新增道路保洁面积27.24万平方米，新增保洁市场化道路6条。市环境卫生管理处在城区设置环卫一线工人免费爱心早餐点20家、无偿供水点17处，帮助环卫一线员工解决就餐难、饮水难问题。是年，蒋德祥被市委、市政府授予“高邮市劳动模范”称号。（居桂森）

【环卫基础设施建设】 2013年，市城管局围绕城区南海、通湖东路、高沙园3座垃圾中转站，开展垃圾中转站升级改造项目，淘汰功能老化设备，增强城区垃圾中转站转运能力。争取市财政资金239万元，对城区背街后巷老旧公厕进行改造升级，全年改造升级公厕28座，新建1座。推进日处理能力100吨粪便处理场、日转运能力300吨中型垃圾中转站及环卫专用停车场为一体的环卫综合作业中心项目建设，完成项目土建工程，粪便处理场、垃圾中转站设备安装到位。朱家生活垃圾填埋场扩容项目投入使用，城乡生活垃圾无害化处理综合水平进一步提升，城区垃圾无害化处理率100%。建成朱家生活垃圾填埋场第一期和第二期部分区域填埋气收集处理系统，成为省内首个同时进行填埋气和渗滤液抽排处理的垃圾场。是年，朱家生活垃圾填埋场被中国环境卫生协会评为“国家无害化等级Ⅰ级填埋场”。（居桂森）

城市综合管理

【建设工程招投标】 2013年，市政府加强全市建设工程招投标工作监管，出台《工程项目招标投标环节操作规范实施细则》《工程建设项目招标代理机构监督环节操作规范实施细则》《高邮市招标投标办事指引》等文件，进一步规范招投标工作。至年底，共完成招投标交易项目407项，中标金额51.16亿元。其中，公开招标工程143项，中标金额9.06亿元；邀请招标工程109项，中标金额35.41亿元；直接发包工程89项，发包金额3.16亿元；交通工程44项、中标金额2.44亿元；水利工程11项、中标金额0.84亿元；农林工程11项、中标金额0.26亿元。经招标，节约工程资金5.79亿元。（陶香远）

【新型墙体材料推广应用】 2013年，市新型墙体材料改造办公室贯彻执行《江苏省发展新型墙体材料条例》，以《江苏省墙体材料革新十二五发展规划》为指导，开展新型墙体材料推广应用和“禁粘”城区创建工作。在创建中，市政府公布《关于在城区禁止生产和使用粘土砖的通告》，市政府办公室印发《关于在城区禁止生产和使用粘土砖的实施意见》，明确“禁粘”范围、要求和各部门职责。界首镇创建省“禁粘”乡镇试点工作通过省、扬州市验收。全年生产粘土空心砖1.07亿标砖，下降15%；生产新型墙体材料3.29亿标砖，增长3.1%，占墙体材料生产总量的75.5%。（陶香远）

【燃气市场管理】 2013年，市燃气管理办公室启动《高邮市燃气专业规划》《高邮市城镇燃气行业五年发展规划》编制工作，加强燃气基础设施建设，深化安全知识宣传教育，强化行业监管，维护市场秩序，努力推进燃气行业法制化、规范化发展。全年引进城市管道天然气企业1家，建成“西气东输”分输站1座，投入使用汽车加气站1座；新建城市天然气管线367千米，累计659千米；新增管道燃气用户7 043户，累计3.85万户；年供应管道天然气1 414万立方米、液化石油气4 300吨，城乡居民燃气使用率95%。组织开展安全生产大检查、燃气行业专项整治、餐饮场所燃气安全专项治理和“安全生产月”等专项检查行动，取缔无证液化气充装点5处，收缴非法充装枪1只，清除违章占压建（构）筑物2处；管道燃气入户安检1.94万户，排除一般事故隐患775起、重大事故隐患2起。（陶香远）

【建设工程档案管理】 2013年，市城建局档案馆共接受建设工程档案报送责任书45份；出具档案接收证明书113份；入库档案资料6 100卷（电子档案），其中工业建设类档案800卷、城市建设管理规划类档案 200 卷、市政工程类档案 600 卷、民用建设类档案2 500卷、村镇建设类档案1 800卷、声像及其他类档案 200 卷;接待查档咨询 145 人次。全年收缴档案管理费 232 万元。（陶香远）

环 境 监 测

【环境监测工作】 2013 年,市环境监测站共收集辖区内的水、气、声环境质量、污染源等各类监测数据 1.91 万个,完成监测报告 560 份,编制《环境质量监测简报》24 份,发送快报单 230 份。完成地表水、环境空气、区域环境噪声和交通噪声等例行监测任务,对入河排污口、重点企业污染源进行监测和跟踪监测1 000多厂次,完成 224 家企业环境验收监测工作。（朱睿）

【环境质量状况】 2013 年,根据市环境监测站例行监测结果表明,市区环境空气达标率 91.5%、市区集中式饮用水源地水质达标率 100%、水域功能区水质达标率 100%、噪声达标区覆盖率 100%、公众满意率 80.1%、小康环保考核监察系数为 1,城市环境质量综合指数得分 96.3 分,达到小康环保目标。具体环境质量状况简述如下:

一、水环境

饮用水源。全市 5 处城乡集中式饮用水源地水质达标率 97.1%,与上年持平。

地表水。按照国家环保部办公厅下发的《地表水环境质量评价方法》,在京杭大运河高邮段、三阳河、北澄子河、南澄子河、横泾河、东平河、张叶沟、澄潼河、盐河等 9 条河流,设置监测断面 14 个,常规分析项目 20 项。经监测,断面地表水环境质量达标率为 64.3%,比上年下降 28.6 个百分点。

地下水。经水质断面监测,地下水环境质量达标率 100%。

废水。全市工业废水排放总量1 577.98万吨,比上年增加 165.98 万吨;化学需氧量排放量为1 704.32吨,比上年增加 55.21 吨;氨氮排放量126.79 吨,比上年增加 14.03 吨。

二、环境空气

环境空气。全年有效监测天数 334 天,其中环境质量达到良好等级以上的天数 306 天,占 91.6%。经检测,城区环境空气中二氧化硫年均值为 0.030 毫克/立方米,二氧化氮年均值为 0.013 毫克/立方米,可吸入颗粒物年均值为 0.084 毫克/立方米,均符合《环境空气质量标准》(GB3095-1996)中的二级标准。环境空气中的首要污染物是降尘和可吸入颗粒物。按照污染程度大小,降尘季度污染排序为四季度、一季度、二季度、三季度,可吸入颗粒物污染排序为二季度、一季度、四季度、三季度。

降尘。经市环境监测站、市赞化中学两个城区监测点监测,全年平均降尘量为 6.0 吨/平方千米·月,符合市级标准和 8.0 吨/平方千米·月的评价标准。

降水。全年城区有效降水监测次数 31 次,降水量 684.7 毫米,pH 值范围为 6.53～7.54,未检出酸雨。

废气。全市工业煤炭消费量 6.75 万吨,比上年减少 0.05 万吨。重点工业企业废气排放总量 34.4 亿标立方米,比上年减少 0.08 亿标立方米。二氧化硫排放量1 145.1吨,比上年减少 83.42 吨;烟(粉)尘排放量1 556吨,其中工业企业烟(粉)尘排放量1 408吨、居民生活烟尘排放 148 吨。

三、声环境

区域环境噪声。市区按 240 米×240 米网格划分为 589 个监测区域,覆盖面积 33.93 平方千米,覆盖人口 17.88 万人,昼间平均等效声级为 49.5 分贝(A),夜间平均等效声级为 38.3 分贝(A),均符合《城市区域环境噪声标准》(GB3096—1993)0 类区标准。城区环境噪声以生活噪声为主,其次是工业噪声、交通噪声、建筑施工噪声、其他噪声。

交通噪声。在城区 14 条主要交通干线上设置监测点 45 个,在京杭大运河高邮段、盐河、北澄子河 3 条水路交通干线上布设监测点 12 个。经监测,城区交通噪声昼间平均等效声级为 61.8 分贝(A),夜间平均等效声级为 49.4 分贝(A),均符合《城市区域环境噪声标准》(GB3096—1993)四类区标准。

功能区噪声。四类功能区噪声等效声级均符合《城市区域环境噪声标准》(GB3096—2008)一类至四类昼夜间标准值。

四、固体废物

全市工业固体废物产生量 3.71 万吨,综合利用 3.65 万吨,综合利用率为 98.4%。在工业固体废物产生量中,重点工业污染源企业产生固体废物 2.31 万吨,其中处置 0.01 万吨、综合利用 2.3 万吨;危险废物产生量为 1.41 万吨,其中处置 0.05 万吨、综合利用 1.36 万吨。

全年城区产生生活垃圾 12.7 万吨,通过 5 座垃圾中转站室内吊装转运高邮市垃圾填埋场。

（朱睿）

【环境监测站现代化建设】 2013 年,市环境监测站根据年度《环境监测计划》和《质量管理计划》,以监测站(室)标准化建设和人员业务培训为重点,认真履行环境监测职责。推进标准化监测站建设,投入 800 多万元,新建成1 300平方米的标准化实验室，并通过省环境监测中心专家的技术审查；提高实验室硬件装备水平，投入130多万元，购置火焰原子吸收光谱仪、石墨炉原子吸收光谱仪、离子色谱等大型监测仪器设备及较先进的各项处理装置。加强环境空气质量新标准自动站建设，结合PM2.5空气质量新标准监测能力建设，投入资金127万元，对原空气站进行升级改造。全年有9人次分别参加水质自动监控系统绩效审计及技术培训、原子荧光光度计操作和原理应用培训、空气自动站PM2.5空气质量标准培训、无机光谱分析技术培训、现场自动监测仪器培训、有机污染物分析新技术培训等6项业务培训。11月，在扬州市环境保护局组织的环境监测能力大比武活动中，市环境监测站获团体总分第一名。　（朱睿）

环境监管

【环保目标任务书】　年初，市政府按照扬州市政府下发的《关于印发生态文明建设工程目标任务书（2011～2015年）的通知》要求，印发《2013年高邮市生态文明建设工程目标任务书》《高邮市2013年度生态文明建设工程目标任务表》《高邮市关于加快生态文明建设的意见》和《高邮市生态文明建设工程计划表》等系列文件，制定全市环保工作目标，并将年度目标任务和主要污染物排放总量削减指标分解、落实到各乡镇（园区）和职能部门，作为经济社会发展的约束性指标同步检查、同步考核。在落实目标任务书过程中，重点围绕全市生态文明建设工程的重要工作事项，采取强有力的措施加以推进。年终，市环境保护委员会组织全体成员对各乡镇（园区）和职能部门的环保工作完成情况进行检查考核。经检查考核，高邮经济开发区管委会、高邮城南经济新区管委会、高邮镇政府、菱塘回族乡政府、三垛镇政府、临泽镇政府和车逻镇政府被市政府分别表彰为2013年度环境保护和生态建设工作先进单位。　（朱睿）

【主要污染物总量减排】　2013年，全市继续挖掘“工程减排、结构减排、管理减排”潜力，推动减排工作深入开展。根据省、扬州市环保工作目标，制定高邮市2013年主要污染物总量减排计划，并将年度目标和任务逐一分解到各乡镇（园区）和职能部门。根据年度削减基数，继续编制和实施总量减排工程项目8项，即海潮污水处理厂、湖西污水处理厂等城镇污水处理减排项目，扬州市隆盛畜禽有限公司、高邮市惠城生态养殖园、扬州东禾畜业有限公司、扬州市华兴乳业有限公司等农业减排项目，高邮市必勋蓄电池厂、高邮市龙腾电镀有限公司等结构减排项目，加强上述项目硬件设施、现场管理、软件资料、迎查准备等方面的跟踪督察指导，以保证每个项目均能达到国家考核要求。对建成的减排工程项目，按照国家核查核算要求逐条逐项进行检查，确保工程项目管理到位，设施运行达到标准。同时，在7家重点企业开展清洁生产审核工作。至年底，全市单位地区生产总值能耗下降4.0%；共削减化学需氧量1 065.64吨、氨氮131.53吨、二氧化硫82.9吨、氮氧化合物29.8吨，该4项指标均超过年度计划要求。　（朱睿）

【重金属污染综合整治】　2013年，市环保局根据国家及省、扬州市重金属污染防治“十二五”规划和高邮市2012年度重金属污染整治情况，编制高邮市2013年重金属污染防治项目清单，明确全市重金属污染整治工程项目11项，并排定工作时限和工作目标，切实加以推进。同时，收集整理有关项目清单资料，开展“十二五”规划重金属污染防治规划中期评估。至年底，列入项目清单的11个项目，均按序时完成整治任务。　（朱睿）

【基础环境专项调查】　3月，市环保局完成全市20家化学品生产企业专项调查。6月，该局完成全市城镇饮用水源地基础环境调查及评估工作和重点行业、重点单位二恶英、持久性有机污染物、挥发性有机污染物、涉汞行业等专项调查。7月，该局开展全市化工、电镀、重金属等工业企业遗留场地再开发利用调查；是月，市环保局为摸清全市环境基础现状，先后组织开展专项调查活动5次。8月，该局组织开展全市电子、水泥、砖瓦等行业大气排放源清单调查，据此制定高邮市大气污染源应急清单。　（朱睿）

【固体废物和核与辐射专项申报和检查】　2013年，市环保局为规范全市危险废物产生及经营单位环境管理，对全市29家列入国家和省、扬州市重点监管的危险废物产生单位和4家危险废物经营单位，按照国家环保部下发的《“十二五”危险废物规范化管理督查考核工作方案》和《危险废物规范化管理指标体系》要求，组织开展固体废物专项申报和检查以及相关人员培训，督促相关单位规范危险废物的贮存、处置行为，完善处置台账，并对照指标体系对被列入监管的危险废物产生及经营企业进行考核打分。现场督察8家涉及核与辐射的工业企业和34家有放射性装置的医疗单位，督察率100%，对检查中发现的问题，当场责令整改。邀请苏州大学专家对所有涉源单位进行专题培训，及时更换企业及医疗单位从业人员上岗证和辐射安全许可证，督促所有涉源单位按照要求编制年度安全评估报告。至4月，高邮市先后通过扬州市环保局和省环保厅组织的危险废物专项执法检查。　（朱睿）

【蓝天工程】　2013年，市环保局围绕全市“十二五”规划期间大气污染防治工作目标，制定《高邮市“蓝天工程”工作计划》，安排年度项目任务，落实部门工作职责。全年组织实施“蓝天工程”项目任务8大类19项，完成扬州市一洋制药有限公司、江苏金飞达电动工具有限公司、扬州市新鑫热镀锌有限公司等3家企业煤改气项目和扬州市刘氏化工有限公司挥发性有机污染物综合治理工程，推进加油站油库油气回收治理、黄标车限行、扬尘综合整治、建成区禁燃区划定、燃煤锅炉调查等各项工作，提升全市大气污染防治工作水平。　（朱睿）

【北澄子河三垛西大桥国控断面达标巩固】　2013年，为保障南水北调工程全线试通水，市环保局着力巩固北澄子河三垛西大桥国控断面达标成果，加大对断面达标方案工程项目督察力度，确保完工项目正常运行；加大断面周边及沿线环境检查整治力度，避免次生污染对断面水质产生影响；推进实施淮河流域和通榆河流域“十二五”规划期间水污染防治规划项目；启动北澄子河三垛西大桥断面达标增补工程项目，推进穿心河、玉带河等河道拓宽、疏浚、截污、生态修复等综合整治项目，削减北澄子河污染物总量，改善南水北调水质。　（朱睿）

【建设项目环境管理】　2013年，市环保局严格执行建设项目环境影响评价和“三同时”（污染防治设施与主体工程同时设计、同时施工、同时投入使用）制度，认真、规范、高效开展环评审批和服务工作。全年共办结建设项目环评文件290份，其中环境影响登记表135份、报告表146份、报告书9份；办理建设项目环保咨询事项183项；审查规划环评报告书2份、项目环评报告书3份；对39项已完成建设项目进行“三同时”验收。　（朱睿）

【行政执法】　2013年，市环保局按照年度环境监督监察计划，认真做好对企业、重点河流以及饮用水源地的监察工作。至年底，累计出动执法人员近4 500人次，对全市近千家企事业单位、10多条主要河流和7个地表水饮用水水源地以及各乡镇污水处理厂实施专项检查和日常监管。全年下发限期整改通知书42份、责令改正违法行为决定书85份，立案查处环境违法案件13起；工业污染源达标率超90%。　（朱睿）

【环境信访】　2013年，市环保局重视环境信访工作，每天安排人员24小时值班受理环境投诉，保证12369热线畅通；安排专人定期对网上投诉进行登记、转办和答复。建立环境信访纠纷定期排查和分析机制，加强对重点信访、重复信访的分析、研判，并落实人员跟踪协调、推进督办，努力将矛盾控制在萌芽状态。加强局领导包案、带案接访、下访制度，帮助协调解决信访矛盾。继续开展与乡镇环境信访联动工作，加强与环境信访人沟通，促进矛盾化解。全年共受理各类环境信访投诉1 835起，其中省级以上信访147件（国家环保部9件，省环保厅交办、转办138件），占8%；扬州市环保局交办转办338件，占18.4%；接待来访52批112人次，占2.8%；来信40件，占2.2%；来电652件，占35.4%；网络投诉606件，占33%。投诉办结率100%，满意率98%。全年未发生因环境信访造成的群访集访事件。　（朱睿）

【企业环境行为信息公开】　2013年，市环保局继续对全市排放污染物的重点工业企业实施企业环境行为信息公开化制度，从执行国家环保法律法规、落实环境管理制度、加强污染防治、消除环境影响等方面进行评价考核，并按从优到劣分别以绿色、蓝色、黄色、红色、黑色表示5个级别，在网上如实公布。在317家企业中，绿色企业8家，占2.5%；蓝色企业265家，占83.6%；黄色企业41家，占13%；红色企业1家，占0.3%；黑色企业2家，占0.6%。　（朱睿）

【环保资金争取工作】　2013年，市环保局共获得中央淮河水污染防治资金1 272万元；省级南水北调治污工程基金1.03亿元；省级生态补偿资金2 913万元；省级环境保护引导资金416万元、油气回收补助资金5.6万元、重点源在线监控第三方运维补助资金6万元；扬州市级农村环境综合整治项目环保专项补助资金68万元；生态乡镇创建奖补资金450万元。　（朱睿）

表43　**2013年高邮市生活污水处理厂一览表**

名　称	投资额（万元）	处理能力（吨／日）	处　理　工　艺	当年新增管网长度（千米）	累计管网长度（千米）
市海潮污水处理厂	21 000	50 000	倒置A2／O＋深度处理	28.2	147.0
市湖西污水处理厂	5 000	10 000	高效沉淀＋曝气生物滤池	62.4	229.0
三垛污水处理厂(1)	75	750	A／O	—	—
三垛污水处理厂(2)	146	2 000	A2／O	14.9	89.9
临泽污水处理厂(1)	150	750	A／O	—	—
临泽污水处理厂(2)	260	2 000	A2／O	8.3	28.8

续表 43

名 称	投资额（万元）	处理能力（吨／日）	处 理 工 艺	当年新增管网长度（千米）	累计管网长度（千米）
界首污水处理厂	1 000	2 000	水解酸化接触氧化	9.4	40.2
车逻污水处理厂	120	1 000	A2 / O	5.1	19.3
汉留污水处理厂	130	1 000	A2 / O	5.7	19.2
汤庄污水处理厂	175	1 000	A2 / O	2.3	13.4
甘垛污水处理厂	120	1 000	A2 / O	2.6	13.1
司徒污水处理厂	250	1 000	A2 / O	2.8	18.9
马棚污水处理厂	140	1 000	A2 / O	2.8	13.7
卸甲污水处理厂(1)	28	1 000	EV 生化＋生态系统组合净化	—	—
卸甲污水处理厂(2)	57	2 000	A2 / O	17.5	44.4
八桥污水处理厂	130	1 000	A2 / O	5.2	20.7
周山污水处理厂	200	1 000	A2 / O	2.6	10.9
横泾污水处理厂	125	500	地埋式 A2 / O	4.0	14.9
周巷污水处理厂(1)	100	200	厌氧反应＋波式潜流生态系统	—	—
周巷污水处理厂(2)	50	160	ET 生化生态组合净化	—	—
周巷污水处理厂(3)	130	1 000	A2 / O	7.5	21.0

（朱睿）

生态创建与保护

【《高邮市生态文明建设规划》编制】 2013 年，市环保局联合南京工业大学到相关职能部门开展调研和资料数据收集工作，围绕《高邮市生态文明建设规划大纲》设定的目标和要求，编制完成《高邮市生态文明建设规划》。10 月 29 日，该规划通过省环保厅专家组评审；12 月 31 日，该规划经市政府常务会议审议通过。（朱睿）

【《高邮湖生态环境保护试点项目实施方案》编制】 2013 年，市环保局配合国家环保部南京环科所收集各项基础资料，编制《高邮湖生态环境保护试点项目实施方案》，同时按专家意见对方案进行完善。10 月，该方案上报环保部审核。（朱睿）

【生态村与生态文明示范村创建】 2013 年，市环保局积极指导卸甲镇周邶墩村、临泽镇营西村等 2 个村开展省级生态村创建，指导三垛镇港河村、甘垛镇姚家村、车逻镇砖场村、界首镇界首村 4 个村开展扬州市生态村创建，指导甘垛镇三郎庙村开展扬州生态文明示范村创建。至年底，创建工作全部完成。（朱睿）

【绿色系列创建】 2013 年，市环保局牵头组织市内各有关单位巩固生态市创建成果，继续开展“绿色系列”创建以及“绿满扬州”系列创建活动，不断加大“绿色社区”“绿色学校”等系列创建工作力度，将文明、节俭、环保的生活方式和消费理念渗透到公众日常生活工作中。至年底，菱塘回族乡中心小学创建成省级绿色学校，南苑社区和北海社区创建成省级绿色社区。（朱睿）

经济综合管理

General Management of Economy

导读

计划调控

【概况】 2013年，市发展和改革委员会(市服务业发展局)，内设办公室、综合科、固定资产投资科、工业经济发展科、农村经济发展科、经济体制改革科、对外经济合作科、能源管理科、招投标管理科、行政服务科、综合服务科、行业管理科、项目管理科等13个职能科室，下辖市散装水泥办公室、市融资合作办公室、市工程咨询中心、市服务业发展中心等4个直属事业单位，共有各类编制性质的工作人员48人。

围绕服务全市经济社会发展大局，完成全市“十二五”规划中期评估工作，印制《全市经济工作手册》等资料，研究出台2013年重大项目推进工作意见和市四套班子领导挂钩重大项目情况考核办法，修订重大项目绩效评价制度、责任打包制度、责任追究制度等，完善重大项目飞地开发政策、重大项目投资体量考核政策、重大项目考核办法。分解下达年度主要经济指标，进行经济运行分析。扎实推进重大项目建设，服务业全年新包装重大招商项目23个，全年新开工亿元以上项目58个。做好向上争取项目工作，争取国资8 700万元，占年度目标任务的124%；向上争取土地点供批文4个，争取土地指标61.2公顷；争取独立选址项目6个，争取土地指标42公顷。医改工作深入推进，基本医疗保障体系逐步健全，保障水平进一步提高；巩固提升基本药物制度，着力完善基层运行机制；加快推进公立医院改革，巩固扩大医改成果。是年，市发改委被表彰为2013年度扬州市发展改革工作综合考评二等奖、2013年度扬州市服务业目标管理奖二等奖；被市委、市政府表彰为市级机关能力作风建设标兵单位。

（朱堂林）

【2013年高邮市国民经济和社会发展指标实绩】 据统计，2013年高邮市国民经济和社会发展指标完成情况是：(1)完成地区生产总值381.5亿元，增长12.5%。(2)实现财政收入57.89亿元，其中公共财政预算收入25.44亿元，分别增长13.5%、17.1%。(3)完成全社会固定资产投资278.75亿元，增长20.7%。(4)实现社会消费品零售总额124.3亿元，增长12.4%。(5)注册外资实际到账8100万美元，下降17.2%；新增有限公司注册资本金实际到账87.1亿元，增长10.9%。(6)实现农民人均纯收入13 248元，增长12%；城镇居民人均可支配收入24 711元，增长9.4%。(7)出生政策符合率98.5%。(8)年末城镇登记失业率2.2%。

（钱明）

【2014年高邮市国民经济和社会发展主要计划预期指标】 2014年高邮市国民经济和社会发展主要计划预期性指标：(1)地区生产总值可比价增长11%。(2)财政收入、公共财政预算收入均增长11%。(3)全社会固定资产投资增长18%。(4)社会消费品零售总额增长12%。(5)自营出口、注册外资实际到账和新增有限公司注册资本金实际到账均增长10%。(6)农民人均纯收入增长11%，城镇居民人均可支配收入增长10%。(7)出生政策符合率保持在98%以上。(8)年末城镇登记失业率控制在4%以内。

（钱明）

【高邮市“十二五”规划纲要完成中期评估】 4月，市政府办公室出台《关于开展高邮市“十二五”规划中期评估工作的通知》，对全面开展“十二五”规划中期评估工作作出部署。此次评估范围涉及《高邮市国民经济和社会发展第十二个五年规划纲要》和市政府审批的29项专项发展规划。评估重点内容为2011～2012年的完成实绩，并预测2013～2015年完成情况。同时包括"十二五"规划主要指标完成进展情况、"十二五"规划确定的主要任务的推进情况、"十二五"规划确定的重大建设项目进展及"十二五"规划各项任务和落实各项政策措施存在的主要问题及其原因，并提出进一步推动规划实施、完善规划体制的意见和建议。7月30日，《高邮市"十二五"规划纲要中期评估报告》经市十四届人大常委会第九次会议审议通过。（钱明）

【全面享受省扶持苏中与苏北结合部经济薄弱地区优惠政策】 2013年，市委、市政府贯彻落实省委、省政府出台的一系列关于促进苏中与苏北结合部经济相对薄弱地区加快发展的意见，在领会《关于促进苏中与苏北结合部经济相对薄弱地区加快发展的政策意见》《关于推进苏中融合发展特色发展提高整体发展水平的意见》精神实质的基础上，结合高邮实际，先后制定出台《关于全力做好争取省优惠扶持政策工作的通知》和《关于印发〈关于贯彻落实推进苏中融合发展特色发展提高整体发展水平的实施意见〉的通知》，就用足用好扶持政策，加快推进全市经济社会发展作出全面部署。据统计，全年全市争取省扶持政策资金23.3亿元，涉及县级财力保障、农业交通水利、城乡基础设施和社会事业、"一事一议"等4类160项项目。（钱明）

【重大项目建设】 2013年，市政府研究出台2013年重大项目推进工作意见和市四套班子领导挂钩重大项目情况考核办法，修订重大项目绩效评价制度、责任打包制度、责任追究制度等，完善重大项目飞地开发政策、重大项目投资体量考核政策、重大项目考核办法，切实推动全市重大项目建设不断取得新的成效。全年新开工投资额0.5亿元以上项目91项，其中投资额0.5亿元～1亿元项目34项、投资额1亿元～10亿元项目49项、投资额10亿元以上项目8项；竣工投资额0.5亿元以上项目93项，其中竣工投资额0.5亿元～1亿元项目44项、投资额1亿元～10亿元项目43项、投资额10亿元以上项目6项。（冯广东）

【争取项目和资金】 2013年，市发改委注重把握政策导向，积极向上争取项目，争取政策，落实资金。全年获批争取项目24项，其中社会事业类项目5项、服务业类项目3项、工业类项目3项、农业类项目7项、基础设施类项目6项，共争取资金0.87亿元。（朱堂林）

【高邮首家省级企业工程中心获批建立】 8月，省发改委公布江苏省2013年度第一批省级工程中心名单，高邮市江苏欧力特能源科技有限公司投资建立的"江苏省新能源储能装置工程中心"名列其中，成为高邮首家获省发改委批准的省级工程中心。该公司新能源储能装置工程中心建成后，将针对新能源产业发展中的存储问题，建设太阳能电池、太阳能专用储能电池、液流储能电池等研发平台，并开展板栅合金、电解质、碳材料、质子交换膜等方面研究，将有效提升该市"电池工业园"的科研能力，为电池产业发展注入新的活力。（史志 冯广东）

国土资源管理

【概况】 高邮市国土资源局内设办公室、法规监察科、规划利用科、耕地保护科、地籍管理科、土地利用管理科、地质矿产科、财务科、行政服务科等9个职能科室，下辖市土地开发储备中心、市征地管理中心、市地价管理所、市国土资源执法监察大队、市土地交易管理中心、市国土测绘队、市土地开发整理中心等7个直属事业单位和高邮经济开发区、湖西国土资源分局、驻乡（镇）11个国土资源所，共有各类编制性质人员195人。

2013年，该局围绕"尽职尽责保护资源、节约集约利用资源、尽心尽力维护群众权益"的工作方针，以国家土地督察南京局土地例行督察和创建省土地执法模范市为突破口，坚持以人为本、节约集约、建管并重、公开透明、强基固本，在保护国土资源、保障科学发展、规范市场建设、维护群众权益等方面取得新的成绩。是年，市国土资源局被省国土厅表彰为2013年度土地执法先进市、耕地保护先进集体和预防职务犯罪先进集体，被省文明委表彰为2010～2012年度江苏省文明单位，获扬州市政府耕地占补平衡贡献奖一等奖，被扬州市文明委表彰为2011～2012年度扬州市文明行业。（胡小飞）

【基本农田保护工作】 2013年，市国土资源局坚持将耕地保护工作作为首要任务，加强组织领导，健全管护网络，层层落实耕地保护责任，推动耕地总量实现占补平衡，耕地质量稳中有升。完善基本农田三级管护网络，层层签订基本农田保护责任书，积极开展基本农田划定工作，将全市7.77万公顷基本农田保护面积落实到地块、图斑和承包户，完成省下达的0.8万公顷高标准基本农田建设任务，形成管理网络化、手段信息化、监督社会化的基本农田保护工作格局。（胡小飞）

【土地整理工作】 2013年，全市新实施土地整理项目2项，争取市级项目资金2446万元。其中，八桥镇恒丰村土地整理项目规模559.29公顷，新增耕地17.53公顷；三垛镇俞胡等村土地整理项目，建设规模422.75公顷，新增耕地13.03公顷。实施耕地占补平衡项目库补充耕地项目38个，累计投入建设资金2847.67万元，实施土地整治面积285.77公顷，新增耕地285.8公顷。其中，复垦项目 31 个，建设规模 199.71 公顷，投入资金1 982.70万元，新增耕地 197.20 公顷；开发项目 7 个，建设规模 91.01 公顷，投入资金 865.67 万元，新增耕地 88.57 公顷。实施城乡建设用地增减挂钩复垦项目 17 个，建设规模 30.36 公顷，投入资金1 004.24万元，新增耕地 30 公顷。　（胡小飞）

【土地利用管理】　2013 年，全市共报省国土资源厅获批农用地转用、征收 193.77 公顷，其中农用地143.23 公顷、建设用地 44.98 公顷、未利用地 5.56公顷；兑付征地补偿安置费8 538.59万元，其中土地补偿费5 156.95万元、安置补助费3 108.33万元，核定安置农业人口1 821人。全年共发布土地挂牌出让公告 23 期，办理项目供地 237 宗、217.35 公顷，出让金总额 3.12 亿元。其中：工业用地挂牌出让 157 宗、185.3 公顷，出让金额 3.09 亿元；商业和住宅用地挂牌出让 45 宗、62.79 公顷，出让金额12.03 亿元；办理部分经济适用房上市交易、部分沿街商业用房用地协议出让 16 宗、1.85 公顷，出让金额 310 万元；划拨用地 64 宗、30.2 公顷。将存量建设用地盘活目标任务分解到各乡镇(园区)，全市土地利用效益进一步提升，全年共处置闲置低效利用土地 23 宗、70 公顷。　（胡小飞）

【经营性用地招拍挂出让】　2013 年，市国土资源局执行“净地出让、摇号主持、现场直播、全程跟踪”方针，科学分析土地市场形势，合理制定年度经营性用地上市计划，优化土地供应结构，控制土地上市时序，全市经营性用地出让市场继续保持平稳健康发展势头。全年共发布经营性用地招标、拍卖、挂牌出让公告 25 期，出让经营性用地 45 宗、面积62.79 公顷，出让金额 12.03 亿元。其中：城区 12 宗、面积 24.74 公顷，出让金额 8.64 亿元；高邮经济开发区 6 宗、面积 18.93 公顷，出让金额 1.92 亿元；乡镇 27 宗、面积 19.12 公顷，出让金额 1.47 亿元。　（胡小飞）

【土地登记工作】　2013 年，市国土资源局坚持土地登记流程、办结时限和收费标准三公开，通过预约服务、延时审批、送证上门等方式，为服务对象提供保姆式、一站式服务；持续推进地籍管理信息系统建设，实现土地登记发证规范化。全年共发放土地证9 655本，其中国有土地使用权证8 662本、集体土地使用权证 193 本；办理抵押登记 800 宗、面积947.74 万平方米，抵押金额 49.30 亿元；办理商品房土地分割登记证5 681本。　（胡小飞）

【地质矿产资源管理】　2013 年，市国土资源局进一步规范全市矿产资源开采交易行为，19 个矿山企业年检全部合格；出让黏土资源采矿权 19 宗，黏土资源量 31 万立方米，征收采矿权使用费、矿产资源补偿费和采矿权价款 134 万元。狠抓废弃矿山地质灾害治理工作，神居山崩塌灾害治理工程被省国土资源厅列为江苏省财政补助重点项目，获省级地质环境保护与治理资金 300 万元。清水潭旅游度假区的高邮市第一口地热井——高邮“地热 1 号井”顺利出水，钻孔每日最大出水量 3630.61 立方米，出水温度 44 摄氏度，被省国土资源厅评定为优秀等级。　（胡小飞）

【土地执法监察工作】　2013 年，市国土资源局按照“综合执法、全程监管、保持高压、严厉惩处、化解矛盾、维护权益”的工作要求，创新土地执法监管机制，健全土地执法监察网络，加大违法用地预防查处力度，开展土地例行督察发现问题和土地卫片违法用地图斑的核查整改工作，南京督察局发现问题整改到位率位居扬州市各县市区前列，实现土地卫片执法检查“零约谈、零问责”，被省国土资源厅表彰为省土地执法先进市。全年开展动态巡查 208 次、互查 2 次，发现和制止违法用地 11 起，涉及土地面积 8.60 万平方米；立案查处违法用地 38 起，下发处罚决定书 38 份，拆除和没收建筑物占地面积 7.41 万平方米，罚款 263.49 万元。全年受理人民来信 60 封，接待群众来访 227 批、103 人次，受理群众咨询与举报电话 145 个，信访办结率达100%。　（胡小飞）

工商行政管理

【概况】　高邮工商局内设办公室、人事教育科、监察室、法规科、登记注册科、市场合同管理科、监督管理科、经济检查大队、消费者权益保护科等 11 个科室；下辖东城、西城、城北、临泽、三垛、汉留、卸甲、送桥等 8 个基层分局，挂靠单位有市消费者协会、市个体私营经济协会。

2013 年，全市工商系统以“红盾助发展八项行动”为载体，强化职能，创新举措，提升效能，各项工作取得新进展。是年，高邮工商局被省工商局表彰为江苏省工商系统廉政文化建设示范点，获“江苏省文明单位”“扬州市文明行业”“扬州工商系统目标管理考核先进单位”等称号。　（王林）

【农贸市场集中巡查月】　1～2 月，全市工商系统开展元旦、春节农贸市场集中巡查月活动，组织执法人员 230 人次，对全市 36 个农贸市场开展专项巡查。期间，执法人员共检查市场内经营户的食品台账 433 本，没收不符合安全要求的食品 27 千克，立案查处违法经营 3 起，下发《责令改正通知书》8 份，受理消费者投诉 29 件，为消费者挽回经济损失5000 元。送桥分局在此次活动中，还邀请部分人大代表、政协委员和社区代表共同参与节日农贸市场巡查，形成工商主导、社会参与的市场综合监管

格局。（王林）

【野生动物经营监管】 2013 年，高邮工商局贯彻落实《江苏省野生动物保护条例》，强化对农贸市场内经营野生动物的监督管理，重点打击无合法来源证明的野生动物销售行为。全年查处野生动物违法销售案件 4 起，没收绿头鸭、灰尾兔、喜鹊等“三有”保护野生动物 356 只，罚款 1.5 万元。同时与市农委、市公安局等相关部门协作，放生查扣的野鸡、野兔等受保护野生动物 20 余只，拆除捕杀网等设施 10 余处。（王林）

【禽流感防控】 4 月，在国家禽流感参考实验室从高邮市银青家禽交易市场、高邮市北海农贸市场活禽销售区检测到多份家禽 H7N9 禽流感病原学阳性样品后，高邮市防治重大动物疫病指挥部迅速启动禽流感控制应急预案，组织高邮工商局等职能部门对两市场实施休市管理。同时，对全市其他 36 个农贸市场实施定人定岗管理，落实每日一检查、一报告、零报告制度，并督促市场主办单位落实对农贸市场家禽区的消毒措施，对畜禽经营户及从业人员的状况进行全面登记、跟踪，对上市销售的家禽及产品实施台账管理，凭动物检疫部门的检疫证明销售，形成严防死守禽流感的工作格局。（王林）

【“红盾护农”专项行动】 2013 年，高邮工商局开展对“红盾护农”专项行动，重点整治肥料、种子市场，查处农资单位销售不合格及假冒农资商品的行为。全年组织对农资商品质量监测 34 批次，其中抽测复合肥 22 个批次、农药 10 个批次、农机具 2 个批次，立案查处抽测不合格农资案件 5 起，处以罚款 5.5 万元；根据举报线索查处损害农民群众利益的农资案件 7 起，其中不合格复合肥案 6 起、假种子案 1 起，涉案金额 13.1 万元，处以罚款 30 万元；受理消费者农资商品投诉案件 12 起，为农户挽回经济损失 0.85 万元。（王林）

【农资经营示范店动态管理】 2013 年，高邮工商局联合市农委、市放心消费创建活动办公室，对 2009 年以来获评的 124 家“高邮市农资经营示范店”实施动态管理，将农资诚信经营作为农资经营示范店再次评审的重要依据，再次评定“高邮市农资示范店”65 家，退出 59 家。继续开展各级“农资示范店”申报创建工作，全年新创成高邮市通达实业公司 1 家“江苏省农资示范示范店”、高邮市通达实业公司横泾建民农资经营部、江苏中农农资有限公司高邮分公司、高邮市中昊农资连锁有限公司龙奔福清分公司等 3 家“扬州市农资示范店”，高邮市苏邮农资连锁有限公司周巷镇营南分公司、高邮市苏邮农资连锁有限公司菱塘兴菱路分公司、高邮市苏邮农资连锁有限公司菱塘士顺分公司、扬州市年连顺农资有限公司高邮华康分公司、高邮市中昊农资连锁有限公司川青分公司、高邮市中昊农资连锁有限公司永定分公司、高邮市中昊农资连锁有限公司草里分公司、江苏中农农资有限公司高邮分公司、江苏金华农资连锁有限公司高邮余富店和高邮市沙埝镇农业技术推广站等“高邮市农资示范示范店”10 家。（王林）

【规范网络经营行为】 2013 年，高邮工商局开展网络商品交易非法主体网站专项整治，查处利用互联网销售国家明令禁止销售的商品或服务等违法行为，开展对重点网站的动态监管。全年网上巡查和实地检查重点网站 6，其中责令改正 2 家，检查经营性网站 300 多户；查处网络案件 6 起，其中利用网络销售侵犯注册商标专用权案件 1 起、网上虚假宣传案件 3 起、移交公安部门案件 2 起；调解网购消费纠纷案件 1 起。（王林）

【动产抵押登记】 2013 年，高邮工商局共办理动产抵押登记 34 件，抵押物总价值 12.6 亿元，主债权数额 5.2 亿元，有效促进中小企业的多渠道融资。（任建忠）

【71 家企业获“重合同守信用企业”称号】 2013 年，全市共有 71 家企业被认定为“重合同守信用企业”，其中江苏润扬建设工程集团有限公司等 4 家单位被认定为扬州 AAA 级“重合同守信用企业”、高邮市汇金杂粮专业合作社等 23 家单位被认定为扬州 AA 级“重合同守信用企业”、扬州市天弘建设有限公司等 10 家单位被认定为高邮 A 级“重合同守信用企业”。（任建忠）

【“打假冒、促公平、树权威”执法竞赛活动】 2013 年，高邮工商局开展“打假冒、促公平、树权威”执法竞赛活动，严查各类扰乱市场经济正常秩序的违法违规行为。活动期间，共出动执法人员 500 人次，执法车辆 80 车次，检查各类经营主体1 000余户，立案查处各类案件 172 起，罚没款金额 176.2 万余元。（潘莉）

【“食品安全示范店”评比活动】 4～6 月，高邮工商局开展各级“食品安全示范店”评比活动。期间，共评出县级“食品安全示范店”242 家，扬州市级“食品安全示范店”20 家。通过活动开展，全市实现每个行政村（社区）均有一个以上的县级食品安全示范店的目标。（张树明）

【商标申请注册办理工作】 2013 年，高邮工商局在全市范围内开展商标品牌战略服务，指导企业规范商标行为，帮助企业申请商标注册，引导企业做大做强。全年共办理各类商标申请注册 986 件，其中农副产品商标 142 件、商标与企业名称一体化 102 件、马德里国际注册商标 5 件；累计有有效注册商标3 473件。（吴春红）

【“靓路”商标获全省唯一著名集体商标】 2013年,为进一步提升“靓路”商标的知名度,构建全市灯具产业特色品牌,增强产业综合竞争力,高邮工商局联合市路灯协会将“靓路”集体商标成功申报“江苏省著名商标”,成为全省获批“江苏省著名商标”唯一集体商标。（吴春红）

【商标申请注册奖励】 2013年,根据市政府《关于促进工业经济转型升级的政策性意见》精神,市财政对商标申请注册工作进行奖励,奖励标准为:对年度新申请注册的商标每件给予1 000元奖励,对新申报的每件知名商标、著名商标给予1万元～5万元的奖励。全年奖励申请注册的商标638件,发放奖励资金63.8万元。（吴春红）

【8件商标获“江苏省著名商标”称号】 2013年,全市获“江苏省著名商标”称号的商标8件,即江苏欧力特能源科技有限公司的“欧力特”商标、市农机械配件有限公司的“秦邮及图形”商标、江苏宝德照明器材有限公司的“路友”商标、神州交通工程集团有限公司的“途安”商标、高邮市路灯协会的“靓路”商标、扬州高标机械有限公司的“江高”商标、江苏戚伍水产发展股份有限公司的“戚经 QIWU”商标、高邮市王鲜记水产养殖场的“王鲜记”商标。至年底,全市累计有江苏省著名商标37件。（吴春红）

【23件商标获“扬州市知名商标”称号】 2013年,全市获“扬州市知名商标”称号的商标23件,即高邮市王鲜记水产养殖场的“王鲜记”商标、江苏迪萨机械有限公司的“迪萨”商标、江苏德皇文具有限公司的“德皇”商标、高邮市汉升高分子材料有限公司的“畅生源”商标、江苏康宝电器有限公司“康宝及拼音”商标、高邮市红太阳物流有限公司的“红日”商标、高邮市宏泰电杆有限公司的“宏志”商标、江苏苏中大地农业科技发展有限公司的“珠璨”商标、高邮市新文游面粉有限公司的“文游”商标、扬州荣光照明电器有限公司的“图案”商标、高邮市康远建材厂的“康远”商标、扬州市肯乐食品有限公司的“肯乐”商标、扬州豪纬道理工程有限公司的“豪纬”商标、江苏润明光电科技有限公司的“RUNMING”商标、江苏开元太阳能照明有限公司的“SOKOYO”商标、江苏赛特电气有限公司的“金赛特”商标、扬州市金鑫电缆有限公司的“名鑫”商标、江苏赛鸥电气有限公司的“SAIOU”商标、江苏海潮科技股份有限公司的“海潮及图”商标、扬州市卫达车身制造有限公司的“卫达”商标、扬州市天祥路灯器材有限公司的“祺祥及图形”商标、江苏华能电缆股份有限公司的“苏邮及图”商标、扬州松泉环保科技有限公司的“松泉科技”商标。至年底,全市累计有扬州市知名商标92件。（吴春红）

【扬州市秦天装饰广告工程有限公司获省级优秀广告作品铜奖】 2013年,在江苏省2013年优秀广告作品评选中,扬州市秦天装饰广告工程有限公司设计发布的“澳狮葡萄酒之旅”广告荣获江苏省平面商业广告铜奖,这是高邮市企业在省级历届广告作品比赛中取得的最好成绩。（吴春红）

【市消费者协会】 2013年,市消费者协会健全和完善消费纠纷案件多元化解决机制,推动行业组织消费纠纷处理机制建设,构建“一站五员”的纠纷调处网络,加强异地投诉受理工作,切实维护消费者的权益,促进社会和谐稳定。全年共受理消费者投诉305起,接待消费者来访、咨询5万余人次,为消费者挽回经济损失62.8万元。（汤兰英）

质量技术监督

【概况】 扬州市高邮质监局内设质量管理与监督科、标准计量科、食品生产监管科、特种设备安全监察科、办公室、法制科、计划财务科、稽查大队,下辖高邮市产品质量监督检验所、高邮市计量测试技术研究所,有在职工作人员80人。

2013年,高邮质监局服务经济发展,立足职能优势,实施名牌亮点工程、食品民心工程、安全放心工程,各项工作取得明显成效。是年,高邮质监局获“江苏省文明单位”“扬州市文明行业”称号,被江苏省质监局表彰为质监系统先进单位。（费承娟）

【质量强市工作】 2013年,高邮市成立以市长为组长的全市质量强市工作领导小组,出台《高邮市政府关于深入开展质量强市工作的实施意见》,形成政府、社会、企业重视质量、重视品牌的浓厚氛围。全国质量月(9月)期间,高邮质监局围绕活动主题,先后组织市长电视讲话、普法知识竞赛、开辟《高邮日报》“高邮市长质量奖获奖企业话质量”专栏以及举办质量强市周末课堂等活动,有效推进质量强市工作的开展。（费承娟）

【品牌战略工作】 2013年,高邮质监局推进实施品牌战略,在企业申报、各乡镇推荐的基础上,从计量、标准、质量等多方面入手,加强对重点企业的培育服务,推动企业健全完善质量管理体系。至年底,经江苏省、扬州市名牌战略推进委员会确认,全市新获批江苏省名牌产品8种、扬州市名牌产品14种,累计分别有23种、55种;获批“扬州市质量管理奖”称号的企业3家,累计有6家;扬州宏远电子有限公司成为高邮市首个获批“扬州市市长质量奖先进单位”称号的企业。（费承娟）

表 44

2013 年高邮市获江苏名牌产品(企业)一览表

企　业　名　称	商标名称	产　品　名　称
扬州金阳光电缆有限公司	宝阳	交联聚乙烯绝缘阻燃电力电缆
扬州曙光电缆有限公司	强菱	高压交联电力电缆
高邮市宏泰电杆有限公司	宏志十英文	环形混凝土水泥电杆
扬州市志高建筑防水材料有限公司	熊猫	弹性体改性沥青防水卷材
星慧照明工程集团有限公司	星慧智	道路照明灯具
扬州市现代照明电器有限公司	鼎信	道路与街路照明灯具
龙腾照明集团有限公司	宇龙	道路照明灯具
江苏科凌医疗器械有限公司	KELING(图形)	KL 系列电动手术台

(费承娟)

表 45

2013 年高邮市获扬州名牌产品(企业)一览表

企　业　名　称	商标名称	产　品　名　称
江苏迎宾照明电器有限公司	森辉	道路照明器材
扬州市万佳照明电器有限公司	万佳	路灯
江苏康宝电器有限公司	康宝	冰柜
扬州亚光电缆有限公司	聖欣	电线电缆
扬州市迎辉照明电器有限公司	造昼	道路照明灯具
江苏新星照明电器有限公司	新翔	路灯
江苏豪纬智能交通科技有限公司	豪纬	交通信号灯
高邮市江山消防设备有限公司	山河	有衬里消防水带
江苏时新景观照明有限公司	新耀及图形	道路照明灯具
江苏科凌医疗器械有限公司	KELING	KL 系列医用吊塔
扬州市百仕德礼品工艺有限公司	比丝特	绳带
扬州和益电动工具有限公司	科益	电动工具
扬州市中能电缆有限公司	扬能	煤矿用阻燃通信电缆
扬州市肯乐食品有限公司	肯乐	凤爪

(费承娟)

【高邮市市长质量奖评审工作】　2013 年，高邮质监局组织开展第四届高邮市市长质量奖申报工作，全市共有 4 家企业进入资料评审。经过专家的现场评审，江苏金飞达电动工具有限公司获“市长质量奖”称号，江苏欧力特能源科技有限公司和扬州光明电缆有限公司获“市长质量奖先进单位”称号。

(费承娟)

【标准化管理】　2013 年，高邮质监局继续实施标准化战略，鼓励企业采用国际标准及国外先进标准。全年共完成企业标准备案 289 家，采标 26 个；推荐申报国家级服务业标准化试点并立项 1 个(市行政服务中心)，获批农业综合标准化示范区 1 个(罗氏沼虾综合示范区)、“国家 AAA 级标准化良好行为企业”1 家(江苏朝阳液压机械集团有限公司)，通过草案评审行业标准 2 个(江苏朝阳液压机械集团有限公司的生物质处理设备秸秆解包机和生物质处理设备秸秆烘干机标准)。

(费承娟)

【计量和条、代码工作】　2013 年，高邮质监局强化法制计量，切实维护消费者合法权益。每季度对粮食、化肥等定量包装商品的计量质量进行监检，并开展眼镜制配行业专项检查。对水、电、气三表进行抽检和监督检查，电表首检率达 100%，水、气表首检率 90%。全市社会公用计量标准、企事业单位最高计量标准、强制检定工作计量器具受检率均达 90%以上。至年底，扬州市曙光电缆股份有限公司、扬州润华照明器材有限公司通过测量管理体系认证，3 家计量保证确认单位通过复审考核验收，25 家单位通过计量合格确认，5 家单位获评省、市级诚信计量单位。全年共发放代码证3 788张，IC 卡2 734张；发展条码新用户 16 家，续展 58 家。

(费承娟)

【计量惠民工作】　2013 年，高邮质监局继续开展

"两免费"检定工作，先后深入各乡镇计划生育指导站、卫生院、村级卫生服务站和福利机构，共免费检定血压计 721 台、压力表 27 台、人体秤 33 台、婴儿秤 15 台，检定、修理 33 个集贸市场的1 041台计量器具。在农村大忙前，强制检定 30 个粮食收购站的 55 台秸秆以及中央储备粮扬州直属库 2 台电子衡。对高邮市生产和流通领域的大米、乳制品、面粉、茶叶、粽子、保健品、酒精饮料、化妆品、种子、农药、化肥、农膜、涂料、油漆、电线电缆等产品进行监督检查，共抽样 385 个批次，其中检查 193 个批次，检验 192 个批次。在"5·20"世界计量日活动期间，开展系列活动，加强计量基础工作。 （费承娟）

【特种设备安全监管】 2013 年，高邮质监局继续开展特种设备的分类分级监管工作。全年新增特种设备注册登记 479 件，累计1 035台；举办司炉工、特种设备安全管理人员、压力容器操作、起重司机、电梯作业人员等各类培训班共计 14 期，培训考核人员1 220人次。加强特种设备现场安全监察，全年共检查特种设备使用单位 215 家次、特种设备 437 台(套)，形成特种设备现场安全监察记录 136 份，下发特种设备安全监察指令书 80 份，排查出各类特种设备安全隐患 201 条，整改率 100%。开展小锅炉和快开门式压力容器以及简易升降机专项整治工作，帮助使用单位完善管理制度，提高管理水平，确保安全运行。 （费承娟）

【食品安全监管工作】 2013 年，高邮质监局严把食品生产许可关，做好食品生产企业换发生产许可证工作和食品相关产品的申报工作。全年新发证企业 12 家，换证 27 家，注销因到期未申请换证等原因的企业 12 家。根据节日特点和高邮实际，全年重点开展食品专项监督检查及肉制品、地沟油清查专项监督检查、复原乳专项监督检查、茶叶专项监督检查、大米专项监督检查、皮蛋专项检查、夏季食品专项、中秋国庆重点食品专项等各类专项监督检查 10 多批次，累计出动监管人员 600 人次，巡查食品企业 246 频次，下发责令整改通知书 199 份，检验批次样品 56 种。 （费承娟）

【执法打假工作】 2013 年，高邮质监局根据上级部署，组织开展食品、化妆品、加油机等专项检查行动。组织执法人员深入乡村开展农资打假下乡行动，针对复合肥、尿素、农药等重点产品，严厉查办一批农资质量违法案件。同时，还组织食品、建材、儿童玩具、校服、防水卷材等专项整治 14 次。全年共出动执法人员 772 人次，检查生产、销售企业 356 家，查办案件 38 起，查获涉案产品金额 291 万元，移送公安案件 2 起，受理举报投诉案件 56 起。"12365"举报投诉中心共受理各类业务 113 件起，其中打假举报 18 起、质量申诉 23 起、上级交办 4 起、部门移送 18 起、业务咨询 50 起。妥善处理 23 件职业打假人的质量申诉举报。 （费承娟）

【产品质量检验工作】 2013 年，高邮质监局共出具各类检验报告共 1116 份。节日期间，配合工商部门对食品市场进行抽样检验共 50 个批次；5 月，广州市抽检大米发现镉超标后，高邮市质监局对大米进行专项检查，共抽样检验 28 个批次，未发现高邮市大米镉超标；6 月，中央电视台曝光江西南昌部分蛋品企业使用工业级硫酸铜生产松花蛋的情况后，高邮质监局组织对全市所有蛋制品企业进行专项巡查、抽样送检，共抽样检验 4 个批次，未发现蛋品中铅、砷、镉等重金属超标问题。根据上级要求，对高邮区域内有生产许可证的冻虾仁生产企业进行产品出厂检验的能力比对。 （费承娟）

【"中国路灯制造基地"区域品牌通过复评】 11 月 5～7 日，根据《关于授予中国照明电器行业特色区域荣誉称号的行业规范》的有关规定，中国电器照明协会组成复评考核专家组，对高邮市"中国路灯制造基地"荣誉称号的规范使用情况进行复评验收。期间，通过听取发展情况汇报、召开企业负责人座谈会、检查企业生产现场等，专家组一致认为高邮市灯具产业近年来发展迅速，成效显著，其"中国路灯制造基地"在业界已具有一定的知名度和影响力，同意继续授予该市"中国路灯制造基地"的荣誉称号。 （史志）

【省道路照明产品质量监督检验中心通过验收】 2013 年，省道路照明产品质量监督检验中心正式向省质量技术监督局提出实验室资质认定评审。10 月 15～16 日，省评审组专家对该中心的运行体系以及技术能力进行现场考核，对其申报的 15 个产品、80 项参数的检测能力予以确认，同意该中心通过实验室资质现场认定评审。11 月，该中心获资质认定计量认证证书和资质认定验收证书。12 月，该中心通过江苏省质监局计划处、监督处等开展的项目验收，正式进入运行阶段。 （费承娟）

资料链接 高邮市是全国闻名的中国路灯之乡。为更好地促进灯具产业的发展，为高邮的灯具生产企业提供强有力的技术支撑，高邮质监局积极向江苏省质监局申报"江苏省道路照明灯具产品质量监督检验中心"项目。该项目于 2011 年 1 月通过江苏省质监局立项批准，2011 年 7 月通过专家论证会论证，2011 年 9 月开工建设。该中心坐落于扬州菱塘光电科技产业园行政中心内，总投资1 600万元。2012 年 1 月，中心主体建设工作圆满结束。建筑总面积为3 400平方米。第一期实际使用房屋面积为2 300平方米，其中第一层、第二层为检测用房，第三层为办公用房；第四层、第五层作为二期项目扩建用房。该中心列省道路照明灯具产品、照明设备相关产品项目，设置道路照明灯杆、灯具及电线电缆三类产品，下设机械室、电线电缆室、光电性能室 3 个检测业务室。检测项目囊括道路照明灯具安全及光学性能检测、钢板、钢筋、钢带元素分析和力学检测；电线电缆物理尺寸和性能检测。户外道路照明模拟试验场为企业提供户外道路照明试验数据。华东六省一市范围内仅此一家开展此项检测项目。（费承娟）

图为江苏省道路照明灯具质量监督检验中心大楼
（市质监局供稿）

【优质道路照明灯具示范区获“江苏省优质产品生产示范区”称号】 2013 年，为做好省优质道路照明灯具生产示范区考核验收工作，高邮质监局会同送桥镇政府组织辖区内 35 家企业开展自查和集中整治工作，并对企业自查自纠情况进行现场指导和督查。11 月，省质监局专家组对示范区创建工作进行全面考核验收；是月，省质监局副局长李景辉带队对示范区辖区内生产企业进行三级执法检查。经过考核验收和执法检查，该示范区被授予“江苏省优质产品生产示范区”称号。（费承娟）

食品药品监督

【概况】 2013 年，市食品药品监督管理局围绕“保障人民群众饮食用药安全”中心工作，创新工作方法，强化“四品一械”日常监管，实施专项整治，规范市场秩序，推进示范市创建，各项工作取得明显成绩。是年，该局被评为 2011～2012 年江苏省文明单位，继续保持江苏省“依法行政示范点”称号。

至年底，全市共有药品生产企业 5 家、医疗器械生产企业 9 家、药品包装材料生产企业 2 家、保健食品生产企业 1 家、化妆品生产企业 4 家、药品批发企业 1 家、医疗器械批发企业 2 家、小型医疗器械经营企业 9 家、药店 230 家、各级各类医疗机构 300 家。（刘峰）

【食品安全综合监管工作】 2013 年，市委、市政府高度重视食品药品安全工作，将食品安全工作纳入 2013 年政府工作目标任务，写进政府工作报告和民生 1 号文件，作为重要民生工程加以推进。年初，市政府与各乡镇（园区）、部门签订食品药品安全责任状；年底由市食安委主要成员单位组成考核组，对全市各乡镇（园区）食品药品安全工作领导职责、机构完善、队伍建设、专项整治、制度执行等情况进行全面考核，对市食品药品安全委员会 11 个主要组成部门全年的工作进行综合评价。全市乡镇（园区）区划调整以后，及时调整充实食品药品安全委员会组成人员。充分发挥市食品药品安全委员会组成部门的职能。市食品药品监督管理局强化牵头协调作用，狠抓各项工作措施的落实；市农委加大农业投入品监管力度，指导全市 524 家农业投入品经营单位建立农资档案；高邮质监局推行食品生产加工企业分类分级分等监管，整合执法力量，提高监管效能；高邮工商局创新食品流通安全监管模式，从食品检测入手，形成企业自检、分局巡查、集中检测的“三级联动”机制，被江苏省工商系统予以推广；市卫生局继续实施量化分级管理制度，并逐步向中小型餐饮服务单位和乡镇区域扩展，全市有1 100余家餐饮单位和学校食堂通过评审，其中达 A 级标准的有 54 家、达 B 级标准的有 210 家；市商务局继续巩固“琵琶东路”示范街、“水榭华庭”示范区及 15 家市级示范单位等餐饮服务食品安全示范工程创建成果，完成手工屠宰场关闭和机械化屠宰场建设及运营工作，打造全市餐饮“放心消费”品牌，保障全市的猪肉安全。同时，市粮食局、市教育局、市盐务局、市城管局等部门也按照职责分工做好食品安全相关工作。（刘峰）

【专项整治】 2013 年，市食品安全办公室组织开展食品添加剂、重点产品、食品生产经营重点场所、豆制品及豆芽菜专项整治，国庆、春节等重大节日食品安全专项检查及鲜肉和肉制品质量专项检查，净化全市的食品安全环境。各部门、各乡镇（园区）结合部门职责和地方实际，自行组织开展学校食堂专项检查、水产品专项检查、家禽类专项检查和农资打假、小作坊小摊贩等专项整治。全年食品安全监管部门共出动执法人员 1.37 万人次，检查食品企业 1.23 万户次，抽样9 576个批次，查处食品案件 163 起，保障全市人民群众的饮食安全。（刘峰）

【省级药品安全示范市创建工作】 2013年，全市启动省级药品安全示范市创建工作，计划通过两年（2013～2014年）的努力，在巩固“省农村药品‘两网’建设示范市”的基础上，创成省级药品安全示范市，使全市药品安全监管体系和机制更加完善，药品安全保障能力显著提高，人民群众满意度不断提升，全市药品安全工作水平有效提高。年初，提请市政府专题研究创建工作，成立市创建药品安全示范市工作领导小组，由市政府主要负责人任组长，分管负责人任副组长，市食品药品监管、卫生、计生、宣传、工商、公安、人社、财政等部门负责人为成员；将创建工作列入市政府工作目标考核内容，明确各级政府和相关部门药品安全工作职责，健全完善市、镇(乡)、村(社区)三级药品安全监管体系；落实专项经费，批准设立市药品不良反应监测中心。4月，制定出台创建工作《实施方案》《工作计划》和《考核办法》，将《省药品安全示范县(市、区)创建工作评价细则》相关要求逐一分解落实到具体部门，并要求各乡镇(园区)成立药品安全工作领导小组，设置办公室，做到有办公场所、有人员、有设备、有制度、有台账、有整治活动，全面推进创建工作稳步开展。至年底，基本完成省级药品安全示范市创建工作方案中规定的年度阶段性任务。(史志　刘峰)

【"三品一械"综合监管】　2013年，市食品药品监督管理局以创建省级药品安全示范市为契机，着力提升"三品一械"(药品、保健食品、化妆品和医疗器械)监管工作整体水平。落实《药品安全责任制和责任追究制》，组织对乡镇(园区)、部门创建工作的专项督查和农村药品"两网"建设复查。加强源头监管，强化对重点企业、基本药物和高风险品种的日常监管和现场检查。坚持"三品一械"生产企业季度例会制度，及时传达上级监管工作要求，通报企业存在问题，听取整改落实情况汇报，分析存在风险，促进企业提高质量管理水平。推行质量管理规范，指导并督促生产企业积极实施新版GMP(《药品生产质量管理规范》)改造。做好药品经营企业新版GSP(《药品经营质量管理规范》)贯彻工作，严格执行许可与换证标准。全年新开办药店18家、换证5家、变更43家次、注销9家，实施GSP认证25家、GSP跟踪检查98家，均达到相关要求。强化医疗机构药品监管，会同市卫生部门对全市27家一级以上医疗机构进行药品使用质量专项检查和规范药房复查。强化ADR(药品不良反应)监测监管工作，与药械生产、经营和使用单位分别落实药品不良反应和医疗器械不良事件监测上报的责任，全年上报药品不良反应报告991例，其中上报新的有严重药品不良反应病例报告占总投资的34%，医疗器械不良事件187例。规范保健食品化妆品监管，督促全市255家保健食品、化妆品生产和经营企业全部建立电子监管档案，完善基础台账。开展保健食品化妆品标识专项检查、原料专项检查、美容美发单位经营使用化妆品专项检查以及声称具有减肥、辅助降血糖、缓解体力疲劳等功能的保健食品和美白、祛斑化妆品等专项监督检查，完成保健食品抽样32批次、化妆品抽样10批次，规范全市保健食品化妆品市场秩序。　(刘峰)

【稽查工作】　2013年，市食品药品监督管理局按照上级部署，组织实施保健食品"打四非"、药品"两打两建"和"打假保安全"等专项行动。全年共出动执法人员910人次，检查单位319家次，受理投诉举报18起，查办案件59起，其中依法移送公安机关案件3起、案件线索5条，被公安机关已刑事立案2件。与公安部门合作，破获一起网络销售假伟哥等药品案件，涉案总值近400万元，捣毁网络销售窝点2个，抓获犯罪嫌疑人6人。同时，联合市邮政局、市服务业发展局等部门，开展打击邮售假劣药械专项行动；联合市卫生局、市人社局、市公安局等部门开展打击药品非法回收专项行动，查处违法案件25起，货值金额近3万元，遏制利用医保套取药品非法变现的行为；联合高邮工商局、市广电台等部门打击非法违规广告，查处非法广告案件25件，净化食品药品广告市场。　(刘峰)

图为市食药监局工作人员对城区药房进行执法检查

(市食药监局供稿)

【食品药品安全宣传】　2013年，市食品药品监督管理局在"3.15"国际消费者权益保护日、"食品安全宣传周""安全用药月""志愿者服务日"期间，深入机关、学校和社区开展食品药品安全宣传工作，共向群众发放各种资料2 000份，接受群众咨询360人次。联合相关部门开展以"消费安全体验"为主题的百名小记者一日行活动；组织相关部门深入高邮中学和市职校中心开展食品安全知识进校园活动；联合市文明办加强食品行业道德诚信体系建设，开展行业诚信评比和示范创建活动。利用报刊、电台、电视台、网络等媒体，开展食品药品法律法规和安全知识的宣传，在《高邮日报》继续开设《食品药品监管之窗》专版，在市广播电台推出《食品药品监管之声》栏目。组织"食品药品法律法规和安全知识进学校、进企业、进社区"活动，增强公众安全饮食用药和依法维权意识，提升食品药品监管工作社会公信力和美誉度。　(刘峰)

【市药品流通行业协会成立】　3月29日，高邮市成立药品流通行业协会成立，132名会员代表按照法定程序，选举产生协会理事、秘书长、副会长、会长。该协会的成立将提高服务企业能力，推动药品流通行业健康发展，协助相关职能部门做好行业管理工作，保障群众用药安全有效。 （刘峰）

安全生产监督

【概况】 2013年，全市安全生产事故总量、死亡人数和直接经济损失出现“两降一升”。至年底，全市共发生各类安全生产事故117起，死亡25人，直接经济损失255万元，与上年相比，分别下降2.5%、13.8%和上升194.1%。水上交通、农业机械、特种设备等行业领域未发生安全生产事故。道路交通事故发生上报起数和死亡人数同比分别下降17.4%和2.1%。反映安全生产整体水平的三项相对指标“一升两降”：亿元GDP安全生产死亡率同比下降27.3%，工商贸从业人员十万人生产安全事故死亡率同比上升176.5%，道路交通万车死亡率同比下降27.1%。2014年4月，高邮市被扬州市政府表彰为2013年度安全生产目标管理优秀单位二等奖。 （吴菲菲）

【事故隐患治理】 2013年，市安监局于每月20～25日开展“隐患排查治理周”活动，对构成重大危险源的6家生产单位、2家经营单位实行动态监管，对存在重大安全隐患的单位“零容忍”，整改到位被列入市政府年度挂牌督办的重大火灾隐患单位3家。加强全市隐患排查治理体系建设，指导被纳入系统管理的679家工贸企业一次性通过江苏省公安局考核验收，并获得资金奖励。推进危化品生产经营企业在役化工生产装置安全设计诊断，实现重点危化品生产经营企业全覆盖。 （吴菲菲）

【安全生产标准化建设】 2013年，市安监局按照市委、市政府提出的“全市规模以上企业全部通过安全生产标准化三级或以上达标评审”工作目标，成立标准化创建工作组，分片指导推进，帮助企业解决达标创建工作中遇到的难题。至年底，全市共有393家规模以上企业实现三级标准化达标，规模以上企业达标率100%。江苏金飞达电动工具公司以79.1的高分通过江苏省安全生产协会组织的专家评审，创建成全市首家安全生产二级标准化达标企业。 （吴菲菲）

【加强职业病危害源头控制】 2013年，市安监系统各部门切实维护职工的健康权益，加大对职业病防治知识的宣传，重视开展高危行业作业场所危害因素检测和职工体检工作，努力从源头上控制和减少职业病危害。全年发放职业病防治资料5 000多份；完成职业健康危险因素检测作业场所306处，职工健康体检3 000人次。 （吴菲菲）

【“打非治违”专项行动】 2013年，全市继续开展打击非法违法生产经营建设专项行动，努力保持安全生产的良性态势。全年累计组成389个检查组、2 920多人次，检查企业2 263家，打击非法违法、治理纠正违规违章行为705起，责令停产、停业、停建企业3家，暂扣和吊销许可证、职业资格47个，关闭企业2家，行政拘留3人，追究刑事责任27人，实施行政处罚84.9万元。重视市民举报线索的查办工作，取缔无证经营加油站1家，处罚超范围经营的加油站1家，移送公安部门查处八桥镇陈鲍村空置民房非法存放烟花爆竹的案件1起。 （吴菲菲）

【烟花爆竹生产企业关闭扫尾工作】 2013年，市安监局针对全市7家烟花爆竹企业关闭后仍普遍留存有大量烟花爆竹残次品和部分成品的现象，组织协调各方力量，对企业剩余成品进行集中收购，并对剩余残次品进行集中销毁，较好地完成烟花爆竹生产企业的关闭扫尾工作。期间，累计投入资金143.3万元。 （吴菲菲）

【“百日安全生产大检查”活动】 6～10月，市安全生产委员会按照“全覆盖、零容忍、严执法、重实效”总体要求，在全市开展以道路交通、消防、建筑施工、危险化学品、烟花爆竹、冶金和船舶修造、燃气、食品药品加工、特种设备为重点的百日安全生产大检查活动。此次活动，对全市所有行业领域、所有生产经营企事业单位和人员密集场所实现全覆盖，累计检查各类企业3 283家，责令整改隐患7 480条。 （吴菲菲）

【“安全生产月”】 在全国第12个“安全生产月”期间，市安监局围绕“强化安全基础、推动安全发展”主题，在全市组织开展安全生产宣传咨询、“安康杯”知识竞赛、送安全培训到企业等系列活动。活动中，累计悬挂安全标语124幅，设立展板139块，向群众发放宣传资料1.2万册，赠送安全生产纪念品800余份。结合“应急预案演练周”活动要求，市供电公司变电运行人员开展消防演习，市秦邮特种金属材料有限公司开展模拟氧气泄漏事故应急救援演练。 （吴菲菲）

审计工作

【概况】 2013年，市审计局坚持“依法审计、服务大局、围绕中心、突出重点、求真务实”工作方针，依法履行审计职责，狠抓审计基础建设、能力建设、队伍建设、制度建设，完成全年各项审计工作任务。全年共完成审计项目57项，查出各类违规问题金额3 769万元、管理不规范金额3.88亿元，应上缴财政211万元；审计信息（报告）被录用共58篇，审计报告受市政府主要领导批示7篇。是年，市审计局分别被中国审计报社、江苏省审计厅表彰为审计

通联工作先进单位，被扬州市委、市政府表彰为文明单位，被高邮市政府表彰为依法行政工作先进单位。（刘荣金）

【财政审计】 2013 年，市审计局坚持以财政资金流向为主线，以预算管理全过程为内容，加强对财政资金投向及效益的监督检查，深化财政审计大格局。3～7 月，组织开展对全市 2012 年度本级财政预算执行情况的审计工作，重点突出绩效分析，注重预算支出结构、预算执行进度和预算执行效率分析，揭示项目支出进度不均衡、非税收入管理不到位、预算编制预见性不足等问题，并提出完善预算管理机制、加大收入征管力度、优化财政支出结构、压缩“三公”经费支出、规范债务管理、控制财政风险等建议。该审计报告得到市人大常委会的肯定，并受市委书记、市人大常委会主任韩方的批示：“审计报告全面、真实，关注了经济发展、关注民生，抓住重点；审计分析好，提出了解决问题的思路和办法，审计建议具有可行性。”（刘荣金）

【政府性债务跟踪审计】 2～6 月，市审计局组织对乡镇（园区）政府性债务跟踪审计。通过审计，基本摸清全市乡镇（园区）政府性债务规模，并提请市政府出台《高邮市政府性债务管理暂行办法》。7～9 月，根据国家审计署的统一部署，市审计局完成对宝应县政府性债务的交叉审计工作。（刘荣金）

【专项审计调查】 2～10 月，市审计局分别开展对行政事业性收费、公有房屋租赁管理审计调查。通过审计，追缴行政事业性收费3 343万元，揭示行政事业性收费征收率低、减免手续不全，部分公有房屋租赁未公开招租、租期长、租金管理不规范等问题，提出改进行政事业性收费方法、实行公开招租、强化收费和租金管理等具体建议。市财政部门据此建议，对全市行政事业性收费和公有房屋租赁工作进行一次全面的检查。（刘荣金）

【行政事业单位审计】 2013 年，根据上级部署和年度工作计划安排，市审计局组织开展对教育、科技经费安排情况的审计和对市建设局、市农委和市慈善总会等 10 个部门财务收支情况的审计，揭示预算管理、资产管理、经费使用等方面存在的问题，引起市相关部门的重视。（刘荣金）

【专项资金审计】 2013 年，市审计局坚持以人为本、民生优先，加大对“三农”、环保等涉及民生的专项资金审计力度，切实维护人民群众的切身利益。组织开展对财政投入建设的安置房审计和保障性安居工程跟踪审计，规范项目审批手续的办理。组织开展农业综合开发、政策性农业保险、农业技术推广转型资金的审计，通过涉农资金及项目的审计，促进国家惠农强农政策落实到位。组织环保资金审计，重点关注排污费和环境监测费的征收、资金管理、环保政策的落实情况，揭示少收排污费、滞留补助资金、超计划拨款等问题。同时，配合江苏省审计厅对全市村庄环境整治工程开展延伸审计工作。（刘荣金）

【任期经济责任审计】 2013 年，市审计局发挥市“三责联审”领导小组组成部门的作用，强化对经济责任审计项目的计划管理，配合市委组织部、市编办有序开展领导干部“三责联审”工作。全年组织实施“三责联审”项目 11 项，其中扬州市委组织部委托的联审项目 1 项、高邮市委组织部委托的审计项目 10 项（离任审计项目 5 项、任中审计项目 5 项）。5 月，经市编制委员会批准，“高邮市任期经济责任中心”成立。（刘荣金）

【固定资产投资审计】 2013 年，市审计局组织对残疾人托养服务中心、安大公路高邮段等 20 项重点工程项目开展竣工决算审计，对 26 项 200 万元以下工程项目进行结算审核，对 4 项拆迁项目房屋评估进行复评（复评率为 15%以上），对 S237 高邮段、穿心河改造等 3 项目重点工程实施跟踪审计，累计报审价 8.71 亿元，核减工程造价8 895万元，核减率 10.2%；查出管理不规范及违纪违规金额9 900万元。（刘荣金）

统 计 工 作

【概况】 市统计局内设办公室、农业统计科、工业能源统计科、法制科、服务业统计科、综合核算科等 6 个科室及高邮市综合调查队、高邮市普查中心 2 个下属事业单位。

2013 年市统计局按照“提高统计能力、提高统计数据质量、提高统计公信力”总体要求，完成全国第三次经济普查、统计基层基础建设、基本现代化指标体系研究工作、统计专项调查工作、基本单位名录库建设等多项工作。是年，市统计局被江苏省统计局表彰为江苏省企业一套表联网直报先进集体，被扬州市委、市政府表彰为文明单位，被扬州市统计局表彰为扬州市统计工作先进单位。（张博）

【全国第三次经济普查工作】 该工作被市政府列入 2013 年重点工作事项。经市政府批复，在市统计局成立高邮市第三次经济普查中心，统筹推进全市经济普查工作。期间，市政府办公室成立第三次全国经济普查领导小组及办公室。各乡镇（街道、园区）按照工作要求成立普查机构，落实普查经费、普查工作人员和办公用房。市经普办与市委宣传部共同制定出台《高邮市第三次经济普查宣传工作方案》，以《高邮日报》专栏、电台电视台经普宣传节目和政风行风热线等形式开展宣传工作，累计设计、印制经普宣传海报 5 万份，发放给全市法人单位、产业活动单位和个体工商户，并及时将工作动态编成《经普工作简报》，重点宣传有关普查的经验做法。在高质量完成普查员、普查指导员选聘基础上，分8期对全市900名普查员、普查指导员及PDA管理员进行经普业务培训。强化对部门单位的业务指导和监督检查，全面查清全市法人单位、产业活动单位和个体经营户的总量、规模以及行业分布等情况。经查核，全市共有单位数9 474家，与第二次全国经济普查单位数相比，增长77%。其中法人单位核查数7 535家、产业活动单位核查数1 939家，与第二次全国经济普查数相比，法人单位核查数和产业活动单位核查数分别增长85%、50%。查核全市累计有个体经营户4.68万家，与第二次全国经济普查数相比，增长23%。（张博）

【统计基层基础建设】 年初，市政府将各乡镇（街道、园区）企业规范化建设创建达标任务数纳入经济考核目标，并分解落实到各乡镇、园区。市、乡两级统计部门按照江苏省统计基层基础建设工作要求，深入企业进行现场指导和服务，切实推进企业规范化建设创建达标工作。至年底，全市累计有3家统计站被表彰为省级乡镇（街道、园区）统计机构规范化创建示范单位，7个统计站被表彰为省级乡镇（街道、园区）统计机构规范化创建合格单位；577家企业通过省级规范化达标验收。（张博）

【统计台账规范管理】 2013年，按照江苏省企业统计规范化建设要求，高邮市建立起分行业的法人、产业活动单位和个体经营户统计工作台账，分类列出单位经营、效益、人员支出、税收缴纳、资产状况等详细指标情况，为全市三产增加值核算提供准确、完善的资料。（张博）

【专项调查】 2013年，市统计局以提高统计数据质量为中心，组织开展农业、工业、投资、消费、建筑、房地产、贸易、住宿、餐饮、能源等领域的常规统计调查，并完成统计年报和定期报表任务。同时开展县级经济调查、社会发展水平综合评价、基本现代化统计监测调查、中小城市发展评价、八项工程统计监测调查、企业一套表专项调查、企业景气调查、企业用工调查、人口变动情况和劳动力抽样调查、批零住餐企业经营情况调查、党政正职考核等专项调查工作，弥补常规统计调查不足。（张博）

【统计法制】 2013年，市统计局继续推行严格执法与规范程序相结合、案件查处与指导推动工作相结合的统计执法机制，完成对全市142家企事业单位的统计监审工作，并就相关企业在执行统计报表制度和统计"双基"建设工作中存在的问题，进行现场指导。（张博）

【统计调查单位管理】 2013年，市统计局根据上级部署，加强基本单位名录库建设，组织开展企业一套表调查单位增减变动申报工作，确保基本单位信息及时更新。联合市经信委、市服务业发展局等单位组织开展年度"四上"企业（指规模以上工业企业、资质等级建筑业企业、限额以上批零住餐企业、规模以上服务业企业）入库的核查与申报工作，全年全市新增入围"四上"企业186家，累计"四上"企业850家。（张博）

【统计服务】 2013年，为加强对国民经济运行的监测和预警，满足上级领导及社会公众对统计信息的多种需求，市统计局认真做好统计服务各项工作。全年定期编印《统计月度报告手册》《统计月度资料手册》《高邮市服务业统计资料》，编辑出版《2012年高邮统计年鉴》，撰写高邮市国民经济和社会发展统计公报（年度）1篇、季度经济运行等统计分析30篇（受市领导批示5篇）、统计信息290篇。（张博）

中共高邮市委

The CPC of Gaoyou Municipal Party Committee

导读

市委重要会议、活动

【市委十届第六次全体会议】 8月1日举行。会议的主要任务是，深入贯彻落实党的十八大和习近平总书记一系列重要讲话精神，全面落实省委十二届五次全会、扬州市委六届五次全会和全省苏中发展工作会议的决策部署，回顾总结上半年工作情况，部署安排下半年工作任务，动员全市上下进一步认清形势、解放思想，抢抓机遇、迎难而上，咬定目标任务不动摇，坚持特色发展不犹豫，加快追赶融合不停步，建设生态文明不松懈，为在沿河新一轮发展中率先崛起而努力奋斗。市委委员28人、候补委员3人出席会议；市纪委委员，不是市委委员的市人大常委会、市政府、市政协负责人，市人民法院、市人民检察院主要负责人，各园区党工委书记、管委会主任，各乡镇党委书记、乡镇长，市各部委办局（公司）、市人大常委会和市政协各委办、市各人民团体、驻高邮各单位主要负责人和市级机关全体副局级干部，市第十次党代会部分党代表，部分亿元以上企业、三产服务业企业负责人列席会议。

市委常委会主持会议。市委书记韩方代表市委常委会作题为《坚持特色发展，加快追赶融合，奋力在沿河新一轮发展中率先崛起》的工作报告。报告共分五个部分：一、坚持稳中求进，迈出率先崛起新步伐；二、抓住发展机遇，开辟率先崛起新路径；三、靠实工作举措，实现率先崛起新跨越；四、提升生态文明，彰显率先崛起新优势；五、创新务实干事，构建率先崛起新保障。市委副书记、市长方桂林作经济工作讲话。与会人员进行分组讨论。全会同意韩方代表市委常委会所作的工作报告和方桂林关于经济工作的讲话，审议通过《中国共产党高邮市第十届委员会第六次全体会议决议》。

（史志）

【市委十届第七次全体会议】 12月27日举行。会议的主要任务是，认真贯彻党的十八大、十八届三中全会精神，落实中央、省经济工作会议和省委、扬州市委全会要求，回顾总结今年工作，谋划部署明年经济社会发展目标任务，动员全市上下进一步解放思想、加快发展，改革创新、加快转型，争先进位、加快融合，奋力创造高邮率先崛起新业绩。市委委员32人、候补委员1人出席会议；市纪委委员，不是市委委员的市人大常委会、市政府、市政协负责人，市人民法院、市人民检察院主要负责人，各园区党工委书记、管委会主任，各乡镇党委书记、乡镇长，市各部委办局（公司）、市人大常委会和市政协各委办、市各人民团体、驻高邮各单位主要负责人和市级机关全体副局级干部，市第十次党代会部分党代表，部分亿元以上企业负责人列席会议。

市委常委会主持会议。市委书记韩方代表市委常委会作题为《坚持稳中求进，深化改革创新，奋力创造高邮率先崛起新业绩》的工作报告。报告共分四个部分：一、牢牢把握总基调，顺利实现稳中有进；二、审时度势抓机遇，深化改革推动发展；三、突出重点抓落实，加快率先崛起步伐；四、加强党建聚合力，改进作风服务群众。全会同意韩方代表市委常委会所作的工作报告，讨论通过《关于贯彻落实推进苏中融合发展特色发展提高整体发展水平的实施意见》，审议通过《中国共产党高邮市第十届委员会第七次全体会议决议》。会上，扬州菱塘光电科技产业园区、汤庄镇、市城建局主要负责人作表态发言。

（史志）

【市委常委扩大会议】 2013年，为加强月度工作的计划性、指导性和针对性，统筹推进全市各项工作有序开展，市委书记韩方主持召开市委常委扩大会议12次，研究确定月度工作重点，提出具体的工作要求和推进措施。月度工作重点有研究认真学习贯彻全国“两会”、习近平总书记系列重要讲话和党的十八届二中、三中全会精神，省委全会、全省经济工作会议精神和扬州市委全会精神，讨论确定2013年市委、市政府民生“1号文件”，做好节日期间的安全生产、走访慰问和维护稳定等工作，举办第九届中国双黄鸭蛋节和第六届中国邮文化节，加强招商引资、项目建设、园区建设、城建“双十”重点工程和交通重点工程建设，推进工业、现代服务业、建筑业和现代高效农业发展，全面做好“三农”工作，组织开展经济建设首季“开门红”、年中“双过半”，贯彻落实扬州市委全会提出的“扎实推进跨江融合发展”战略部署，进一步优化城镇体系和产业布局，积极稳妥推进区划调整，加强全市妇女工作，开展市四套班子领导“大走访、大调研”活动，切实帮助基层、企业和群众化解矛盾、解决问题，推进党建创新工程，全面贯彻执行中央“八项规定”、省委“十项规定”、扬州市委“二十条禁令”，加强干部队伍能力作风建设，优化投资环境，抓好重点企业发展、平安法治建设、文化建设、城乡环境建设、和谐社区建设和扶贫解困、安全生产等工作，组织年末冲刺，确保完成和超额完成全年目标任务，超前谋划、研究部署2014年全市经济社会发展目标任务和重点工作等，共700多项具体工作事项。

（史志　余刚）

【市委常委（扩大）专题会议】 2013年，市委书记韩方主持召开市委常委（扩大）专题会议18次。

1月30日，市委常委扩大会议，研究《市委、市政府关于加快推进民生幸福工程着力提升民生幸福水平的意见（讨论稿）》，研究2011～2012年度高邮市文明单位、文明行业、文明村镇创建评比工作。

2月6日，市委常委会会议，研究确定《中共高邮市委关于贯彻落实〈中央关于改进工作作风、密切联系群众的八项规定〉、省委〈十项规定〉实施办法》及春节后相关会议方案和年度考核工作。

2月26日，市委常委会会议，通报《高邮市人民政府记功奖励暂行办法》《高邮市“突出贡献奖”评选办法（试行）》，听取《加快发展新时期民政事业的意见》《建设高邮城市荣誉体系的意见》调研起草情况的汇报，研究确定2013年市委常委会工作要点和2013年城建“双十”重点工程安排方案。

3月1日，市委常委扩大会议，听取当前信访维稳工作情况汇报，传达学习习近平同志在中国共产党第十八届中央委员会第二次全体会议上的讲话精神及王岐山同志在中国共产党第十八届中央纪律检查委员会第二次全体会议上的讲话精神。

3月22日，市委常委会会议，听取全市一季度经济工作情况、扬州“烟花三月”国际经贸旅游节相关筹备工作情况的汇报，研究确定市委常委工作分工。

4月1日，市委常委扩大会议，研究《中共高邮市委关于2013年度市领导挂钩联系工作安排的通知》（讨论稿），听取市慈善总会工作情况汇报。

5月23日，市委常委扩大会议，传达扬州市委常委扩大会议精神。

5月31日，市委常委扩大会议，听取申报国家历史文化名城工作情况、第六届中国邮文化节总体方案情况、全市及城区防洪排涝工作情况及全市行政区划调整方案情况的汇报。

7月4日，市委常委扩大会议，听取2013年上半年全市经济运行情况汇报。

7月17日，市委常委扩大会议，开展市委中心组集中学习日活动，听取《中共高邮市委、高邮市人民政府关于加强城市规划区防治违法建设工作意见》《“三直接”若干环节操作规范（讨论稿）》起草情况的说明，听取关于农工民主党高邮支部委员会筹备工作情况的汇报。

7月29日下午，市委常委会会议，传达扬州市委六届五次全会精神，研究确定市委十届六次全会方案。

7月29日下午，市委常委议军会，听取全市人武工作情况的汇报，并对各乡镇（园区）党（工）委书记履行党管武装职责情况进行讲评。

9月3日，市委常委会扩大会议，传达学习全国组织工作会议精神，研究部署全市行政区划调整工作。

9月27日，市委常委扩大会议，传达学习全国宣传思想工作会议精神，听取城建“双十”重点工程进展情况汇报和全市妇女工作的情况汇报，研究确定《2013年度乡镇、园区经济发展综合考评和市级机关能力作风建设考评工作实施意见》《2013年度乡镇、园区和市级机关党建考评工作的实施意见》《关于进一步加强乡镇（园区）工会干部队伍建设的意见》《关于关于全面试行乡镇党代会年会制的意见》和《关于实行乡镇党代会代表任期制的意见》。

10月29日，市委常委扩大会议，传达扬州市旅游业发展大会精神，听取2013年民生实事工程进展情况汇报，开展市委中心组学习活动。

11月22日上午，市委常委会会议，学习党的十八届三中全会精神，传达贯彻中国工会十六大及扬州市工会工作会议精神，研究确定《关于促进全市乡镇工业集中区整合提升特色发展的意见》《关于鼓励支持扬州菱塘光电科技产业园区加快发展的若干意见》。

12月2日，市委常委扩大会议，学习党的十八届三中全会精神，学习贯彻省委十二届六次全会精神。

12月26日上午，市委常委扩大会议，传达学习省经济工作会议精神和扬州市委六届六次全会精神，听取市委十届七次全会及市人大、政协“两会”筹备工作情况和高邮法学会筹备情况汇报，研究确定《关于贯彻落实推进苏中融合发展特色发展提高整体发展水平的实施意见》。 （史志 余刚）

【全市经济工作暨机关作风建设大会】 2月16日举行。会议的主要任务是，扫年气、鼓干劲、交任务，号召全市上下牢固树立争先意识，切实改进工作作风，不断推动各项工作再上新台阶。市委、市人大常委会、市政府、市政协全体负责人，市人民法院院长、市人民检察院检察长，各乡镇（园区）党（工）委、政府（管委会）主要负责人和分管负责人，市级机关各部门、驻高邮各单位全体副局职以上干部，部分重点工业企业主要负责人，全体受表彰人员等出席会议。

市委副书记金春林主持会议，并宣读《中共高邮市委、高邮市人民政府关于授予郑连元等同志高邮市第一届“明星企业家”荣誉称号的决定》《中共高邮市委、高邮市人民政府关于表彰2012年度全市经济社会发展先进单位的决定》。会上，市委书记韩方作重要讲话，市委副书记、市长方桂林部署2013年经济工作，市委常委、市纪委书记朱勇部署全市机关作风效能建设工作；市领导为受表彰的先进单位、先进个人代表颁奖，高邮镇、高邮城南经济新区、市地税局、高邮工商局分别作书面交流发言；会上还播放作风效能建设明察暗访录像片。

附：2012年度全市经济工作先进单位名单

乡镇、园区经济社会发展综合考评标兵单位：高邮城南经济新区、高邮镇、高邮经济开发区、菱塘回族乡

乡镇、园区经济社会发展综合考评先进单位：郭集镇、送桥镇、车逻镇、横泾镇、八桥镇、卸甲镇

乡镇、园区经济社会发展综合考评先进单位：临泽镇、天山镇

市级机关能力作风建设标兵单位：市财政局、市地税局、高邮工商局、市发改委、市行政服务中心、市国土局、市国税局、市人口计生委、市统计局、市级机关工委、市委农工办

市级机关能力作风建设先进单位：市司法局、市民政局、市经信委、市人防办、市科技局、市审计局、市公安局、市人民法院、市人民检察院、市信访局

（其他奖项受表彰名单略） （史志）

【全市党建工作会议】 2月17日上午举行。会议的主要任务是，深入贯彻中央和省、扬州市有关会议精神，全面落实市委十届六次全会要求，回顾总结2012年党建工作，研究部署2013年党建任务，动员全市各级党组织牢牢把握“围绕发展抓党建、抓好党建促发展”的工作要求，开拓创新，真抓实干，不断开创全市党建工作新局面。全体市委常委，市人大常委会、市政协的主要负责人；各乡镇（园区）党（工）委书记、分管党务工作负责人，纪（工）委书记、副书记，监察室主任，组织委员（科长），宣传委员（科长），统战科长；市级机关各部门（驻高邮单位）党组（党委、支部）书记、分管党务工作负责人，纪委书记（纪检组长），党办主任，监察室主任，组织、宣传、统战科长；市纪委全体委员；市纪委特邀党风廉政监察员；市人大常委会、市政协相关工委负责人；市纪委（市监察局）、市委组织部、市委宣传部、市委统战部等部门全体中层以上干部参加会议。

市委副书记、市长方桂林和市委副书记金春林先后主持会议。会上，市委书记韩方作讲话。他指出，全市各级党组织要牢牢把握“围绕发展抓党建、抓好党建促发展”的工作要求，进一步增强大局意识和责任意识，创造性地开展工作。他要求，要围绕大局抓党建，在职责上增强党要管党责任感；深入贯彻十八大精神，在思想上保持党的先进性；加强干部队伍建设，在组织上增强党的战斗力；坚持从严治党，在作风上维护党的纯洁性；鼓励基层探索实践，在创新上提升党建水平。会上，金春林宣读《中共高邮市委关于表彰2012年度全市党建工作先进集体和先进个人的决定》；市委常委、宣传部部长张秋红，市委常委、组织部部长孙建年，市政协副主席、市委统战部部长张贵龙分别就2013年全市宣传思想文化、组织、统战工作进行部署。

大会结束后，市纪委召开十届三次全会；市委组织部、市委宣传部、市委统战部分别召开专题工作会议。 （史志）

【全市建筑业工作会议】 2月18日下午举行。会议的主要任务是，回顾总结2012年全市建筑业发展情况，研究部署2013年目标任务，动员全市建筑战线广大干部职工进一步解放思想、开拓创新，务实苦干、扎实开局，夺取建筑业在2013年加快发展、创新发展、特色发展新业绩。市委、市人大常委会、市政府、市政协主要负责人和分管负责人，各乡镇（园区）党（工）委、政府（管委会）主要负责人和分管负责人、建管站站长，市级机关有关部门负责人，市建管局全体中层以上干部，各建筑业企业全体副职以上负责人、项目部负责人，全体受表彰的先进单位主要负责人和先进个人出席会议。

市委常委、市纪委书记朱勇主持会议。会上，市委书记韩方作重要讲话，市委副书记、市长方桂林作建筑业工作报告；各乡镇、园区和建筑业企业代表向市政府递交2013年度建筑业工作目标责任书；周巷镇、市安监局、中行高邮支行、江苏兴厦建筑安装有限公司作交流发言。会议还表彰2012年全市建筑业先进集体和先进个人。省建管局副局长纪迅应邀到会并讲话。　（史志）

【全市农村工作会议】　4月25日下午举行。会议的主要任务是，贯彻落实党的十八大和中央、省、扬州市农村工作会议精神，总结2012年"三农"工作，分析当前面临的新形势，部署2013年"三农"工作及今后一段时期城镇化发展工作，动员全市上下按照省委书记罗志军在高邮驻点调研期间的讲话精神，进一步开拓创新、真抓实干，推动全市"三农"工作再上新台阶。市委、市人大常委会、市政府、市政协在高邮的全体负责人，各乡镇（园区）党（工）委、政府（管委会）主要负责人和分管负责人，市级机关各单位主要负责人等参加会议。

市委常委、市纪委书记朱勇主持会议。会上，市委书记韩方作重要讲话，市委副书记、市长方桂林对2013年全市农业农村工作总结进行全面部署，表彰2012年度全市农业农村工作先进集体，市农委、界首镇、郭集镇、汤庄镇主要负责人分别作交流发言。　（史志）

【庆祝"五一"国际劳动节暨劳动模范表彰大会】　4月27日下午举行。会议的主要任务是，庆祝"五一"国际劳动节，表彰2010年以来全市经济社会发展中涌现出的劳动模范，动员全市广大劳动者积极投身更高水平小康社会建设。市委、市人大常委会、市政府、市政协负责人，各乡镇（园区）党（工）委书记、分管党务工作副书记、纪委书记、组织委员（科长）、宣传委员、政法委员、统战科长，市直机关部门单位党组织负责人、组织（人事）科长，市直机关部门党员代表和受表彰对象代表参加会议。

市委常委、组织部部长孙建年主持会议。会上，市委书记韩方作讲话，市委副书记、市长方桂林宣读《市政府关于授予丁清等50名同志高邮市劳动模范称号的决定》，韩方、方桂林、倪文才、金春林、张秋红、汪爱智、朱勇、汤学仁、孙建年、郭海平、钱富强等市领导为50名高邮市劳动模范颁奖；劳动模范代表曹农宣读《高邮市劳动模范致全市职工群众的倡议书》，倡议全市各行各业的劳动者为高邮在周边地区率先崛起再立新功。　（史志）

【全市园区工作会议】　5月9日上午举行。会议的主要任务是，总结回顾全市经济运行工作情况，并对冲刺"双过半"进行全面部署。市委、市人大常委会、市政府负责人，各乡镇、园区及有关部门负责人等参加会议。

副市长朱莉莉主持会议。会上，市委书记韩方作讲话。他要求，各乡镇、园区、部门要认清形势，排找差距，进一步增强目标意识、责任意识、共保意识，确保各项经济指标"双过半、硬过半"。要明确目标，加大考核力度，切实提高工作的有效性和组织程度。要结合具体实际，理清发展思路，加快转型发展。要做大经济总量，做优发展质态，力促转型升级。要围绕产业特色、产业配套，加快服务平台、研发平台建设，为转型升级提供强力支撑。要坚持项目为王，招大引强，突出工业项目、税源项目、重大项目的招商。要进一步强化创新发展意识，积极化解发展中的瓶颈因素。要坚持集约节约发展原则，整合资源，盘活存量，保证重点，提升质态。要进一步强化领导责任，切实提高冲刺"双过半"工作的组织水平。市委副书记、市长方桂林作主题讲话。他指出，各乡镇、园区、部门要扎实做好当前重点工作，全力冲刺"双过半"目标，努力保持经济平稳较快增长。　（史志）

【全市新一轮低收入农户脱贫奔小康暨经济薄弱村脱贫攻坚工程会议】　6月25日下午举行。会议的主要任务是，贯彻落实省、扬州市农村扶贫工作会议精神，研究部署下一阶段全市农村扶贫工作。市委、市人大常委会、市政府、市政协主要负责人和分管负责人，各有关乡镇、园区、部门、村负责人等参加会议。

市委常委、市纪委书记朱勇主持会议。会上，市委副书记金春林作讲话。他指出，农村扶贫工作是落实党在农村各项方针政策的德政工程，是改善低收入农户生产生活条件的民生工程，是密切党与人民群众血肉联系的纽带工程。他要求，各乡镇、园区及有关部门要站在讲政治、讲大局的高度，按照中央、省、扬州市和高邮市委的既定部署，坚定不移地把这项工作抓紧抓实，抓出成效；要围绕目标，带着任务、带着感情，一村不漏、一户不少，切实做好经济薄弱村和低收入农户的结对帮扶工作；要明确各自职责，制定具体措施，主动作为，严格督查，全面落实各项扶持政策和帮扶措施，确保完成和超额完成今年农村扶贫工作的各项任务。副市长杨文喜作全市农村扶贫工作报告，并对下阶段工作进行部署。　（史志）

【城市环境综合整治工作动员大会】　9月13日上午举行。会议的主要任务是，统一部署城市环境综合整治和市区"三拆三整治"工作目标任务，动员全市上下以更加务实的作风、更加扎实的举措，整体推进城市环境综合整治和"三拆三整治"工作，努力推动高邮城市形象和品质有新的提升。市委、市人大常委会、市政府、市政协主要负责人和分管负责人，各有关乡镇、园区、部门负责人等参加会议。

会议由市委常委、常务副市长徐永宝主持，市委书记韩方作讲话，市委副书记、市长方桂林部署城市环境综合整治和“三拆三整治”工作目标任务。会上，市城管局、市城建局、市公安局、高邮街道办事处等8家单位负责人作表态发言，市国土局、市商务局和高邮经济开发区、高邮城南经济新区、卸甲镇等14家责任单位向市政府递交《城市环境综合整治和市区“三拆三整治”工作目标责任书》。（史志）

【冬春水利建设暨造林绿化工作现场推进会】 12月30日下午举行。会议的主要任务是，动员全市上下迅速掀起新一轮冬春水利建设和造林绿化工作高潮，为2014年全市“三农”工作开好头、起好步。市委、市人大常委会、市政府、市政协负责人，各乡镇、园区及有关部门负责人等参加会议。

市委常委、市纪委书记朱勇主持会议。市委副书记、市长方桂林作讲话。他强调，冬春水利建设和造林绿化工程是一项惠及千家万户的民生工程和实事项目，随着经济社会的发展，其地位和作用更加凸显。他要求，各地各有关部门要抢抓当前有利时机，精心组织、周密部署、强化措施、狠抓推进；要在总结过去好的经验的基础上，进一步拓宽思路、创新举措、加大力度，全面提升工作成效和水平；要强化责任落实、技术指导、分级督查，确保圆满完成既定的各项目标任务。会上，市政府与各乡镇、园区签订2014年度水利建设、造林绿化工作责任书，市水利局、市农委负责人分别通报2013年全市水利工程建设和造林绿化情况，汤庄镇、甘垛镇、送桥镇、高邮经济开发区清水潭旅游度假区管委会负责人分别作交流发言。会前，与会人员集中观摩甘垛镇、汤庄镇水利建设和造林绿化现场，并参加现场植树活动。（史志）

表46 **2013年市委、市政府召开的有关工作会议一览表**

时间	会议名称	主要内容
1月30日	全市武装工作会议	贯彻落实党的十八大精神，总结2012年全市人民武装工作，部署2013年工作任务
2月21日	全市宣传思想文化工作会议	学习宣传贯彻党的十八大精神，总结2012年工作，部署2013年工作任务
2月22日	全市国税工作会议	总结2012年国税工作，研究部署2013年工作任务
2月22日	全市财政工作会议	总结2012年全市财政工作，安排部署2013年工作任务
2月27日	全市服务业发展大会	总结2012年全市服务业工作，研究部署2013年工作任务
3月8日	全市民政会议	总结2012年全市民政工作，部署2013年工作任务
3月8日	全市人大工作会议	部署2013年度全市人大工作
3月12日	全市审计工作会议	贯彻落实全省审计工作会议精神，部署安排2013年审计工作任务
3月20日	全市人力资源和社会保障工作会议	总结2012年全市人力资源和社会保障工作，部署2013年各项目标任务
3月27日	全市工业经济发展大会	总结2012年全市工业经济工作，部署2013年主要目标任务
4月20日	全市统计工作暨第三次全国经济普查动员会议	总结2012年全市统计工作，部署2013年统计工作目标任务和经济普查工作有关事宜
5月18日	全市夏粮收购工作会议	总结2012年夏粮收购工作，部署2013年任务
5月18日	全市防汛防旱和秸秆禁烧工作会议	贯彻落实上级会议精神，安排部署防汛防旱和秸秆禁烧、还田及综合利用工作任务
6月29日	全市征兵工作会议	总结2012年征兵工作，部署2013年工作任务
7月9日	全市国土资源工作会议	总结2012年以来全市国土资源工作，部署下一阶段重点工作
10月10日	全市村、社区党组织换届工作会议	动员部署全市村、社区党组织换届工作
10月31日	全市农民专业合作社规范建设工作会议	总结全市农民专业合作社发展情况，对农民专业合作社规范化建设进行部署
11月8日	全市乡镇(街道)、园区政法工作会议	贯彻上级会议精神，部署平安建设、法治建设、信访工作年终冲刺迎考和维稳工作任务
12月12日	全市农业产业化银企对接会	组织金融机构与部分农业产业化企业开展银企对接，共同推进全市农业产业化发展。

（史志）

重要决策

【市委常委工作分工】 3月25日，市委下发《关于市委常委工作分工的通知》，根据《中国共产党章程》的有关规定和民主集中制的原则，市委书记、副书记和常委的工作分工明确如下：

韩方主持市委、市人大常委会全面工作，分管干部工作和党风廉政建设工作，分管市政协和市人武部党的工作。

方桂林主持市政府全面工作，分管经济建设、对外开放、机构编制、财税、审计、监察、规划、人力资源和社会保障、人民武装委员会、高邮经济开发区和园区建设等方面工作。

金春林负责市委日常工作，协助分管经济工作，分管现代服务业工作、招商引资、重大项目建设，分管市级机关、市委办、党校、统战、侨务、对台、档案、老干部、关工委、扶贫帮困工作，协助分管市人大常委会、市政协、市人武部党的工作。

张秋红负责市委宣传部工作，分管意识形态、新闻、文化、精神文明建设和计生、社会事业发展工作。

汪爱智负责人武部工作，协助分管地方人民武装建设工作。

朱勇负责市纪律检查委员会工作和农业农村工作，分管纪检、监察、反腐倡廉、优化发展环境、纠正不正之风、机关作风建设工作。

徐永宝负责市政府常务工作、市委政法委工作，分管民兵预备役、发展计划、经济体制改革、重大项目、统计、应急管理、政府法制、外事侨务、电子政务、行政服务、城乡建设、城市管理、国土管理、住房保障、建筑业，分管社会管理综合治理、平安创建、法制高邮建设以及民族宗教、信访和维护稳定工作，协助分管财税、监察、机构编制、规划、人力资源和社会保障工作。

汤学仁负责高邮经济开发区工作。

孙建年负责市委组织部工作，分管市委督查工作以及工会、共青团、妇联、科协、党史工作，协助分管老干部工作、经济体制改革和非公经济发展工作。（史志）

【书记信箱办理工作】　2013年，全市共办理江苏省委、扬州市委和高邮市委书记信箱来信537件，其中办理省委书记信箱来信50件，办理扬州市委书记信箱来信91件，办理高邮市委书记信箱来信496件。市委办公室、市信访局坚持“分级负责、归口办理，谁主管、谁负责”的原则，按照书记信箱来信办理工作的规则，健全完善来信接收、阅批、交办、办理、答复、回访等工作机制，对每封来信落实主办部门和协办部门，明确办理要求、办理时限，牵头做好办理工作。各地、各部门认真处理群众来信，深入了解情况，对照相关政策法规，及时妥善地解决一批群众反映的热点难点问题，做到件件有着落，事事有回音。对一些重点来信，市委、市政府主要领导亲自下访，现场办公，解决问题，确保各项政策、措施落实到位和群众满意。（戴小斌）

组织工作

【干部选拔任用工作】　2013年，市委以乡镇区划调整为契机，精心谋划人事安排，积极稳妥推进领导班子建设。全年为6个新建镇择优配备14名党政正职、143名领导班子成员，将5名乡镇党政正职交流到市级机关任职，对22名乡镇领导班子成员实行换岗交流；选优配强高邮市建设投资发展有限公司等4家国有公司领导班子，并制定管理考核办法规范其运行；对市城管局等13个部门党政正职进行重点调整配备，择优选拔23名优秀干部充实到机关部门领导班子。选派16名年轻干部参与全市专业招商，抽调20名干部参与重大服务业项目建设，让年轻干部在经济一线经受锤炼。（尤组）

【教育培训工作】　2013年，市委组织部坚持多渠道、广覆盖的培训原则，先后举办党的十八大精神专题培训班、能力提升网络专题研究班、城镇化研修班、社会管理创新研修班、非公企业党建培训班、企业经营管理高级研究班、中青年干部培训班、大学生村官岗前培训、统筹城乡发展菜单式专题班和组工干部党性教育等10个培训班次，共培训党政干部近5 000人次，有效提升各级干部抓发展、促和谐的本领。（尤组）

【大学生村官工作】　2013年，市委组织部加强对大学生村官的培养和使用工作，新选聘大学生村官48人，安排22名大学生村官担任村(社区)“两委”正职，定向招录7名大学生村官成为公务员或事业人员。坚持用主题实践活动引领大学生村官成长成才，组织开展第二届十佳大学生村官评选活动，举行首部自导自演微电影《春韵》首映式。制定《大学生村官日常管理制度》，加强对大学生村官的长效管理。加大对大学生村官创业的扶持力度，全市73名大学生村官领办、创办、协办创业项目46项，向上帮助争取创业引导资金15万余元。（尤组）

【中层干部管理】　2013年，市委组织部履行中层干部任前预审制度，严把中层干部任职的程序关、职数关、人员性质关，全年审核中层干部任职78人次。启动实施市级机关中层干部职务任期制，完善中层干部任职期限、任期交流、任期目标和考核管理等制度体系建设，进一步增强市级机关中层干部队伍活力，推动机关作风效能建设。（尤组）

【领导干部“三责联审”】　2013年，市委组织部结合领导干部调整交流、财务收支项目和重点领域项目审计等时机，牵头组织市编制、审计部门制定工作计划，确定联审项目13项(扬州市委托联审项目1项，市内离任联审项目8项、任中联审项目4项)，有序开展“三责联审”工作，进一步规范领导干

部用人、用编、用财行为。（尤组）

【党代表工作室建设】 2013 年，为发挥好各级党代表作用，推进基层党内民主，促进社会和谐，市委组织部遵循先行试点、总结完善、全面推进的工作思路，按照“五同”（阵地同落实、制度同上墙、代表同编排、日程同安排、活动同开展）要求和“七有”（有固定场所、有统一标识、有必备设备、有正常活动、有台账资料、有规范制度、有工作队伍）标准，在建好党代表、联络员、志愿者“三支队伍”基础上，启动党代表工作室建设工作。至年底，累计有 175 个村、45 个社区、25 家企业和 9 个市级机关建成党代表工作室。（尤组）

【“关注基层、关心民生、关爱群众”主题活动】 2013 年，市委以“关注基层、关心民生、关爱群众”为主题，拓展领导干部“三下三联三交”活动内涵，先后组织机关部门党员干部开展走访慰问困难家庭活动，组织党代表开展以“传党情、听民意、谋发展、促和谐”为主题的走访调研活动和组织各级领导干部开展挂联月活动等。活动期间，全市各级领导干部撰写民情日记422篇，有396名副乡局级以上领导干部与176个村、56个城乡社区、97家重点企业结成对子，走访慰问困难党员群众1 000余人次，帮助企业和群众解决生产生活困难890多件次。（尤组）

【村（社区）党组织换届选举工作】 10月11日～12月6日，市委组织部根据上级部署，以公推直选方式对全市175个行政村党组织、53个社区党组织集中进行换届，共有序选举产生村（社区）党组织书记230人。新当选的党组织书记，平均年龄45.37岁，具有大专以上学历124人，形成以年龄结构、学历结构“双优化”为主体的党组织书记队伍。（尤组）

【农民集中居住区党建工作现场推进会】 12 月 11 日举行。会议的主要任务是研究部署新形势下全市农民集中居住区党建工作。市领导孙建年、孙明如，各乡镇（园区）和市各有关部门分管党建工作负责人、组织（人事）科长出席会议。市委常委、组织部部长孙建年主持会议并讲话。他要求，要借鉴城市社区党建工作的好做法、好经验，解决农民集中居住区党建工作存在问题；创新思路，靠实措施，深化农民集中居住区党建工作；加强农民集中居住区党建工作的组织领导，落实工作责任，加快典型培树，加大考评力度。会上，三垛镇党委、市人社局党组、高邮经济开发区九园社区党支部、高邮镇康华社区党总支作交流发言。会前，与会人员还参观高邮经济开发区九园社区农民集中居住区、三垛镇三阳第一城农民集中居住区党建现场。（尤组）

【打造“秦邮组工讲堂”学习平台】 2013 年，市委组织部为增长组工干部知识、拓宽组工干部眼界、提升组工干部能力，建立原则上每季度一期的组工讲堂制度，打造“秦邮组工讲堂”学习平台。该平台每期围绕一个主题开讲，主要邀请省和扬州市委组织部处室领导、党建专家学者到高邮现场授课辅导，旨在引导全市组工干部增强学习的紧迫感、危机感和使命感，时刻牢记“能力不足危险”的告诫，始终保持“本领恐慌”的自省，紧跟形势发展变化的步伐，加强学习、善于学习，为全市党员干部在学习上带好头、作表率，以此积聚推动组织工作“争先进位、创新发展”的正能量。至年底，开讲“秦邮组工讲堂”3 期，参加学习辅导 520 余人次。（尤组）

【党员情况】 至 2013 年底，全市党员45 049人，比 2012 年年底增加 783 人，其中预备党员1 129人。在新增的党员中，新发展 624 人（女党员 225 人，35 岁及以下 329 人），党组织关系转入1 200人。减少党员1 060人。在减少的党员中，死亡 420 人，出党 37 人（取消预备资格 2 人，开除党籍 35 人），党组织关系转出 603 人。（尤组）

表 47　2013 年度高邮市共产党员情况统计表

类别	项目		人数（人）
党员总数	合计		45 049
	其中	男	37 655
		女	7 394
		正式党员	43 920
		预备党员	1 129
年龄	35 岁及以下		6 868
	36 岁～45 岁		7 735
	46 岁～59 岁		14 064
	60 岁及以上		16 382
学历	初中及以下		20 781
	高中		9 241
	中专		3 609
	大学本、专科		11 248
	研究生		170
职业分布	公务员（含参照公务员法管理的机关工作人员）		3 184
	事业单位管理人员、专业技术人员（含参照公务员法管理的事业单位工作人员）		4 681
	工人（营业员、服务员）		3 544
	企业单位管理人员、专业技术人员		4 126
	民办非企业单位管理人员、专业技术人员		422
	农牧渔民		17 134
	在读学生		—
	离退休人员		6 453
	其他职业人员（含社区居委会居民、未就业的退伍军人、大中专毕业生）		5 505

（尤组）

【全市党组织设置】 2013年，全市共有党组30个、工委6个、政府工作部门党委5个；党的基层组织2 753个，其中基层党委27个（乡镇党委12个、企业党委10个、机关事业党委3个、其他党委2个）、党总支266个（含村党总支176个、社区党总支28个）、党支部2 461个（含村辖党支部559个）。（尤组）

【组织信息和调研宣传工作】 2013年，市委组织部被扬州市级以上媒体采用信息宣传稿件138篇（条），其中被《中国组织人事报》采用8篇（条），被《党的生活》等省级媒体采用22篇（条）。按照年度组工调研工作意见要求，组织开展“弘扬组工文化、打造模范部门”征文研讨活动。获扬州组织系统2013年度调研宣传工作一等奖。（尤组）

老干部工作

【离退休干部思想政治建设】 4月2日，市委组织部、市委老干部局出台《关于进一步加强离退休干部思想政治建设工作的意见》，从抓好政治理论学习、发挥积极作用、落实各项待遇、满足精神文化需求、提升工作水平等方面，对做好离退休干部政治思想工作提出明确要求。（高明）

【老干部情况通报会】 8月6日、9月3日，市委两次召开老干部情况通报会。会上，市委主要负责人向市委、市人大常委会、市政府、市政协的原领导班子成员通报全市经济社会发展情况以及乡镇区划调整工作，并征求老干部们对高邮发展的意见和建议。（高明）

【组织离退休干部学习】 2013年，市委老干部局坚持把每月20日作为离退休干部的集中学习日，重点组织离退休干部学习中央和省、市委的有关文件，学习传达上级有关会议精神，并及时向离退休干部通报市委、市政府的重大决策部署。（高明）

【走访慰问老干部】 2013年春节前，市委组织部、市委老干部局、市人社局受市委、市政府委托慰问全市离退休干部、生病住院老干部及部分老干部遗属。2月5日，市委主要负责人登门看望慰问市四套班子正职老领导；2月7日，市委分管负责人登门看望慰问市四套班子副职老领导。7月15日和7月22日，市委老干部局开展“夏季送清凉”活动，分别看望慰问市四套班子老领导和生病住院离退休干部。重阳节前夕，市委老干部局受市委、市政府委托看望慰问市四套班子老领导。（高明）

【参观考察】 8月6日，市委组织市四套班子老领导参观波司登国际广场、航天水力、秦邮特钢等重大项目建设现场和城市规划展览馆，让老领导感受全市改革开放和现代化建设取得的成果。（高明）

【提高离休干部护理费标准】 8月20日，市委组织部、市委老干部局、市财政局、市人社局联合下发《关于转发扬州市〈关于调整离休干部护理费标准的通知〉的通知》，规定从2013年7月起，调整全市离休干部护理费标准，其中抗日战争离休干部护理费每人每月调整到1 300元，解放战争离休干部护理费每人每月调整到1 200元。（高明）

【召开首次全市离退休干部工作会议】 10月12日举行。会议的主要任务是，深入学习贯彻党的十八大精神和全国、全省老干部局长会议精神，表彰先进，部署下阶段工作任务。市委分管负责人，各乡镇、园区和各有关部门分管负责人，受表彰的离退休干部代表等参加会议。

会议由市委常委、组织部部长孙建年主持，市委副书记金春林作讲话。会议表彰一批在全市离退休老干部和老干部工作者“五星”评选活动中涌现出的先进集体和先进个人，邀请扬州市委老干部局综合处处长翁广琪作题为《新时期老干部工作的新特点、新举措、新思路》的业务讲座。（高明）

【“离退休老干部牵手大学生村官”主题实践活动】 2013年，市委老干部局继续开展“离退休老干部牵手大学生村官”主题实践活动。5月28日，市委老干部局与扬州市委老干部局联合举办“神居山笔会”书画义卖活动，将义卖所获款项20万元资助给天山镇大学生村官开展贫困留守儿童工作。10月25日，市委老干部局承办扬州市“五老”结对帮扶大学生村官调研座谈会。11月20日，市关工委、市委老干部局组织大学生村官代表参加扬州市“五老”结对帮扶大学生村官创业座谈交流会。（高明）

【“中华诗词之乡”创建工作】 2013年，市委老干部局按照《高邮市深化创建“中华诗词之乡”活动方案》要求，组织动员广大离退休干部创作诗词作品，开展“中华诗词之乡”创建活动。推进该局机关“诗词进机关”示范点建设，精心设计“古代诗人咏高邮”橱窗、宣传戗牌、老干部诗词书画展以及机关各活动室的书画环境，认真准备各项基础资料台账。9月10日和9月26日，该局创建工作分别通过扬州市和省检查组的评比验收。（高明）

【老干部文体活动】 2月27日，市委老干部局举办“庆新春离休干部麻将交流活动”。10月11日，市委老干部局、市人社局联合举办“重阳节离退休干部麻将掼蛋比赛”。10月13日，市委老干部局、市人社局、市民政局、市体育局、市总工会联合举办“上方杯”老干部门球赛。10月18日，市委老干部局组织离退休干部赴邗江区参加扬州市离退休干部象棋比赛。（高明）

【“我的中国梦”诗词书画摄影活动】 5月，按照中组部《关于在离退休干部中开展“同心共筑中国梦”

活动的通知》要求，市委组织部、市委宣传部、市委老干部局、市人社局联合举办“我的中国梦”诗词书画摄影活动，鼓励全市离退休干部用诗词、书画和镜头讲述自己的“中国梦”，表达自己的爱国之心、强国之愿，展示自己老有所学、老有所乐、老有所为的精神风貌。活动期间，共收到诗词、书画和摄影各类作品近百件。（高明）

纪检监察工作

【市纪委十届三次全体会议】 2月17日举行。会议的主要任务是，总结2012年工作，部署2013年工作任务。会上，市委书记韩方作讲话，市委常委、市纪委书记朱勇作题为《下大气力改进作风，深入推进反腐倡廉，为在更高水平小康社会建设中率先崛起提供坚强保证》的工作报告。会议要求，全市各级党政组织和广大党员干部要进一步坚定信心，振奋精神，开拓创新，狠抓落实，不断取得反腐倡廉建设新成效，为推动高邮在更高水平小康社会建设中率先崛起作出新的更大贡献。（王存山 陈磊）

【违纪违法案件查处】 4月，市纪委、市监察局印发《2013年全市纪检监察组织查办案件工作意见》，就全市违纪违法案件查处工作进行部署和落实。至年底，全市纪检监察组织共立案查处违纪违法案件133件，累计挽回直接经济损失近800万元。在立案查处的案件中，涉及乡科级干部7人。（王存山 陈磊）

【信访举报工作】 2013年，市纪委、市监察局认真加强纪检监察信访维稳工作，构建来信、来访、网络、电话、短信“五位一体”信访举报受理平台。3月，市纪委、市监察局被省纪委、省监察厅表彰为全省纪检监察信访举报工作先进单位。4月，市纪委、市监察局开通QQ远程视频接访。5月，扬州市纪检监察信访举报工作座谈会在高邮召开。7月，市纪委、市监察局被确定为全省纪检监察信访举报工作联系点。继续发挥信访监督作用，完善“函、卡、会、谈”等方式，全年实施信访监督20人次，为举报失实的党员干部6人澄清事实。至年底，市纪委、市监察局共受理群众各类信访举报281件次，其中属纪检监察范围的254件次，占90%。（王存山 陈磊）

【贯彻中央八项规定精神】 2013年，市纪委建立党委、政府与纪委联动督查机制，突出元旦、春节、中秋、国庆等重点时段的作风建设情况专项督查；加大执纪问责力度，狠刹公款宴请、赠送节礼和违规消费等不正之风，严厉制止奢侈浪费行为，切实把中央八项规定精神落到实处。与上年相比，全市党政机关因公出国（境）、公务接待、公车购置及运行、会议活动等“四项费用”，分别下降50.7%、25.2%、11.2%、25.7%。在全市纪检监察系统和全市党员领导干部中，认真开展会员卡专项清退活动，全市共有68家部门单位的300名纪检监察干部及96家部门单位的820名党员领导干部作出“零持有、零报告”。全年开展明察暗访20多轮次，实施问责追究和效能告诫50余人次，对25辆公车使用情况发出《质询函》。（王存山 陈磊）

【执法监察和效能监察】 1月，市纪委、市监察局制定《关于对民生一号文件贯彻落实情况和重大项目建设、城建“双十”工程推进情况开展监督检查的实施办法》，进一步明确对市委、市政府重大决策部署落实情况的监督检查重点。7月，市纪委、市监察局印发《规范基层行政执法专项行动工作方案》《关于开展执法队伍和重点科室作风建设考评活动的实施意见》《优化发展环境服务品牌、服务标兵评选实施意见》，着力规范行政执法行为，加强执法队伍监督管理。同时，还对城乡综合环境整治、工程建设招投标、安全生产、政府采购等开展专项效能督查。（王存山 陈磊）

【“三直接”操作规范】 8月，围绕贯彻落实市委、市政府出台的《“三直接”若干环节操作规范》，市纪委、市监察局会同有关部门制定《关于进一步加强建设工程招标标前标后监督管理的若干规定》《关于进一步加强物业服务监管的工作意见》《关于进一步加强政府采购监督管理的意见》《关于工程建设领域招标投标监督规范》等四项配套制度。同时，将操作规范、实施意见、流程图和组织网络等汇编成《简明工作手册》，邀请专人将15个环节操作规范绘制成漫画集，通过《高邮日报》等形式面向社会广泛宣传。9月，制定《〈“三直接”若干环节操作规范〉贯彻落实实施办法》，将“三直接”监督检查工作列为纪检监察重要工作事项。（王存山 陈磊）

【党风廉政建设】 年初，明确市华兴石油机械制造有限公司等10家单位为非公企业党的纪律监督工作联系点，并于4月遴选2名联系点的纪委书记参加省纪委举办的百名非公企业纪委书记研讨班。2月，市纪委、市监察局组织市级机关和乡镇园区共98家单位与市委签订2013年度党风廉政建设责任书。3月，会同市委组织部等部门，先后对70家单位领导班子及其571名乡科级干部开展年度“述廉”考评，对5个单位的14名领导干部实施廉政预警。7月，制定《2013年“清风惠农”四项行动计划》。推进农村基层党风廉政建设，确定高邮镇高谢村等22个行政村为全市基层党风廉政建设示范村。推进党务公开标准化建设工作，全年新建成高邮市级党务公开示范点42家、扬州市级党务公开示范点13家；高邮镇武安社区被评为江苏省党的

基层组织党务公开示范点。 （王存山 陈磊）

【纠风治乱工作】 4月，市纠风办下发《关于开展民主评议政风行风“回头看”工作的通知》。5月，启动政风行风热线与“清风高邮”论坛和微博现场联动。从6月份开始，对市发改委、市经信委、市科技局、市财政局、市人社局等12家部门及其基层站（所、队）、服务窗口等政风行风建设情况，进行公开评议。9月，专题调研农民“一折通”的管理和补贴资金发放工作。11月，组织14个乡镇（园区）近2 000名群众民主评议28个部门所属基层站所。是年，菱塘回族乡广电站被表彰为江苏省群众满意基层站所示范单位。全年“政风行风热线”栏目共播出89期，接听热线电话1 008个，其中咨询类电话931个，投诉、求助电话77个，办结率100%。

（王存山 陈磊）

【反腐倡廉宣传和警示教育】 4月，省纪委“清风扬帆”制作组到高邮实地采拍廉政宣传教育专题片。7月，扬州市电视台到高邮采拍全市效能监察服务民生专题片。5月、12月，在全市纪检监察系统开展“5•10”“12•9”党风廉政教育系列活动。12月，制作机关作风效能建设明察暗访录像片和典型案例警示教育片，并在2014年度全市机关作风建设大会、市纪委十届四次全会上公开播放，对党员干部进行勤政廉政警示教育。 （王存山 陈磊）

【重要工作事项督察】 7月，市纪委、市监察局依据《高邮市重大突发公共事件处置工作问责办法（试行）》，组织开展龙卷风风灾救灾工作督察，对救灾工作中有令不行、有禁不止，失位缺位，造成不良影响和后果的党员干部，严格追究问责。9月，围绕贯彻市委、市政府出台的《关于在行政区划调整过程中严明有关纪律的通知》，市纪委、市监察局加强对行政区划调整各项政策和纪律执行情况的监督检查。10月，市纪委、市监察局印发《关于进一步严肃纪律、保障全市新建镇人大、政府选举秩序的通知》，严明选举纪律。 （王存山 陈磊）

【“学习勤廉典型人物吴登云”主题教育活动】 5～11月，市纪委、市监察局利用吴登云事迹展览馆建成并对外开放的机会，在全市组织开展“学习勤廉典型人物吴登云”主题教育活动。期间，累计有153个部门单位、10 449人次参观吴登云事迹展览馆，并积极开展廉政宣誓、廉政承诺等相关活动。

（王存山 陈磊）

【开门办纪检】 3月，市纪委、市监察局按照开门倡廉、开门信访、开门办案、开门纳谏、开门监督、开门调研等开门办纪检工作思路，印发《2013年全市纪检监察工作要点》，明确40个“开门办纪检”重点推进项目；印发《2013年全市反腐倡廉制度建设计划和纪检监察“开门调研”重点课题》通知。4月，举办党员干部禁止酒驾主题座谈会，并进行全程网络直播。5月，举行“手机在你身边、纪委就在你身边”广场咨询活动，现场发放宣传资料300余份、接受群众咨询20余人次。 （王存山 陈磊）

【新媒体平台建设】 1月，“清风高邮”政务微博获评2012年度腾讯江苏十大政务微博，连续两年跻身腾讯江苏政务微博十强。3月，成立全国首家纪检监察公共关系中心。5月，新开通省内首家、全国第二家纪检监察政务微信，全面建成以微博、微信、论坛、QQ群等四大网络应用为一体的“清风高邮”新媒体综合平台。 （王存山 陈磊）

【纪检监察工作创新奖】 2月，扬州市纪委、监察局公布两年一度的全市纪检监察工作创新奖评选结果，高邮市纪委、监察局报送的“开门办纪检”工作，在扬州市各县（市、区）中获唯一一等奖。11月，市纪委、市监察局组织开展全市纪检监察工作创新奖评选活动，有15项创新成果受表彰，其中一等奖3个、二等奖3个、三等奖4个、优秀奖5个。

（王存山 陈磊）

【“勤政廉洁·幸福从政”主题系列活动】 10月，市纪委、市监察局将廉政文化与本地特色邮文化有机融合，在各部门单位和社会集邮爱好者中广泛征集反映勤政廉洁、幸福从政内容的邮品，制作主题廉政邮集49框，并安排在第六届中国邮文化节期间隆重展出。11月，该邮集参加扬州市廉政文化展示馆巡展，参观人数500多人次。制作《勤政廉洁·幸福从政》主题邮集，编写《勤政廉洁·幸福从政》读本，并发放给全市副科级以上党员干部，以文化的力量推进反腐倡廉工作创新。

（王存山 陈磊）

【中纪委监察部监察专员到高邮调研】 5月15日，中纪委监察部驻农业部监察局监察专员姜平一行到高邮调研农村廉政文化建设情况。期间，姜平一行先后赴吴登云事迹展览馆、金柳廉政文化广场、大营村等进行实地调研。 （王存山 陈磊）

【反腐倡廉理论征文获中纪委“三等奖”】 12月，全国纪检监察机关“坚决反对腐败，建设廉洁政治”反腐倡廉理论征文评比结果揭晓，由市纪委、市监察局撰写的《浅论廉洁文化社会渗透体系的构建》一文获“三等奖”。 （王存山 陈磊）

【重点调研成果】 12月，市纪委、市监察局选送的《廉洁政治建设视野下的纪检监察公共关系研究》（该文亦获扬州市第五届哲学社会科学年会论文一等奖）一文，获2013年度扬州市纪检监察重点调研成果县市区唯一一等奖，《在中小学课堂教学中渗透廉洁教育的实践与思考》和《高邮市农村党风廉政大监督网建设实践与思考》分获三等奖和优秀奖。

（王存山 陈磊）

【反腐倡廉工作情况通报会】 3月，全市召开反腐倡廉情况通报会。会上，市纪委负责人向党外人士通报2012年全市党风廉政建设和反腐败工作情况，听取与会党外人士就加强监督检查、开展警示教育、作风效能建设等方面提出的意见和建议。

（王存山　陈磊）

【纪检监察学会工作】 5月，市纪检监察学会申报的《纪检监察公共关系研究》和《廉洁文化社会渗透体系建设研究》课题，被扬州市社科联确定为"2013年度社科研究课题立项项目"。9月，组织申报的"吴登云事迹展览馆"，获评为"扬州市哲学社会科学普及示范基地"；组织申报的《纪检监察公共关系研究》课题，被省社科联确定为2013年度江苏省社科研究（文化精品）重点课题，为高邮市首次获得省社科联重点课题资助立项。（王存山　陈磊）

宣传思想工作

【全市宣传思想工作会议】 2月17日召开。会议的主要任务是，总结2012年度全市宣传思想工作，部署2013年度工作任务。市委常委、宣传部部长张秋红到会并讲话。会议通报全市宣传文化系统受扬州市级以上表彰情况，表彰2012年度全市宣传思想工作16个先进集体和16名先进个人，通报表彰12家单位的创新项目和10篇优秀论文。12家单位的创新项目为：市纪委办公室、干教室的《纪检监察"三网一群"信息化平台建设》，市级机关工委的《开展"我最喜爱的一本好书"读书交流活动》，市社科联的《建立乡镇社科工作站》，高邮工商局的《开通"珠湖电子书苑"构建网上学习新平台》，扬州住房公积金管理中心高邮分中心的《〈住房公积金圆您住房梦〉漫画宣传册》，市供电公司的《创建"邮益思"品牌，深入推进学习型党组织建设》，菱塘回族乡党委的《四课兼修抓学习、创新思路促发展》，郭集镇党委的《扩大名人效应、提高道德水准》，卸甲镇党委的《村村建设文明一条路》，横泾镇党委的《创新载体、务求实效，推进冬训本土化、大众化和科学化》，龙虬镇党委的《实施书屋飘香工程、大力提升全民素质》，天山镇党委的《构建大载体、推动大宣传》；10篇优秀论文为：凌生平撰写的《培育崇文使者播种乡村文化》，乔根美撰写的《密切党群关系、书写和谐篇章》，居红英、李生林撰写的《马克思主义大众化的实践与思考》，何瑞山撰写的《学习迎来"破茧"之变》，费承娟撰写的《互动式"周末课堂"的思考建议》，王业星撰写的《传承文脉、以文兴镇，打造形神兼备的历史文化名镇》，吴冬云撰写的《司徒镇近年来未成年人思想道德建设基本情况调查报告》，黄栋甫撰写的《对人民警察树立核心价值观的实践与思考》，路荣山、仇慧撰写的《开发"邮都名人"资源、促进文化产业发展》，朱晓峰撰写的《超前应对突发事件、建设幸福和谐乡村》。（韩瑛）

【党的十八届三中全会精神宣讲报告会】 12月3日，市委在市行政中心的会议中心举行党的十八届三中全会精神宣讲报告会，邀请省委宣讲团成员、省委农工办主任诸纪录到高邮作宣讲报告。市委、市人大常委会、市政府、市政协的负责人，市级机关部门的党员干部参加报告会。（韩瑛）

【"江苏省诗词之乡"创建工作】 4月3日，召开创建"江苏省诗词之乡"领导小组会议。会上，市创建"江苏省诗词之乡"领导小组办公室负责人详细解读创建工作的实施方案、实施细则以及重点工作任务分解表；市创建"江苏省诗词之乡"领导小组各职能单位相关负责人分别就创建实施方案、实施细则等交流各自的意见和建议。4月12日，召开创建"江苏省诗词之乡"工作推进大会。会上，界首镇、临泽镇川青小学和北海社区分别作经验交流；市创建"江苏省诗词之乡"领导小组办公室主要负责人作表态发言。9月10日，扬州市诗词协会会长赵昌智率组到高邮，检查指导全市创建江苏省"诗词之乡"工作。在听取汇报和查看相关台账资料后，赵昌智高度评价高邮的创建工作，认为高邮市各层各级高度重视，抓得实在，宣传有力，深入人心，成效明显；诗教与高邮经济、文化、生产生活等紧密结合，极具特色。同时希望全市在继续抓好诗词诵读和传诵的基础上，着力抓好诗词的创作，进一步强化各种特色活动与创建工作的有机结合，不断推进和整合不同区域之间各种创建活动，争取早日创成江苏省"诗词之乡"。9月11日，创建"江苏省诗词之乡"工作领导小组召开迎检工作部署会议。会上，市委常委、宣传部部长张秋红要求，要进一步明确目标，查漏补缺，把握细节，全力以赴做好迎检工作，确保创建成功。9月26～28日，省诗词协会副会长季世昌、秘书长王海清等率检查组来高邮检查验收创建工作。在听取工作汇报、看专题片、实地考察后，检查组认为高邮的创建工作基本符合省"诗词之乡"创建标准，同意高邮的创建工作通过验收。10月18日，在第九届中国邮文化节开幕式上，江苏省诗词协会会长凌启鸿向高邮市授予"江苏省诗词之乡"奖牌。

（韩瑛）

【"弘邮杯"征文大赛】 10月18日，为进一步挖掘邮文化资源，丰富邮文化内涵，打造特色品牌，建设邮都名城，由江苏省作家协会、高邮市人民政府联合主办，雨花杂志社、江苏省报纸副刊编辑协会、高邮市委宣传部、高邮市文联承办的"弘邮杯"书信体散文征文大赛评审结果，在第六届中国邮文化节开幕式上揭晓，并由江苏省作家协会党组书记、主席范小青宣读征文大赛获奖名单。此次征文大赛从5月26日在南京举办由《新华日报》《现代快报》《扬子晚报》《南京日报》和江苏卫视等省内近20家有影响力的新闻媒体参加的新闻发布会起，到9月18日结束，共历时100天；主题为“我与高邮”“我与邮”；分成人组和学生组进行，各组奖项设置均为一等奖3名、二等奖6名、三等奖12名、纪念奖若干名；征文要求主题鲜明、内容健康，不超过2 000字且为书信体格式；共有600多人报名参赛。经过评审，成人组《大漠邮路驼铃声》《与仲文吾兄书》《与驿客书》等3篇作品获一等奖，学生组《一封吃货的家书》《我与邮》《月是故乡明》等3篇作品获一等奖。（韩瑛）

【“周末课堂”专题讲座】 2013年，市委宣传部继续牵头组织相关单位办好“周末课堂”，先后邀请省内领导、专家、学者和市内相关部门负责人，作《创新行政管理方式，加强服务型政府建设》《提升文化软实力，增强发展竞争力》《人才与创新发展》《质量和名牌》《法治建设：时代命题与基层实践》等专题讲座9期，累计129期。（韩瑛）

【“周末大舞台”广场文艺演出活动】 2013年，市委宣传部会同市文广新局、市城管局等单位在蝶园市民广场继续举办“周末大舞台”广场文艺演出活动，先后举办“周末大舞台”春节首场文艺演出、法治专场文艺演出、学习雷锋志愿服务专场文艺演出、庆祝建军86周年专场文艺演出等。（韩瑛）

【“秦邮文化讲坛”专题讲座】 2013年，市委宣传部会同多家单位，继续面向全市宣传文化系统的党员干部办好“秦邮文化讲坛”，先后举办《做一个讲文明、有道德的人》《集邮与邮集》《国士无双秦少游》等专题文化讲座12期，累计75期。（韩瑛）

【农村党员冬训工作】 12月初，市委宣传部制定《“结对共训、城乡同学，构建大冬训工作格局”活动方案》，规定此次“结对共训”的对象为28个市级机关单位与14个乡镇（园区），具体分为三个层次进行，即机关单位党委（党组、总支）与乡镇（园区）党委（工委）结对，机关单位党组织成员与结对乡镇（园区）的行政村、企业党组织结对，机关单位党员与结对行政村（社区）贫困户党员结对；同时规定没有参加结对共训的市级机关单位党组织也要制定党员干部冬训活动方案和实施意见，在规定时间内同步开展冬季学习活动。12月20日，全市党员干部冬训试点暨动员部署会议在三垛镇召开。会议由市人大常委会副主任、三垛镇党委书记孙明如主持，市委副书记金春林作动员讲话，市委常委、宣传部部长张秋红对冬训工作方案进行解读。会上，金春林以“学习宣传贯彻党的十八届三中全会精神”为主题作首场宣讲；三垛镇、市供电公司、市广电台相关负责人作表态发言；市新华书店向三垛镇少游文化中心赠送一批书籍。动员会后，与会人员还聆听由扬州大学商学院教授徐金海主讲的有关农村文化建设方面的专题讲座，并观看冬训文艺演出。12月下旬，全市冬训工作全面展开。（韩瑛）

【举办“邮人看邮城”活动】 4月28日，市文明办组织开展“美丽邮城，你我共享”邮人看邮城活动。活动期间，来自全市各条战线的社区居民群众代表、社区党员干部代表、大学生村官代表、文明新风户代表以及邮城“新市民”代表等200多人先后乘车参观净土寺塔广场、高邮城南经济新区智慧大厦、S237新建工程高邮段、高邮市电池工业园、北关河风光带以及世贸广场项目建设等现场，让大家切身感受到近年来全市经济社会各个领域发生的巨大变化。（夏斌 戴俊芳）

【“时代的背影”老照片展览】 10月19日，市委宣传部、市文联、市文物局在盂城驿联合举办“时代的背影”老照片展览。此次参展的老照片均由张元奇提供，共展出老照片122幅，展现20世纪50年代至80年代高邮政治、经济、社会、生活等场景。（韩瑛 胡金雁）

资料链接 张元奇，1936年4月出生，江苏高邮人，工艺美术师，高邮市老干部局退休干部。现为中国摄影家协会会员，中国长城学会会员、中国环境摄影协会会员、江苏省老年摄影学会名誉理事、扬州市摄影家协会艺术顾问、高邮市文联顾问、高邮市摄影家协会顾问。20世纪50年代曾在地方报社从事摄影工作，从影至今60年，有数千幅作品在全国影展、上海国际影展、江苏省影展以及在美国、加拿大、罗马尼亚、日本、韩国、新加坡等国际国内发表、入选、获奖，出版摄影作品集多部。2007年，香港艺术摄影协会、当代艺术杂志社、香港人民艺术出版社授予其“金紫荆奖当代优秀摄影艺术家”称号。2008年3月，荣获高邮市政府首届文化界最高荣誉奖“秦少游文化奖章”。他的作品“歌颂祖国，赞美家乡”荣获2011年“寿星杯”全国老年摄影大赛摄影作品展金奖。2014年，文汇出版社出版《“时代的背影”张元奇从影60年老照片汇集》。（胡金雁）

【首届赞化杯“我的老师”全球华文散文大赛颁奖仪式】 4月20日，首届赞化杯“我的老师”全球华文散文大赛颁奖典礼在市赞化学校举行。中国作家协会副主席、全国军事文学创作委员会主任李存葆，江苏省作家协会主席、党组书记范小青，《光明日报》文艺部主任彭程以及高邮市领导韩方、倪文才、张秋红、薛晓寒、钱富强、张贵龙等出席颁奖典礼并为获奖者颁奖。（韩瑛）

【2014年新年音乐会】 12月31日，由市委、市政

府主办，市委宣传部、市文广新局承办的高邮市2014年新年音乐会在大剧院举行。音乐会上，安徽省交响乐团演奏的《春节序曲》《蓝色多瑙河》《高邮随想曲》等乐曲，受到观众热烈欢迎。（韩瑛）

【纪念毛泽东诞辰120周年经典报纸展览】 12月18日，由市委宣传部、市文广新局、市档案局、市委机要保密局、市民间文艺家协会及长城证券高邮营业部共同举办的"纪念毛泽东诞辰120周年经典报纸展览"在市行政中心举行。此次展览分为"毛主席的伟大形象""毛主席的书法艺术""毛主席的重要文章"等5个部分，展品由市民间文艺家协会理事朱军华提供，共展出经典报纸250份，其中展出时间最早的报纸为民国17年（1928年）的《新晨报》，该报纸报道"朱德、毛泽东创建井冈山革命根根地"的信息。（韩瑛）

【好莱坞摄制组到高邮拍摄自然风光和历史人文场景】 4月2～3日，好莱坞L&D传媒集团摄制组一行11人专程到高邮，先后摄取魁星阁、盂城驿、镇国寺塔、高邮湖风光、东湖湿地公园、龙虬庄遗址等场景，为拍摄"扬州形象"大型纪录片取景。（韩瑛）

【开展"萤火虫行动"】 2013年，市文明办以心理关爱为重点，积极整合社会资源，在全市城乡广泛开展旨在关爱未成年人心理健康的"萤火虫行动"，尤其是关爱留守儿童、流动儿童、孤残儿童、特困家庭儿童等未成年人特殊群体的心理健康。2月27日，79名心理服务志愿者应聘为"萤火虫行动"指导老师，结对46所学校的387名重点对象，开展心理健康知识集中宣讲、团体辅导、个体咨询等志愿服务活动。4月18日，扬州市心理健康宣讲启动仪式在高邮市举行，同时心理服务志愿者培训班正式开班。"六一"前夕，组织部分成长指导老师到乡镇小学慰问结对留守儿童，并开展丰富有趣的团体辅导活动。9月，市文明办、教育局联合开展全市未成年人心理健康宣传月活动，面向全市未成年人开展心理健康教育系列活动。（夏斌 戴俊芳）

【一批集体、个人和创新项目受表彰】 2013年，高邮市荣获"江苏省诗词之乡"称号；市社科联"社科工作站"先后获评省社科联社科普及创新奖、省委宣传部"马克思主义大众化"创新案例；市新闻信息中心被表彰为江苏省县市新闻中心先进集体；市广电台网络运维部被表彰为2012年度全省广播监测网技术维护工作先进集体；市广电网络公司团支部表彰为江苏省五四红旗团支部；市国税局第二税务分局、第三税务分局、第六税务分局，市地税局及第一税务分局、第四税务分局、第七税务分局，高邮工商局及送桥分局，市供电公司、龙虬供电所，市邮政局、高邮质监局、市财政局、市食药品监督局、市公路管理站、市烟草专卖局、市人民检察院、市国土局、市人口计生委、高邮中学、中国电信股份有限公司高邮分公司、市妇幼保健所、运东船闸管理所获评"2010～2012年度江苏省文明单位"称号；菱塘回族乡、卸甲镇、高邮镇、郭集镇获评"2010～2012年度江苏省文明乡镇"称号；界首镇、三垛镇、临泽镇、菱塘回族乡获评"江苏省诗词之乡"称号；八桥镇金港村、天山镇肖祠村、车逻镇太丰村、卸甲镇花阳村、汤庄镇汤庄村、高邮镇黄渡村获评"2010～2012年度江苏省文明村"称号；高邮镇琵琶社区被表彰为2010～2012年度江苏省文明社区；菱塘回族乡菱塘村被表彰为第二届江苏省最美乡村；市文物局（行政处罚案件）获评江浙沪文物行政处罚十大精品案例、江苏省文物法治实践十佳案例；黄平获评省新闻出版政府奖优秀新闻出版人物奖；陈扬被表彰为江苏省广播电视系统先进工作者；殷朝刚、郭玉梅、陆业斌被表彰为江苏省县市新闻中心先进个人；市委宣传部撰写的《"结对共训，城乡同学"冬训活动》获2013年度扬州市宣传思想文化工作创新奖；周忠祥、张一、唐以军、徐生汇、冯国庆被表彰为2013年度扬州市宣传思想文化工作先进个人；市广电台总工办、网络运维部被表彰为2013年度扬州市广播电视安全播出工作先进集体；市广电台广播节目中心获评2011～2012年度"扬州市巾帼文明岗"称号；市国税局、市地税局、市科协、市电影公司被表彰为2013年度扬州市文化科技卫生"三下乡"活动先进集体；郑善武、龚磊、闵安红、陈晖被表彰为2013年度扬州市文化科技卫生"三下乡"活动先进个人；高邮镇、三垛镇被表彰为2013年度扬州市创建无"小耳朵"先进乡镇（街道）；市图书馆获评2013年度扬州市红领巾读书征文优秀组织奖；龙虬镇遗址文化公园、文游台景区、吴登云事迹展览馆被认定为扬州市爱国主义教育基地；周同（书法）获评2013年"迎新春——共绘世界名城画卷"群众书画篆刻大赛一等奖、扬州市"后勤文化杯"机关书画篆刻创作展览活动一等奖；张剑、陈志勇、周敏被表彰为2013年度扬州市广播电视安全播出先进个人。（韩瑛）

统战工作

【农工民主党高邮市支部委员会成立】 8月4日上午，中国农工民主党高邮市支部委员会成立，共有成员9人，分别来自医疗、教育和环保等行业。市中医医院副院长徐尔山当选为农工民主党高邮市支部委员会主委，明昌岗、盛伟武当选为农工民主党高邮市支部委员会副主委。扬州市政协副主席、农工民主党扬州市委主委朱妍到会祝贺；市委书记韩方出席会议并讲话，市政协主席倪文才、市委副书记金春林共同为农工民主党高邮市支部委员会揭牌，市政协副主席、民建高邮支部副主委张拥军致贺词。（金林）

【打造菱塘“同心”思想实践示范基地】 2013年，市委统战部认真贯彻中共中央关于“思想上同心同德、目标上同心同向、行动上同心同行”的要求，结合菱塘回族乡是全省唯一的少数民族乡实际，在深入调研的基础上，提出开展“三问三联三帮三促”活动（问问我为菱塘发展能做什么、做了什么、起了什么作用；联系企业、联系少数民族贫困家庭和贫困学生；帮企业解决难题、帮菱塘争取项目、帮贫困家庭发展致富；促回汉同胞关系更加融洽，促菱塘发展更加稳定，促“同心”思想更加深入人心），打造菱塘“同心”思想实践基地的工作思路，并以市委办公室文件出台《关于开展“三问三联三帮三促”活动，打造菱塘“同心”思想实践基地的实施意见》，明确46个市级机关部门分别挂联该市46家重点企业，83个市级机关部门分别挂联52个少数民族贫困户和31名贫困学生，相关市级机关“对号入座”挂联菱塘回族乡的部分经济社会发展及民生工程项目，并在市级机关中发起凝聚统战力量、汇集统战智慧、集聚统战资源，共同打造菱塘“同心”思想实践示范基地的统一行动，有效发挥统战工作对经济社会发展的促进作用。（金林）

【党外代表人士工作】 3月19日、8月5日，市委先后2次召开党外人士情况通报座谈会，分别就全市党风廉政建设和反腐败工作情况、市委十届六次全会精神等进行通报协商和学习座谈，听取意见和建议。市委统战部将党外人士就加大反腐倡廉力度、提高明察暗访工作实效、扩大警示教育的宣传范围、推进重大项目的效能监察、文化产业发展、基层医疗卫生、生态环境建设、体育场所布局、知识产权保护和招商引资工作等方面提出的意见和建议，进行及时整理并上报市委、市政府，供决策参考。（金林）

【党外干部队伍建设】 2013年，市委加大与党外代表人士联谊交友力度，将市党政领导班子成员与党外代表人士联谊交友工作纳入“2013年度市领导挂钩联系工作考核”内容；重视党外人士实职安排，全年新提拔正科职和副科职党外干部各1人，副科级以上党外干部累计有34人。（金林）

【发展光彩事业】 2013年，市委统战部注重在非公有制经济人士中倡导光彩精神，引导更多有识之士投身光彩事业。全年共募集光彩事业基金292.8万元，其中市本级97.4万元；共使用光彩事业基金96万元，实施光彩事业项目26项。在实施的项目中，重点支持改善环境、扶贫济困、捐资助学、新农村建设等。（金林）

【非公有制经济代表人士综合评价工作】 10月，市委统战部按照中央统战部《关于进一步做好非公有制经济代表人士综合评价工作有关问题的通知》要求，牵头组织市人大办、市政协办、市人民法院、市公安局、市监察局、市人社局、市国税局、市地税局、高邮工商局、市环保局、市安监局、市人口计生委、市总工会、市工商联等部门，对全市非公有制经济代表人士开展综合评价工作，以进一步加强全市非公有制经济代表人士队伍建设，促进非公有制经济的健康发展和非公有制经济代表人士的健康成长。（金林）

资料链接 非公有制经济代表人士综合评价工作是新世纪新阶段经济领域统战工作的一项基础性和开创性工作，从研究确定年度综合评价对象开始，经过入口关、程序关和公平公正关以后，一直到综合评价成果的应用，已经形成一套比较成熟的长效机制，从而确保综合评价工作的质量，实现综合评价成果运用的最大化。该综合评价工作具有四个方面的重要作用，即有利于调动非公有制经济代表人士的积极性，有利于优化非公有制经济代表人士的成长环境，有利于加强非公有制经济代表人士的教育、帮助和引导工作，为各级人大、政协、工商联换届做好充足的人才准备。（金林）

【全市统战干部培训班】 12月10～11日举行，乡镇（园区）、市级机关部门统战工作分管负责人、统战干部和部分党外代表人士参加。培训内容为高邮市传统文化、十八届三中全会精神和基层统战工作等。开班动员会由市政协副主席、市委统战部部长张贵龙主持，市委副书记金春林作动员讲话。市政协主席倪文才出席开班动员会议，并给参训人员开讲题为“高邮市传统文化”的第一课。（金林）

【统战宣传、信息和创新工作受表彰】 2013年，市委统战部认真抓好宣传、信息和创新工作，取得优异成绩，受到省和扬州市统战系统的表彰奖励。其中：统战信息工作被省委统战部表彰为先进基层单位；统战宣传、信息和创新工作均被扬州市委统战部表彰为一等奖，居永平被表彰为扬州市统战宣传工作先进个人，金林被表彰为扬州市统战信息工作先进个人。（金林）

市委党校工作

【概况】 2013年，市委党校紧紧围绕市委、市政府中心工作，贯彻落实市委《关于加强党校建设、加快党校发展的意见》，把党员干部教育培训作为重点和主业来抓，不断创新培训形式，努力提高培训效果。全年共举办各类培训班45期，培训4 500多人

次。至年底，专科、本科层次国民教育在校学员550人，毕业学员194人。（曹丰汉）

【师资队伍建设和教学管理】 2013年，市委党校注重加强师资队伍建设和教学管理工作。继续开展师资库扩容工作，全年引进两名硕士研究生充实专职教师队伍，建立一个由50多人构成的兼职教师师资库。同时，继续组织开展说课评课、校外授课、校外调研、校外培训、外派服务、理论研究等系列活动，不断提升教职员工的能力素质。（曹丰汉）

【领导干部下基层】 2013年，市委党校以“三下三联三交”活动为载体，强化服务基层、服务群众的意识，推动领导干部下基层活动有效开展，进一步密切党群关系，提高该校党员干部认识问题、分析问题、解决问题的能力。全年组织开展走访农户、社区、企业活动10场次，慰问困难群众12人，协助解决各类难题6个。（曹丰汉）

党史工作

【党史二卷本出版发行】 12月初，由中共党史出版社出版、高邮市委党史办公室编著的《中国共产党高邮地方史》第二卷（1949～1978）（简称党史二卷本），正式出版发行。党史二卷本以邓小平理论、“三个代表”重要思想和科学发展观为指导，以中共中央《关于建国以来党的若干历史问题的决议》为依据，用辩证唯物主义和历史唯物主义的立场、观点、方法指导分析和评论历史，实事求是，秉笔直书，确保思想性、史料性和科学性相统一。该书时限上起1949年1月19日高邮解放，下至1978年年底党的十一届三中全会召开止，主要反映高邮县委在党的领导下，从新民主主义革命到社会主义革命和建设的光辉历程。该书的篇目设置，按历史时期、时段共分四编十八章，全书26万字，由扬州市机关彩印中心负责印刷，首次印刷3 000册。（史志）

【“抗日战争最后一役纪念馆”筹建工作】 2013年，市委党史办公室在全面完成“抗日战争最后一役纪念馆”布展文案撰写及资料征集工作的基础上，积极推动该馆的筹建工作。10月15日，市委党史办向市委、市政府呈交《关于加快抗日战争最后一役纪念馆建设的请示》，再次提出建设“抗日战争最后一役纪念馆”方案。10月下旬～12月上旬，市委主要负责人、市政协主要负责人和市委、市政府分管负责人分别就支持该馆建设作出具体批示、指示，并提议将该馆建设列入2014年城建“双十”重点工程计划，加以推进。2014年年初，市委、市政府在正式公布的《2014年城建“双十”重点工程计划》中，“抗日战争最后一役纪念馆”建设工程名列其中。（史志）

【《扬子晚报》宣传高邮战役】 10月5日，市委党史办与《扬子晚报》“档案穿越”栏目合作，在《扬子晚报》第A8版刊载《解密抗日战争最后一战：高邮战役》，进一步扩大高邮战役影响。此文刊出后，市委副书记、市长方桂林作出“建议将此版固定放至‘中国高邮’‘文游台’‘今日高邮’网站相应栏目”的批示。是年，市委党史办被省档案局表彰为全省档案文化宣传工作先进单位，刘春龙被省档案局表彰为全省档案文化宣传工作先进个人。（史志）

【编写高邮革命战争时期战斗故事】 2013年，为进一步弘扬革命精神，加强对青少年进行革命传统教育，市委党史办与市新四军研究会联合开展高邮革命战争时期战斗故事的编写工作。至年底，搜集整理10多次发生在高邮的战斗的资料和20多位在高邮牺牲的革命烈士的资料。（史志）

市级机关工委工作

【概况】 2013年，市级机关工委围绕全市发展大局，以开展“与发展同行、与崛起共进”主题实践活动为统揽，引导机关党组织和党员干部践行“四倡导四克服”（倡导求真务实、克服脱离实际，倡导亲民为民、克服官僚主义，倡导敬业爱岗、克服不负责任，倡导艰苦奋斗、克服铺张浪费）要求，推进机关思想、组织、作风、反腐倡廉和制度建设，增强机关党组织和党员干部服务发展、服务基层、服务群众的积极性和主动性，发挥机关党组织的战斗堡垒作用和广大党员的先锋模范作用。市级机关工委纪（工）委撰写的《关于加强市级机关作风建设的实践与思考》调研文章，被市纪委评为二等奖。至年底，市级机关工委辖党委1个、党总支29个、党支部127个，共有党员2 479人（年报数字）。（袁红星）

【深化党的十八大、十八届三中全会精神学习】 1月，市级机关工委举办市级机关党员轮训班6期，培训内容为解读党的十八大报告，共有1 300多人参加。2月，组织机关党员干部参加由中组部党员教育中心、人民出版社、共产党员网联合举办的学习党的十八大报告和党章知识竞赛活动。5月，组织机关党员干部参加由省委宣传部、省总工会联合举办的学习党的十八大精神书面知识竞赛。7～9月，在新设的机关党建网站上组织开展学习党的十八大精神100题知识问答活动，共有1 368人参加。11月，组织机关党员干部学习党的十八届三中全会精神。（袁红星）

【学习型机关党组织建设】 2013年，市级机关工委继续加强学习型机关党组织建设。2月，组织机关党组织开展“读书荐书品书”活动；4月，增选市国税局等5个市级机关党组织为第三批机关学习型党组织建设示范单位，开展高邮市“十大学习之星”、学习型党组织建设先进个人候选人推选工作；5月，开展学习型党组织建设调研活动，收到调研文章48篇，并将其中获奖的22篇汇编成册发至基层党组织；10月，召开机关学习型党组织建设示范单位座谈会，探讨学习型党组织建设中典型示范、以点带面、共同提高的作用。　　（袁红星）

【党员干部培训】　2013年，市级机关工委按照《关于2013年市级机关党员干部教育培训工作的实施意见》，开展党员干部培训工作。1月，举办解读党的十八大报告轮训班，市级机关党员干部1 300多人参加培训学习；5月，市级机关工委围绕坚定理想信念、端正入党动机主题，举办市级机关入党积极分子培训班，共有150多人参加。　　（袁红星）

【配合市委、市政府中心工作】　2013年，市级机关工委组织市级机关各部门参与市委、市政府的各项中心工作，取得成效。3月，组织市级机关部门参加义务植树节活动，完成全年投资乡镇成片造林工程任务。5月，组织机关干部参加“5·19”慈善捐款活动，捐款总额200多万元。5～10月，市级机关工委按照全市统一部署，通过制定创建实施方案、召开专题会议等，认真组织和推进诗词进机关各项工作，深入开展“江苏省诗词之乡”创建活动。7月，配合有关部门组织开展“机关服务企业基层行”活动。8月，配合市纪委组织对全市12家经济和社会管理部门开展电台、电视、网络、报纸“四位一体”的民主评议活动。9～10月，配合市委组织部组织40多个部门的103名干部到乡镇担任指导员和督查员，有序助推乡镇行政区划调整工作。10月，组织并协同30多个部门编组廉政文化专题邮集，参加第六届中国邮文化节集邮展览。同时，还就全市的市级机关挂钩帮扶经济薄弱村和贫困户、夏秋两季秸秆禁烧、“三拆三整治”等项工作进行多次检查和督察。　　（袁红星）

【机关作风建设】　2013年，市级机关工委进一步加强市级机关作风建设，围绕市委、市政府下发的《贯彻落实中央、省委、扬州市委关于改进工作作风、密切联系群众有关规定的实施办法》，分条块召开专题会议，并按照“自查自纠、完善制度、自我约束、整改到位”的要求，认真开展督促检查工作，确保把各项规定落到实处。全年查处和配合查处党员违纪案件5起，有5人受到党纪处分，5人被开除党籍。　　（袁红星）

【党务公开活动】　2013年，市级机关工委按照党务公开“六化”要求，进一步推进市级机关党务公开活动。至年底，有4个市级机关党组织申报为扬州市党务公开示范点，10个市级机关党组织申报为高邮市党务公开示范点。　　（袁红星）

【深化“三亮三比三评”活动】　5月，市级机关工委会同市委组织部检查市级机关32个窗口服务单位开展“三亮三比三评”活动的情况，进一步促进窗口部门规范服务行为、增强服务能力、提升服务形象。　　（袁红星）

【开展系列技能竞赛活动】　9月，市级机关工委举办高邮市计算机职业技能竞赛，内容分为理论知识、基础知识和操作要领，编写网上复习提纲，实行上机操作、电脑计分、自动排序、现场表彰，26个部门、122名选手参加竞赛，市人社局宁国阳等15名选手分获一、二、三等奖。11月，组织机关32名驾驶员参加扬州市驾驶员职业技能竞赛，全部通过了理论和操作测试。12月，组织6人参加扬州市客房服务技能竞赛，在机关营造学业务、钻技能、强本领的良好氛围。　　（袁红星）

【机关服务型党组织分类定级工作】　2013年，市级机关工委根据市委组织部下发的《关于做好基层党组织分类定级工作通知》要求，指导年报内60个市级机关的144个党组织开展分类定级工作。至7月，该项工作完成。在144个党组织中，被评为“五星级”的20个、“四星级”的116个、“三星级”的8个。同时，认真开展“五好党支部”创建工作，并就支部改选、党务公开、支部园地、“三会一课”、发展党员、党费收缴和特色工作等进行检查考核验收。　　（袁红星）

【民主评议党员和党支部活动】　5月，市级机关工委根据《关于开展2011～2013年度民主评议党员和党支部活动的通知》精神，在全市机关部门党组织中开展民主评议党员和党支部活动。经各个党员自我认定和各个党支部自我审定，共评出优秀党员118人、优秀党务工作者34人。　　（袁红星）

【纪念建党92周年系列活动】　6～7月，市级机关工委结合纪念建党92周年契机，组织开展一系列活动。这些活动包括：组织各机关党组织通过上党课、召开组织生活会和民主生活会、瞻仰革命烈士纪念碑（馆）等形式，对党员干部进行一次党史、党性观念、宗旨意识和党风党纪教育；召开市级机关纪念“七一”大会，表彰一批优秀共产党员和优秀党务工作者，并组织新发展党员举行集中入党宣誓仪式；组织40个部门的150多名党员在蝶园市民广场沿蝶园路一条街设立现场服务台，开展法律法规咨询、惠民利民政策宣传、赠送服务用品、义务量血压、认购留守儿童四季平安盒等服务活动；组织400名机关党员干部观看“中国梦我的梦”庆“七一”职工大舞台文艺演出；组织康华社区的40多名老党员集中参观郭集镇的吴登云展览馆、工业集中区和菱塘回族乡的扬州曙光电缆股份有限公司、回

民小区、民族乐园、清真寺等。（袁红星）

【组织工作】 2013年，市级机关工委所属党组织共改选党总支7个、党支部74个，新建党支部4个。全面推行公推直选和差额选举，扩大党员的民主权利，增强改选工作的透明度。坚持发展党员培训、公示、票决制度，遵循控制数量、改善结构的原则，全年发展党员43人，转正预备党员45人。（袁红星）

【党群口党代表工作室成立】 6月，市级机关工委按照全市深化服务型基层党组织创建暨党代表工作室建设推进会的精神要求，率先成立党群口党代表工作室，并对接待时间、活动制度和工作要求进行明确。（袁红星）

【市级机关群团工作】 2013年，市级机关工委认真做好群团各项工作，取得较好成绩。认真组织机关职工参加“劳动我最美”全国职工微博大赛、“那一刻你最美”扬州市女职工风采主题摄影比赛、“幸福女性快乐工作”征文活动和扬州市“后勤文化杯”书画篆刻竞赛活动，共有6人次获得各类奖项。举办市级机关太极拳培训班1期，共有100多人参加。举办高邮市计算机职业技能竞赛，共有122人参加。会同市体育局举办迎新春乒乓球比赛和元旦健身长跑活动；会同市围棋协会举办机关干部职工围棋比赛。组织机关工作人员32人次和6人次分别参加扬州市驾驶员职业技能竞赛和扬州市客房服务技能竞赛。按期改选19个部门工会，组织38个部门工会开展会员评家活动，市地税局、市人民检察院、市广电台等3个部门工会通过“活力基层工会”验收，市公安局防控处警大队、市新华书店营业厅、市农委植保站等3个部门工会通过“工人先锋号”验收；建立市农委“劳模创新工作室”，指导市残联工会创建“扬州市职工书屋”。开展“五有五好”机关关工委创建活动，组织“人社杯”六一儿童亲子、家庭教育研讨等活动。（袁红星）

【机关党建信息工作】 2013年，市级机关工委向《江苏机关党建》发稿120篇，被采用69篇，其中上报的《关于市级机关党组织书记队伍建设的调查与思考》《关于市级机关发展党员工作的实践与思考》《学习贯彻条例推进机关党建工作》等3篇调研文章，被江苏机关党建网站转载。（袁红星）

信访工作

【概况】 2013年，全市信访工作坚持以党的十八大、十八届三中全会精神为指导，开展信访工作“基层基础建设年”“进京非正常上访集中处置年”“基层信访维稳工作落实年”活动，全面推动社会矛盾化解，切实维护群众合法权益，全市信访形势总体稳定可控。全年共受理群众来信来访6 399件次，上升32.6%。其中，办理群众来信792件，上升18.7%；接待群众来访1 057批、5 607人次，分别上升33.1%、34.7%。在接待群众来访中，到市集体上访214批、4 275人次，分别上升5.4%、47.6%。高邮市被省信访工作领导小组评定为信访工作绩效考核优秀等次，被扬州市委、市政府表彰为信访工作先进县(市、区)；全市有14个乡镇(园区)被扬州市信访工作领导小组命名为2013年度信访工作“四无”(无进京非正常上访、无进京集体访和赴省重复集体访、无历史遗留信访案件、无因信访问题引发的有影响事件)乡镇；市信访局被高邮市委、市政府表彰为市级机关能力作风建设先进单位和维护社会稳定工作先进单位，市信访局党支部被市级机关工委表彰为市级机关2012～2013年度“五好”党支部。（戴小斌）

【市委常委会专题研究信访工作】 3月1日，市委书记韩方主持召开市委常委扩大会议，专题研究信访工作。会议传达全省信访工作会议精神，听取市信访工作领导小组关于全市信访工作情况汇报。会议就进一步做好信访工作，特别是做好全国“两会”期间信访工作，营造和谐稳定的社会环境，要求各地、各部门要高度重视，切实把信访工作作为一项重要政治任务；要创新举措，切实提高化解信访矛盾的成效；要加强领导，努力形成做好信访工作的强大合力；要务必过细工作，切实疏导并深入做好思想工作，坚决杜绝集访、越访甚至去北京上访现象发生。（戴小斌）

【领导干部接访下访】 2月，市委、市政府在1号文件中明确提出，把领导干部接访、下访作为143个具体民生项目之一，并以此组织开展以领导干部“四访一包”(带头接访、带案下访、带题研访、专题接访、包案息访)为主要内容的“基层信访维稳工作落实年”活动。全市各级领导干部结合“三解三促”“三下三联三交”活动，大力开展接访下访活动。全年市党政领导采取定点接访、重点约访、专题接访、带案下访、领导包案等方式，接待群众来访114批251人次，带案下访7批13人次，包案70件，牵头督导会办突出问题次数30次以上，妥善解决易肇事、肇祸精神病人救治，退休教师住房补贴等一批问题，实现部分信访老户停诉息访。（戴小斌）

【省委书记罗志军在八桥镇接待信访群众】 4月10～15日，省委书记罗志军到高邮市八桥镇金港村驻点调研，住农家、察民情、听民声。期间，罗志军专门安排时间同省、扬州市有关部门负责人一起接待两批信访群众。在耐心细致地听取群众的诉求后，罗志军强调要求，各级干部要更多地深入到群众中去，倾听群众意见，汲取群众智慧，使办事情、做决策更加符合群众的意愿；要围绕开展的党的群众路线教育实践活动，进一步增强贯彻群众路线的自觉性，增强做好群众工作的本领，与群众同甘共苦、共奋斗，真正做到科学发展向上攀登、联系群众向下扎根。（戴小斌）

【信访积案化解】 4月，市处理信访问题及群体性事件联席会议办公室制定下发《关于开展"进京非正常上访集中处置化解年"活动的工作方案》，对省、扬州市交办的2012年以来4件进京上访重点事项和本市排查的76件信访突出问题、重点人员再次进行集中交办，落实稳控化解责任。至年底，已化解省、扬州市交办的进京上访案件3件，化解率75%，稳控率100%。（戴小斌）

【信访矛盾纠纷排查】 2013年，市处理信访问题及群体性事件联席会议办公室实施矛盾纠纷排查"124"（市级每月排查1次，乡镇、园区每月排查2次，村、社区每月排查4次）制度，并在重大活动和敏感时期，实行超前排查、专项排查；针对排查出来的问题，积极推行"四到户"（思想疏导到户、解决问题到户、法律服务到户、脱贫帮扶到户）工作法，落实"五定、五包、一查"（定领导、方案、专人、措施、时间，包掌握情况、矛盾化解、教育转化、人员稳控、依法处理，对信访案件处理情况专项督查）责任。全年集中开展矛盾纠纷大排查活动7次，共梳理交办信访问题266件，化解率80%。9月，为配合做好全市区划调整工作，市处理信访问题及群体性事件联席会议办公室及时下发《关于开展突出信访问题排查化解活动的通知》，并建立健全信息报送、矛盾纠纷排查化解、长效稳控、撤并镇社区专项管理服务、跟踪督查指导等五项工作机制。市信访局按照方案要求，第一时间传递准确信息，积极应对，主动接访，解疑释惑，稳定情绪，做到风险评估在先、化解集访在早、稳控措施在细，保证区划调整工作顺利进行。（戴小斌）

【信访信息报送研判】 2013年，市信访局突出重点时期信息的收集、研判、预警，形成"乡镇、部门搜集上报，信访局汇总研判，市领导批示交办，责任单位办理落实，信访局跟踪督办"的信访信息工作格局。各乡镇（园区），市各有关部门（单位）对当天发生的突出信访问题实行"日报制"，重要会议、重大活动和敏感时期均实行"一日两报制"，对重大信访信息则实行随时报送，确保重大、突发信访信息及时效处理。全年共编发信访动态信息180条，市分管负责人全部作出指示，其中市委、市政府主要负责人批示136条，研判后有效避免一批群体性事件和越级上访事件的发生。（戴小斌）

【信访工作"基层基础建设年"活动】 6月，市信访工作领导小组制定下发《全市信访工作"基层基础建设年"活动实施方案》，推进"一个规范的接访场所、一支有力的工作队伍、一套有效的工作机制、一个坚实的工作基础"建设，突出健全信访工作机制、加强信访接待场所建设、充实信访工作力量、保障信访工作经费等重点，全面落实"属地管理、分级负责"和"谁主管、谁负责"的信访工作责任制，实现绝大多数信访问题解决在基层，绝大多数信访群众吸附在当地。通过活动开展，全年全市近90%的村（社区）、70%的乡镇（园区）未发生到省、进京上访事件。（戴小斌）

【省信访局副局长施建民到高邮调研信访基层基础建设工作】 11月7日，省信访局副局长施建民一行3人到高邮市，调研检查信访工作基层基础建设情况。调研期间，省调研检查组一行在查阅台账资料，实地查看高邮镇政法综治中心、新联社区、菱塘回族乡信访办、清真村的阵地建设等方面后认为，高邮市特别是市党政领导对信访工作高度重视，信访干部精神饱满、有作为、有地位，在社会管理、解决群众诉求、积案化解、化解信访老户等方面发挥很大的作用，在加强信访工作基层基础建设方面有很好的做法，以典型示范效应引领、激活信访工作，致力把问题解决在基层。同时，省调研检查组领导还对进一步做好基层基础工作提出具体的意见和建议。（戴小斌）

高邮市人民代表大会常务委员会

Standing Committee of Gaoyou Municipal People's Congress

导读

重要会议

【市十四届人民代表大会第二次会议】 1月16～18日举行。应到会代表292人，实到会代表278人。会议听取市长方桂林所作的《政府工作报告》、市人大常委会副主任郭海平所作的《市人大常委会工作报告》、市人民法院院长韩雪峰所作的《高邮市人民法院工作报告》和市人民检察院检察长鞠进所作的《高邮市人民检察院工作报告》；市发改委、市财政局受市政府委托，分别向大会书面提交《关于高邮市2012年国民经济和社会发展计划执行情况和2013年计划草案的报告》《关于高邮市2012年财政预算执行情况和2013年财政预算草案的报告》。会议根据《中华人民共和国地方各级人民代表大会和地方各级人民政府组织法》《中华人民共和国全国人民代表大会和地方各级人民代表大会选举法》有关规定，选举韩方为高邮市人大常委会主任。会议通过相应的决议，讨论并批准各项工作报告。

会议收到市人大代表 10 人联名提出的议案 10 件，代表建议、批评和意见 192 件，由市人大常委会在会后交由市政府及有关单位办理。

（邵贞清　施海明）

【市十四届人大常委会会议】 2013 年，市十四届人大常委会召开常委会会议 8 次。

十四届人大常委会第六次会议，2 月 27 日举行。会议听取并审议通过市人大常委会办公室主任吕天龙受市人大常委会主任会议委托所作的《高邮市人大常委会 2013 年度工作要点和议题安排计划》。审议通过《高邮市第十四届人民代表大会常务委员会各工作委员会组成人员名单》和有关人事辞职及任免事项。

十四届人大常委会第七次会议，3 月 29 日举行。会议听取市经信委主任杨向东受市政府委托所作的《关于全市信息化工作情况的汇报》、市卫生局局长周建峰受市政府委托所作的《关于全市公共卫生服务体系建设工作情况的汇报》和市人大常委会调查组的调查报告，并对全市公共卫生服务体系建设工作开展专题询问。会议经过审议，作出相关审议意见。会议听取市政协副主席、市农委主任肖伯群所作的《关于贯彻落实市人大常委会关于近年来市农委工作情况汇报的评议意见情况的汇报》、市教育局局长许明所作的《关于贯彻落实市人大常委会关于近年来市教育局工作情况汇报的评议意见情况的汇报》，书面听取高邮工商局《关于贯彻落实市人大常委会关于全市贯彻实施〈中华人民共和国消费者权益保护法〉情况执法检查报告的审议意见情况的汇报》、市城建局《关于贯彻落实市人大常委会关于全市重点中心镇建设情况的审议意见情况的汇报》。会议还审议通过《高邮市人民代表大会常务委员会专题询问暂行办法》和有关人事任免事项。

十四届人大常委会第八次会议，5 月 29 日举行。会议听取市政协副主席、市农委主任肖伯群受市政府委托所作的《关于全市现代渔业发展情况的汇报》和市人大常委会调查组的调查报告，并对全市现代渔业发展情况开展专题询问。会议经过审议，作出审议意见。会议还审议通过有关人事任免事项。

十四届人大常委会第九次会议，7 月 30～31 日举行。会议听取副市长朱莉莉受市政府委托所作的《关于上半年全市工业经济转型发展和重大项目建设情况的汇报》和市人大常委会调查组的调查报告。会议经过审议，作出审议意见。会议听取市发改委主任郭登明受市政府委托所作的《高邮市“十二五”规划纲要中期评估报告》。会议经过审议，作出审议意见。会议听取市财政局局长赵广华受市政府委托所作的《关于2012年财政决算的报告》和《关于2013年上半年财政预算执行情况的汇报》。会议经过审议，分别作出《关于批准高邮市市级2012年财政决算的决议》《关于2013年上半年财政预算执行情况汇报的审议意见》。会议听取市审计局局长蒋琪彬受市政府委托所作的《关于高邮市2012年度市本级财政预算执行情况和其他财政收支情况的审计工作报告》。会议经过审议，作出《关于2012年度市本级财政预算执行和其他财政收支情况审计报告的审议意见》。会议听取市人大常委会执法检查组《关于〈中华人民共和国药品管理法〉在我市贯彻实施情况的执法检查报告》，书面听取市政府《关于上半年全市国民经济和社会发展计划执行情况的汇报》。会议经过审议，分别作出审议意见。会议还书面听取市经信委《关于贯彻落实市人大常委会关于全市信息化工作情况汇报的审议意见情况的汇报》、市卫生局《关于贯彻落实市人大常委会关于全市公共卫生服务体系建设情况汇报的审议意见情况的汇报》。

十四届人大常委会第十次会议，9月3日举行。会议听取市长方桂林受市政府委托所作的《关于高邮市行政区划调整情况的报告》、市人大常委会人事代表联络工委主任周荣祥受市人大常委会主任会议委托所作的《关于市人大常委会有关决定草案的说明》。会议审议通过市人大常委会《关于全市行政区划调整的决定》《关于做好全市行政区划调整后新建镇人大换届选举工作的决定》《关于设立马棚街道人大工作委员会的决定》和有关人事任职事项。

十四届人大常委会第十一次会议，9月29～30日举行。会议听取市人民法院院长韩雪峰所作的《关于近年来商事审判工作的情况汇报》和市人大常委会调查组的调查报告。会议经过审议，作出审议意见。会议听取市经信委党组书记、副主任宦锦平所作的《关于市经信委近年来工作情况的汇报》、市城管局局长潘万宝所作的《关于市城管局近年来工作情况的汇报》和市人大常委会工作评议小组的调查报告。会议经过审议，分别进行满意度测评，并作出评议意见。会议听取市政府办主任李生受市政府委托所作的《关于市十四届人大二次会议代表建议办理情况的汇报》和市人大常委会调查组的调查报告。会议经过审议，作出审议意见。会议书面听取市政府《关于贯彻落实市人大常委会对全市现代渔业发展情况审议意见的情况汇报》。会议还审议通过市人大常委会《关于新建镇人民代表大会选举问题的决定》、市人大常委会主任会议《关于提请任命高邮市新建镇选举委员会组成人员的议案》和有关人事任免事项等。

十四届人大常委会第十二次会议，11月26～27日举行。会议听取市城建局局长孙禹文、市政府办主任李生受市政府委托分别所作的《关于全市城镇化建设情况的汇报》《关于全市惠民十件实事工作情况的汇报》和市人大常委会调查组相应的调查报告。会议经过审议，分别作出审议意见。听取市发改委主任郭登明、市财政局局长赵广华受市政府委托分别所作的《关于提请调整2013年度城乡居民收入指标的议案的说明》《关于提请审议2013年财政支出预算调整方案的议案的说明》。会议经过审议，分别作出批准市政府2013年度城乡居民收入指标调整议案的决定和批准市政府2013年度市级财政支出预算调整方案议案的决定。会议听取市人大常委会执法检查组《关于〈中华人民共和国刑事诉讼法〉在我市贯彻实施情况的执法检查报告》。会议经过审议，作出审议意见。会议先后听取市人防办主任陈德顺所作的《关于市人防办近年来工作情况的汇报》、市旅游局局长道书林所作的《关于市旅游局近年来工作情况的汇报》、市物价局局长宋长龙所作的《关于市物价局近年来工作情况的汇报》、市气象局局长龚庆所作的《关于市气象局近年来工作情况的汇报》和市人大常委会调查组相应的调查报告。会议经过审议，分别进行满意度测评，并作出评议意见。会议还书面听取市政府《关于贯彻落实市人大常委会关于2012年度财政预算执行情况及其他财政收支情况审计报告的审议意见的情况汇报》和《关于贯彻落实市人大常委会关于上半年全市工业经济转型发展和重大项目建设情况汇报的审议意见的情况汇报》。会议审议通过市人大常委会关于召开高邮市第十四届人民代表大会第三次会议的决定和有关人事任免及辞职事项。会议还补选孙建年为扬州市第七届人大代表，其代表资格报扬州市人大常委会审查确认。

十四届人大常委会第十三次会议，12月31日举行。会议听取市财政局局长赵广华受市政府委托所作《关于2013年财政预算执行情况以及2014年财政预算草案的汇报》、市人大常委会代表资格审查委员会《关于代表变动情况及补选代表的代表资格审查报告》。会议还审议通过市人大常委会公告、市十四届人大三次会议有关事项和有关人事任免事项。

（邵贞清　施海明）

【市十四届人大主任会议】 2013年，市十四届人大常委会共召开主任会议6次。

第9次会议，5月17日举行。专题审议全市土地复垦开发整理工作，市人大常委会副主任薛晓寒主持会议。会议听取并审议市国土局局长涂志成受市政府委托所作的《关于我市土地复垦开发整理情况的汇报》。建议：要继续把土地开发整理工作摆在重要的位置来抓；要认真规划，精细筹划，科学协调运用好各种资源，形成工作合力；要强化基层责任意识，切实做好群众工作，保障工作顺利实施；要加强政策研究，制定利益调节机制，充分调动和保护好各方面的积极性。市人大常委会党组副书记、副主任郭海平，副主任葛桂秋、孙明如参加会议。市委常委、常务副市长徐永宝列席会议。

第 10 次会议，6 月 26 日举行。专题审议全市社区矫正与安置帮教工作，市人大常委会副主任薛晓寒主持会议。会议听取并审议市司法局局长邵义坤受市政府委托所作的《关于全市社区矫正与安置帮教工作情况的汇报》。建议：要提高思想认识，营造良好氛围；要改进工作方法，完善工作措施；要加大财政投入，强化工作保障；要落实工作责任，凝聚工作合力。市人大常委会党组副书记、副主任郭海平，副主任葛桂秋、孙明如参加会议。

第 11 次会议，7 月 23 日举行。专题审议全市水利重点工程建设工作，市人大常委会副主任薛晓寒主持会议。会议听取并审议市水利局局长卢金贵受市政府委托所作的《关于全市水利重点工程建设情况的汇报》。建议：要加强领导，不断完善水利服务体系建设；要科学规划，全面推进水利重点工程建设；要加大投入，着力解决水利建设瓶颈制约；要规范管理，确保水利工程项目质量效益。市人大常委会党组副书记、副主任郭海平，副主任葛桂秋参加会议。副市长杨文喜列席会议。

第 12 次会议，8 月 26 日举行。专题审议全市养老服务体系建设工作，市人大常委会副主任薛晓寒主持会议。会议听取并审议市民政局局长张立中受市政府委托所作的《关于我市养老服务体系建设的情况汇报》。建议：要高度重视养老服务体系建设，打造和谐幸福高邮；要坚持从实际出发，确定开展养老服务工作的各项目标任务；要制定政策措施，保障养老服务体系有序发展；要加快养老服务机构建设，适应人口老龄化进程。市人大常委会党组副书记、副主任郭海平，副主任葛桂秋、孙明如参加会议。副市长杨文喜列席会议。

第 13 次会议，9 月 24 日举行。专题审议全市小贷公司运行工作，市人大常委会副主任葛桂秋主持会议。会议听取并审议市金融办主任居远松受市政府委托所作的《关于我市小贷公司运行情况的汇报》。建议：要提高从业人员业务素质，要加强依法监管措施落实，要发挥小贷协会积极作用，要加强宏观指导工作力度。市人大常委会党组副书记、副主任郭海平，副主任薛晓寒、孙明如参加会议。副市长蒋乃华列席会议。

第 14 次会议，10 月 24 日举行。专题审议全市乡村公路危桥改造三年行动计划完成工作情况，市人大常委会副主任孙明如主持会议。会议听取并审议市交通局局长张德宏受市政府委托所作的《关于全市乡村公路危桥改造三年行动计划完成情况的汇报》。建议：要加快实施进度，确保三年计划全部顺利完成；要做好动态管理，持续推进危桥改造工程；要落实管护责任，保障乡村路桥良好畅通；要拓宽融资渠道，继续加大危桥改造的投入。市人大常委会党组副书记、副主任郭海平，副主任薛晓寒、葛桂秋参加会议。副市长蒋乃华列席会议。

（邵贞清　施海明）

重大活动

【专题视察活动】 2013 年，市人大常委会先后组织市人大常委会组成人员及有关市人大代表就全市经济建设、社会事业、民生工作等方面，开展 9 次专题视察活动。

2 月 26 日，专题视察全市地税工作。实地察看市地税局第一税务分局纳税服务大厅和市地税服务中心建设现场，听取市地税局相关工作情况汇报，建议：要抓发展，着力培植后续税源；要抓执法，着力强化税收征管；要抓建设，着力提升执法能力。

4 月 19 日，专题视察全市品牌战略实施情况。实地察看江苏苏发照明器材有限公司、江苏赛德电气有限公司和江苏省道路照明灯具检验中心，听取全市品牌战略实施情况的汇报，建议：要进一步提高组织水平，加强品牌创建引导督导力度；要进一步加大政策支持力度，调动创牌主体的积极性；要进一步强化保障措施，推动品牌战略实施工作健康发展。

5 月 22 日，专题视察全市供电基础设施建设情况。实地察看 110 千伏文游输变电工程现场、市供电公司电网调度大厅，听取全市供电基础设施建设工作的汇报，建议：要在巩固现有成果的基础上，超前思考、谋划，按照地方经济社会发展的需求，继续加大基础设施建设力度；要积极向上争取，保障供电各项投入可持续、不断档；要加强队伍建设，改进服务举措。

6 月 21 日，专题视察全市全民健身工作情况。实地察看琵琶社区健身点、市体育场和黄渡村健身广场，观看全市全民健身工作专题片，听取全市全民健身工作情况的汇报，建议：要进一步加大宣传力度，不断提高群众健身意识；要坚持普及和提升并重，推动全民健身工作平衡发展；要抓好健身设施与各类活动提档升级，提高全民健身工作的普及性；要明确责任，实施考核，促进各级政府抓好全民健身工作。

7 月 19 日，专题视察全市监巡合一巡防体系建设情况。实地察看市公安局情报信息中心、巡防大队监控中心、珠湖派出所监控室、玉带园小区监控室，听取全市监巡合一巡防体系建设情况的汇报，建议：要进一步完善跟进配套社会监控体系建设，要进一步强化巡防体系各项工作管理，要加大监控、巡防各类人员的待遇保障，要进一步发挥监巡合一巡防体系模式在惩治犯罪过程中的实际作用。

10 月 22 日，专题视察全市镇村就业社保服务体系平台建设情况。实地察看车逻镇劳保所、车逻镇特平村劳保工作站，听取全市镇村就业社保服务平台建设情况的汇报，建议：平台建设步伐要加快，平台运行保障要落实，平台功能作用发挥要充分，平台建设与运行责任要到位。

10 月 25 日，专题视察全市粮食工作。实地察看高邮市界首粮油经营公司仓储设施建设和秋粮收购现场，听取全市粮食工作情况汇报，建议：要进一步增强做好粮食工作的责任感，要进一步深化各项配套改革措施，要进一步加强粮食队伍建设，要进一步加强对粮食工作的领导和支持。

11 月 18 日，专题视察高邮城南经济新区重大项目建设情况。实地察看高邮城南经济新区玄裕电子、天成大厦、北方动力、艾利克储能设备、朗格幕墙、智慧大厦、赛尔橡胶等重大项目建设现场，听取高邮城南经济新区重大项目建设情况的汇报，建议：要注重规划引领，进一步提升新区发展平台；要坚持特色发展，进一步提升项目科技含量；要加大政策支持，进一步化解要素瓶颈制约；要提升服务水平，进一步推动重大项目建设。

12 月 17 日，专题视察市残疾人康复中心项目建设情况。实地察看市残疾人康复中心工程项目现场，听取市残疾人康复中心项目建设情况的汇报，建议：要高度重视残疾人康复中心建设，高标准推进工程建设；要及时完善中心各项配套设施、人员配备等，实现康复中心的可持续发展；要以建设康复中心为契机，进一步加强对残疾人的康复、培训等工作，推动残疾人事业取得新进展。

（邵贞清　施海明）

【专题询问活动】　2013 年，市人大常委会按照《高邮市人民代表大会常务委员会专题询问暂行办法》，先后组织开展两次专题询问活动。

3 月 29 日，市人大常委会对全市公共卫生服务体系建设工作开展专题询问活动。活动由市人大常委会副主任薛晓寒主持。询问活动中，部分市人大常委会委员围绕社区卫生服务站建设、基层公共卫生服务工作、精神病防治等群众普遍关注的热点问题进行详细询问。市卫生局、市财政局、市人社局等相关部门负责人现场逐一进行答复。市人大常委会党组副书记、副主任郭海平，副主任葛桂秋、孙明如参加活动，副市长钱富强应邀参加活动。各有关乡镇人大主席、市人大代表及市人大常委会机关相关委办室负责人应邀观摩活动。

5 月 29 日，市人大常委会对全市现代渔业发展情况开展专题询问活动。活动由市人大常委会副主任孙明如主持。询问活动中，部分市人大常委会委员围绕水产养殖病害防治、投入品管理、违法电捕鱼、水产养殖品牌建设等群众普遍关注的热点问题进行详细询问。市农委、市财政局、市水利局、市环保局、高邮质监局、高邮工商局等相关部门负责人现场逐一进行答复。市人大常委会党组副书记、副主任郭海平，副主任薛晓寒、葛桂秋参加活动，副市长杨文喜应邀参加活动。各有关乡镇人大主席、市人大代表及市人大常委会机关相关委办室负责人应邀观摩活动。　（邵贞清　施海明）

【专项工作评议】　2013 年，市人大常委会分两批先后对市经信委、市城管局和市人防办、市旅游局、市物价局、市气象局等 6 个政府部门开展专项工作评议。

8～9 月，市人大常委会对市经信委、市城管局开展专项工作评议（第一批）。期间，市人大常委会成立工作评议小组，通过召开乡镇人大主席和人大代表座谈会，与市经信委、市城管局中层以上干部个别交谈，向人大代表发放调查问卷等形式，深入调查了解市经信委、市城管局近年来工作情况，广泛征求方方面面对市经信委、市城管局工作的意见、建议。并在市十四届人大常委会第十一次会议上，分别听取市经信委、市城管局近年来工作情况汇报，进行满意度测评。经过评议，市经信委和市城管局均获得满意等次。针对两个部门工作存在的问题，市人大常委会分别提出整改意见。

11 月，市人大常委会对市人防办、市旅游局、市物价局、市气象局开展专项工作评议（第二批）。期间，市人大常委会成立调查组，分别深入市人防办、市旅游局、市物价局、市气象局组织召开相关座谈会，广泛征求对四个部门工作的意见、建议。并在市十四届人大常委会第十二次会议上，分别听取市人防办、市旅游局、市物价局、市气象局近年来工作情况汇报，进行满意度测评。经过评议，市人防办、市旅游局、市物价局、市气象局均获得满意等次。针对四个部门工作存在的问题，市人大常委会分别提出整改意见。　（邵贞清　施海明）

【执法检查】　2013 年，市人大常委会成立执法检查组，就《中华人民共和国药品管理法》《中华人民共和国刑事诉讼法》在全市贯彻实施情况组织开展两次执法检查。

6～7月，市人大常委会成立执法检查组，对全市贯彻实施《中华人民共和国药品管理法》的情况开展执法检查。期间，检查组先后召开由市人民检察院、市卫生局、高邮工商局、市公安局、市人口计生委、市广电台等相关部门以及部分乡镇(园区)、医院、医药经营企业负责人参加的座谈会，走访部分医疗机构，实地检查国大药房、邮城大药房、扬州一洋制药有限公司等单位，深入了解全市贯彻实施《中华人民共和国药品管理法》的情况。7月30～31日召开的市十四届人大常委会第九次会议，听取市人大常委会执法检查组关于《中华人民共和国药品管理法》在全市贯彻实施情况的执法检查报告，并且经过审议作出四个方面的审议意见：进一步深化《中华人民共和国药品管理法》的宣传和教育，进一步加大药品监管力度，进一步加强队伍装备建设，进一步强化职能部门协调配合。

9～10月，市人大常委会成立执法检查组，对全市贯彻实施《中华人民共和国刑事诉讼法》的情况开展执法检查。期间，检查组先后召开由市人民法院、市人民检察院、市公安局、市司法局负责人和部分职能部门负责人参加的座谈会，听取各单位贯彻实施《中华人民共和国刑事诉讼法》情况的汇报；实地察看市看守所，与部分被羁押人员进行座谈了解；抽调部分刑事案件卷宗，组织法律专业人员进行审查等。11月26～27日召开的市十四届人大常委会第十二次会议，听取市人大常委会执法检查组关于《中华人民共和国刑事诉讼法》在全市贯彻实施情况的执法检查报告，并且经过审议对“一府两院”及有关职能部门作出四个方面的审议意见：要进一步深化思想认识，转变执法理念；要进一步规范执法行为，提升执法能力；要进一步加强制度建设，密切联系沟通；要进一步加大基础投入，保障执法效果。 (邵贞清　施海明)

【开展走访企业市人大代表活动】 8月，市人大常委会相关负责人牵头组织四个走访小组，到联系片乡镇开展走访企业市人大代表活动。活动主要内容为：向代表们宣讲市委十届六次全会精神，了解企业发展情况以及需要解决的实际问题，征求代表们对市级机关部门的建议、意见。活动结束后，市人大常委会相关部门及时从征集的意见、建议中梳理出具体建议46条，编发《人大工作情况》，供市委、市政府决策参考。 (邵贞清　施海明)

【督促检查惠民十件实事完成情况】 年初，市政府确定2013年惠民十件实事工作，包括城河整治、养老工作、残疾人工作、住房保障、后街后巷老小区改造、公共交通、停车场公共绿地建设、区域供水工程、环卫设施建设、教育工作等10个方面。5月，市人大常委会组织专门调查小组，深入市水利局、市人社局、市房管局、市城建局、市城管局、市交通局、市教育局等有关部门，督促检查惠民十件实事实施进展情况，并针对惠民十件实事实施过程中存在的问题提出具体建议，同时将相关情况编发《人大工作情况》，供市政府决策参考。11月，市人大常委会再次组织调查小组，对惠民十件实事工作情况进行督促检查。市十四届人大常委会第十二次会议听取市政府关于全市惠民十件实事工作情况的汇报和市人大常委会调查组相应的调查报告。通过督促检查和听取汇报，市人大常委会组成人员对市政府惠民十件实事实施情况表示满意，认为市政府把办好惠民十件实事作为关注民生、纾解民困、维护民利的重要工程来抓，加强组织领导，明确工作责任，落实资金保障，强化督查协调，惠民十件实事进展顺利，社会反响较好，得到广大人民群众的称赞。市人大常委会要求市政府认真组织“回头看”工作，倒排工期，加快推进；超前谋划，深入调研，科学确定2014年的惠民实事。至年底，惠民十件实事的28项具体工作任务全部落实到位，其中除9项工作需要下年继续推进完成外，其余的19项工作全部完成年度目标。 (邵贞清　施海明)

【全市人大工作会议】 3月8日上午召开。会议的主要任务是，全面贯彻落实市委十届五次全会精神和市十四届人大二次会议精神，部署2013年度全市人大工作。市委书记、市人大常委会主任韩方出席会议并讲话。他要求，人大工作要抓大事、谋全局，全力推进富裕高邮、创新高邮、生态高邮、文化高邮、幸福高邮“五个高邮”建设，加快建成更高水平小康社会，实现高邮在沿河地区率先崛起；人大工作要抓重点，促成效，特别是要围绕转型发展、创新驱动、城乡统筹、民生保障等重点工作、重点事项献计献力，充分调动各方面的积极性、主动性、创造性；人大工作要抓创新、破难题，增强建言献策的针对性、可行性和预见性，做到善思发展之策、善谋改革之计、善建利民之言。市人大常委会副主任薛晓寒主持会议，市领导方桂林、郭海平、葛桂秋、孙明如出席会议。会上，表彰2012年度先进乡镇人大、优秀人大代表、优秀人大代表建议以及人大宣传工作先进集体、先进个人，周巷镇人大主席团、卸甲镇市人大代表组、市城乡建设局作交流发言。

(邵贞清　施海明)

【6件重点建议办理情况】 2013年，由市人大常委会确定为当年重点督办的6件代表建议，在市人大常委会跟踪督办下，经市政府及相关职能部门的共同努力，截至9月份，6件重点建议的办理取得较好进展。办理情况综述如下：

1.《关于进一步加强城市管理的建议》。为办好建议，市政府认真落实城市管理工作推进年的部署，新成立城市管理行政执法局，进一步理顺工作机制，加强城市管理工作；制定出台《高邮市城市规划区防治违法建设工作考核办法（试行）》《高邮市城市环境综合整治和“三拆三整治”工作问责办法（试行）》等规范性文件，积极组织职能部门开展考核、督查。市政府办按照市政府分管领导的要求，每月定期组织召开各类专题会议，先后研究部署渣土车整治、港口码头整治、琵琶西路区域综合整治、农贸市场规划建设、户外广告设置管理等重点工作。市城管局等部门积极有序推进“数字化城管工作”，对城区的城市管理实施全方位、全时段的动态监控。市城市管理行政执法局设立城管执法大队、规划执法大队，扎实推进城市管理各项工作。

2.《关于加强对闲置土地依法监管，让紧缺的土地资源发挥应有效益的建议》。在办理过程中，市政府分管负责人协调召开建议办理联席会议，研究制订办理方案，确定对闲置土地依法处置的办法。组织市国土局等职能部门在全市范围内开展闲置低效土地清理处置工作，通过发放《限期动工建设通知》、整体和分割转让、协议收回等方式，共盘活利用闲置、低效土地86.5公顷。

3.《关于加快推进居家养老服务的建议》。为办好建议，市政府积极组织相关职能部门，开展工作调研，摸清基本情况。市民政局认真抓好居家养老服务工作，积极推进居家养老服务中心（站）建设，在全市累计建成居家养老服务中心（站）170家，初步形成覆盖全市城乡的居家养老服务网络。完善居家养老服务网络平台建设，与移动等通信部门合作，完善养老服务对象信息数据库。为首批50名空巢、孤寡老人配备老年呼叫机（老人一键通），并启动服务对象信息采集、录入工作，直接服务对象超万人。

4.《关于强化就业社保基层平台建设，全面提升公共服务均等化水平的建议》。市政府高度重视，市分管负责人牵头制定办理方案，要求相关职能部门积极主动地做好工作。市人社局加强和规范就业社保基层平台建设，促进劳动就业社会保障工作站实现全市行政村全覆盖，推进机构、人员、场地、经费、制度、工作“六到位”和劳动就业、社会保险、技能培训、职工维权等人力资源社会保障工作职能全覆盖，基本建成全市“15分钟公共就业社会保障服务圈”。

5.《关于尽快使用西气东输气源，降低天然气价格的建议》。市政府把此项建议纳入民生工程范畴，市分管负责人积极组织协调和推进相关部门开展工作。市发改委积极做好争取工作，把西气东输分输站建设项目列入中石油上海管道公司2013年建设计划，于4月上旬正式开工建设，并明确分输站开口容量从原计划的5.7亿立方米/年增加到12亿立方米/年。至9月底，分输站基础设施建成。同时，市发改委还争取到中石油上海管道公司增加对热电联供项目、新奥燃气及其他天然气经营公司的供气指标。此外，市发改委、市物价局及时核定全市管道天然气价格，确保在接通西气东输天然气后，居民用气价格与周边地区相当。

6.《关于加快城市公交发展步伐，让百姓出行共享发展成果和低碳生活的建议》。为办好建议，市政府将城市公交发展摆上重要工作日程，明确目标，逐步推进。市交通局委托省交科院制定完善全市城市公交发展规划，结合全市道路状况和城区地理环境，初步设计规划“一站四场”的城市公交站场建设（建设城市公交客运总站和东南西北四个公交回转场，使之成为不同客运方式的换乘枢纽站），规划建设7个～10个公交首末站点，增建100个公交停靠站台。至年底，完成市财政公交补贴机制方案的制定，有序推进城市公交回购工作。

（邵贞清　施海明）

【人大代表建议办理工作】　在市十四届人大二次会议期间市人大代表所提的202件建议，至9月底已全部办复。在办理过程中，市政府及相关职能部门高度重视，把办好建议作为加强与代表联系的重要途径，突出解决实际问题，采取及时交办、对口督办和发函催办等方式，提高建议办理实效，得到代表们好评，代表们对建议办理的满意和基本满意率100%。　（邵贞清　施海明）

高邮市人民政府

Gaoyou Municipal People's Government

导读

重要会议

【市政府常务会议】 2013 年，市长方桂林主持召开市第十四届人民政府常务会议 9 次。

第四次常务会议，1 月 5 日上午举行。会议讨论修改《政府工作报告》，要求做好报告中重要数据的核实和对接工作，力求务实准确；要在报告中适当增加全市发展所处阶段、发展定位，重大项目提效，城市建设品位提升的篇幅，以提振全市干部群众创业干事的信心与决心；对提出的修改意见，要充分吸收，认真完善。原则同意市政府办公室提交的《关于加快推进民生幸福工程着力提升民生幸福水平的意见》和市人社局提交的《关于评选有突出贡献中青年专家的方案》。会议听取市政府办副主任戴光耀所作的《关于市政府督查工作的相关情况汇报》，并提出处理意见。

第五次常务会议，2 月 18 日上午举行。讨论决定事项为：原则同意市发改委提交的《关于加快发展现代服务业的若干政策意见》、市政府办提交的《关于高邮市人民政府记功奖励暂行办法》和《关于高邮市"突出贡献奖"评选办法（试行）》。会议听取市政府办主任李生所作的《关于表彰 2012 年度政府工作先进单位的情况汇报》，并提出处理意见。

第六次常务会议，4 月 15 日晚举行。讨论决定事项为：原则同意市政府办提交的《高邮市人民政府工作规则（修订稿）》、市城管局提交的《关于高邮市城市管理相对集中行政处罚权工作的实施方案》；原则同意新建市人民医院东区医院。会议听取市政府办《关于进一步加强精神病患者救助工作意见的相关情况汇报》《关于高邮市三等功和"突出贡献奖"的相关情况汇报》、市食药监局《关于开展创建省级药品安全示范县（市）的相关情况汇报》、高邮质监局《关于第三届高邮市市长质量奖评审工作的相关情况汇报》，并分别提出处理意见。

第七次常务会议，6 月 29 日上午举行。讨论决定事项为：原则同意市城管局提交的《关于城市规划区防治违法建设工作实施意见及考核办法》、市交通局提交的《关于全市公路照明亮化工程实施意见》、市商务局提交的《关于关闭手工屠宰场实施机械化屠宰的实施意见》。会议听取市发改委《关于 2013 年上半年全市主要经济指标完成情况的汇报》、市城建局《关于 2013 年上半年城建"双十"工程建设的相关情况汇报》、市民政局《关于提高城乡最低生活保障标准、提高农村"五保"供养标准、提高城市"三无"老人供养标准和全市孤儿基本生活标准的相关情况汇报》，并分别提出处理意见。

第八次常务会议，8 月 8 日上午举行。讨论决定事项为：原则同意市经信委提交的《关于推进全市光伏产业发展的政策性意见》、市行政服务中心提交的《关于调整投资工业类项目和非工业类项目收费优惠办法以及关于实施基本建设项目收费"一费制"的意见》、市交通局、市城建局、市水利局联合提交的《关于高邮市交通产业投资有限公司、建设投资发展有限公司、水利产业投资有限公司实体化运作实施方案》、市房管局提交的《关于高邮市教师住房补贴实施方案》、市建管局提交的《关于高邮市建筑企业总部集聚区建设的若干政策性意见》；原则同意《组建清水潭旅游开发投资有限公司的方案》《调整全市机关和事业单位人员工资标准的方案》。会议听取市金融办《关于设立科技小额贷款公司的相关情况汇报》、市残联《关于残疾人康复中心建设的相关情况汇报》，并分别提出处理意见。

第九次常务会议，9 月 10 日下午举行。讨论决定事项为：原则同意市房管局提交的《关于高邮市共有产权经济适用住房管理试行办法》、市建管局提交的《关于高邮市国有投资工程承包商名录管理办法》、市物价局提交的《关于扬州新奥燃气有限公司管道天然气价格调整的方案》。会议听取市政府办《关于2013年民生幸福工程实施进展的相关情况汇报》、市发改委《关于上半年全市重大项目建设推进的相关情况汇报》、市财政局《关于对高邮市卫星卷烟材料有限公司实行股权投资的相关情况汇报》，并分别提出处理意见。会议通报关于扈德林违纪案件的有关情况，同意给予扈德林行政开除公职处分的决定。

第十次常务会议，9月25日下午举行。讨论决定事项为：原则同意市考核领导小组办公室提交的《2013年度乡镇、园区经济发展综合考评和市级机关能力作风建设考评工作实施意见》、市政府办提交的《高邮市依法行政考核办法（修订稿）》。会议听取市城管局《关于提高我市环卫工人工资待遇的相关情况汇报》、市物价局《关于制定我市机械化生猪屠宰加工费标准的相关情况汇报》、市政府办《关于市政府督查工作的相关情况汇报》，并分别提出处理意见。

第十一次常务会议，11月20日下午举行。讨论决定事项为：原则同意市经信委提交的《促进全市乡镇工业集中区整合提升特色发展的意见》、市财政局提交的《高邮市政府性债务管理暂行办法》《高邮市市级机关会议费管理暂行办法》、市水利局提交的《高邮市水利工程管理办法（修订稿）》、市城管局提交的《高邮市城市环境综合整治三年规划（2013～2015年）》。会议听取市水利局《关于建设“不淹不涝、清水活水”城市的情况汇报》、市城建局《关于珠光路（秦邮路～S333）维修改造工程的相关情况汇报》、市交通局《关于高邮市清水潭湿地旅游度假区东入口主干路工程的相关情况汇报》，并分别提出处理意见。会议还邀请扬州市法制办主任刘柏应给全体与会人员作“依法行政与社会矛盾预防和化解”专题讲座。

第十二次常务会议，12月30日下午举行。会议讨论修改《政府工作报告》，要求围绕2014年城建“双十”重点工程和绿化提升工作，对报告进行认真修改完善；要围绕改革创新，细化工作措施，力求具体化，确保一目了然、落到实处；要对报告中的数字再次认真核对，确保零差错；要充分吸收会上提出的修改意见，认真对报告加以完善。原则同意市经信委提交的《支持鼓励企业进入“新三板”和其他场外市场挂牌上市的政策意见》、市环保局提交的《高邮市生态文明建设规划》、市财政局提交的《关于新一轮乡镇财政体制调整方案》。会议听取市财政局《关于2014年财政预算编制的相关情况汇报》、市交通局《关于我市农村公路提档升级工程的相关情况汇报》、市民政局《关于城乡社区建设的相关情况汇报》、市农委和省引江水利水电设计研究院《关于高邮市运河西堤石工头渔民避风港扩建工程设计方案的相关情况汇报》，并分别提出处理意见。

（史志）

【市政府组成人员全体（扩大）会议】 4月23日上午举行。主要任务是，总结2013年以来工作，部署下一阶段任务，动员政府系统全体人员进一步振奋精神、团结实干、转变作风，打造更加高效、廉洁的政务团队，全力夺取主要经济指标“双过半”的新胜利。副市长钱富强、高长明、朱莉莉、杨文喜、蒋乃华出席会议；市政府各部门、市各直属单位主要负责人和各乡镇乡镇长、各园区管委会主任参加会议，市委办、市人大办、市政协办、市人民法院、市人民检察院以及有关人民团体负责人应邀列席会议。

会上，市长方桂林发表重要讲话。他指出，政府系统全体人员要把抢抓政策机遇摆在重要位置，从头从早从紧，抓好抓细抓实。要振奋精神，积极作为，加快发展，努力实现在沿河地区率先崛起；要深入研究，有效对接，切实把省委、省政府的扶持政策产生的效应最大化，不断催生出新的增长点，转化为现实的生产力；要加强沟通，争取支持，力争更多更优的政策、更多更好的项目，给地方发展带来更多更大的实惠。他强调，全力确保主要经济指标“双过半”和年度目标任务的完成，是当前及今后的一项重要工作。各地各部门要抓住项目建设这个核心，扎扎实实地抓招商、抓建设、抓投产达效。要采取向上争取点供、对内增减挂钩、对下存量盘活的方式，突破制约发展的土地问题，并采取切实有效的措施解决融资问题。要强化督查推进，把市政府排定的年度各项重点工作和目标任务进一步项目化、具体化，认真按照序时加以推进和落实。将动真碰硬对各部门目标任务完成情况进行考核，特别是有关项目建设、招商引资、财政收入等方面的考核。各地各部门要加大单位内部的考核力度，做到以小目标保大目标、以部门目标保全市目标。他要求，政府系统全体人员要主动适应形势，提升工作能力，锤炼过硬作风，真抓实干，奋发有为，勤勉做事，以更加有力务实的行动推动各项工作开展。常务副市长徐永宝主持会议，并就贯彻落实此次会议精神提出要求；高邮地税局、市经信委、三垛镇先后作大会表态发言。

（史志）

【全市依法行政工作会议】 3月7日下午举行。会议的主要任务是，总结2012年全市依法行政工作，部署2013年工作任务，动员全市上下围绕法治政府建设阶段性目标，以提高领导干部依法行政的

意识和能力、提高制度建设质量、加强对行政权力的监督制约和依法化解社会矛盾等为重点，全力推进依法行政工作制度化、规范化和程序化。市人大常委会副主任薛晓寒，市依法治市领导小组办公室负责人、各乡镇乡镇长、园区管委会主任、市各行政执法部门主要负责人和各乡镇(园区)、部门法制科科长或政府法制员参加会议。市委常委、常务副市长徐永宝主持会议并讲话。他指出，要深刻领会党的十八大精神，准确把握法治政府建设新定位；要立足更高水平小康建设，全面推进法治政府建设质态新提升；要奋发有为，努力开创依法行政和政府法制工作新局面。会议通报2012年全市依法行政工作考评等情况，对2012年度全市依法行政工作先进集体和先进个人进行表彰。 (史志)

表48 **2013年高邮市人民政府召开有关工作会议一览表**

时　间	会　议　名　称	主　要　内　容
1月19日	全市国土资源系统总结表彰大会	动员国土资源系统干部职工同心同德，再接再厉，推动国土资源工作再上新台阶
2月25日	全市文化体育工作会议	总结2012年全市文化体育工作，部署2013年工作任务
2月28日	全市食品药品安全工作会议	总结2012年全市食品药品安全工作，部署2013年工作任务
2月28日	全市卫生工作会议	总结2012年全市卫生工作，部署2013年工作任务
3月5日	全市金融工作暨金融生态优秀县(市)创建和打击非法集资工作会议	总结2012年全市金融工作，部署2013年金融工作、省金融生态优秀县(市)创建工作、打击非法集资工作任务
3月8日	全市司法行政工作会议	总结2012年全市司法行政工作，部署2013年工作任务
3月20日	全市交通运输工作会议	总结2012年全市交通运输工作，部署2013年工作任务
3月21日	全市环境保护工作会议	贯彻落实上级环保工作会议精神，部署2013年全市环境保护工作目标任务，强势推进生态文明建设
3月28日	全市民族宗教工作会议	总结2012年全市民族宗教工作，部署2013年工作任务
4月8日	2013年城建"双十"重点工程交办推进会	进一步分解、细化工程任务，强势推进各个城建项目实施
4月20日	全市防震减灾工作会议	贯彻落实全国、省防震减灾工作会议精神，部署2013年全市防震减灾工作任务
7月18日	全市信息安全等级保护工作会议	贯彻落实扬州市信息安全等级保护工作会议精神，部署下一阶段全市信息安全等级保护工作任务
8月7日	全市国有投资建设工程管理工作会议	贯彻落实《关于做好国有投资建设工程监管工作的通知》精神，部署全市国有投资建设工程管理工作任务
8月12日	全市交通重点工作推进会	部署公路照明亮化、农村危桥改造、农村公路提档升级等重点工作任务
9月26日	市区渣土运输车长效管理工作会议	总结城区渣土运输车专项治理工作，部署下一阶段工作任务
11月7日	全市道路交通安全暨信访维稳工作电视电话会议	贯彻省、扬州市有关会议精神，部署全市下一阶段道路交通安全工作、安全生产工作和信访维稳工作任务
12月5日	全市村庄环境整治全域验收督查推进会	通报扬州市对全市村庄环境整治全域考核验收第二次复查情况，部署下一阶段村庄环境整治工作任务

(史志)

政务活动

【惠民十件实事完成情况】 2013年，市十四届人大二次会议审议确定的年度惠民十件实事28项工作任务，在9个职能部门和乡镇、园区的合力推进下，至年底，各项工作取得较好进展。综述如下：

一、城河整治。实施城河整治工程，完成琵琶河、护城河、玉带河、万斤河上段、东门大沟、文游路西以及钓鱼河、长生大沟、支农河、元沟子河、公园大沟、东营大沟等河道的清淤清障，共清理河道长度5.2千米，完成清淤土方、杂物2.3万立方米，为城区安全度汛奠定基础。穿心河整治第一期工程，于2013年7月19日开工建设，于2014年4月中旬完成主体工程整治任务。

二、养老工作。2013年，城乡居民社会养老保险参保覆盖率和基础养老金发放率均达100%。扩大事业单位养老保险范围，全年新进全额拨款事业单位人员153人，已有112人参保。新建居家养老服务站30个。市社会福利中心项目工程一期主体土建完工，装潢工程进度过半，设备安装调试完成，绿化及其他附属配套设施建设正在推进。

三、残疾人工作。市残疾人康复中心工程，于月16日开工建设，于12月8日完成土建工程封顶。新建成并投入使用村、社区残疾人康复室6个。

四、住房保障：全年新建经济适用住房258套，新增廉租住房60套(间)、公共租赁住房728套(间)，改造直管公房危房737户。

五、后街后巷、老小区改造。完成主城区范围内承志桥北街、傅公桥路15号(布厂宿舍)、新河南路、泰山桥南路、运粮巷、东台巷及周边、桑园巷、东后街等39条后街后巷维修改造任务及蝶园新村、奎楼新村、奎楼二村、高沙园等老小区的道路、排水、绿化、亮化、监控等改造出新工程。

六、公共交通。制定符合城乡发展需要的公共交通体系发展规划。规划城市公交线路6条，拟购置公交车辆64辆；城乡客运一体化线路3条，拟购置车辆36辆，规划设置公交停靠站点186处。实现城区及邻近的龙虬镇、卸甲镇大部分居民单程公交出行最大时耗不超过1小时，居民最多一次换乘到达中心城区，城区公交线路300米覆盖率不小于45%，500米覆盖率不小于80%。开通马横线、周八线城乡客运班车，每条线路投放4辆车，每天运行8个班次。增开6条镇村客运专线。启动实施通乡(镇)公路照明亮化工程。

七、停车场公共绿地建设。新建公共停车场2个(蝶园小区停车场、珠光路与纬十五路交叉口西南侧停车场)。完成城区范围内新增绿化面积50万平方米，对现有部分区域绿化实施提升工程。

八、区域供水工程。启动实施城区二水厂扩建工程，当年完成部分区域配水管建设任务。6月中旬，完成40公里支管网改造任务。加强饮用水水质检测，按照每2万人设立1个监测点的要求，共设置监测点52个；全年实施水质检测两次，全部达标。

九、环卫设施建设。城市环卫综合作业中心项目，于6月底进场施工，至年底粪便处理场和机修车间建设完成过半。高邮经济开发区垃圾中转站建成；高邮城南经济新区天骄园垃圾中转站完成施工图设计，将与天骄园四期工程同时配套建设。改造完成城区公厕29座，高沙园公厕、南海公厕结合垃圾中转站改造同步进行。

十、教育工作。秦邮实验小学(原武安中心小学)建设工程于8月份竣工，秋季学期投入使用；甘垛镇澄阳初中(原甘垛镇初中)建设工程于8月份竣工，秋季学期投入使用。将甘垛初中分校整体并入甘垛镇初中。高邮经济开发区九年一贯制学校新建校址确定，工程项目规划报市规委会审批，正在进行可行性审批和初步设计审批；实验小学东校区及附属幼儿园新建工程，于12月24日开工建设。

(陈旭清)

【市人大代表建议办理情况】 2013年，市政府共受理人大代表建议196件，其中涉及农林水利方面的22件、交通供电方面的32件、城建环保方面的45件、财政金融方面的20件、经贸招商方面的15件、科教文卫方面的28件、劳动保障方面的24件、安全法制方面的5件、其他方面5件。至10月，经60个政府职能部门和乡镇、园区的共同努力，已办复所有代表建议，办复率100%。在已办复的人大代表建议中，代表建议被采纳、所提问题已经解决或基本解决的66件，占已办理总数的33.7%；建议被采纳、所提问题正在解决或列入计划逐步解决的118件，占已办理总数的60.2%；建议中所提问题因受财力、政策所限，或其他条件尚不具备，需创造条件逐步解决的12件，占已办理总数的6.1%。代表们对各承办单位的办理方案、办理态度、办理措施以及办理结果表示满意和基本满意率100%。

(陈旭清)

【政协委员提案办理情况】 2013年，市政府共受理承办市政协委员提案206件，其中涉及农林水利方面的24件、交通供电方面的15件、城建环保方面的49件、财政金融方面的12件、经贸招商方面的22件、科教文卫方面的27件、劳动保障方面的25件、安全法制方面的24件、其他方面8件。至10月，经60个政府职能部门和乡镇、园区的共同努力，已办复所有政协委员提案，办复率100%。在已办复的提案中，提案被采纳、所提问题已经解决或基本解决的113件，占已办理总数的56.2%；提案被采纳、所提问题正在解决或列入计划逐步解决的82件，占已办理总数的40.8%；提案中所提问题因受财力、政策所限，或其他条件尚不具备，需创造条件逐步解决的有6件，占已办理总数的3%。市政协委员们对各承办单位的办理态度、办理措施和办理结果表示满意和基本满意率100%。

(陈旭清)

【市政府常务会议决定事项完成情况】 2013年，高邮市政府共召开常务会议9次，讨论决定事项47项。至年底，经过有关部门和乡镇的共同努力，所有事项已按政府常务会议的要求得到落实和解决。

(陈旭清)

【督促检查工作】 2013年，市委、市政府督查室按照年度督查工作意见要求，围绕市委全委会、市政府工作报告确定的重要工作目标任务和市政府全体会议、市政府常务会议、市长办公会议等确定的工作事项，以及全市经济建设、城镇化建设、生态建设、民生工程等重点工作，组织开展决策督察和专项查办，其中对民生幸福工程实行季度督查，年中、年末专项“盘点”，对存在的问题进行梳理分析，及时将落实情况向市领导反馈，确保各项惠民事项落实到位。全年共下发督促检查通知单87份(项)，编发《督查专报》22期，组织开展专题督查11次；办理扬州市交办的督查事项(督查通知单)22项。

(嵇捍平　陈旭清)

【“12345”政府公共服务热线】 2013年，市政府办公室抓好“12345”政府公共服务热线平台运行和管理工作。至年底，“12345”政府服务热线直接接听受理群众来电11 608件，交各网络成员单位办理3279件，办结率99.7%以上。(徐燕)

【《寄语市长》意见办理情况】 2013年，中国高邮网站《寄语市长》栏目，共收到群众来帖8 026件，回复率99.6%以上。群众反映的问题主要集中在环境污染、土地纠纷、拆迁补偿、教育收费、供水供电等5个方面，群众的建议主要集中在医疗卫生、市容环境、城市建设等3个方面。(徐燕)

行政服务

【概况】 市行政服务中心位于市文游中路202号，建筑面积5 000平方米，2002年10月12日建成运行。该中心为市委、市政府派出机构，正科级建制，由管理层和窗口服务层两部分组成。管理层负责对集中审批事项的组织、协调、监督、管理和服务工作，内设办公室、业务科、督查科；窗口服务层由具有行政许可职能相关单位的“窗口”组成，负责对外开展行政审批服务和配套服务。至2013年年底，该中心实现全市35个具有行政审批职能部门全覆盖，其中有28个部门进驻该中心集中办公、7个部门委托该中心综合窗口办理有关行政审批事项，下设13个分中心，共有工作人员86人；该中心及分中心可受理各类行政审批事项233项，行政审批事项进驻率96.3%；部门对该中心及分中心“窗口”行政许可办理授权率90.4%。(罗明之)

【办结行政许可与服务事项26万件】 2013年，市行政服务中心及分中心共受理各类事项26.65万件，办结26.63万件，办结率99.9%。共收取行政事业性收费和政府基金等各项规费11 278万元，征收土地和房产交易契税10 220万元、车辆购置税9 088万元。(罗明之)

【实施行政审批服务“八个一”工程】 2013年，市行政服务中心为规范行政审批服务行为，提高行政审批服务效率，启动实施行政审批服务“八个一”工程，即建立健全“一站式”行政服务工作机制、“一网式”三级联动服务机制、“一表制”企业注册登记系统、“一费制”项目办理扎口收费机制、“一条龙”重大项目审批绿色通道制度、“一揽子”重大问题综合协调联审会办机制、“一门式”联合办理服务机制、“一窗式”重大工业项目全程代办服务制度，进一步优化投资发展环境。

(史志　罗明之)

【内部考核、管理工作】 2013年，市行政服务中心在坚持执行既有的各项内部考核、管理制度的同时，针对“窗口”服务工作，增加推行一次性告知制和收件回执制。该制度要求“窗口”工作人员必须严格履行对办事者的一次告知义务，便于该中心对窗口受理事项的跟踪、督查、催办及对相关工作人员的责任追究。(罗明之)

外事工作

【概况】 2013年，全市共审核申报因公出国(境)团组22批46人次，其中高邮市组团5批27人次，非高邮市组团17批19人次；拒批出访团组5批9人次。组织境外培训19人次；接待到高邮市访问的澳大利亚、韩国等外籍人士200人次。(厉小平)

【美国《探索频道》摄制组到高邮市选点拍摄】 4月8日，美国《探索频道》系列片《生活科技大解密》摄制组在扬州市拍摄“大运河”专题片期间，到高邮市选点拍摄，并分别在盂城驿、镇国寺和古运河遗址等处进行拍摄。(厉小平)

【高邮市政府经贸团赴日本、韩国招商】 6月，市委书记韩方率高邮经济开发区、市科技局、高邮镇相关人员分别赴日本、韩国参加2013中国扬州(东京)合作恳谈会和中国扬州(韩国)合作恳谈会。在日本期间，经贸团拜访杰士汤浅公司，洽谈蓄电池合作项目，并与粹元公司就单晶硅项目合作交换意见。在韩国期间，经贸团与韩国一洋药品株式会社就抗白血病Ⅰ类新药项目的增资进行洽谈，并与OCI公司洽谈多晶硅升级改造项目。两场合作恳谈会，为该市外向型经济发展增添后劲。(厉小平)

【澳大利亚亚历山德拉学院与高邮中学师生交流互访】 4月，澳大利亚亚历山德拉学院师生代表团一行61人，到高邮中学进行为期两周的交流访问。8月2～15日，高邮中学师生代表团一行34人(其中学生30人)，赴澳大利亚亚历山德拉学院访问。此次互访是两校师生代表第14次交流互访。(厉小平)

【高邮市第一中学与韩国居昌大成高等学校师生交流互访】 7月，高邮市第一中学教育交流团一行25人，赴韩国居昌大成高等学校交流访问。12月，韩国居昌大成高等学校师生代表团一行26人，到高邮市第一中学进行研修访问。此次交流互访是两校第五次交流互访。(厉小平)

【美国驻华使馆法律顾问到高邮市人民法院旁听庭审】 8月30日，经最高人民法院批准，美国驻华使馆法律顾问雷心义在省、扬州市检察院工作人员

陪同下，到高邮市人民法院旁听1起刑事案件的庭审，并对庭审过程给予高度评价。（厉小平）

【澳大利亚汉密尔顿市市长到高邮访问】 10月12～14日，澳大利亚南格莱片郡汉密尔顿市市长阿尔伯特·卡瓦诺一行6人到高邮访问。高邮市市委书记韩方会见阿尔伯特·卡瓦诺一行。访问期间，阿尔伯特一行与高邮市磋商合作办学事宜。此次访问进一步推动两城间交流与合作。（厉小平）

【中国人民解放军空军指挥学院外国军官团到高邮市参观考察】 11月15日，中国人民解放军空军指挥学院副院长朱和平少将率由45个国家、137名外国军官组成的军官团，到高邮市参观考察。期间，军官团分别参观菱塘回族乡回民小学、古清真寺和部分回民家庭。市委常委、市纪委书记朱勇，副市长、市公安局局长高长明和副市长杨文喜接待考察团一行。（厉小平）

侨　　务

【概况】 2013年，市外侨办共接待到高邮参观考察、经贸洽谈的华侨华人、港澳同胞及海外客商35人（次），拜访重要侨商12人（次）；向海外发送招商资料、贺卡、信函、电子邮件等100份；走访慰问归侨、侨眷、回乡探亲侨港胞和侨资企业负责人20户（人），接待来信来访25件（次），并妥善处理。（厉小平）

【“聚侨心、送温暖”活动】 1月，市外侨办开展“聚侨心、送温暖”活动，走访慰问归侨3名、困难侨眷家庭15户，发放慰问品及慰问金计1.2万元。扬州市侨办、扬州市侨联专程到高邮慰问印尼归侨邹桂兰。（厉小平）

【海外高层次人才江苏行活动】 6月17日，市外侨办承办由省侨办组织的海外高层次人才江苏行高邮段活动。根据省侨办工作要求，市侨办梳理高层次人才相关资料，推荐给各开发园区及相关企业进行麟选。此次活动共有4名海外高层次人才与高邮市对接洽谈相关合作事宜。（厉小平）

【海外江苏之友活动】 10月11日，市外侨办参加由省侨办主办、扬州市侨办协办的“海外江苏之友”活动。活动期间，有14名重要海外华商到高邮参观考察，与高邮市经济开发区进行项目对接。（厉小平）

【加拿大亚洲商会到高邮考察】 10月18日，加拿大亚洲商会会长刘裕佳到高邮考察，商讨高邮市与加拿大魁北克省魁北克市建立国际经济联盟合作城市事宜。市委副书记金春林、扬州市侨办副主任李越平陪同考察。（厉小平）

【高邮中学颁发4项华人华侨捐助的奖助学金】 9月20日，高邮中学举行集中颁奖仪式，颁发9项奖助学金，其中有4项奖助学金由华人华侨捐助，分别是“丁辅臣升学奖助金”“张绍徐奖学金”“顾锡镛奖学金”和“王汝功奖学金”。此次颁奖，该校有16名学生共获“丁辅臣升学奖助金”1.6万元，16名学生共获“张绍徐奖学金”8 000元，14名学生共获“顾锡镛奖学金”7 000元，15名学生共获“王汝功奖学金”1.5万元。（顾福军）

【市第一中学颁发“沈母王太夫人奖学助教金”】 11月24日，市第一中学举行全校师生大会，颁发“沈母王太夫人奖学助教金”，有2名教师和46名学生共获奖学助教金1.02万元。此次颁奖为该奖项第22次颁奖。（缪真义）

台湾工作

【概况】 2013年，市台办积极开展为台湾同胞服务工作，促进对台交流交往，加大台资引进力度。全年办理公务、商务团组赴台审批手续5批、17人次，走访调研台资企业20家，处理台商来信来访15件，协助台商解决各类难题20多件，邀请7名客商参加第六届中国邮文化节，签订意向性协议2项，促成合作项目1项。（徐晓明）

【方桂林率团赴台湾考察】 5月21～28日，高邮市市长方桂林率团赴台湾宜兰县、台东县开展经贸考察。考察团一行与台湾温泉协会负责人及地热开发、温泉度假经营从业者进行座谈，参观池上稻米种植基地、观光农场、原生态应用植物园和达方电子股份有限公司、南侨集团、群光电子股份有限公司等企业，并与台湾企业签订投资合作协议4项，投资额3850万美元。（徐晓明）

【市台属联谊会理事扩大会议】 3月10日、7月25日，市台办先后两次组织召开市台属联谊会理事扩大会议。组织台属学习党的十八届三中全会精神，参观台资企业，动员全市台属与在台亲友联系，引导在台亲友参与高邮社会经济建设。（徐晓明）

【台企座谈会】 3月15日，市台办组织高邮市部分台企负责人召开座谈会。会上，市台办认真听取各企业负责人的意见和建议，并于会后及时与有关单位联系，协助解决涉企相关问题。（徐晓明）

【涉台知识宣传】 5月，市台办与高邮镇联合开展对台政策法规及赴台商务、探亲、旅游知识宣传活动。期间，开辟社区宣传橱窗专栏3期、悬挂横幅10条、发放宣传资料1 500份，接受知识普及群众2 000多人。（徐晓明）

【“四个一”活动】 2013年，市台办面向全市台属开展“四个一”活动，即写一封信、邀请亲属回乡探亲一次、介绍一个项目、引进一笔资金，动员台属向台湾亲友推介高邮，促进台属为全市社会经济发展献计出力。（徐晓明）

政协高邮市委员会

Gaoyou Committee of the People's Political Consultative

导读

重要会议

【市政协第十二届委员会第二次会议】　1月15～17日举行。应到会委员259名，出席会议政协委员251名。市委、市人大常委会、市政府领导干部以及市人民法院、市人民检察院的主要负责人应邀参加会议，往届市政协负责人，高邮经济开发区、高邮城南经济新区、扬州菱塘光电科技产业园区主要负责人，各乡镇党委书记，市各部委办局（公司）主要负责人，省、扬州市政协在高邮的委员，市政协各委办负责人、政协社团负责人以及市政协机关、市委统战部离退休人员应邀列席会议。会议期间，与会人员听取市委书记韩方在开幕式上所作的《聚焦发展，聚力实干，奋力推进高邮在周边地区率先崛起》的重要讲话，听取并审议市政协主席倪文才所作的《政协高邮市第十二届委员会常务委员会工作报告》、市政协副主席李春青所作的《政协高邮市第十二届委员会常务委员会关于提案工作情况的报告》；列席市第十四届人大第二次会议，听取并讨论市长方桂林所作的《政府工作报告》和其他有关报告，提出许多积极的意见和建议；举行大会发言。会议通过市政协常务委员会工作报告和提案工作情况报告；通过《中国人民政治协商会议江苏省高邮市第十二届委员会第二次会议决议》；市政协主席倪文才作闭幕讲话。

会议收到委员提案220件，经审查立案210件，由市政协提案委员会会后交由市政府及相关单位办理。　（张旭）

【市政协第十二届常委会议】　2013年，市政协第十二届常委会共召开常委会议5次。

第四次会议，1月17日举行。会议听取各讨论组讨论情况汇报，审议通过《市政协十二届二次会议决议（草案）》，讨论并通过2013年政协工作要点及2013年常委会议协商议题、主席会议协商议题和视察专题。市委常委、常务副市长王正年应邀参加会议。

第五次会议，3月29日举行。会议听取市政府《关于全市中心镇建设工作情况的通报》和市政协专题调研组所作的《加强中心镇建设，促进城乡统筹发展》专题调研报告，并分组进行讨论。会议建议：突出规划引领，使规划与土地利用、产业发展、交通路网和供排水、供电、环保等专项规划相衔接；强化产业支撑，立足镇情，打造符合自身特色、有发展空间的产业；着力推进基础设施建设，进一步发掘中心镇的文化内涵；加强组织领导，在制定和出台相关扶持政策的基础上，加大督查力度，确保落实到位，调动一切积极因素，大力推进中心镇建设。会前，与会人员还视察重点中心镇三垛镇、卸甲镇的建设现场。市委常委、常务副市长徐永宝到会并讲话。市政协主席倪文才在会议结束前讲话。会议协商通过有关人事事项。市政府办、市城建局、市规划局、市新农办、市发改委、市城管局、市水利局、市国土局、市交通局、市财政局和三垛镇、卸甲镇、菱塘回族乡、临泽镇、界首镇负责人，市政协各委办负责人、各乡镇政协工委主任列席会议。

第六次会议，6月25日举行。会议听取市政府《关于全市重大项目建设情况的通报》和市政协专题调研组所作的《加快重大项目建设步伐，努力实现质量与效益同步提升》的专题调研报告，并分组进行讨论。会议建议：加大组织和行政推进工作力度；加大强势推进招商引资的工作力度；加大项目包装与向上争取的工作力度；加大化解项目要素瓶颈的工作力度；加大项目竣工投产达效的工作力度；加大优化行政服务效能的工作力度。会前，与会人员视察中信戴卡、振兴铝业、波司登世贸国际广场等项目建设现场。市长方桂林到会并讲话，副市长高长明应邀参加会议。市政协主席倪文才在会议结束前讲话。市政府办、高邮经济开发区、高邮城南经济新区、扬州菱塘光电科技产业园区、市发改委（重大办）、市经信委、市农委、市服务业发展局、市城建局、市商务局、市国土局、市环保局、市行政服务中心、市金融办、市供电公司负责人，市政协各委办负责人、各乡镇政协工委主任列席会议。

第七次会议，9 月 29 日举行。会议听取市政府《关于加快历史街区保护性开发工作的通报》和市政协专题调研组所作的《加快历史街区保护性开发，提升历史文化名城品位》的专题调研报告，并分组进行讨论。会议建议：强化对历史文化名城保护的认识，进一步营造全社会参与名城保护的氛围；将历史文化街区保护性开发工作列入每年的城建重点工程，全力做好历史文化街区的保护；制定历史文化名城保护管理办法，防止历史文化的流失。会议还听取市政府办关于市政协十二届二次会议以来的提案办理情况的通报，协商通过有关人事事项。副市长钱富强到会并讲话。市政协主席倪文才在会议结束前讲话。市政府办、市发改委、市城建局、市文广新局、市规划局、市财政局、市旅游局负责人，市政协各委办负责人、各乡镇政协工委主任列席会议。

第八次会议，12 月 25 日举行。会议听取全市经济工作、党风廉政和机关作风建设工作情况的通报；听取市政府办《关于政府工作报告（征求意见稿）起草情况的说明》，协商通过《政协常委会工作报告（讨论稿）》、《提案工作报告讨论稿》、市政协十二届三次会议方案、政协委员调整方案和有关人事事项。市委常委、常务副市长徐永宝应邀参加会议。市政协主席倪文才在会议结束前讲话。市纪委、市政府办、市委统战部负责人，市政协各委办负责人、各乡镇政协工委主任列席会议。　（张旭）

【市政协第十二届委员会主席会议】　2013 年，市政协第十二届委员会共召开主席会议 7 次。

第六次会议，2 月 27 日举行。专题协商就业工作。与会人员视察车逻镇劳动和社会保障所、高邮镇挡军社区劳动保障工作站及市人力资源市场，听取市人社局《关于全市就业工作发展情况的通报》和市政协社会与法制委关于《完善服务体系，提高就业质量》的调研报告。会议建议：进一步加强对全市劳动力需求的调研和统计，继续引导在外务工人员返乡就业，加大自主创业的支持力度，引导企业稳定职工队伍，改革、完善职工培训的方式和内容。副市长蒋乃华应邀参加会议。市政协主席倪文才在会议结束前讲话。市政府办、市财政局、高邮经济开发区、高邮城南经济新区、高邮镇、车逻镇等乡镇、园区和部门分管负责人，市政协各委办负责人列席会议。

第七次会议，4 月 27 日举行。专题协商农村小额贷款公司发展工作。与会人员视察高邮市中信农村小额贷款有限公司、高邮万顺农村小额贷款有限公司，听取市金融办《关于全市农村小贷公司发展情况的通报》和市政协经济和科技委关于《促进我市农村小额贷款公司健康规范发展》的调研报告。会议建议：进一步加大对小贷公司的扶持力度，落实好相关政策，积极为小贷公司向上争取更多的政策扶持，创造小贷公司健康发展的良好环境。副市长朱莉莉应邀参加会议。市政协主席倪文才在会议结束前讲话。市政府办、市金融办、市经信委、市委农工办、市财政局、高邮工商局、人行高邮市支行等部门单位负责人，市政协各委办负责人列席会议。

第八次会议，5月22日举行。专题协商预防职务犯罪工作。与会人员视察市地税局、市国土局等部门的预防职务犯罪工作现场，听取市人民检察院《关于近年来预防职务犯罪工作开展情况的通报》和市政协社会与法制委关于《完善监督预防机制，推进预防职务犯罪工作》的调研报告。会议建议：从已经发生的案件中研究职务犯罪的预防问题；推进制度建设，加大公开、透明力度；发挥预防职务犯罪工作委员会更大作用，营造更加良好的政务环境。副市长高长明应邀参加会议。市政协主席倪文才在会议结束前讲话。市监察局、市国税局、市地税局、市国土局、市城建局、市水利局、市卫生局等部门负责人，市政协各委办负责人列席会议。

第九次会议，7 月 30 日举行。专题协商加强基层医疗队伍建设工作。与会人员视察卸甲镇卫生院、市第三人民医院，听取市卫生局《关于我市基层卫生队伍建设情况的通报》和市政协教委文史委关于《加强基层医疗队伍建设，提高农村医疗卫生水平工作》的调研报告。会议建议：优化布局，通盘考虑基层医疗布点与人员配置；进一步加大政策扶持力度和改善基层机构运行补偿机制；创新人才培养形式，大力开展市级医疗机构对口支援活动。副市长钱富强应邀参加会议。市政府办、市卫生局、市财政局、市人社局、市编办等部门负责人，市政协各委办负责人列席会议。

第十次会议，8 月 27 日举行。专题协商生态环境长效管理工作。与会人员视察高邮经济开发区污水处理厂、三垛镇南水北调工程水质自动监测站，听取市环保局《关于全市生态环境长效管理工作情况的通报》和市政协人口资源环境委关于《加强生态环境长效管理，巩固生态市创建成果》的调研报告。会议建议：进一步营造生态建设的良好氛围；创新生态市建设的多元投入模式；推进节能减排培育生态经济；加大农村环境综合整治力度；完善生态建设的长效管理机制。副市长朱莉莉应邀参加会议。市政协主席倪文才在会议结束前讲话。市政府办、市环保局、市委农工办、市水利局、市农委、市城建局、市城管局、市财政局、市公安局等部门负责人，市政协各委办负责人列席会议。

第十一次会议，10 月 29 日举行。专题督办重点提案办理工作。与会人员视察苏中农贸城、穿心河整治工程、市第二人民医院，听取市城建局《关于一号重点提案办理情况的通报》、市政府办《关于二号重点提案办理情况的通报》、市公安局《关于三号重点提案办理情况的通报》、市金融办《关于四号重点提案办理情况的通报》、市水利局《关于五号重点提案办理情况的通报》和市政协提案委关于 2013 年提案工作情况的介绍。市委常委、常务副市长徐永宝应邀参加会议。市政协主席倪文才在会议结束前讲话。市政协各委办负责人列席会议。

第十二次会议，11 月 27 日举行。专题协商农业产业化经营工作。与会人员视察市红九星鸭业专业合作社、市戚伍水产食品有限公司、江苏绿科生物技术有限公司、市秦邮生物科技有限公司，听取市农委《关于我市农业产业化经营工作情况的通报》和市政协城乡联络委关于《推进农业产业化经营，提升农业综合竞争力》的调研报告。会议建议：大力发展多种形式的规模性农业产业化经营，在促进农业增效、带动农民增收上下功夫，增加集体收入；继续做大做强农业龙头企业，使农业龙头企业真正成为广大农户致富的“龙头”和实现农业现代化的“火车头”；鼓励和引导工商资本到农村发展种植养殖业，进一步提升全市农业产业化经营水平。副市长杨文喜应邀参加会议。市政协主席倪文才在会议结束前讲话。市政府办、市农委、市委农工办、市农机局、市农开局等部门负责人，市政协各委办负责人列席会议。 （张旭）

主要工作

【政协委员视察活动】 2013 年，市政协按界别和视察主题，组织相关政协委员开展专题视察活动 9 次。

3 月 19 日下午，视察全市统计工作。参加活动人员听取市统计局关于全市统计工作的情况通报，并进行议论协商。建议：统计工作要在增强数据的真实性、工作的预见性、手段的先进性等方面继续努力。

4 月 16 日下午，视察全市民族宗教工作。参加活动人员听取市民宗局关于全市民族宗教工作情况的通报，并进行议论协商。建议：要进一步强化民族宗教政策宣传工作，进一步加大民族宗教事务管理力度，加大投入改善办公条件。

5 月 15 日下午，视察全市休闲旅游业工作。参加活动人员听取市旅游局关于全市休闲旅游业发展情况的通报，并进行议论协商。建议：要注重景区文化内涵的挖掘、基础设施和周边环境的打造；要加大资金、政策的支持力度、有关问题的协调速度和招商引资力度，实行公司化运作，注重高邮整体旅游发展的规划和策划。

6 月 14 日下午，视察全市农村建筑市场监管工作。参加活动人员先后视察汤庄镇、三垛镇的建筑施工现场，听取市建管局关于全市农村建筑市场管理工作情况的通报，并进行议论协商。建议：乡镇党委、政府要增强规范建筑程序的意识；市政府、镇政府要保证市、乡两级建筑管理部门正常管理工作经费；市建管局要依法管理，创新管理方式。

7 月 23 日下午，视察全市道路交通安全工作。参加活动人员先后视察城区道路交通情况以及天山交巡警中队，听取市公安局关于全市道路交通安全工作情况的通报，并进行议论协商。建议：要通过监控来强化道路交通安全的监管，提高工作成效；要进一步加强对重点车辆、重点路段、重点人员问题的整治；要推进道路交通安全社会化管理。

8 月 14 日下午，视察全市质监工作。参加活动人员先后视察江苏省道路照明灯具产品质量监督检验中心、高邮计量所，听取高邮质监局关于全市质监工作情况的通报，并进行议论协商。建议：进一步注重品牌的培育和标准化战略的推进；坚持安全底线，筑牢防范大堤，特别要在食品安全、特种设备安全、重点产品质量安全上增强防范意识。

11 月 12 日下午，视察全市城建“双十”重点工程工作。参加活动人员先后视察北关河风光带二期及湿地公园、文游台东南角立面整治改造、穿心河沿线整治、南门大街整治改造、社会福利中心、智慧大厦、环卫作业中心等工程现场，听取市城建局关于城建“双十”重点工程进展情况的通报，并进行议论协商。建议：进一步推进城建“双十”重点工程建设，及早谋划明年“双十”重点工程建设的重点；加大推进城建“双十”重点工程的组织力度，高度重视城建重点工程建设的质量，努力将工程建设成经得起检验的安全工程、优质工程和精品工程。

11 月 20 日下午，视察全市人口计生工作。参加活动人员听取市人口计生委关于全市人口计生工作情况的通报，并进行议论协商。建议：准确掌握并宣传好“单独二孩”新政策，逐步化解计划生育工作的重点、难点问题，切实加强对流动人口计生服务管理和基层工作的检查指导，全面掌握基层计生工作情况，进一步提高我市人口素质。

12月9日下午，视察全市水利工作。参加活动人员视察北澄子河闸站、南水北调水源调整、淮河入江水道整治等工程现场和卸甲水务站服务体系建设现场，听取市水利局关于全市水利工作情况的通报，并进行议论协商。建议：要以预防洪涝灾害为目标，继续做好相关水利工程；以供水与治污为重点，提高水环境质态；进一步加大水利工作宣传力度，加强水利文化建设。（张旭）

【5件重点提案办理情况】 3月12日，市政协主席办公会议确定对全市经济发展和社会进步有重要影响的重点提案5件。3月下旬～11月中旬，在市政协主席、分管副主席和专委会督办下，经市城建局、市政府办、市公安局、市金融办、市水利局等5家主办单位和市发改委、市财政局、市文广新局、市地税局、市公安局、市卫生局、高邮工商局、市民政局、市残联、市农委、市城管局、市城建局、市交通局、高邮镇、高邮经济开发区、高邮城南经济新区等16家协办单位的努力下，该5件重点提案全部办结。办理情况综述如下：

1.《以盂城驿扩容为中心，加快实施城南历史文化街区整治工程》（黄平）。市城建局积极会同协办单位，迅速落实施工单位组织施工。在盂城驿北侧新建一座开放式花园；在东侧按照盂城驿历史上既有的餐饮、住宿功能，新建以高邮民居建筑风格为主的秦邮公馆；对运粮巷、盐堂巷、南门大街等区域进行整治。整个工程占地面积6 900平方米，总建筑面积1 446平方米。

2.《关于建立以苏中农贸城为中心的农产品批发市场的提案》（陈富权）。市政府办充分发挥牵头作用，组织相关职能部门，开展以城区零散水产交易和罗氏沼虾入场交易为重点的整治活动，并制订改造方案和管理办法，积极推进城区农产品批发交易向苏中农贸城集聚。

3.《关于进一步加强易肇事肇祸精神病患者管控的几点建议》（毛振洋）。市政府办及时制定出台《关于进一步加强精神病患者救助工作的意见》和《全市精神病患者救助工作实施细则》，设立专项救助基金，明确对各类精神病患者救助流程。市公安局加强肇事肇祸精神病人动态排查，建立管控数据平台，落实分级管控责任，确保底数清，情况明，不漏管，不失控。

4.《凝心聚力谋发展，推动企业快上市》（吴雁平）。市金融办会同市发改委、市经信委认真排查出近20家上市后备企业，帮助协调解决企业上市过程中遇到的各种矛盾和困难，推动更多企业满足上市基本要求。

5.《加快水系配套设施建设步伐，提升城区防洪排涝功能》（徐进）。市水利局全面开展城区防洪排涝各项基础设施建设、养护工作；精心编制城市防洪排涝的各项规划与计划，对老城区穿心河、玉带河等下排不畅的河道进行高标准的拓宽整治。

（张旭）

【提案办理】 市政协十二届二次会议期间，共收到市政协委员提案220件，经审查立案210件，其余10件作为人民来信处理。在立案的提案中，有5件作为重点提案由市政协直接督办，其余提案分别交由市委、市政府的65个部门和有关乡镇（园区）办理。至12月底，所有提案全部办结。从办理情况看，提案已经解决或基本解决的114件，占54.3%；列入计划逐步解决的90件，占42.8%；因种种原因暂时难以解决的6件，占2.9%。从征询提案人意见情况看，委员对提案办理方案和态度满意的201件，基本满意的9件；对提案办理效率和效果满意的195件，基本满意的15件。（张旭）

【委员活动周】 5月6～12日，市政协开展"委员活动周"活动。此次活动以"为改善民生建言献策"为主题，认真贯彻落实市委十届五次全会精神，充分发挥委员联系群众的纽带作用，组织和发动全市政协委员紧扣2013年城建"双十"工程建设、2013年"1号文件"落实等方面，广泛听取、收集、反映社情民意。市政协委员们通过走访、座谈、调研等多种形式，累计收到有价值的意见和建议246条。市政协办公室按照经济建设、城建城管、民生和社会事业、新农村建设4个方面，摘编成《社情民意》专刊，供市委、市政府及有关部门决策参考。（张旭）

【举办"政协论坛"】 9月27日下午，市政协举办推进高邮在沿河新一轮发展中率先崛起主题论坛。市委、市人大常委会、市政府、市政协主要负责人和有关分管负责人，市政协常委和市政协各委办、各乡镇政协工委负责人及部分市政协委员出席论坛。

市政协副主席李春青主持论坛。市委书记韩方作讲话。他在充分肯定此次论坛的理论研究成果后希望，市政协在加强理论研究的同时，进一步创新论坛形式，打造论坛品牌，让党政干部从中学到新的做事方式和方法；同时希望政协委员们发挥独特优势，察真情、建真言、出实招、求实效，汇聚各方智慧、凝聚各方力量，进一步推动高邮在沿河新一轮发展中率先崛起。此次论坛共形成调研文章35篇，其中论坛围绕重大项目、文化发展、新型城镇化建设、现代农业、财源建设等方面安排发言文章10篇。

（张旭）

国 防·法 治

National Defense·Rule of Law

导读

人民武装

【概况】 2013年，市人武部按照"能打仗、打胜仗"要求，以强军目标为牵引，抓好党委班子岗位练兵和民兵应急队伍训练；推进军事斗争准备，开展形势战备教育，细化应急方案预案，落实战备值班，抓好民兵情报信息队伍建设，突出抓好重要敏感时期和重大节日战备工作；组织广大民兵做好抗洪抢险和防台防汛等应急准备、参与重大活动治安维稳以及秸秆禁烧巡逻执勤、投身"7·7"龙卷风抢险救灾等急难险重任务；加强队伍建设，出台《关于加强民兵重点分队党支部建设意见》《关于市委党建工作考评中人武工作考核的实施办法》，做好乡镇区划调整期间武装机构设置和专武干部配备工作，对全市58名专武干部进行资格认证考核；高标准完成民兵整组任务，民兵组织建设规模、布局更加科学合理，民兵队伍遂行多样化军事任务能力进一步提升。市人武部被江苏省军区表彰为部所挂钩先进单位、被江苏省军区司令部表彰为民兵情报信息工作先进单位，市人武部政委白江被江苏省军区政治部表彰为对台宣传二等奖。（周曰彪）

【征兵工作】 2013年，市人武部征兵时间由往年的冬季调整到夏秋季。8月1～6日，市征兵办严格按照新兵征集有关要求，组织应征青年进行体检，并经过各职能部门共同努力，顺利完成新兵征集任务361人(含女兵4人)，所征新兵综合素质进一步提高。在征兵工作中，市人武部制定"廉洁征兵"规章和细则，设立举报信箱，公开举报电话，明确征兵责任"倒查"机制。加强对体检、政审和征兵工作人员的管理；强化检查督导，军地联合组织明察暗访，对廉洁征兵工作进行专项检查，做到及时发现及时整改，整个征兵过程未发生一起违规违纪事件。8月，江苏省人民政府征兵办公室《征兵快讯》刊载市人武部撰写的《高邮市设定"红线"抓廉洁征兵》，介绍高邮市开展廉洁征兵工作的经验做法。（周曰彪）

【武器弹药转运】 8月16日上午，市人武部严格按照既定的武器弹药转运方案、计划和安全风险评估及相关应急处置预案的要求，出动4部车辆，由该部主要负责人带队指挥，机关全体干部职工参与搬运及押运，将该部兵器室内的武器、弹药全部安全转运至扬州市民兵武器装备仓库。（周曰彪）

【专武干部队伍建设】 9月，市人武部根据新调整的乡镇区划，及时对所属14个乡镇的专武部长进行调整任命，确保专武干部队伍稳定。（周曰彪）

【专武干部资格认证】 12月19日，市人武部联合各乡镇(园区)及有关部门，以提高专武干部岗位任责能力为目标，组织开展全市乡镇(园区)、机关企事业单位武装部的专武干部资格认证考核工作，共有58人参加，通过率100%。（周曰彪）

【"7·7"龙卷风灾抢险救援】 7月7日17时10分左右，高邮市遭遇雷雨大风和局部龙卷风天气袭击，导致三垛镇、卸甲镇、横泾镇出现大量民房和基础设施受损。灾情发生后，市人武部部长付有根、政委白江第一时间赶赴受灾现场，迅速启动应急预案，组织市人武部干部职工和所属乡镇民兵应急分队90多人，开展抗灾救援行动，在核查灾情、抢救伤员、疏通道路、转移物资和疏散安置受灾群众等方面，发挥积极的作用。（周曰彪）

人民防空

【概况】 2013年，市人协办按照"长期准备、重点建设、平战结合"的方针，坚持人防工作与经济建设相协调，与城市建设相结合，与防灾减灾和应对突发事件相兼容，围绕年度目标任务和重点工作，全面加强人防工程建设、指挥通信建设和人防宣传教育。全年征收人防建设资金1 341万元。（余富祥）

【人防工程建设】 2013 年，全年新立项人防工程 8 个，立项面积 5.03 万平方米；开工人防工程 12 个，面积 4.09 万平方米；竣工人防工程 7 个，竣工面积 1.65 万平方米。（余富祥）

【指挥通信警报建设】 2013 年，全市新增固定警报器 2 台，城区警报音响覆盖率 95%以上。重新修订《高邮市人民防空预定方案》，通过省专家组评审。人防专业队训练基地在市国防园挂牌。完成人防专业队整组并组织训练。组织完成人防综合数据采集工作。（余富祥）

【防空警报试鸣】 10月29日10时，随着副市长徐永宝一声令下，城区警报器同时响起，至10时15分结束。在防空警报试鸣前期准备阶段，通过市电台、市电视台、市新闻信息中心发布公告，对各警报设置点管理人员进行培训，保证警报试鸣安全顺利进行。警报试鸣期间，全市生产、生活正常进行。（余富祥）

【学校民防教育】 2013 年，在全市 24 所初级中学中开展民防知识教育，受教育学生6 500人，开课率 100%。4 月，市人防办联合教育局对各初级中学开展民防知识教育情况进行抽查。（余富祥）

【人防进社区】 2013 年，继续完善社区人防工作站建设，发挥社区人防工作站宣传平台作用，引导社区开展人防(民防)宣传活动。组织社区开展人防法治宣传周活动。康华社区举办"民防之夜"文艺晚会。（余富祥）

社会管理综合治理

【概况】 2013 年，全市政法工作围绕服务全市发展大局，履行维稳工作职能，推进平安、法治和政法队伍建设，健全国安工作组织网络，社会治安综合治理工作取得明显进展。（詹明）

【市国家安全领导小组办公室成立】 5 月，经市委常委会研究，决定成立高邮市国家安全领导小组办公室，并建立市国安联席会议工作机制，主动搜集影响国家安全和社会政治稳定的重大敌社情。该办公室挂牌于市政法委，工作人员、经费、办公场所和设施全部落实，同时在全市重点乡镇和部位组建由 22 人组成的群众国安信息员队伍。至年底，该办公室结合"六五"普法开展国安社会化、常态化宣传教育活动，累计向社会层面发放《中华人民共和国国家安全法》、反邪教等内容的宣传资料1 600多份。（詹明）

【高邮市"技防城"建设通过省级验收】 （详见《国防·法制》篇目《公安》分目）

【乡镇、村(社区)社会管理服务平台建设】 该平台建设被市政府列为全市 2013 年民生重点项目工程。在各地、各有关部门的有效推动下，该平台建设工程取得较大进展。至年底，乡镇社会管理服务中心建成率 90%，村(社区)"一站式"社会管理服务中心建成率 94.3%，均超额完成年度目标任务；"一委一居一站一办"组织架构建设全面推进，城市社区和乡镇社区覆盖率分别为 95%、63%；社区网格化服务管理新模式加快推广，城区 18 个社区实现全覆盖。（詹明）

【法治文化系列宣传】 2013 年，全市组织开展法治文化系列宣传活动，巩固法治县(市)创建全省和全国先进成果，提升群众对全市法治建设满意度。全年先后组织开展'法制'广场、法治周末大舞台、法治书画摄影展、法治征文、法治论坛等各类活动 12 场次，参加活动群众2 000多人次。（詹明）

【市法治文化研究会成立】 3 月，市法治文化研究会成立，挂牌于市委政法委，选举市委常委、政法委书记徐健担任会长。该研究会的设立，旨在加强全市历史文化、邮驿文化与法治文化的有机融合和相互渗透，通过挖掘历史文化名城的深厚底蕴，开展富有特色的法治文化理论研究，创作面向大众的法治文化产品，举办寓教于乐的法治文艺演出，培育地域特色鲜明、影响力广泛的法治文化品牌，为法治高邮建设创造良好的法治精神境界和社会人文氛围。（詹明）

【"千警求谏、政法护航"系列活动】 7 月，市委政法委牵头组织全市政法系统各部门深入企业、项目开展"千警求谏、政法护航"活动。市政法委出台《全市政法机关服务发展服务重大项目建设四项承诺》，诚邀新闻媒体监督并主动受理法律咨询和违法行为投诉，确保咨询必有答、投诉必有果。牵头组织市经信委、市工商联、市总工会等有关部门建立"法企合作"联席会议制度，开展"法律服务顾问园区行"活动，重点研判经济发展、重大项目建设以及重点企业和行业经济运行隐患，强化企业依法经营和防范法律风险意识，帮助企业化解发展难题。通过活动开展，市人民法院全年共妥善处置涉企纠纷 2800 多件，帮助企业挽回经济损失 3.4 亿元；市公安局破获公安部挂牌督办"1·22"虚开增值税发票案，涉案金额 1.32 亿元；市司法局办理法律援助案件 759 件，为职工讨回欠薪 320 万元。（詹明）

公　安

【概况】 2013 年，全市公安机关加强平安高邮建设，做好新形势下群众工作，着力提升打击效能、防控效能、基础效能和信息化建设应用效能，保持公安工作和队伍建设稳步增长的良好势头，确保社会治安大局持续稳定。全年共发生刑事案件3 145起，破获1 435起。其中，发生“八类”案件41起，破获40起；发生现行杀人案并及时破获1起。全年共受理治安案件4 442起，查处4 442起；发生各类上报交通事故57起、死亡46人，分别下降17.4%、2.12%；发生火灾事故27起，下降37.2%；未发生群死群伤的重特大事故。全年出国出境人数9 122人，其中出国4 519人、出境4 793人，入境398人。

（倪青青）

【残疾人车辆非法载客营运取缔活动】 2013年，市公安局按照“综合治理、规范运营、疏堵并举、保障权益、积极稳妥”原则，组织开展取缔残疾人车辆非法载客营运活动。至9月底，此专项取缔活动取得阶段性进展，共妥善安置残疾人79人，其中政府采取收购、置换办法安置35人、与企业磋商安置就业28人、自谋职业5人、纳入低保和社会救助机制5人、非高邮籍人员劝返6人。（倪青青）

【渣土车专项整治】 （详见《城乡建设·环境保护》篇目《市容管理》分目）

【取保候审突出问题专项督察】 6～11月，市公安局根据中华人民共和国公安部统一部署，在全市开展取保候审突出问题专项督察工作，全面梳理各个派出所及各个业务大队2011年以来的取保候审案件，逐案清查取保候审人员的身份、案由、取保候审保证金去向等情况。经过督察，全市共核准取保案件998起、被取保对象1 422人、取保候审保证金477.17万元，并督促有关单位按时退还取保候审保证金76.5万元，依法没收取保候审保证金3.8万元。（倪青青）

【“机关民警驻点实践”试点活动】 4～6月，市公安局为推动机关与基层的工作交流，促进理论指导与业务实战互动结合，探索开展“机关民警驻点实践”试点活动。期间，选派局机关民警18人到城区4个派出所参加驻点实践活动，要求其接受驻点单位管理，参与驻点单位值班处警、社区走访、调处纠纷、保卫执勤等工作。（倪青青）

【严打侵财性犯罪】 2013年，市公安局坚持多种侦察手段并用，盯案、追捕、深挖多措施跟进，开展“打盗抢保民安”专项行动，切实打击各类侵财性犯罪。全年共破获各类侵财性案件276起，下降9.1%；累计捣毁犯罪团伙13个，打击处理犯罪嫌疑人181人，收缴赃款赃物120余万元。（倪青青）

【精神病人救助工作】 2013年，市公安局把加强精神病人救助管控工作作为创新社会治理的重点课题，认真开展调查研究，并形成《当前肇事肇祸精神病人排查管控工作存在问题及对策》《关于加强肇事肇祸精神病人管控工作的几点思考》等调研报告。牵头召开由职能部门及各乡镇（园区）参加的联席会议，专题研究会商对易肇事肇祸精神病人的救治管控工作。4月，提请市政府出台《关于进一步加强精神病人救助工作的意见》，对精神病人施行“分级承担、财政兜底、应收尽收，应治尽治”的救助模式。出台救助意见，落实专项基金，推动精神病患者救助管理工作步入规范化轨道。至年底，全市共强制收治易肇事肇祸精神病人39人。

（倪青青）

【“扫毒害、保平安”专项行动】 1～5月，市公安局根据中华人民共和国公安部、江苏省公安厅关于开展“扫毒害、保平安”严打整治行动的部署，结合高邮实际，认真抓好组织发动、线索掌控、协调作战、案件侦办等各个环节工作，形成严剿毒品犯罪的强大声势。期间，共破获毒品刑事犯罪案件27起（其中江苏省公安厅挂牌督办目标案件1起），抓获涉毒犯罪嫌疑人29人，查获吸毒人员43人（责令社区戒毒37人、强制隔离戒毒6人），缴获各类毒品200余克，立案侦查易制毒化学品刑事案件3起。

（倪青青）

【建立“监巡合一”巡防警务模式】 2013年，市公安局按照“监巡对接、情报引领、精确打防”工作方针，组建一支由24名业务精、能力强警力组成的监控值守专业队员，按照每人查看不少于15台监控探头的标准，24小时定人定岗定机值守巡查。建立情报信息研判中心，每天依托监控实战应用平台与情报平台等公安系统的有效关联，汇集整合当日周边县市警情，开展多角度深度研判。实行实地巡逻与空中巡查双向互动，监控值守人员根据路面提供警情，及时开展针对性空中巡查、网上查询、网上查证、网上研判，形成有效情报，指令路面警力做好接力跟踪、巡逻查缉、适时抓捕等工作，提高巡防的针对性、时效性。利用该巡防模式，全年累计抓获各类违法嫌疑人125人，破获各类案件305起。

（倪青青）

【高邮市“技防城”建设通过省级验收】 5月，江苏省公安厅指挥中心政委薛宏伟率检查组到高邮市，考核验收“技防城”建设工作。检查组一行通过明察暗访，并实地考察高邮市公安局指挥中心、巡防大队监控中心、珠湖派出所、高邮经济经济开发区派出所等单位技防设施应用情况，抽查部分道路监控点、省、市际卡口和出入城查报站、卡口型电子警察等两道电子防线及玉带园、瑞和居民小区，沿街商铺、金融网点等部位的技防建设情况后，对该市技防城建设党政重视、科学推进、强抓应用、常态管理予以充分肯定，一致认为该市完成《技防城建设

标准》所确定的各项建设任务，同意通过省级验收评估。（倪青青）

资料链接　高邮市自2012年启动"技防城"建设以来，深化"建用同步、一切为用"理念，累计投入1 500万元，深入开展技防城、技防街、技防乡镇、技防村、技防企业建设，推动技防设施升级扩面，并对老小区、后街后巷及公交车站和出租车等进行技防设施安装和改造，着力打造全方位、全天候和立体式人防、技防、物防、意识防"四位一体"防控体系，在扬州各县(市区)中率先完成技防城建设任务。至2012年年底，全市累计有技防监控设施总数1万余只，高邮镇、高邮经济开发区、临泽镇等3家乡镇村村建成自成一体的技防系统，全市利用技防监控系统破获案件占比上升至60.3%。（史志　倪青青）

【"7·7"龙卷风灾救援工作】　7月7日17时10分左右，高邮市三垛镇、卸甲镇、横泾镇等镇遭受龙卷风袭击。灾情发生后，副市长、市公安局长高长明迅速调集交巡警、治安、防处、辖区派出所警力，围绕路面秩序疏导、灾区抢险救援、社会面巡逻防范等全力开展工作，维护灾区治安稳定，确保救灾工作有序进行。（倪青青）

【全国打击骗税"8·27"集群战役集中收网行动启动仪式在高邮市举行】　9月11～12日，中华人民共和国公安部、国家税务总局在高邮市公安局召开全国打击骗税"8·27"集群战役集中收网行动汇报会并设立前线指挥部，举行宣布启动仪式。汇报会由中华人民共和国公安部经侦局财税处调研员郭世峰主持。高邮市市长方桂林致欢迎词。高邮市公安局汇报江苏省"8·27"打击骗税、开展集群战役工作情况及该局侦办全国集群战役之一的"1·22"康源公司骗取出口退税案进展情况汇报。启动仪式由江苏省公安厅经侦总队副总队长姜达政主持。高邮市副市长、市公安局长高长明向现场总指挥刘建国、邓兆锋汇报集群战役集中收网行动准备工作情况，邓兆锋宣布行动开始，全面拉开全国集群战役集中收网行动序幕。部、省、扬州市及高邮市四级的公安、国税部门领导70余人参加活动。新华社、中央电视台第一套、中央电视台第二套、中央电视台第三套等8家主流媒体对启动仪式进行全程拍摄，并对高邮市公安局侦办的"1·22"专案进行深度跟踪报道。（倪青青）

【破获"1·22"虚开增值税发票案】　1月21日，市公安局接到市国税稽查局移交案件线索，反映扬州康源物资贸易有限公司虚开增值税专用发票。接报后，市公安局高度重视，副市长、市公安局局长高长明立即抽调精干力量成立专案组开展侦查工作，并亲自审阅工作方案及率队赴深圳等地开展调查取证、人员抓捕等工作。期间，扬州市公安局局长王少鹏、副局长常和平多次听取案件情况汇报，指导协调案件侦查工作。专案组经3个月缜密侦查，在深圳市先后抓获周某(男，32岁，湖南省常德市人，深圳市金江国际货运代理有限公司股东)、柯某某(男，37岁，广东省深圳市人，金江货运公司总经理)、甘某(女，26岁，安徽省安庆市人，金江货运公司会计)、吴某某(男，41岁，广东省揭阳市人，深圳市诚胜得服装有限公司法人)等犯罪嫌疑人20余人。经审讯，2011年12月以来，犯罪嫌疑人周某、柯某某、甘某、吴某某等人利用深圳市金江国际货运代理有限公司出口经营权，在深圳市及全国各地注册成立公司，以虚假进口完税凭证为进项，在无真实货物交易的情况下，通过第三方周转支付开票费等手段为金江货运公司虚开增值税专用发票，涉案价税合计13亿多元，税额1亿多元。（倪青青）

【破获"2·17"纵火案】　2月17日凌晨4时30分，送桥镇一处民房发生火灾。接报后，副市长、市公安局长高长明立即赶赴现场指导案件侦破工作，并组织市消防大队、市刑侦大队以及辖区派出所等警力立即赶赴现场开展火灾扑救、现场勘验和调查走访等工作。经侦查，认定这是一起纵火案件，且发现市送桥镇人杨某某(男，45岁)具有重大作案嫌疑，并于当日下午在送桥镇将其抓获。经审讯，犯罪嫌疑人杨某某对纵火焚烧房屋并造成损失10万余元的犯罪事实供认不讳。（倪青青）

【破获"7·4"拦路抢劫强奸案】　7月4日凌晨1时许，S333高邮城南经济新区浩芝村路段发生一起拦路抢劫强奸案件。接报后，市公安局高度重视，副市长、市公安局长高长明立即组织精干警力成立专案组，扎实开展走访排查、监控分析、网上侦控等工作，并亲自督导案件侦办工作。经缜密侦查，市公安局珠湖派出所民警于7月11日上午在市区金桥路一饭店附近抓获犯罪嫌疑人蔡某(男，24岁，淮安市人)。经审讯，蔡某对7月4日凌晨1时许实施拦路抢劫强奸的犯罪事实供认不讳。

（倪青青）

【破获系列尾随、殴打女性寻衅滋事案】　8月以来，市区发生多起尾随、殴打女性寻衅滋事案件。接报后，副市长、市公安局长高长明高度重视，亲自召开案件侦防工作部署会，对案件侦办工作提出明确要求，并组织精干力量迅速开展现场勘查、调查走访、监控研判等工作。经缜密侦查，市刑警大队会同市武安派出所于12月18日在市区金拇指广场抓获犯罪嫌疑人徐某某(男，32岁，高邮市人)。经审讯，徐某某对自8月份以来，驾驶摩托车窜至城区多个偏僻路段，实施10余次尾随、殴打女性寻衅滋事的犯罪事实供认不讳。（倪青青）

2013年高邮市外地流入人口情况一览表

表49 单位：人

项目	合计	性别		暂住时间			来自地区						居住处所					
		男	女	一个月以下	一个月至一年	一年以上	省内		省外		港澳台	国外	旅店	居民家中	单位内部	工地现场	租赁房屋	其他
							县	市	县	市								
合计	1	48 998	23 821	18 747	2 065	31 513	19 617	9 972	7 125	12 284	13 219	—	5 629	30515	1 462	1 840	4 736	4 816
务工	2	13 246	6 638	3 800	692	8 950	3 359	895	3 562	5 430	5 438	—	154	10 176	849	1 055	416	596
务农	3	12 239	5 934	3 916	0	6 392	7 324	4 401	156	358	1 345	—	75	11 253	—	—	911	—
经商	4	7 569	3 662	4 162	153	5 410	3 903	554	1 549	1 563	1 539	—	2 240	1 045	281	—	2 314	1 689
服务	5	2 475	1 271	1 707	272	890	928	537	431	579	334	—	391	182	93	—	847	962
因公出差	6	1 059	266	444	16	825	763	89	23	184	106	—	756	141	—	—	95	67
借读培训	7	1 330	598	—	—	—	635	273	209	213	—	—	1 043	—	—	—	—	287
治病疗养	8	24	8	—	—	—	8	4	9	3	—	—	9	5	—	—	—	10
保姆	9	115	115	—	—	—	32	30	25	28	—	—	—	115	—	—	—	—
投靠亲友	10	3 524	1 742	404	270	3 296	351	172	285	2 716	3 287	—	183	2 923	—	—	—	418
探亲访友	11	1 326	655	1 105	165	814	493	197	541	95	18	—	88	849	—	—	—	389
旅游观光	12	563	268	—	—	—	139	129	148	147	—	—	563	—	—	—	—	—
其他	13	5 528	2 664	3 209	497	4 936	1 682	2 691	187	968	1 152	—	127	3 826	239	785	153	398

（倪青青）

【道路交通治安管理】 2013年，市公安局交巡警大队围绕“保安全、保畅通、促和谐、促发展”工作思路，强化管理、开拓创新，努力维护良好的道路交通安全形势。至年底，全市净增机动车6 699辆，其中汽车增加8 648辆、“五小”机动车减少1949辆，净增机动车驾驶人1.57万人，其中汽车驾驶人1.33万人、“五小”机动车驾驶人0.24万人，累计拥有机动车12.13万辆，驾驶人14.72万人。全年发生上报事故57起、死亡46人、伤25人，直接经济损失3.41亿元，分别下降17.4％、2.1％、44.4％、上升0.3％。是年，高邮市被扬州市政府表彰为2013年度道路交通安全工作综合考评先进单位；市公安局交巡警大队事故处理中队被江苏省公安厅表彰为江苏省公安机关公调对接工作先进集体；市公安局交巡警大队车辆管理所被扬州市公安局表彰为2013年度全市公安行政许可四星服务窗口单位。汉留中队被扬州市公安局表彰为2013年上半年全市公安机关窗口单位作风建设红旗单位。

（刘晓琳）

【交通安全综合治理】 2013年，市公安局提请市政府出台《高邮市关于进一步加强全市道路交通安全工作实施意见》《高邮市关于进一步加强农村道路交通安全工作实施方案》和《高邮市关于道路交通安全工作考核办法》等文件，推进交通安全综合治理规范化、制度化建设。突出车辆、驾驶人、道路安全监管重点，建立全市车主、驾驶人短信平台，进一步加强源头监管。充分发挥交通事故月度研判分析机制对交通安全的警示作用，建成多部门联动和多警种协作机制，大力开展渣土运输车、残疾人车非法营运和人力三轮车、货车违法行为专项整治行动，切实构建“大交通安全”格局。全年查处交通违法行为73万起，其中警告处罚30余万起、罚款处罚40余万起。

（刘晓琳）

【交通肇事逃逸案件查纠】 2013年，市公安局交巡警大队围绕交通肇事逃逸查纠，进一步完善“交巡警主管、刑侦参与、派出所配合”的联合侦察机制，有效提升交通肇事逃逸案件的侦破率。全年共破获道路交通肇事逃逸案件69起，其中侦破重大逃逸事故66起，破案率96％。

（刘晓琳）

【交通事故矛盾联合化解机制建设】 2013年，市公安局交巡警大队实施集“行政调解、人民调解、司法调解、巡回法庭＋保险理赔、安全宣传、社会救助”于一体的道路交通事故处理模式的同时，还建立由市政法、信访部门牵头，各乡镇党委、政府负责，市公安部门主导的交通事故矛盾联合化解机制，促进全市道路交通事故综合调处机制不断完善，交通事故信访案件大幅下降。全年联合化解交通事故矛盾971件，当事人双方满意率90％以上。

（刘晓琳）

【执法服务规范化建设】 2013年，市公安局交巡警大队加强执法内部监督，先后出台《交通事故案件内部移交规定》《逃逸案件侦破工作方案》《醉酒驾驶案件专项执法检查实施方案》等文件，落实执法过错责任追究制度，采取执法提示预警、纠正违法通知等措施，明确执勤执法全程音视频录像，进一步推进执法服务规范化建设。该大队“运用

3.20 监控平台查处涉牌车辆工作法”，被扬州市公安局评为2013年度全市公安科技信息化十佳优秀技战法；开通“高邮交警”手机服务平台创新做法，被扬州市公安局评为科技强警(科技应用类)三等奖。（刘晓琳）

【重要交通道路安全工程建设】 2013年，市公安局交巡警大队加大投入，完善重要交通道路安全工程建设。在省道233、省道新237、省道新S333高邮段等建成“平安长廊”88千米，实现每10千米设置一套高清卡口式监控，每5千米设置一套LED显示屏和语言系统，并与路宽3.5米以上公路相交的路口有选择的安装高清球机监控。规范省道交通标志、标线、信号灯、安全防护设施设置，及时排查并有效治理各类交通安全隐患。同时，在省道沿线相关交警中队设立勤务指挥室6个，监控信息资源得到集成应用和关联共享，实现扁平化指挥、可视化调度。（刘晓琳）

【发生一起致7人死亡特大交通事故】 5月31日10时08分许，顾某某(男，40岁，高邮市人)驾驶苏KR11XX(苏KJ1XX挂)挂车由西向东行驶至333省道123千米处，与由东向西行驶的胡某某(男，27岁，高邮市司徒镇人)驾驶的苏KYC2XX面包车相撞，造成面包车上驾乘人员共7人死亡、2人受伤。（刘晓琳）

检 察

【概况】 2013年，市检察院突出服务全市发展大局重点，积极履行各项检察职能，为全市经济社会发展提供司法保障。是年，该院被表彰为江苏省级文明单位，获共青团江苏省委授予的“青少年维权岗”称号；该院侦监科被表彰为全省公正司法示范点；该院党建工作被高邮市委表彰为一等奖。（吕长生）

【职务犯罪侦查】 2013年，市检察院开展“查办发生在群众身边、损害群众利益的职务犯罪”专项行动，针对供电、教育、金融和新农村建设等重点领域，共立案查办职务犯罪案件19件19人，其中贪污贿赂案件13件13人、渎职侵权案件4件4人，涉及副科级以上干部7人，为国家和集体挽回经济损失300余万元，积极营造风清气正的政务环境。（吕长生）

【打击刑事犯罪】 2013年，市检察院依法严厉打击危害社会治安和公共安全的严重暴力犯罪、多发性侵财犯罪和“黄赌毒”等犯罪，增强对违法犯罪分子的震慑力。全年批准逮捕案件162件192人，提起公诉案件526件657人。坚持重大案件适时介入制度，引导收集固定证据，确保办案质量和效率。（吕长生）

【宽严相济刑事司法政策】 2013年，市检察院落实宽严相济刑事司法政策，对主观恶性不大、犯罪情节轻微的初犯、偶犯、过失犯、未成年犯依法从宽处理。健全检调对接、刑事和解、刑事被害人救助等工作机制，对已达成和解的轻微刑事案件依法决定不捕9人、不起诉3人，对生活确有困难的刑事被害人及时实施救助。健全完善信访举报工作机制，妥善办理群众来信来访59件，继续保持涉检案件赴省进京零上访、零交办。（吕长生）

【羁押必要性审查】 2013年，市检察院严格执行《中华人民共和国刑事诉讼法》，准确把握逮捕条件，对可捕可不捕的坚决不捕，努力减少不必要的羁押。对于已经逮捕在押的犯罪嫌疑人，通过调查核实身体健康状况、审查有关案卷和证明材料等方式，就其社会危害性、妨碍侦查可能性、悔罪态度以及社会监管条件进行综合评估，依法对符合取保候审条件的人员变更或建议变更强制措施，切实保护犯罪嫌疑人、被告人合法权益。（吕长生）

【未成年人办案机制执行工作】 2013年，市检察院严格执行未成年人与成年人犯罪案件分案审查制度，彰显司法人文关怀和对未成年人的特殊保护。成立未成年人刑事办案小组，主动落实与犯罪嫌疑人家长、学校、社区见面制度，全面了解其成长经历、犯罪原因、监护教育等情况，并将社会调查作为案件处理的重要依据。同时，聘请1名心理咨询师对未成年犯罪嫌疑人开展心理咨询和矫正工作。全年审查批捕、起诉未成年犯罪嫌疑人28人，其中决定不捕、不诉10人。（吕长生）

审 判

【概况】 2013年，市人民法院履行宪法和法律赋予的职责，依法服务全市大局，推进审判执行工作，切实加强自身建设，各项工作取得新成果。全年共受理各类案件8 116件，审执结案件7 387件，涉诉标的额18.1亿元，分别上升31.9%、22.9%、88.5%，均创历史新高。审判质量效率保持良好运行态势，全年服判息诉率92.6%，改发率0.1%。（周曙）

【刑事审判】 2013年，市人民法院共受理刑事案件540起670人，审结524起650人。依法严惩危害、威胁人民群众生命财产安全的犯罪活动，共审结盗窃、抢劫、诈骗犯罪案件180起265人，危险驾驶犯罪(醉驾)案件133起133人；依法惩处妨碍、扰乱经济社会发展秩序的犯罪活动，共审结涉黄、涉赌、涉毒犯罪案件56起68人，寻衅滋事、聚众斗殴犯罪案件 15 起 35 人，非法经营、组织传销等犯罪案件 15 起 16 人；依法惩治侵犯、侵害国家公共利益的犯罪活动，共审结贪污受贿犯罪案件 10 起 12 人。推进全国优秀青少年维权岗创建工作，青少年刑事审判庭前调查率、圆桌审判率、未成年被告人辩护率均达 100%。（周曙）

【民事审判】 2013 年，市人民法院共受理民商事案件5 880起，审结5 380起，解决争议标的额 14.3 亿元。审结各类合同纠纷1 053起，破产清算、公司股权纠纷 15 起；审结涉金融机构借款纠纷 114 起，民间借贷纠纷 742 起，为全市 12 家金融机构化解不良贷款 1.8 亿元；审结婚姻家庭纠纷1 065起，损害赔偿纠纷1 103起，劳动争议案件 696 起，为 797 位破产倒闭企业职工追回欠薪 561 万元；贯彻实施新修订的《中华人民共和国民事诉讼法》，通过小额诉讼、担保物权程序解决民事纠纷 142 起。加大调解力度，民事案件调解撤诉率 81.18%。（周曙）

【知识产权审判】 2013 年，市人民法院根据最高法院批复，抽调审判骨干组建知识产权审判业务庭，从 8 月 1 日开始受理高邮市、宝应县知识产权民事、行政和刑事案件，并着力加大重点产业知识产权保护力度，突出打击恶意性、源头性侵权行为。至年底，共受理知识产权刑事案件 2 起、民事案件 28 起。（周曙）

【行政审判】 2013 年，市人民法院履行司法审查职责，维护行政相对人的合法权益。全年共受理行政诉讼案件 13 起，审结 9 起；受理非诉行政执行案件 30 起，执结 30 起。推进依法行政，联合市地税局、市食药监局等部门举办讲座 7 期，专题辅导行政执法人员 600 人。年底，省高级人民法院发文在市人民法院行政庭设立资源环境案件合议庭（审判庭），管辖高邮市、宝应县、江都区三地资源环境纠纷案件，并实行民事、行政、刑事“三审合一”审理模式。（周曙）

【执行工作】 2013 年，市人民法院强化对执行权的内部监督制约，健全执行信息集中查询、回告等工作机制，完善执行联动威慑机制，推进执行规范化建设。全年组织开展专项执行会战活动 13 次，依法拘留被执行人 34 人次；共受理执行案件1 623 起，执结 1441 起，执行到位标的额 2.6 亿元。（周曙）

【服务发展】 2013 年，市人民法院不断优化经济建设的司法环境，全力服务全市发展大局。围绕化解涉企纠纷，共审理涉及各类企业合同、债务纠纷 1 400多起，帮助企业挽回经济损失 3.6 亿元，并通过走访联系、专题讨论等形式为企业解决实际问题 50 多个。坚持适度弹性处理光伏企业涉诉纠纷，帮助 34 家光伏企业解决涉法涉诉问题 200 多个，妥善审理相关纠纷案件 112 起。大力保障项目建设，共审结涉及项目建设各类纠纷 21 起，依法排除阻挠项目建设的非法妨碍 18 个。同时，还加强主题策划，开展金融危机、知识产权等方面的专题宣传活动；强化规制引导，共编发情况反映、调研报告 42 篇，发布 2012 年度司法审判白皮书 16 篇。（周曙）

【审判工作机制建设】 2013 年，市人民法院完善分管领导、庭长和承办人三级定案把关工作机制，严把案件质量关，细化、量化质量评查指标，定期开展专项评查活动，全院各项重点质效指标长期保持全市领先水平，整体评分连续六年名列扬州第一，审判绩效连续三年受到省高级人民法院表彰。（周曙）

【司法公开】 2013 年，市人民法院共邀请人大代表、政协委员观摩庭审 10 次，开展“法院（法庭）开放日”活动 4 次，50 多位代表委员和 100 多位社会各界人士走进法院，实地亲身体验司法流程。完善人民陪审员工作机制，各类案件陪审率 100%。推进“三同步、两公开”工作，稳步推进裁判文书上网工作，加强技术装备保障，开展不间断的检查督促，在普遍实现庭审同步录音录像、同步记录、同步显示庭审记录基础上，要求必须公开展示证据，公开展示法律、法规和司法解释。（周曙）

【司法便民】 2013 年，市人民法院共接待诉讼咨询、预约立案、风险告知、判后答疑、信访投诉等诉讼服务 3000 多人次。畅通司法救济渠道，加大司法救助，共免去困难当事人减刑、缓刑、免诉讼费 38.2 万元，有效化解涉诉信访，对诉求合理的解决到位、有实际困难的帮扶到位、无理闹访的依法处置到位，涉诉信访工作连续三年受到省高级人民法院的表彰。（周曙）

司法行政

【概况】 2013 年，市司法局全面履行法律保障、法律宣传、法律服务职能，加强医疗纠纷等专业化人民调解委员会建设，打造“12348”法律援助品牌效应，扎实推进“六五”普法宣传，进一步加强社区服刑人员管控力度，完成乡镇司法所收编直管工作，在保障民生改善、加速民主法治进程方面发挥积极作用。至年底，全市有律师事务所 8 家，法律服务所 28 家，人民调解组织 387 家。（朱波）

【乡镇司法所收编直管】 2013 年，市司法局根据扬州市政府《关于推进全市司法行政建设工作的实施意见》，加强与有关部门及乡镇（园区）的对接和落实，完成乡镇所有司法所的收编直管工作。至年底，全市累计有乡镇司法所 13 家；司法行政编制人

员 30 人，占总编制数的 62.5%。（朱波）

【人民调解工作】 2013 年，市、乡（镇）两级调处中心成功调处各类矛盾纠纷 2483 起，调处成功率 98.7%，防止矛盾激化、群体性纠纷 163 起，阻止上访、群访人数1 280人次；依托市、乡（镇）两级调处中心建立各类调解组织 387 个。针对医患纠纷比较突出的现状，会同市卫生等部门成立医疗纠纷人民调解委员会，并进入实体化运作。（朱波）

【法制宣传教育】 2013年，市司法局在市级机关、乡镇、村（社区）积极实施基层法治文化“313”示范工程，提高普法宣传的成效。被列入市委、市政府1号文件的市法制宣传教育中心建设，作为全市民生幸福工程重点项目加以实施推进，并在当年竣工。加强法治文化阵地建设，建成高邮经济开发区法治文化广场等一批有规模、有影响、有品位示范点。强化对领导干部等六类重点对象的学法用法工作。坚持领导干部任前法律考试制度和领导干部述法制度，组织村（居）干部、行政执法人员法律培训4 000多人次。全年组织各类普法活动53场次，免费赠送普法资料2.2万份，组织法制文艺演出16场次。（朱波）

【法律援助工作】 2013 年，市司法局全天候开通“12348”援助电话，为弱势群体维权提供平台；注重提高办理质量和服务水平，为老年人、残疾人等申请援助对象提供上门服务，并优先受理、指派和办理；重点开展企业职工讨薪的专项法律援助工作，维护劳动者合法权益。全年办理法律援助案件 759 件，受理群体性职工讨薪案 452 起，涉及 450 多人，讨回欠薪 320 万元。（朱波）

【法律服务工作】 2013年，市司法局引导法律服务团队主动介入园区建设、招商引资、重大工程、项目开发等，帮助企业排忧解难；针对路灯制造、服装制造等重点产业开展特色法律服务。全年累计担任法律顾问367家，代理各类诉讼、非诉讼案件889件，上门服务658人次，解答法律问题226个。深入推进法律服务进基层工作，“一村一法律顾问”工程覆盖率 100%；完成“社区律师工作室”在城区试点建设，并逐步向乡镇延伸；推进“公证进社区”活动常态化开展，全年办理公证业务3 380件。（朱波）

【社区矫正工作和帮教安置工作】 2013 年，市司法局加强与公检法部门的有效对接，切实防范社区服刑人员脱管、漏管。严格执行《社区矫正实施办法》，依法收监社区矫正不服从管理 1 人。建立社区矫正管理教育服务中心，落实人员和场所，统一对全市社区服刑人员进行入矫前宣告和心理疏导教育。在册登记社区服刑的人员 497 人中，获缓刑的 450 人、获裁定假释的 39 人、暂予监外执行 8 人。（朱波）

【公证工作】 2013 年，市公证处按照“便民、利民，高质、高效”的服务宗旨，依法开展全方位多种类的公证法律服务。全年办理公证3 380件，其中涉外公证 441 件、涉港澳台地区公证 51 件、其他公证 2 888件。（朱波）

法治政府建设

【概况】 2013 年，市政府法制办贯彻党的十八大关于依法治国精神，根据江苏省、扬州市依法行政工作意见及高邮市 2013 年依法行政工作要点，切实履行政府法制机构工作职责，全面推进依法行政。全年办结行政复议案件 9 件，其中维持 3 件、申请人撤回行政复议申请 6 件；加强行政权力库动态维护，行政权力事项共上网 4280 件，其中在用 3894 件，挂起 357 件，废止 39 件；新核发行政执法证和监督证1 574件。（陈丽君）

【行政执法监督】 2013年，市政府法制办按照严格、规范、公正、文明执法要求，解决全市重点部门、重点领域的突出问题。先后对食药安全、安全生产、城市管理等领域的突出问题进行长效跟踪监督检查和专项整治，重点选择市环保局、市教育局、市卫生局3个部门开展一系列的跟踪监督检查活动。长效跟踪监督检查和专项整治工作以社会广泛参与为基础，以解决损害群众利益的突出问题为重点，以人民群众满意为标准，全面推进全市行政执法监督检查工作经常化、制度化、规范化。（陈丽君）

【科学民主决策】 2013 年，市政府法制办注重发挥政府法制机构在重大决策、制度建设中的积极作用，坚持法制机构负责人列席政府常务会议和规范性文件法制审核制度，确保政府重要决策都符合法律基本要求。组织对《市政府关于大力发展公共租赁住房的实施意见》《高邮市工程建设项目招标投标管理办法》进行评估，多方位了解利益相关方和社会公众对决策实施的意见和建议，并将决策后评估报告作为决策继续执行、停止执行、暂缓执行或予以调整完善的重要依据。（陈丽君）

【创新行政复议方式】 2013 年，市政府法制办不断创新行政复议方式，取得较好效果。强化行政复议与行政执法监督的功能转换对接。对符合条件的行政复议案件，及时受理，认真审理，对被撤销和被确认违法的案件实行责任倒查、责任追究。依据《省政府办公厅印发关于贯彻实施〈中华人民共和国行政复议法〉的若干意见的通知》《江苏省行政执法监督办法》审慎处理，适时进行行政复议与行政执法监督的功能转换对接，体现《中华人民共和国复议法》的立法本义，达到良好的实践效果，促进依法行政。（陈丽君）

科　学　技　术

Science and Technology

综　述

2013 年，全市科技工作按照高邮市委十届六次全会的总体要求，充分发挥科技对经济发展的促进作用，大力发展高新技术产业，加快科技创新体系建设，在创新氛围营造、科技项目建设、重大成果转化、农业实用科技推广、产学研合作、知识产权保护、科普宣传等方面取得较好成绩，推动经济发展方式的转变，促进全市创新性经济发展。

科技项目建设态势良好。围绕做大做强优势特色产业，着力培育一批科技项目，加快产业转型升级步伐。全年获批扬州市级以上各类科技项目 26 项，其中国家创新基金项目立项 6 项、国家星火计划项目立项 10 项、国家火炬计划项目立项 1 项、省重大科技成果转化项目 2 项、省科技支撑计划项目立项 4 项、省基础设施计划项目立项 6 项、扬州市重大农业科技攻关项目 6 项，共获得3 083万元资金资助。依托省级孵化器高邮市创业中心及高邮市富华投资发展有限公司，完成国家级火炬环境平台建设。

高新技术产业加快发展。全年实现高新技术产业产值 254 亿元，增长－12.4%。新认定国家高新企业 14 家，获批省级以上重点新产品 7 种、省高新技术产品 158 种，完成科技服务业增加值 3.58 亿元。继续就加快新兴产业的发展，施行成果转化风险补偿专项资金政策，用于补偿全市中小企业在成果转化中资金投入的贷款损失。全年向 17 家企业发放专项贷款2 100万元。

产学研合作成效明显。全市新建省院士工作站 2 家、扬州市院士工作站 1 家、省工程技术研究中心 2 家、扬州市工程技术研究中心 16 家，累计建立省院士工作站 5 家、扬州市院士工作站 7 家、省工程技术研究中心 26 家、扬州市工程技术研究中心 77 家。　（钟秋）

科技工作

【高邮知识产权工作获省级表彰】　2014 年年初，省知识产权局下发《关于表彰 2013 年度知识产权工作先进集体和先进个人的通报》，高邮市被表彰为江苏省知识产权工作先进集体。　（钟秋）

【申请专利4 107件】　2013年，全市申请专利4 107件，其中申请发明专利 874 件，获批授权专利2 169件，获得省专利资助资金 15.7 万元。　（钟秋）

【2 家企业知识产权管理标准化示范创建工作获省级表彰】　2013 年，江苏长城电缆有限公司和江苏科凌医疗器械有限公司被省知识产权局、省财政厅、省质监局联合表彰为江苏省企业知识产权管理标准化示范创建工作先进单位，分别获批奖励资金 5 万元。　（钟秋）

【产学研合作】　2013 年，市科技局发挥自身职能优势，继续推动产学研合作向深层次延伸。4 月 24 日，举办"高邮市产学研深度洽谈会"，结合高邮产业特点，邀请百名有关博士、专家教授，与相关企业进行行业咨询、技术服务，并现场签约产学研合作项目 16 项，同时签署高邮市政府与重庆大学之间的校地产学研全面合作协议。先后组织全市近百家企业参加江苏省智能制造装备技术专题洽谈会暨扬州市科技合作展示洽谈会，参加在武汉、哈尔滨、北京、上海等地举行的科技洽谈会等，共签订产学研合作协议 93 项。　（钟秋）

【获批省创新型试点县(市、区)】　12 月，省科技厅正式公布第三批江苏省创新型试点县(市、区)名

单，高邮市名列其中。（钟秋）

【**获扬州市以上科技进步成果奖 8 项**】 2013 年，全市获扬州市以上科技进步成果奖 8 项，其中省级 1 项、扬州市级 7 项。（钟秋）

表 50 **2013 年高邮市获扬州市以上科技进步成果奖项目表**

项目名称	主要完成单位	主要完成人	表彰机关	奖励等级
高效节能灯管高速自动生产线的开发及产业化	江苏浩明光电科技股份有限公司	高来明、何丽萍、环　靖、易处忠、陈德和、林　翔	江苏省科学技术厅	三等奖
甲壳质资源精深加工关键技术研究与产品应用	扬州日兴生物科技股份有限公司	张　超、张　和、戚善龙、丁振中	扬州市人民政府	二等奖
智能电网用高压大功率薄膜电容器	扬州凯普电子有限公司	徐道安、毛翔宇、陈春燕、张　进、董艳梅	扬州市人民政府	三等奖
光电复合阻水型 220kV 高压交联电缆	扬州曙光电缆有限公司	郑连元、梁国华、姚恒斌、齐宏文、何正寅	扬州市人民政府	三等奖
新型高效核辐射防护装备——软铅屏	扬州锦江有色金属有限公司、南京航空航天大学	于丰源、常树全、杨东辉、戴耀东、孙　霞	扬州市人民政府	三等奖
电子级高级涂层坩埚	江苏华尔光电材料股份有限公司、中国建筑材料科学研究总院石英与特种玻璃研究院	陈宝昌、刘爱军、刘福鸿、冯　涛、陈志华	扬州市人民政府	三等奖
纳米级耐高温陶瓷化硅胶的研发	扬州亚光电缆有限公司	胡行兵、施利毅、王全合、鲁永林、张跃芳	扬州市人民政府	三等奖
艾塞那肽缓释微球	扬州永济医药新技术有限公司	范　军、孟佳伦、李　军、吴　艳、冯智敏	扬州市人民政府	三等奖

（钟秋）

【**评定高邮市科技进步成果奖 30 项**】 2013 年，全市评定高邮市科技进步成果奖 30 项，其中一等奖 1 项、二等奖 11 项、三等奖 18 项。（钟秋）

工业科技

【**1 项工业项目入选国家火炬计划**】 2013 年，根据《国家火炬计划重点高新技术企业管理办法》的相关规定，经各级科技部门的组织推荐，科技部火炬高新技术产业中心组织评审，全市有 1 家企业项目入选国家火炬计划，即江苏华富储能新技术股份有限公司的高原专用胶体储能电池项目。（钟秋）

【**13 家企业被认定为国家高新技术企业**】 2013 年，经全国高新技术企业认定管理工作领导小组审核、认定，高邮市有 13 家企业被认定为国家高新技术企业，即扬州华瑞电缆有限公司、扬州松泉环保科技有限公司、扬州市恒通环保科技有限公司、江苏顺达机械设备有限公司、高邮市荣清机械电子有限公司、江苏承煦电气集团有限公司、扬州市新港电机有限公司、扬州市高升机械有限公司、扬州一洋制药有限公司、江苏富莱士机械有限公司、江苏鑫莲液压机电有限公司、扬州天恒激光灯饰有限公司、江苏德皇文具有限公司。（钟秋）

【**6 家企业项目获批国家科技型中小企业创新基金立项支持**】 2013 年，经省科技厅组织的专家评审，全市共有 6 家企业项目获批国家科技型中小企业创新基金立项支持，即扬州润明轻工机械有限公司承担的集成化高速玻璃瓶理瓶清洗智能视觉检测与包装全自动生产线、扬州高安秸秆成型燃料有限公司承担的生物质燃料机电一体化处理及其智能控制装备、扬州市中瑞机电设备制造有限公司承担的新型高效斜板沉降分级浓密一体化装备、江苏华尔石英材料股份有限公司承担的大尺寸电子级石英涂层坩埚、扬州苏安物联传感科技有限公司承担的农产品冷链物流溯源监控与公共信息服务云平台、高邮市科技创业中心承担的高邮市中小企业技术转移服务平台等项目，共获国家创新资助经费基金 530 万元。（钟秋）

【**1 件产品获批国家重点新产品**】 2013 年，经科技部、商务部、国家质量监督检验检疫总局、环保部联合评审，扬州市红旗电缆制造有限公司的钻井平台用耐油泥阻水型屏蔽铠装信号测控电缆获批国家重点新产品。（钟秋）

【**2 项项目获批省重大科技成果转化项目**】 2013 年，省科技厅下发《关于下达 2013 年省级企业创新与成果转化专项资金（第一批）的通知》，当中列有江苏戚伍水产发展股份有限公司的优质安全淡水鱼虾精深加工制品产业化开发项目、江苏航天水力设备有限公司的大型高效节能叶片泵关键技术研发与产业化项目，共获省重大科技成果转化资金

1 800万元。（钟秋）

【1 项项目获批省科技支撑计划项目】 2013 年，经省科技厅审核批准，江苏华富储能新技术股份有限公司承担的分布式发电系统储能用磷酸铁锂电池模组技术研发项目，入选省科技支撑（工业）计划项目，获无偿资助经费 60 万元。（钟秋）

【13 项项目获批省科技成果转化风险补偿专项资金贷款项目】 2013 年，根据省科技厅、省财政厅下发的《关于同意 2013 年第二批科技成果转化风险补偿专项资金贷款项目的批复》《关于同意 2013 年第三批科技成果转化风险补偿专项资金贷款项目的批复》，高邮共有 13 项项目获批省科技成果转化风险补偿专项资金贷款项目，即扬州市德运塑业科技有限公司的关于一种防水人造革的研发与产业化、扬州市恒通环保科技有限公司的废气处理装置总成的研发和产业化、江苏华富储能新技术股份有限公司的无人电站用风光电互补储能电池研究与开发、扬州科诺成套设备有限公司的火焰等离子数控切割机床的研发与产业化、扬州锦江有色金属有限公司的核电用高性能辐射防护柔性材料及装备关键技术研发及产业化、江苏科意达机械有限公司的矿用防爆胶轮车系列产品产业化、高邮市恒辉机械有限公司的关于一种动力头的研发与产业化、高邮市荣清机械电子有限公司的复杂循环舰船燃气轮机用间冷器的研发与产业化、扬州凯普电子有限公司的关于一种易于熔接的医用高分子组合物及其制备方法的研发与产业化、高邮市平安开沟机制造有限公司的关于农田开沟机新型机架的研发与产业化、高邮市精正机械制造有限公司的关于一种电动车刹车块的研发与产业化、高邮市汉升高分子材料有限公司的关于一种大容量蓄能电容器的研发与产业化、扬州亚光电缆有限公司的岸电系统用无卤环保抗紫外线耐曲挠抗紫外线柔性电缆产业化等项目，共获得科技成果转化风险补偿专项资金贷款3 000万元。（钟秋）

【2 件 PCT 专利获批省级资助】 2013 年，省知识产权局、省财政厅下发《关于下达 2013 年度向国（境）外申请专利省级资助专项经费的通知》，批准市传艺科技有限公司申报的 2 件 PCT 专利，即“一种笔记本电脑键盘的结构（PCT/CN2012/070246）”“一种笔记本电脑键盘的结构（US13/419,169）”，获批资助资金 4.8 万元。（钟秋）

【建成国家级博士后工作站 1 家】 9 月，人力资源和社会保障部、全国博士后管理委员会联合发文，批准江苏华富控股集团有限公司设立国家级博士后科研工作站。这是高邮市建成的首家国家级博士后工作站。（吴杨）

【建成省院士工作站 2 家】 2013 年，省科技厅下发《关于下达 2013 年省工程技术研究中心建设项目的通知》，批准扬州凯尔化工有限公司、扬州光明电缆有限公司建立省院士工作站。至此，全市累计有省院士工作站 5 家。（钟秋）

【建成扬州市院士工作站 1 家】 2013 年，扬州市科技局下发《关于批准建立 2013 年“扬州市企业院士工作站”的通知》，批准高邮市荣清机械电子有限公司建立扬州市院士工作站。至此，全市累计有扬州市院士工作站 7 家。（钟秋）

【建成江苏省企业研究生工作站 4 家】 2013 年，省科技厅下发《关于公布“江苏省研究生培养创新工程”2013 年度项目评审结果的通知》，批准扬州凯尔化工有限公司、扬州光明电缆有限公司、扬州锦江有色金属有限公司、扬州松泉环保科技有限公司建立江苏省企业研究生工作站。（钟秋）

【2 家企业工程技术研究中心获批省工程技术研究中心】 2013 年，经省科技厅审核批准，全市有 2 家企业创办的工程技术研究中心被列入省工程技术研究中心项目，即扬州明增生物科技有限公司的江苏省甲壳素及其衍生物工程技术研究中心、扬州市华胜机电制造有限公司的江苏省（华胜）高效节能电机工程技术研究中心。至此，全市累计有省工程技术研究中心 26 家。（钟秋）

【2 家企业承担的省级工程技术研究中心运行绩效考评获优秀等级】 2013 年 10 月，省科技厅发文《关于下达 2013 年省级条件建设与民生科技专项资金（第四批）》，公布省级工程技术研究中心的运行绩效考评结果，江苏金飞达电动工具有限公司、江苏朝阳液压机械有限公司承担的省级工程技术研究中心被评为优秀等级，分别获后补助资金 40 万元。至年底，全市累计有 4 家企业承担的省级工程技术研究中心绩效考评获优秀等级，获优秀等级后补助资金 140 万元。（钟秋）

【16 家企业工程技术研究中心获批扬州市工程技术研究中心】 2013 年，扬州市科技局审核批准并出台《关于认定 2013 年扬州市工程技术研究中心、重点实验室、科技服务示范项目的通知》，高邮市建成扬州市工程技术研究中心 16 家，即扬州鑫晶光伏科技有限公司的扬州市太阳能光伏应用产品工程技术研究中心、扬州市德运塑业科技有限公司的扬州市新型环保汽车皮革工程技术研究中心、扬州市东晨光电科技有限公司的扬州市道路照明智能控制工程技术研发中心、扬州市恒通环保科技有限公司的扬州市有机废气治理系统工程技术研究中心、江苏迪萨机械有限公司的扬州市钢包成套节能装备工程技术研究中心、江苏伊万特新材料科技有限公司的扬州市高分子无机复合材料工程技术研究中心、江苏康宝电器有限公

司的扬州市纳米电化学与生物传感器工程技术研究中心、江苏德皇文具有限公司的扬州市新型功能性高分子修复材料工程技术研究中心、扬州明晟新能源科技有限公司的扬州市增透光电玻璃工程技术研究中心、扬州华瑞电缆有限公司的扬州市矿用防爆预警电缆工程技术研究中心、江苏润德管业有限公司的扬州市塑钢缠绕排水管工程技术研究中心、扬州凯普电子有限公司的扬州市高压大功率薄膜电容器工程技术研究中心、扬州宏泰液压机电设备制造有限公司的扬州市煤矿安全排水装置工程技术研究中心、扬州市富达液压机械有限公司的扬州市水工液压启闭装备工程技术研究中心、江苏海德森能源有限公司的扬州市微网综合自动化系统工程技术研究中心、高邮市盛鑫消防科技有限公司的扬州智能消防系统工程技术研究中心。至此，全市累计有扬州市工程技术研究中心77家。　（钟秋）

【158种产品获批省高新技术产品】 2013年，市科技局组织企业开展省高新技术产品申报工作，经省科技厅审核批准，全市有68家企业的158种产品被认定为江苏省高新技术产品。至此，全市累计拥有省高新技术产品975种。　（钟秋）

表51　**2013年高邮市被认定为江苏省高新技术产品表**

企业名称	产品名称
扬州市普林斯化工有限公司	氯代十二烷、丙烯酸环己酯、二氯二乙醚、1－氯癸烷
扬州润明轻工机械有限公司	全自动一体式高速理瓶分拣装置、高效节能过滤系统
扬州曙光电缆股份有限公司	新型本安型电子计算机网络用控制电缆、高阻燃抗辐射太阳能光伏电缆、多功能油井监测传感器电缆、煤矿井下移动设备用耐拖拽软电缆、多功能大截面煤矿用金属屏蔽软电缆、智能型光电复合高压测温交联电缆、高精度智能化地质物探检波器组合软电缆、阻水型抗水树交联聚乙烯绝缘中压三芯电力电缆、特种中压耐火电缆、核电站用高阻燃抗开裂1E级控制电缆
江苏赛德电气有限公司	核电站核岛内用耐强辐射抗开裂耐高温控制电缆、额定电压3千伏及以下风力发电用耐扭曲软电缆、矿井安全探测用网络抗强干扰铠装信号传输电缆、船用多功能铠装组合电缆
扬州光明电缆有限公司	舰船用无卤低烟低毒轻型电力电缆、特种装备用低烟无卤信号电缆
扬州市红旗电缆制造有限公司	消防阻水型复合屏蔽铠装船用测控电缆
江苏赛特电气有限公司	耐高温复合屏蔽热电偶用补偿导线、稠油井开采用特种温控伴热电缆、消防安保系统用环保型高阻燃耐火控制电缆、耐温耐拉抗辐射太阳能光伏电缆、耐腐耐扭风能电机用动力电缆、港口机械用耐曲橡套软电缆、核电站用1E级低烟无卤阻燃仪表电缆、石油平台用耐油泥高阻燃本安计算机控制电缆
扬州华城电缆有限公司	防腐节能型超强度专用电力电缆、聚日光耐寒型芳纶耐拉防腐软电缆、综合加强型太阳能光伏计算机电缆
扬州亚光电缆有限公司	轻型抗辐射耐高温高性能传输线、纳米级耐高温陶瓷化硅胶、岸电系统用无卤环保抗紫外线耐曲挠高柔性电缆、纳米级耐高温陶瓷化硅胶绝缘影视灯光用软电缆
扬州市高升机械有限公司	XFZY－11智能化带腰衬调节的空气悬浮式工程机械座椅、XFZY－12多功能机电一体化悬浮式工程机械座椅
扬州市金阳光电缆有限公司	核电站CI/BOP区域用无卤低烟阻燃耐火电力电缆、智能型本质安全系统用补偿电缆、环保型阻燃防水轨道交通用电力电缆、高强度特软采煤机电缆、耐温阻燃超屏蔽抗电磁脉冲软电缆、本安DCS系统用无卤低烟阻燃控制电缆
扬州三川实业有限公司	低温固化聚酯型粉末涂料、建筑铝型材专用粉末涂料、多功能家用电器用耐候型粉末涂料
江苏科凌医疗器械有限公司	KL－CB系列电动产病床
江苏晨光电缆有限公司	海上石油平台用耐腐耐气候型抗拉电缆
江苏华富能源有限公司	高效能免维护铅酸蓄电池、纳米氧化硅混合胶体储能蓄电池、碳系纳米铅蓄超级电池
扬州市华胜机电制造有限公司	一种带自减震系统装置的电机、一种可加热去潮湿延长使用寿命的电机

续表 51

企　业　名　称	产　品　名　称
江苏航天水力设备有限公司	ZWS大型竖井贯流泵、LH大型高效混流式水轮机组、HTS单级双吸离心泵
江苏金飞达电动工具有限公司	MJ2625Ⅶ型自吸尘全自动激光校准斜断锯、高精度闭环全自动水槽切割机、MJ—ⅣD型智能化变频调速圆锯机、G4012双柱液压全自动卧式带锯床、JDD315II型PLC控制多功能液压带锯机
江苏华尔石英材料股份有限公司	22英寸电子级热涂高纯石英坩埚、32英寸半导体用冷涂层高纯石英坩埚
扬州华瑞电缆有限公司	井下瓦斯抑爆系统用预警电缆
江苏华富储能新技术股份有限公司	高原专用胶体蓄电池、储能用磷酸铁锂电池模组、无人电站用风光电互补储能电池、高聚能胶体蓄电池、高海拔地区分散式新能源发电系统
高邮市力博机床附件厂	MQ—443A滑动工作台、QKY—B快速夹紧电焊钳、K型高精度机用平口钳、QDY带球面垫的压板、木工平刨机床
江苏浦莱特实业有限公司	基于超级电容储能的太阳能路灯
高邮市北方动力机械有限公司	ST6560W2E单级驱动自走式扫雪机、ED55R1多角度柔性割草机、TL40B迷你型可调式微耕机、ED65R三足鼎立自走式打草机、水旱两用节能高效手扶式旋耕机、高效多角度多轴输出变速箱
扬州恒瑞新型建材有限公司	可循环用高性能PVC木塑板
江苏顺达机械设备有限公司	SN—Ⅱ智能化除尘电液动犁式卸料车
江苏长城电缆有限公司	高阻燃聚醚砜绝缘本安电缆、数字化变电站消防报警用耐火电缆、超临界发电用复合防火层高强度电缆
江苏润华电缆股份有限公司	HDF810风力发电机用耐寒耐腐高柔性电缆、水利工程观测用数字电缆、一种耐高压光电混合抗拉型扁电缆
江苏承煦电气集团有限公司	多功能演播厅用LED影视聚光灯、高速动车组用亮度可调节LED照明灯
扬州日兴生物科技股份有限公司	功能性低聚糖、羧甲基壳聚糖
江苏恒辉电气有限公司	耐严寒型风能发电移动用软电缆
江苏欧力特能源科技有限公司	高原地区并网光伏系统专用高效储能胶体电池、长寿命高效能环保储能蓄电池、一种便于连接的高效新型储能蓄电池、PVC—气相二氧化硅胶体蓄电池
高邮市电塑厂	一种安全控制器
高邮市华宝颜料有限公司	HB—EP颜料红122
扬州高标机械有限公司	燃气发电超大型三通换向挡气门
高邮市迅达工程机械集团有限公司	PC60型挖掘机行走马达总成、PC60型挖掘机多路阀总成
江苏迪萨机械有限公司	钢包全程自动加揭盖节能系统
高邮高和光电器材有限公司	无铅汞齐、包膜汞齐
扬州凯普电子有限公司	智能电网用高压大功率薄膜电容器、风电变流器用直流支撑薄膜电容器
江苏金晖光伏有限公司	大容量高效坩埚
扬州市百思特机械设备有限公司	大坡度可摘挂抱索器
扬州鑫晶光伏科技有限公司	高效可单独反洗的EDI纯水设备、具有热排风机自动控制系统的PECVD设备
扬州明晟新能源科技有限公司	高透光率光伏钢化自洁镀膜玻璃、自清洁高光效增透灯具玻璃

续表 51

企业名称	产品名称
江苏航天水力设备有限公司	ZWS 大型竖井贯流泵、LH 大型高效混流式水轮机组、HTS 单级双吸离心泵
扬州市智多星科技有限公司	电液一体化液压启闭机、液压皮带夹紧器、停电复位电液推杆、液动星型卸灰阀、电液动可变单、双侧犁式卸料器
扬州市东晨光电科技有限公司	DC—Ⅲ型高效节能射频灯、道路照明用节能型陶瓷金卤灯
江苏朝阳液压机械集团有限公司	CYXC—80 型新型墙体材料生产用自动铺料设备、CYXC—80 型新型墙体材料用自动控制压紧剪布机
扬州宏远电子有限公司	LED 驱动电源用长寿命耐纹波电极箔
扬州和益电动工具有限公司	JDD230 家用多功能全防护带锯机、TS200 快速涨紧轨道式水槽切割机
江苏华能电缆股份有限公司	射频承荷探测电缆、油井抽油杆用电缆
龙腾照明集团有限公司	基于光学薄膜的高性能 LED 道路灯
扬州润光照明电器有限公司	带集成充电保护电路的太阳能风光互补高频磁能灯
扬州市创新包装有限公司	超轻、超细粉体阀口自动上袋式定量包装机
江苏吉信远望船舶设备有限公司	摆动式千斤顶控制装置、舵机可调的测试台架浮动式缓冲油缸、拨叉式液压舵机试验台架多规格连接装置、平地造船滑移过驳高差测量系统、液压舵机下置式双泵型交流液压工作站
高邮市卫星卷烟材料有限公司	WX 环保抑菌型自透水松纸
高邮市荣清机械电子有限公司	复杂循环舰船燃气轮机用间冷器
江苏鑫莲液压机电有限公司	智能型电液动放料扇形闸门、QYTQ—120D 型自控式皮带输送液压纠偏器
高邮市助剂厂	催化加氢 8—氨基喹哪啶工艺
扬州市康宇实业有限公司	集成式无障碍卫浴防水底盘
高邮市高农机械配件有限公司	490 型发动机温控电磁风扇离合水泵
扬州宏泰液压机电设备制造有限公司	矿山自动化排水装置、一种矿用竖井罐笼自动安全门
扬州市云腾照明灯饰科技有限公司	高效散热 LED 双光源灯具
扬州市神威机械设备有限公司	SW300—5000 型电液动通风除尘蝶阀
高邮市精标齿轮制造有限公司	D100—II 型智能感应式多角度内圆砂磨机
高邮市诚信物流有限公司	智能冷链物流系统
江苏浩明光电科技股份有限公司	螺旋型固汞高效节能灯管全自动生产线
江苏恒辉电气有限公司	耐严寒型风能发电移动用软电缆
高邮华兴石油装备有限公司	HX—375 型石油钻机独立电驱动转盘

（钟秋）

农业科技

【10 项农业项目入选国家星火计划】 9 月，国家科技部公布 2013 年度国家星火计划立项项目名单，全市有 10 项项目列入其中，即扬州日兴生物科技股份有限公司承担的玉米渣精深加工植物氨糖盐酸盐应用开发项目、扬州市缤纷柳园生态发展有限公司承担的特色柳树新品种的技术研究项目、扬州市丰园菌业有限公司承担的金针菇规模化设施生产关键技术研究及产业化开发项目、高邮市阳光特种水产专业合作社承担的罗氏沼虾健康养殖与安全加工关键技术集成创新与示范项目、高邮市水产技术指导站承担的罗氏沼虾生态高效养殖模式研

究项目、江苏高志农业股份有限公司承担的高纯度蛋黄卵磷脂生产关键技术研究与开发项目、扬州一品红生态农业发展有限公司承担的设施樱桃高效栽培技术研究与示范项目、高邮市万嘉面粉有限公司承担的糯性小麦粉产业化开发项目、扬州苏安物联传感科技有限公司承担的智能农产品冷链物流溯源监控及物流信息交易云平台项目、扬州东禾畜业有限公司承担的生猪生态化饲养与粪污无害化处理技术示范与推广项目。（钟秋）

资料链接 国家星火计划是面向农村经济的指导性科技开发计划，主要支持利用农村资源、投资少、见效快、先进适用的技术项目，建立科技先导型示范企业，发展高产、优质、高效农业，通过把先进适用的技术引向农村，引导亿万农民依靠科技发展农村经济，促进乡镇企业科技进步，提高农村劳动生产率，推动农业和农村经济持续、快速、健康发展。至2013年年底，高邮市累计有20项项目入选国家星火计划。（钟秋）

【1项项目获批省科技支撑(农业)计划项目】 2013年，经省财政厅、科技厅审核标准，高邮市阳光特种水产专业合作社的罗氏沼虾生态养殖(与加工)关键技术集成创新与示范项目，入选江苏省科技支撑(农业)计划项目，获无偿资助经费20万元。（钟秋）

【2项项目获批省科技支撑(社会发展)计划项目】 2013年，经省财政厅、科技厅审核标准，高邮市秦邮蛋品有限公司的传统腌制蛋品安全监控与品质控制关键技术研究项目、高邮镇新联社区的高邮市新联社区科技社区建设项目，入选江苏省科技支撑(社会发展)计划项目，共获无偿资助经费65万元。（钟秋）

科学技术协会

【举办科普宣传周、全国科普日活动】 5月18～24日，市科协开展以"科技创新·美好生活"为主题的高邮市科技活动周暨第二十五届全国科普宣传周活动。活动期间，市科协先后举办科普讲座、科技咨询、科技培训、科普图片展览等系列活动。

9月14～20日，组织开展以"保护生态环境，建设美丽高邮"为主题的全国科普日活动，向百姓宣传和普及生态环保、应急避险、低碳节能、健康生活等热点问题与知识。（朴小燕）

【基层科普行动计划创建工作】 2013年，市科协继续组织开展基层科普行动计划创建工作。是年，高邮市连标葡萄专业合作社被表彰为省科普惠农兴村计划先进集体，孙桂尧被表彰为省科普惠农带头人。（朴小燕）

【科普示范创建工作】 2013年，市科协积极指导开展科普示范创建工作。至年底，郭集镇养鸭专业技术协会、车逻镇太丰村被表彰为江苏省科普惠农服务站，临泽明兰渔业合作社被表彰为扬州市科普惠农服务站，车逻镇被表彰为扬州市四星级科普示范乡镇，高邮镇康华社区被表彰为扬州市四星级科普示范社区，高邮镇新联社区被表彰为扬州市三星级科普示范社区，三垛镇大卢村、临泽镇小葛村、送桥镇邵庄村、临泽镇营北村、龙虬镇东角村被表彰为扬州市三星级科普示范村，中国鸭文化博物馆创建成"江苏省科普教育基地"。（朴小燕）

【"企业科技信息服务项目"工作】 6～8月，市科协深入江苏承煦照明电气有限公司、扬州松泉环保科技有限公司、高邮市荣清机械电子有限公司等11家企业，开展"企业科技信息服务项目"赠送服务工作，为企业提供相关技术及专利信息600多万条。（朴小燕）

【科普志愿者队伍建设】 2013年，市科协继续加强科普志愿者队伍建设，组织开展科普志愿者的登记注册发动工作，在省科协新增注册科普志愿者3 002人，有力推动全市科普事业快速发展。（朴小燕）

【科协工作受省、扬州市表彰】 2013年，市科协、高邮经济开发区科协、高邮镇科协、卸甲镇科协、临泽镇科协等5个单位被省科协表彰为2013年度科普宣传工作先进集体，孙刚、姚学林、张佩善、袁忠贤、吴万国、朱小梅、马年元、陈玉才、秦恩华、周恂、居学忠、郭岫等12人被省科协表彰为2013年度科普宣传工作先进个人；市科协"3344"整体创新工作法入选省科协创新工作案例。江苏弘盛建设工程集团有限公司、江苏吉信远望船舶设备有限公司被扬州市科协表彰为2010～2012年度扬州市企业科技人员"讲、比"活动先进集体，马坤松、薛明晋、夏国飞等3人被表彰为2010～2012年度扬州市企业科技人员"讲、比"活动先进个人。（朴小燕）

防震减灾

【概况】 2013年，市地震局贯彻《中华人民共和国防震减灾法》《江苏省防震减灾条例》等法律、法规，围绕《防震减灾工作目标管理责任书》中的工作任务和目标，做好监测预报、应急避难场所建设、地震安全示范社区和科普示范学校创建等各项工作任务。市地震局被中国地震局表彰为2013年度全国市县防震减灾工作考核先进单位；被省地震局表彰为2013年度全省市县防震减灾工作综合考核先进单位、防震减灾综合管理工作成果三等奖。高邮地震台被省地震局表彰为2013年度先进地震台。詹

惜文被扬州市地震局表彰为2013年度防震减灾工作先进个人。 (薛家富)

【法制工作】 2012年,市地震局结合省科普宣传周、汶川大地震纪念日、科技三下乡、"5·12"防灾减灾日等时机,组织开展系列活动,向广大市民宣传开展防震减灾法律法规。规范全市建设工程管理,在网上公开运行行政权力事项,联合市房管局对新建住宅小区开展竣工验收管理。 (薛家富)

【地震监测预报】 2013年,高邮地震台、苏09井(三垛)和东43井(临泽)观测正常,数据资料连续可靠。4月14日,市地震局及时准确监测到汉留镇发生的ML1.8级地震。4月8~12日,高邮地震台承办全国地磁异常变化现场核实培训班。9月12~16日,市地震局副局长蒋延林参加南方电网高压直流干扰研究项目,并为中国地震背景场探测项目一地电阻率仪培训班授课。完成《关于高邮台地电场出现台阶的异常调查结果落实报告》。地震观测资料在2013年度地震监测质量全国统评中,FHD观测、电磁学科、地电场均获第一名。

(薛家富)

【地震应急救援体系建设】 2013年,市地震局实施市公安指挥中心与地震应急系统的联网建设工程。该工程实现公安的固定及移动视频系统与省应急指挥中心专用光纤线路的适时互联互通。与市教育局合作,实现中(小)学地震应急疏散演练活动全覆盖。高邮中等专业学校创建成江苏省防震减灾科普示范学校,高邮经济开发区高沙园社区创建成江苏省地震安全示范社区。 (薛家富)

气象测报

【概况】 2013年,市气象局突出"确保基本业务,突出气象服务,提升科技服务,强化科学管理"的导向,认真开展各项工作,完成年度目标任务。全年地面测报错情为0.0‰,影视气象预报准确率为96.7%。全年预审报表无差错。4个"250班无错情"获中国气象局表彰。市气象局在第22次全国酸雨样品观测质量考核中获优秀;被扬州市委、市政府表彰为文明单位;获"2013年度扬州市气象部门综合考核优秀奖"、扬州市"地面测报优质奖""重大过程气象服务二等奖""重大过程气象服务三等奖"等称号;21人次获测报、酸雨观测百班无错情的表彰。 (熊伟)

【气象服务】 2013年,市气象局继续做好公众、决策和专业气象服务。全年通过多种载体,编发灾害性天气预警信息48次、重要天气报告13期、决策气象服务31期、微博气象服务信息400多条。全力做好第九届中国双黄鸭蛋节、第六届中国邮文化节等重大活动的气象保障服务工作。深入农村开展直通式气象服务15次,重点做好关键季节农事气象服务工作。 (熊伟)

【"三农"气象服务】 2013年,市气象局投入60多万元开展"三农"气象服务专项建设,组织人员深入乡镇30多次,指导和帮助乡镇做好示范创建、信息站建设、完善服务平台和服务材料等重点工作。11月,组织召开全市气象防灾减灾会议,对全市优秀气象信息服务站和优秀气象信息员进行表彰。12月初,高邮市"三农"气象服务项目建设通过省级专家组的验收。 (熊伟)

【气象设施建设】 8月,市气象局投入15万元,购置建成新型自动气象站;投入70多万元,对分布在乡镇10个区域的自动站进行升级改造,将原有的温雨站升级成5要素自动站,并对气象服务平台进行更新;完成中小河流风险普查工作。 (熊伟)

教　　育

Education

综　述

2013 年，市教育局全面贯彻落实国家和省、市中长期教育改革和发展规划纲要，围绕《高邮市"十二五"教育事业发展规划(2011～2015)》，强化教育优先发展地位，完善教育投入增长机制，加大教育改革力度，深入实施"科教兴市"和"人才强市"战略，全面推进素质教育，促进各类教育持续快速协调发展。

学前教育。依据《高邮市学前教育五年(2011～2015 年)行动计划》，落实"县级统筹、县乡(镇)共建"的管理体制，启动实施江苏省学前教育改革发展示范区创建工程，于 12 月中旬通过江苏省教育评估院现场评估验收。组织开展创建江苏省优质幼儿园创建活动，全年新增省优质幼儿园 4 所。至年底，全市累计有省优质幼儿园 37 所，省优质幼儿园占比 78%，在省优质园接受教育的幼儿比例 85%以上。全市学前三年幼儿入园率 98.4%。

义务教育。有序时推进全国义务教育发展基本均衡县(市区)创建工作，于 6 月下旬通过省级督导评估。按照省现代化学校标准，加快实施义务教育学校现代化建设工程，全市有 5 所小学和 5 所初中通过材料复审和现场评估验收，有 6 所小学和 6 所初中被命名为"高邮市首批现代化学校"。送桥镇天山初中获批江苏省薄弱初中课程建设项目。高邮实验小学、临泽镇川青小学创成国家级诗教先进单位。全年新增扬州市百佳社团 8 家，累计达 14 家。继续推进"数字化校园"创建工程，实施最后 5 所学校扬州市"数字化校园"创建工作，7 所学校通过扬州市"数字化校园"复评。继续开展"城乡学校网上结对工作"，全年新增网上结对学校 6 所，累计达 83 所，覆盖率 100%。

高中教育。推进星级高中特色培育工作，全市累计建成省三星级高中 3 所、省四星级高中 2 所。高邮中学"物理课程基地"申报项目被省教育厅确定为省级普通高中课程基地建设项目。继续执行热点高中新生统招指标定向分配制度。全市共有 5 145人参加高考，达本科分数线2 208人，比上年增加 129 人，上线率为 42.8%。全市大专以上录取率 90%。

职成教育。高邮中等专业学校通过省级数控、计算机品牌专业视导验收。承办扬州市暨高邮市全民终身学习活动周启动仪式。全年创成省标准化居民学校 9 所、扬州市示范乡镇社区教育中心校 1 所、高邮市示范社区教育服务站 21 家、扬州市"五·十"项目 4 项。全年开展社区教育培训 41 万多人次，占社区总数的 51%；培训从业人员 27 万多人次，占全市从业人员的 52.4%。12 月，市教育局被江苏省社会教育服务指导中心表彰为"全省社会教育通讯员报道 2013 年度先进集体"。

2013 年，全市成型幼儿园 48 所，其中省优质幼儿园 37 所；在园幼儿 1.33 万人，幼儿学前三年毛入学率 98.4%；幼儿教育职工1 452人，其中专任教师 808 人，专任教师中大专以上学历者占 93.7%。小学 40 所(含九年一贯制学校 1 所)，其中省实验小学 25 所，在校生 2.98 万人；小学适龄儿童入学率 100%、巩固率 100%；小学教职工2 552人，其中专任教师1 975人，专任教师中大专及以上学历者占 89.5%。初中 26 所(含九年一贯制学校 1 所)，其中省示范初中 21 所，在校生 1.88 万人；初中入学率 100%、巩固率为 100%，初中毕业生升学率 99.5%；初中教职工2 193人，其中专任教师1 701 人，专任教师中本科及以上学历者占

92.5%。高中6所，其中省三星级以上高中5所，在校生1.38万人；职业学校2所，在校生6 001人；高、职中教职工1 351人，其中专任教师1 194人，专任教师中研究生学历者占11.3%，职业中学“双师型”教师占71.1%。特殊教育学校1所，在校生75人，教职工21人。 （居思兵）

【曹卫星到高邮市调研教育现代化工作】 10月15日，江苏省副省长曹卫星一行到高邮市调研、指导教育现代化建设工作。调研期间，曹卫星一行走访高邮中等专业学校、秦邮实验小学、高邮实验小学和高邮中学等学校，并与部分中小学校校长进行座谈，听取推进教育现代化建设工作意见和建议。省政府副秘书长、办公厅主任李一宁，省教育厅副厅长丁晓昌，扬州市副市长董玉海，扬州市教育局党委书记余如进，扬州市教育局副局长穆光曙，高邮市市委书记韩方，副市长钱富强以及教育局局长许明、副局长邵正祥等陪同调研。 （居思兵）

【全国义务教育发展基本均衡县创建工作通过省级督导评估】 6月25～26日，省教育厅根据《国务院关于深入推进义务教育均衡发展的意见》和《江苏省申报“全国义务教育发展基本均衡县（市、区）”督导评估工作实施方案》，对高邮市申报创建全国义务教育发展基本均衡县（市、区）进行评估。专家组通过调查问卷、个别访谈测评、查阅台账等方式，围绕入学机会、保障机制、教师队伍、质量管理等方面进行考核督导，并在考察意见通报会上充分认可该市的创建工作，同意该市通过省级督导评估。

（居思兵）

图为高邮市推进义务教育均衡发展汇报会现场

（市教育局供稿）

【“平安校园”创建工作】 2013年，市教育局重视学校安全工作，通过落实接送学生车辆管理责任制、开展“护校安全”行动、定期进行安全隐患大排查等，深入推进“平安校园”创建活动的开展。至年底，全市未发生一起学校安全责任事故；所有学校（幼儿园）均创成“高邮市平安校园”、64所学校创成“扬州市平安校园”、41所学校创成“江苏省平安校园”。 （居思兵）

【教育惠民】 2013年，市教育局以弱势学生群体为关注对象，组织开展多形式的教育惠民活动。组织全市教师开展挂钩联系、走访慰问贫困生、学困生、残疾学生、离异家庭的学生以及留守儿童等特殊学生群体活动，共惠及学生4 565人；制定出台政策，将学前教育纳入贫困助学范围，形成从幼儿园到高中全覆盖的助学体系，全年发放助学金1 698.47万元；争取江苏牛牌集团在汤庄小学成立“牛牌助学基金”，每学年捐款10万元资助在读贫困学生；为83名家庭经济困难大学生办理生源地助学贷款，累计款项48.27万元。 （居思兵）

学前教育

【学前教育改革发展示范区创建省级现场考察评估】 12月16～18日，以省教育厅副巡视员洪流为组长的江苏省学前教育改革发展示范区督导评估组，到高邮现场考察评估全市学前教育改革发展示范区创建工作。期间，评估组专家通过听取创建情况汇报、查阅相关材料、考察和定点剖析相关幼儿园、召开座谈会、访谈会等，对该市学前教育改革发展水平给予高度评价，并希望该市要进一步增加学前教育投入，加快城乡幼儿园统筹发展，着力加强幼教队伍建设，在办好人民满意教育的道路上迈出更坚实的步伐，为全省学前教育发展提供更多更好的经验。 （居思兵）

【12家新闻媒体采访报道高邮学前教育】 5月24日下午，根据“全面贯彻十八大，江苏教育在行动”主题采访活动安排，新华社、光明日报社、新华日报社、中国教育报社、中国江苏网、江苏教育频道、早期教育社、江苏教育网、扬州日报社、扬州晚报社、扬州时报社、扬州电视台等新闻单位的媒体聚焦高邮市，采访报道学前教育改革发展情况。期间，各级媒体对高邮部分乡镇分管教育负责人、教育中心校负责人、幼儿园负责人及一线教师代表进行专题采访，并赴八桥镇中心幼儿园、马棚镇中心幼儿园进行实地采访。 （居思兵）

【公开招聘幼儿教师20人】 2013年，根据《高邮市学前教育五年（2011～2015年）行动计划》要求，按照扬州市委组织部、扬州市人社局有关事业单位招聘工作人员统一部署，高邮公开招聘幼儿园在编教师20人，其中录用应届师范类学前教育专科以上毕业生5人、在岗幼儿教师15人。至年底，全市有在编幼儿教师40人。 （居思兵）

【新增省优质幼儿园4所】 2013年，全市新增省优质幼儿园4所，即第一实验小学附属幼儿园、龙虬镇张轩幼儿园、甘垛镇平胜幼儿园、金苹果幼儿园。至年底，全市累计有省优质幼儿园37所，占比达78%。 （居思兵）

【第三届幼儿体育艺术节】 5月31日，高邮市第三届幼儿体育艺术节在市体育馆举行。期间，11所幼儿园的幼儿表演《看戏》《盛世龙娃》《快乐PARTY》《花开秦邮》《阳光下的娃娃兵》等体育艺术节目。（居思兵）

中小学教育

【省义务教育现代化学校创建工作】 2013年，根据《江苏省义务教育学校现代化办学标准》，全市初选一批学校申报创建省义务教育现代化学校，其中高邮实验小学、车逻镇实验小学、秦邮实验小学、送桥镇天山实验小学、送桥镇郭集实验小学和南海初中、车逻初中、卸甲镇八桥初中、三垛初中、送桥初中10所学校通过材料复审，并于12月中旬接受省、市专家组现场评估考察。（居思兵）

【新增省级课程基地2家】 2013年，送桥镇天山初中“留守儿童心育中心”建设项目、高邮中学“物理课程基地”建设项目，先后通过省教育厅组织的答辩，被命名为省级课程基地。至年底，全市累计有省级课程基地3家。（居思兵）

【临泽初中“生态式语文课程”建设项目通过省级复审评估】 12月11日下午，省教育厅组织专家组对临泽初中“生态式语文课程”建设项目进行评估验收。专家组在听取汇报、现场察看、走访座谈后，对该校课程建设情况给予充分的肯定，同意该项目通过复审评估。（居思兵）

【教育技术装备工作】 2013年，市教育局投入资金近800万元，加强教育技术装备工作，提升全市中小学办学条件的现代化水平。全年累计新添计算机500余台、电子白板教学系统139套、图书6.8万册，并购置相关配套实验仪器、实训设备等。（居思兵）

【学校运动场地塑胶化建设工程】 2013年，全市投入资金6 000多万元，继续推进学校运动场地塑胶化建设工程。至年底，全市新增建有塑胶运动场地学校6家，累计有建成塑胶场地学校35家。至此，全市实现每所市属学校都有塑胶运动场地、每家原建制乡镇都有一片塑胶运动场地的目标。（居思兵）

【高邮实验小学获评省级中华经典诵读基地学校】 1月，省教育厅办公室、省语委办公室联合发出《第二批省级中华经典诵读基地学校评审公示》，公示名单中列有高邮实验小学。（居思兵）

【第十二届“书香文游”研讨会】 4月28日举行。各乡镇（开发区）教育中心校长、初中及分校校长、中心小学及完小校长、中小学语文学科教研组长、中小学教师代表及市教育局相关科室人员230多人参加。此次研讨会主要内容有四个方面，即实验小学创建书香校园成果图片展，实验小学所有班级师生共读活动现场，实验小学课外阅读整本书指导课、班级读书交流会和实验小学第十一届“书香童年蓓蕾绽放”读书节汇报会。（居思兵）

【4篇学生诗作再登《中华诗词》】 6月，由中华诗词协会主办的《中华诗词》杂志在第六期刊发临泽镇川青小学4篇学生的诗作，即朱雪峰创作的《万户千村奔小康》、张露创作的《英明决策立丰功》、葛荣茜创作的《一方有难八方助》、沈炜创作的《踏春》。（居思兵）

资料链接 川青小学芦花诗社成立于1991年10月。20多年来，该社坚持“诗化管理、诗化环境、诗化教学、诗化人生”的办学特色，引导学生读诗、学诗、用诗、写诗。学校先后被评为全国诗教先进单位，三次荣获江苏省诗教先进单位，并被命名为江苏省少儿诗歌创作实验基地，多名老师先后被评为江苏省诗教先进个人或先进工作者。近年来，该社有800余首学生创作的诗作分别被《中国童诗》《儿童世界》《中华诗词》《江海诗词》《江南诗词》《赤壁诗词》《珠湖》《高邮信息》《高邮教育》《盂城诗词》刊载。（居思兵）

【高邮实验小学被命名为“扬州市少年科学院分院”】 12月4日，在竹西中学举行的扬州市首届“红领巾创造节”开幕式上，高邮实验小学被命名为“扬州市少年科学院高邮实小分院”。（居思兵）

【高邮教育信息网获评全国区县级教育门户百佳网站】 8月28日，教育部教育管理信息中心根据《关于开展“第二届全国教育门户网站评选”活动的通知》精神，本着“以评促建、以评促用”的目的和公平、公正、实事求是的原则，经各地申报、资格审查、专家评审等程序，发出《关于公布第二届全国教育门户网站评选获奖单位及先进工作者的通知》，高邮教育信息网获评全国区县级教育门户百佳网站。（居思兵）

【市第一实验小学被确定为扬州市第一批教育科研特色项目研究所】 在12月23～24日召开的扬州市2013年新课程学术论坛上，市第一实验小学被扬州市教育科学研究院确定为扬州市第一批教育科研特色项目研究所。（居思兵）

【中小学校舍安全工程建设工作获省表彰】 7月下旬，经省政府同意，省校安工程领导小组发文对全省校安工作先进集体和先进个人进行通报表彰，市教育局被表彰为江苏省中小学校舍安全工程先进集体。（居思兵）

资料链接 自2009年9月全市启动实施中小学校舍安全工程以来，市委、市政府及教育主管部门按照国家、省、市的要求，研究制定《高邮市中小学校舍安全工程实施方案》和《高邮市校安工程十年改造规划》，全力推进全市中小学校舍安全工程组织实施。全市校安工程规划应加固改造校舍总面积72.7万平方米，截至2013年年底，全市累计竣工新建校舍8.1万平方米、加固改造校舍1.3万平方米、拆除封闭危旧校舍9.3万平方米，超额完成校安工程十年改造规划前三年的任务。（居思兵）

职业教育

【职业教育系统获省市奖项29项】 2013年，全市职教系统师生在参加省市组织的各类比赛中，获得奖项29项。其中，获省技能大赛银奖2项、铜奖2项；获省"文明风采"大赛一等奖3项、二等奖5项、三等奖16项；获扬州市第三届青少年科技创新市长奖（一等奖）1项。（居思兵）

【高邮中等专业学校接受省视导组专项考核】 12月11日上午，省视导组组织专家组到高邮中等专业学校，对该校用中央、省级专项资金建设的宿舍楼、电光源项目进行专项考核。期间，专家组一行听取专题汇报，了解项目建设情况，审阅项目建设账目。（居思兵）

【高邮中等专业学校被表彰为全国校园影视教育研究实验学校】 1月11日，在无锡教育电视台召开的江苏省影视教育研究工作会议上，高邮中等专业学校被中国教育电视协会、中国中小学校园电视专业委员会表彰为第七批全国校园影视教育研究实验学校。（居思兵）

高等教育

【扬州广播电视大学高邮分校】 2013年，扬州市广播电视大学高邮分校以服务地方经济发展为宗旨，紧贴市场需求，立足开放教育、函授教育、网络教育的办学优势，着力提升学历层次，与中央广播电视大学、大连理工大学、东北农业大学、南京航空航天大学、南京晓庄学院、扬州大学、扬州职业大学等高校联合办班，开设法学、行政管理、土木工程、会计学、小学教育、学前教育、英语、汉语言文学、药学等20多个本、专科专业。至年底，成人在籍人数2 274人，其中研究生在读113人。6月2日，全市教育系统首届广西师大教育硕士学位授予仪式在该校举行，有65名研究生获得教育硕士学位证书。（居思兵）

【南京工业大学苏北函授分院】 2013年，南京工业大学苏北函授分院组织继续教育等培训班，邀请南京工程大学、扬州大学的专家为相关专业技术人员进行技术培训，受训人数1 200多人次。（朱丹）

成人教育

【社区教育】 2013年，全市创建成省标准化居民学校9个、扬州市示范乡镇社区教育中心校1个、高邮市示范社区教育服务站21个、扬州市"五·十"项目4个。组织社区教育培训41万人，占社区总人数的51%；全年培训从业人员27万多人，占全市从业人员的52.4%。（居思兵）

【成人高考与非学历证书考试】 2013年，全市成人高考报名1 081人，被各类院校录取977人，录取率为97%。全市报考全国计算机等级考试、计算机应用技术证书考试、江苏省书法水平等级证书考试及全国中小学教师现代教育技术考试等4个非学历证书考试项目人数1.64万人，比上年增加454人。（居思兵）

【高等教育自学考试】 2013年，全市高等教育自学考试人数1 640人，涉及汉语言文学、法律、会计及教育类、管理类等多个本专科专业。至年底，取得本、专科毕业证书25人。（居思兵）

【举行全民终身学习活动周启动仪式】 11月7日下午，扬州市暨高邮市全面终身学习活动周启动仪式在城市商务大厦广场举行。此次活动周的主题是"为实现中国梦——终身学习，人人成才"。扬州市政府教育督导团主任督学、扬州市教育局副局长穆光曙，高邮市副市钱富强，扬州市各县（市、区）教育局分管负责人，高邮市各乡镇（园区）分管负责人及受表彰的部分代表参加。启动仪式上，先后举行展示高邮社区教育成果、听取高邮社区教育经验介绍、现场赠书、知识咨询、表彰和宣读《全民终身学习倡议书》等活动。（居思兵）

教师队伍建设

【首届高邮市中小学班主任专业能力大赛】 2014年1月11日，市教育局在南海中学举行首届高邮市中小学班主任专业能力大赛。此次大赛设小学组、初中组、高中组三个组别，分初赛、决赛两个环节，通过笔试、面试和主题班（队）会设计三个部分，综合考察班主任的教育思想、专业能力和工作技巧。经过决赛，评选产生一等奖17人、二等奖32人、三等奖28人。（居思兵）

【师德建设】 2013年，市教育局继续加强教师的师德师风建设，组织全体教师深入学习《中小学教师职业道德规范》，制定印发《2013年贯彻扬州市教育局师德建设"百千万工程"实施意见》，扎实开展"百名机关干部下基层进学校，结对联系促发展""千名教师进社区访家长，家校联动助成长""万名教职员工立师德树师表，示范引领展形象”等活动；加强师德典型的选树和宣传工作，继续开展“师德标兵”“优秀教育工作者”“优秀班主任”“优秀辅导员”等评比活动，并通过各种媒体平台，宣传先进教师典型事迹；强化师德年度考评工作，加大对教师执行扬州市师德“八不准”及高邮市师德“十不准”情况的监督检查，认真查处教师的师德失范行为。全年处分违纪教师 43 人次。（居思兵）

【师能建设】 2013 年，市教育局制定印发《2013 年贯彻扬州市教育局师能建设“百千万工程”实施意见》，继续组织开展百名校长科研引领下“我的教学主张”课堂评价活动、千名骨干教师科研引领下“我的教学研究”课堂展示活动、万名青年教师科研引领下“我的教学改进”课堂反思活动，有中小学校长、幼儿园园长 109 人分组参加听评课展示活动，骨干教师 83 人参加科研引领下课堂教学风采展示活动，青年教师 815 人上报教学改进案例。择优推荐 10 名校长（园长）、8 名骨干教师、30 名青年教师的案例参加扬州市级展示活动。开通以教育信息化平台为核心的网络培训，教师实名注册人数 3 300多人，培训课程 20 多门。全年组织校长、教师出国培训 11 人、国家级学科教师网络培训 631 人、省级骨干教师、学科培训1 855人、扬州市级骨干培训 551 人。继续强化教师教学基本功考核，组织教师参加各类 A、B、C 级考核1 702人次。加强农村青年教师业务培训，组织农村青年教师 2 批 29 人到示范学校顶岗培训。发挥各类骨干教师引领辐射作用，组织 24 名学科带头人“送教下乡”。岗前培训中小学新教师 126 人。（居思兵）

【骨干教师培养工程】 2013 年，市教育局继续深入实施骨干教师培养工程，努力造就师德高尚、教学优秀、教研突出、教改先进、有影响力的教师群体。全年新评市第六批学科带头人 77 人、中青年教学骨干 126 人、教坛新秀 165 人；新增扬州市名校长 2 人、扬州市学科带头人 46 人、中青年教学骨干 81 人、教学能手 158 人。（居思兵）

【专项整治在职教师有偿家教行为】 7～8 月，市教育局印发《关于禁止在职教师从事有偿家教的规定》，并组建“暑期在职教师有偿家教专项检查组”，重点整治在职教师违规补课、兼课行为和非法办学机构违规办学行为。期间，共取缔非法办学机构（办班点）6 个，查处违规在职教师 25 人，其中解聘 1 人、免职 1 人、调离原单位 11 人、取消骨干教师称号 8 人。（居思兵）

【德育工作】 2013 年，市教育局注重加强班主任队伍建设，以开展主题教育活动为抓手，切实提升德育工作水平。推进班主任队伍建设，选派班主任代表参加省市研修、培训，组织德育案例征集评选，开展“百优十佳”班主任评选活动，激发班主任创新活力。遴选班主任代表参加扬州市第四届“百优十佳”班主任评选活动，获评“十佳”班主任 1 人、“百优”班主任 15 人。在中小学生中开展“我的中国梦”主题教育、励志成才专题教育、文明素养养成教育、民族精神和做幸福学生主题实践系列活动；与市委宣传部联合实施“萤火虫行动计划”；在临泽初中建立北片心理咨询分中心；利用家校网络平台第四次征集、印发优秀家教短信内容，丰富德育途径。（居思兵）

【1 名个人和 1 个群体被表彰为 2013 年扬州教育十大新闻人物】 11 月 27 日，在竹西中学举行的 2013 年扬州教育十大新闻人物颁奖典礼上，临泽中学学生徐扬、送桥镇“郭集创业女性协会春蕾班”爱心妈妈群体被表彰为 2013 年扬州教育十大新闻人物。（居思兵）

资料链接　徐扬　女，1997 年生，高邮市临泽中学学生。2008 年，时年 12 岁的徐扬被诊断出肾炎。从此她和她的家人就奔波于各大医院之间，药成了她的生活必需品，这个本不富裕的家庭，不仅花光了积蓄，还欠下一大笔债。虽然身患疾病，但作为班干部，她仍然事事带头，高中班每天都有跑操活动，有些同学觉得太苦太累，变着法儿躲着，而身体虚弱的她每次总是跑在前头，同学们得知真相后，就再也没有人偷懒了。患肾病几年来，她经常因为治病而请假，落下不少课，可她一回来就拼命学习，每次考试都能获得优异成绩。她年年都被同学推荐为三好学生和优秀学生干部。

“郭集创业女性协会春蕾班”的“爱心妈妈”群体　2010 年 5 月，高邮市送桥镇郭集片区妇联开展新一轮“春蕾”结对活动，郭集创业女性协会中的女企业家们主动与贫困、单亲、孤残孩子牵手，成了他们的“爱心妈妈”。近年来，“爱心妈妈们”累计捐赠爱心助学款 10 万余元。2011 年 5 月，女企业家们正式建立“郭集创业女性协会春蕾班”。目前“春蕾班”已吸纳“春蕾”儿童 32 名。郭集创业女性协会先后获得“扬州市实施春蕾计划先进集体”“高邮市十佳社会妈妈集体”和“郭集镇关心下一代先进集体”等称号。刘天梅、曹素梅、吴爱军、曹殿琴、刘久英等人也曾先后被表彰为“高邮十佳爱心妈妈”。（居思兵）

教育改革与管理

【扬州市第九次学校精致管理现场推进会】 10 月 28 日，由高邮市教育局承办的扬州市第九次学校精致管理现场会在高邮中等专业学校举行。推进会分设幼儿园、小学、初中、高中 4 个活动展示现场，立体观摩高邮市 8 所学校管理现场和 39 节常态课，并予以集中点评。同时，会议通过画册、展牌、专题片、解说词、陈列室及各类特色活动等，多形式展示高邮近年来建设“精致校园、特色校园、幸福校园”的相关成果。（居思兵）

图为扬州市第九次学校精致管理推进会现场

（市教育局供稿）

【课堂改革】 2013 年，市教育局按照“高效课堂建设深化年”的部署，建立局领导和机关科室联系学校、服务基层制度，落实校长、主任、骨干教师蹲点班级、学科组、年级组制度。采取流动现场的形式，以专题调研、学科培训、示范观摩、磨课评课、质量监测等方式，在车逻镇初中、卸甲镇八桥初中、第一实验小学、送桥镇郭集实验小学、第一中学召开高效课堂建设现场推进会。全年组织示范课 100 余节，举办教材分析活动 20 多次，邀请省内外专家举行报告会 15 场，多层面、多维度、多途径助推学科质量提升。（居思兵）

【教育审计】 2013 年，市教育局与市审计局联合对 21 名教育局管干部进行经济责任审计，对 28 所学校的 13 个基建工程及 26 个修缮项目的结算进行审计，并开展招生、学校食堂、幼儿园等专项审计。（居思兵）

【教育行风建设】 2013 年，市教育局在全系统深入实施“五评”（学生评教师、教师评校长、校长评机关、家长评学校、社会评教育）和教育宣传活动，其做法被教育部主办的《教育纪检监察》刊载。全年走进“扬州市行风热线”2 次，办理人大代表建议、政协委员提案（含协办）29 件，满意率 100%。共收到信访件 24 件，报结率 100%。办复各类网络寄语1 700多条。（居思兵）

【城乡学校布局调整工程】 7 月，市教育局撤销高邮镇城郊小学，并入高邮市宝塔小学；撤并龙虬镇张轩初中、甘垛镇甘垛初中。8 月底前，完成高邮镇秦邮幼儿园、秦邮实验小学、甘垛镇澄阳初中迁建工程。全年撤并小学 1 所、农村非镇政府所在地初中 2 所，全面启动三垛镇三垛实验小学、界首镇实验小学、开发区九年一贯制学校新建工程。（居思兵）

【城乡学校网上结对工作获表彰】 11 月 20 日，在扬州市城乡学校网上结对工作推进会上，高邮实验小学、车逻镇实验小学、秦邮实验小学结对组被表彰为“2010～2012 年城乡学校网上结对工作先进结对组”，李明等 6 人被表彰为“2010～2012 年城乡学校网上结对工作先进个人”。（居思兵）

【教学研讨工作】 2013 年，市教育局重点推进具有区域特色的校本教研、校本讲坛，建立小学、初中教研协作片，深入实施连片教研，拓展校级教研模式。突出聚焦高中学段，研制市本化教学资料，成立高一、高二学科中心指导组，推进高中学科管理长线运作。全年获批省规划立项课题 22 个、重点资助课题 1 个、扬州市级课题 48 个；获扬州市级以上论文一等奖 129 篇，获国家、省市级赛课一等奖 21 人次。（居思兵）

【校园文化建设】 2013 年，市教育局出台《关于加强全市中小学校园文化建设的意见》，并结合诗词之乡创建工作，评选出市级“诗教先进单位”12 个，高邮实验小学、临泽镇川青小学创建成国家级诗教先进单位。组织全市中小学学生参加扬州市“运河情”各项体育赛事和师生才艺大赛，获艺术类特等奖 5 人，获一等奖 11 人，5 名教师获优秀指导奖。组织全市中小学生田径运动会和第 29 个教师节文艺演出。（居思兵）

文 化·体 育

Culture·Sports

导读
- 省委书记罗志军到高邮驻点调研报道 P240
- 高邮好声音大型歌唱比赛 P241
- 《人民日报》等媒体聚焦高邮市"农家书屋"建设 P244
- 高邮大运河两遗产点跻身国保单位 P245

市新闻信息中心

【概况】 2013 年，市新闻信息中心紧紧围绕市委、市政府中心工作，加大策划力度，创新报道形式，提升引领水平，强化宣传实效，先后组织策划省委书记罗志军在八桥镇金港村驻点调研、学习贯彻党的十八大和十八届三中全会精神、市委十届五次、六次全会，市人大、市政协"两会"，工业经济"开门红"、"双过半"，第九届中国双黄鸭蛋节，第六届中国邮文化节，江苏省诗词之乡创建和"三拆三整治"等重要会议和重大活动报道，为奋力推进高邮在周边地区率先崛起、加快建成更高水平小康新高邮提供强有力的舆论宣传保障。全年出版《高邮日报》235 期，《今日高邮》网站刊发自采新闻稿件7 000篇（幅）。是年，市新闻信息中心被江苏省县市新闻中心表彰为先进集体，殷朝刚、郭玉梅、陆业斌被江苏省县市新闻中心表彰为先进工作者；唐以军被表彰为扬州市政治思想宣传工作先进个人。（顾爱品）

【第九届中国双黄鸭蛋节宣传报道】 3 月，市新闻信息中心根据市委、市政府统一部署，认真开展第九届中国双黄鸭蛋节宣传报道工作。在《高邮日报》《今日高邮》网站及时报道市委、市政府和节庆组委会的重大活动、重点工作和重要部署；在《高邮日报》报眼设定倒计时标志和在《今日高邮》网站刊登宣传标语，为节庆造势；在《高邮日报》《今日高邮》网站开设"勇创佳节、献礼节庆""市民谈办节"等专栏和聚焦"生态高邮、文化高邮、幸福高邮、产业高邮"等图片专版，集中报道节庆期间的各种活动和成果。（顾爱品）

【第六届中国邮文化节宣传报道】 10 月，市新闻信息中心按照市委、市政府提出"既要有节庆氛围，又要有节俭办节体现"的要求，认真开展第六届中国邮文化节宣传报道工作。《高邮日报》除以特别报道和特色专栏等营造节庆氛围外，前期还开设"秦邮亭""聚焦邮人邮事邮文化"等专版，为"东方邮都"鼓劲加油；还以报道节庆重点城建项目盂城驿扩容一期工程进展情况和邮票、邮品和现代通讯产品展、群众文艺演出等筹备情况，为节庆举办预热升温。同时，还集中跟踪报道节庆期间的各种活动和成果。（顾爱品）

【会议宣传报道】 2013 年，市委十届第五次、六次全会，市十四届人大第二次会议和市十二届政协第二次会议期间，市新闻信息中心除以《高邮日报》刊发会议消息、决议外，还推出全委会报告解读、讨论侧记、代表和委员的发言摘登，开设《我给"两会"捎句话》《记者跑两会》《人大政协工作回眸》和《代表委员风采》等专栏专版，并通过图片、通讯、特稿、现场新闻等多形式、多角度组织报道。会议结束后，及时跟踪报道各地、各部门贯彻落实会议精神的动态，刊发特约评论员文章及有关乡镇（园区）、部门负责人访谈等。（顾爱品）

【经济工作报道】 2013 年，市新闻信息中心认真开展经济工作报道。《高邮日报》除在第一版推出《狠抓重大项目、做大经济总量》《高邮成为国家火炬特种电缆特色产业基地》等一批工业经济特稿外，还先后开设《学习宣传贯彻落实全会精神》《聚焦重大项目》《务实苦干、扎实开局》等专栏，并加大对重点企业、重大项目、重要工程的报道力度，为全市经济建设提振精气神。同时，围绕各个关键时间节点，还推出《埋头苦干促发展、誓夺首季开门红》《指标"达序时"、冲刺"双过半"》《奋战四季度、全力保目标》等栏目，为各地、各部门冲刺全年目标任务鼓劲加油。（顾爱品）

【省委书记罗志军到高邮驻点调研报道】 4月10～15日，省委书记罗志军到高邮市八桥镇金港村驻点调研。期间，市新闻信息中心根据市委统一部署，精心策划一系列的报道。4月19日，《高邮日报》在第一版及时转载《新华日报》长篇通讯《里下河的四月》；此后，又以图片专版的形式展示罗志军驻点调研的各项亲民活动剪影，以日记或通讯的形式推出"春天里的金港村""金港村的'新村民'""书记住我家"等重要稿件。 （顾爱品）

【"一号文件"宣传报道】 2013年，市新闻信息中心围绕"关注民生，贴近群众，贴近生活"主题，认真策划开展对市委、市政府"一号文件"的宣传报道工作。在2月份"一号文件"出台后，《高邮日报》即以"40项民生实事，百姓看得见"为标题，用一个整版对"一号文件"进行解读，并陆续刊发《办实事、惠民生、促发展》《让欠薪不再成为民工心中的病》等民生报道，对"一号文件"中民生新政进行解读。同时，还利用"新闻110""特别报道"等栏目和版面，围绕文化生活、楼市房价、市场供应等热点问题组织系列报道，对服务百姓生活、关注社会热点、引导社会舆论方面起到积极的促进作用。 （顾爱品）

【秸秆禁烧宣传报道】 2013年，市新闻信息中心按照市委、市政府"天天有声音，期期有报道"的要求，明确版面安排、报道形式和责任人员，认真开展秸秆禁烧宣传报道工作。选派经验丰富的记者分赴各乡镇、园区，进村入户采写一线稿件，切实发挥典型事例对禁烧秸秆舆情的引导作用。同时，在《高邮日报》第一、第二版开设"禁焚秸秆、保护环境"等专栏，推出《严控第一把火、重处第一违禁者》《市领导查看湖西片秸秆禁烧工作》《秸秆禁烧工作再推进》等专栏稿件，在全市营造出良好的氛围。（顾爱品）

【开展"走基层、转作风、改文风"活动】 2013年，市新闻信息中心根据上级开展"走基层、转作风、改文风"活动的部署，在《高邮日报》常年开设"记者走基层"栏目，抓住时间节点、社会热点、民生看点、工作亮点等，鼓励记者深入基层，采写一批带着泥土气息和生活芬芳、有独特视角和新闻看点的稿件。同时，又分别于8月份组织开展"弘盛杯记者走基层"好新闻竞赛活动，于10月底组织记者开展"走基层、喜看开发区20年大变化"活动，于11月初组织开展"记者走基层、倾听中国梦"等主题采访活动，进一步提升"走基层、转作风、改文风"的效果。

（顾爱品）

【高邮经济开发区成立20周年宣传报道】 2013年是高邮经济开发区成立20周年。市新闻信息中心抓住契机，与高邮经济开发区联合举办《记者走基层、喜看开发区20年大变化》大型活动，通过采访该区的党政负责人、企业经营者、投资客商、安置小区业主等，在《高邮日报》第一版及时推出《二十年，崛起一座工业新城》《冲千亿，一路豪情一路歌》等系列报道。 （顾爱品）

【学习型团队建设】 2013年，市新闻信息中心注重加强学习型干部队伍建设，为促进新闻事业发展提供人才保证。购买《新闻记者培训教材(2013)》《走基层、转作风、改文风》优秀新闻作品专辑等业务书籍，加强干部职工的自主学习；搭建互相交流平台，组织资深人员以亲身经历谈摄影、新闻标题制作、差错的成因及避免事项等业务技能，确保干部职工相互学习、相互促进；采用"请进来"和"送出去"的方式提升全系统人员的业务水平，先后举办新闻业务培训班和业务讲座2期(次)，累计参加学习培训人数100人；开设新闻通联交流QQ群，方便全系统人员相互学习和沟通；选派骨干编辑记者到中国人民大学新闻学院、上海复旦大学参加业务进修，提高学习的层次和效果。 （顾爱品）

广播电视

【概况】 2013年，市广电台牢牢把握主题主线，一手发展事业产业，一手推进内部改革，切实加强机关作风建设，各项工作呈现出务实、高效、平稳、有序的发展局面。全年市"两台"(高邮人民广播电台、高邮电视台)共播发新闻稿(片)1.2万多篇(条)，向上发稿200多篇，其中被扬州市级以上媒体录用100多篇；新增和新转换有线数字电视用户6 300户，占年度计划210%；全市数字电视总用户20.85万户，门槛入户率98%；创建成为"江苏省户户通有线电视县(市)"；全年安全播出无事故。是年，市广电台网络运维部被表彰为2012年度全省广播监测网技术维护工作先进集体；市广电网络公司团支部被表彰为江苏省五四红旗团支部；市广电台总工办、网络运维部和三垛镇广播电视站被表彰为2013年度扬州市广播电视安全播出工作先进集体；市广电台广播节目中心被表彰为2011～2012年度扬州市巾帼文明岗。陈扬被表彰为江苏省广播电视系统先进工作者；徐生汇被表彰为扬州市宣传思想文化工作先进个人；张剑、陈志勇被表彰为2013年度扬州市广播电视安全播出工作先进个人。

（龙起高　左亚楠）

【主题主线宣传报道】 2013年，市广电台围绕全市发展大局，深度推进新闻宣传改革，加强主题主线宣传报道工作，不断强化舆论引领职能。全年围绕贯彻落实党的十八大、十八届三中全会和市委十届五次、六次全会精神，先后开设《新征程、新跨越》《大干开门红》《冲刺全年目标》等专栏，深入报道全市各条战线涌现出的先进经验、先进典型；精心策划开展第六届中国邮文化节、第九届中国双黄鸭蛋节、市委全委会和市人大、市政协“两会”、乡镇区划调整重大活动和重要会议等宣传报道工作，为加快推进高邮在沿河地区率先崛起营造氛围。

（龙起高 左亚楠）

【贴近民情、聚焦百姓主题宣传报道】 2013年，市广电台改变传统宣传报道方法，把镜头和话筒对准基层一线，认真开展以贴近民情、聚焦百姓为主题的宣传报道工作，重点办好电视台《民生视线》《热线8000》《高邮好人》栏目和广播电台《夏日风景线》《欢欢喜喜过大年》栏目，以凡人小事弘扬正能量，以道德榜样引领社会风尚，受到广大群众的认可和欢迎。（龙起高 左亚楠）

【新办《帮到家》电视栏目】 3月25日，市广电台以电视台新闻子栏目《热线8000》为基础，新办《帮到家》栏目。该栏目以身边人、身边事为宣传报道主体，自开播以来每天接听热线电话数十个，受到社会关注和百姓欢迎。9月15日，市广电台又以《帮到家》为平台，启动“社区行、乡镇行、企业行”大型采访活动，把民生报道推向深入。至年底，该栏目组接听热线电话2 200多个，帮助群众解决各类难题100多件。（龙起高 左亚楠）

【高邮市创成“江苏省户户通有线电视县（市）”】 7月3日，省广电局组织考核验收组，到高邮检查验收“江苏省户户通有线电视县（市）”创建工作。省专家组在实地查看、走访了解、查阅资料后，确认并宣布该市通过创建工作验收。（龙起高 左亚楠）

资料链接 从2010起，高邮市扎实开展广电领域有线电视系列的各类省级创建工作，至2012年年底，先后创成“江苏省有线电视先进县（市）”“江苏省有线电视示范县（市）”“江苏省有线数字电视城乡一体化县（市）”。2013年，该市及广电职能部门以“用户百分之百整转，住户百分之百安装，社会百分之百满意”为目标，从组织领导、指挥协调、创新管理、提升服务等方面入手，着力推进有线电视数字化建设，千方百计扩大用户规模，切实提高有线数字电视入户率。至2013年4月底，该市有线数字电视总用户20.85万户，门楼入户率98%，达到创建“江苏省户户通有线电视县（市）”的指标要求。（龙起高 左亚楠）

【电视虚拟演播室建设】 8月25日，市广电台虚拟演播室建成并投入使用。利用该系统制作节目，不仅可实时完成节目主持人与三维场景道具的立体合成，而且可在任意形状的多个窗口，或任意物体表面上播放的视频、动画、字幕、台词等，实现与主持人解说内容的时间长度和节奏自动适配，使节目拍摄、编辑和后期包装一次性完成。在该系统的支撑下，通过实时虚拟特效、虚拟灯光、环境影射、地面镜像等操作，促使电视节目视觉效果更加清晰，画面丰富多彩。（龙起高 左亚楠）

【高邮好声音大型歌唱比赛】 5～10月，举行由市广电台、团市委联合主办的“2013翰林国际杯——高邮好声音”大型歌唱比赛。比赛共有600多名选手报名，分报名、海选、初赛、晋级赛、半决赛、总决赛及颁奖典礼等7个阶段进行。10月6日，在高邮大剧院举行由22人参加的总决赛。经过角逐，贺潇未获一等奖，曹丽华、沈序明获二等奖，孙凤、王丹平、王星获三等奖，6人获优胜奖，10人获鼓励奖。（龙起高 左亚楠）

图为2013“翰林国际”杯——高邮好声音总决赛暨颁奖典礼 （市广电台供稿）

【高邮乒乓球王电视大赛】 10～12月，由市广电台、市体育局、市乒乓球协会共同举办的高邮市首届“百年泸州老窖·窖龄杯乒乓球王电视大赛”，在市体育馆举行。大赛共有230多名选手报名，分初赛、淘汰赛、决赛等3个阶段进行。12月21～22日，由8人参加的总决赛角逐，李加伟获第一名（成为该市历史上首位“高邮乒乓球王”），季群获第二名，钱进获第三名。（龙起高 左亚楠）

【落实关爱弱势群体政策】 2013年，市广电台继续执行上级关爱弱势群体的有关政策，减免乡镇（园区）敬老院有线数字电视的相关费用8万余元，减免全市2 000多名低保户收视维护费20余万元，确保低保户、特困户及五保户等各类弱势群体看上有线数字电视；继续完整转播中央电视台第一套、江苏电视台第一套等6套模拟信号，供未转换成数字电视的用户免费收看。（龙起高 左亚楠）

【拍摄微电影《受戒》】 12月29日，为纪念汪曾祺诞辰94周年，根据他的同名小说改编，由市委宣传部和市广电台联合推出的微电影《受戒》（电视艺术片）在高邮正式试映，并受到现场观众一致好评。该部微电影的创作，既是汪曾祺文学作品实现由高邮人改编、拍摄与演绎的首次尝试，又是市广电台坚持多元化、品牌化发展方向的一次全新探索，为高邮市广电文化产业走进市场、融入市场、拓展市

场开辟新路。　　　　　　　　　　（龙起高　左亚楠）

资料链接　汪曾祺，江苏高邮人，中国当代作家，以短篇小说和散文闻名。有“抒情的人道主义者，中国最后一个纯粹的文人，中国最后一个士大夫”之称。《受戒》是汪曾祺新时期文化复出后创作的经典作品之一，在当代文学史上具有开一代文风的重要意义。汪曾祺在作品中极富诗情画意地描绘了故乡秀美的风光，深情赞颂了以主人公小英子、明海为代表的劳动民众的人性美与人情美。作品问世后产生极大反响，人们争相传阅，被誉为新时期文学的“报春新花第一枝”。　（龙起高　左亚楠）

【28件作品获扬州市以上奖项】　2013年，在江苏省、扬州市2012年度优秀广播电视节目、科技论文等项评比中，市广电台共有28件作品获奖，其中一等奖5件、二等奖11件、三等奖12件。

（龙起高　左亚楠）

表52　**市广电台获扬州市级二等奖及以上奖项作品一览表**

类别	获奖作品	奖项名称
电视类	《吴登云事迹展览馆传递榜样正能量》	省电视节目技术质量奖(金帆奖)三等奖
	《奥运火炬手吴兴芬伦敦归来》	扬州电视新闻奖一等奖
	《地产虾苗缘何遇冷，市场需要规范引导》	扬州电视新闻二等奖
	《走进小巷》	扬州电视新闻二等奖
	《守望》	扬州电视社教节目奖一等奖
	《喜迎十八大，童画献给党》	扬州电视社教节目奖二等奖
广播类	《家乡的味道——王四瘪子汤羊》	省广播社教节目奖三等奖
	《爱情纪念封》	省广播电视播音与主持作品奖三等奖、扬州广播电视播音奖二等奖
	《心手相牵，快乐成长》	全省人口与计划生育优秀广播电视栏目和专题节目奖二等奖
	《守护师生餐桌，筑牢食品安全防线》	扬州广播新闻奖二等奖
	《家乡的味道》	扬州广播社教节目奖一等奖
	《让爱相随，伴你成长》	扬州广播社教节目奖二等奖
	《逐梦》	扬州广播社教节目奖二等奖
	《高邮新闻》	扬州广播电视播音奖一等奖
科技类	《高邮广电数据网升级》	扬州广电科技论文奖一等奖
	《5+1数字标清电视转播车技术方案在高邮广播电视台的应用》	扬州广电科技论文奖二等奖
	《高邮广电呼叫中心建设方案》	扬州广电科技论文奖二等奖
	《乡镇网络整治标准及检测验收》	扬州广电科技论文奖二等奖

文化工作

【“珠湖之波”赛歌会】　7月24日下午，由市委宣传部、市文广新局和市文联联合主办的第30届“珠湖之波”赛歌会决赛及颁奖典礼在市华侨国际大酒店举行。此次赛歌会历时近两个月，有200多名选手报名参赛。经过初赛、复赛，有29人进入决赛。决赛中，经过激烈的角逐，孙凤、俞萌萌获一等奖，贾天翔、孙岐、孙书雅、杨静获二等奖。　（冯志荣）

【“全国优秀歌手邀请赛”(高邮赛区)总决赛】　8月3日晚，来自上海市浦东新区、浙江省嘉善县、安徽省淮北市、山东省临沂市以及江苏省相关地区的23名歌手到高邮进行“全国优秀歌手邀请赛”(高邮赛区)总决赛。经过激烈的决赛角逐，柳建明、张凤英、姚春芳、秦然、位丽辉5名选手获一等奖。

（冯志荣）

【群众文艺新作调演】　2014年1月5日晚，由市委宣传部、市文广新局、市文联共同举办的高邮市2013年度群众文艺新作调演在北海影城北门厅举办。来自全市各乡镇、园区的群众文艺爱好者分别表演舞蹈、说唱、小品、歌曲等节目。　（冯志荣）

【高邮市首届千人广场舞蹈大赛】　4月28日，高邮市首届千人广场舞蹈大赛总决赛在蝶园市民广场举行。此次大赛历时近一个月，分规定舞蹈和自选舞蹈两项，有40多支代表队按照乡镇、城区的分组进行比赛。经过初赛，有29支代表队进入决赛。经过角逐，高邮镇、卸甲镇和菱塘回族乡代表队获乡镇组一等奖，树林舞蹈队获城区组一等奖。

（冯志荣）

图为千人广场舞蹈大赛现场　（市文广新局供稿）

【首届戏曲票友大赛】 7月14日晚，高邮市首届戏曲票友大赛总决赛暨颁奖晚会在北海影城北门厅举行。此次大赛历时近一个月，分淮剧组、扬剧及其他戏曲组两个组别进行，有100多名选手报名参赛。经过初赛、复赛，有27人进入决赛。经过决赛角逐，7人获“演唱奖”，10人获“十佳票友”称号，10人获“优秀票友”称号。此届大赛，来自乡镇、社区的戏曲爱好者表演多种形式的戏曲，巩固和推广高邮群众戏曲文化艺术活动的成果。（冯志荣）

【赵万和书法作品展在全国政协礼堂举行】 10月13～15日，由中国书法家协会、中国楹联学会、江苏省书法家协会、上海市书法家协会主办，CCTV《写意人生》栏目、书法导报社、大美术杂志社协办，高邮市政府、扬州市文联承办的“翰墨清风——赵万和书法作品展”在北京全国政协礼堂举行。此次书法作品展共展出赵万和作品90余幅。（孙兆民）

【第六届中国邮文化节“梦圆邮都”群众文艺展演】 10月18日晚，由市委宣传部、市文广新局、市文联共同主办的“梦圆邮都”高邮市群众文艺展演在高邮大剧院举行。演出分序幕、寻梦、圆梦和尾声四个篇章，先后表演由该市文艺爱好者自编自排的群舞《龙虬篝火》、打击乐《邮驿鼓声的回响》、配乐诗朗诵《诗词吟诵咏高邮》、女子新民乐《邮城随想》、歌舞《运河三月追梦人》、说唱《点击高邮》等节目。整场演出在激情澎湃的歌曲《幸福高邮》中落下帷幕。（冯志荣）

【市文化馆】 2013年，市文化馆围绕法治宣传、安全教育等主题，举办“周末大舞台”专场文艺演出32场。配合其他部门举办“安全生产宣传月”、法治宣传、科普宣传、少儿艺术节、读书节、双拥文化、“中秋赏月音乐朗诵”、“三拆三整治”社区巡演等多场文艺演出活动。获得第十五届中国上海国际艺术节“缤纷长三角·浦东潍坊杯”长三角地区排舞邀请赛规定舞蹈金奖和自选舞蹈银奖。继续实行场馆免费对外开放，每天开放时间不低于8小时，年接待群众近1万人次。（冯志荣）

【市博物馆】 2013年，市博物馆继续做好“5·18”国际博物馆日系列宣传活动，对全市居民免费开放一天。充分发挥盂城驿、文游台等“爱国主义教育基地”的作用，全年免费接待青少年参观学习3万余人次。（金晖）

【市图书馆】 2013年，市图书馆继续实行免费开放和“一卡通”借阅服务，满足人民群众的公共基本文化服务需求。加强馆际合作和资源共建共享，先后加入扬州地区、江苏省和国家图书馆的“联合参考咨询”“馆际互借”“联合编目”三大业务服务系统。全年接待读者15.4万人次，书刊流通10.8万册次；新购图书6 343册；举办各类讲座12场，听众2 176人次；建立武警中队图书流动站；举办各类培训班25期，培训各类学员2 042人次。是年，市图书馆被文化部命名为国家一级图书馆，获2013年度扬州市红领巾读书征文活动优秀组织奖；专业学术论文获省、市级奖项9项。

开展各类读书活动，围绕高邮市第七届读书节、年度服务宣传周、“七彩的夏日”等活动主题，开展“你选书、我买单”特校专场、“年度阅读之星”评选、读者主题悦读沙龙、百部好书宣传、“小小图书管理员”志愿服务、暑期佳片欣赏等多项活动。开展2013年度红领巾读书征文活动，组织中小学生参加，提交征文稿件200余篇，有22名学生获省、市表彰奖项。（袁正兰）

【市图书馆获评“国家一级图书馆”】 10月31日，文化部依据第五次公共图书馆评估标准和定级必备条件，经审查和公示，发出《关于公布第五次公共图书馆评估定级上等级图书馆名单的通知》，高邮市图书馆获评“国家一级图书馆”。这是该馆继2009年第四次全国公共图书馆评估定级之后，第二次获此殊荣。（袁正兰）

资料链接　市图书馆新馆建于2007年，建筑面积4 000平方米，拥有各学科、各门类图书20多万册，年接待读者逐年递升。近年来，为不断满足市民阅读需求，打造“十五分钟阅读圈”，该馆在大力加强总馆建设的同时，十分注重社区图书馆分馆和图书流动站的建设工作。截至2013年年底，该馆已在水部楼等3个社区建成3个图书馆分馆，在武警中队等10家单位建成10个图书流动站。此外，该馆还将与通信部门合作，开发“移动终端手机图书馆”，以进一步延伸图书馆的服务功能，更好地满足年轻人的阅读需求。（袁正兰）

【文艺创作】 2013年，市文广新局结合时代背景，撰写《夸夸咱们的好村官》《我赞美沙枣林》等勤政、廉政文艺宣传作品；以省委书记罗志军到高邮市八桥镇驻点调研为主题，创作《他和大哥一个样》《我以大哥为榜样》等系列歌曲作品。精心创作、编排、上演大型历史扬剧《淮海悲歌》,形象生动地再现北宋婉约派词宗秦少游中晚年人生起落、仕途顿踣的故事。（张改美）

【《人民日报》等媒体聚焦高邮市“农家书屋”建设】 2月2日,《人民日报》《农民日报》《新华日报》《扬子晚报》、江苏人民广播电台、中国江苏网等6家新闻媒体的记者到高邮市,集中采访该市“农家书屋”建设情况。采访期间,各媒体记者先后到界首镇龙翔村和卸甲镇一平村就“农家书屋”建设等方面的情况进行实地参观和深入采访,并对“农家书屋”工程的管理规范、富于创新、成效显著给予充分认可。（史志　张一）

资料链接　2006年,高邮市以改善农村文化环境、提高农民整体素质、改善农民文化生活质量和提升农村文明程度为目标,在全省率先实施“农家书屋”建设工程,并逐步探索出“建、管、用”三措并举的发展模式。至2009年底,该市基本实现“农家书屋”村村全覆盖。近年来,为进一步发挥这一文化惠民工程的实效性,该市不断创新管理机制,加强书屋基础设施建设,组织实施“农家书屋”提升工程和图书管理员业务培训工程,更好地服务群众的文化需求。至2012年年底,该市建成“农家书屋”数字化阅读示范点130个,配送电脑125台和“直播星”5个。农民通过网上数字资源可查阅各种资料和观看各类节目,“农家书屋”成为培养新型农民的“充电站”。2014年3月20日,卸甲镇一平村农家书屋管理员朱小琴被省新闻出版局表彰为全省优秀农家书屋管理员。（史志　张一）

【送书、送电影、送戏下乡】 2013年,市文广新局继续推进“三送”(送书、送电影、送戏)下乡工程,丰富群众文化生活。全年组织到农村送电影3 396场,送戏剧80场,送图书1.52万册(折合款项20万元)。（张改美）

【市扬剧团】 2013年,市扬剧团全年演出300场,观众达40多万人次,演出市场辐射高邮及周边县(市、区)。12月1日,受上海广播电视台和东方电视台的邀请,赴上海兰心大戏院演出折子戏。（李华俊）

【文化市场管理】 2013年,市文广新局为提高文化市场从业人员的法制意识和依法经营理念,先后举办歌舞娱乐场所、出版物发行单位及印刷企业经营业主的法律法规培训班,培训人员300人次,对规范全市文化市场经营秩序起到促进作用。至年底,全市新增歌舞娱乐场所6家、打字复印店7家、图书报刊零售店17家、营业性文艺表演团体1家、电影放映场所1家、文化类民办非企业4家、文化类社会团体1家。（张改美）

【文化行政执法】 2013年,市文广新局继续开展“暑期网吧天天查”活动,规范网吧经营行为。全年办理网吧行政处罚案件56起,其中采用一般程序处理的案件8起、简易程序处理的案件48起。积极开展“扫黄打非”专项治理,于春节、五一节、国庆节前后开展专项治理行动6次,共检查音像经营场所、书报刊市场、印刷复制场所200多家,收缴非法出版物1 800多册,取缔无证经营的地摊销售点6处,办理出版物案件2起。加强对网吧、娱乐场所的安全检查,整改存在安全隐患的经营场所30多家。开展无“小耳朵”先进县创建工作,联合市相关部门集中开展整治活动,共拆除、没收各类“小耳朵”177只。（朱亚）

【文化产业】 2013年,市文广新局组织江苏德皇文具有限公司、扬州盛世百年工贸有限公司、扬州亚光电缆有限公司申报扬州市文化产业示范基地并通过验收。至年底,全市累计创成扬州市级文化产业示范基地4个、集聚区2个。（张改美）

【江苏德皇文具有限公司获“首批江苏省重点文化科技企业”称号】 7月3日,省文化改革发展领导小组办公室根据《江苏省重点文化产业园区管理办法》《江苏省重点文化科技企业管理办法》,经各地申报、专家评审、部门认定,公示首批江苏省重点文化产业园区、重点文化科技企业入选名单,江苏德皇文具有限公司名列其中。（张改美）

【高邮市照明灯具版权服务中心成立】 12月18日,高邮市照明灯具版权服务中心在送桥镇郭集灯具服务中心举行揭牌仪式。该中心是高邮首家版权服务机构,可为该市相关企业及著作权人及时、快速地取得版权证书,并维护其合法权益提供专业的服务。（张改美）

【印刷业】 至2013年年底,全市有印刷企业113家,从业人员2 100人。实现工业总产值4.8亿元、利润0.38亿元。有总产值超过5 000万元的印刷企业1家,年销售额1亿元以上的印刷企业1家。（张一）

【出版物经营管理】 2013年,市文广新局年度核验登记出版物经营单位87家,其中民营书店45家、新华书店直营门店8个、邮政报亭28个、音像制品发行单位6家。全年出版物经营单位实现销售总额6 500万元、从业人员150人。（张一）

文物工作

【明清运河故道保护与展示工程】 该工程属国家文物局批准的大运河保护项目之一,于4月26日开工建设,8月基本竣工。施工范围为城区西堤石工头至御码头里运河段,全长2.8千米。修缮整治的主要内容为:清理恢复故道河床的形状、整修石堤破损部分、修缮展示故道内御码头、平津堰、明代石工、万家塘、杨家坞等遗产点和铺设湖边道路、实施故道两旁绿化。第一期工程中央财政投资1 650万元,由江苏弘盛建设工程集团有限公司组织实施。 (李国耀)

【盂城驿景区修缮及环境整治工程】 该工程为国家文物局批准的大运河保护项目之一(扬州大运河申遗保护规划的配套工程),于7月开工建设,12月底竣工。工程的主要内容为:盂城驿马厂、夫厂的修缮,内部卫生设施的完善,盂城驿北侧2户古民居的修缮,周边消防通道的开辟及南门大街的业态整治等。整个工程中央财政投资500余万元,由市文物局委托扬州古宸古典建筑公司组织实施。

(李国耀)

【第一次全国可移动文物普查】 7月,全市根据国家文物局及省、市工作部署,正式启动第一次全国可移动文物普查工作,并成立普查工作领导小组和普查队,制定下发普查实施方案。8月,市文物局及相关职能机构分6个片区对辖区内国有单位的文物开展调查摸底工作。至年底,全市共调查登记可移动文物近4 000件(套),其中博物馆藏品近2 200件(套)、图书馆古籍资料近1 400件(套)、系统外国有单位文物近400件(套)。 (李国耀)

【高邮大运河两遗产点跻身国保单位】 2014年3月,国家文物局下发《关于印发第七批全国重点文物保护单位简介的通知》,大运河作为第七批全国重点文物保护单位,与第六批全国重点文物保护单位京杭大运河合并,高邮市的镇国寺塔和平津堰遗址两处历史文化遗产点作为大运河重要组成部分被列入其中,成为第七批全国重点文物保护单位。至此,包括盂城驿和明清运河故道在内,该市境内累计有4处大运河遗产点成为全国重点文物保护单位。 (李国耀)

资料链接 镇国寺塔始建于唐僖宗时期,原为江苏省文物保护单位,是一座方形七层楼阁式砖塔,塔高35.36米,顶端塔刹为一青铜铸葫芦,葫芦表面刻有"风调雨顺、国泰民安"八字。1 100多年来,镇国寺塔虽历经几次修葺,但仍基本保留唐骨明风的建筑特色,被誉为"南方的大雁塔"。1956年京杭大运河拓宽时,该塔本应在拆毁之列,后经报请中央批准(周恩来总理曾亲自过问),决定"让道保塔"(在运河中留下一个河心小岛,让该塔保存其间)。至此该塔得以保留,并建成国家3A级旅游景区,成为大运河上一颗璀璨的明珠。

平津堰遗址即大运河镇国寺塔对岸故道西堤,原是唐元和年间宰相、淮南节度使李吉甫为调节运河水位所建的水利设施,今尚存明代条石砌成的一段近百米的古石堰。该石堰也是目前淮扬运河段所发现的唯一一个古堰。 (史志 李国耀)

【完成雪枫大学旧址修缮工程方案】 10月,为配合界首镇申报省级历史文化名镇,市文物局帮助该镇引介扬州古宸古典建筑工程有限公司制定《雪枫大学旧址修缮工程方案》。至年底,该方案基本完成。 (李国耀)

【完成高邮当铺修缮工程设计方案】 9月,市文物局为实施高邮当铺修缮工程,委托北京中兴文物建筑设计公司制定《高邮当铺修缮工程设计方案》。12月,该方案基本完成,为下一步实施当铺修缮工程提供科学依据。 (李国耀)

【规范省级以上文保单位档案资料管理】 2013年,市文物局注重加强省级以上文保单位档案资料的规范化管理,在重新划定全市省级以上文保单位的保护范围和建设控制地带,并规范其格式内容后,对其原有的档案资料进行修改完善,并逐一录入到省文物局统一要求的档案软件中。 (李国耀)

【大运河高邮段申遗考察评估】 9月下旬,大运河申遗国际专家组到高邮市,对大运河高邮段的遗产点进行考察评估。经实地查看、听取汇报和座谈咨询,专家组同意通过对明清运河故道、盂城驿两处遗产点的考察评估。 (李国耀)

档案工作

【概况】 2013年,市档案局(馆)按照市委、市政府和上级档案部门的要求,积极强化机关档案规范化管理,瞄准国家综合档案馆创建目标,有序推进新馆内部配套和馆库搬迁工作,完成全年各项工作任务。全年共接待查借档利用人员478人,提供档案资料602卷(册);指导4家机关、企事业单位完成档案达标升级工作。 (邱添)

【档案馆(库)建设】 2013年,市档案局(馆)加快推进新馆馆库内部配套工程建设,内容包括办公设施设备、档案装具用品、库房智能测控系统、档案密集架的配备。至6月底,内部配套工程结束。从7月起,市档案局(馆)启动新馆馆库搬迁的准备工作,重点开展历时3个月的库房清点工作。期间,累计清点登记包括地图、照片、报纸、信件、徽章、印鉴等各种形式的档案资料925件(卷),将其编号封存后完成装箱近1 000箱。至年底,完成馆库搬迁工作,新馆正式投入运行。共投入资金510万元。

(邱添)

【档案业务指导】 2013年,市档案局(馆)从强化业务、创新方法、密切配合入手,扎实开展档案业务指导工作。指导高邮工商局等单位档案工作通过星级评审复查。稳步推进民生档案工作,为市人社局开展社保档案规范化建设及至获评扬州市人社系统档案综合评比第一名提供业务支撑。积极帮助市地税局谋划五星级档案室的筹建工作，指导地税系统启动直属档案数字化建设。组织专人对高邮创先争优活动历年来形成的文件材料和全国诗词之乡创建档案资料进行规范化整理。开展市级机关年度档案规范化管理督查工作，组织6个督查组，对各部门单位2012年档案资料立卷归档情况、历年档案资料利用情况、网上行政权力公开和电子政务运行情况、依法移交档案的准备情况等进行督查和评估。（邱添）

【档案征集和编研】 2013年，市档案局（馆）坚持以国家级和省级两级"非遗"传承人为重点征集对象，开展名人档案征集活动，跟踪征集"非遗"传承人王兰英的有关档案资料和抢救性征集省级"非遗"传承人杨国祥有关高邮民歌的口述档案资料，进一步完善"非遗"传承人档案。完善高邮在外成功人士名录。加强与民间文化工作者的联系，成立高邮市姓氏文化研究会，指导市姓氏文化研究会正常开展工作，征集各类家谱、书籍近600（件）册。多渠道收集信息，编撰完成1～12月份《高邮大事记》，共计13万字。（邱添）

【档案利用工作】 2013年，市档案局（馆）为克服办公地址迁移对档案利用工作的影响，改进工作方法，加强岗位值班与管理制度，实行全天候无假期查档预约，积极提供电话、信函、网络、传真等多种查档方式，认真做好查档接待服务，积极为党政机关及市民提供馆藏档案资料的查询服务。（邱添）

【档案数字化建设】 2013年，市档案局（馆）严格贯彻上级档案部门关于在档案目录开放利用中审慎进行划控、鉴定工作的精神，组织人员对照相关规定，认真开展馆藏档案划控和鉴定，并对已开放档案条目进行逐条复核，确保档案信息安全。继续完善馆藏档案目录数据库建设。对馆藏档案84个全宗的案卷级和永久、长期、部分短期卷的文件级条目进行逐条核实，确保馆藏档案目录数据准确完整。（邱添）

地方志和年鉴工作

【2013年版《高邮年鉴》出版发行】 12月，由市委、市政府主办，市地方志办公室编纂，方志出版社出版的2013年版《高邮年鉴》发行。该版年鉴为连续出版的第25卷本。全书共设有篇目34个、分目271个、条目1 847个、表格111幅；设有彩页72页，其中新闻彩照4页、专题彩照68页；文中黑白照片54幅；共360页、79万字。（高志中）

【《高邮年鉴》《政务》篇目始行调整】 2013年，市地方志办公室为规范篇目设计，从2013年版《高邮年鉴》开始，对原先多年设置的《政务》篇目进行调整。调整后的篇目分设为《高邮市人民代表大会常务委员会》《高邮市人民政府》《政协高邮市委员会》。其中，《高邮市人民代表大会常务委员会》篇内设《市人大代表》《重要会议》《重大活动》等3个分目及下设10个条目；《高邮市人民政府》篇内设《重要会议》《政务活动》《行政服务》《外事工作》《侨务》《台湾工作》等6个分目及下设38个条目；《政协高邮市委员会》篇内设《市政协委员》《重要会议》《主要工作》等3个分目及下设14个条目。（高志中）

【《高邮年鉴》《工业·综述》条目获省一等奖】 12月16日，江苏省地方志编纂委员会办公室印发《关于表彰2013年市、县（市、区）综合年鉴优秀框架设计和条目的决定》，在所公布的获评《综述性条目》一等奖名单中，列有《高邮年鉴》《工业·综述》条目。（高志中）

【《高邮市志（1986～2005）》初稿编就32篇】 2013年，《高邮市志（1986～2005）》初稿编纂基本完成18篇，即《前志提要》《交通·供电》《水利》《邮电·信息化》《农业》《商贸服务业·旅游业》《金融》《财政·税务》《高邮市人民代表大会》《政协高邮市委员会》《工商联·社会团体》《政法·军事》《人事·劳动》《科学技术》《龙虬庄文化·邮文化》《精神文明建设》《人物》《〈高邮县志〉补遗与勘误》等篇。至年底，该志书初稿编纂累计完成32篇，占全书总篇数42篇的近五分之四。（高志中）

【《水鉴》出版】 6月，市政协主席倪文才主编的高邮地情书——《水鉴——纪念2003年抗洪胜利十周年》一书，由凤凰出版传媒股份有限公司出版。全书设有《全景扫描》《万人转移》《部门联动》《乡镇突围》《军民携手》《英雄剪影》《爱心捐款》《领导关怀》《抗洪颂歌》等九章，共267页、25万字，全面记述2003年市委、市政府领导全市党政军民奋力进行抗洪斗争并最终取得胜利的经过。时任中共高邮市委书记、现任江苏省国有资产管理委员会副主任王正宇为该书作序。（高志中）

【2012年版《高邮年鉴》获全国编校质量二等奖】 8月，由中国出版协会年鉴工作委员会主办的第七届全国年鉴编校质量评比活动结果公布，2012年版《高邮年鉴》获二等奖。（高志中）

【创新历史研究新做法获扬州市二等奖】 2013年，在由扬州市档案局、扬州市地方志办公室举办的年度档案方志工作创新成果展示活动中，市地方志办公室创新高邮历史研究的新做法获二等奖。（高志中）

【宣传工作获扬州市表彰】 2014年3月5日，在由扬州市档案局、扬州市地方志办公室公布的《关于表彰2013年度全市档案方志宣传工作先进集体和先进个人的决定》中，市地方志办公室被表彰为先进集体，周丽丽被表彰为先进个人。

（高志中）

体 育

【承办2013年江苏省毽球锦标赛】 8月10～13日，由省社会体育管理中心、省毽球协会主办，高邮市体育局承办的2013年江苏省毽球锦标赛在市体育馆举行。来自南京、徐州、连云港和扬州市的110名运动员参加7个单项的比赛。经过3天的角逐，南京队获团体总分第一名，新沂队、如皋队分获团体总分第二、三名。高邮市第一小学代表队获“体育道德风尚奖”。

（杨浩）

【第六届横渡高邮湖活动】 8月24日下午，由市体育局、市冬泳协会主办的“华星房地产杯”第六届横渡高邮湖活动在高邮湖举行。来自上海、浙江、安徽、江苏等省市的21支代表队、509名运动员参加活动。横渡活动全程5千米，有430多人游完全程。

（杨浩）

【第四届环高邮湖自行车越野赛】 4月30日，由扬州市体育局、高邮市人民政府主办，高邮市体育局、高邮市自行车运动协会承办的“第四届环高邮湖自行车越野赛”在高邮市举行。来自上海、安徽、四川、江苏等省市的332名选手参加比赛。此届比赛起点、终点分别设在市行政中心广场和高邮二桥，赛程全长185千米，其中高邮段66千米、天长段62千米、金湖段51千米、宝应段6千米。有299名选手在规定时间(12小时)内完成赛程比赛，到达终点率90.1%。南京缪礼龙以4小时59分53秒获男子组冠军，泰州沈慧和南京谈翠英以5小时32分33秒并列获女子组第一。（杨浩）

【第二届高邮大运河半程马拉松赛】 10月2日，由市人民政府主办，市体育局、市跑步协会承办的第二届高邮大运河半程马拉松赛在大运河畔举行。来自北京、海南、陕西、福建、上海、安徽、江苏等省市的669名选手参加比赛。381名运动员在规定时间3小时内完成21.09千米赛程的比赛，到达终点率57%。南京市阙钟铭以1小时16分51秒获男子组冠军，连云港市张静以1小时36分43秒获女子组冠军。

（杨浩）

图为第二届大运河半程马拉松赛现场　（夏阳 摄）

【2013年全民健身体育节】 4～10月举行。期间，组织开展全民健身体育节启动仪式、“庆祝8月8日全民健身日”全民健身展示、2013年市级机关太极拳培训班、高邮市老年门球赛、高邮市青少年三人篮球赛、第三届高邮市围棋棋王赛、高邮市少儿象围棋赛等26项次群众体育竞赛系列活动和12项次学生体育竞赛系列活动。培训社会体育指导员400名，开展国民体质测试3 009人次。

（杨浩）

【群众体育工作受到国家表彰】 8月，在辽宁省举行的全国第十二届运动会上，市体育局被国家体育总局表彰为2009～2012年度全国群众体育先进单位。

（张婕）

【2013年扬州市青少年武术(套路)锦标赛】 7月11日，由扬州市体育局主办，高邮市体育局承办的2013年扬州市青少年武术(套路)锦标赛在高邮市体育馆举行。来自扬州市六个县市区代表队参加比赛。经过角逐，广陵队获团体总分第一名，邗江队、高邮队分获团体总分第二、三名。（张婕）

【体育彩票销售9 714万元】 2013年高邮市全年电脑型彩票的销售3 648万元，11选5销售4 177万元，竞彩销售1 318万元，即开型彩票销售571万元，共计销售9 714万元，基本完成扬州市中心下达的销售任务。

（黄俊）

表53　**2013年高邮市运动员获江苏省以上体育竞赛前六名成绩一览表**

运动员姓名	比赛名称	比赛项目	取得成绩
唐小松	江苏省毽球锦标赛	男子三人赛	第四名
王　扬	江苏省毽球锦标赛	男子三人赛	第四名
朱　政	江苏省毽球锦标赛	男子三人赛	第四名
吴跃辉	江苏省毽球锦标赛	男子三人赛	第四名
周　鹏	江苏省毽球锦标赛	男子双人赛	第五名

续表 53

运动员姓名	比 赛 名 称	比赛项目	取得成绩
秦志远	江苏省毽球锦标赛	男子双人赛	第五名
董　旭	江苏省毽球锦标赛	男女混合双人赛	第六名
居一宜	江苏省毽球锦标赛	男女混合双人赛	第六名
王　杰	江苏省县组田径赛	男子甲组跳高	第一名
裔　慧	江苏省县组田径赛	女子丙组 400 米	第二名
裔　劲	江苏省县组田径赛	男子乙组跳高	第二名
裔　劲	江苏省县组田径赛	男子乙组跳远	第二名
冯　鑫	江苏省县组田径赛	男子甲组 400 米	第三名
张雯静	江苏省县组田径赛	女子乙组 3000 米竞走	第三名
裔　慧	江苏省县组田径赛	女子丙组 200 米	第三名
许若清	江苏省县组田径赛	女子丙组 800 米	第三名
邵天鑫	江苏省县组田径赛	男子乙组 800 米	第五名
许若彤	江苏省县组田径赛	女子丙组 60 米	第五名
许若彤	江苏省县组田径赛	女子丙组 100 米	第五名
黄君超	江苏省县组田径赛	男子甲组 800 米	第六名
颜恒源	江苏省县组田径赛	男子丙组 1 500 米	第六名
王振越	江苏省武术(套路)锦标赛	男子少甲组太极拳	第五名
赵登煌	江苏省武术(套路)锦标赛	男子少乙组太极拳	第五名
姜佩佩	江苏省乒乓球冠军赛	女子少甲组团体	第五名
张爱育	2013 年 OP 帆船全国冠军赛	男子甲组	第三名
何　雯	2013 年 OP 帆船全国冠军赛	女子甲组	第四名
焦雅雪	2013 年 OP 帆船全国冠军赛	女子甲组	第六名
付　鑫	2013 年 OP 帆船全国冠军赛	女子甲组	第七名
团　体	2013 年 OP 帆船全国冠军赛	队赛	第五名

（张婕）

医　疗　卫　生

Medical and Health

导读

综　述

2013年，全市卫生工作突出深化医疗卫生综合改革工作重点，以持续改进和提高医疗卫生服务质量为目标，以让群众"病有所医"为落脚点，通过完善新型农村合作医疗制度，开展健康社区行、卫生镇和卫生村创建活动，提高公共卫生服务同质化、均等化水平，为全市人民健康和经济社会发展提供保障。全年共发放新型农村合作医疗补助金2.15亿元；实施农村居民大病保险制度，向1 043名重特大疾病患者发放大病保险补偿金（二次补助）440万元。是年，市卫生局被扬州市卫生局表彰为新型农村合作医疗工作先进单位。

至年底，全市共有各级各类卫生机构223家，其中市直医疗机构12家、社区卫生服务中心4家、乡镇（中心）卫生院19家、村卫生室（社区卫生服务站）188家。全市共有卫生人员3 884人。其中，乡村医生832人，编外用工745人；卫生技术人员1 990人（具有高级职称资格的248人、中级职称资格的969人、初级职称资格的773人），其他技术人员287人，管理人员30人。卫生机构医疗用房19.72万平方米，固定资产总值5.45亿元，病床床位2 304张。全市医疗机构门诊、急诊量261.5万人次，住院61.17万床日。　（周明灯）

新型农村合作医疗

【2013年新型农村合作医疗基金补偿方案修订】 2013年，全市共有63.1万人参加新型农村合作医疗，基本实现参合全覆盖。人均筹资标准从上年的300元提高到350元，其中农民个人缴费70元、各级财政补助280元（省财政配套资金170元、扬州市财政配套资金2元、高邮市财政配套资金95元、乡镇财政配套资金13元）。该方案规定的门诊补偿标准为：市、乡、村补偿比例分别为20%、35%、40%。住院补偿标准为：市级、乡级定点医疗机构起付线分别为400元、200元，补偿比例分别为65%、85%；在市外公立医疗机构起付线为700元，1万元以下部分（含1万元、下同）补偿40%，1万元～2万元的部分补偿比例为50%，2万元以上部分补偿比例为60%，其中基本药物部分在原有补偿比例基础上再提高10个百分点；当年内累计起付线为700元，累计封顶线为18万元。同时该方案还对门诊慢性病、住院重大疾病、中医中药费用、基层医疗机构、农村"五保"和城镇低保对象、计生特困家庭、传染病患者以及参合产妇继续实行"八项倾斜"优惠政策。　（周明灯）

【发放2013年新型农村合作医疗补助金2.15亿元】 2013年，市、乡合作医疗管理办公室、各定点医疗机构共向参加新型农村合作医疗的302万人次，发放合作医疗补助金2.15亿元。其中，获得10万元以上补助的6人，获得5万元以上补助的110人，获得1万元以上补助的4 359人。参合人员在乡级卫生院住院治疗的补偿比为77.1%、在县级医院住院治疗的补偿比为54.3%、在市外住院治疗的补偿比为32.4%，各级定点医疗机构住院平均实际补偿比为56.3%，统筹地区政策内补偿比为76.1%。　（周明灯）

【实施农村居民健康"一卡通"工程】 2013年，市卫生局开展"全国居民健康卡试点市"工作，按照试点先行、总结提高、全面推广的要求，做好试点各项准备工作，并计划通过2～3年的努力，最终在全市完成"发放健康卡60万张，实现全市农村居民全覆盖”的目标。加强与农行高邮市支行的合作，借助区域卫生信息平台，加快推进集“参合缴费、就诊刷卡、结算补偿、健康信息查询、金融服务”等五大功能为一体的居民健康卡试点工作。责成市新农合管理办公室加紧完成试点乡镇参合人员基本信息的核对、健康卡卡面设计、中心机房设备建设、相关软件测试及有关医疗卫生机构用卡环境建设工作，确保持卡人可以在医院诊疗、新农合结报中正常使用居民健康卡。12 月 26 日，全市举行相关试点乡镇农村居民健康卡首发仪式。至年底，全市在试点乡镇发放居民健康卡 2.3 万张。 （周明灯）

图为高邮市农村居民健康卡首发仪式

（市卫生局供稿）

【新型农村合作医疗支付方式改革】 2013 年，市新型农村合作医疗办公室推行支付方式改革，门诊实行总额预付与公共卫生服务相结合的付费激励模式，采取“总额控制，月度核拨，年底结算”的考核办法；住院实行按病种与床日付费相结合的混合支付方式。实施农村居民健康“一卡通”工程，与农业银行合作，在试点乡镇发放居民健康卡 2.3 万张。

（周明灯）

【新农合重特大疾病保障机制巩固和完善】 2013 年，巩固重特大疾病保障机制，将儿童先天性心脏病、儿童白血病等 16 种疾病纳入保障范围，在新农合和医疗救助基金补偿的基础上，给予二次补助，使其累加后的实际补偿比例达 70%～90%，且补偿额度不受新农合 18 万元补偿封顶线限制。全年全市共有 809 人享受重大疾病保障资金补助，累计发放重大疾病补助金 714.74 万元。 （周明灯）

【新农合意外伤害医疗保险合作机制建设】 2013 年，市新农合管理办公室针对既有的意外伤害调查队伍缺乏专业性、外伤调查工作效率低下、外伤调查频受外界因素干扰等情况，通过向商业保险机构购买意外伤害保险的方式，招标确定人保财险高邮支公司承办新农合意外伤害医疗保险调查核实以及理赔服务。至年底，人保财险高邮支公司累计完成新农合参合群众的意外伤害调查1 036例，涉及申报金额1 164.82万元，其中核查出因第三方责任导致的意外伤害 26 例，涉及申报金额 50.72 万元，有效保证调查结论的客观、公正、公平，防止新农合基金因先前制度缺陷而造成的流失。 （周明灯）

【试行农村居民大病保险制度】 7 月 1 日起，全市试行农村居民大病保险制度，对新农合基础补偿后个人负担的合规医疗费用给予再保障，起付线为 1.2 万元，补偿比例不低于 50%。落实“转诊登记、回访调查、逐级审核、补偿公示、督查通报、责任追究”等新农合六项监管制度，从行政监督、行业监督及社会监督入手，全方位加强基金监管。至年底，全市共有1 043人享受大病保险补助，累计发放补偿金 440 万元。 （周明灯）

爱国卫生

【十大健康主题活动】 4 月，召开春夏季爱国卫生运动暨健康教育现场推进会，部署落实“十大健康主题活动（健康医院、健康学校、健康机关、健康企业、健康社区、健康家庭、健康厨房、健康公园〈广场〉、健康步道、健康学堂）”等健康教育与健康促进工作，并组织与会人员参观汤庄镇汉留卫生院、汤庄镇曾珏村健康村和卸甲镇健康主题公园等健康教育工作现场。5 月，按照扬州市政府关于“十大健康主题促进活动方案”，市政府制定出台具体实施细则。在市区蝶园市民广场、卸甲镇文化广场、汤庄镇曾钰村、龙虬镇东角村、天山镇南茶村建成健康主题公园 5 个；在康华社区润和阳光城筛选 10 户居民，创建健康家庭和健康厨房。 （周明灯）

【农村改厕】 2013 年，市卫生局贯彻扬州市农村改厕工作会议精神，开展“改厕百日突击活动”，通过宣传发动、业务培训、现场指导等，提高改厕的速度和质量。全年新增无害化卫生户厕 1.69 万座，全市无害化卫生厕所普及率 77.9%。 （周明灯）

【卫生镇、卫生村创建】 2013 年，市卫生局、市爱卫办继续推进卫生镇、卫生村创建工作。5 月，送桥镇、卸甲镇、三垛镇市级卫生镇创建工作通过扬州市爱卫会复查。11 月，三垛镇省级卫生镇创建工作通过省爱卫会考核验收。八桥镇金港村、卸甲镇郭楼村、三垛镇少游村、临泽镇泰山村、界首镇子婴村等 5 个村创成江苏省卫生村，高邮街办勤王村、汤庄镇京汉村、临泽镇川东村、临泽镇薛北村、界首镇永安村、周山镇吴堡村、送桥镇常集村、送桥镇毛港村、马棚街办钱厦村等 9 个村创成扬州市卫生村。

（周明灯）

【健康社区行】 2013 年，市卫生局、市爱卫办组织开展“健康江苏社区行”活动，并结合世界卫生日、世界无烟日、“七一”党员活动日等相关节日，开展健康知识宣传、义诊咨询服务、资料编印发放等系列活动，进一步拓展健康社区行活动的成效。全年共开展“健康江苏社区行”活动119场次，发放宣传资料18种、8.56万份，编发人感染H7N9禽流感防治知识宣传单7万份、人感染H7N9禽流感防治知识宣传手册2万份、人感染H7N9禽流感防治知识宣传画500张、减盐防控高血压资料2万份。（周明灯）

【健康村试点建设】 2013年，市卫生局选择卸甲镇花阳村、一平村、恒丰村，送桥镇南茶村、肖祠村、孙巷村、张公渡村，菱塘回族乡清真村、王姚村，汤庄镇曾钰村，三垛镇大卢村，界首镇龙祥村、德标村，临泽镇陈甸村等10个乡镇14个村开展健康村创建工作。按照健康村创建项目实施方案的要求，在每村确定10户作为健康模范户，丰富健康主题农民公园内通俗易懂、图文并茂的宣教内容，对学生、妇女等重点人群进行健康干预，持续推进健康村试点建设工作。（周明灯）

【病媒生物预防与控制】 3月，市爱卫会出台《关于开展以灭鼠灭蟑为重点的春季除四害活动的通知》。4月，召开城区春季除四害动员会议，对城区爱国卫生工作进行动员部署。规定城区除四害工作，由高邮镇社区委员办公室负责对城区16家社区统一发药，统一消杀时间和要求；城区其他单位到市爱卫办购药，自行开展消杀工作。全年累计使用鼠药小包装8万包，大包装1吨，灭蟑药8万包。（周明灯）

【饮用水监测】 2013年，高邮市继续被列为省级饮用水监测点和饮水安全工程监测点，全市共设置监测点52个，其中省常规监测点5个、农村饮水安全工程监测点45个、市级监测点2个。分别于4月和9月各进行监测1次，覆盖率100%，并发布监测结果公告。4月，对52个监测点出厂水和末梢水进行监测，采样比例为1∶1，采集样品104份。经检测，合格98份，样品合格率94.2%；检测项次3 210，其中合格项次3 162项，项次合格率98.5%。9月，对52个监测点出厂水和末梢水进行第二次监测，采样比例为1∶1，采集样品104份。经检测，合格74份，样品合格率71.2%；检测项次3 244项，其中合格3 189项，项次合格率98.8%。（周明灯）

疾病预防控制

【计划免疫】 2013年，全市21个乡镇（区）22个计划免疫门诊共完成接种22.37万人次，其中接种一类疫苗12.28万人次、二类疫苗10.09万人次，全市1～12月龄儿童卡介苗接种率99.3%、糖丸基础免疫接种率99.3%、百白破基础免疫接种率99.9%、麻疹风疹二联疫苗接种率99.9%、乙肝疫苗基础免疫接种率99.6%、乙肝首针接种及时率99.7%，免疫规划疫苗加强免疫接种率均高于95%。完成跨年度0周岁～4周岁儿童以查漏补种为主的脊灰加强免疫接种工作，服苗率99%以上。开展AFP主动监测和报告工作，全年共报告1例，报告发病率1.34/10万，并按规范要求进行调查、采样、送检和随访。结合消除麻疹行动，组织开展对计划免疫针对性传染病的监测、调查、诊断、核实工作，全年处置疑似麻疹病例32起。加强计划免疫数字化门诊建设，高邮经济开发区社区卫生服务中心、三垛中心卫生院、界首镇卫生院、汤庄镇卫生院完成达标建设。（周明灯）

【传染病防治】 2013年，全市共发生法定甲、乙类传染病13种，计1 061例，发病率130.29/10万，上升3.6%，死亡1例。其中，发病数上升的疾病有艾滋病、猩红热、出血热、伤寒、梅毒等；下降的疾病有病毒性肝炎、痢疾、肺结核、淋病等。全年报告手足口病583例，比上年下降54.5%。4～10月，全市共登记上报腹泻病人8 850例，计采样送检2 012例，送检率22.7%，未检出霍乱病人。全年共开展传染病个案调查299例，传染病总流调率100%，法定传染病报告率、及时率均为100%。结合H7N9禽流感防控工作，完成100份外环境样品及307份禽流感暴露人群的血清样品采样工作；调查处置30多起疑似麻疹、腮腺炎、手足口病聚集疫情，并落实综合性防治措施。（周明灯）

【血吸虫病防治】 2～5月，开展血防工作“百日行动”，共查螺19个乡镇、85个村，投入查螺工日4 983个，查螺面积4 067万平方米，查出有螺乡镇1个、有螺村2个、有螺条块数60个，钉螺面积89.24万平方米。有螺范围全部布于高邮湖新民滩。解剖钉螺2 671只，未发现阳性。药物灭螺面积303.15万平方米。5月，代表扬州市接受省级查灭螺工作效果考核，受到好评。全年共完成居民查病1.58万人，未发现血吸虫病人。开展晚期血吸虫病患者救助治疗，年内对47名符合条件的患者发放救助金10.1万元。完成全国血吸虫病潜在性流行区疫情监测，新民村省级血吸虫病疫情监测，南水北调东线工程血吸虫病疫情监测。至年底，全市已连续40年未发现当地感染的血吸虫病病例。（周明灯）

【寄生虫病防治】 2013年，全市重点人群驱虫服药5.77万人。儿童蛲虫调查11个单位、2 376人，查出阳性11人，阳性率0.5%，全部进行正规治疗。居民土源性线虫病抽样监测1 171人，查出阳性5人，阳性率0.4%，感染率较低。完成疟疾血检1 854人，主动病例侦查 2 个村414人，均未发现阳性。7～9月，开展疟疾媒介监测，编印《高邮市消除疟疾资料汇编(2010～2013年)》。12月份，通过江苏省卫生厅对高邮消除疟疾达标考核。至年底，高邮连续 6 年未发生当地感染疟疾病人。（周明灯）

【结核病防治】 2013 年，全市落实“三位一体”的结核病防治模式，累计网络直报疑似结核病人 569 例(包含重卡及排除病例)，其中确诊活动性肺结核病人 424 例。在确诊的 424 例当中，涂阳 110 例、菌阴 314 例，病人转诊到位率 100%，追踪到位率 100%。涂阳密切接触者筛查45 335人，检查率 100%，系统管理率 100%(431/431)，新发涂阳治愈率 97.8%(133/136)。开展耐多药可疑病人筛查工作，培养阳性菌株 32 份，痰菌培养阳性率 91.4%。（周明灯）

【慢性病综合防治】 2013 年，全市上报 5 种慢性病报告病例10 253例，其中恶性肿瘤2 408例、高血压2 248例、脑卒中3 397例、糖尿病1 114例、冠心病1 086例。开展 4 次漏报调查，漏报率 0.21%。全人群死因网络直报5 362例，完成预期目标的 108.9%，报告粗死亡率 6.5‰。组织开展慢性病防治工作，35 岁以上人群首诊登记 69.63 万人，血压测量率 100%；利用世行贷款项目在三垛等 5 个乡镇开展正常人群血糖筛查工作，筛查人数 1.03 万人，经检查确诊糖尿病 804 人，人群糖尿病粗患病率 7.8%，空腹血糖受损率 4.5%。完成菱塘回族乡、临泽镇、卸甲镇慢性病防治综合示范创建工作，通过扬州市卫生局考核验收。（周明灯）

【碘盐监测】 2013 年，市疾控中心检测市盐业公司生产批发层次盐样 54 份，批质量合格率 100%。抽样调查 5 个乡镇的 20 个村，检测居民层次样盐 300 份，未查出非碘盐，碘盐覆盖率、碘盐合格率和合格碘盐食用率均为 100%(300/300)。在 3 月和 9 月完成 50 个农村集中式供水监测点出厂水和末梢水的采样与碘含量检测，5 月份代表扬州市接受江苏省疾控中心水碘样品检验质量复检。完成孕妇、哺乳期妇女等特需人群碘营养监测工作，受检人数8 545人。按照碘缺乏病 PPS 抽样调查工作要求，完成 5 个乡镇 250 名 8 岁～10 岁学生病情调查，以及人均摄盐量、重点人群碘营养状况抽样调查。（周明灯）

【妇幼保健】 2013 年，全市孕妇住院分娩补助4 594人，免费为农村妇女孕前增补叶酸4 550人，未发生孕产妇死亡。婴儿死亡率 2.2‰，5 岁以下儿童死亡率 2.6‰。孕产妇、儿童系统管理率分别为 98.6%、98.8%，婚检率 93.0%。市妇幼保健所继续参与省人民医院开展的“儿童口腔龋齿防治，实行窝沟封闭”科研项目，完成1 724名儿童筛查、3 135颗牙齿窝沟封闭。（周明灯）

【重大妇幼卫生服务项目】 10 月，高邮市被列为江苏省“两癌”免费检查项目新增点，明确完成 1 万人指标。全市确定界首镇、周山镇、卸甲镇、高邮镇等 4 个乡镇为项目检查点，市妇幼保健所安排专人到项目检查点，对参加妇女乳腺癌、宫颈癌筛查的工作人员进行培训，强调各检查环节的要点和注意事项。经检查，共发现乳腺癌患者 7 人、宫颈癌患者 1 人。（周明灯）

【性病与艾滋病防治】 2013 年，市卫生局组织开展艾滋病病例报告、健康教育、高危人群行为干预、自愿咨询检测等工作，落实相关防控措施。积极做好宣传工作，全年共发放宣传资料 26.97 万份，入户率 100%，落实墙体标语1 425条。坚持各医疗机构定期将孕妇血样标本集中送至 CDC 检测制度，全年共检测5 410人，筛查率 100%。加强对艾滋病的监测，4 个 VCT 门诊共接受检测咨询 926 人次，检测 923 人次。完成 12 次 360 人次被监管人员的艾滋病检测任务，未检出阳性病例。对辖区内艾滋病感染者进行 5 次 CD4 检测，共检测 51 人次，为符合条件的 29 名患者申请免费抗病毒药物，并观察治疗效果，未发现药物不良反应。开展辖区内高危人群行为干预工作，对 34 家娱乐、洗浴等场所干预 239 次，并对同性性行为开展网络干预宣传工作，提供免费咨询3 290人次、免费检测 421 人次，发放安全套 720 只。（周明灯）

【江苏省妇幼卫生先进市创建工作通过省级评审】 12 月 4～5 日，江苏省卫生厅组织专家组到高邮，对该市创建“江苏省妇幼卫生先进市”工作进行评审验收。考核组在听取汇报、查阅资料、现场检查、会议座谈后，对该市妇幼卫生工作给予充分肯定，认为该市创建“省妇幼卫生先进市”工作领导重视，职责明确，投入到位，“亮点”纷呈，紧扣《江苏省妇幼卫生先进县(市、区)评估标准》，以深化医药卫生体制改革为突破口，加强妇幼卫生保健体系和能力建设，全面落实基本公共卫生服务项目，加大重大妇幼卫生项目实施力度，强化母婴保健技术服务，广大妇女儿童健康保障水平得到持续提高，确定该市创建成“江苏省妇幼卫生先进市”。

（史志　周明灯）

资料链接　近年来，高邮市委、市政府高度重视妇女儿童保健工作，将发展妇幼卫生事业作为重要内容列入“十二五”经济社会发展总体规划，印发《高邮市“十二五”妇女儿童发展规划》，将孕产妇死亡率和婴幼儿死亡率纳入市政府对各级部门的综合考核目标，明确各部门工作职责，形成齐抓共管、多部门联动的良好工作机制。市政府逐年加大妇幼卫生经费投入，落实基本公共卫生服务、妇女两癌检查、艾滋病母婴传播阻断、孕产妇住院分娩补助等妇幼保健专项服务补助资金。同时，该市统筹资源，科学规划，市、乡、村三级妇幼保健服务网络不断健全和完善，等级妇幼保健所建设不断巩固和完善。妇幼卫生各项工作取得显著成效，妇幼卫生主要指标均处于省内领先水平。2013 年 1～11 月，该市婴儿死亡率 2.24‰，出生缺陷发生率 2.1‰，5 岁以下儿童死亡率 2.6‰，未发生孕产妇死亡；孕产妇系统管理率 98.6%，7 岁以下儿童系统管理率 98.8%，各项指标均优于省妇幼卫生先进市创建工作相关指标要求。　（史志　周明灯）

卫生监督与无偿献血

【餐饮服务食品安全监管】　2013 年，市卫生监督所继续坚持餐饮服务食品安全监督量化分级管理制度，全市通过评审的餐饮单位和学校食堂有 1 100多家，其中达 A 级标准的 54 家、B 级标准的 210 家。强化餐饮服务食品安全示范工程建设，继续巩固和发展“琵琶东路”“水榭华庭”示范街区及 15 家市级示范单位的创建成果，组织推荐 3 家餐饮单位申报创建省级示范单位。围绕重点区域、单位、品种和环节，开展餐饮安全风险隐患排查整治活动，全年开展整治活动 10 多批次，督查餐饮单位 2 300家。围绕春节、国庆和市人大、市政协“两会”及中高考、双黄鸭蛋节、邮文化节等重要节日、重大活动，全年提供餐饮食品安全保障 30 多次，未发生一起食物中毒及其他突发公共卫生事件。11 月，组织人员参加在高邮市举办的扬州市食品安全事故应急演练，增强卫生应急能力和水平。全年共举办餐饮行业培训班 7 期，培训人员 700 余人次；办理许可审批事项 765 件。　（周明灯）

【集中打击非法行医】　2013 年，市卫生局通过出台打击非法行医信息报告奖励暂行办法、召开第三次打击非法行医联席会议和打击非法行医行动部署会、开展医疗市场专项整治、重点监管非法行医“黑名单”对象、在各乡镇卫生院和村卫生室建立“医疗服务监督哨点”、在市电视台和《高邮日报》加大宣传力度等，切实加大对非法行医的打击力度，进一步整顿医疗秩序。全年累计查处各类非法行医案件 30 起，其中向市公安部门移送涉刑案件 5 起，判刑 2 起。　（周明灯）

【公共卫生监督】　2013 年，市卫生监督所与市疾控中心集中开展公共卫生监督抽检工作。全年集中监测抽检相关单位 106 家，采集样品 265 份。在采集的样品中，经检测合格 178 份，合格率为 67.2%；日常监督监测 1 472份，经检测合格 1 228份，合格率为 83.4%。　（周明灯）

【卫生监督工作受表彰】　2013 年，市卫生监督所持续开展“一月一法”“一日一志”等执法管理活动，继续深化说理式执法和规范自由裁量权工作，全年受理社会举报事项 76 项，查处卫生违法案件 95 起。是年，市卫生监督所被江苏省卫生监督所表彰为 2013 年度江苏省基层卫生监督机构医疗监督推进年工作先进单位。　（周明灯）

【无偿献血】　2013 年，市卫生局开展无偿献血招募工作，安排市血站工作人员去相关乡镇集体采血。市献血办对全市无偿献血达 2 000毫升的 360 多人进行表彰，颁发荣誉证书和奖品，并在《高邮日报》专版登载受扬州市表彰的无偿献血金奖、银奖、铜奖获得者光荣榜和无偿献血知识。全年全市无偿献血占临床用血 100%，自愿无偿献血率 100%。是年，市献血办被表彰为扬州市无偿献血管理先进单位。　（周明灯）

医政管理与中医工作

【医政管理】　2013 年，市卫生局制定《高邮市农村医疗机构卫生服务质量评价标准（2013 年）》，继续对全市各基层医疗机构进行医疗质量综合控制。全年组织“三基”抽考 133 人。开展临床检验岗位技能竞赛，组织 3 支代表队参加扬州市检验岗位技能竞赛，获团体总分第二名。委托市检验质控中心对各医疗机构进行检验室间质控，室间质控合格率 100%。聘请 12 名市县专家集中评价全市各医疗机构住院病历共 1 000份、处方 1 万份，采集《评价标准》中相关考核指标结果，与上年相比，全市基层医疗卫生机构的住院病历合格率由 95%上升到 99%，门诊处方合格率由 75%上升到 90%，门诊静脉输液率下降 5%，两联抗菌素使用率由上年 21%下降到 16%。　（周明灯）

【急救管理】　2013 年，市卫生局继续完善“一站五点”（“120”急救站和市人民医院、市中医医院、三垛中心卫生院、临泽中心卫生院、菱塘回族乡卫生院）院前急救网络，优化急救体系、组织构架、工作流程，实现统一指挥、统一调度，年内未发生因调度不力引发的纠纷。　（周明灯）

【护理管理】　2013 年，市卫生系统以开展扬州市“优秀护士”“优秀护士长”评选和高邮市“十佳护士”“十佳护士长”评选活动为突破口，全面加强对护理人员教育、引导和培训、管理，构建起新时期护理人员的良好形象，受到患者的好评。　（周明灯）

【卫生科教】　2013 年，市卫生局联合市人社局开展卫技人员继续教育学分登记工作，累计参与登记卫技人员 930 人。组织住院医师规范化培训 40 人，全科医生规范化培训 19 人，选派农村卫生人员到县级医院务实进修4人;开展康复培训62人,急救技术培训87人,中医药适宜技术推广培训400人,国家基本药物临床应用指南培训1 160人,精神及麻醉药品管理培训465人,护理专业技术培训160人。安排市级医疗卫生机构的中、高级职称卫技人员34人对口支援农村卫生院。完成“世界银行贷款/英国政府赠款中国农村卫生发展项目”2013年度工作,国家“十一五”科技支撑计划重点项目“不同类型乡镇卫生院科技综合示范及相应产品开发”项目通过科技部验收。新增扬州市重点专科3个,江苏省重点专科1个。全市一级以上医疗机构全面实施电子病历、电子处方。　（周明灯）

【中医工作】 2013年,全市实现乡镇卫生院“中医特色诊疗区”建设全覆盖,各乡镇卫生院、社区卫生服务中心均能开展10项以上中医药适宜技术,社区卫生服务站、村卫生室都能开展4项以上中医药适宜技术。全市一级医疗机构中医药使用率上升12.6%。临泽中心卫生院通过江苏省中医药局验收,被命名为“江苏省乡镇卫生院示范中医科”;武安社区卫生服务中心创建成“扬州市中医药特色社区卫生服务中心”。市中医院主任中医师徐行被列为“江苏省333工程”培养对象。开展高邮市“首届名中医”评选活动,共评定“高邮市名中医”10人、“高邮市基层名中医”4人。市中医医院代表队在扬州市中医“三基”竞赛中,获团体总分第一和4个单项科目第一。启动实施国家基本公共卫生服务中医药健康管理服务项目,开展65岁及以上老年人和1个月～36个月儿童中医药健康服务,全年管理服务率35%以上。组织开展第三届“中医药就在你身边”中医药文化科普巡讲活动,全年开展中医药“六进”活动148场(次),受益人数8 400人。市卫生局被评为“扬州市中医药文化科普工作先进单位”。　（周明灯）

附:

高邮市首届名中医名单

李大卓　高邮市中医医院内科主任中医师

丁国培　高邮市中医医院内科主任中医师

石庆培　高邮市中医医院骨伤科主任中医师

徐　行　高邮市中医医院肿瘤科主任中医师

阎　勤　高邮市中医医院内科主任中医师

曹　飞　高邮市中医医院骨伤科主任中医师

陆家斌　高邮市中医医院内科主任中医师

张　涛　高邮市中医医院副主任中医师

樊家驹　高邮市中医医院副主任中医师

张德超　高邮市中医医院副主任中医师

高邮市首届基层名中医名单

顾同章　高邮市送桥镇郭集卫生院主治中医师

徐朝松　高邮市汤庄镇汉留卫生院主治中医师

董必正　高邮市汤庄镇卫生院主治中医师

吴广仲　高邮市卸甲镇卫生院伯勤分院主治中医师

（周明灯）

劳动·人才·人事

Labour·Talent·Personnel

导读

劳动管理

【概况】 市人社局内设正股级建制职能科室14个，下设事业单位9个，实有行政编制人员32人、事业编制人员64人。

2013年，市人社局围绕全市发展大局，突出"民生优先、人才为本"主线，认真抓好就业创业、社会保障、人才开发、劳动维权、人事管理等重点工作，全市人力资源和社会保障事业再上新台阶。市人社局被省人力资源和社会保障厅表彰为第二批省级社会保险经办服务示范窗口、全省社会保险业务档案管理优秀单位，被市委、市政府表彰为2013年市级机关能力作风建设先进单位；市劳动人事争议仲裁院被省人力资源和社会保障厅表彰为省级示范劳动人事争议仲裁院。（吴杨）

【就业再就业】 2013年，市人社局举办大型特色招聘洽谈会14次，采集就业岗位2.07万个，推荐就业10 081人，其中下岗失业人员再就业7 021人、就业困难人员再就业1 198人。新增城镇就业8 693人，新增农村劳动力转移9 822人。年末城镇登记失业率为2.2%。（吴杨）

【再就业援助】 2013年，市人社局继续组织开展创建省级充分就业社区和充分转移乡镇村活动，全年新创建充分就业示范社区1个（琵琶社区），充分转移就业乡镇1个（送桥镇）。为46家企事业单位进行劳务派遣，派遣人员1 241人。加大对就业困难群体的帮扶力度，帮助城镇"零就业家庭"、农村"零转移家庭"等困难弱势群体实现就业，向100多户因病致贫家庭发放慰问金。全年为自谋职业、自主创业的失业人员159人发放小额担保贷款1 503万元；对所有创业微利项目给予全额贴息，累计贴息107.8万元。（吴杨）

【公益性岗位定向录用家庭困难高校毕业生】 10月，市人社局针对部分离校三年（2011～2013年）未实现初次就业的高邮市户籍全日制普通高校毕业生，且具备特困职工家庭、享受最低生活保障家庭、城镇零就业家庭和农村零转移家庭贫困户、办理失业登记手续6个月及以上等条件之一的，招聘其到基层民政公共服务公益性岗位。此次招聘活动共有76人报名，有29人通过资格审查。经过笔试、面试、考核、体检、公示、决定录用等程序，录用23人，被聘用人员合同期为3年。（吴杨）

【创业带动就业】 2013年，市人社局扶持自主创业576人，培育创业典型5个，新建创业孵化基地1个；实现创业带动就业1 902人，推介创业项目65项；引导返乡就业创业6 000多人。（吴杨）

【大学生农业创业园建设】 10月，市人社局在周山镇租用28.67公顷土地，建起扬州市首个大学生农业创业园。该园以0.33公顷土地为一个单位提供给入园创业的高校毕业生使用；入园创业的高校毕业生可享受土地租用费、住宿费全免和无息小额担保贷款及农业技术指导等一条龙服务。同时，该园还出台"凡高邮市离校未就业高校毕业生，均可申请免费入驻创业"的优惠政策。（吴杨）

【帮助企业解决用工难题】 2013年，市人社局继续加强劳动力的"内转"和"外引"工作，切实帮助企业解决用工难问题。一方面加强"内转"工作，通过在电视台和报刊开辟专栏、张贴标语、散发致返乡民工的一封信等形式，加强对市民就业信息的宣传，帮助相关企业实现市内招工9822人。另一方面加强"外引"工作，通过组团赴安徽省蒙城、宿州等地的劳务合作地区开展招工，与河北省邢台市及下辖的县市区建立良好劳务合作关系，并在河北省的邢台市、邢台县、广宗县、清河县、任县等 5 个县市新建 5 个劳务协作基地等，帮助企业引进劳动力 2 559人。（吴杨）

【科技产业综合体创业孵化基地建设】 2013 年，市人社局启动高邮市科技产业综合体创业孵化基地建设。该基地位于高邮经济开发区，是全市第五家创业孵化基地。至年底，该基地实现签约注册的创业项目 13 项。（吴杨）

【“扬州就业网招聘系统”正式启用】 7 月，市人力资源市场正式启用“扬州就业网招聘系统”（网址：http://www.yz91.net/yzzp）。用人单位通过“扬州就业网招聘系统”发布招聘信息并经审核后，即可报名参加“网络招聘会”和“实体招聘会”；相关求职者在“扬州就业网招聘系统”注册后，即可通过电脑、手机查找到适合自己的岗位并进行应聘。（吴杨）

【职业技能培训】 2013 年，市人社局组织各类职业技能培训班 190 期，培训人数11 908人，核发初、中级资格证书8 638本；培养高技能人才1 364人，其中技师 180 人；组织创业培训1 814人、就业再就业培训7 388人、城乡新成长劳动力培训2 912人、农村劳动力培训5 102人。（吴杨）

【“96515”平台高邮企业扩容】 2013 年，全市新增进入省“96515”平台的家庭服务业企业 10 家，分别为市为民家政服务有限公司、市万能开锁中心、市恒久物业管理有限公司、市秦邮中介服务公司、市万紫千红婚庆礼仪中心、市苏馨养老院、市双林快餐配送中心、市少游人才网、市蓓蕾幼稚园、市好苏嫂家政服务中心。至年底，全市累计有进入省“96515”平台的家庭服务业企业 25 家。（吴杨）

【高邮市首届“十大能工巧匠”评选】 5 月举行。此次评选以注重技能、业内认可、实绩贡献为导向，坚持公开、平等、竞争、择优原则，经单位推荐、归口审核、专家评审、公示、市政府批准认定，华兴石油机械制造有限公司的吉长友等 10 人被评为高邮市首届“十大能工巧匠”。（吴杨）

【劳动合同签订】 2013 年，全市有2 444家企业与 13.66 万名职工签订劳动合同，签订率 99.9%；有 1 382家建立工会企业与职工签订集体合同和工资协议，签订率 98.6%。此外，签订女职工特殊保护专项集体合同 119 份、区域性集体合同 23 份、行业性集体合同 3 份，涉及职工 19.8 万人。至年底，市人社局完成劳动合同备案人数8 318人，审查集体合同1 394份。（吴杨）

【最低工资标准调整】 2013 年，市人社局出台高邮市最低工资保障线实施方案，从 7 月 1 日起，全市最低工资标准按三类地区标准执行。调整后，月最低工资标准由上年的 950 元调整为1 100元，非全日制用工小时最低工资标准由上年的 8.3 元调整为 9.5 元。（吴杨）

【企业退休人员养老金调整】 5 月，市人社局和市财政局根据省和扬州市的统一部署，经市政府批准，从 1 月 1 日起，对全市参加企业职工养老保险并在 2012 年 12 月 31 日前办理退休（职）或领取定期生活费手续的人员，调整养老金发放标准，调整方法为每人每月按调整前月养老金（生活费）的 10%增加，对按上述标准增加的养老金（生活费）仍低于省规定苏中地区月人均养老金 10%（190 元）的，结合缴费年限、缴费水平等实际情况，在不高于 210 元的范围内给予适当增加。同时，对 2012 年 12 月 31 日前年满 70 周岁以上的人员，在普调后按不同年龄阶段予以适当增发基本养老金（生活费）；对退休的高级专业技术职称的科技人员、新中国成立前参加革命工作的老工人、1953年年底前参加工作的退休人员和退休人员中的原工商业者给予适当增发不同数额养老金。此次调整后，全市企业退休人员养老金月平均额1 619.29元。（吴杨）

【社会保险缴费基数调整】 6 月，市人社局确定从7月1日起，调整全市2013年度（2013 年 7 月 1 日～2014 年 6 月 30 日）社会保险缴费基数标准。在 2013 年 7 月 1 日～2014 年 6 月 30 日期间，市内参保人员月缴费工资上限为 2012 年全省城镇非私营企业在岗职工月平均工资的 300%（12820 元），下限为2 025元；全市用人单位以全部职工工资总额为基数缴费，私营企业、民营单位参保人员月缴费工资低于1 676元的，按1 676元确定。参保人员工资收入在基本养老保险费征缴上下限范围内的，按照实际工资收入确定缴费工资。从 7 月 1 日起，个体工商户及其雇工、自由职业者等灵活就业人员的最低月缴费基数为 2025 元，即实际月缴费额由 358.8 元增加到 405 元。此外，关于市内应保未保需补缴的，从 7 月 1 日起，按不低于 2012 年全省城镇非私营单位在岗职工月平均工资 60%确定；中断保险需续保的，按月缴费工资按不低于 2025 元确定基数。（吴杨）

【城镇居民基本医疗保险筹资标准调整】 10月，市人社局、市财政局出台《关于调整我市城镇居民基本医疗保险筹资标准的通知》，对2014年度城镇居民基本医疗政策予以调整。调整后的个人缴费标准为：一般居民300元、老年居民200元、学生儿童80元、特困居民30元，特困学生儿童个人不缴费；调整后的财政补助标准规定：老年居民、一般居民、学生儿童财政补助标准为每人280元，特困居民及特困学生儿童财政补助标准为每人400元。（吴杨）

【发布工资指导线】 10 月，市人社局发布全市 2013 年企业工资指导线，规定企业工资增长基准线为14%，企业工资增长下线为6%，不设企业工资增长上线，从2013年1月1日执行。全年制定出台103个工种的工资指导价位方案，审批18家企业工资指导线，涉及职工4 912人，平均每人增资在14%以上。 （吴杨）

【退管社区管理平台启用】 1月，高邮市全面启用退管社区管理平台。该平台主要包括接收管理、资格认证管理、退管组织管理、退休体检管理、信息查询等五个方面内容。平台启用后，退管工作人员可以实时准确掌握辖区每名企退人员的情况，包括资格认证、参加活动、健康体检、节日慰问等；企业退休人员可以在所在社区利用该系统打印资格认证、健康体检等相关表格材料，办理相关事宜更加便捷。 （吴杨）

【劳动关系监察】 2013年，市人社局对1 320家用人单位进行书面审查；共接到各类投诉举报案件270起，其中符合条件立案查处89起、协调处理135起、不符合立案条件的46起，在规定时间内结案率100%。 （吴杨）

【劳动保障专项执法检查】 2013年，市人社局先后开展农民工工资支付、清理整顿人力资源市场秩序、规范劳动用工和劳务派遣行为、用人单位遵守劳动用工和社会保险法律法规等四次专项执法检查，共检查用人单位885家次，补签劳动合同2 400份，督促34家用人单位为410名职工办理社会保险登记手续、42家用人单位为390名员工补缴社会保险费200万元，为3 680名农民工追讨工资709.4万元。 （吴杨）

【劳动保障书面审查】 3月5日～5月30日，市人社局开展2012年度用人单位劳动保障书面审查工作，涉及用人单位1 997家，并依据此次审查结果推荐上报31家用人单位参评扬州市劳动保障诚信示范单位。同时，结合书面审查，以乡镇、园区和相关主管部门为单位，集中举办劳动保障监察法规培训和案例分析研讨活动29次。 （吴杨）

【特殊企业工资支付保证金制度】 年初，市人社局出台《关于加强企业诚信建设规范劳动用工行为的实施意见》，规定各乡镇（园区）在严格要求服装、建筑施工两类特殊企业缴纳职工工资保证金的基础上，还要求各类租赁企业和纳税不足10万元（含10万元）有资产的服装等劳动密集型企业，均须按在职职工每人3 000元的标准缴纳保证金，并由乡镇、园区负责征收，实行专户储存。 （吴杨）

【欠薪应急周转金制度建设】 9月，全市建立欠薪应急周转金制度。该制度要求在职工总数1万人以上的乡镇按不少于80万元的标准安排欠薪应急周转金，职工总数5 000人以上的乡镇按不少于60万元的标准安排欠薪应急周转金，职工总数5 000人以下的乡镇按不少于40万元的标准安排欠薪应急周转金。欠薪应急周转金列入同级财政预算，确保支付企业职工基本生活费，暂时用于工资垫付，缓解工资拖欠的矛盾。对由政府垫付的欠薪应急周转金将依法向相关企业予以追偿。 （吴杨）

【建立劳动关系“三色”预警机制】 9月，为及时掌握全市用人单位劳动关系运行情况，预防和减少劳动关系矛盾纠纷和违法行为的发生，全市建立劳动关系“三色”（黄色、橙色、红色）预警机制。该机制将劳动关系预警等级从低至高分为黄色、橙色、红色三级。具体划分标准为：当用人单位出现劳动关系方面的矛盾纠纷苗头，职工尚未公开表达诉求或已引发部分职工（一般在50人以上）向用人单位或一、二级网格表达诉求情形时，适用黄色预警；当因用人单位劳动关系方面的矛盾纠纷，已引发部分职工集体上访时，适用橙色预警；当因用人单位劳动关系方面的矛盾纠纷，已引发职工聚集围堵、停工怠工、到市政府集访等群体性事件，以及造成社会影响的其他突发事件的，适用红色预警。 （吴杨）

【劳动争议仲裁】 2013年，市人社局依法处理劳动争议案件352起，其中调解结案323起、裁决结案29起，调解结案率92%以上，按期结案率100%。立案受理3起集体劳动争议案件，为207名职工讨回拖欠工资168万元。 （吴杨）

【创建成省级示范仲裁院】 2013年，市人社局在加强市劳动人事争议仲裁院各项基础设施规范化、标准化建设同时，认真落实“预防为主、基层为主、调解为主”方针，努力构建企业内部调解、区域性行政调解和仲裁调解相结合的调解体系，提高仲裁软实力。12月，市劳动人事争议仲裁院被省人社厅表彰为省级示范劳动人事争议仲裁院。 （吴杨）

【社保业务档案获省表彰】 2013年，高邮市社保业务档案通过扬州市人社局、江苏省人社厅验收，市人社局获“全省社会保险业务档案管理优秀单位”称号，成为扬州市各县（市、区）中唯一一家受省人社系统表彰的单位。 （吴杨）

【社保服务大厅被授予“省示范窗口”称号】 2013年，高邮市社会保险服务大厅被江苏省人社厅授予第二批“省级社会保险经办服务示范窗口”称号，成为全省20个县区级社会保险经办服务示范窗口之一，是扬州各县（市、区）中唯一一个省级示范窗口。 （吴杨）

【“12333”服务热线】 2013年，市人力资源和社会保障公益咨询服务平台“12333”服务热线共接入电话总量4 097个，人工服务1 531人次，人工接通率为85%。从统计情况看，群众咨询热点主要是养老保险转移和基数调整以及养老保险相关政策、医疗保险相关政策、生育保险相关政策、劳动保障监察、数

据查询等内容。（吴杨）

人才管理

【人才工作机制建设】 2013年，市委高度重视人才工作机制建设。调整充实市人才工作领导小组，由市委、市政府主要领导兼任领导小组组长，常务副市长及市委常委、组织部部长兼任副组长，26个相关部门主要负责人为成员，统筹推进全市人才各项工作。各乡镇、园区及市人才工作领导小组成员单位及时调整充实人才工作领导小组，调优配强专（兼）职工作人员，确保有专人做人才工作。健全人才工作考核机制，将人才工作纳入年度综合考评的范畴，加大权重，强化“一把手”抓“第一资源”的责任导向。优化人才服务环境，成立高层次人才服务中心，为364名人才发放医疗服务卡、赠送人才政策汇编，开辟“人才风采”专栏宣传人才工作经验做法和高层次人才先进事迹。（刘生华）

【“秦邮人才集聚”启动仪式】 9月25日上午，市委举行“秦邮人才集聚”启动仪式。市领导韩方、方桂林、金春林、汤学仁、朱莉莉、蒋乃华及中国科学院院士万立骏、陈洪渊和中国工程院院士任南琪等全国40多所高校院所的专家、教授出席仪式。仪式由市委常委、组织部部长孙建年主持，市委书记韩方作讲话。仪式上，举行首期“秦邮人才集聚计划”资助金发放及“高邮市招才引智联络员”“高邮市电池产业园科技顾问”聘书颁发仪式，为“高邮市高层次人才服务中心”“哈尔滨工业大学高邮现代环境生物技术研究中心”揭牌，举行校地（企）人才引进、项目合作协议签约仪式等。（刘生华）

【企事业单位人才引进】 2013年，市委人才办、市人社局积极实施“省高层次创新创业人才引进计划”“企业博士集聚计划”和扬州市“绿杨金凤计划”，为全市经济社会又好又快发展提供人才智力支撑。全年共组织36家重点企业外出开展招聘活动7次，成功签约博士人才6人；引进各类人才3 451人，其中高层次人才21人、急缺专业技术人才170人、储备型人才3 260人。（吴杨）

【“教授博士柔性进企业”活动】 2013年，全市积极组织相关重点企业利用高层次人才招聘活动，在有关高校进行宣传推介，主动与高校教授博士对接交流，深入开展“教授博士柔性进企业”活动，通过双向选择，全市有90家企业申报岗位需求的教授博士148人，其中对接成功40人。（吴杨）

【高层次人才申报】 2013年，全市继续组织高层次人才申报省“333工程”第三层次培养计划、省“高层次创新创业人才引进计划”、省“企业博士集聚计划”、省“六大人才高峰”第9批高层次人才选拔培养人选和扬州市“绿杨金凤计划”、首批“扬州英才培育计划”。至年底，全市入选省“333工程”第三层培养计划9人、省“高层次创新创业人才引进计划”23人、省“企业博士集聚计划”31人、省“六大人才高峰”第9批高层次人才项目2人，争取省人才专项资金770万元，其中省创新团队300万元、双创人才350万元、博士计划120万元；入选扬州市“绿杨金凤计划”23人，其中高层次创新创业人才引进计划7人、企业博士积聚计划16人，入选首批“扬州英才培育计划”7人。（吴杨）

【外国专家智力引进工作】 2013年，市人社局认真开展“引智示范基地”创建，完成3项外国专家智力引进项目的申报，促进全市重点规模企业深化对外国专家智力的引进。（吴杨）

【企业职称评聘】 2013年，全市根据高新科技企业对专业技术人员培养和企业资质升级的需求，继续对企业实行“一企一评、快速便捷”的服务模式，先后就电线电缆和建筑工程两大特色产业发展，组织开展专业技术人员中级职称评审。全年有2 286人参加各类职称资格申报，其中获得高级职称资格的238人、中级职称资格的368人、初级职称资格的1 680人。（吴杨）

【企业高级管理人才培养】 2013年，市人社局组织9家汽车机械企业共10名企业高级管理人才赴德国考察培训学习，重点学习机械行业的专业化集约化大生产先进理念、装备自动化的技术改造措施和员工职业化技能化培训管理方法，借此提升他们的能力素质，增强企业的发展后劲。（吴杨）

【中青年专家管理服务】 2013年，市人社局做好扬州市有突出贡献的中青年专家申报工作；对扬州市级以上专家进行年度考核；组织扬州市级以上专家体检和外出考察、休养工作；年底按照专家小组分别召开“2013年各专家组新春茶话会”。（吴杨）

【人才奖励】 2013年，市人社局、市委人才办根据市政府下发的《关于加强企业人才引进和培养工作的意见（试行）》规定，对符合奖励条件的人才进行奖励和补助，共兑现1 799人次的各项奖励和补助资金360多万元。（吴杨）

人事管理

【公务员录用】 2013年，市人社局在省和扬州市人社部门的统一组织下，经过网上报名、笔试、资格审查、面试、体检、考察等程序，为市公安局等30家单位共录用公务员和参照公务员管理单位工作人员66人。（吴杨）

【事业单位人员招聘】 2013年，市人社局按照扬州市“四统一”要求，协助指导事业单位公开招聘工

作人员 174 人，其中教育系统 114 人、卫生系统 19 人、其他机关事业单位 60 人。（吴杨）

【机关、事业单位人员年度考核】 1～3 月，市人社局按照年度工作要求，完成 2012 年度2 426名公务员和11 929名事业单位工作人员年度考核结果的审核工作。参加考核的公务员中，被确定为优秀等次 398 人，占 17%；称职等次1 985人，占 82%；不称职等次 1 人；不定等次 42 人。参加考核的事业单位工作人员中，被确定为优秀等次1 638人，占 13.76%；合格等次10 118人，占86.24%；基本合格等次2人；不合格等次4人；不定等次149人。（吴杨）

【服务高校毕业生】 2013 年，市人社局共服务各类高校大学毕业生 3 500 人次。通过举办 2 场毕业生专场招聘会，开展 11 次赴高校招聘活动，提供就业岗位近1 700个；通过网络发布就业岗位信息 788 个，完成求职登记 462 人；新建高校毕业生见习基地 9 家，接收见习毕业生 238 人；接收“三支一扶”（支农、支教、支医和扶贫）毕业生 6 人、省选聘新大学生村官 61 人，组织召开大学生村官及“三支一扶”毕业生座谈会 4 次。（吴杨）

【人事代理】 2013年，市人社局共接收高校毕业生及各类人才档案2 244份，转出人才档案404份，办理人事代理92人；办理聘用或引进人才鉴证手续 189人、外籍人才落户手续15人；办理人才流动手续 221人，其中转出158人、调进63人。（吴杨）

【干部任免奖惩】 2013 年，市人社局按照新的“三定”方案职位要求，对全市行政机关拟调整任用的中层干部，组织任前资格预审和竞争上岗，有效控制机关人员混编混岗现象。参与 7 个市级机关申报国家、省、市拟表彰的先进单位和 10 份国家、省、市先进单位和先进个人、先进工作者的评选、审查和备案工作，其中全国先进集体 2 家、江苏省先进单位 3 家、全国先进个人 1 人、江苏省先进个人 4 人。根据市委决定，做好 100 余名由市政府任免的副科级以上干部的报批手续。（吴杨）

【公务员、事业单位人员培训】 10 月，市人社局组织新进机关、事业单位人员的初任培训班，有 123 人参加，培训时间 9 天。11 月，市人社局举办公务员《社会主义法治理念概论》主题教育培训班。

（吴杨）

【事业单位岗位设置完成】 2013 年，市人社局按照“先入轨，再完善”的工作思路，通过组织培训、登门指导、考核倒逼等措施，继续推进启动于 2011 年的事业单位岗位设置工作。至年底，全面完成岗位设置和人员聘用工作。（吴杨）

【工资审批】 2013 年，市人社局审批全市行政机关年终一次性奖金和3 241人次滚动升级工资，审批全市事业单位11 092人次正常晋升工资和薪级工资；审批教育系统 362 人的职称晋升人员工资；为大专以上毕业生、新录用公务员和事业单位工作人员 723 人进行试用、定级和工资套改，为 4 名军转干部进行工资套改。根据中华人民共和国人事部令（第 9 号）《机关事业单位工作人员带薪年休假实施办法》精神，审批全市公务员年休假应休未休补贴；按照市委、市政府关于调整全市机关事业单位公务员、事业人员（含岗位聘用）津贴补贴、绩效工资标准的有关精神，为全市机关事业单位在职、离退休职工22 308人进行增加津补贴、绩效工资和离退休生活费的审核；根据 2012 年 6 月 6 日市长办公会议纪要精神，向 12 家未完成岗位聘用人员报送审批的单位寄发催办函；完成全市机关、事业单位 416 名岗位聘用人员的工龄核定、工资审批及资料汇总建档工作。（吴杨）

【退休干部管理服务】 2013 年，市人社局严格执行“到龄即退”政策，共为机关事业单位工作人员 389 人办理退休手续，其中公务员 103 人（副科级以上干部 43 人）、事业单位工作人员 286 人。10 月 11 日，市人社局组织副科级以上离退休老干部 200 多人，参加重阳节联谊活动；春节前，慰问全市副科级以上退休干部 760 人、原机关工作人员遗属 554 人和住院治疗的干部 64 人。全年审核、办理 122 名机关事业单位死亡职工抚恤金、63 名遗属生活困难补助。（吴杨）

【军转干部安置管理工作】 2013 年，市人社局实行考试考核相结合、择优选岗的安置办法，安置军队营职以下转业干部 4 人。根据政策，全年为企业军队转业干部 359 人（在职 75 人、下岗 3 人、退休 281 人）调整生活困难补贴，共增发资金 901 万元；登门走访慰问企业军转干部特困家庭 23 户、死亡人员家庭 3 户。为 6 名自主择业的军队转业干部核算医疗补贴经费和申报、代缴医疗保险。（吴杨）

编制工作

【概况】 2013 年，市编办根据上级部署，做好乡镇区划调整中新建镇（街道、园区）以及市级机关部门派驻乡镇（街道、园区）机构的“三定”工作；积极稳妥推进事业单位分类改革，有序开展事业单位法人登记管理，推进机关事业单位中文域名注册工作，完成事业单位法人登记年检；加强机构编制日常管理，依法开展机构编制监督检查，完成机构编制年报统计。至年底，全市行政在编人员 2046 人，其中市级党政群机关在编 660 人员人、政法专项在编人员 757 人、乡镇行政在编人员 561 人，机关工勤岗位聘用人员 174 人；事业在编人员 11048 人，事业单位岗位聘用人员 863 人。（徐瑞芝）

【事业单位分类改革】 （详见《体制改革》篇目《综合改革与企事业单位改革》分目）

【乡镇行政区划调整“三定”工作】 9月份，市编办在全市实施部分乡镇行政区划调整后，按照行政编制适当核减、事业编制适当调整的要求，认真做好7个新建制镇（街道、园区）以及部门派驻乡镇（街道、园区）机构的“三定”工作。对新建制镇的事业机构五大中心（高邮镇为六大中心）进行同类合并，并重新明确机构设置及职位设定，即在各乡镇增设党政办主任职位；在乡镇“农业服务中心”增挂乡镇“畜牧兽医站”牌子；在乡镇“经济发展服务中心”增挂乡镇“统计站”牌子，并将统计职位由原来的1～2名调整为2～3名；在乡镇“经济发展服务中心”增挂乡镇“安全生产监督管理站”牌子，并将安全生产监管职位由原来的1～2名调整为2～3名；在乡镇“社会保障服务中心”增挂乡镇“民政办公室”“敬老院”牌子，并设置敬老院院长职位1名，必要的可以增设副院长职位1名。（徐瑞芝）

【机构编制管理】 2013年，市编办积极配合市委组织部、市人社局和市财政局等部门做好三类人员编制审核工作。全年共审核2014年度公务员招录编制84人次、2014年度部门预算人员10793人次，预审2013年度中层干部任职134人次。完善机构编制和实有人员的动态管理，及时为调动的公务员31人办理编制变动手续，为新录用公务员65人、军转干部4人、教育系统126人、卫生系统51人及其他新聘事业人员49人、岗位聘用人员50人办理入编手续。按时完成全市机关、事业单位及政法专项的机构编制统计报表；制定全市机构编制一览表，为领导决策及各单位进人、调人提供依据。

（徐瑞芝）

【机构编制责任审核】 2013年，市编办按照“统一联审方案、统一通知公示、统一联审进点、统一意见反馈、统一情况汇总、统一整改督查”的要求，积极主动与市组织、审计部门沟通联系，推进开展“三责联审”工作。全年按照“三责联审”年度工作计划及实施方案，累计实施机构编制责任审核13人次，其中6人次为任中审核、7人次为离任审核。

（徐瑞芝）

【事业单位登记管理】 1～3月，市编办按照《事业单位登记管理条例》的规定，完成2012年度全市423家事业单位年检工作，年检率、年检合格率均为100%。严格资格审查制度，累计办理事业单位法人设立登记6家、变更登记62家、证书补领2家、注销登记13家。（徐瑞芝）

【服务经济社会发展】 2013年，市编办围绕助推全市经济社会发展，认真做好各项服务工作。全年先后在市食药监局成立“市药品不良反应监测中心”，在市农机局下属事业单位市农业机械技术推广站增挂“市农机试验示范中心”牌子，在市民政局下属事业单位市救助管理站增挂“市居民家庭经济状况核对中心”牌子，在市农委设立“市农产品检测中心”，在其下属事业单位高邮鸭良种繁育中心增挂“高邮鸭文化博物馆”牌子，在市地震局成立“市防震减灾中心”，在市文广新局增挂“高邮市文物局”牌子，在其下属事业单位剧目创作室增加3名差额补助事业编制，在市文化行政综合执法大队内设办公室、一中队、二中队、三中队等4个机构。同时，加强市国土局下属事业单位“市土地整理中心”人员和领导配备，调整乡镇（园区）财政、司法管理体制，更好地服务全市发展。（徐瑞芝）

社 会 组 织

Social Organizations

工 会

【概况】 2013 年,市总工会围绕“全省争一流、扬州争领先、高邮争进位”工作目标,强化组织建设、职工之家建设、先进班组建设,开展“两报三刊”学习评比、“三走三看三服务”和“活力基层工会”、提“合理化建议”等系列活动,全面完成年度目标任务。是年,市总工会被江苏省总工会表彰为组建工会和发展会员工作考核优秀奖,被扬州市总工会表彰为 2013 年度县(市、区)工会重点工作考核一等奖,市总工会的《“十六字诀”助推非公企业工会主席直选》被扬州市总工会表彰为工会工作创新奖,另有 19 项单项工作受全国、江苏省、扬州市总工会表彰。 (谢志艳)

【劳动竞赛和职业技能竞赛】 2013 年,市总工会开展以“当好主力军,建功‘十二五’、建设新高邮”为主题的劳动竞赛,参加竞赛的企事业单位1 821家、职工 2.54 万人。职工实施技术革新项目 91项、发明创造项目 72 项,推广先进操作法 52 种。组织 105 名选手参加扬州市级技能竞赛。举办临床检验工、“宝尔特”杯电焊工、“海燕”杯服装工、“金陵”杯车工、“邮益思”杯计算机、“华昇沁园”杯物业服务等 6 项市级职业技能竞赛,参赛选手 548人。累计有 13 个乡镇(园区)、18 个系统(产业)、直属工会组织自办技能竞赛,参赛选手2 056人。全年培训职工 4.2 万人,晋升初级工5 000人、中级工1 800人、高级工1 250人、技师 180 人,开展师徒结对职工 365 对,选树首席员工 2 人。 (谢志艳)

【基层班组建设】 2013 年,市总工会巩固实行“132”班组建设推进法,重点抓好市高升机械有限公司、扬州金邮机电有限公司、市人民医院等 5 家示范班组建设,以点带面推进全市班组建设工作。至年底,全市共有 102 个班组达“企业先进班组”标准、70 个班组达“工人先锋号先进集体”标准、32 个班组达“工人先锋号优秀班组”标准。推进“六型”班组创建工作,创成“六型”班组 210 个。是年,江苏富裕达粮食制品有限公司虾饲料班组被全国总工会授予“全国工人先锋号”称号,市儿童福利院老年公寓护理班组、扬州市伊兴机械公司数控班组被江苏省总工会授予“江苏省工人先锋号”称号,市烈士陵园管理处环卫股等 6 个集体被扬州市总工会授予“扬州市工人先锋号”称号,高邮市经济适用住房发展中心综合部等 32 个集体被市总工会授予“高邮市工人先锋号”称号。 (谢志艳)

【“提合理化建议月”活动】 2013年,市总工会开展“提合理化建议集中月”活动,组织和引导全市广大职工发扬主人翁精神,为企业转型升级、降本增效、创新发展献计献策。共有600家企业的10 000多名职工参加活动,累计提出合理化建议6 338条。年底,市总工会表彰十佳合理化建议成果。(谢志艳)

【“劳模品牌”建设】 2013年,市总工会贯彻全国劳模座谈会精神,推进高邮“劳模品牌”建设,营造学习劳模、宣传劳模、关注劳模的氛围。4月,市委、市政府召开劳模表彰大会,对50名高邮市劳动模范进行表彰。市总工会联合高邮日报社、市电视台开辟《劳模风采》《劳模企业家》专栏,集中宣传报道30多名劳模的先进事迹,努力放大劳模效应。5月,市总工会会同市经信委、市科技局和市建管局举行扬州市劳模创新工作室示范基地授牌暨劳模创新座谈会,为师永生劳模创新工作室授牌;6月,市总工会赴洪泽县为“江苏省劳模曹连标创新工作室洪泽县澳蜜尔葡萄园技术推广基地”揭牌,发挥“劳模创新工作室”示范引领作用。至年底,市总工会共慰问各级劳模387人，发放劳模慰问金33.2万元。是年，江苏华富储能新技术股份有限公司周寿斌获发江苏省五一劳动奖章，市财政局、江苏金飞达电动工具有限公司、高邮市经纬纺织有限公司等3家单位获发扬州市五一劳动奖状，袁朝勇等10人获发扬州市五一劳动奖章，高邮市供电公司用电检查员黄睿被授予“扬州市首席员工”称号。 （谢志艳）

【工会组织建设】 2013 年，全市新组建工会组织 397 家，新发展工会会员 1.25 万人；到期换届改选基层工会 325 家。新组建、改选工会组织的 365 家非公有制企业全部实行工会主席直选，在市人民医院等 6 家单位试行机关事业单位工会主席直选。开展基层工会建家评家活动，有 930 家基层工会按规范程序召开会员代表大会，对工会工作和工会主席履职情况进行测评，建家评家率 95%以上。至年底，全市在全总非公有制企业数据库中的工会组织组建率和入会率均达 96%以上。 （谢志艳）

【“双亮、三公开四统筹”活动】 2013 年，市总工会继续组织开展非公有制企业“双亮、三公开四统筹”活动。7 月，扬州市委组织部、扬州市总工会在高邮市召开党工共建“双亮、四统筹一创争”活动推进会暨先进表彰会，扬州升达集团等 4 家单位被表彰为扬州市党工共建“四统筹一创争”活动先进单位，扬州升达集团有限公司、江苏华能电缆有限公司、江苏科凌医疗器材有限公司被表彰为江苏省党建带工建“四统筹一创争”活动示范企业。至年底，全市建会企业工会实施“双亮、三公开四统筹”活动覆盖面达 90%以上。 （谢志艳）

【“活力基层工会”创建活动】 2013 年，市总工会在全市企事业单位开展“活力基层工会”创建活动，重点推进基层工会组建、活动阵地建设、先进班组和职工之家建设、帮扶服务中心建设、考核机制、经费管理、队伍自身建设、资料档案建设等基础性工作。至年底，市总工会命名表彰高邮市“活力基层工会”40 家。是年，11 家基层工会获扬州市“活力基层工会”称号。6 家基层工会获江苏省“模范职工之家”称号，5 个工会小组获江苏省“模范职工小家”称号。 （谢志艳）

【工资集体协商工作】 2013 年，市总工会提请市委、市政府出台《关于全面推进企业工资集体协商工作的意见》，推广江苏富裕达公司开展工资集体协商规范做法。市总工会联合市人社局举办工资集体协商指导员、谈判员培训班，建立工资集体协商专业指导队伍，有 300 人参加培训；选树工资集体协商典型 100 个，示范引领推进工资集体协商工作；牵头召开协调劳动关系三方第二次例会，组织对工资集体协商、劳动合同签订等情况进行督查；召开工资集体协商“冬季要约行动动员会”，促进工资集体协商工作健康发展。全年签订 50 人以上企业工资协议 498 份，签订区域性、行业性工资协议 44 份，覆盖 50 人以下企业2 979家，签订率 96%以上。 （谢志艳）

【民主管理】 2013 年，市总工会以建立健全职代会制度为突破口，加强各级工会组织的规范化、制度化、科学化建设，努力提升广大职工参与民主管理实效性。开展“公开解难题，民主促发展”主题活动，组织学习《非公有制企业厂务公开工作质量评价暂行办法》《江苏省企业民主管理条例》等法律法规；举办职工代表师资培训班，各乡镇（园区）、系统工会以会代培培训所属基层职工代表；在高邮经济开发区 2 家企业开展职工代表竞选试点，并有序向全市推广；选树职代会规范化建设典型单位 100 个，发挥典型示范效应。至年底，全市国有企事业单位职代会建制率 100%，非公有制企业职代会建制率达 95%；14 个乡镇（园区）工会全部建立区域性、行业性职代会制度。 （谢志艳）

【帮扶服务工作】 2013 年，市总工会开展“真情送温暖、助困进万家”春节慰问活动，慰问特困职工 92 名，发放“爱心超市购物卡”92 张、11.04 万元。结对帮扶 5 户困难家庭，发放帮扶资金2 500万元。慰问困难职工（农民工）1 216人。新建立特困职工档案 107 份。高邮经济开发区总工会率先建立职工帮扶服务中心；各乡镇（园区）在原有困难职工帮扶工作站基础上，扩大职工帮扶服务工作内容；落实 247 家生产经营正常的建会规模企业建立职工帮扶服务站（点）。市总工会与市慈善总会联合举行乡镇（园区）特困职工慈善救助仪式，向 82 名特困职工发放救助款 16.4 万元。联合市人社局等部门举办劳动力市场交流会 3 次，达成意向性用工合同 650 人。组织各乡镇（园区）工会与劳保所联合开展农民工培训，培训农民工2 600人，其中获初级证书 660 人。是年，市顺达动力机电有限公司被表彰为江苏省农民工示范基地。 （谢志艳）

【“强保障、促和谐”活动】 2013 年，市总工会继续推进“强保障、促和谐”工作，共引导 80%的重点规模企业、90%的中小企业开展和谐劳动关系企业创建活动，选树“四化”（即食堂管理规范化、职工宿舍标准化、文体活动普及化、互助互济制度化）综合示范企业 22 家，“四最”（即最佳职工食堂、最佳职工宿舍、最佳文体活动场所、最佳职工互助金）单项示范企业 88 家，累计有 95 家重点企业建立职工互助互济会。 （谢志艳）

【法律法规宣传与监督】 2013 年，市总工会开展送法到乡镇进企业活动，累计发放工会法律法规相关宣传读本2 250多册；开展《中华人民共和国社会保险法》施行情况调研，举办“职工维权保障”咨询活动，发放《中华人民共和国工会法》《中华人民共和国劳动合同法实施条例》等宣传册2 500册；开展“六五”普法职工劳动政策法规知识竞赛，参赛职工6.3万人。组织开展“‘12351’职工维权周”活动，切实维护职工合法权益。加强对工会法律法规执行情况的监督，推进监督网络体系建设，全年建立基层工会劳动法律监督组织750多家，设立全市劳动关系预警点25个，拥有信息员66人，乡镇(园区)工会实现法律援助站设立全覆盖。是年，市总工会被中华全国总工会表彰为第三批全国工会职工法律援助维权服务示范单位。 (谢志艳)

【女职工工作】 2013年，全市新组建女职工委员会58家，改选女职工委员会167家。推进《女职工劳动保护特别规定》的宣传和落实工作，新签、续签女职工特殊保护专项集体合同118份，签订区域(行业)性女职工专项集体合同22份；市地税局工会获江苏省总工会《女职工劳动保护特别规定》知识竞赛优秀组织奖。组织女职工5 500人开展“双争”活动，组织女职工6人参加扬州市女职工宾馆服务技能表演大赛，组织全市110家企业1 000名女职工参加“进千家企业、惠万名女工”知识竞赛活动。联合市人社局举办“‘三八’架金桥、春风送岗位”女性专场招聘会。 (谢志艳)

【企业文化、职工文化建设】 2013年，市总工会重视加强“职工书屋”建设，试点建立职工电子阅览室2家，新创建市“职工书屋”示范点5家，市公路管理站工会职工书屋获“全国职工书屋示范点”称号，扬州佰仕德礼品工艺有限公司工会职工书屋获“江苏省职工书屋示范点”称号，市残疾人托养中心工会职工书屋获“扬州市职工书屋示范点”称号。全年牵头或联合相关部门组织“劳动我最美”全国职工微博大赛和“岗位学雷锋、争当好员工”“身边的感动”等征文、演讲比赛活动3次，开展优秀厂报厂刊，企业精神评选活动，2家企业获扬州市“十佳企业精神”，5家企业获扬州市“优秀企业精神”，1家企业获“十佳厂报厂刊”。举办以“中国梦·我的梦”为主题的“职工大舞台”专场演出1场，展示新时期职工风采。成立大运河保护职工志愿者分队，全年组织开展各类志愿活动1次，参加志愿者200人次。 (谢志艳)

【信息宣传工作】 2013年，全市各级工会组织继续加强信息宣传工作，累计上报各类信息600多篇，其中国家级用稿18篇、省级用稿91篇、扬州市级用稿378篇次。 (谢志艳)

共 青 团

【概况】 2013年，团市委牢固树立“以青年为本、为青年服务”的工作导向，团结带领全市广大团员青年围绕服务全市发展大局展风采、做贡献、求进位，各项工作取得明显成效。

市卫生局团委被共青团江苏省委表彰为江苏省五四红旗团委，市广播电视台网络公司团支部被共青团江苏省委表彰为江苏省五四红旗团支部；高邮镇团委被扬州团市委授予“扬州市五四红旗团委标兵”称号，市广电台团委、市城北中学团委、卸甲镇团委、市建管局团委被扬州团市委表彰为扬州市五四红旗团委，市房管局团支部被扬州团市委授予“扬州市五四红旗团支部标兵”称号，市甸垛中学高三(1)班团支部、周山镇卫生院团支部、市实验小学团支部、扬州和益电动工具有限公司团支部被扬州团市委表彰为扬州市五四红旗团支部。至年底，全市共有基层团委47个、团工委4个、团总支18个、团支部866个，团员3.01万人。 (李秋萍)

【“高邮市十佳青年”评选活动】 4月，市委宣传部、市文明办、团市委联合举办“高邮市十佳青年”评选活动。经过申报、初评、复评和公示等环节，组委会从参与申报的75人中，确定颜金松、张杨、陈兴兵、武元、吴昊、成斌、杨志鸿、马年元、陈枫、邹主东等10人为“高邮市十佳青年”，并授予“高邮市新长征突击手标兵”称号。同时还确定王树春等10人为“高邮市十佳青年”提名奖获得者，并授予“高邮市新长征突击手标兵”称号。 (李秋萍)

【“争创青年文明号、争当青年岗位能手”活动】 2013年，全市新认定合格的省级青年文明号1家，即扬州供电公司检修公司高邮县域检修分公司三垛变电运维班；扬州市级青年文明号2个，即市龙虬初中分校、市赞化学校综合教研组。5月，扬州市玄裕电子有限公司冲床部被扬州团市委、扬州市安监局联合表彰为扬州市青年安全生产示范岗。9月，高邮中学马国富、市合管办王振、市人社局苏珍被扬州团市委和扬州市人社局联合表彰为青年岗位能手。 (李秋萍)

【媒体引导】 2013年，团市委打造官方微博“青春高邮”，全年发送微博5 000多条，吸引博友1万多人，开展微博话题互动活动20余次。与“文游台”论坛互动合作，设立“青春高邮”专版，定期开设“共青团剧场”免费观影、“浪漫七夕，分享爱情瞬间”故事分享、“幸福达人秀出幸福”婚礼秀等时尚活动，吸引青年参与。 (李秋萍)

【青少年服务工作创新】 3月，团市委开展“让青春之树伴你我共成长”活动，组织全市200多名青年在高邮湖畔种下一片“青年林”。5月，团市委、市教育局联合启动“阳光心苑”“12355”中考、高考系列服务活动；是月，团市委邀请扬州市知名心理辅导老师到高邮市分别在市城北中学和市第二中学举办中考、高考心理减压辅导讲座，共有700多名师生参加。7月，团市委牵头主办“舞精灵杯”青年足球赛，全市共有15支足球队、200余名选手报名参赛。协办“联通杯”业余篮球比赛。8月，举办“亲近自然‘萄’出真爱”活动，共有64名青年男女参加活动。10月，启动高邮市重点青少年群体排查摸底专项行动，对全市五类重点青少年群体做到底数清、情况明。11月，开展“青春邀约走基层”活动，组织文游台车友会会员志愿带领部分农村留守儿童参观扬泰机场。12月，团市委与市委组织部联合举办高邮市大学生村官才艺展示活动，共展示自编自导自演节目10个，有100名大学生村官参与观摩。（李秋萍）

【希望工程】 2013年，团市委继续开展“希望工程”和“圆梦大学”工作。全年共资助中小学生204人，资助金额3.3万元；资助大学新生73人，资助金额22.7万元。（李秋萍）

【少先队工作】 2月，市少工委组织开展“续写‘雷锋’日记”主题征文活动，共收到手写稿参赛作品1 000多篇，评选表彰优秀作品41篇。3月，组织城区3所学校50余名少先队员和家长到高邮湖畔，共植“青年林”。4～5月，组织全市中小学生参与“缤纷笑脸、幸福高邮”笑脸征集活动，共征集各类笑脸照片近1 000幅。9月，开展以“心连心、一家亲，手拉手、齐步走”为主题的江苏新疆少年儿童手拉手互助活动，向新源县捐赠100件爱心包裹和一套鼓号队器材。10月，市少工委联合市教育局、市文明办开展《争做美德少年、放飞中国梦想》的“红领巾相约中国梦”主题教育活动。12月，与市教育局联合举办“2013年少先队工作论文评选”活动，在收到的152篇参赛作品中，评选出一等奖15篇、二等奖24篇、三等奖26篇。是年，市少先队副总辅导员顾增兵被表彰为省优秀少先队辅导员，市城北实验小学学生许菲被表彰为江苏省优秀少先队员，市实验小学少先大队被表彰为江苏省优秀少先大队，车逻镇实验小学五(4)班少先中队、市城北实验小学五(2)班少先中队被表彰为江苏省优秀少先队集体，王可等120名少先队员被表彰为江苏省“四好少年”；市实验小学辅导员钟欣被表彰为扬州市“十佳”少先队辅导员，缪梅华等8人被表彰为扬州市优秀少先队辅导员，秦游实验小学学生仇静蕾被表彰为扬州市“十佳”少先队员，金雅等24名学生被表彰为扬州市优秀少先队员。（谢瑛）

妇女联合会

【概况】 2013年，市妇联以建设“坚强阵地”和“温暖之家”为目标，推动妇女儿童相关政策有效落实，持续开展扶持妇女创业就业、巾帼志愿服务和“巾帼建功”“双学双比”等活动，各项工作均取得明显成绩。至年底，全市共有乡镇(街道、园区)妇联14个、社区妇代会53个、村妇代会176个、机关事业单位妇委会38个、非公有制经济组织妇代会238个。市妇联获扬州市妇联重点工作创先争优、特色工作、“兴业富家”特色家庭项目实践品牌一等奖各1项，获扬州市实施“春蕾计划”“蒲公英行动”优秀组织奖。市运东船闸女子操作工班被表彰为江苏省三八红旗集体，车逻镇特平村、高邮镇康华社区、高邮镇新联社区、送桥镇槽坊村、临泽镇朱堆村、菱塘乡回族乡龚家村、临泽镇陈甸村“妇女儿童之家”被表彰为江苏省示范妇女儿童之家；卸甲镇恒丰村和一平村、送桥镇槽坊村、汤庄镇富南村、甘垛镇横泾村、临泽镇西河村和陈甸村、龙虬镇龙腾村、高邮经济开发区杨桥村“妇女儿童之家”被表彰为扬州市示范妇女儿童之家。（徐娟）

【纪念“三八”国际劳动妇女节103周年暨“巾帼展风采、传播正能量”颁奖典礼】 3月8日下午在市委、市政府会议中心举行。典礼上，向上年新创成省级“妇女儿童之家”的周山镇吴堡村、高邮城南经济新区勤王村、三垛镇大卢村、天山镇肖祠村、菱塘回族乡清真村、高邮镇黄渡村等6家单位授牌；表彰丁琰等10人为高邮市“巾帼岗位标兵”，朱爱红等10人为高邮市“十佳好媳妇”。典礼还安排文艺表演、职业技能和才艺展示及巾帼志愿者代表宣读《倡议书》等。（徐娟）

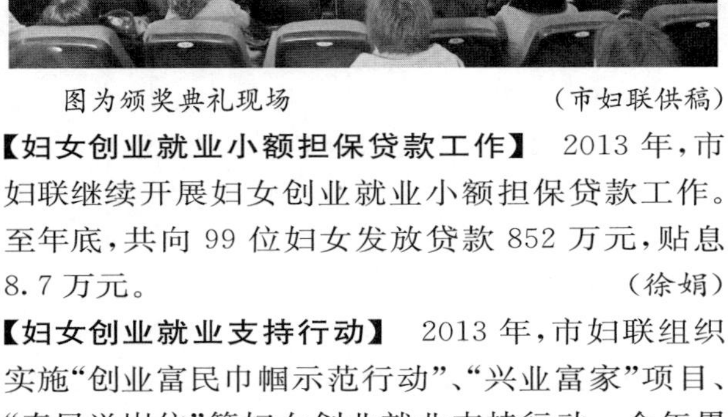

图为颁奖典礼现场　（市妇联供稿）

【妇女创业就业小额担保贷款工作】 2013年，市妇联继续开展妇女创业就业小额担保贷款工作。至年底，共向99位妇女发放贷款852万元，贴息8.7万元。（徐娟）

【妇女创业就业支持行动】 2013年，市妇联组织实施“创业富民巾帼示范行动”、“兴业富家”项目、“春风送岗位”等妇女创业就业支持行动。全年累计为妇女提供致富信息500余条，提供创业项目200项，提供就业岗位2 000多个。（徐娟）

【“春蕾计划”“蒲公英行动”】 2013年，市妇联继续开展“春蕾计划”“蒲公英行动”。5月，表彰高邮市“十佳爱心妈妈”，开展歌颂爱心妈妈大爱精神的“花开阳光下”主题诗歌征集活动。“六一”期间，联合中国移动公司高邮分公司开展爱心捐赠活动，共向4个乡镇留守儿童发放儿童定位手机150部。开展关爱留守流动儿童“四季平安盒”认捐活动，共募集“四季平安盒”82个。7月，提请市政府下发《2013年高邮市留守流动儿童关爱行动实施方案》，明确政策支持行动、阵地建设行动、安全守护行动、家庭教育行动、社会关爱行动、“父母还巢”行动等“六大行动”的主要内容、牵头单位以及责任单位，着力构建“政府负责、部门联动、学校为主、家庭尽责、社会参与、儿童为本”的关爱留守流动儿童长效工作机制。8月，在临泽镇开展蒲公英集中关爱活动暨“爱的守护”——女童安全自护教育讲座，受到家长和孩子的欢迎和好评。全年各界爱心人士累计资助“春蕾女童”钱物37万余元，帮扶春蕾儿童800多人。李开香、宋华琴获扬州市“感动扬城爱心妈妈”称号，曹殿琴、冯春红、黄翠萍、刘红萍、张凤兰被表彰为扬州市实施“春蕾计划”“蒲公英行动”先进个人，市供电公司妇委会、市卫生局妇委会被表彰为扬州市实施“春蕾计划”“蒲公英行动”先进集体。（徐娟）

【“巾帼建功”活动】 2013年，市妇联以提高城镇妇女综合素质、促进广大妇女发展为着力点，继续在全市开展“巾帼岗位明星”评选活动，共评选出丁琰等10名“巾帼岗位标兵”、王玉娣等40名“巾帼岗位明星”。全年班全国巾帼文明岗1个（市地税局办税服务厅）、江苏省巾帼文明岗6个、扬州市巾帼文明岗7个、高邮市巾帼文明岗10个。8月，召开全市巾帼建功活动推进会，表彰授牌各级巾帼文明岗获评单位，并听取市地税局办税服务厅作全国巾帼文明岗创建工作经验介绍。（徐娟）

【“双学双比”活动】 2013年，市妇联在全市继续开展“双学双比”活动，着力推进来料加工基地建设，累计建成来料加工基地42个，其中服装加工27个、机械电子配件6个、玩具加工5个、缎带蝴蝶结4个，吸纳妇女创业就业4200余人。依托“好苏嫂”门店，开辟来料加工点，促进“陪读妈妈”灵活就业50人。巧妹子科技养殖园获“全国巾帼现代农业科技示范基地”称号，扬州市永昌鞋业有限公司获“江苏省巾帼来料加工基地”称号，高邮市金汇电子厂获“扬州市巾帼来料加工基地”称号，扬州市新港电机有限公司获“扬州市十佳巾帼科技示范基地”称号。（徐娟）

【特色家庭创建活动】 2013年，市妇联围绕做优家庭创建品牌，引领广大妇女以共筑“中国梦”为主线，开展百佳千户特色家庭创建活动。全年累计创建成扬州市各类特色家庭294户，其中学习家庭25户、爱心家庭18户、和谐家庭18户、绿色家庭118户、科学教子家庭18户、廉洁家庭18户、平安家庭18户、创业家庭25户、孝心家庭8户、才艺家庭18户。（徐娟）

【维护妇女儿童合法权益】 2013年，市妇联组织开展各项活动，切实维护妇女儿童合法权益。开展“三八维权周”、“6·26”禁毒日、“11·25”反家庭暴力日等普法宣传活动，累计举办各类法律咨询、宣传活动34场，发放资料4万多份。开展家庭暴力书面告诫制度试点工作，协调解决侵害妇女权益的典型案件3起。开展平安家庭创建，加强婚姻家庭纠纷个人调解工作室的建设，全年建成调解工作室10个，促进婚姻家庭矛盾有效化解。推进农村妇女土地权益维护，建立性别平等咨询评估机制，推广妇女议事制度，努力解决与妇女群众利益相关的实际问题。召开“平安家庭”创建工作暨家庭暴力书面告诫制度推进会，表彰“平安家庭”示范点14个、“零家庭暴力”示范社区（村）14家、“优秀维权岗”10个、“平安家庭示范户”100户。（徐娟）

【“妇女儿童之家”建设】 2013年，市妇联继续推进“妇女儿童之家”提档升级，努力为妇女学习宣传、创业就业、技能培训、文化娱乐、心理疏导、权益维护等提供贴心细致便捷的品牌服务。至年底，全市累计建成各级“妇女儿童之家”示范点67个，其中省级9个、市级18个、县级40个。（徐娟）

工商业联合会

【概况】 2013年，市工商联坚持“团结、服务、引导、教育”八字方针，加强非公有制经济人士理想信念教育，突出服务经济、素质提升、强基固本，团结非公有制经济人士奋勇争先，服务非公有制企业转型发展、健康发展，引导非公有制经济人士承担社会责任，为高邮在周边地区率先崛起凝心聚力、多作贡献。是年，市工商联被表彰为江苏省工商联先进单位。（杨军）

【市工商联十届三次执委会议】 3月25日举行。会议的主要任务是，总结2012年度全市工商联工作情况，研究部署2013年全市工商联工作目标任务。市委副书记金春林，市政协副主席、工商联主席王薇，市政协副主席、市委统战部部长张贵龙，市政协副主席张拥军等近120人出席会议。会议由市工商联党组书记、副主席张龙香主持，金春林作讲话。会上，表彰2012年度先进基层商会，卸甲镇商会、浙江商会负责人作交流发言。会前，与会人员还参观扬州市秦邮特种金属材料有限公司、江苏航天水力设备有限公司和城市商务大厦等重点项目、重点企业和城建重点工程现场。（杨军）

【高邮市非公经济商学院成立】 5月29日，高邮市非公经济商学院挂牌成立。该学院将利用扬州职业大学的资源优势，为高邮市非公有制企业培养高层次创新创业人才、高水平经营管理人才、高素质专业技术人才和高技能适用人才，实现资源整合、优势互补，走出一条校地合作、联合办学的新路。（杨军）

【高邮市非公经济商学院首期企业文秘班开班】 5月29日下午，市非公经济商学院首期企业文秘班开班。该文秘班开设秘书实务、商务礼仪、企业公文写作及规范化打印、网络商务、信息化与工业化融合、企业科技创新及项目申报、工业优惠扶持政策及项目申报、企业档案工作、企业财务知识等累计10门课程，共有来自非公企业的71名人士参加学习。（杨军）

【十届三次主席(会长)会议】 10月21日举行。会议就高邮市非公经济商学院办学计划征求与会各企业家的意见和建议。会议由市工商联副主席徐升明主持，市政协副主席、市工商联主席王薇作讲话。会上，与会的企业家就重大项目建设、城镇化建设、企业转型升级、规范化管理等方面进行交流和探讨，市国土局、高邮质监局负责人与企业家就相关问题进行互动交流。会前，与会人员还参观吴登云事迹展览馆、扬州光明电缆有限公司。

（杨军）

【"圆梦未来"奖学金首发仪式】 12月9日，市工商联在高邮中学举行高邮市青年企业家沙龙"圆梦未来"奖学金首发仪式，累计发放金额5万元，用于资助高邮中学20名品学兼优的家庭困难学生。

（杨军）

资料链接　高邮市青年企业家沙龙"圆梦未来"奖学金设立于2012年11月，定向为高邮中学品学兼优、家境困难的在校学生提供资助。此次受助的20名学生，此后5年还将获得每人每年1000元的奖学金资助。（杨军）

【王金高获"扬州市工艺美术大师"称号】 2月，在第四届扬州市工艺美术大师命名表彰大会上，市工商联执委、玉雕工艺美术师王金高被授予"扬州市工艺美术大师"称号。这是高邮市玉雕工作者第一次获"工艺美术大师"称号。（杨军）

【青年企业家、创业者宣传】 2013年，市工商联在《高邮日报》继续开辟《商界》栏目，专题宣传介绍全市青年企业家、创业者的成长奋斗经历，挖掘其在企业传承与发展中的坚守与反思、守业与创业中的困惑与执着，给更多立志创业、渴望成功、拥有梦想的有识之士以启迪、信心和勇气。全年推出《企二代的睿智与担当》《风雨之后见彩虹》《青松挺且直》《不走寻常路》等报道12期，受到社会各界广泛好评。

（杨军）

【高邮市首届"明星企业家"评选】 市委、市政府为加强企业家队伍建设，营造学习企业家、尊重企业家的社会环境，出台《关于高邮市"明星企业家"评选办法》，开展"明星企业家"评审活动。2月，高邮市首届"明星企业家"名单公布，共有10位企业家上榜，分别是郑连元、何其新、居春山、张贵南、张庆奇、张椿年、王传祥、张和、胡恒春、赵宏才。

（高志中）

文学艺术界联合会

【概况】 2013年，市文联坚持"二为"方向和"双百"方针，加强乡镇文联网络建设，发挥联系、协调、服务职能，团结带领各协会和广大文艺工作者，组织或协助开展"江苏省诗词之乡"创建、"弘邮杯"全国书信体散文征文大赛、"美丽高邮城乡行"采风、大运河组歌创作行高邮站采风、"建设杯——古城风貌摄影大赛"、书法家免费写春联、"送文化下乡、进企业、到社区"春节文艺汇演等一系列活动，扎实做好江苏省文联书画考级、扬州市文学艺术引导资金项目申报、文汇出版社高邮工作站组建等各项工作，较好地完成全年目标任务。

至年底，全市有90多篇文学作品在省以上刊物和重点期刊发表，265幅书画摄影作品在全国、全省各类展赛中入选获奖；实现乡镇文联全覆盖。

（胡金雁）

【长篇小说《李光荣当村官》作品座谈会】 8月28日上午，扬州市文联、扬州市委宣传部、高邮市文联在高邮市联合举办长篇小说《李光荣当村官》作品座谈会。该长篇小说由高邮市青年作家周荣池所著，共计18万字，由江苏人民出版社出版。小说以虚构的大学生村官李光荣为主人公，讲述其矢志改变农村落后面貌、真情付出服务农民的精彩故事。该小说一面世便广受好评，曾被省、市多家媒体以连载形式刊发，并被列为扬州市政府首届文学艺术创作引导资金项目。会上，与会人员对《李光荣当村官》所具有的现实意义给予充分肯定，认为该作品具有鲜明的时代性、充满乡土气息，是一部立足现实、指向未来的力作。（胡金雁）

【"时代的背影"老照片展览】 （详见《中共高邮市委》篇目《宣传思想工作》分目）

【高邮市第二十一届少儿书画现场大赛】 5月，高邮市第二十一届少儿书画现场大赛在市第一小学举办，共有近1000名小学生参加。该次大赛的主题为"歌颂祖国，传承文明，放飞梦想。"经评委会评选，分别评出书法、绘画类一等奖、二等奖、三等奖和优秀奖若干名。（胡金雁）

【举行"秦邮清韵"中国画邀请展】 10月8日，在扬州市文联美术馆开展。此次展览共展出由龚定煜、吕居荣、房林、周杏生、庄启福、倪金宝、宋佳林、王建、周春华、赵飞等十人最新创作的作品50多幅，受到扬州市画界的好评。 （胡金雁）

【美丽中国·2013江苏城市摄影擂台赛(高邮站)】 5～11月，中国摄影报社、江苏省摄影家协会及10县市文联和摄影家协会主办美丽中国·2013江苏城市摄影擂台赛(高邮站)在高邮市举办。其中11月上旬在高邮市举办高邮站擂台赛。期间，高邮市文联组织参赛团队参加10站比赛，总积分23分，获得亚军。 （胡金雁）

【文艺成果表彰】 2014年2月，市文联在市人民剧场举办文艺成果表彰大会，受表彰的共42人，其中获金奖5人、银奖10人、铜奖20人、书香奖7人。 （胡金雁）

表54 **2013年高邮市文学艺术奖部分获奖项目表**

奖　项	获奖者	类别	出版、发表或获奖情况
金奖	朱崇平	摄影	组照《西部大地》在第六届"美丽中国"全国风光摄影艺术大展中获典藏作品奖(全场第一) 组照《西部大地》在"最美中国大地"摄影大赛中获第二赛季优秀奖 《郭峪古村》在第十一届《影像中国》全国摄影艺术大展中获二级收藏奖
	周荣池	文学	《文学报新年贺词》、《李光荣当村官》专版介绍、《视剧：仅靠脸蛋是走不远的》《文学不能只追求感官刺激》《实体书店的盈利与人文追求》《中国人文危机论》《报纸副刊的格与局》《文学的务虚与求实》在《文学报》刊发 长篇小说《李光荣当村官》在《扬州日报》连载 《树木》在《美文》刊发，《草药及其他》在《散文百家》刊发 《温暖的麦子》在《青春》刊发 《慢慢走，让灵魂赶上身体》在《上海大学》《文学报》全国人文论坛获优秀论文奖 长篇散文《村庄的真相》入选江苏省作协第八批"重点扶持文学创作与评论工程"项目
	徐晓思	文学	诗歌《五指》(外一首)刊载《人民文学》期第十二刊 中篇小说《外公》刊载《钟山》第六期 短篇小说《小鼓手》刊载《青春》第七期 《诗三首》刊载《扬子江诗刊》第一期 散文《一块鸡血石》刊载《书法报》
	黄　伟	书法	入展全国第四届扇面书法展
	龚定煜	国画	参加13·5全国中国画西园雅集邀请展 参加第十届亚非艺术邀请展，美术作品参加扬州十人画展
银奖	沈　廉	摄影	《老手艺》在高淳全国摄影大展中获优秀奖 《阳光之歌》《秋歌》在"天翼杯"全国大展中获优秀奖 《花儿梦幻曲》在武进"幸福像花儿一样"全国大展中获银奖
	黄　河	摄影	《水乡牧歌》美丽中国2013·江苏城市摄影擂台比赛(高邮站)获一等奖
	苏若兮	文学	发表诗作近200首
	王玉清	文学	小说《你的属相变成风》刊载《光明日报》 诗二首《夕照》《白天的星星》原载《北京文学》 散文诗三章《乡野三题》刊载《星星》诗刊 诗二首《劝藕轻喜剧》《初夏》刊载《扬子江》诗刊 歌词《绳结》《一直记挂着咱》刊载《词刊》 散文《田野是一间大教师》刊载《少年文艺·我爱写作文》 诗二首《树木不可以弯曲》《山崖刻石人》刊载《少年文艺》 论文《高邮民歌保护与传承刍议》刊载《剧影月报》增刊
	夏　涛	文学	短篇小说《沉重的录取通知书》在《当代小说》刊发 中篇小说《扬剧名角》刊载《当代小说》

续表 54

奖 项	获奖者	类别	出版、发表或获奖情况
银奖	戎 同	民间文学	集报收藏,“燕栖斋”对市民免费开放,被中国报业协会集报分会授予“中国集报之家”的称号
	陈惟江	书法	作品入展全国第七届新人新作书法展 作品入展廉江“红荔枝杯”全国书法大赛
	周 同	书法	扬州群众书画大赛一等奖 扬州市“后勤文化杯”书画展览一等奖 扬州市安全生产书画摄影比赛二等奖 “中国梦・平安福全国第三届安全生产书画展”入展 作品在《中国书画报》刊登
铜奖	陈景国	国画	作品《三坛印月》入选 2013 水墨千秋中国水墨艺术大赛 作品《取真经的地方》获“楚天智海杯”全国漫画比赛三等奖 作品《吹出心中的梦想》在“书香泗阳”水墨漫画比赛中获优秀奖 作品《拜石》入选“沭阳国税杯”廉政书画展,获佳作奖 作品《我的驴儿我做主》获“水墨漫画之乡”作品大赛优秀奖 作品《问答》获第八届全国税收宣传漫画大赛优秀作品奖
书香奖	倪文才	文学	《驿站风云》由江苏文艺出版社出版
	姚正安	文学	《一种生活》由江苏文艺出版社出版
	龚定煜	国画	《龚定煜水墨山水画作品集》由中国文联出版社出版
	周荣池	文学	《李光荣当村官》由江苏人民出版社出版
	周 游	文学	《扬州记忆》由中国社会出版社出版
	徐郁明	文学	《草尖上的青春》由团结出版社出版
	张鲁原	文史	《吴三桂正传》由企业管理出版社出版

(胡金雁)

哲学社会科学界联合会

【第十届社科普及宣传周活动】 2013 年,根据上级统一部署,市社科联以“发展社科事业、建设美好高邮”为宣传周活动主题,开展“送一本书、建十个乡镇(园区)社科工作站、讲一百场课、组织一百场次咨询服务活动”等系列活动。9 月,举办宣传周开幕式及开展广场咨询服务、赠书、授牌、社科图片展览和发放社科普及资料等活动。10 月,组织社科知识镇村行活动,选派专家学者,深入镇村举办社科专题讲座。11 月,组织社科专家学者上门服务,开展社科知识宣传咨询、法制图片展、医学义诊、有奖竞答、发放宣传资料等活动。加强社科知识文艺宣传工作,利用农村业余文艺宣传队,自编、自演社科普及文艺节目,巡回乡村、街道演出。

(周晓声)

【编辑出版《探索集》】 2013 年,市社科联将近几年市社科联理事和部分学会、研究会会员在省级以上刊物发表过(获奖)的论文 42 篇,汇编成集——《探索集》,并由江苏人民出版社出版发行。该集所选每篇论文立足实际,有分析、有建议、有对策,对地方经济社会发展具有较强的指导性。 (周晓声)

【课题应用研究工作】 2013 年,市社科联精心策划选题,组织联合攻关,形成一批直接为市委、市政府决策服务的有一定影响的社科成果。4 月,市社科联出台《关于做好社科类对策应用课题研究的通知》,精心筛选 26 个选题分别落实到学会、研究会以及有关部门,由常务理事负责跟踪督查。10 月底,及时将全部收到的论文上报扬州市第五届哲学社会科学学术大会,共有 35 篇论文被大会安排交流,其中有 17 篇论文被评为优秀论文(一等奖 3 篇、二等奖 4 篇、三等奖 10 篇),获奖论文数量、奖次位居扬州各县(市、区)前列。 (周晓声)

表 55

2013 年高邮市社科联在扬州市获奖论文一览表

奖项	姓名(单位)	论文题目
一等奖	朱　勇	廉洁政治建设视野下的纪检监察公共关系研究
	毛　勇	速度质量并重　注重特色发展——对推进新型城镇化的初步思考
	夏　敏	刑事影响性诉讼:信息不对称情形下的博弈失据
二等奖	薛晓寒 杨庆林 林玉顼	全力推进公共卫生服务均等化——关于全市公共卫生服务体系建设的调查与建议
	袁福朝	关于新时期发展村级集体经济的几点思考
	朱广德	高邮市企业用工情况分析与对策建议
	陈寨英	强化组织　建好平台　为流动党员构建温暖之“家”——加强和改进流动党员教育管理服务工作的调查与思考
三等奖	王　薇	健全“八个一”机制　提升行政服务效能
	吴　俊	撑开“阳光伞”　架设“惠民桥”——高邮市试点农机购置补贴新模式的调查
	王启华 周　萍 裴鸿翔	关于我市电线电缆产业发展情况的调查与思考
	卞荣中	关于全市民营经济发展情况的分析和研究
	张立中 张　进	浅析社区社会工作的专业化
	王业星	传承文脉　以文兴镇　打造形神兼备的历史文化名镇——临泽创建国家历史文化名镇的探索与思考
	孙明如 赵云峰 林玉顼	发展现代渔业　建设渔业强市——关于全市现代渔业发展情况的调查报告
	王　程	县域金融密度对县域经济增长影响的实证研究——以扬州市四县(市)面板数据为例
	李江安 叶明林 顾　宏 孙　勇 王　飞	高邮灌区建设历程与发展方向
	市民政局	临时生活救助工作中存在问题及对策

(周晓声)

计划生育协会

【概况】 2013 年,市计生协会按照“坚持计划生育的基本国策,提高出生人口素质,逐步完善政策,促进人口长期均衡发展”战略部署,以“秦邮人家·健康幸福”促进工程为突破,探索新形势下计生协会工作新举措,切实加强组织建设,深化生育关怀行动,扩大宣传服务,推进人口计生基层群众自治,计生协会工作取得新进展。至年底,全市共有各级计生协会组织 411 个,团体会员 10 个,会员总数 9.39 万人。是年,市计生协会被扬州市计生协会表彰为扬州市计生信息工作先进单位,被扬州市计生协会和中国人寿扬州市分公司表彰为扬州市计划生育系列保险工作优秀单位;三垛镇柳南村被中国计生协会授予“人口计划生育基层群众自治示范村(居)”称号。

(顾永华)

【扬州市第二届乡镇计生协会会长论坛】 8 月,扬州市第二届乡镇计生协会会长论坛在高邮市菱塘回族乡举办。此次论坛的主题是,围绕充分发挥计生协会作用,深化生育关怀行动,进一步关注民生,促进幸福家庭建设,做好关爱特困计生家庭的工作。江苏省计生协会副会长申晓建,扬州市计生协会会长马家鼎,扬州市各县(市、区)计生协会专职会长或秘书长以及高邮市菱塘回族乡、仪征市新城镇、江都区樊川镇、邗江区槐泗镇、广陵区李典镇、扬州经济技术开发区施桥镇等论坛成员乡镇参加论坛活动。论坛上，菱塘回族乡计划生育协会作题为《搭建多方互助平台、关爱特困计生家庭——浅析特困计生家庭现状及应对措施》论坛交流，受到与会人员的关注。（顾永华）

老区经济开发促进会和扶贫开发协会

【22个联系村集体经济收入增长迅速】 2013年，市老区经济开发促进会和扶贫开发协会（以下简称"两会"）及各乡镇、园区扶贫开发协会联系的22个村的村级集体经济发展加快、增长迅速。在市乡各级"两会"组织的帮扶下，该22个联系村促进村级集体经济增收的主要措施有五项，即发挥镇郊优势，兴办工业创收；搞好土地流转，兴办高效农业园创收；利用闲置房屋，出租办企业创收；重新核实水面，提高租金创收；在工业集中区兴建厂房，出租创收。据统计，全年该22个联系村累计实现村级集体经济收入1 038万元（不含财政转移支付），比上年净增277.1万元，增长36.4%。（陈庚林）

【调查研究工作】 2013年，市"两会"围绕粮食生产、提升产业化扶贫质量和建筑业发展等开展调研。全年共撰写调研报告10多篇，其中《关于我市村级集体经济发展情况的调研报告》受到市委主要领导批示。撰写的文章分别在《江苏老区》《扶贫动态》《创业·就业》《扬州政讯》《扬州农村工作通讯》《奔小康》《高邮情况》等刊物登载。（陈庚林）

红十字会

【"博爱送万家"活动】 2013年，市红十字会开展"博爱送万家"系列活动。麻风病节期间，开展为麻风病人送温暖活动，为麻风病患者送上慰问金和大米、食用油、棉被等物品；春节期间，组织红十字志愿者走进市儿童福利院、市聋哑学校和相关社区，提供健康体检、卫生大扫除、做年夜饭等服务，并为那些身患重大疾病的特困人群，送上慰问金。同时，开展2011年"7·20"地震灾区灾情回访工作，并送上大米、食用油等生活物资。活动期间，全市累计发放现金和物品款项16.93万元。其中，发放慰问金2.9万元；发放大米1 502袋、棉被170条、棉服100件、食用油100瓶、毛毯100条，物品折合人民币14.03万元。（王齐）

【"7·7"龙卷风救灾工作】 "7·7"龙卷风灾情发生后，市红十字会迅速组织三垛镇、卸甲镇、甘垛镇等3镇的红十字会医务工作者赶赴救灾第一线，全程参与伤员救治工作，对于轻伤患者现场包扎、重症患者及时转诊，并从救灾备灾仓库拨发家庭包、蚊帐、棉被、方便食品等应急物资。7月11日，省红十字会拨付高邮灾区的60条棉被、100顶蚊帐到达后，市红十字会及时组织发放到灾民手中。（王齐）

【培训工作】 2013年，市红十字会按照省红十字会推进公益性应急救护百万培训项目的部署，拟定全市公益性应急救护培训方案，并提请市政府以文件形式下发各乡镇（园区）、各部门，将目标任务进行细化分解。暑假期间，开展送救护培训进校园活动；结合助残日、重阳节等活动，在城区社区为残疾人、中老人开展救护培训讲座；与市交通局联合举办出租车驾驶员培训班，与部分乡镇联合举办涉电池、光伏等高危行业从业人员培训班。全年完成初级救护员培训1 400人、群众性普及培训1万人。（王齐）

社会生活

Social Life

导读

人口和计划生育

【概况】 2013 年，市人口计生委以党的十八大精神为指导，认真落实计划生育基本国策不变、计划生育“一把手”负总责制度不变、计划生育“一票否决”制度不变的“三个不变”要求，创新思路、强基固本、优化服务，推进人人健康、家家幸福，顺利通过创建“十二五”省人口协调发展先进市中期评估，全面完成全年人口计生工作各项目标任务。全年全市出生人口5 234人，其中女性2 565人，出生婴儿男女性别比 104.05，保持在正常值范围；全市人口出生率 6.35‰，人口自然增长率－0.56‰，年末总人口818 180人；出生政策符合率 99.1％，独生子女率 85.7％，节育措施落实率 99.9％；群众对人口计生工作综合满意率 95.3％。

市人口计生委被国家卫生和计划生育委员会（以下简称国家卫生计生委）人口与计划生育杂志社表彰为 2013 年度全国基层宣传工作先进集体，被《中国人口报》社表彰为 2013 年度全国新闻宣传工作先进单位，被国家卫生计生委计划生育家庭发展司表彰为全国“圆梦·关爱女孩行动公益宣传征文活动”组织奖，被省委、省政府表彰为 2010～2012 年度江苏省文明单位，被省人口和计划生育委员会（以下简称省人口计生委）表彰为江苏人口计生信息共享示范单位，被扬州市委、市政府表彰为 2011～2012 年度扬州市文明单位，被扬州市人口和计划生育委员会（以下简称扬州市人口计生委）表彰为 2013 年度扬州市人口计生政务信息和新闻报道工作先进集体，获“2013 年度扬州市人口计生目标管理综合奖”称号。实施的“红围巾”夕阳关怀暖心工程、以“评”代“考”提升柔性执法效能等被评为 2013 年度扬州市人口和计划生育目标管理创新奖。开展的“七夕晒幸福·有梦有未来”活动被市委宣传部表彰为 2013 年全市宣传思想文化工作创新项目。市计划生育指导站实施的免费孕前优生健康检查项目，在全国第四次临床检验室（间）质评活动中获得“优秀”等次，在省人口计生委组织的孕前优生实验室质控评估中获扬州市唯一的“优秀”等次，并被表彰为全省免费孕前优生健康检查工作先进集体一等奖。市大淖河人口文化广场被省人口计生委命名为省级人口文化示范基地。东方爱婴高邮早期教育中心、博文智星高邮早期教育中心被扬州市人口计生委命名为扬州市婴幼儿早期发展示范体验基地。龙虬镇、车逻镇、菱塘回族乡被扬州市计生药具站表彰为扬州市计生药具示范乡镇。龙虬镇、菱塘回族乡、车逻镇、卸甲镇、高邮城南经济新区、送桥镇、高邮镇、三垛镇、高邮经济开发区和市人社局、市财政局、市城建局、市教育局、市公安局、市建管局被表彰为 2013 年度全市人口计生工作先进单位，周山镇被表彰为 2013 年度全市人口计生规划统计工作先进乡镇，甘垛镇被表彰为 2013 年度全市人口计生技术服务工作先进乡镇，界首镇被表彰为 2013 年度全市流动人口计生工作先进乡镇，临泽镇被表彰为 2013 年度全市人口计生宣传教育工作先进乡镇，汤庄镇被表彰为 2013 年度全市人口计生政策法规工作先进乡镇。范习岭被国家卫生计生委主办的人口与计划生育杂志社表彰为 2013 年度全国基层宣传工作先进个人，被中国人口报社表彰为 2013 年度全国新闻宣传工作先进个人，被国家卫生计生委人口文化发展中心、中国人口宣传教育中心主办的人口文化杂志社表彰为 2013 年度优秀作者，被省人口计生委表彰为2011～2013年度全省人口计生政务信息工作先进个人。陈晖被扬州市委宣传部等14个部门联合表彰为2013年度扬州市文化科技卫生“三下乡”活动先进个人。沈文凤、周梅春、吴诗燕被扬州市人口计生委表彰为2013年度扬州市人口计生政务信息和新闻报道工作先进个人。（范习岭）

【创建省“十二五”人口协调发展先进市中期评估工作通过省级验收】 2013年，全市组织开展创建省“十二五”人口协调发展先进市中期评估工作，围绕创建指标，切实解决各项重点难点问题。1月10日，市委、市政府召开全市人口和计划生育工作暨创建省“十二五”人口协调发展先进市推进会议；市人大常委会、市政协先后三次专题视察调研人口计生工作；市人口计生工作领导小组对中期评估创建指标进行细化分解，明确各乡镇、园区、各有关部门的任务措施、序时进度及工作资料等要求；市人口计生委多次召开有关会议，布置落实中期评估自查工作。3～4月，市人口计生委对全市所有乡镇、园区中期评估迎查工作情况逐一过堂审核指导。6月底，市人口计生工作领导小组出台创建省“十二五”人口协调发展先进市中期评估自查方案。7月4～14日，市人口计生委抽调24名工作人员，分成3个小组，对全市所有乡镇、园区及市人口计生工作领导小组部分成员单位开展“十二五”人口计生工作中期评估自查，共检查22个乡镇（园区）、44个村（居）、56个企业、42个部门单位的人口计生工作情况，随机问卷调查2011年以来有婚育节育行为的已婚育龄妇女891人；召开自查情况通报会，针对自查中发现的问题，逐一落实整改措施，确保高质量通过“十二五”人口计生工作中期评估扬州复查和省级验收。7月10日，扬州市人口计生工作复查组通过对高邮人口计生工作的复查和抽查，充分肯定高邮的创建工作。8月初，高邮市自查材料和扬州市复查材料上报省里后，获得省人口计生委的较高评价。至此，全市创建省“十二五”人口协调发展先进市中期评估工作顺利通过省级验收。（范习岭）

【实施“红围巾·夕阳关怀暖心工程”】 2013年，市人口计生工作领导小组以改善独生子女伤残死亡家庭老人生活质量为目标，出台工作意见，在全市实施困难计划生育家庭养老帮扶“红围巾·夕阳关怀暖心工程”。该工程以全市各级计生干部为主体成立高邮市志愿者协会“红围巾”志愿者分会，积极探索全方位、多层次的关心关爱困难计生家庭老人养老服务的新途径，通过出台养老帮扶“暖心政策”、建立“暖心养老中心”、建立人口公益“暖心基金”和“红围巾”志愿服务的长效机制等措施，努力为困难计生家庭老人办实事、做好事、解难事。至年底，全市累计有550名“红围巾”志愿者肩负起“社会儿女”的责任，与320户特殊困难计生家庭老人结成对子，为老人提供生活照料、生产帮扶、精神慰藉、健康保健、文化娱乐、脱贫解困等多种服务。2014年3月，市人口计生委组建的“红围巾”志愿者分会，被市委宣传部、市文明办表彰为志愿服务先进集体。（范习岭）

【人口计生奖励扶助政策实现全覆盖】 2013年，高邮市根据全省统一部署，提高部分计划生育家庭特别扶助金标准，独生子女伤残家庭扶助标准由每人每月不低于120元提高到每人每月不低于400元，独生子女死亡家庭扶助标准由每人每月不低于150元提高到每人每月不低于500元。全年共向14 526名计划生育奖励扶助对象发放奖扶金1 317万元，向858名计划生育特别扶助对象发放特扶金463万元。建立城镇持“独生子女父母光荣证”的企业退休职工一次性奖励金发放长效机制，分批次向10 496名符合条件的企业退休职工发放奖励金893.56万元。落实分三年三批向316名城镇无固定职业的计划生育人员发放一次性奖励金政策，首批发放奖励金31.6万元。投入30 750元，向1 025户独生子女家庭赠送“独生子女家庭吉祥卡”保险；投入67.69万元，落实关爱女性综合保险16 981人。为168名65周岁以上的计划生育特别扶助对象发放养老补助金13.4万元，为151名困难计生家庭和困难计生干部发放计划生育公益金15.9万元，为370名三级以上计划生育手术并发症人员发放特别扶助金51万元。提高计生特别扶助对象住院报销比例，城镇居民、农村居民凭“高邮市独生子女伤残死亡家庭医疗补助证”，在现有报销比例的基础上分别提高5%和20%，累计为19人发放救助金1.5万元。投入25万元设立计划生育公益金，专项救助计划生育特殊困难家庭。至此，全市人口计生奖励扶助政策实现全覆盖，市级财政累计用于计生家庭奖励扶助资金2753万元。（范习岭）

【计生幸福家庭建设】 2013年，全市围绕提升城乡家庭的生活质量、幸福指数、发展能力、文明程度和整体素质的目标，启动实施计生幸福家庭建设。期间，市委、市政府及职能部门先后组织召开全市计生幸福家庭建设现场推进会、全市人口文化建设暨计生幸福家庭创建工作现场推进会、深入推进幸福家庭建设协调会议等，对推进幸福家庭建设工作进行部署，并以市委办公室、市政府办公室联合发文形式出台《关于深入推进幸福家庭建设的实施方案》，部署全市实施“邮都幸福家庭计划”十大工程，明确全市今后一个时期深入推进幸福家庭建设的目标任务、主要内容和有关要求。（范习岭）

【举办第四届人口文化节】 8～10月，市委宣传部、市人口计生委联合举办以“七夕晒幸福·有梦有未来”为主题的第四届人口文化节。期间，开展的主要活动有10项：举行高邮市第四届人口文化节开幕式暨首届“自强女孩”表彰和“圆梦·关爱女孩行动”征文颁奖典礼；开展“七夕晒幸福”摄影征文有奖征集评选活动；开展推进幸福家庭建设系列创建活动；召开新农村新家庭新三年计划、人口文化建设和幸福家庭创建现场推进会；加强镇村人口计生宣传阵地建设和宣传环境布置，推进镇村人口文化园区广场建设；利用公共媒体及相关载体开展人口计生知识特别是法律法规、奖扶特扶和“三优”知识等的宣传普及工作；举办以人口计生为主题的大型广场宣传咨询活动；开展人口计生工作大调研活动，召开调研成果汇报交流会；深入到村组、田头、车站、社区、企业、学校开展人口计生文艺节目巡回演出；围绕强化婴幼儿早期发展，开展系列早教活动；举行“呵护青苹果”国情国策和青春健康教育校园行、社区行、村居行、企业行和家庭行活动，促进青少年健康快乐地成长。（范习岭）

【推进关爱女孩行动】 2013年，全市组织开展以“追梦女孩、幸福花开”为主题的关爱女孩行动，进一步动员全社会力量，关爱女孩成长，资助女孩成才，救助贫困女孩家庭，促进女孩成人成才，实现人生梦想。期间，市委宣传部、市人口计生委、市教育局、团市委、市妇联、市计生协会联合开展首届“高邮市自强女孩”评选暨“圆梦·关爱女孩行动”征文活动，表彰10名高邮市首届“十佳自强女孩”和10名“自强女孩”。同时，市人口计生委组织参加全国“圆梦·关爱女孩行动”公益宣传征文活动，有4篇征文获三等奖、3篇征文获优秀奖。（范习岭）

【人口计生知识宣传教育】 2013年，市人口计生委认真组织开展多层次的人口计生知识宣传教育活动。面向乡镇、园区的新婚夫妇和0～3周岁婴幼儿父母巡回开办“流动课堂”；开展人口计生知识宣传进车站、进人力资源市场、进建筑工地等活动；利用重要节日、纪念日和乡镇传统庙会、商贸会等开展人口计生集中性宣传活动；加强新型人口文化建设，命名第二批市级“人口文化示范基地”；举办全市首届人口计生宣传品交流展示会；开展家庭人口文化知识“进百企千组万户”婚育新风进万家宣传活动；加强人口文化宣传阵地规范化建设，优化美化计生户外宣传环境。全年举办各类培训班（流动课堂）346场次、受教育培训3.11万人次、上门问卷宣传3.23万人次。通过平时电话询问和年终检查，全市人口文化建设达标率98.4%、知识普及率99.2%、知晓率94.2%。（范习岭）

【0～3周岁婴幼儿早期发展工作】 2013年，市人口计生委利用乡镇人口早教中心、村级人口早教服务点和早教大篷车开展人口亲子早教活动，组织乡村计生干部结合上门随访和问卷宣传，入户开展科学育儿指导服务，做好早教知识的宣传普及，提高早教服务质量和水平，全力促进0～3周岁婴幼儿早期发展水平和人口素质的进一步提高。联合杭州贝因美集团有限公司举办大型科学育儿知识讲座，携手民营早教中心开展人口早教社区行，举行早期教育成果汇报展示活动。全年开展早教活动349次，参加早教活动4 957人次；市东方爱婴早教中心、市博文智星早教中心被扬州市人口计生委命名为扬州市婴幼儿早期发展示范体验基地。

（范习岭）

【邮品传国策】 2013年，市人口计生委挖掘人口文化传播载体，以“邮票”“邮集”为媒，结合第六届中国邮文化节举办集邮展览的契机，开展邮品传国策活动，打造富有地方特色的人口文化宣传品牌。在此届邮文化节集邮展览中，与宣传计生国策相关的邮品为《中国人口与计划生育》1框邮集、《人口与民生》1框邮集和《儿童——世界的未来与希望》5框邮集，该7框邮集均由原市人口计生委党组书记、主任潘秀珍结合人口和计生工作编组而成。（范习岭）

【争取计生项目资金1 451万元】 2013年，市人口计生委多渠道向上级争取计生各类项目资金1 451万元。其中，争取奖励扶助、特别扶助等普惠制资金1 216万元；孕前优生健康检查、免费计生技术服务、流动人口计生服务管理等项目资金235万元。组织开展进村入户专项检查，确保所有项目资金做到专款专用。（范习岭）

【出台《计划生育公益金管理实施细则》】 2013年，市人口计生委出台《计划生育公益金管理实施细则》，以规范计划生育公益金的资金筹集和使用管理，提高资金使用效益，维护计划生育家庭的合法权益。该《实施细则》从六个方面对计划生育公益金的资金来源、扶助对象的确认、资助标准、发放程序、资金管理等进行明确规定。（范习岭）

【人口和家庭公共服务】 2013年，市人口计生委全面推进以“家庭健康服务”为重点的计生优质服务，全年开展计划生育随访服务30.4万多人次，随访服务率98.1%。深入乡镇、村组、企业为59 896名已婚育龄妇女开展生殖道感染综合防治服务，为17 005名育龄妇女提供宫颈癌筛查服务，为6 669名参加生育保险对象开展生殖健康检查服务，并对查出疾病的患者及时提供治疗和后续随访服务。规范有序地推进免费孕前优生健康检查项目，累计开展孕前优生健康检查2 796对，覆盖率99.57%；向符合条件的557名参检对象赠送“母婴安康优生优育筛查保险”。做好避孕药具不良反应监测与防治工作，全年审核、录入、上报避孕药具不良反应和不良事件报告1 212例、相关健康问题175例，保障育龄群众的避孕节育安全。开展宫内节育器重点监测项目，共完成及录入宫内节育器放置手术记录4 578份，术后随访记录4 562份，宫内节育器取出记录5 203份。实施国家避孕药具首诊登记及随访项目，全市完成放置宫内节育器人数1 506人，完成第一次随访人数 869 人和第二次随访人数 55 人，数据录入人数1 506人。开展省生殖健康筛查/宫颈癌筛查随访及两癌筛查服务示范研究项目，向高危人群发放宣传折页 500 余份，组织 60 名重点对象参与随访，录入 40 对农村夫妇的随访数据，完成两癌筛查项目技术人员及行政人员调查问卷 35 份，群众防治知识及需求问卷 120 份。做好更年期妇女服务项目，举办“呵护健康·品味幸福”女性更年期保健知识讲座，深入各乡镇举办更年期知识讲座，并对一些更年期症状严重的育龄群众进行个性化指导。（范习岭）

【数字化计生服务站建成】 2013 年，市计生指导站作为全国孕前保健数据直报试点县和全省首批数字化项目试点单位，引进计划生育数字化建设系统软件，建立集门诊接待、孕前保健及数据直报、流动人口服务管理、B 超、检验、药房及药库管理、领导查询等管理服务于一体的数字化管理网络，实现计划生育技术服务信息化和办公自动化。该平台对市计生指导站原有的服务功能进行全面整合，将育龄群众的咨询服务到门诊检查、诊断、辅助检查、取药等，全程纳入跟踪服务范畴，并及时将数据上报国家平台。同时，该平台还与各乡镇计生服务站联网，乡镇计生服务站可以直接在当地录入孕前保健相关信息，实现市乡计生服务机构一体化办公。（范习岭）

【基层计生药械统一代购】 2013 年，市人口计生委规范全市基层计生服务站计生药械购进行为，对全市基层计生服务站计生药械代购和使用进行监督管理，规定基层计生服务站所需计生药械统一由市计生指导站集中代购，并根据《计划生育技术服务机构执业许可证》规定的服务范围，统一用药目录和用药价格，全面实行药械零差率代购，凭执业医师或者执业助理医师的处方进行调配，保障群众用药用械安全。（范习岭）

【流动人口计生工作】 2013 年，市人口计生委围绕推进流动人口计生同城化服务和基本公共服务均等化，完善“政府主导、部门联动、信息互通、协同管理、综合服务”的流动人口计生工作机制，按照“六个一”（为流动已婚育龄妇女组织一次生殖健康检查，落实一项适合自身状况的长效避孕措施，签订一份计生服务合同，及时办理一份《流动人口婚育证明》，发放一份致流动人口的一封信，落实一种联系方式和联系人）、“六个清”（流动地点清、流动时间清、从事职业清、婚育变化清、节育措施清、兑现奖惩清）的服务管理要求，先后组织开展“爱在流动、情暖邮城”流动人口集中性计生宣传服务管理活动，开展流动人口计生药具服务年活动，成立高邮国际商贸城流动人口计生温馨服务驿站，召开全市流动人口计生服务管理工作现场推进会，举行高邮市一天长市流动人口计生双向协议签订仪式，召开全市流动人口计生信息化工作会议，开展“爱心传递、温暖随行”关爱困难流动人口家庭活动和亲情呵护未成年留守儿童活动等，并在市和乡镇计生服务机构增挂“流动人口计划生育免费定点服务机构”的牌子，进一步推动全市流动人口计生服务管理工作，流动人口计划生育管理服务率 96.3%。全年累计投入资金 80 多万元，专项用于流动人口服务管理工作；累计服务流动人口25468人（流入人口7 942人、流出人口17 526人），其中流动已婚育龄妇女5 042人；累计为30多对流动人口夫妇免费提供孕前优生健康检查，为近2 000名流进育龄妇女免费提供生殖健康检查服务，为流动人口免费发放各类早教知识读本近500本、开展早教活动48次、宣传普及早教知识1 200人次；累计为流出育龄群众免费核发（换发、新发）“流动人口婚育证明”1 710本，全市流出育龄妇女办证率98%以上。（范习岭）

【开展“春暖计生”行动】 1 月，市人口计生委专门下发文件，组织城乡人口计生部门在元旦、春节期间开展“春暖计生”行动，对全市特殊困难计生家庭开展送关爱、送亲情、送温暖上门走访慰问活动。期间，市乡两级人口计生部门共走访慰问特殊困难计生家庭 1059 户，其中走访独生子女伤残死亡及重大疾病的困难计生家庭 289 户，发放慰问金（品）434 586元。（范习岭）

【已婚育龄妇女常见妇科病发病趋势分析】 2013 年，市人口计生委经过对全市 2010～2012 年已婚育龄妇女生殖健康检查的统计数据分析，发现常见妇科病居于前五位的分别是宫颈炎、阴道炎、乳房疾病、子宫肌瘤和盆腔炎，由于生殖健康检查的及时干预，阴道炎、宫颈炎的发病率呈逐年下降趋势，而随着社会的进步，群众的营养、健康及环境等发生变化，包括人工流产的次数增加、内分泌失调等因素，乳房疾病、盆腔炎、子宫肌瘤的发病率呈逐年上升的势头。（范习岭）

资料链接 据统计，全市 2010 年常见妇科病发病率居于前五位的分别是宫颈炎、阴道炎、乳房疾病、子宫肌瘤和盆腔炎，发病率分别为 12.3%、8.1%、2.7%、1.7%、1.4%；2011 年常见妇科病发病率居于前五位的分别是宫颈炎、阴道炎、乳房疾病、盆腔炎和子宫肌瘤，发病率分别为 6.8%、6.1%、2.6%、1.7%、1.6%；2012 年常见妇科病发病率居于前五位的分别是宫颈炎、阴道炎、乳房疾

病、子宫肌瘤和盆腔炎，发病率分别为6.1%、5.1%、3.2%、1.9%、1.8%。（范习岭）

【企业女职工妇科病发病趋势分析】 2013年，市计生指导站经对参加生育保险的6 669名企业女职工的生殖健康检查的统计数据分析，发现患有各类妇科病的为7 541例，其中发病率较高的妇科病分别是：各类阴道炎及慢性宫颈炎3 540例，患病率为53.1%；乳腺疾病2 230例，患病率为33.4%；子宫肌瘤及盆腔包块1 668例，患病率为25%。各类疾病的患病率均高于全市同类病例的平均水平。（范习岭）

【单独夫妇生育二孩意愿调查】 9月，市人口计生委组织开展城乡单独夫妇生育二孩意愿调查，主要针对单独夫妇的基本情况、一孩性别及出生的时间、是否准备生育二孩、准备生育二孩的时间等情况进行登记摸底，进一步了解育龄群众生育“单独两孩”的意愿。此次共上门调查夫妇20 146对，其中女方为农村户口的17 086对、女方为城市户口的3 060对。根据调查显示，城乡单独夫妇有生育二孩意愿的占58.6%，其中女方为农村户口的夫妇占57.9%、女方为城市户口的夫妇占62.5%。（范习岭）

【人口计生“一镇一品”特色项目工作】 2013年，市人口计生委研究确定新一轮“一镇一品”特色工作项目，涉及“红围巾”夕阳关怀行动、宣传教育、幸福家庭创建、人口文化建设、流动人口管理、青春健康教育、信息化建设、外来妹康泰工程、五进企业、计生协会、生育关怀、诚信计生、群众自治、基础管理、全程代理、“一村一品”等多个方面，并先后通过召开督查汇报会和年中、年底现场交流会，展示工作成果，放大特色效应。是年，全市有12个乡镇“一镇一品”特色项目工作获年度人口计生工作目标管理考核附加分，有3个乡镇特色工作在《江苏人口》作专题介绍。（范习岭）

【计生证件办理】 2013年，市人口计生委印发《关于进一步简化和规范计划生育证件办理工作的通知》，就计生证件的办理条件、责任、方式、程序、时限及需提交的全部证明材料进行明确规定，最大限度地为群众提供便捷高效贴心的服务，切实提高工作效率和群众满意度。（范习岭）

【诚信计生工作】 4月，市人口计生委下发《关于进一步做好诚信计生工作的通知》和《诚信计生工作考核评估办法》，明确深入推进诚信计生工作的具体要求，规范考核评估对象、内容、方法、表彰奖励和考评标准，完善诚信计生考核评估体系。通过开展诚信计生小组活动、兑现诚信计生协议等，推动群众权利义务、村(居)委会的责任职责的落实，促进诚信计生工作的深入开展。（范习岭）

【人口和计生依法行政工作】 2013年，市人口计生委以开展“人口计生行政执法水平提升年”活动为契机，切实推进人口计生依法行政工作。联合市人民法院两次召开计生非诉案件执行工作座谈会，开展集中性执法活动。建立人口计生法治文化示范角，完善说理式执法、执法事项提示、轻微问题告诫、突出问题约谈、重大案件回访等计划生育柔性执法五项制度，强化计划生育行政许可和行政征收督查机制建设，建立再生育集体审批、有奖举报、定期通报、卷宗评比、强制执行、执法档案、一票否决等制度和社会抚养费征收工作领导小组，推进计划生育便民服务全程代理制，切实维护群众的计生合法权益。开展“四评四问”活动，促进计生系统执法文明规范，群众对人口计生工作整体满意率98.85%。开展人口计生行政指导工作，全年实施行政指导案例1 841件，其中行政提醒1 464件、行政提示267件、行政警示70件、行政回访40件。（范习岭）

【新建小区人口计生工作】 2013年，市人口计生委出台《高邮市新建小区人口计生工作管理办法》，从组织领导、队伍建设、信息管理、优质服务、营造氛围、建立机制等方面，组织开展新建小区人口计生工作试点，努力加强全市新建小区的人口计生工作。（范习岭）

【人口计生信息共建共享】 2013年，市人口计生委重视发挥人口计生信息共建共享作用，全面提升服务效率和服务水平。推进信息部门共享，每月将市公安、卫生、民政部门的相关信息导入《高邮市人口信息共享交换平台》，与《江苏省人口计生综合信息平台3.0版》实现无缝对接，全年补充核实信息16 046条，统计数据准确率99.51%。推进信息服务部门，坚持定期向市教育部门提供适龄入学儿童信息，向市人武部门提供适龄征兵人员信息，向市卫生、民政部门提供残疾儿童信息，向市环保部门提供有关人口指标信息，向市公安部门提供全市育龄妇女、新生儿和流动人口信息，向市统计部门提供人口普查所需人口资料信息，实现信息资源共享。推进信息便民服务，认真维护市人口计生委网站，建立信息保障机制，大力推行政府信息公开，将独生子女父母光荣证办理、照顾再生育一孩办理、独生子女父母奖励金发放、农村部分计生家庭奖励扶助和特别扶助申报发放、计划生育特困家庭救助等程序进行公开，实行网上便民服务，接受群众监督；推进信息服务育龄群众，发挥信息系统资源作用，积极为育龄夫妇提供优质的计生服务。（范习岭）

【基层基础管理】 2013年，市人口计生委围绕稳定低生育水平、规范生育秩序，把工作重点下移到组、户、人，抓婚前孕前、抓早抓小。强化人口计划管理，把好证件关，做到合法怀孕，按政策生育，全年共核实人口计划5 657份，确保现行生育政策落实到位。坚持分类指导、动态管理制度，对重点乡镇进行现场办公和指导，剖析存在问题，提出整改措施。改革村级考核模式，完善“月考季评”机制，实行以平时考核为主、年终考核为辅的办法。定期组织村级计生专干参加业务培训，提升业务能力。组织人员不定期参加乡镇计生工作例会，推动乡镇计生工作有序开展。（范习岭）

【计生统计信息工作】 2013年，市人口计生委引导乡镇按照《高邮市计划生育统计信息管理工作规范》，通过“自下而上”和“自上而下”相结合的方式，做好基础数据的收集和核实，提高源头信息质量。要求各乡镇以村为单位核准2011年以来有婚育节育行为的育龄妇女信息，确保人、机信息一致。做好综合平台数据核实工作，每季度下发综合平台错误个案信息，要求乡镇及时修改、更新，及时补充录入育龄夫妇身份证号码、电话号码等。全年通过综合平台3.0系统检测修改错误信息近10万条，提升综合平台信息准确率。每月利用《高邮市人口和计划生育信息交换平台》与相关部门进行信息共享互补，及时做好各乡镇信息核实工作。全年通过《高邮市人口和计划生育信息交换平台》共享公安部门的相关信息6 703条、民政部门的婚姻信息4 849条、卫生部门的防疫信息4 494条，各乡镇互补共享计生信息2 783条。（范习岭）

【人口计生新闻宣传】 2013年，市人口计生委共在省级以上报刊、网站刊登专题报道347篇，其中在国家级报刊、网站上刊登专题报道74篇，上报数和采用数均列扬州市人口计生系统第一名。由市人口计生委胡朝霞、姚松强、范习岭、黄东涛联合撰写的《幸福家庭创建的分析与思考——对高邮市837户计划生育家庭的调查》一文，被省人口计生委、省人口学会评为2013年度全省人口发展优秀研究成果二等奖，被市委宣传部表彰为2013年全市宣传思想文化工作优秀调研文章，并被市委、市政府收录《全市经济社会发展调研成果汇编》。

（范习岭）

【新华日报社专题采访胡朝霞事迹】 8月22～23日，新华日报社记者仲崇山专程到高邮采访市人口计生委党组书记、主任胡朝霞的先进事迹。9月5日，《新华日报》B5版以《朝霞映照在高邮湖上》为题作专题报道。此后，该专题报道被新浪网、江苏网、今日高邮、《高邮日报》等主流媒体予以转载。

（范习岭）

救灾救济

【城市居民最低生活保障】 2013年，全市城市居民最低生活保障（以下简称城市低保）标准实行自然增长机制。从7月1日起，城市低保标准由每人每月400元调整到450元，人均月差额补助222.35元。市民政局对申报城市低保的家庭实行动态管理，每月审核一次。全年新增城市低保户31户、64人，核减132户、267人，共保障979户、1 806人，发放城市低保金477.49万元，由市财政局按月通过银行直接打卡发放到户。同时，市民政局还按照每户每月25元的标准，继续向城市低保家庭发放“实物券”，全年共发放29.81万元。（薛嵩 张准）

【农村居民最低生活保障】 2013年，全市农村居民最低生活保障（以下简称农村低保）标准实行自然增长机制。从7月1日起，农村低保标准由每人每月260元调整到310元，人均月差额补助168.51元，由市民政局对农村低保户每季度审核一次。全年新增农村低保户1 228户、2 461人，核减1 921户、3 845人，7 180户14 866人，发放农村低保资金2 623.68万元，由市财政局通过银行直接打卡到低保农户“一折通”上。（薛嵩 张准）

【“五保”供养】 从7月1日起，市民政局按照“五保”供养标准自然增长机制要求，将供养标准由年人均4 700元调整到5 400元。至年底，全市“五保”供养对象共4 176人，发放供养金1 906.95万元。其中，集中供养“五保”对象的供养金由财政直接打入乡镇敬老院账户。（薛嵩 张准）

【物价补贴】 2013年，市民政局继续执行全省规定，根据CPI（物价指数）涨幅与保障标准挂钩的要求，于7月、8月和10月启动困难群众价格补贴机制，城市低保对象按照每人每月37.5元的标准发放，农村低保对象、“五保”对象按照每人每月26元的标准发放，共发放物价补贴136.73万元。（薛嵩 张准）

【敬老院建设】 2013年，市民政局实施农村敬老院“三有三能六达标”（即有卫生间、有保暖降温设备、有电视机，老人不出院能洗澡、能看病、能康复娱乐，消防、卫生、环境、“五保”老人供养水平、管理服务人员配备和工资待遇达到标准）改造建设工程，完成7家敬老院改扩建任务。规范敬老院管理，完成全市13家乡镇（街道办）敬老院事业单位法人登记、敬老院法人代表编制核定工作。至年底，全市乡镇（园区）敬老院共有床位3 628张，集中供养率85%。（薛嵩 张准）

【医疗救助】 2013年，市民政局继续加大对城乡困难群众的医疗救助力度，医疗救助基金体量由380万元提高到630万元，医疗救助封顶线由2.5万元提高到3万元，城市低保对象个人自付救助比例由55%提高到60%，农村“五保”对象、城市“三无”人员个人自付救助比例为85%。加大对城乡困难群众重特大病的救助力度，全年共救助困难群众703人，发放救助金283.24万元。保持医疗救助同步结算平台正常运转，向困难群众提供“一站式”即时结算服务 15.79 万人次，支付医疗救助金 652 万元，受助困难群众个人前期医疗费用压力减轻。资助低保、“五保”、城市“三无”等对象参合参保等费用 33.63 万元。全年累计支出医疗救助金 968.87 万元。（薛嵩　张准）

【重度残疾人生活救助】 2013 年，市民政局继续实施重度残疾人生活救助政策，对全市4 491名二级以上的重度残疾人给予生活救助，发放生活救助金1 543.7万元。对全市“一户多残”“依老养残”低收入家庭中的残疾人按低保标准 60%实施救助，全市共对符合条件的 86 户、298 人发放保障金 26.41 万元。（薛嵩　张准）

【临时生活救助】 2013 年，市民政局按照临时生活困难救助实施办法，在市财政设立 74 万元的救助基金，对全市因病、因灾等特殊原因造成生活暂时困难的低保边缘家庭(家庭月收入在城乡低保标准的 1 倍～2 倍之间)，给予 100 元～1 000元的临时生活救助。全年共救助低保边缘家庭3 175户，发放救助金 74.2 万元。（薛嵩　张准）

【灾害救助】 在全国第 5 个“防灾减灾日(5 月 12 日)”前后，市民政局围绕“识别灾害风险，掌握减灾技能”主题，开展系列活动。5 月 10 日，在高邮中学举行“江苏省防震减灾科普示范学校”授牌仪式，组织开展防震防火紧急疏散演练；5 月 12 日，在康华社区举行“地震安全社区”授牌仪式。7 月 7 日，全市突发雷雨大风和局部龙卷风，市民政局在第一时间派员赴有大量民房和基础设施受损的三垛镇、卸甲镇、司徒镇、横泾镇，现场开展查灾核灾和救灾工作。至 9 月底，因灾害受损的 895 间房屋(倒塌房屋 36 户、101 间，严重损房 157 户、331 间，一般损房 273 户、463 间)全部修缮完毕，投入资金 335 万元。全年共发放灾害救助金 477 万元、寒衣救济款 6 万元。（薛嵩　张准）

【春节慰问】 2013年春节前夕，全市组织43个慰问小组，由市委、市人大常委会、市政府、市政协领导带队，慰问城乡低保户、“五保”户、重病户、孤儿、优抚对象、低保边缘群体等困难群众和驻高邮部队全体官兵、军队休养干部，共发放慰问资金和节日补助673.92万元，受惠群众2.3万人。（薛嵩　张准）

社会福利与慈善事业

【福利企业】 2013 年，市民政局围绕企业规范化管理和残疾职工各项待遇落实情况，对全市福利企业组织开展年审工作，年审合格企业 107 家、注销不合格企业 6 家，变更福利企业信息 85 家。至年底，全市共有福利企业 101 家，职工总人数9 963人，其中安置残疾职工3 039人，累计实现产值 34.57 亿元、销售 29.42 亿元、利税6 017.55万元。帮助福利企业落实退税免税政策，全年退税免税金额8 727.03万元。（薛嵩　张准）

【福利彩票销售】 2013 年，市民政局把福利彩票销售作为“一把手”工程来抓，通过完善管理制度、加大宣传力度、拓宽销售渠道、增设销售站点、拓展合作方式、打造品牌形象、严格考核奖惩等，推动福利彩票销售工作稳步提升。至年底，全市共销售福利彩票6 785.2万元，其中电脑票5 642.85万元、即开票 482.95 万元、“中福在线”659.4 万元，超额完成年度目标任务。（薛嵩　张准）

【慈善事业】 5 月 17 日，在全市“5·19 慈善一日捐”活动暨慈善总会成立十周年大会上，市委、市政府授予 12 家单位“慈善组织先进奖”、18 人首届“慈善之星”奖。全年共募集善款 740 万元。市慈善总会积极履行慈善宗旨，继续组织实施助医、助孤、助学、助贫、助困、助老、助残、助公益事业等八大救助项目，全年共支出慈善救助资金 865 万元，救助困难群众 1.45 万人次。至年底，全市实现乡镇(园区)设立慈善分会全覆盖。是年，高邮市继续保持“五星级慈善城市”称号。（薛嵩　张准）

【孤儿权益保障】 2013 年，全市共保障孤儿 177 人，其中社会散居 163 人、儿童福利院集中养育 14 人，孤儿信息全部录入全国儿童福利信息管理系统。巩固孤儿养育标准自然增长机制，从 7 月 1 日起，社会散居的孤儿生活费由每人每月 726 元提高到 800 元，集中养育的孤儿生活费由每人每月1 210元提高到1 330元；全年发放孤儿生活保障金 178.25 万元。加大孤儿医疗救助力度，全年救治重大病孤儿 19 人，发放救助金 21.4 万元。积极开展困境儿童福利工作，发挥儿童福利指导中心作用，逐步配齐抚育、康复、特殊教育等设备器材，不断提升保障和服务能力。（薛嵩　张准）

【城市“三无”老人保障】 2013 年，全市实行城市“三无”老人保障标准自然增长机制。从 7 月 1 日起，其保障标准每人每月提高到 848 元，所需资金全部由财政负担。至年底，全市共保障城市“三无”老人 94 人，发放保障金 86.2 万元。（薛嵩　张准）

【社会福利中心建设】 2013 年，市社会福利中心项目建设顺利推进。至年底，内部装修工程完成过半，设备安装调试全部结束，园林绿化和附属配套设施建设进入全面展开阶段。（薛嵩　张准）

双拥、优抚、安置

【双拥工作】 1 月份，市委、市政府下发双拥工作考核细则和双拥工作意见，明确全年双拥工作目标任务和要求；召开市双拥工作领导小组全体成员会议，对双拥工作进行部署。全市第23个“双拥月”“八一”期间和第13个“全民国防教育日”前后，市领导发表电视讲话，走访慰问驻邮部队官兵和部分重点优抚对象；市双拥办等单位利用电视、报纸、手机短信等方式，开展双拥和国防教育宣传，举办专题国防讲座、读书征文、国防法律法规咨询等活动。组织开展“双拥工作”模范乡镇（园区）、模范单位申报工作，7家乡镇（园区）、4家单位通过扬州检查验收。（薛嵩 张准）

【优待抚恤】 从7月1日起，市民政局根据《军人抚恤优待条例》《江苏省实施〈军人抚恤优待条例〉办法》规定，按照自然增长机制，调整残疾军人、“三属”等11 670名优抚对象抚恤定补优待标准。按照上年城镇居民人均可支配收入45%的标准，兑现城乡义务兵家属优待金，每人每年由12 600元提高到13 811元。全面做好969名在乡老复员军人遗属定补发放工作，为4 815名60周岁以上农村籍退伍老兵办理生活补助，向410名60周岁以上烈士子女发放定期生活补助。完善优抚对象医疗保障办法，实行重点优抚对象“参合参保”个人缴费部分由财政负担的办法。建立“八一”、春节等重大节日慰问制度，施行重点优抚对象短期疗养，落实每年一次的健康体检。（薛嵩 张准）

【退役士兵安置改革】 2013年，市政府贯彻落实《退役士兵安置条例》，实行城乡一体化安置。全市共接收上年冬季退役士兵405人（城镇兵129人、农村兵276人），共发放一次性经济补助金、生活补助费981.8万元。依法妥善安置符合就业条件的退役士兵，落实自主就业、自谋职业经济补助机制，加强退役士兵免费职业技能培训和就业推荐工作，共组织退役士兵340人参加各类培训，参训率84%，结业率98%，推荐就业率90%。加强军休服务管理，开展“和谐军休家园、和谐军休家庭”创建活动，确保“两个待遇”得到落实。（薛嵩 张准）

【烈士陵园】 2013年，市民政局充分发挥市烈士陵园作为爱国主义教育阵地的作用，全年接待烈士家属和社会各界祭扫革命烈士墓近8万人次。投入1 000万元，实施零散烈士纪念设施抢救保护工程，完成272座散葬烈士墓的迁移、整合、修缮、原地保护工作。是年，市烈士陵园被评为全省第四批重点烈士纪念设施保护单位。（薛嵩 张准）

社区建设和村民自治

【社区建设】 2013年，全市通过创新开展系列活动，有效推进社区建设和发展。3月，下发《高邮市城乡社区“一委一居一站一办”完成情况及达标方案》，进一步明确全年社区“四位一体”管理服务新模式的工作目标、进度和措施。至年底，全市城乡社区实现“一委一居一站一办”管理服务模式全覆盖。4月15日，下发《关于在全市城乡社区开展“四级争创、分档晋级”活动的通知》，推进和谐社区创建工作。至年底，全市城市、农村和谐社区达标率分别为72.4%、67%。4月15日，下发《关于在全市城乡社区开展“1＋1＋1”活动的通知》，就琵琶、新联、高沙园、武安、月塘、北海、康华、南海社区“三社联动”机制建设情况开展督察工作。至年底，8个社区均拥有社会组织数27个、志愿者人数7 000多人（社区志愿者注册率占居民人口10%以上），开展活动70余次。5月30日，下发《关于做好高邮镇社区网格化管理服务全覆盖工作的通知》，明确社区网格化管理工作目标任务。至年底，全市城乡社区的社区网格化管理服务模式覆盖率分别达100%、47%。11月19日，下发《关于开展高邮市第二届“五佳社区”和“十佳社区工作者”评选活动的通知》，有社区5家、社区工作者10人受到表彰。试行建立城市社区社会工作室制度，全年建成社区社会工作室2家，在人员、运作、服务三方面进行有效尝试和创新。加强社会工作人才队伍建设，取得社会工作师和助理社会工作师资格10人。提升社区结对共建工作水平，积极利用社会资源帮助社区解决实际困难。（薛嵩 张准）

【村民自治】 2013年，市民政局通过加强领导、完善制度、创新方法等举措，推进村务公开和民主管理工作有效开展。4月份，制定《2013年基层民主管理协调指导小组工作计划》，大力推进村（居）民自治工作，要求全面落实“四民主、二公开”政策。10月，市村务公开和民主管理协调指导小组通过抽查方式，对全市村务公开和民主管理工作进行专项督查，乡镇（园区）督查覆盖率100%、村督查覆盖率30%以上；通过专项督查，村民自治合格率、村务公开达标率均达98%以上。（薛嵩 张准）

【换届选举】 10月19日，市政府召开全市第十届村民委员会和第五届社区居委会换届选举工作会议，对全市换届选举工作作全面动员和部署。10月下旬～12月下旬，选举工作经过组织准备及宣传发动、推选代表及选民登记、提名和确定候选人、投票选举等阶段。在12月28日全市第十届村民委员会和第五届社区居委会换届选举日，全市14个乡镇（街道、园区）175个村委会、53个社区居委会全部一次性选举成功，共产生村（居）委会主任、副主任、委员1 455人，其中女性432人。（薛嵩 张准）

社会行政事务管理

【社会组织管理】 年初，市政府成立市社会公益创投指导委员会，落实办公用房500平方米，建立市社会公益创投中心（市社会组织培育发展中心）。2月，市政府办公室印发《关于大力培育发展社会组织和社工人才的工作意见》，就优先发展公益慈善类社会组织作出具体规定。推进发展农村专业经济协会，成立涉农特色行业协会和专业经济协会。加强社会组织评估、培训和党建等工作，规范社会组织管理，开展行业自律与诚信创建活动，提升服务经济社会发展的贡献率。组织17家社会团体、民办非企业单位参加扬州市民政局开展的“百个项目万人受益”首届社区公益创投大赛，获项目奖1项、创新奖4项；组织3家社会组织参加省社区公益服务创投大赛，获省优秀项目奖各公益服务创意奖各1项。全年新增社会团体6个、民办非企业单位20个，累计有社会团体149个、民办非企业单位144个；备案登记农村专业经济协会16个、社区社会组织155个。（薛嵩　张准）

【婚姻登记工作】　2013年，市民政局婚姻登记处推进AAA级登记机关创建工作，加强婚姻登记规范化建设，建立健全各项规章制度，启用网上预约婚姻登记和服务功能，实行政务公开、规范管理、文明服务，努力提高婚姻当事人满意率。从1月1日起，实行婚姻免费登记（免收9元工本费）。全年办理结婚登记8 887对、离婚登记1 095对，登记率、合格率均为100%；补办婚姻登记证1 054对，出具婚姻状况证明4 321件；免除登记费用18.6万元。此外，还办理收养登记73件。（薛嵩　张准）

【殡葬改革】　3～4月，全市开展第17个“殡葬改革宣传月”活动，重点抓好S237道路沿线清坟工作，共迁平坟墓1 100多座，基本实现“两旁四区”（国道省道、市县主要道路两侧500米范围和高邮经济开发区、风景名胜区、集镇规划区、农田保护区周边）500米范围内无坟墓。推进公益性公墓生态化建设，新建乡镇小公墓3座，累计建成公益性墓园90座。坚持社会效益第一，开展“行风建设月”活动，狠抓墓园环境整治，不断提高殡葬服务单位的服务满意率。全年销售墓穴447座，有序接待清明祭扫群众12万人次。落实普惠制殡葬政策，全年共为6 106户群众免除基本火化费432.6万元。全年火化遗体6 732具，火化率和骨灰规范化处理率100%。（薛嵩　张准）

【依法救助流浪乞讨人员】　2013年，市救助站坚持自愿受助、无偿救助、主动救助，依法做好流浪乞讨人员救助工作，并按规定安排受助对象安全返乡，网上登记受助对象个人全部信息，让受助者感受到党和政府的关心和温暖。建立巡查工作机制，完善24小时值班制度，实行寒暑季节拉网式检查，确保流浪乞讨人员无遗漏。全年共救助社会流浪乞讨人员241人，其中神经病患者28人、未成年人7人。（薛嵩　张准）

【区划调整】　（详见《特载》篇目《重要公告与决定事项》分目）

【地名命名和管理】　2013年，经市民政局上报，市政府批准，全年共命名居民住宅小区31个、道路18条。加强城市地名标牌管理，全年新增道路标牌25块、维修路牌10块。（薛嵩　张准）

表56

2013年市政府命名道路一览表

道路名称	起止位置	命名日期
青年路	西起外环路，东至237省道，全长1 000米	1月14日
翰林路	西起文游南路，东至沿河，全长629米	4月19日
学士路	北起大寨河南路，南至步康花苑北侧，全长274米	4月19日
雅德路	西起三支渠，东至周埘墩村部，全长1 100米	5月29日
同心东路	西起外环路、东至S237，全长1 500米	7月4日
威高东路	西起凤凰路、东至S237，全长1 300米	7月4日
通湖路	西起运堤路、东至S237，全长4 600米	7月4日
福民路	西起惠民路（七号河），东至珠光路，全长1 040米	10月24日
祥民路	南起纬十路，北至洞庭湖路，全长365米	10月24日
甓社路	南起秦邮路，北至东平路，全长5 230米	10月24日
佛塔路	南起波司登大道，北至东平路，全长2 015米	10月24日
关河东路	关河东侧南起北澄子河，北至兴欣路，全长1 050米	10月24日
关河西路	关河西侧南起北澄子河，北至兴欣路，全长1 015米	10月24日
奥林路	西起珠光路，东至胜利路，全长1 815米	10月24日
寅凯路	西起东外环路，东至南北大道，全长1 121米	12月12日
三里路	东起水产养殖场，西至砖瓦厂，全长6 446米	12月12日
双庆路	北起飞宇厂，南至沙湖路，全长2 200米	12月12日
沙湖路	西起原沙湖村部，东至通山路，全长1 050米	12月12日

（薛嵩　张准）

表 57

2013年市政府命名商住小区一览表

小区名称	起止位置	命名日期
府前大厦	东邻东井巷、西邻高邮市老市政府、南临府前街、北邻市公安局宿舍楼	1月14日
银河湾	东邻头闸干渠、西邻文游北路、南临秦邮路、北邻横泾河	3月7日
加州锦苑	东邻加州豪庭住宅小区、西邻金桥路、南临秦邮路、北邻横泾河	3月7日
紫金城	东邻秦邮嘉园、西邻屏淮路、南临泰北路、北邻秦邮路	3月7日
鸿基万和城	东邻滨河西路、西邻兴业路、南临兴欣路、北邻滨河南路	3月7日
御花园	东邻新华村居民菜地、西邻文游南路、南临武安变电所、北邻振兴东路	3月7日
翰林国际	东邻沿河、西邻文游南路、南临步康花苑北侧路、北邻大寨河南路	4月19日
波司登世贸广场	位于高邮市屏淮路与通湖路交叉口，各地块分别处于交叉口的东南角、西南角、西北角、东北角：东南角方向为世贸广场一区、西南角方向为世贸广场二区、西北角方向为世贸广场三区、东北角方向为世贸广场四区	5月29日
邮驿花苑	东邻新华村区间路、西邻马饮塘河、南临新华西路、北邻马饮塘河	5月29日
龙庭·御景	东邻汇文名苑、西邻居民住宅、南临龙奔卫生院、北邻海潮东路延伸段	5月29日
同鑫花苑	东邻龙奔卫生院、西邻广电路、南临龙腾路、北邻新区路	5月29日
今日佳园	东邻天兴路、西邻居民区、南临天利现代城、北邻镇北路	5月29日
悦秀花园	东邻厂区、西邻南北路、南邻人民路、北邻居民区	6月28日
颐丰花园	东邻新加坡花园、西邻居民楼、南邻新加坡花园、北邻通湖路	7月4日
中兴家园	东邻星慧街、西邻送桥中学、南邻宝德路、北邻居民区	8月14日
金河湾	东邻三垛镇岳飞像小商品市场、西邻原三垛潜水泵厂地块、南邻北澄子河、北邻光明路	8月14日
龙腾福祇商住区	东邻新建的“龙腾福祇东升苑”、西邻送桥村赵庄组、南邻新建的“龙腾福祇南馨苑”、北邻宝德路	10月24日
龙腾福祇东升苑	东邻老蜂乳厂区、西邻“龙腾福祇商住区”、南邻新建的“龙腾福祇南馨苑”、北邻夏庄组	10月24日
龙腾福祇南馨苑	东邻送桥村夏庄居民小区、西邻送桥村陆庄组、南邻送桥镇中心初中、北邻“龙腾福祇东升苑”	10月24日
水岸豪庭	东邻金世纪装饰城、西邻头闸干渠、南邻秦邮路沿街门面房、北邻文游台村澄河组庄台	10月24日
天利商务楼	东邻文化宫路、西邻检察院、南邻府前街、北邻检察院	10月24日
碧水新城“清水苑”	东邻丁庄河渠、西邻滨河路、南邻凤凰村丁庄组空地、北邻碧水新城“秀水苑”	10月24日
临泽商贸城	东邻临小巷、西邻民房、南邻民房、北邻临泽镇幼儿园	11月13日
豪泰墅园	东邻蓓蕾路、西邻民族广场、南邻广场南路、北邻兴菱路	12月12日
回民小区	东邻育才路、西邻商业街、南邻镇北路、北邻广场路	12月12日
富康花苑	东邻扬菱路、西邻商业北街、南邻兴菱路、北邻骑龙路	12月12日
康居新苑	东邻商业北街、西邻清真路、南邻兴菱路、北邻骑龙路	12月12日
康泰小区	东邻向阳路、西邻韩庄排灌渠道、南邻团结东路、北邻寅凯路	12月12日
蓝山庄园	东邻河渠、西邻金桥路、南邻金桥小区、北邻黄庄居民住宅	12月17日
东方龙郡	东邻扬州市银河制衣有限公司、西邻横桥路、南邻泾河路、北邻龙虬路	12月30日
书香苑	东邻珠光路、西邻星期九商务宾馆、南邻武安路、北邻碧玉名居	12月30日

（薛嵩　张准）

【勘界工作】 2013年，市民政局与宝应县、仪征市有关部门合作，联合开展行政区域界线联检工作。组织开展行政区域界线界桩巡查工作，形成《高邮市行政区域界线界桩巡查工作报告》。（薛嵩　张准）

老龄工作

【“尊老金”发放】 2013年，全市继续实施对80周岁以上老人发放“尊老金”制度。“尊老金”发放标准为：80周岁以上老年人每人每月50元，90周岁以上老年人每人每月200元，百岁以上老年人每人每月300元。全年共向80岁～89岁老人22 425人、90岁～99岁老人2 090人、百岁老人26人，发放“尊老金”1 413.58万元。（薛嵩　张准）

【安康关爱行动】 6月，市民政局下发《关于在我市开展“安康关爱行动”的通知》，就为全市80岁以上老人、60岁以上“五保”老人和城市“三无”老人购买老年人意外伤害保险，作出明确规定。至年底，市财政累计出资48万元，为符合条件的对象4.5万人购买保险。（薛嵩　张准）

【“敬老爱心工程”】 2013年，市老龄办共办理老年优待证1800多份。同时，市老龄办继续联合市沐浴协会，通过政府购买方式，向城区120名85岁以上老人提供免费就浴服务，营造尊老、敬老、爱老的良好氛围。（薛嵩　张准）

【居家养老服务】 2013年，市老龄办推进居家养老服务网络建设，新建成居家养老服务中心(站)21个，累计170个。开展省级示范性居家养老服务站创建工作，康华社区、天山社区、甘垛荷华村、汉留富南村创建工作通过检查验收。推进政府购买居家养老服务，城区18个社区实现“全覆盖”，重点就生活照料、医疗保健、应急救助等方面提供服务，350名老年人纳入服务范围，共投入资金49.2万元。完善养老服务信息平台建设，以政府购买方式开展应急呼叫服务，为200名空巢、孤寡老人配备应急呼叫机。开展养老服务对象数据信息收集工作，完成老年人信息录入超万条。（薛嵩　张准）

【“敬老日”活动】 10月13日是江苏省第二十六个“敬老日”。10月12日，副市长杨文喜带队与市民政局负责人赴水部楼社区及孔祥珠等困难老人家中进行慰问；市民政局慰问车逻镇、卸甲镇、天山镇、三垛镇敬老院全体老人及部分百岁老人。“重阳节”期间，市老龄办与有关部门联合组织老干部门球赛、老年人文体运动会等活动。（薛嵩　张准）

表58　2013年高邮市百岁老人名录

姓　名	性别	出生时间	家　庭　住　址
吴耿香	女	1914.06.03	汤庄镇缦阳村二组
候银女	女	1912.09.18	汤庄镇余富村五组
吴春涧	男	1912.12.03	汤庄镇常新村七组
张小粉	女	1910.09.25	甘垛镇学忠村
杨秀英	女	1914.03.02	卸甲镇三新村圩东组
张凤銮	女	1912.08.13	三垛镇柳北一村六组
陈玉山	女	1913.02.20	三垛镇保安村九组
钱增华	男	1913.11.19	三垛镇俞胡村三组
周加兰	女	1912.02.29	临泽镇胡荡村六组
尹秀珍	女	1912.07.19	高邮镇水部楼社区
姜庆英	女	1908.08.16	高邮镇水部楼社区
王秀英	女	1913.10.22	高邮镇月塘社区
宋文琴	女	1914.01.09	高邮镇月塘社区
秦金美	女	1907.04.15	马棚街道东湖村十五组
居兰子	女	1914.09.23	卸甲镇关河村一组
却佩吾	女	1912.07.20	汤庄镇年合村六组
徐芝芳	女	1912.12.19	卸甲镇东风村一组
钱巧子	女	1913.08.18	三垛镇左卿村七组
朱存华	男	1914.12.03	三垛镇米仓村
薛同英	女	1912.09.25	临泽镇钱镜村六组
胡杨氏	女	1913.12.24	临泽镇双沟村二组
问作根	男	1914.12.21	临泽镇营东村九组
吴阿金	女	1914.04.29	临泽镇薛北村七组
吕万生	男	1914.12.21	送桥镇槽坊村王庄组
陈文龙	男	1914.05.20	高邮城南经济新区浩芝村

（薛嵩　张准）

民族和宗教

【概况】 2013年，市民宗局围绕市委、市政府中心工作，全面贯彻党的民族宗教政策，切实履行部门职能，扎实做好民族、宗教事务管理等各项工作，促进民族团结进步、宗教和睦和顺。年底，市民宗局被扬州市民宗局表彰为2013年度全市民宗系统创新工作、信息和调研工作成绩突出单位；被高邮市社会治安综合治理委员会表彰为平安高邮建设工作先进单位，被高邮市安全生产委员会表彰为安全生产先进单位。（郑成霞）

【少数民族与人口】 至年底，全市有33个少数民族，共4 399户、9 545人。其中，菱塘回族乡2 952户、7 145人，散居于其他乡镇（园区）的1 437户、2 400人。与上年相比，少数民族散居户比上年减少2户，总人口比上年增加136人。各少数民族人数为：回族8 018人（其中菱塘回族乡7 129人、高邮镇558人、其他乡镇331人），苗族323人，土家族256人，布依族175人，壮族141人，彝族133人，满族97人，蒙古族95人，侗族59人，白族39人，拉祜族30人，黎族28人，傣族21人，仡佬族18人，瑶族15人，傈僳族14人，朝鲜族11人，佤族9人，哈尼族9人，藏族8人，羌族8人，水族7人，畲族6人，景颇族6人，土族5人，仫佬族4人，布朗族3人，赫哲族2人，纳西族1人，基诺族1人，京族1人，普米族1人，珞巴族1人。全市有流动少数民族人口156人。其中，扬州市职业大学师范学院学生109人（回族46人、维吾尔族28人、东乡族8人、哈萨克族18人、锡伯族4人、蒙古族3人、柯尔克孜族1人、乌孜别克族1人）；到高邮经商务工人员47人。（沈德才）

【少数民族扶贫工作】 2013年，市民宗局向省民委申报少数民族扶贫项目2项（菱塘回族乡和司徒镇各1项），争取项目资金35万元；申请全国少数民族特色村寨项目1项（菱塘回族乡骑龙村），争取年度国家特色村寨保护与发展试点项目资金50万元。（沈德才）

【民族团结进步创建工作】 2013年，市民宗局围绕“共同团结奋斗、共同繁荣发展”的民族工作主题，扎实开展民族团结进步创建系列活动。至年底，全市有4家单位获得扬州市级表彰，其中高邮镇新联社区和菱塘回族乡曙光社区被表彰为民族工作示范社区、菱塘回族乡人民政府和菱塘回族乡民族初级中学被表彰为民族团结教育先进单位。（郑成霞）

【全市民族宗教工作会议】 3月28日上午举行。会议的主要任务是，总结2012年工作完成情况，部署2013年重点工作任务。副市长杨文喜、市政协副主席、市委统战部部长张贵龙及市民族宗教工作领导小组成员单位分管负责人、各乡镇（园区）分管负责人和民族宗教事务助理、各宗教团体主要负责人出席会议。会上，杨文喜强调，要把握民族宗教工作的新形势，明确民族宗教工作的新任务，锤炼

民族宗教工作的新作风，更好地为少数民族和信教群众服务。（郑成霞）

【民族宗教政策宣传】 5月，市民宗局在菱塘回族乡召开《江苏省少数民族权益保障条例》辅导学习座谈会；向全市所有乡镇（园区）、部门发放《江苏省民族工作文件资料选编》等资料；在《扬州日报》高邮版宣传《江苏省清真食品监督保护条例》。6月，组织开展以"学习贯彻十八大精神"为主题的"宗教政策法规学习月"活动，以宗教政策及法规学习宣传为重点，组织宗教界广泛开展爱国爱教系列活动。11月，在菱塘回族乡民族初级中学组织开展"民族知识进课堂"学习活动。（郑成霞）

【调整市民族宗教工作领导小组成员】 12月20日，市委、市政府下发《关于调整市民族宗教工作领导小组成员的通知》，对市民族宗教工作领导小组成员进行调整。（郑成霞）

【宗教团体】 至年底，全市有佛教协会、道教协会、伊斯兰教协会、天主教爱国会、基督教"两会"等宗教团体5个；经批准登记的宗教活动场所49处，其中佛教30处、道教2处、伊斯兰教3处、天主教1处、基督教13处。全市经备案的宗教教职人员共134人，其中佛教教职人员73人、道教教职人员22人、伊斯兰教教职人员5人、基督教传道人员34人。全市信教群众3万余人。（陈伟）

【副省长傅自应视察镇国寺】 6月4日，副省长傅自应率省旅游局等相关部门负责人到高邮市视察镇国寺。视察期间，傅自应要求，寺庙的佛教文化一定要与社会主义社会相适应、促和谐，将历史文化和现代文明融为一体，场所建设要主动融入旅游业的发展；宗教界要积极投入社会慈善公益事业，尽力帮助社会上的老弱病残和孤寡老人；宗教场所要加强安全意识和自身建设，坚持文明敬香，为文明城市建设作贡献。（郑成霞）

【市政协专题视察民族宗教工作】 4月16日，市政协主席倪文才一行专题视察市民族宗教工作。在视察如来庵、福音堂、极乐庵、高邮镇清真寺和镇国寺等处并听取市民宗工作部门负责人的工作汇报后，倪文才对全市民族宗教工作给予充分肯定，并建议，要加大对党的宗教政策的宣传力度；坚持依法、依规管理宗教事务；要积极引导宗教与社会主义社会相适应；政府要进一步重视宗教工作。（郑成霞）

【"教风年"创建工作】 2013年，市民宗局根据国家宗教局、省宗教局的统一部署，以"教风年"为主题，组织开展和谐寺观教堂创建活动。活动期间，市民宗局全面落实"教风年"主题创建活动各项具体措施，结合深化"中国梦"的主题宣传教育，推动各宗教团体加强宗教仪规、时事政治以及爱国主义等方面的教育，并在教职人员中开展道德整风，提高教职人员的综合素质。年底，吉祥寺获省"创建和谐寺观教堂"先进集体称号。（郑成霞）

【佛教寺庙、道教宫观专项整治】 2013年，市民宗局根据国家宗教局等十部委《关于处理涉及佛教寺庙、道教宫观管理有关问题的意见》精神，在全市佛教寺庙、道教宫观中开展专项整治活动。在各场所自查自纠的基础上，市民宗局还就个别佛教小寺庙和道教宫观长期无人管理、财务制度不够健全、电源线路老化、消防器材不能及时更换等问题，及时下发整改行政指导意见书，并逐一督促整改到位。（郑成霞）

【宗教慈善活动】 5月，市民宗局动员和组织宗教界人士参与"5·19慈善一日捐"活动；9月16～22日，在宗教界组织开展"宗教慈善周"活动。至年底，全市宗教界用于慈善公益事业的善款、物资折合人民币20万余元。（郑成霞）

关心下一代工作

【关心下一代工作联席会议】 5月29日，市委召开全市关心下一代工作联席会议。会议的主要任务是，传达学习中央领导同志对关工委工作的重要批示，通报全市关工委工作情况，并对做好全市关心下一代工作作出部署。市关工委、市级机关22个职能部门分管负责人参加会议。市委副书记、市关工委名誉主任金春林到会并讲话。他强调，要提高认识，各部门要高度重视关心下一代工作；要密切协作，建立关心下一代工作联席会议制度，研究如何做好全市关心下一代工作；要加强领导，各级党委、政府和各有关部门，要把关心下一代工作放在重要位置，列入议事日程，切实加加强部署和推进；要形成长效工作机制，各级党委每年要听取一次关工委工作汇报，研究关工委工作；要真情关爱老同志，帮助解决实际困难，要为关工委提供必要的办公地点和工作经费，为老同志开展关心下一代工作创造良好条件。（洪兴里）

【"老少共话中国梦"主题教育】 3月11日，按照省、扬州市部署，市关工委、市教育局联合印发关于开展"老少共话中国梦"主题教育活动的通知，就该项活动进行具体部署。活动期间，全市累计组织各类演讲比赛318场，演讲人数2 155人，听众9.12万人次；组织、培训老少共话中国梦宣讲员557人，编写各类演讲材料496篇，听众17.84万人次；开展各类社会实践活动381场，参加学生6.24万人；组织图片展览、文艺演出532场，观众人数13.88万人次；收集征文3.09万篇，其中评选市级优秀征文348篇；获各级各类奖项21项，其中省《关心下一代周报》征文大赛奖项9项（一等奖1项、二等奖

2 项、三等奖 6 项）、扬州市《老少共话中国梦》演讲比赛奖项 2 项（一等奖 1 项、三等奖 1 项）、扬州市关工委征文大赛奖项 10 项（一等奖 2 项、二等奖 2 项、三等奖 6 项）。（洪兴里）

【校外教育辅导站规范化、常态化发展】 2013 年，全市上下高度重视校外教育辅导站工作。市委副书记金春林就该项工作专门作出批示。市关工委针对镇、村区划两次调整出现的新情况，深入基层调查研究，加强指导，树立典型，并将办好校外教育辅导站列为基层创建“五有五好”关工委工作重要内容，实行一票否决制。市关工委与市教育局还于 6 月 29 日在周山镇联合召开校外辅导站现场推进会，总结交流全市各地创办校外教育辅导站的经验做法，研究部署今后一个阶段的工作任务。同时，各乡镇（园区）对校外辅导站工作也给予财力、人力等方面的大力支持，促进校外教育辅导站规范化、常态化发展。至年底，全市新创办各类辅导站 186 个、辅导点 66 个，累计有各类校外教育辅导站 424 个、辅导点 240 个；建成乡镇中心辅导站 24 个，实现全覆盖；拥有专兼职辅导员 1 586 人，其中“五老”人员571人、在职教师488人、大学生村官70人、退休教师457人；建有图书室210个、图书43.6万册，电子阅览室37个、电脑515台；在站登记中小学生 8 399 人，参加活动人数达13.62万人次。（洪兴里）

【未成年人零犯罪村、社区、学校创建工作】 2013 年，市关工委把创建未成年人零犯罪村、社区、学校活动作为创建“五有五好”关工委组织的重要内容，实行一票否决制。至年底，全市实现中小学校未成年人零犯罪率 100%、村（社区）未成年人零犯罪率 53%。在 11 月召开的全省“未成年人零犯罪社区（村）”创建工作经验交流会上，获先进乡镇集体 2 家、先进个人 1 人。（洪兴里）

【青少年违法犯罪预防和帮教工作】 2013 年，市关工委在全市 52 个网吧配备 104 名“五老”义务监督员，配合市文化部门，采用日查、周查、突击查相结合的办法，禁止未成年人进入网吧。提请市公安部门任命法制副校长 92 名，定期到学校上法制课；市法院开展庭审到校园活动，对青少年进行零距离法制教育。11 月，针对全市青少年吸毒占较大比例的情况，市关工委、市教育局、市公安局联合印发《关于在全市青少年中开展禁毒宣传教育活动的通知》，开展辖区民警、村（社区）干部、家庭、“五老”人员四位一体的帮教工作。至年底，全市共成立失足青少年帮教小组 112 个，帮教28周岁以下失足青少年114人，参加帮教活动的“五老”280人。在被帮教对象中，82人有明显转化，转化率73%。（洪兴里）

【扶贫助学工作】 1 月，市关工委组织人员先后到横泾、周山、高邮镇武安社区等地，进村入户调查特困中小学生家庭情况；2 月，市关工委向市政府汇报调查情况，并受到市委副书记、市长方桂林的批示；3 月，市委办、市政府办印发《关于继续做好特别困难家庭学生帮扶工作通知》，明确规定从 2013 年春季开学起，至 2015 年结束，由市级机关 79 个部门帮扶城区 116 名特困生（帮扶标准为每人每年帮扶2 000元），由市慈善总会帮扶运河以东 15 个乡镇的 200 名特困学生（帮扶标准为每人每年 2 000元），组织乡镇（园区）民营业主结对帮扶湖西乡镇、高邮经济开发区、高邮城南经济新区的特困生（帮扶标准不少于每人每年1 000元）。据统计，全市当年累计帮扶特困家庭学生1 221人、发放帮扶资金 150.46 万元。（洪兴里）

【“五有五好”基层关工委创建活动】 2013年，市关工委继续开展“五有五好”（有班子、有队伍、有阵地、有经费、有制度；领导班子建设好，“五老”作用发挥好，制度健全执行好，积极探索创新好，活动经常效果好）基层关工委创建活动。至年底，全市新创建“五有五好”基层关工委80个，累计达158个。（洪兴里）

【市关工委获评“创建五好基层关工委优秀组织奖”】 9 月 10 日，在中国关工委召开的全国关工委基层工作年总结表彰大会上，市关工委获“创建五好基层关工委优秀组织奖”称号。这是市关工委继 2000 年、2010 年两次被中国关工委、中央文明办表彰为全国关心下一代先进集体后，第三次获国家级表彰奖项。（洪兴里）

残疾人工作

【概况】 2013 年，全市加强残疾人社会保障体系、服务体系建设，将残疾人就业、培训、康复、无障碍改造等 11 个项目列入为民办实事工程，促进残疾人工作持续健康发展。至年底，全市共有残疾人 4.99 万人，占全市总人口的 6.01%。全年市残联组织共在各类新闻媒体发表稿件 278 篇，其中国家级 9 篇、省级 42 篇、扬州市级 56 篇。是年，市残联被省残联表彰为全省残疾人组织建设强基育人工程先进集体，被高邮市委、市政府表彰为 2013 年度市级机关能力作风建设先进单位。（周爱华）

【残疾人康复中心开工建设】 该工程被市委、市政府列入 2013 年“城建十类重点工程”和“惠民十件实事”重点工程，于9月16日开工建设，位于高邮镇通汉路东侧、高邮质监局北侧，占地面积6 306.7平方米，建筑面积7 090平方米，总投资2 500万元。至年底，土建工程完成封顶，进入内部装修阶段。（周爱华）

【落实扶残助残政策】 2013年，市残联继续落实各项惠残保障政策。全年共对全市生活不能自理的 1 731名残疾人，发放护理补贴99.42万元；对低保家庭中符合条件的347名重度残疾人，发放重残补贴金24.47万元；为2 397名城乡重度残疾人代缴每人每年100元的养老保险费；向144人次在高中及以上阶段读书的残疾学生、贫困残疾人子女，发放教育专项补贴和升学奖励21.52万元；为全市2 751名残疾人办理残疾人意外伤害保险手续，并补贴保费4.13万元；对全市符合条件的1 097名残疾人，发放燃油补贴28.5万元；完成全市15 628名残疾人基础信息的采集工作，向2 262名残疾人发放统一制发的"残疾人专项补贴发放证"。 （成雪枫）

【开展残疾人扶贫解困系列活动】 2013年，市残联高度重视残疾人扶贫解困工作，并组织系列活动予以推进。将全市农村862户贫困残疾人家庭纳入"新一轮低收入农户脱贫奔小康工程"，确保每户每年得到挂钩扶贫责任单位不少于1 000元的慰问金；在元旦、春节期间，组织市、乡（镇）两级残联开展"送温暖、献爱心"活动，共向353户残疾人家庭发放慰问金近14万元；在第23个全国助残日期间，共向全市贫困残疾人家庭发放洗衣机150台、电风扇220台、电饭煲220只、收音机260台，累计金额32万元；"7·7"龙卷风风灾以后，向受灾的22户残疾人家庭发放救助金2万元。 （成雪枫）

【残疾人职业技能培训】 2013年，市、乡两级残联组织采取与劳动就业培训、社会保障和农业技术服务等部门联合办班的方式，先后举办鞋类制作、计算机操作、农村实用技术等技能培训班16期，免费培训残疾人391名；选送6名视力残疾技能选手参加扬州市残联组织的盲人按摩培训。 （成雪枫）

【残疾人就业】 2013年，市残联新创建残疾人扶贫基地6个，其中创成省级扶贫基地2个；新创建扬州市首个残疾人文化创业基地——高邮市劲帆残疾人文化创业基地；新创建高邮市残疾人就业基地1个。联合市人社局举办"就业援助"残疾人专场招聘会，开展市镇联动"春风行动"招聘活动，实施爱心报刊亭助残创业项目，向福利企业和扶贫基地集中推介残疾人就业。全年安置残疾人就业313人。 （成雪枫）

【残疾人康复服务】 2013年，市残联实施"三助一给"（助听、助明、助行，精神病患者免费给药）康复救助工程，努力提升残疾人康复服务水平。全年为456名听力障碍残疾人验配助听器，为200名贫困白内障患者免费实施复明手术，向300名下肢残疾人捐赠轮椅，向80名视力障碍残疾人捐赠盲杖，为13名肢体残疾人装配假肢，为800户贫困残疾人家庭实施无障碍环境改造并配备辅助器具，为贫困残疾人配发辅助器具2 013件，为600名贫困精神病残疾人免费给药。新建成并投入使用村（社区）康复室6个 （张德山）

【0～6岁残疾儿童康复工作】 2013年，全市开展儿童残疾预防及抢救性康复工作，制定出台《高邮市儿童残疾预防行动计划实施方案》，对全市14个乡镇（园区）的0～6岁疑似残疾儿童进行筛查和鉴定，并将符合条件的168名残疾儿童的信息录入省残联数据库。市残联及时向有关康复机构下达0～6岁残疾儿童康复训练任务，并对5名有特殊康复需求的儿童（孤独症）提供转介服务；组织市残疾人康复中心开展4轮"优质服务千里行"上门服务活动，围绕宣传沟通、项目训练、康复指导三项内容，对残疾儿童进行点到点服务，受益残疾儿童500人次。 （吴如渊）

【残疾人托养服务】 2013年，市残疾人托养中心全面开展托养服务工作，为残疾人提供生活照料、康复、工疗、文体娱乐等综合服务。全年市残疾人托养中心接收托养人员52人。此外，全市20家乡镇托养所，全年为233名残疾人提供就近就便的托养服务。 （黄建中）

【残疾人托养救助服务】 2013年，市残疾人托养中心为不断满足托养人员劳动技能提升的实际需求，确保残疾人在托养机构也能像正常人一样就业挣钱。全年通过创新残疾人托养救助服务手段和模式，依托民营企业引入工疗项目3项，提供残疾人就业岗位15个。 （黄建中）

【评选产生10名高邮市首届残疾人"自强之星"】 2013年，为增强残疾人自尊、自信、自立、自强的信念，唤起全社会对残疾人贫困问题的关注，促进全市残疾人事业的发展，市政府残疾人工作委员会会同市、乡各级残联组织联合开展高邮市首届残疾人"自强之星"评选活动。经由各地区各部门民主推荐、市残联审核和评议及通过《高邮日报》刊载残疾人事迹和面向社会进行公开投票后，评选产生10名高邮市首届残疾人"自强之星"。评选产生的高邮市首届残疾人"自强之星"分别为胡青、张庆宏、李知海、孙开平、俞勇、徐宽权、吕佳佳、赵中明、谭伟海、张忠。 （周爱华）

【残疾人信访工作】 2013年，市残联积极畅通残疾人信访渠道，妥善处理各种矛盾和问题。全年受理残疾人信访153批（人）次，做到件件有着落、事事有回音。 （陈桂珠）

【残疾人维权服务】 2013年，市残联高度重视并认真做好针对残疾人的维权服务工作。出台《高邮市〈中华人民共和国残疾人证〉核发管理工作实施办法》，核实办理和发放残疾人证1 456本；出台《高邮市重度残疾残疾人证办理办法》，建立重度残疾人评定专家库，对375名残情难以界定人员进行集中重新评定。 （陈桂珠）

人民生活

【在岗职工工资】 2013年末，全市城镇非私营单位在岗职工120 700人，其中企业单位101 496人、事业单位10 759人、机关单位8 236人、其他单位209人，在岗职工年平均工资为50 641元，其中企业单位在岗职工年平均工资48 298元、事业单位在岗职工年平均工资66 794元、机关单位在岗职工年平均工资58 056元、其他单位在岗职工年平均工资65 019元。 （韩超　史志）

【城镇居民户结构与就业】 2013年，据百户城市居民抽样调查，在百户城市居民家庭中共有人口348人，其中有收入者238人。在有收入者中，就业人数223人，离退休人数13人，其他有收入者人数2人，就业人数占全部人口的64.1%。 （武艺　史志）

【城市居民住房】 2013年，据百户城市居民抽样调查，城市家庭居住人口平均每户为3.62人，人均住房建筑面积37.15平方米。按房屋产权类型分：购买的商品房占37.5%，原有私房占48.9%，房改私房占12.5%，租赁公、私房及其他产权类型占1.1%。按住宅建筑式样分：单栋住宅占56.8%，四居室占2.3%，三居室占12.5%，两居室占6.8%，一居室占1.1%，平房及其他式样住宅房占20.5%。现有住房按市场价估算平均每户价值35.48万元。从住房居住条件来看，自来水使用率100%，有厕所浴室户占90.9%，有取暖、降温设备户占97.7%，使用管道天然气户占11.4%，使用液化石油气户占86.4%，有固定电话84.09部、移动电话267.05部，其中接入互联网的移动电话有203.41部。在调查的百户城市居民中，有1套房屋出租，建筑面积159平方米。 （武艺　史志）

【城市居民收入情况】 2013年，据百户城市居民抽样调查，城市居民家庭总收入人均26 427元，其中人均可支配收入24 711元，比上年分别增加2 634元、2 123元，各增长11.1%、9.4%。在居民家庭总收入中，人均工资性收入15 699.88元，经营净收入3 393.92元，财产性收入784.22元，转移性收入6 548.99元（其中养老金或离退休金为5 552.59元），比上年分别增加1 685.69元、293.48元、58.26元、596.54元，各增长12.0%、9.5%、8.0%、10.0%。 （武艺　史志）

【城市居民支出情况】 2013年，据百户城市居民抽样调查，城市居民家庭人均总支出20 200.55元，比上年增加1 408.09元，增长7.5%。其中人均消费性支出15 025.35元，比上年减少170.35元，下降1.1%；人均财产性支出48.79元，比上年增加24.77元，增长103.1%；人均转移性支出2741.65元（缴纳所得税0元，捐赠支出2 317.66元，购买彩票68.93元，赡养支出135.97元，其中在外就学子女费用人均124.94元，各种非储蓄性保险支出165.16元，其他转移性支出53.94元），比上年增加247.53元，增长9.9%；人均社会保障支出1 062.73元（个人缴纳的养老基金780.77元，个人缴纳住房公积金61.80元，个人缴纳医疗基金195.75元，个人缴纳失业基金3.33元，其他社会保障支出21.09元），比上年减少15.89元，下降1.5%；人均借贷支出14 197.75元，其中人均储蓄款13588.78元、储蓄性保险支出20.59元、归还住房贷款484.57元；期末人均手存现金1 796.37元。在抽样调查的百户城市居民中，服务性消费支出人均0元，通过互联网购买商品或服务支出人均55.59元；外出旅游0人次，人均旅游消费0元，分别比上年减少132人次、人均减少692.33元。 （武艺　史志）

【城市居民消费支出结构】 2013年，据百户城市居民抽样调查，在城市居民八大类消费性支出中，人均食品类支出5 939.10元，比上年增加55.2元，增长0.9%；衣着类支出1 710.71元，比上年减少279.99元，下降14.1%；居住类支出1 073.29元，比上年减少177.99元，下降14.2%；家庭设备用品及服务类支出905.28元，比上年减少51.89元，下降5.4%；医疗保健类支出547.48元，比上年减少97.54元，下降15.1%；交通和通信类支出1 476.54元，比上年增加365.98元，增长32.9%；教育文化娱乐服务类支出2 588.62元，比上年增加30.94元，增长1.2%；其他商品和服务类消费支出699.23元，比上年减少100.17元，下降12.5%。

2013年，据全市百户城市居民抽样调查，恩格尔系数为40%，比2012年增加1.3个百分点。 （武艺　史志）

【城市居民食品消费结构】 2013年，据百户城市居民抽样调查，在城市居民人均食品消费的5 939.10元中，粮油类人均消费783.46元，占食品消费总额的13.2%，比上年增加1.1个百分点。其中，人均消费大米102.08千克、417.97元，面粉0.94千克、4.03元，食用植物油10.22千克、144.88元。肉禽蛋水产品类人均消费1310.99元，占食品消费总额的22.1%，比上年减少12.1个百分点。其中，肉类人均消费689.19元（猪牛羊肉人均消费20.92千克、558.05元），禽类人均消费9.36千克、235.68元，蛋类人均消费7.86千克、64.98元（鲜蛋人均消费6.26千克、63.38元），水产品人均消费15.09千克、294.91元。蔬菜类人均消费855.52元，占食品消费总额的14.4%，比上年增加2.6个百分点。干鲜瓜果类人均消费34.87千克、236.86元，占食品消费总额的4.0%，比上年减少 2.2 个百分点。奶及奶制品人均消费 13.34 千克、288.74 元，占食品消费总额的 4.9%，比上年增加 0.2 个百分点。在抽样调查的百户城市居民家庭中，人均在外饮食支出1 252.52元，占食品消费总额的21.1%，比上年增加6.4个百分点。此外，调味品、糖烟酒饮料类、糕点、其他食品类人均消费2 463.55元，占食品消费总额的41.5%，比上年增加37.4个百分点。（武艺 史志）

【2013 年居民消费价格指数】 2013 年，全市市场物价涨幅较小，居民消费品价格上涨 2.2%，其中食品类上涨 2.1%、烟酒类没有上涨、衣着类上涨 2.4%、家庭设备用品类及维修服务类上涨 2.4%、医疗保健和个人用品类上涨 3.4%、交通和通信类上涨 1.3%、娱乐教育文化用品及服务类上涨 2.2%、居住类上涨 2.3%。（武艺 史志）

【农村住户从业类型、年龄结构、就业及住房】 2013 年，据农村 103 户抽样调查，按从业类型的从业劳动力比重划分：农业户 13 户，农业兼业户 3 户，非农业兼业户 48 户，非农业户 39 户。家庭常住人口 349 人。其中，6 岁及以下 16 人，7 岁～15 岁 21 人，16 岁～18 岁 10 人，19 岁～22 岁 9 人，23 岁～25 岁 12 人，26 岁～30 岁 25 人，31 岁～40 岁 47 人，41 岁～50 岁 79 人，51 岁～60 岁 48 人，60 岁以上 82 人；在校学生 37 人。在常住人口中，整劳动力有 144 人，半劳动力 131 人，其中不识字或识字很少的有 19 人、小学文化程度 69 人、初中文化程度 143 人、高中文化程度 23 人、中专文化程度 0 人、大专及以上文化程度 15 人。在劳动力中，就业的有 269 人，其中从事农业、渔业等 87 人，从事制造业、建筑业 118 人，从事交通运输、仓储和邮政业 4 人，从事批发和零售业 7 人，从事居民服务和其他服务业 33 人，从事住宿餐饮、信息传输、教育、文体娱乐、公共管理、租赁商务服务业等 20 人。在乡镇内就业 197 人，外出就业 72 人。年末农民人均住房面积 34.83 平方米，比上年减少 9.83 平方米；钢混结构住房人均 19.36 平方米，砖木结构住房人均 15.46 平方米。（武艺 史志）

【农村居民收入构成】 2013 年，据农村 103 户抽样调查显示，农村居民年人均总收入17 672元，其中人均纯收入13 248元，比上年增加1 420.33元，增长 12%。农村居民人均纯收入主要构成：工资性收入年人均8 030.58元，家庭经营收入年人均4 613.36元，财产性和转移性收入年人均 604.06 元，各占人均纯收入的比例分别为 60.6%、34.8%、4.6%，与上年相比，分别增加 1.1 个百分点、下降 0.6 个百分点、持平。（武艺 史志）

【农村居民消费水平】 2013 年，据农村 103 户抽样调查，农村居民人均生活消费支出10 002.17元，比上年增加1 596.97元，增长 19%。其中，食品消费支出3 462.07元，比上年增加 704.43 元，增长 25.5%，占农民人均生活消费支出的（以下简称占）34.6%；衣着消费支出 762.14 元，比上年增加 146.88 元，增长 23.9%，占 7.6%；居住消费支出 1 753.22元，比上年增加 16.71 元，增长 1%，占 17.5%；家庭设备、用品消费支出 562.01 元，比上年减少 25.85 元，下降 4.4%，占 5.6%；交通和通讯消费支出1 397.5元，比上年增加 611.12 元，增长 77.7%，占 14%；文化教育娱乐消费支出 870.62 元，比上年减少 4.74 元，下降 0.5%，占 8.7%；医疗保健消费支出 865.48 元，比上年增加 118.82 元，增长 15.9%，占 8.6%；其他商品和服务消费支出 329.13 元，比上年增加 29.6 元，增长 9.9%，占 3.2%。2013 年，全市农村百户居民恩格尔系数为 35%，比 2012 年增加 2.2 个百分点。

（武艺 史志）

表 59 2013 年末高邮市百户城市居民家庭抽样调查主要耐用消费品拥有量表

品 名	单位	数量	品 名	单位	数量
摩托车	辆	34.09	照相机	架	46.59
助力车	辆	160.23	其他中高档乐器	件	4.55
家用汽车	辆	19.32	微波炉	台	98.86
洗衣机	台	101.14	空调机	台	180.68
电冰箱	台	104.55	淋浴热水器	台	102.27
彩色电视机	台	197.73	消毒碗柜	台	12.5
接入有线电视网络电视机	台	172.73	健身器材	套	3.41
家用计算机	台	109.09	移动电话	部	267.05
接入互联网计算机	台	100	接入互联网移动电话	部	203.41
摄像机	架	7.95			

（武艺 史志）

表 60 2013 年末高邮市 103 户农民家庭抽样调查主要耐用消费品拥有量表

品 名	单位	数量	品 名	单位	数量
洗衣机	台	94	固定电话	部	81
电冰箱	台	105	移动电话	部	210
空调机	台	109	接入互联网移动电话	部	131
抽油烟机	台	34	彩色电视机	台	151
微波炉	台	64	接入有线电视网	台	121
热水器	台	101	摄像机	架	1
太阳能热水器	台	99	照相机	架	7
助力车	辆	172	家用计算机	台	30
摩托车	辆	30	接入互联网计算机	台	28
汽车(生活用)	辆	4			

（武艺 史志）

乡镇经济和社会发展

Economic and Social Development of Country

导读
- 车逻镇获“江苏省五金机械制造名镇”称号　P290
- 汤庄镇创成平安农机示范乡镇　P296
- 《湖天新月曜菱塘》出版发行　P308
- 菱塘创成“江苏省特色景观旅游名镇(乡)”　P308

高邮镇(街道办事处)

【概况】　位于高邮湖东、京杭大运河畔,纵贯南北的淮江公路、京沪高速公路与横穿东西的高兴东公路、邮仪公路在此交汇,系全市政治、经济、文化中心。总面积43.13平方千米,其中耕地面积1 976公顷。辖7个村、16个社区。总人口15.4万人。其中,男7.78万人,女7.62万人;非农业人口15.02万人。外来暂住人口1.2万人。

农业。坚持高产技术普及化和高效农业规模化并举,全面落实各项惠农政策,全年实现农业增加值2.6亿元。打造以高邮鸭、扬州鹅规模化养殖为主的湖区特色水禽产业带和湖区穿乡路两侧休闲观光农业产业带。壮大村级集体经济,新注册“三大合作”组织2家,新创扬州市级以上“五好”农民专业合作示范社1家,新组建家庭农场2家。

工业。强化为企业服务工作,出台鼓励工业发展政策,全面释放企业产能,引导重点企业做大做强,加快发展小微企业,促进工业经济平稳较快发展。全镇有年产值亿元以上企业47家,新增规模以上企业2家。江苏华富储能新技术有限公司、高邮市经纬纺织有限公司、高邮市助剂厂、江苏润华电缆股份有限公司、高邮市卫星卷烟材料有限公司、扬州日兴生物科技股份有限公司等骨干企业支撑作用明显,扬州神游羽绒制衣有限公司、扬州市新港电机有限公司、江苏华能电缆有限公司、高邮市亚普塑业有限公司、扬州市威高机电有限公司、高邮市金丰机电有限公司等成长型企业发展势头强劲。

建筑业。全年承接施工面积840万平方米、竣工面积390万平方米,分别增长61%、21%。实现建筑业总产值95.8亿元,增长49.8%。有序推进企业改制和申报特级资质工作,江苏兴厦建筑安装有限公司保持“省建筑业竞争力和综合实力双百强企业”称号。

第三产业。坚持优先发展服务业,扎实推进服务业重大项目建设,江苏波司登物流中心、一汽大众4S店相继建成运营,总投资25亿元的波司登世贸国际广场项目进展顺利。全年实现服务业增加值23亿元,新增服务业投入16亿元,实现法人企业商贸流通经营额8.9亿元,新增限额以上服务业企业11家,实现服务业税收收入4.2亿元,分别增长22.9%、33%、11.2%、26.6%、20%。全年新增个体工商户700户。

招商引资。全年协议注册外资2 850万美元,注册外资实际到账290万美元,新增民营有限公司注册资本7.8亿元,新增私营企业210家。全年实施各类建设项目48项,完成项目投资额29.5亿元,其中新开工10亿元以上项目1项、1亿元～10亿元项目5项、5 000万元～1亿元项目3项。江苏波司登物流中心、高邮迅达公司重型机械第一期项目、扬州日兴生物科技股份有限公司氨糖系列扩产项目、江苏润华电缆股份有限公司高压交联电缆第二期项目和扬州格莱特照明器材、扬州华之鑫电动工具等项目竣工投产。

园区建设。加大园区基础设施建设力度,全年累计投入2 050万元,完成新21路道路建设及绿化、亮化工程,实施澄武线、张高线以及新28路高邮镇段电网改造工程。中小企业创业园、武安创业园、黄渡创业园建设进展顺利,园区承载能力进一步增强。新增入园企业6家,累计185家,园区企业完成产值168亿元,集聚集约发展优势进一步显现。

镇村建设。配合城市东扩战略,参与老城区基础设施完善和城中村改造工作，配合完成江南明珠苑小区北侧地块、东部新城区地块、盂城驿周边地块征地动迁工作，参加实施江苏省高邮中学西侧地块、蝶园路南延地块、穿心河整治第一期工程、环卫综合作业中心建设和珠光路改造、新民滩切滩等一批建设项目。全年共动迁 400 户、交地面积 30 公顷。

社区建设。规范社区阵地建设，完成琵琶社区改造升级，康华社区新建一站式便民服务大厅，沿河社区修缮出新，水部楼社区扩容工程启动。不断创新社区管理，全面推行网格化管理，全镇设立 179 个网格。文游社区、水部楼社区、奎楼社区、琵琶社区等社区成立物业服务中心。加快特色社区创建步伐，琵琶社区被评为省级文明社区，康华社区创成省级居家养老服务中心、示范妇女儿童之家，新联社区创成省级综合减灾示范社区，月塘社区获"省 3A 级居家养老先进单位"称号。全年社区共获得特色创建项目以奖代补资金 120 万元。

科技创新。全年申报各类专利 357 件，其中发明专利 103 件，专利授权数 173 件；申报各类科学技术奖项 35 项，其中国家火炬项目 1 项、省重大科技成果转化专项资金项目 1 项、省科技支撑计划 3 项。全年签订"产学研"合作协议 11 项，申报新标准国家高新技术企业 4 家、省民营科技企业 7 家，新增省重点新产品 3 个、省高新技术产品 27 个，新认定省级研发机构 2 家、扬州市级研发机构 3 家，引进高层次人才 12 人，获省"双创"计划资助 2 人、省"博士集聚"计划资助 2 人。

社会事业。秦邮实验小学和幼儿园新校园建成并投入使用，城郊小学与城北小学分校合并为宝塔小学，启动城北小学整体改造工程；教育教学工作再创佳绩，城北中学和武安中学中考成绩分列全市第二、农村第一。全年举办大型文化活动 30 多场次，8 个社区建成"10 分钟体育圈"，城乡居民文体生活不断丰富。加强基本公共卫生服务，落实家庭医生服务签约制度，城北社区卫生服务中心创成全市首家省示范社区卫生服务中心；全年改厕 120 座。兑现独生子女父母奖励政策，人口和计划生育工作顺利通过省人口协调发展中期评估验收。继续扩大各类保险覆盖面，新增城乡居民养老保险参保人数 524 人、企业职工社会养老保险参保人数 1 400人、医保扩面征缴人数 500 人、工伤保险参保人数 400 人、住房公积金扩面征缴人数 625 人，全年兑付新型农村合作医疗保险 16.76 万人次、1 084万元。开展社会救助工作，实施"心系百姓·情暖百家"结对帮扶活动，成立高邮市慈善总会高邮镇分会；全年发放城乡低保金 410 万元、临时救助金 60 万元，"5·19 慈善一日捐"募集善款 40 万元。新建社区托老所 5 家，发放 80 周岁以上老年人尊老金 237 万元。积极做好双拥优抚工作，为 416 名"三老"对象、带病回乡退伍军人、参战和涉核人员办理新型农村合作医疗保险、城镇居民医疗保险。全面启动第三轮低收入农户脱贫工作，完成 151 户农户脱贫任务。 （蔡忠泽）

表 61 **2013 年高邮镇（街道办事处）主要经济社会指标实绩表**

项　目	单 位	2013 年	2012 年	比上年(±%)	项　目	单 位	2013 年	2012 年	比上年(±%)
地区生产总值	万元	550 673	488 029	12.8	规模以上工业利润	万元	40 337	35 495	13.6
第一产业	万元	26 083	23 876	9.2	工业企业数	家	473	463	2.2
第二产业	万元	292 530	277 000	5.6	工业从业人数	人	23 965	21 322	12.4
第三产业	万元	232 060	187 153	24.0	建筑业产值	万元	958 000	639 600	49.8
公共财政预算收入	万元	45 943	35 390	29.8	建筑业利润	万元	8 250	8 200	0.6
农业总产值	万元	48 166	42 929	12.2	建筑业从业人数	人	12 136	12 000	1.1
粮食总产量	吨	20 527	21 222	−3.3	实际利用外资	万美元	290	1 433	79.8
棉花总产量	吨	—	—	—	外贸出口额	万美元	4 677	3 493	33.9
油料总产量	吨	781	885	−11.8	第三产业从业人数	人	59 982	60 219	−0.4
肉类总产量	吨	2 737	2 869	−4.6	个体工商户	户	700	213	228.6
禽蛋产量	吨	1 020	1 131	−9.8	学校	所	22	22	—
水产品产量	吨	12 993	13 629	−4.7	在校学生数	人	39 021	39 420	−1.0
农业从业人数	人	2 608	2 769	−5.8	外出劳务人数	人	8 682	8 512	2.0
全部工业总产值	万元	2 792 871	2 398 678	16.4	外来劳务人数	人	9 019	9 169	−1.6
规模以上工业总产值	万元	1 740 489	1 451 995	19.9	农民人均纯收入	元	19 000	16 480	15.3

（市统计局　蔡忠泽）

表 62 **2013 年高邮镇(街道办事处)村、社区基本情况表**

村、社区	党支部书记	村(居)委会主任	会计	村(居)民小组数(个)	户数(户)	总人口(人)	农业面积(公顷)	工业企业(家)	社会总产值(万元)	人均收入(元)
高谢村	陈新	王顶甲	钱帮霞	8	586	2 224	91	15	70 357	20 690
凤凰村	陈广春	管锦文	宋尔金	18	1 152	4 256	94	—	19 391	18 322
新华村	方荣开	戴学友	王凤毛	5	737	1 964	16	9	23 660	16 755
新民村	孙加彬	徐金松	印正军	10	789	2 862	114	6	24 252	17 937
湖滨村	乔高峰	曹修龙	王有明	13	1 098	4 330	149	34	39 930	17 540
黄渡村	周中宝	龙祥	李迎	20	1 866	5 882	223	75	216 031	19 450
十里村	钱士林	马汝龙	陈小勇	18	1 863	4 280	279	12	40 508	16 000
宝塔社区	唐长来	凌久山	冯春明	6	867	5 975	—	11	74 390	20 615
武安社区	周德全	孙定华	张所康	6	2 160	7 300	—	22	86 465	21 430
新联社区	迮德宏	凌云	—	15	2 729	6 870	—	4	24 800	22 395
沿河社区	赵庆荣	王广林	—	3	523	2 897	30	3	4 415	18 500
琵琶社区	俞艳	颜士莉	—	29	4 262	12 053	—	—	—	—
奎楼社区	陆凤霞	陆凤霞	—	15	2 900	9 800	—	—	—	—
西塔社区	谢汝斌	汤安娜	—	14	1 872	6 088	—	—	—	—
南海社区	俞晓慧	蒋寅	—	10	2 888	7 701	—	—	—	—
水部楼社区	田耘	何萍	—	12	2 974	7 492	—	—	—	—
水关社区	陈桂林	金晓妹	—	10	2 164	4 851	—	—	—	—
北海社区	高雪梅	蒋欣	—	21	2 552	7 910	—	—	—	—
挡军社区	陈枫	陈枫	—	14	2 774	6 986	—	—	—	—
御码社区	张艳燕	张艳燕	—	10	2 008	5 874	—	—	—	—
月塘社区	王丽娟	嵇有华	—	20	3 920	10 016	—	—	—	—
文游社区	张凤琴	党定龙	—	13	2 478	9 475	—	—	—	—
康华社区	冯春娟	张雪莹	—	12	3 846	14 085	—	—	—	—

(蔡忠泽)

车逻镇

【概况】 位于高邮城区南7千米,东与卸甲镇接壤,南与江都区邵伯镇毗邻,西邻京杭大运河,北接高邮城南经济新区、高邮镇(街道)。总面积36.44平方千米,其中耕地面积2 604公顷。辖7个村、1个社区。总人口3.23万人。其中,男1.61万人,女1.62万人;非农业人口4 169人。外来暂住人口2 762人。

农业。实施耕地占补平衡和城乡建设用地增减挂钩项目,分别净增耕地 16.2 公顷和 3.2 公顷。投资 1 430 万元,实施太丰村、保丰村万亩高标准良田农业综合开发项目;投资 650 万元,实施保丰村、特平村 333.3 公顷优质稻米生产基地建设项目以及财政农桥建设、“一事一议”财政奖补、村庄河塘疏浚等项目。积极向上争取资金,全年获批高效渔业、绿化造林、秸秆收储和植保社会化服务等项目资金近 300 万元。加大农业招商力度,总投资5 000万元、占地 66.7 公顷的扬州泽丰农业公司落户太丰村,高邮创美生物质能源公司顺利竣工,扬州绿森源生态园创成扬州现代农业园。大力开展村庄环境整治,全镇 383 个整洁村庄顺利通过省级考核验收,太丰村、特平村创成省三星级“康居乡村”,特平村张庄省级试点村庄创建工作顺利推进。

工业。出台《关于促进工业企业转型升级的政策意见》《关于企业科技创新及人才引进奖励政策规定》等文件,促进企业转型发展。推进企业与高校产学研合作,签订合作协议 8 项,新增省民营科技企业 8 家,新建成扬州市大学生见(实)习基地 2 家,有 2 人被评为青年科技企业家,有 5 家企业被认定为省科技型中小企业,扬州明增生物科技有限公司被认定为省工程技术中心,扬州百仕德礼品工艺有限公司绳带织品再次被认定为扬州市名牌产品。全年获批省高新技术产品 4 项,申报专利 168 件,其中发明专利 52 件,申报商标 45 个。

建筑业和第三产业。努力开拓南京市、连云港市、泰州市等地建筑市场,共有建筑业从业人员1 274人,完成劳务产值 3 亿元。扬州惠丰建筑安装工程有限公司晋升为建筑工程总承包二级资质,该公司承建的高邮润华大厦项目分别获江苏省、扬州市两级“文明工地”称号和扬州市“优质结构工程奖”。按照集体资产处置规定,对镇建安公司进行资产评估、拍卖,实现集体资产效益最大化。促进第三产业发展,加大传统服务业投入力度,全年新增限额以上服务业法人单位3家。

招商引资。全年注册外资实际到账360万美元。新开工项目6项，其中投资额1亿元以上项目5项，分别是投资1亿元的扬州市世海橡胶制品有限公司项目、投资1.2亿元的江苏金润龙科技有限公司项目、投资1.2亿元的扬州市万仕达彩印包装有限公司项目、投资1亿元的扬州市科瑞橡胶有限公司港口护舷项目、投资1亿元的扬州市方圆工贸有限公司模具项目；竣工项目3项，其中亿元项目2项，分别是投资1亿元的高邮创美生物质能源有限公司秸秆固化项目、投资1亿元的绿森源生态农业观光项目。

工业集中区建设。围绕“集约化、特色化”原则，加大基础设施配套建设投入，加快旅游制品、新型能源、服装轻工等产业培育步伐。规划建设占地面积6.7公顷、建筑面积4万平方米的创业园标准化厂房，鼓励具有一定实力的小微企业进入创业园区发展，促进企业抱团发展、集聚发展。

镇村建设。加大重点工程建设力度，飞达农民集中居住区第一期代建房顺利交付，启动第二期代建房及区内配套设施建设，珠光豪庭116户高档别墅初步建成。重视集镇基础设施完善与环境整治工作，对朝阳大道、飞达路以及老镇区路段进行改造，新增、更换路灯160盏，实施森林路东延段绿化、亮化工程。整治集镇环境秩序，配合市城管局开展“三拆三整治”行动，拆除各类违章建筑20多处。全年新进镇农户约300户。

社会事业。组织开展“珠光豪庭杯”象棋赛、“春之声”国际劳动妇女节专题活动等群众文化活动，展现车逻群众文化特色。完成血吸虫防治查螺面积30万平方米，查病500人次；组织农村60周岁以上老人参加免费健康体检。新增新农保参保人数600人，农村居民社会养老保险扩保人数300人，新增住房公积金扩面征缴人数140人，新型农村合作医疗保险参保率96%，报销医疗费用人数7.8万人次、报销金额550万元。全年共发放低保金100万元、农村重残人员救助金90万元、临时救助资金11.2万元。参与新S237交通工程，共完成搬迁96户、1.81万平方米，金黄路获“扬州市最美乡村路”称号。新建、改造桥梁21座，维修道路10千米，新建灌排泵站7座、圩口闸5座，完成河道疏浚土方14万立方米，镇区电信光纤、FTTH网络全部接通。关停小电镀企业3家。改造升级政法中心，完善法治文化长廊和法治文化广场，新安装治安探头20只。获“扬州市科普示范乡镇”称号。

（韩殿家 黄月坤）

【车逻镇获“江苏省五金机械制造名镇”称号】 9月23日，经省经信委和省机械行业协会认证并批准，车逻镇获“江苏省五金机械制造名镇”称号，为推动该镇实现产业集聚发展、特色发展、转型发展提供重要平台。

（韩殿家 黄月坤）

【珠光豪庭商住小区】 1月19日，由江苏钰丰置业有限公司投资4.3亿元，江苏兴厦建筑工程有限公司承建的珠光豪庭商住小区项目正式开工。该项目坐落在珠光大道西侧，占地面积8.9万平方米，建筑面积11.5万平方米。（韩殿家 黄月坤）

表63

2013年车逻镇主要经济社会指标实绩表

项目	单位	2013年	2012年	比上年(±%)	项目	单位	2013年	2012年	比上年(±%)
地区生产总值	万元	70 721	61 361	15.3	规模以上工业利润	万元	5 971	5 091	17.3
第一产业	万元	22 305	19 976	11.7	工业企业数	家	348	344	1.2
第二产业	万元	17 150	14 896	15.1	工业从业人数	人	8 702	8 710	−0.1
第三产业	万元	31 266	26 489	18.0	建筑业产值	万元	121 480	81 200	49.6
公共财政预算收入	万元	4 647	3 464	34.1	建筑业利润	万元	3 895	3 765	3.5
农业总产值	万元	40 921	35 146	16.4	建筑业从业人数	人	1 274	1 047	21.7
粮食总产量	吨	41 259	40 708	1.4	实际利用外资	万美元	360	—	—
棉花总产量	吨	—	—	—	外贸出口额	万美元	3 420	2 810	21.7
油料总产量	吨	617	591	4.4	第三产业从业人数	人	2 336	2 420	−3.5
肉类总产量	吨	3 210	3 133	2.5	新增个体工商户	户	133	99	34.3
禽蛋产量	吨	1 013	1 043	−2.9	学校	所	6	6	—
水产品产量	吨	2 950	2 592	13.8	在校学生数	人	1 559	1 964	−20.6
农业从业人数	人	1 682	1 682	—	外出劳务人数	人	2 483	2 545	−2.4
全部工业总产值	万元	145 965	129 251	12.9	外来劳务人数	人	2 975	2 854	4.2
规模以上工业总产值	万元	89 038	77 497	14.9	农民人均纯收入	元	17 035	14 915	14.2

（市统计局 韩殿家 黄月坤）

表 64 **2013 年车逻镇村、社区基本情况表**

村、社区	党支部书记	村(居)委会主任	会计	村(居)民小组数(个)	户数(户)	总人口(人)	农业面积(公顷)	工业企业(家)	社会总产值(万元)	人均收入(元)
上庄村	杨志清	居思祥	韦楼忠	22	1 354	4 905	591	26	38 702	16 243
闸河村	郑士山	夏宝龙	嵇　青	25	1 373	4 696	628	38	48 321	16 332
砖场村	杨　勇	张士安	孙必兰	15	898	3 203	320	39	16 975	17 056
太丰村	肖有明	居长宏	居长霞	27	1 381	4 575	645	28	61 307	17 237
车逻村	刘万敖	戚加林	师仁月	16	1 145	4 362	283	79	79 568	18 175
保丰村	吴广才	陈秀兰	孙万丰	19	927	3 182	423	68	107 544	17 334
特平村	张珍祥	汤永华	金庆生	19	1 093	3 364	414	62	56 808	17 108
朝阳社区	吴邦山	温砚林	郭丽玲	4	1 501	4 911	—	50	34 200	18 500

（韩殿家　黄月坤）

龙　虬　镇

【概况】 位于高邮城区东北部，东邻三垛镇，南与卸甲镇接壤，西接高邮经济开发区，北连周山镇。总面积 79 平方千米，其中耕地面积4 183公顷。辖 11 个村、2 个社区。总人口 3.4 万人，其中，男 1.70 万人，女 1.70 万人；非农业人口 871 人。外来暂住人口 645 人。

农业。全年实现农业增加值 4.2 亿元，增长 22.7%；实现农民人均纯收入 1.74 万元，增长 14.4%。全年新增农民专业合作社 2 家，新增入股土地面积 200 公顷，组建家庭农场 2 家；推广立体养殖，每公顷罗氏沼虾养殖效益 3 万元。积极发展高效农业，新增设施农业面积 33.3 公顷，规范流转土地 166.7 公顷。加强基本农田建设与保护，全年实施土地复垦项目面积 867.7 公顷、增减挂钩项目面积 1.4 公顷。

工业。坚持工业强镇不动摇，积极兑现鼓励工业又好又快发展奖励政策，促进工业主要指标平稳增长。全年实现全部工业产值 27.75 亿元，其中规模以上工业产值 11.32 亿元，分别增长 15%、15.1%；完成工业技改投入 3.75 亿元，增长 15.4%；工业开票销售额 4.61 亿元，增长 8.2%；固定资产投资额 3.39 亿元，增长 6.8%。新增规模以上企业 1 家。注重科技投入、品牌建设和知识产权保护，全年申报各类专利 43 件，获省高新技术产品 6 件，获批省民营科技企业 6 家。

建筑业和第三产业。全镇建筑业发展迅速，全年实现建安企业总产值 17 亿元，增长 30.8%。扬州龙海建筑安装工程有限公司、高邮市金龙建筑工程有限公司继续发挥龙头作用。坚持发展服务业，调整产业结构、促进产业升级转型，全年实现服务业增加值 3.3 亿元、增长 18.1%，新增限额以上服务业企业 1 家。举办纪念龙虬庄遗址发掘 20 周年系列活动，龙虬庄遗址保护规划通过省专家评审，龙虬庄遗址公园内部桥梁、道路、泵站、给排水等基础设施逐步完善。水产中介业不断壮大，苏中农贸城商务大厦建设步伐加快。挂牌商业用地面积 1.7 公顷。

招商引资。把项目建设作为工业经济“牛鼻子”，把招商引资作为工业经济“助推器”，通过节庆招商、驻地招商、委托招商和小分队招商等形式开展招商工作。全年签约投资额 5 000 万元以上项目 3 项，其中投资额 1 亿元以上项目 1 项；实施 5 000万元以上项目 4 项。

镇村建设。响应城市东扩战略，不等不靠做好建设管理，上争内筹打造镇村建设亮点。投入 530 多万元实施老横泾河集镇段驳岸美化工程，投入 60 多万元改造张轩集镇农贸市场，投入 40 多万元建设垃圾中转站，投入 10 多万元实施广场亮化工程和镇区污水管网延伸工程，投入 500 多万元改建危桥 30 座。加强农村环境整治，投入 160 多万元巩固“五位一体”长效管护机制，投入 200 多万元开展“美好城乡建设行动计划”，并通过省级考核验收。投入 500 多万元新建农桥 8 座、泵站 3 座、圩口闸 5 座，修建硬质渠道 8 千米。投入 300 多万元，建成硬质化道路 4 条，其中林场路长 2.63 千米。投入近 300 万元，疏浚河道 25 条、完成土方 24 万立方米，新增绿化面积 60 公顷，其中成片林 40 公顷。新增农村卫生户厕 521 座、沼气池 100 个。累计建筑面积 4.5 万平方米的龙御苑和东方龙郡小区初具雏形。

社会事业。投入1 000万元，完善中小学实验楼、塑胶操场、食堂校舍等基础设施，顺利完成初中整合工作。继续实施国家基本药物制度，扎实推进新型农村合作医疗保险工作，落实基本公共卫生项目，新型农村合作医疗参合率 100%。全年计划生育率98.4%，人口自然增长率－0.79%。非公企业住房公积金扩面征缴人数180人。率先完成数字电视整转工作，顺利通过市广电台验收。发放涉农补贴892.82万元。新增新农保参保人数1 400人、企业职工养老保险参保人数260人，有8家企业为全体员购买工伤保险。完善敬老院设施，镇敬老院通过省“二星级”敬老院验收。发放低保金121.3万元、优抚对象抚恤金118万元、重残补助金87.5万元、尊老金59.8万元、退役士兵补助金7.5万元、现役士兵优待金30万元。　　（金凯）

表65　　**2013年龙虬镇主要经济社会指标实绩表**

项　目	单位	2013年	2012年	比上年(±%)	项　目	单位	2013年	2012年	比上年(±%)
地区生产总值	万元	95 474	84 210	13.4	规模以上工业利润	万元	3 473	2 278	52.5
第一产业	万元	42 022	37 814	11.1	工业企业数	家	14	13	7.7
第二产业	万元	20 440	18 449	10.8	工业从业人数	人	7 302	7 118	2.6
第三产业	万元	33 012	27 947	18.1	建筑业产值	万元	170 000	130 000	30.8
公共财政预算收入	万元	2 863	2 625	9.1	建筑业利润	万元	—	—	—
农业总产值	万元	—	—	—	建筑业从业人数	人	1 445	1 301	11.1
粮食总产量	吨	35 861	35 063	2.3	实际利用外资	万美元	—	—	—
棉花总产量	吨	—	—	—	外贸出口额	万美元	—	—	—
油料总产量	吨	1 382	1 399	－1.2	第三产业从业人数	人	2 389	2 632	—
肉类总产量	吨	2 323	2 410	－3.6	新增个体工商户	户	—	—	—
禽蛋产量	吨	1 138	1 142	－0.4	学校	所	3	4	－25.0
水产品产量	吨	17 058	15 183	12.3	在校学生数	人	1 457	1 447	0.7
农业从业人数	人	5 839	5 861	－0.4	外出劳务人数	人	—	—	—
全部工业总产值	万元	277 500	241 220	15.0	外来劳务人数	人	645	674	－4.3
规模以上工业总产值	万元	113 235	98 419	15.1	农民人均纯收入	元	17 360	15 180	14.4

（市统计局　金凯）

表66　　**2013年龙虬镇村、社区基本情况表**

村、社区	党支部书记	村(居)委会主任	会　计	村(居)民小组数(个)	户数(户)	总人口(人)	农业面积(公顷)	工业企业(家)	社会总产值(万元)	人均收入(元)
张轩村	梅德洋	周华池	陈　刚	21	1 265	4 434	335	7	95 180	17 670
兴南村	朱尚平	王天林	陈俊荣	11	617	2 154	182	1	10 410	17 030
东角村	卞宏林	时通稳	秦德友	17	968	3 652	353	4	10 520	16 390
强民村	秦智国	尤新月	周生楼	11	519	1 948	153	4	18 970	17 540
白马村	高友昌	杨凤荣	高来钧	10	612	2 384	147	5	12 809	17 540
兴北村	戴春林	郑仲山	周其海	11	588	2 175	158	1	12 017	16 860
大树村	陆正安	陈学坤	居国刚	12	668	2 423	263	5	12 434	17 270
一沟村	陶星伟	徐文权	—	13	757	2 681	121	6	26 366	17 530
龙潭村	朱艳艳	王春元	裔在平	12	518	1 854	275	3	16 954	16 640
龙腾村	居传明	徐国龙	冯春良	16	832	3 159	314	7	38 700	17 420
龙虬庄村	朱仁斌	居传星	王朝山	20	1 975	5 191	268	27	160 410	18 150
龙虬庄社区	李维斌	李维斌	—	—	—	—	—	—	—	—
张轩社区	—	刘小荣	—	—	—	—	—	—	—	—

（金凯）

卸甲镇

【概况】　9月，市委、市政府实施乡镇行政区划调整工作，撤销卸甲镇、八桥镇，将原卸甲镇、八桥镇行政区划合并设立新的卸甲镇。该镇位于高邮城区东部，东与汤庄镇毗邻，南与江都市樊川镇接壤，西与车逻镇紧邻，北与三垛镇、龙虬镇隔河相望。总面积163.9平方千米，其中耕地面积8 003公顷。辖17个村、4个社区。总人口7.93万人。其中，

男3.98万人，女3.95万人；非农业人口1.29万人。外来暂住人口2 352人。

农业。全年实现农业增加值6.2亿元，增长10.3%。新增高效农业面积507公顷、设施农业面积357公顷。新培育省级农业龙头企业1家、扬州市级农业龙头企业2家。创成江苏省现代农业示范镇。八桥现代农业产业园成为全市重点特色产业园之一，并启动省级现代农业园申报工作；建成八桥现代农业园区综合服务中心内部展示区和外部绿化景观，开工建设培训区、检测区。周庄高效农业园、一平高效蔬菜园和卸甲大学生村官创业园发展势头良好。完善农业基础设施，投入1 700万元，实施大庵村优质稻米生产基地、金港村项目区和周邶墩村、三新村、龙奔村追加小农水项目等重点水利工程，完成金沟村467公顷千亿斤粮食项目、333公顷农业综合开发项目和恒丰村553公顷国土整理项目土方工程。全年举办农民职业技能培训班8次，转移农村剩余劳动力598人。

工业。工业经济提速增效，实现工业总产值97亿元、开票销售额27.1亿元、入库税收1.5亿元，分别增长17.4%、17.4%和18.1%。加大税收扶持力度，全年减免设备抵扣税800万元。新增规模以上企业2家，规模以上企业总数27家；实现规模以上工业产值35.1亿元，增长28.6%。金飞达电动工具园成为高邮市特色发展型园区之一。实施八桥工业集中区西入口道路拓宽改造工程。新增省高新技术企业1家、省高新技术产品14个，实施产学研合作项目5项，获批省级研发机构1家、扬州市级研发机构7家。1人入选省“双创”计划、1人入选省“博士集聚”计划。江苏金飞达电动工具有限公司创成高邮市首家“江苏省安全生产二级标准化”达标企业。

建筑业和第三产业。建筑业总量加速扩张、结构继续优化、效益不断提升，全年完成建安企业总产值47亿元，增长18.7%；承接施工面积345.8万平方米。实现服务业增加值9.27亿元，增长17.9%。

招商引资。多渠道收集信息，在长江三角洲、珠江三角洲等地区开展招商工作，吸引客商和项目。全年协议注册外资300万美元，注册外资实际到账100万美元。完成自营出口额1.5亿美元。新增个体工商户378户、私营企业222家，有限公司注册资本实际到账3.6亿元。实施重大项目10项，其中亿元以上项目6项；竣工投产项目5项。建成扬州友联电子工业发展有限公司标准化厂房5幢、面积1.5万平方米。

镇村建设。镇村面貌持续改善，实现洁化、亮化、美化。友联置业小区建成开盘，月亮湾小区第二期工程竣工，润德花园小区57套别墅主体工程封顶。完成张叶沟河北段两侧沿河风光带工程，安装路灯105盏，新增绿化面积1.2万平方米。建成伯勤居民安置小区，华翔安置小区投入使用。优化交通网络结构。育才路、扬八路集镇段建成通车，新建村组硬质化道路14千米，完善全镇公路、桥梁交通安全设施，安装虎头桥平交路口数字化信号灯。改造农村公路危桥18座、农桥15座。生态环境不断改善。扬州市华翔有色金属有限公司投入6 000万元，完成卫生防护距离800米范围内150户居民拆迁安置；扬州市刘氏化工有限公司、扬州市华丰金属制品厂、高邮市腾达橡胶有限公司等企业累计投入2 500万元，改造环保设施。关闭小镀锌企业3家。周邶墩村创成江苏省生态村。疏浚村级河塘20条29.7千米，完成土方24.6万立方米。新增绿化造林面积143.5公顷，改厕1 975座，新增垃圾箱(池)857个、村级垃圾中转房16个，整治自然村庄527个，郭楼村、三河村、花阳村通过省级全域考核验收。

社会事业。全年申请专利416件，其中发明专利80件；获专利授权165件，其中发明专利授权1件。开展慈善助学活动，资助49名在校贫困学生，帮助15名贫困学生圆大学梦。建设卸甲小学教学楼，建成卸甲初中、小学和八桥初中塑胶操场。获“高邮市教育工作目标管理考核先进单位”称号，创成江苏省居民学校1所。文化站评估定级通过省市考核验收，民俗馆被认定为高邮市爱国主义教育基地。开展送书、送戏、送电影下乡活动，举办歌咏比赛等文化活动5次，获高邮市千人广场舞大赛一等奖。创成江苏省文明乡镇，花阳村、金港村创成江苏省文明村。卸甲卫生院病房楼建成使用，推进八桥卫生院迁址新建工程，创成江苏省示范乡镇卫生院和扬州市慢性病综合防控示范乡镇。卸甲计生服务站建成使用。社会保障体系日趋健全，新增职工养老保险参保人数800人，在岗职工医疗、工伤保险参保人数1 110人，向1.66万人发放新型农村社会养老保险，兑付新型农村合作医疗保险33.6万人次、金额1 744万元。投资400万元，完成卸甲敬老院改扩建工程，并创成江苏省二星级文明敬老院。全年发放农村低保户和重残户补助金588.3万元、重大疾病医疗补助金247.1万元、生活救助金27.2万元。新增有线数字电视用户364户，改造光纤31千米。“六五”普法工作通过扬州市中期检查，创成江苏省民主法治村7个、扬州市民主法治村10个。优抚安置政策得到有效落实，被命名为扬州市双拥模范镇。

（姚国平）

表 67

2013 年卸甲镇主要经济社会指标实绩表

项　目	单 位	2013 年	2012 年	比上年（±%）	项　目	单 位	2013 年	2012 年	比上年（±%）
地区生产总值	万元	220 621	192 363	14.7	规模以上工业利润	万元	12 555	10 287	22.0
第一产业	万元	62 184	56 232	10.6	工业企业数	家	586	644	−9.0
第二产业	万元	65 730	57 470	14.4	工业从业人数	人	16 345	16 121	1.4
第三产业	万元	92 707	78 661	17.9	建筑业产值	万元	510 590	361 000	41.4
公共财政预算收入	万元	21 400	17 411	22.9	建筑业利润	万元	3 500	3 000	16.7
农业总产值	万元	121 966	111 671	9.2	建筑业从业人数	人	8 337	8 325	0.1
粮食总产量	吨	130 327	124 459	4.7	实际利用外资	万美元	100	90	11.1
棉花总产量	吨	—	—	—	外贸出口额	万美元	15 114	7 800	93.8
油料总产量	吨	2 105	2 054	2.5	第三产业从业人数	人	7 110	7 524	−5.5
肉类总产量	吨	11 509	9 268	24.2	新增个体工商户	户	378	—	—
禽蛋产量	吨	2 865	2 000	43.3	学校	所	6	6	—
水产品产量	吨	15 348	12 777	20.1	在校学生数	人	3 625	3 614	0.3
农业从业人数	人	8 103	7 625	6.3	外出劳务人数	人	8 092	7 981	1.4
全部工业总产值	万元	970 567	826 478	17.4	外来劳务人数	人	1 835	1 834	0.1
规模以上工业总产值	万元	351 083	272 976	28.6	农民人均纯收入	元	17 820	15 596	14.3

（市统计局　姚国平）

表 68

2013 年卸甲镇村、社区基本情况表

村、社区	党支部书记	村（居）委会主任	会　计	村（居）民小组数（个）	户数（户）	总人口（人）	农业面积（公顷）	工业企业（家）	社会总产值（万元）	人均收入（元）
卸甲村	嵇朝阳	卞正明	李宏江	24	1 765	6 306	678	42	65 713	20 882
郭楼村	刘付银	陈一明	黄加明	20	1 077	4 062	404	25	34 641	17 031
一平村	张宝银	李　政	朱松厚	17	932	3 230	412	23	47 896	18 935
潘杨村	朱学诚	王其来	王文忠	21	1 079	3 779	521	25	34 283	17 508
大庵村	杨方晗	倪增宏	莫仁忠	19	1 042	3 429	498	16	37 846	18 209
周邶墩村	陈安斌	许乃林	钱小强	34	1 927	7 651	660	35	81 181	17 515
龙奔村	谢兆伟	张玉宏	李云峰	28	1 544	5 682	578	21	34 301	16 220
三新村	居瑞宝	陈德娟	王安宝	14	954	3 259	369	15	39 077	17 737
金家村	厉子刚	张永宏	周　娟	28	1 358	4 770	509	37	103 444	17 478
伯勤村	邢庆刚	侯国强	秦荣凯	19	922	3 274	460	25	49 941	17 283
三河村	柏文海	孟荣忠	王大宏	15	996	3 319	407	13	45 685	18 897
花阳村	曹春宝	邱红星	吴新明	25	1 372	4 568	681	22	44 225	17 820
恒丰村	姚永志	李华琴	尚义琴	21	1 105	3 916	354	17	36 003	19 038
金港村	颜金松	桂发兵	周　静	15	934	3 075	429	13	13 043	16 480
陈堡村	陈述东	杨宝兵	李红玲	15	928	3 262	343	11	18 399	16 510
金沟村	陈永平	叶古荣	王庭荣	30	1 501	4 542	493	35	43 301	16 432
张余村	李有龙	王定荣	许粉娣	18	1 127	3 930	366	48	34 172	18 190
卸甲社区	王爱明	张国年	陈冬林	8	965	2 952	—	58	151 041	—
伯勤社区	吴登峰	杨贤华	金传宏	4	535	1 165	12	18	12 847	—
龙奔社区	钱宏山	张寿增	张士栋	4	324	1 043	19	12	15 846	—
八桥社区	吕正宏	杨桂芬	曹正宏	4	1 512	2 579	27	18	11 870	16 841

（姚国平）

汤 庄 镇

【概况】 9月，市委、市政府实施部分乡镇行政区划调整工作，撤销汤庄镇、汉留镇，将原汤庄镇、汉留镇行政区划合并设立新的汤庄镇。该镇位于高邮市东部，东与兴化市接壤，南与江都区毗邻，北与甘垛镇隔河相望，西与卸甲镇依水相连。总面积113平方千米，其中耕地面积7 016公顷。辖17个村、4个社区、2个水产养殖场。总人口6.14万人。其中，男3.08万人，女3.06万人；非农业人口1.09万人。外来暂住人口6 515人。

农业。继续加强粮食“丰产方”建设，全年生产粮食10万吨，实现粮食产量“十连增”。加大农机补贴力度，全年新增大型农业机械68台（套），其中收割机24台、插秧机15台、大型拖拉机15台、条播机14台。推进农机现代化建设，创成“农机平安乡镇”。秸秆还田率大幅提高。引进农作物新品种4个，推广新技术5项，建立“丰产方”4个。成功申报扬州市级农产品加工企业4家，注册家庭农场1家，新注册农产品品牌4个。投入1 200多万元，实施扬州市级土地整理项目1项，规模53公顷；实施占补平衡项目11.3公顷；争取项目资金80万元，实施城乡增减挂钩项目2.04公顷；争取项目资金75万元。

工业。产业特色凸显，初步形成以液压机械制造、金属钢铁铸造、新型医疗器械、新兴电力材料、汽车配件、精细化工、休闲鞋包、农产品深加工为主的八大产业体系，其中液压机械企业177家，全年实现开票销售额11.34亿元，占全部工业开票销售额45%。产业转型升级步伐加快，工业主打产品由标准件、液压件、结构件、铆焊件等逐步朝着新型化、大型化、成套化、高端化方向转型，逐步形成以生物质发电成套设备、新型墙体材料制造成套设备、大型水利工程机械、新型医疗机械、余热回收成套设备、低耗钢铁铸造、环保机械设备、航空配件、军工产品为主导的产业结构体系。鞋服企业产品由外贸出口向自营出口转变。全年实现工业总产值83.8亿元，其中规模以上工业产值47.3亿元，规模以上工业利税1.87亿元，应税销售开票25.2亿元。新增规模以上企业2家，累计有规模企业42家。

建筑业和第三产业。加强建筑企业工程质量管理、安全施工、外埠市场开拓，实现建筑业产值15亿元。服务业朝新兴、科技、高效、现代方向发展，实现第三产业增加值7.71亿元，增长13.5%，完成第三产业新增投入3.1亿元，增长14.3%，第三产业从业人员1.22万人，占全镇从业人员39.2%。新增限额以上服务业企业1家、商贸流通企业1家；新开工建设亿元以上服务业项目3项。

招商引资。全年实施投资额5 000万元以上工业项目9项，其中亿元以上项目5项；竣工达产项目6项，其中亿元以上项目2项。全年新增私营独资企业200家，新增个体工商户360户，实际利用民资7.8亿元，新增民营注册资本6.3亿元。

工业集中区建设。全年累计投入近800万元用于工业集中区基础设施建设，促进东部园区东西拉长发展、西部园区南北延伸发展。启动液压机械特色产业园区连新路建设，路长3.3千米、宽20米，打好连新桥、南邱河大桥基础。全年新建标准化厂房10.5万平方米，新增工业集中区入园企业15家；集中区企业开票销售20.37亿元，入库税收1.12亿元。全年申请专利346件，获批120件，其中发明专利2件；申报高新技术企业4家、高新技术产品9个，获扬州市科技进步奖2项，引进高层次人才16名，申报省“双创”计划人才1名，申报省“博士集聚”计划人才6名，申报扬州市“绿扬金凤”计划5项。举办产学研合作座谈会，促成企业与高校签订项目开发协议4项。

镇村建设。加固防洪圩堤险工患段2.7千米、完成土方4.5万立方米，维修改造圩口闸4座、改建排涝站8座，完成北澄子河和南盐邵河等驳岸护坡工程3千米。全年累计投入700多万元，新建、改建农桥29座，新建镇村硬质化道路12.5千米。建成新伍大桥，启动建设6千米长的南接线东延工程。完成植树造林面积145.2公顷，其中成片林81.7公顷，被评为扬州市绿化先进乡镇，曾钰村创成省级绿化示范村。加大集镇建设开发力度，全年新开工建筑面积8万平方米，竣工4万平方米，以商贸综合体为重点，相继开工建设阳光水岸、悦秀花园、东屏花园等一批商业项目。完成镇北大桥至长林沟近2千米的骨干道路拓宽改造工程，新铺设集镇排水管道1千米，新增道旁绿化面积2万平方米。实施垃圾中转站扩建工程。建成海陵社区居民活动广场。

社会事业。优先发展教育事业，甸垛高中高考本科上线11人，甸垛初中获“省平安校园”“扬州市优美校园”称号，汉留小学创成扬州市数字化校园、平安校园和高邮市诗教示范校，建成沙堰小学综合楼和后勤服务楼，完成汤庄小学和初中标准塑胶操场建设。进一步深化医药卫生体制改革，组织全镇60周岁以上老年人进行体检；开展动物防疫、防控工作，先后开展社会大消毒4次，防疫畜禽200多万只（次），创建省级生态养殖场1家。加强文化设施配套建设，加快数字电视整转步伐，全镇数字电视用户1.3万户，整转率97%；开通村级数字网络，建成电子阅览室和远程管理平台，配齐全民健身体育器材。计划生育率98.7%，人口自然增长率6.04‰。加强经济薄弱村帮扶工作，落实高邮市帮扶村5个、扬州市帮扶村7个、省帮扶村1个，全年累计获帮扶资金170万元。认真做好全国第三次经济普查、人口变动和城乡劳动力一体化调查等工作，创成省级基础统计规范化建设达标单位。

（刘廷虎）

【汤庄镇创成平安农机示范乡镇】 2013年，汤庄镇加强农机管理工作，推进平安农机创建。通过健全档案资料，设立农机驾驶人台账，办理农用机械行驶证和保险等措施规范农机管理，确保安全生产作业，全年新办大中型拖拉机驾驶证48份、行驶证43份，收割机驾驶证7份、行驶证7份。3月，对全镇79台上道路运输拖拉机进行检审，检审率98%。4～6月，对全镇900多台纯手扶拖拉机进行备案登记。通过悬挂横幅、宣传标语等方式广泛宣传农机安全知识，组织驾驶人员培训，遏制农机事故发生，全年未发生重大农机伤亡事故。12月，该镇被省农机局、省安监局评为平安农机示范乡镇。

（刘廷虎）

表69

2013年汤庄镇主要经济社会指标实绩表

项　目	单位	2013年	2012年	比上年(±%)	项　目	单位	2013年	2012年	比上年(±%)
地区生产总值	万元	217 278	199 875	8.7	规模以上工业利润	万元	19 005	13 424	41.6
第一产业	万元	56 635	51 434	10.1	工业企业数	家	342	347	−1.4
第二产业	万元	83 540	81 372	2.7	工业从业人数	人	16 250	16 710	−2.8
第三产业	万元	77 103	67069	15.0	建筑业产值	万元	150 000	140 000	7.1
公共财政预算收入	万元	14 017	16 405	−14.6	建筑业利润	万元	15 000	—	—
农业总产值	万元	56 635	44 230	28.0	建筑业从业人数	人	1 125	1 038	8.4
粮食总产量	吨	104 838	100 297	4.5	实际利用外资	万美元	—	30	—
棉花总产量	吨	25	33	−24.2	外贸出口额	万美元	3 987	10 286	−61.2
油料总产量	吨	880	857	2.7	第三产业从业人数	人	11 937	12 873	−7.3
肉类总产量	吨	5 240	5 440	−3.7	新增个体工商户	户	360	115	213.1
禽蛋产量	吨	3 980	4 324	−8.0	学校	所	6	6	—
水产品产量	吨	17 372	15 534	11.8	在校学生数	人	2 608	2 694	−3.2
农业从业人数	人	8 829	9 084	−2.8	外出劳务人数	人	12 887	7 656	68.3
全部工业总产值	万元	837 768	792 351	5.7	外来劳务人数	人	5 559	5 440	2.2
规模以上工业总产值	万元	472 991	440 993	7.3	农民人均纯收入	元	18 600	16 108	15.5

（市统计局　刘廷虎）

表70

2013年汤庄镇村、社区基本情况表

村、社区	党支部书记	村(居)委会主任	会计	村(居)民小组数(个)	户数(户)	总人口(人)	农业面积(公顷)	工业企业(家)	社会总产值(万元)	人均收入(元)
汤庄村	张志桂	顾有忠	陈华	10	1 211	3 783	363	50	24 648	22 111
缪阳村	汤国发	张传宝	张二银	10	843	2 730	378	23	6 956	17 557
友谊村	居万生	王玉中	许志国	12	1 081	3 451	484	5	6 686	18 231
联谊村	单元忠	单元忠	李凤章	9	536	1 915	206	6	5 042	16 612
潘季村	刘春林	谭士友	朱定宇	9	813	2 702	454	8	5 828	16 925
南屏村	胡有美	翁学良	朱丽华	10	841	2 695	362	7	6 012	17 719
双屏村	校学高	何正洲	吉永明	7	845	2 912	481	7	8 750	18 500
沙堰村	嵇春金	郭兆平	陈顺兵	13	1 641	3 219	462	20	5 822	19 069
长林村	孙志林	李凤珠	郭万才	9	791	2 826	442	4	7 104	18 279
京汉村	李建民	张炳荣	吴桂祥	17	804	2 483	430	2	5 396	18 560
富南村	吴中德	吴增祥	吴丽丽	12	707	2 299	351	5	4 590	18 800
汉留村	沈志华	李湘峰	王志兵	25	1 442	4 622	628	26	9 382	17 224
曾钰村	周瑞荣	姜国庆	吴斌	16	922	3 294	457	22	6 886	18 602
跃进村	吴才安	刘学军	黄有林	11	602	2 028	301	13	9 674	18664
甸垛村	余兴良	吴桐	孙如峰	11	827	2 980	341	13	7 339	18 201
四异村	吴开峰	刘华山	薛兆龙	17	—	4 275	555	8	9 482	18 516
友好村	周高斌	吴凤梅	樊宏宝	13	883	2 763	333	3	7 722	18 704

续表70

村、社区	党支部书记	村(居)委会主任	会计	村(居)民小组数(个)	户数(户)	总人口(人)	农业面积(公顷)	工业企业(家)	社会总产值(万元)	人均收入(元)
阳澄社区	余艳梅	郑殿岭	—	7	1 154	3 578	—	—	—	22 475
汉留社区	李婷	徐志敏	—	5	—	2 139	—	—	—	23 658
海陵社区	罗爱斌	罗爱斌	李光明	—	1 606	5 620	—	102	—	26 512
金堰社区	谢小娟	郭万众	吕春兰	—	754	2 350	—	50	—	21 546
汤庄养殖场	周荣富	—	沈久定	—	—	—	—	—	—	15 256
沙堰养殖场	徐有高	—	吴竹荣	—	—	—	—	—	—	58 282

（刘廷虎）

三垛镇

【概况】 9月，市委、市政府实施部分乡镇行政区划调整工作，撤销司徒镇、三垛镇，将原司徒镇、三垛镇行政区域合并设立新的三垛镇。该镇位于高邮城东20千米，东临甘垛镇，南连汤庄镇，西接龙虬镇，北界临泽镇。高兴东公路与安大路、三阳河、北澄子河穿越全境，并在镇区交汇，成“井”字形布局。总面积150.2平方千米，其中耕地面积6 923公顷。辖21个村、6个社区。总人口7.58万人。其中，男3.80万人，女3.78万人；非农业人口1.66万人。外来暂住人口1 339人。

农业。全年粮食总产量9.68万吨，实现粮食产量“十连增”。推进超高产示范方建设，中茆吴水稻示范方亩产790千克。罗氏沼虾、鳜鱼等特殊水产品养殖喜获丰收。饲养生猪7万头，家禽330万只。建成高效农业面积533.3公顷，新增高效种植业百亩以上连片规模化面积200公顷。落实村级“一事一议”财政奖补项目13项，财政奖补资金173万元。新增农民专业合作社4家，土地股份合作社3家，新创扬州市级以上“五好示范合作社”1家、“扬州市示范经济合作社”2家。改建、维修圩口闸13座，新建、改建机电排涝泵站13座，增加排水流量25立方米/小时；全镇泵站总数98座，流量170.5立方米/小时。实施危桥改造“三年行动计划”，改造危桥130座。提升农业机械化水平，机收率100%、机插率40%、机械化还田率80%，农业综合机械化水平明显提升。

工业。扶持发展重点行业，快速发展骨干企业，加速推进项目建设，以消防器材、纺织服装、金属材料、钢架结构、电子产品、机械构件、精密铸造、农副产品加工等为主体的工业格局已经形成。全年实现工业产值102.61亿元、增长15.3%，工业开票销售额10.23亿元、增长15.8%，入库税收5 200万元、增长27.7%；新增规模以上企业2家。

建筑业和第三产业。推动建筑业快速发展，完成建安企业总产值26.5亿元、增长23%，施工产值22.2亿元、增长26%，多元化经营产值比重16.2%。承接施工面积137万平方米，竣工面积83万平方米，工程合格率100%。三阳第一城小区，阳光小区6号、7号、8号楼分别创成省、扬州市文明工地。加快服务业重大项目建设，全年完成服务业固定资产投资5.9亿元，增长16%；新增服务业限额以上企业4家，新增5 000万元以上服务业重大项目2项。出台《少游故里名人村项目推进方案》，成立注册资本金5 000万元的秦家垛旅游发展有限公司，加快路桥等基础设施建设。

招商引资。推进招商引资和项目建设，全年新开工投资额1亿元以上项目4项。全年新增有限责任公司注册资本金5.4亿元，新增个体工商户349户、下降8.9%，新注册商标41件，协议利用外资400万美元，实际利用外资320万美元。

镇村建设。继续实施集镇“北扩东进”战略，推进年度集镇“十大工程”建设。启动农贸市场综合体建设工程；完成三百六村农民集中居住区规划；少游文化广场和文化中心建成并投入使用；改造光明桥至镇西入口段综合环境，新建占地1.3公顷的镇西居民广场；实施三号河驳岸工程；新建排污管网2千米。电力保障能力不断提高，新增配电变压器13台，更换配电变压器12台，新建、改造配电箱16台，改造10千伏线路39.93千米，改造低压线路24.63千米，改造接线1 579户。改造危房116户。强化集镇城管、环卫、社区管理队伍建设，实现集镇管理制度化、规范化。拆除违章搭建17处、面积460平方米，拆除非住宅违建26处、面积1 076平方米，拆除镇区违规灯箱19只。新建农村垃圾收集房30座，添置垃圾桶400只，全镇垃圾集中处理率100%。继续推进“星级康居乡村”创建工作，累计创成环境整洁村298个、“一星级”康居村庄12个、“二星级”康居村庄10个、“三星级”康居村庄2个。加固圩堤6处、土方4.5万立方米；疏浚整治农村河道45条、46.6千米，完成土方33.3万立方米；清理渠道6千米、完成土方1.8万立方米。植树造林121.6公顷，累计植树20多万株。农村环境“五位一体”长效管护机制基本形成，村庄环境整治工作通过省、扬州市验收。

社会事业。启动三垛中心小学迁建工程，改善三垛初级中学、三垛中心幼儿园、二沟小学校园环境。三垛初级中学承办扬州市精致教育管理现场会，并创成省现代化学校。司徒社区教育中心创成扬州市社区教育示范中心。举办“少游故里话七夕”文艺晚会，承办高邮市第十届社科普及宣传周开幕式活动。推进村级文化阵地建设，村级健身房、图书室、文化广场等文体设施进一步完善。加强人口和计划生育管理服务，推进“秦邮人家·健康幸福”促进工程，持续推进婚育新风进万家活动，加强信息网络建设和基层管理，完善人口和计划生育利益导向机制，计划生育政策符合率99.55%、流动人口管理服务率100%、参查率99%、群众满意率100%。组织全镇群众开展爱国卫生运动，加强卫生基础设施建设，创成省级示范村卫生室1家、高邮市“四星级”村卫生室2家、“五星级”村卫生室1家。新型农村合作医疗参保率99.89%。新建无害化户厕1 300座，农村卫生厕所普及率88.43%。卫生环境全面提升，创成江苏省卫生镇。全年累计为1.74万人办理领取农村基础养老保险手续，覆盖率96%。办理企业职工养老保险人数5 200人，完成公积金扩面征缴人数360人，举办劳动力技能培训班24期，参训人员3 000人次。开展救助救济活动，落实优抚优待政策，“5·19慈善一日捐”活动共募集救助金17万元，成立高邮市慈善总会三垛分会。向2 028名80周岁以上老年人发放尊老金，并为其免费办理人身意外伤害保险。关心弱势群体，发放城镇低保、农村低保和重残人员生活补助526万元。重视双拥工作，连续第三次创成扬州市双拥模范镇。推进技防入村、入户、入塘口工程，完善视频监控中心，新安装高清探头6个。成立有45名队员的巡防保安队加强治安巡查，建立健全镇、村、组、户四级信息网络，实现信访维稳信息工作全覆盖。发挥“大调解”机制作用，全镇信访和矛盾纠纷办理回复率、调处率、调处成功率、群众满意率均在98%以上，连续三年被评为扬州市社会管理平安建设先进乡镇，连续两年被评为高邮市维护社会稳定先进乡镇。（戚建辉）

表 71

2013 年三垛镇主要经济社会指标实绩表

项　目	单位	2013 年	2012 年	比上年(±%)	项　目	单位	2013 年	2012 年	比上年(±%)
地区生产总值	万元	210 769	189 238	11.4	规模以上工业利润	万元	6 498	4 474	45.2
第一产业	万元	81 190	73 476	10.5	工业企业数	家	996	940	6.0
第二产业	万元	45 670	43 156	5.8	工业从业人数	人	9 043	9 153	−1.2
第三产业	万元	83 909	72 606	15.6	建筑业产值	万元	260 000	216 000	20.4
公共财政预算收入	万元	4 333	7 205	−39.9	建筑业利润	万元	2 390	2 034	17.5
农业总产值	万元	166 813	134 929	23.6	建筑业从业人数	人	1 359	1 151	18.1
粮食总产量	吨	92 763	91 537	1.3	实际利用外资	万美元	320	269	19.0
棉花总产量	吨	55	73	−24.7	外贸出口额	万美元	4 060	3 690	10.0
油料总产量	吨	1 955	1 816	7.7	第三产业从业人数	人	12 598	12 482	0.9
肉类总产量	吨	9 080	8 340	8.9	新增个体工商户	户	349	383	−8.9
禽蛋产量	吨	2 528	2 278	10.8	学校	所	9	9	—
水产品产量	吨	37 838	30 836	22.7	在校学生数	人	4 820	5 294	−9.0
农业从业人数	人	15 258	15 361	−0.7	外出劳务人数	人	9 181	8 569	7.1
全部工业总产值	万元	1 026 078	890 270	15.3	外来劳务人数	人	1 339	1 291	3.7
规模以上工业总产值	万元	242 781	217 453	11.6	农民人均纯收入	元	15 930	13 779	15.6

（市统计局　戚建辉）

表 72

2013 年三垛镇村、社区基本情况表

村、社区	党支部书记	村(居)委会主任	会计	村(居)民小组数(个)	户数(户)	总人口(人)	农业面积(公顷)	工业企业(家)	社会总产值(万元)	人均收入(元)
三百六村	邵兴林	赵维祥	陈其堂	10	915	3 208	133	9	4 675	15 653
茆吴村	王平	马年钦	王有良	8	808	2 823	334	30	6 713	15 448
春生村	陈有松	倪维岭	翁中来	15	1 280	4 333	411	46	7 076	15 428
东楼村	吴静波	周华	郑元峰	9	985	3 794	258	18	5 634	15 424
林阳村	刘小平	陈华山	刘长松	14	794	2 557	336	2	6 700	15 293
二沟村	徐明宝	高正红	陈传刚	10	553	1 871	164	4	8 931	17 215
俞胡村	孙松	孙浩	王义春	19	953	3 617	409	6	10 764	15 163

续表 72

村、社区	党支部书记	村(居)委会主任	会计	村(居)民小组数(个)	户数(户)	总人口(人)	农业面积(公顷)	工业企业(家)	社会总产值(万元)	人均收入(元)
南丰村	周恒权	徐媛	陈清宏	20	1 121	3 981	427	12	21 724	15 437
剑鸣村	陆万美	钱恒通	刘浩	18	1 089	3 445	488	3	6 225	15 280
保安村	蒋瑞祥	赵宝宏	左元浪	21	970	3 518	480	6	11 164	15 312
武宁村	吕广标	徐金宝	徐和民	12	813	2 853	312	18	6 621	15 261
柳南村	陈军	强大新	娄付军	13	1 046	3 798	442	13	10 896	15 353
港河村	张学义	管明海	王兆年	8	537	2 052	289	4	4 366	15 611
大卢村	吴春兰	吴益权	赵宝宏	13	834	3 076	378	4	7 376	15 718
少游村	王朝良	秦长权	陆家银	8	755	2 819	353	10	5 916	16 146
柘垛村	杨春宏	缪从安	王才军	13	1 049	3 608	378	53	26 769	17 343
司徒村	刘国华	肖宏桂	秦国祥	13	1 082	3 965	391	7	25 697	17 348
米仓村	王正富	胡良	沈云峰	12	812	2 761	244	48	17 487	17 241
兴联村	顾长兵	周中华	葛瑞林	13	954	3 558	326	6	18 889	16 324
耿庭村	包正芳	姜恩韦	张德宏	11	801	3 763	243	24	18 344	17 059
官垛村	王仁兵	郭永法	晏根章	13	1 020	3 687	314	30	226 568	15 527
东风居委会	陈忠华	崔燕	—	6	1 174	2 549	—	—	—	—
光明居委会	赵宗友	李素英	—	20	1 025	2 431	—	—	—	—
前进居委会	许卫华	王婷	—	9	795	1 852	—	—	—	—
二沟居委会	徐明宝	高正红	—	3	501	718	—	—	—	—
武宁居委会	吕广标	吕广标	—	3	556	1 177	—	—	—	—
司徒居委会	陈生久	郭彩琴	—	5	671	1 167	—	—	—	—

(戚建辉)

甘垛镇

【概况】 9月，市委、市政府实施部分乡镇行政区划调整工作，撤销横泾镇、甘垛镇，将原横泾镇、甘垛镇行政区划合并设立新的甘垛镇。该镇位于高邮市东部，东与兴化市接壤，南临北澄子河，与汤庄镇隔河相望，西与三垛镇交界，北接临泽镇。高兴东公路穿镇而过。总面积149.7平方千米，其中耕地面积6 357公顷。辖16个村、3个社区。总人口5.98万人。其中，男3.07万人，女2.91万人；非农业人口9 044人。外来暂住人口1 724人。

农业。全年实现农业增加值7.32亿元，农民人均纯收入1.71万元，分别增长10.4%、14.6%。以发展现代农业为目标，加快推进高效农业和农业园区建设，新增高效设施农业面积446.7公顷，建成省级高效养殖示范基地1个、扬州市现代农业产业园区1个。新组建农村“三大合作”组织6家，落实“一事一议”财政奖补项目，争取省级财政扶持和补助项目资金270万元。加强农村实用技术培训，举办各类培训班25期，推广各类新型农机具972台，机械插秧面积2 000公顷。全面落实各项惠农政策，发放各类涉农惠农补贴1 322万元。开展挂钩帮扶经济薄弱村工作，争取项目资金590万元。推进农业招商，全年农业利用民资1.4亿元。

工业。坚持工业发展第一方略，积极适应宏观环境，强化政策引导扶持，加快“微小企业进规模、规模企业上台阶”工作步伐，推进创新驱动、产业联动发展。新增规模以上企业3家，累计有规模以上企业14家。实现规模以上工业产值14.73亿元、增长1.5%，工业开票销售额10.05亿元、增长9%，完成工业入库税收4 315万元、增长4.1%。新增产值过亿元企业1家。实施产学研合作项目3项，新增省级以上高新技术产品3个。引进6名教授挂职企业，共有5人入选“双创”计划和“绿扬金凤”计划。

建筑业和第三产业。全年实现建筑业产值12.1亿元，服务业增加值5.85亿元，分别增长5.85%、15.8%。江苏同发建筑公司晋升建筑总承包二级资质，联华超市全面建成并交付使用，怡膳粮坊、四野农庄等服务业项目相继竣工。新增服务业限额以上企业4家、个体工商户103家。

招商引资。盘活存量、整合资源，推进扬州三元动力机械有限公司建设，实施微型电机、不锈钢纤维、沥青基础材料等一批重大项目。顺利签订10亿元光伏发电项目协议，新开工亿元以上工业项目1项、5 000万元以上项目4项，竣工亿元以上项目1项、5 000万元以上项目5项。有限责任公司注册资金实际到账2.9亿元，新增私营企业164家。

镇村建设。扎实推动集镇重点工程建设，财政所办公楼、农经服务中心办公楼、文怡小区、横泾人民街第一期工程全面建成并交付使用。新增成片林124公顷。新建、改造10千伏线路23千米、低压线路29千米、配电变压器11台。改造危桥9座、农桥12座。维修路面7处、588平方米，沥青灌缝4 945米，实施路肩培土整治1.6万米、土方2 400立方米。加固圩堤8.2千米、土方7万立方米，疏浚农村河道56千米、土方52万立方米；新建和改建圩口闸4座、新建泵站3座。启动实施横泾河整治工程。申报省耕地占补平衡项目5项、面积19.8公顷，实施城乡建设用地增减挂钩复垦项目2项、面积7.7公顷；净增耕地22.2公顷。

社会事业。突出教育优先发展地位，加大教育硬件设施投入，甘垛初级中学建成并投入使用。医疗综合改革更加深入，公共卫生服务水平不断提高。成功举办河口庙会、北韩村“迎中秋　庆国庆”文艺演出、舞龙和广场舞比赛等文化活动。实施数字电视网线改造工程，为6个行政村更换光缆2.2万米、辅助设备7 800个。开展“新农村、新家庭、新三年”计划，推进人口和计划生育基层群众自治示范村(居)和群众满意计划生育服务站所创建活动，计划生育率98%以上。社会保障水平逐年提升，当年发放基础养老金1 163万元，受益人数1.3万人；发放新农合补助资金1 677万元；发放五保户供养金、农村低保金519万元。开展H7N9禽流感防控处置、食品药品安全等重点行业领域专项整治工作，连续六年被扬州市人民政府命名为“安全合格乡镇”。

（田威）

表73

2013年甘垛镇主要经济社会指标实绩表

项　目	单位	2013年	2012年	比上年(±%)	项　目	单位	2013年	2012年	比上年(±%)
地区生产总值	万元	153 523	140 745	9.1	规模以上工业利润	万元	3 214	3 086	4.1
第一产业	万元	73 206	66 331	10.4	工业企业数	家	218	204	6.7
第二产业	万元	31 150	30 745	1.3	工业从业人数	人	7 852	7 331	7.1
第三产业	万元	49 167	43 669	12.6	建筑业产值	万元	120 523	108 471	11.1
公共财政预算收入	万元	7 200	6 316	14.0	建筑业利润	万元	—	820	—
农业总产值	万元	135 120	111 683	21.0	建筑业从业人数	人	1 877	1 779	5.5
粮食总产量	吨	72 262	84 536	−14.5	实际利用外资	万美元	100	100	—
棉花总产量	吨	3 092	2 901	6.6	外贸出口额	万美元	85	105	−19.0
油料总产量	吨	1 980	2 214	−10.6	第三产业从业人数	人	11 530	11 229	2.7
肉类总产量	吨	6 761	6 660	1.5	新增个体工商户	户	103	299	−65.6
禽蛋产量	吨	12 500	14 318	−12.7	学校	所	3	6	−50.0
水产品产量	吨	22 795	24 694	−7.7	在校学生数	人	981	1 550	−36.7
农业从业人数	人	11 436	11 458	−0.2	外出劳务人数	人	9 881	15 580	−36.6
全部工业总产值	万元	658 890	527 110	25.0	外来劳务人数	人	1 724	1 726	−0.1
规模以上工业总产值	万元	147 325	145 179	1.5	农民人均纯收入	元	17 072	14 898	14.6

（市统计局　田威）

表74

2013年甘垛镇村、社区基本情况表

村、社区	党支部书记	村(居)委会主任	会　计	村(居)民小组数(个)	户数(户)	总人口(人)	农业面积(公顷)	工业企业(家)	社会总产值(万元)	人均收入(元)
河口村	吕小平	徐长智	张士银	13	810	2 876	306	18	10 336	17 227
姚家村	翁永高	姚渔杭	赵小平	15	1 209	3 925	504	2	8 598	16 079
北韩村	李长德	耿周敏	王锦荣	15	1 269	4 047	531	3	9 911	16 926
和平村	鲍飞鹤	李海波	陈宏亮	10	1 634	4 073	282	4	8 968	16 062
振兴村	韦志高	张友广	徐学余	14	1 196	3 928	497	8	8 030	16 836
横铁村	倪长春	吴国春	吴凤升	14	1 041	3 410	369	10	8 763	17 077
沙贯村	陶安良	从勇乙	俞荣林	13	945	3 108	392	8	6 592	16 537
甘泉村	张增广	—	周道荣	7	882	2 684	188	16	6 417	17 239
新庄村	李小兵	宗志勇	高阿贵	9	675	2 379	293	9	6 532	17 215

续表 74

村、社区	党支部书记	村(居)委会主任	会计	村(居)民小组数(个)	户数(户)	总人口(人)	农业面积(公顷)	工业企业(家)	社会总产值(万元)	人均收入(元)
荷花村	袁桂兵	郑传旺	俞孝贵	16	1 197	3 930	497	5	10 614	17 002
渔海村	戴庆桂	陈春山	杨政礼	15	943	3 057	381	5	9 713	17 021
三郎庙村	赵伯民	盛恒飞	倪云峰	15	1 196	4 285	358	5	121 544	17 901
三河村	朱圣猛	樊长存	薛冬林	13	1 010	3 342	279	2	19 181	17 423
横泾村	姚国遂	王中泰	朱恩建	16	1 312	4 186	435	4	26 917	17 064
官林村	林华武	凌生珠	韩正大	16	1 475	4 813	430	3	29 848	17 363
带程村	周　智	毛国强	黄益华	15	1 137	3 912	409	3	14 000	17 073
横泾社区	钱向前	吴龙香	—	3	582	1 126	—	1	114 979	19 460
甘垛社区	许德广	—	张步道	1	727	1 341	—	16	6 661	17 232

（田威）

临泽镇

【概况】 9月，市委、市政府实施部分乡镇区划调整工作，撤销临泽镇、周巷镇，将原临泽镇、周巷镇行政区划合并设立新的临泽镇。该镇位于高邮市东北部，东与兴化市接壤，北与宝应县毗邻，南连甘垛镇、三垛镇、周山镇，西邻界首镇，332省道横穿东西，安大公路、三阳河纵贯南北。总面积199.4平方千米，其中耕地面积7 901公顷。辖22个村、6个社区。总人口9.11万人。其中，男4.58万人，女4.53万人；非农业人口1.88万人。外来暂住人口2 595人。

农业。以村级组织“四有一责”（有持续稳定的集体收入、有功能齐全的活动阵地、有先进适用的信息网络、有群众拥护的三强带头人，加强基层组织建设责任）建设为契机，推进农业增产、农民增收。全年实现农业增加值7.98亿元，农民人均收入1.55万元，80%以上的村集体收入超20万元。强化农业特色园区、基地建设，重点打造朝晖蔬菜产业园和临泽低碳循环农业园。新增高效设施农业面积206.7公顷、高效设施渔业面积580公顷。创新农村经营主体，在全市率先组建“康之缘”家庭农场，全年新组建家庭农场12家，创建市示范合作组织2家，农民股份合作社新增入股土地面积166.7公顷。创成省级水稻万亩示范片2个，每亩最高单产798.7千克。加强农业基础设施建设，投入2 000万元，新建排涝泵站20座、圩口闸8座、硬质化渠道12千米，完成河道疏浚土方30万立方米。投入230万元完成以瓦港村、东荡村为重点的千亿斤粮田建设工程，新建提水泵站4座、田间硬质化道路4.14千米、桥梁5座、防渗渠道1.6千米。新增成片造林面积77.8公顷。开展农民专业培训、创业培训，全年培训农民2.1万人次。

工业。强化领导干部联系企业制度，帮助企业解决用工、用电、用地、融资难题。坚持以市场为导向、以企业为主体，推进产业结构优化升级，积极培植新材料、新能源、机械电气设备制造等新兴产业，重点推进扬州市天宇鞋业有限公司护士鞋新品开发、高邮市万嘉面粉有限公司糯性小麦深加工、高邮维扬鞋业有限公司军用鞋扩量、江苏匡克防护有限公司品牌服装制造、扬州市丽邮人造板有限公司资产重组等传统产业提升改造工程，工业运行质态明显好转。全年实现工业总产值111.1亿元，增长0.2%；规模以上工业企业利润2.77亿元，增长10.9%。推进科技创新，新增省级以上高新技术产品2个、扬州市名牌产品1个；申请专利90件，其中发明专利4件，新增注册商标45个，签订产学研合作协议2项。

建筑业和第三产业。全年完成建筑企业总产值46.8亿元，增长25.9%，被评为高邮市建筑业先进乡镇。整合资源，发展物流、房地产、特色餐饮、旅游等行业，加快建设幸福豪庭、商贸城、安乐寺、春华秋实观光采摘园等服务业项目，为现代服务业发展打造新载体。全年实现服务业增加值9.3亿元，增长13.4%。

招商引资。积极探索招商引资新举措、新办法，有计划、有针对性地开展领导招商、小分队招商、委托招商、以商引商，建立重大项目领导挂联制度，加大项目建设推进力度。新开工投资额5 000万元以上项目5项，其中投资额1亿元以上项目2项；竣工投产项目4项。

镇村建设。坚持统筹兼顾，改善镇村环境。投入1 000万元，实施老镇区道路改造、排水管网疏通、污水管网建设第二期、振兴南路和幸福大道绿化、临周大桥改造等工程。推动区域供水社区管网改造，完成临泽水厂回购任务。推进农村环境综合整治，全面完成村庄环境整治任务，顺利通过扬州市级考核验收。开展改厕普及村创建活动，完成改厕1 800座。实施危桥改造工程，改造桥梁24座。

新开通临泽至朱堆、临泽至东荡、临泽至川东、临泽至周巷四条镇村公交线路。

社会事业。投资 300 万元，改建周巷中心幼儿园和中心小学；投入 750 万元实施临泽中心小学、临泽初中操场塑胶化项目，铺设临泽初中、川青小学等校园硬质化场地2 000平方米。加快文化临泽建设，开展“诗词六进”活动，创成“江苏省诗词之乡”。编辑出版《品味临泽》一书，全面宣传推介古镇临泽。投资 500 万元建成临泽广电大楼，10 个行政村完成数字电视整转工作，新增数字电视用户 120 户。投入 50 万元装修周巷中心卫生院门诊大楼。临泽中心卫生院中医科创成“江苏省乡镇卫生院示范中医科”。进一步健全社会救助和社会保障体系，全年发放低保、“五保”、尊老、残疾救助、军人优抚等各类资金 900 万元，受惠群众5 000人。共向全镇 2.1 万名年满 60 周岁的农村居民发放基础养老保险金1 998.2万元。推进村级人口文化园和家庭人口文化中心户建设，组织“红围巾”志愿者慰问 49 户计划生育特困家庭，计划生育率 98%。深入开展“六五”普法，认真落实领导包案制度，排查化解责任，整改各类安全隐患，强化食品、药品安全动态监测，社会保持和谐稳定。（董启岚）

表 75

2013 年临泽镇主要经济社会指标实绩表

项　目	单 位	2013 年	2012 年	比上年(±%)	项　目	单 位	2013 年	2012 年	比上年(±%)
地区生产总值	万元	261 175	239 899	8.9	规模以上工业利润	万元	27 660	24 937	10.9
第一产业	万元	79 810	72 475	10.1	工业企业数	家	552	574	−3.8
第二产业	万元	88 300	85 339	3.5	工业从业人数	人	18 534	18 321	1.2
第三产业	万元	93 065	82 085	13.4	建筑业产值	万元	468 000	371 600	25.9
公共财政预算收入	万元	4 578	5 788	−20.9	建筑业利润	万元	3 685	3 435	7.3
农业总产值	万元	159 750	125 852	26.9	建筑业从业人数	人	1 230	1 120	9.8
粮食总产量	吨	134 789	135 956	−0.9	实际利用外资	万美元	9	48	−81.3
棉花总产量	吨	2	7	−71.4	外贸出口额	万美元	12 620	6 148	105.3
油料总产量	吨	2 667	2 419	10.3	第三产业从业人数	人	13 417	14 157	−5.2
肉类总产量	吨	9 739	9 501	2.5	新增个体工商户	户	378	345	9.6
禽蛋产量	吨	2 663	1 740	53.0	学校	所	7	7	—
水产品产量	吨	26 156	25 771	1.5	在校学生数	人	4 730	5 272	−10.3
农业从业人数	人	13 538	13 143	3.0	外出劳务人数	人	15 944	15 261	4.4
全部工业总产值	万元	1 111 298	1 108 639	0.2	外来劳务人数	人	2 482	2 390	3.8
规模以上工业总产值	万元	491 406	451 491	8.8	农民人均纯收入	元	15 500	13 470	15.1

（市统计局　董启岚）

表 76

2013 年临泽镇村、社区基本情况表

村、社区	党支部书记	村(居)委会主任	会　计	村(居)民小组数(个)	户数(户)	总人口(人)	农业面积(公顷)	工业企业(家)	社会总产值(万元)	人均收入(元)
韩　夏	夏永杭	孙有文	韩登云	13	746	2 530	369	8	6 670	15 277
蒋　颜	杨凤勤	韦忠华	韩文书	13	849	2 526	330	14	8 100	15 482
合　心	薛　飞	孙桂清	纪永荣	22	1 625	4 911	620	15	18 750	15 592
洋　汉	陈春堂	—	陈应明	15	726	2 613	337	4	9 270	15 588
法　青	王庆军	薛从生	沈国芳	16	1 042	3 411	447	7	12 080	15 599
朱　堆	俞荣根	匡清章	朱　春	19	1 425	4 825	528	18	14 250	15 003
东　荡	胡锦海	房金平	许凤鸣	12	792	2 702	363	4	8 785	15 596
川　东	卢金龙	王桂祥	卞庆星	11	718	2 773	415	7	6 165	15 631
小　葛	祁志芳	仲文高	葛金还	7	563	1 959	394	3	12 483	15 380
董　潭	徐建生	朱继国	—	20	1 563	5 267	986	14	20 400	16 084
瓦　港	姜海清	陆增祥	李协昌	11	821	2 657	345	13	6 755	14 685
西　河	郭元海	俞仁淦	胡兆珍	11	826	2 539	365	12	15 564	15 462
西　安	纪福明	秦国兴	张美斌	17	1 167	3 892	609	15	13 854	15 326
薛　北	潘建波	薛林松	薛正宏	9	691	2 796	345	2	7 490	15 501

续表 76

村、社区	党支部书记	村(居)委会主任	会计	村(居)民小组数(个)	户数(户)	总人口(人)	农业面积(公顷)	工业企业(家)	社会总产值(万元)	人均收入(元)
陈甸	陈忠	沙正勇	薛树华	10	758	2 927	338	2	12 320	15 850
周巷	胡锦淦	查永东	胡锦忠	15	1 369	4 449	563	13	27 500	15 547
钱镜	周瑞明	陈义林	吴永新	11	790	2 880	417	13	11 030	15 498
双马	陈祝明	乔金根	薛维山	16	1 207	4 159	593	9	12 718	15 338
营东	郑美香	薛润东	周峰	11	765	2 456	429	22	10 180	15 480
营南	朱洁	陈熔	冯宝龙	10	708	2 348	405	5	9 010	15 495
营西	王泽林	黎恒东	吴彬	11	790	2 501	400	11	8 986	15 496
营北	葛鸿林	沈歧宏	沈文义	17	1 035	3 401	547	20	14 900	15 505
泰山社区	刘元发	展厚忠	潘志权	22	1 367	4 145	286	45	24 470	15 783
临泽社区	沈小平	孙冬雪	—	25	4 380	12 860	—	41	53 120	—
川青社区	胡生坤	胡生坤	—	5	311	843	—	25	17 558	—
果林社区	葛其松	吕绍明	陈信兰	5	279	918	71	6	13 205	15 513
周巷社区	胡宏江	白雪庆	王洪发	—	371	1 212	—	45	—	—
营南社区	黎恒干	夏德银	沈文武	—	182	618	—	17	—	—

（董启岚　陆志海）

周山镇

【概况】 位于高邮市北部，距城区20千米，东连三垛镇，南邻龙虬镇，西接界首镇、马棚街道办事处，北靠临泽镇。总面积62.02平方千米，其中耕地面积2 986公顷。辖8个村、1个社区。总人口2.71万人。其中，男1.37万人，女1.34万人；非农业人口5 958人。外来暂住人口876人。

农业。围绕“建设生态名镇、发展特色农业”目标，推进农业现代化建设。引进盛世百年花木基地项目、扬州市扬子江种业有限公司种子仓储项目、好收成家庭农场项目、木材加工项目等一批农业项目。利用渔业资源优势，建成省级高效设施渔业示范基地。新组建农村“三大合作”组织4家，累计30家。争取资金950万元，新建排涝泵站6座，圩口闸7座，衬砌渠道6 500米，受益农田面积1 200公顷。投资70万元疏浚农村河道10条，完成土方16.8万立方米。实施土地复垦项目，净增耕地面积20.6公顷。新增土地流转面积287公顷，新增设施农业面积77公顷、设施渔业面积67公顷。落实惠农补贴政策，发放粮食综合直补等专项资金700.5万元，发放农机具补贴80万元。加强秸秆禁烧工作，夏秋两季秸秆还田面积4 000公顷、综合利用面积1 333公顷。认真做好绿化造林工作，森林覆盖率26%。全年培训劳动力480人次。

工业。坚持工业主导地位，出台《周山镇工业经济奖励意见》，引导和促进工业企业提质发展。全年实现工业总产值34.86亿元，开票销售额6.7亿元，分别增长15%、13%；实现规模以上工业企业产值4.9亿元，增长29.9%。

建筑业和第三产业。巩固传统建筑市场，努力拓展新市场，新开辟外埠市场3处，承接北京市燕京航城小区第一期、第二期工程，山西省阳泉国家电网项目第一期、第二期工程，宿迁市恒大绿洲商住楼项目等大型工程。全年承接施工面积85万平方米，竣工面积44万平方米；实现建筑业产值7.5亿元，增长7.1%。注重发展第三产业重点项目，优化服务业产业结构，新增服务业限额以上企业1家，即扬州杰翔能源物资有限公司；新注册个体工商户118户。

招商引资。优化招商引资政策，围绕服装加工行业、照明灯具行业、鞋业、商用道具行业、农副产品深加工业、电气产品制造业、粉末涂料生产业等重点产业，开展招商活动。全年新开工投资额5 000万元以上项目2项；竣工投产项目1项。全年新增有限公司注册资本1.1亿元，新增私营企业92家。

镇村建设。加大集镇规划力度，提升集镇建设品位，实施沈家支圩堤风景带及集镇河道驳岸等重点项目建设。加快“美好城乡建设行动”步伐，深入开展农村环境综合整治活动，拆除乱搭乱建1 965处、废弃房屋105户，完成116个村庄点整治任务，创成“二星级”村庄点2个、“一星级”村庄点5个，通过扬州市组织的全域性验收和省级验收。改造农村危房34户，查处违章建筑15户。全年改造危桥11座，顺利完成交通危桥改造任务。新增1 100千伏安配电变压器1台，增容250千伏安配电变压器1台，新建10千伏输电线路1.5千米，改造10千伏输电线路13.5千米。争取“一事一议”奖补和财政小农桥专项建设资金150万元，新建3条村通组道路和5座小农桥。新增卫生厕568座，建设户用沼气池50个。

社会事业。投入200万元，建成镇中心小学操场塑胶跑道；全镇学校均创建成省平安校园、扬州市平安校园、扬州市绿色学校、扬州市优秀家长学校。成立镇文联和镇诗词协会；全年送电影下乡152场，送戏下乡2场；组织人员参加全市广场舞比赛，并获优秀奖。新增数字电视用户31户，整转数字电视用户48户。开展群众满意医院创建工作；创建成扬州市慢性病综合防控示范乡镇；为60周岁以上老年人进行体检6 016人次，为2 082名妇女免费进行“两癌”筛查，建立居民健康档案2.18万人次。推进“和谐计生·幸福家庭”创建工作，开展镇第二届家庭人口文化节宣传活动。新增住房公积金扩面征缴人数50人，新农保参保人数7 770人，全年发放养老金补贴680万元。全年发放各类帮扶资金499.7万元，实施医疗救助97人次，帮扶特困学生60人次，实施临时救助300人次。开展“5·19慈善一日捐”“送温暖·献爱心”等活动，募集善款20多万元。推进平安周山、法治周山创建，努力维护社会稳定。（周麟）

表77

2013年周山镇主要经济社会指标实绩表

项　目	单位	2013年	2012年	比上年(±%)	项　目	单位	2013年	2012年	比上年(±%)
地区生产总值	万元	58 754	50 168	17.1	规模以上工业利润	万元	3 208	2 000	60.4
第一产业	万元	23 230	21 109	10.0	工业企业数	家	401	415	−3.4
第二产业	万元	10 056	7 348	36.9	工业从业人数	人	4 120	4 560	−9.6
第三产业	万元	25 468	21 711	17.3	建筑业产值	万元	75 000	70 000	7.1
公共财政预算收入	万元	2 592	2 108	23.0	建筑业利润	万元	106	98	8.2
农业总产值	万元	46 789	38 563	21.3	建筑业从业人数	人	460	480	−4.2
粮食总产量	吨	43 286	46 055	−6.0	实际利用外资	万美元	—	—	—
棉花总产量	吨	—	—	—	外贸出口额	万美元	—	—	—
油料总产量	吨	1 560	1 434	8.8	第三产业从业人数	人	5 292	5 101	3.7
肉类总产量	吨	3 180	2 830	12.4	新增个体工商户	户	118	96	22.9
禽蛋产量	吨	582	483	20.5	学校	所	3	3	—
水产品产量	吨	6 880	6 618	4.0	在校学生数	人	770	882	−12.7
农业从业人数	人	4 143	4 253	−2.6	外出劳务人数	人	6 510	6 420	1.4
全部工业总产值	万元	348 684	302 981	15.1	外来劳务人数	人	876	850	3.1
规模以上工业总产值	万元	48 956	37 676	29.9	农民人均纯收入	元	15 608	13 308	17.3

（市统计局　周麟）

表78

2013年周山镇村、社区基本情况表

村、社区	党支部书记	村(居)委会主任	会计	村(居)民小组数(个)	户数(户)	总人口(人)	农业面积(公顷)	工业企业(家)	社会总产值(万元)	人均收入(元)
吴堡村	吴永美	杨甫东	谢文祥	9	552	1 856	228	23	8 415	18 540
万福村	居乃谭	宋子荣	邵庆华	19	1 165	4 053	384	24	11 233	15 620
狄奔村	时正宏	丁章明	陈永干	13	771	2 623	268	8	8 024	14 338
志光村	纪元龙	王兆英	周朝勇	11	939	3 355	301	36	7 404	14 341
龙华村	韩连坤	李中文	郭培驰	14	921	3 213	280	22	8 233	14 980
长宁村	高春龙	陆宝忠	吴佩和	22	1 298	4 349	550	20	13 604	15 626
龙胜村	时广山	郭宏飞	万豪江	16	1 060	3 711	334	22	13 946	17 394
双河村	晏道军	施琴	叶树松	14	965	3 240	355	27	7 732	14 200
杨庙社区	孙玉洁	周宏标	王玉梅	—	427	1 066	—	52	32 496	14 534

（周麟）

界　首　镇

【概况】 位于高邮市北端，距城区25千米，东接周山镇、临泽镇，南连马棚街道办事处，西与金湖县隔湖相望，北界宝应县，淮江公路、京沪高速公路贯穿全境。总面积85.8平方千米，其中耕地面积2 421公顷。辖8个村、1个社区。总人口3.30万人。其中，男1.64万人，女1.66万人；非农业人口4 211人。外来暂住人口423人。

农业。突出农业增效、农民增收，全年实现农业增加值2.18亿元。全国唯一水稻种植和收获机械试验示范基地落户该镇。新增高效设施种植业面积120公顷、高效设施渔业面积153公顷、农业适度规模经营面积140公顷。新创市级以上示范合作社3家。新增绿化成片面积22公顷。全年完成水利施工土方10万立方米，其中河道疏浚施工土方3万立方米。争取省财政“一事一议”项目资金76万元，建成通村道路4.22千米。争取国家农业开发土地综合治理项目资金400万元，新建泵站1座、桥梁5座、机耕路7千米、U型渠道6.5千米、田间建筑物200余座。实施农村土地综合整治项目，新增用地7.4公顷。全年发放各类涉农惠农补贴1 000万元，新增转移就业人数1 102人。

工业。实现全部工业产值41.8亿元，规模工业产值7.2亿元，分别增长16.2%和16.8%。实现全部工业开票销售额3.9亿元。新增规模以上工业企业1家。加大科技创新力度，新增注册商标13件，申请专利57件，其中发明专利6件。

建筑业和第三产业。强化建筑业支柱产业地位，全年承接施工面积90万平方米，竣工面积40万平方米，实现建筑业产值17亿元。整合资源，大力发展商贸业、物流业、特色餐饮业和以芦苇荡湿地公园为重点的生态旅游业，实现服务业增加值3.8亿元。

招商引资。建立重大项目挂钩挂联制度，强化帮办服务力度，切实推进项目建设、达产和见效。新开工投资额5 000万元以上项目2项，竣工投产项目2项。实际利用外资125万美元。全年新增私营企业90多家，新增个体工商户155户，新增民营注册资本金2.8亿元。

镇村建设。实施镇区主干道维修和后街后巷改造工程，投入40多万元维护甓湖路、国庆大道、建设路等主干道路，改造界东河西街、凤凰河北路、后园街，拓宽创业路东段。建设多功能文体广场，完成高速道口物流园前期规划，有序推进芦苇荡湿地公园景区建设。完成盂陵路、创业路等重点路段污水管网改造。加快龙城小区、王庄小区建设进程，加速原金墩村整体搬迁安置区施工进度。村建站档案室被评为省级特等档案室。“禁粘”(禁用粘土砖)工作通过省、扬州市试点乡镇验收。有效落实农村环境综合整治“五位一体”长效管护机制，全镇216个自然村庄列入长效管护体系，环境整治工作高分通过市级验收。推进秸秆禁烧、禁抛工作，夏秋两季秸秆禁烧率100%，秸秆全量还田及综合利用率90%。结合新一轮治淮工程，推进堤防建设，实行连圩并圩，缩短防洪战线。加大镇村“门前四包”工作力度，落实专职人员全天候保洁，镇容镇貌明显改观。

社会事业。投入1 026万元，新增综合变压器9台，完成低维材料(维数小于三)项目16项，更新、改造3条骨干输电线路，新增10千伏输电线路12.6千米、400伏输电线路16.7千米。投入380万元，新建镇初级中学实验室、图书室综合楼。创成江苏省诗词之乡、江苏省特色文化之乡、江苏省公共文化服务示范乡镇，连续6年保持全市先进文化乡镇评比第一名。“界首茶干制作工艺”列入江苏省非物质文化遗产名录。新增企业职工养老保险参保人数300余人，工伤、医疗、生育、失业保险基本实现全覆盖。新农保参保人数、新农保基础养老金应发人数基本实现应保尽保、应领尽领目标。全面完成计划生育各项指标，界首卫生院通过省示范乡镇卫生院考核验收。当年累计发放低保、重残救助金280多万元，发放80周岁以上老人尊老金45万元。成立高邮市慈善总会界首镇分会。

（陈磊）

表79　**2013年界首镇主要经济社会指标实绩表**

项　目	单 位	2013年	2012年	比上年(±%)	项　目	单 位	2013年	2012年	比上年(±%)
地区生产总值	万元	70 774	63 355	11.7	规模以上工业利润	万元	2 182	1 664	31.1
第一产业	万元	21 798	19 731	10.5	工业企业数	家	215	215	—
第二产业	万元	11 970	11 684	2.4	工业从业人数	人	6 042	6 042	—
第三产业	万元	37 006	31 940	15.9	建筑业产值	万元	170 000	142 700	19.1
公共财政预算收入	万元	5 473	4 793	14.2	建筑业利润	万元	520	450	15.6

续表 79

项　目	单 位	2013 年	2012 年	比上年(±%)	项　目	单 位	2013 年	2012 年	比上年(±%)
农业总产值	万元	39 580	39 500	0.2	建筑业从业人数	人	4 608	4 508	2.2
粮食总产量	吨	39 374	38 909	1.2	实际利用外资	万美元	125	170	−26.5
棉花总产量	吨	—	—	—	外贸出口额	万美元	—	—	—
油料总产量	吨	1 398	1 386	0.9	第三产业从业人数	人	3 316	3 095	7.1
肉类总产量	吨	2 020	1 840	9.8	新增个体工商户	户	155	170	−8.8
禽蛋产量	吨	1 399	1 159	20.7	学校	所	5	5	—
水产品产量	吨	5 169	5 008	3.2	在校学生数	人	3 830	3 825	0.1
农业从业人数	人	2 919	3 388	−13.8	外出劳务人数	人	7 685	7 640	0.6
全部工业总产值	万元	418 200	359 830	16.2	外来劳务人数	人	760	585	29.9
规模以上工业总产值	万元	71 576	61 280	16.8	农民人均纯收入	元	15 608	13 320	17.2

（市统计局　陈磊）

表 80　**2013 年界首镇村、社区基本情况表**

村、社区	党支部书记	村(居)委会主任	会　计	村(居)民小组数(个)	户数(户)	总人口(人)	农业面积(公顷)	工业企业(家)	社会总产值(万元)	人均收入(元)
六安村	郭　岫	郑桂荣	张维才	17	1 142	3 663	—	17	20 471	16 847
大昌村	张春明	李秀忠	戴玉兰	20	1 238	4 567	—	12	24 017	15 399
老人桥村	王荣山	何爱军	赵华山	17	988	3 401	—	12	16 857	15 922
应龙村	赵春景	孙龙海	袁德荣	14	669	2 406	—	9	7 130	13 540
龙祥村	居宝明	杨有庚	卞　良	20	1 294	4 246	—	13	32 378	15 863
界首村	薛凤香	潘永山	耿维华	6	1 080	3 358	—	15	19 927	17 697
永安村	梁少兵	刘　晴	陈　于	13	933	3 089	—	12	16 379	14 936
子婴村	李桂荣	陈金龙	蒋兆华	17	1 176	3 727	—	14	15 553	14 582
甓湖社区	陈智慧	张桂华	顾宏英	—	1 880	4 723	—	111	—	—

（陈磊）

菱塘回族乡

【概况】　该乡是江苏省唯一的少数民族乡。位于高邮湖西畔，距高邮城区 30 千米，西与安徽省天长市毗邻，南倚神居山，北与金湖县隔湖相望，三面环湖，一侧临山。总面积 53.92 平方千米，其中耕地面积 1 903 公顷。辖 6 个村、2 个社区。总人口 2.34 万人。其中，男 1.17 万人，女 1.17 万人；回民7 079人。外来暂住人口 1 245 人。是年，该乡被表彰为扬州市双拥模范乡镇、扬州市美好乡村建设及环境综合整治先进单位等；该乡菱塘村被命名为“江苏省最美乡村”。

农业。全年实现农业增加值 2.37 亿元。拓展 6 个农业高效园区，新增高效农业面积 156.7 公顷，规范流转土地 280 公顷；新增家庭农场 2 家。先后注册骑龙村同心粮食种植土地股份专业合作社和高庙村润民农业机械化服务专业合作社，累计有各类三大合作组织 41 家。新增扬州市级农业龙头企业 2 家，新增全国供销系统重点农业龙头企业 1 家。新购乘坐式高速插秧机和步进式插秧机 17 台，机插秧面积 700 公顷。按项目计划实施国家千亿斤良田田间配套工程。落实惠农政策，全年累计发放国家粮食直补资金 57.18 万元，农资综合补贴 27.41 万元，农机具购买补贴 75 万元，渔业油价补助专项资金 140 万元，“一事一议”奖补项目资金 48 万元。发放小麦、水稻国家粮种补贴 72.47 万元，小麦受灾理赔资金 40.1 万元。投入 15 万元，加强畜禽防疫和省际卡口防疫站建设，有效提升防控禽流感能力。投入资金 1.2 亿元的环湖大堤达标工程完成 95%土方量，块石护坡、涵闸配套工程量完成三分之一。投入 180 万元，改造农桥危桥 6 座；投入 124 万元建成小塄港桥；投入 50 万元迁建向阳河泵站 1 座、维修佟桥引水洞涵闸 1 座；投入 90 万元完善 3 座排涝大站的电力和引水河配套工程；投入 60 万元实施村庄河塘疏浚整治工程，共疏浚河塘33处、土方13.5万立方米。开展绿化造林,全乡新增绿化造林面积66.7公顷。

工业。修编工业集中区控制性详细规划,加快产业集聚,不断优化结构,推动特色发展。全年实现全部工业产值130.94亿元,其中规模以上工业产值97.46亿元,分别增长19.1%、25.9%;完成全部工业开票销售额43.11亿元,全部工业增加值22.3亿元,工业技改投入18亿元,工业企业税收收入1.3亿元。新增规模以上企业5家,累计有产值亿元以上企业23家。创建成高邮市首家"江苏省创新型试点乡镇"。重新申报认定国家高新技术企业15家,新增省以上高新技术产品48个,新建市以上研发机构3家,新增扬州市名牌产品2个,注册商标35个,新增省著名商标1个、扬州市知名商标2个。加强人才队伍建设,申报"双创"计划和"博士集聚"计划,引进支柱产业发展专业技术人才14人。

建筑业和第三产业。全年实现建筑业产值25.69亿元,施工面积110万平方米。加强建安企业和建筑市场管理,杜绝"三无"施工,促进建筑工程质量优化升级。鸿润电气集团有限公司照明安装资质晋升为一级资质,江苏瑞沃建设集团有限公司公路项目总承包资质晋升一级资质,并被省城乡建设厅表彰为江苏省建筑行业百强企业。整合资源,发展以商贸业、物流业、特色餐饮业和民族文化旅游业为重点的现代服务业,创建成江苏省特色景观旅游名镇,实现第三产业增加值4.2亿元,新增限额以上服务业企业4家。

招商引资。坚持"项目为王"理念,建立乡干部联系制、专项监管负责制,不断加大项目建设力度。新开工投资额5 000万元以上项目5项,其中1亿元以上项目4项;竣工达产项目10项。推进以企招商、以商引商,全年收集有价值招商信息20多条,邀请无锡市50名有产业转移意向、有资金实力客商,参加产业招商专题推介会,并与无锡市南长区签订"产业转移战略性合作框架协议"。全年共新增有限公司注册资本金5.3亿元,新增私营企业116家、个体工商户183户。

工业集中区建设。该集中区被高邮市委、市政府列为2013年全市重点发展特色园区之一。全年工业集中区新增实际利用面积11.2公顷,园区基础设施投入1 500万元,新入园企业13家,新建项目13项,项目总投资额20亿元。全年园区实现产值110亿元,占该乡全部工业产值85%。

镇村建设。注重丰富城镇化建设品质内涵,着力提升品位和形象,全乡城镇化率67%。以"利民、为民"为目标,投入6 000万元,实施民族文化宫及民族广场改造工程;投入350万元,改造集镇清真寺;投入250万元,实施全国少数民族特色村寨建设及周边环境提升工程;投入1 500万元实施邮天路东入口景观配套工程;投入1.5亿元修建穆斯林特色街区及久置庄园建设第一期工程。同时,投入600万元用于集镇基础设施维护和公益事业,完成蓓蕾路改造提升,团结东路、曙光路全面实施绿化,镇区绿化、亮化、硬化面积大幅提升。污水提升泵站并网运营。争取改造资金1 230万元,完成配电农网项目48项,新增配电变压器12台,改造10千伏线路12.95千米、400伏线路24.51千米。投资525万元,改造变电所10千伏出线5条。投入200多万元,改造自来水管网13.6千米。投入20多万元整合菱塘村、骑龙村、龚家村等3个村数字电视主干网络,新增光缆4千米、光节点2个,受益用户2 200户。投入350万元,加强农村环境综合整治工作,成效及水平位居全市乡镇前列。提升村级示范庄台建设档次,投入250万元,推进清真村省级环境整治示范点建设。夏秋两季秸秆禁烧成效明显,秸秆还田和综合利用率稳步提高。

社会事业。精心组织,完成6个村、2个社区的换届选举。投入400多万元,改造回民实验小学和幼儿园,并为其添置教育教学设备。回民实验小学、菱塘民族初级中学、高邮市菱塘民族中等专业学校教学质量稳中有升,回民幼儿园办园水平不断提高。成功举办回民实验小学"建校百年教育成果汇报会"。成立乡文联和诗词学会,创成江苏省诗词之乡;邀请中央电视台、江苏卫视等媒体宣传展示菱塘回族乡,邀请扬州市作家协会知名作家到菱塘采风,精心编撰出版《湖天新月曜菱塘》一书;开展丰富多彩的群众文化娱乐活动,成功举办第十二届农民艺术节,积极组队参加全市千人广场舞大赛、全省第二届少数民族文艺调演和全国少数民族特色体育项目竞技等活动。新型农村合作医疗保险累计报销金额500万元。社会救助和事务管理进一步完善,发放低保、"五保"、残疾救助、扶贫慰问等资金共计300万元,受惠群众1 000多人。投入40多万元,改造危房50户。发放自然灾害生活救助金5.6万元、寒衣救济款0.16万元。完成全乡80周岁以上老年人信息调查、审核工作,共向721户、744名80周岁以上老人发放尊老金51.5万元,办理老年优待证185份。发放"惠民十金"290多万元。落实烈士子女定期生活补助政策,审核认定60周岁以上烈士子女7人。做好退役士兵安置工作,对选择货币补偿安置方式的退役士兵按省定标准进行补助,共发放安置补偿费24.88万元。所有村、社区一次性通过关工委"五有五好"创建验收。开展安全生产隐患排查、打非治违、安全生产大检查和安全生产标准化创建,对全乡183家企业进行安全生产隐患排查,共排查隐患448个,现场整改422个，限期整改26个。人口和计划生育工作持续在全市保持领先，被国家卫计委命名为全国人口和计划生育依法行政示范乡镇。（朱根榴）

【《湖天新月曜菱塘》出版发行】 12月24日，《湖天新月曜菱塘》新书发行座谈会在菱塘回族乡举行，市委常委、宣传部部长张秋红参加座谈会。该书由莫宗通作序，王怀忠主编，江苏人民出版社出版，由"题记""风云篇""风物篇""风情篇""风雅篇""风采篇""风流篇"和"尾声"等章节组成，图文并茂地展示菱塘回族乡的历史变迁、风光物产、民族风情、文化教育、乡镇建设、经济成果和对外交流，全面展现历史悠久的民族之乡、远近闻名的电缆之乡、生态秀美的宜居之乡、和谐团结的幸福之乡的特色及魅力。（朱根榴）

【菱塘创成江苏省特色景观旅游名镇(乡)】 2013年，江苏省住房和城乡建设厅、江苏省旅游局联合公布2012年江苏省特色景观旅游名镇(乡)及名村认定名单，菱塘回族乡名列其中，成为高邮市首家江苏省特色景观旅游名镇(乡)。（朱根榴）

【菱塘成立文联和诗词学会】 5月10日，菱塘回族乡召开全乡文学艺术界联合会暨诗词学会成立大会。市政协主席、市诗词学会会长倪文才，市委常委、宣传部部长张秋红出席成立大会，并为该乡文联和诗词学会揭牌。（朱根榴）

表81　**2013年菱塘回族乡主要经济社会指标实绩表**

项　目	单位	2013年	2012年	比上年(±%)	项　目	单位	2013年	2012年	比上年(±%)
地区生产总值	万元	254 343	214 229	18.7	规模以上工业利润	万元	68 674	78 718	－12.8
第一产业	万元	23 680	21 439	10.5	工业企业数	家	360	362	－0.6
第二产业	万元	188 320	157 926	19.2	工业从业人数	人	8 614	7 690	12.0
第三产业	万元	42 343	34 864	21.5	建筑业产值	万元	256 910	175 920	46.0
公共财政预算收入	万元	6 872	6 656	3.2	建筑业利润	万元	23 100	16 400	40.9
农业总产值	万元	54 906	47 660	15.2	建筑业从业人数	人	2 077	2 119	－2.0
粮食总产量	吨	28 950	25 899	11.8	实际利用外资	万美元	345	383	－10.0
棉花总产量	吨	—	—	—	外贸出口额	万美元	635	627	1.3
油料总产量	吨	134	166	－19.3	第三产业从业人数	人	5 008	5 458	－8.2
肉类总产量	吨	4 872	4 513	8.0	新增个体工商户	户	196	180	8.9
禽蛋产量	吨	1 118	1 028	8.8	学校	所	3	3	—
水产品产量	吨	7 716	7 364	4.8	在校学生数	人	1 708	2 136	－20.0
农业从业人数	人	864	877	－1.5	外出劳务人数	人	1 406	1 643	－14.4
全部工业总产值	万元	1 309 379	1 099 329	19.1	外来劳务人数	人	1 153	1 132	1.9
规模以上工业总产值	万元	974 629	774 399	25.9	农民人均纯收入	元	21 200	18 573	14.1

（市统计局　朱根榴）

表82　**2013年菱塘回族乡村、社区基本情况表**

村、社区	党(总)支部书记	村(居)委会主任	会计	村(居)民小组数(个)	户数(户)	总人口(人)	农业面积(公顷)	工业企业(家)	社会总产值(万元)	人均收入(元)
骑龙村	许桂清	陈广山	王学斌	13	826	2 945	443	61	38 372	19 806
高庙村	杨殿春	盛维松	朱梅英	15	674	2 476	258	13	13 317	19 820
龚家村	周宏贵	胡志鹏	陈祖兵	11	723	2 494	158	51	21 126	19 029
菱塘村	吴朝斌	乔元东	万兆宜	17	991	3 465	381	90	317 468	22 308
清真村	杨应国	李会军	胡仁昌	21	1 006	2 961	452	21	24 020	19 687
王姚村	路永明	吴桂荣	王正明	12	636	1 698	254	8	15 426	19 821
曙光社区	杨菊香	张　艳	胡福阳	5	1 345	4 800	12	69	25 886	32 106
文昌社区	朱仕海	朱仕海	乔梅玲	6	786	2 760	8	47	7071	18 255

（朱根榴）

送　桥　镇

【概况】　9 月，市委、市政府实施乡镇行政区划调整工作，撤销送桥镇、天山镇、郭集镇，将原送桥镇、天山镇、郭集镇行政区域合并设立新的送桥镇。该镇位于高邮湖西，东连高邮镇，南临邗江区公道镇、仪征市大仪镇，西与安徽省天长市毗邻，北傍高邮湖。总面积 148.22 平方千米，其中耕地面积6 591公顷。辖 17 个村、3 个社区。总人口 6.88 万人。其中，男 3.41 万人，女 3.47 万人；非农业人口 1.24 万人。外来暂住人口7 056人。

农业。进一步推进现代农业提升扩量工作，全年实现农业增加值 6.9 亿元，增长 4%；农业利用民资 2.1 亿元，争取国资 950 万元。大力发展现代农业，实施高效农业项目 7 项，新增高效设施农业面积 320 公顷，高效设施渔业面积 106.7 公顷，植树造林面积 160 公顷，高邮鸭饲养量 310 万只，扬州鹅种鹅饲养量 12 万只，炕孵苗鹅 500 万只，农业适度规模经营面积 533.3 公顷，创建标准生态规模养殖场 6 个。开展“美好城乡建设行动”和农村环境综合整治，完善农村环境“五位一体”长效管护机制，加快农村基础设施建设。秸秆还田及综合利用率不断提升，还田面积8 400公顷，秸秆禁烧成效明显。开展农村劳动力就业技能培训 820 人次，新增劳务内转外输2 534人。

工业。进一步完善党政领导班子成员挂联工业企业制度，不断加大企业发展扶持服务力度。全年实现全部工业总产值 125 亿元，开票销售额 52 亿元，入库税收 2.1 亿元，分别增长 11.4%、22.6%和 13.5%。实现规模以上工业产值 92 亿元，增长 1.4%。新增规模企业 6 家。新开工投资额5 000万元以上项目 16 项，竣工投产项目 10 项。推进企业专利、标准、品牌建设，实现高新技术产值 33.7 亿元；新增省级以上研发机构 2 家，市级以上研发机构 5 家；完成专利 756 件，产学研合作签约项目数 11 项，创省级以上名牌产品 4 个，市级以上品牌 12 个，申请注册商标 101 件。积极申报“双创”计划和“博士集聚”计划，引进专业技术人才 26 名。

建筑业和第三产业。实现建筑业总产值 104 亿元，增长 16.9%。充分发挥三个片区地域优势，促进服务业快速协调发展。全年新增服务业投入 5.73 亿元；新开工投资额5 000万元以上服务业重点项目 4 项，其中 1 亿元以上项目 2 项；实现服务业增加值 11.06 亿元，新增限额以上服务业企业 5 家。

招商引资。参加“扬州烟花三月经贸旅游节暨第九届中国双黄鸭蛋节”和“第六届中国邮文化节”等节庆招商活动。成立专门招商队伍，开展产业招商、专业招商和企业招商，成功引进汽车零部件、机场航道灯、大功率 LED 封装等一批项目。全年新增私营企业 350 家，新增个体工商户 545 户；新增有限公司注册资本金实际到账 18.85 亿元，增长 21%；实际利用外资 434 万美元。全年新开工投资额5 000万元以上重大项目 16 项，其中投资额 1 亿元以上重大项目 8 项。

镇村建设。按照“新老互补、产城融合”发展思路，启动区镇规划修编工作，着力构建“一核三组团”新型城镇发展格局。启动高邮湖、状元湖和神居山联动开发规划编制工作，做好山水互动文章。有序实施原三个镇区的新一批绿化、亮化、净化、美化工程，有效提升城镇建设品味。开展“美好城乡建设行动”和农村环境综合整治，加快农村基础设施建设，综合整治自然村庄点 94 个，创成“三星级”康居示范村 2 个。结合新一轮治淮工程项目，实施圩堤加固工程 16.6 千米，建设防浪平台 8 千米，完成水利土方 112.9 万立方米，完成河道疏浚 80.4 万立方米，浆砌块石护坡 8 千米，新建涵闸 6 座，新建排涝电站 1 座。

社会事业。加强教育精致化管理，义务教育教学质量稳中有升，高考录取人数再创新高。成功举办农民运动会、农民艺术节等活动。村村有文化广场，全面提升“农家书屋”档次，不断提高群众阅览层次。新增居民社会养老保险参保人数1 154人，新农保续保人数8 236人，新增投保人数1 038人。开展计划生育优质服务，计划生育率 99%，计划生育知识普及率 100%。积极推进新型农村合作医疗工作，参合率 100%，累计发放补助金额 405.9 万元。组织开展“5.19 慈善一日捐”活动，共筹集善款 44 万元，切实做好关心残疾人和特困户工作。坚持正确的舆论导向，对外宣传工作成效明显，文明送桥、诚信送桥、淳朴送桥形象不断提升，获“2010～2012 年度江苏省文明乡镇”称号。大力开展“四项排查”，逐步健全社会稳定风险评估机制，有效化解各类矛盾纠纷和突发事件。不断强化社会治安重点地区整治管理，加强技防基础设施建设，建立专业巡防队伍，实现全方位实时监控，确保全镇社会和谐稳定、人民安居乐业。严格落实安全生产和食品药品安全责任，安全生产形势总体平稳，群众饮食、用药安全得到保障。

（周中喜）

表 83

2013 年送桥镇主要经济社会指标实绩表

项　　目	单 位	2013 年	2012 年	比上年(±%)	项　　目	单 位	2013 年	2012 年	比上年(±%)
地区生产总值	万元	371 257	334 627	10.9	规模以上工业利润	万元	53 982	49 337	9.4
第一产业	万元	69 239	58 647	18.1	工业企业数	家	978	958	2.1
第二产业	万元	191 730	183 795	4.3	工业从业人数	人	23 942	24 162	−0.9
第三产业	万元	110 288	92 185	19.6	建筑业产值	万元	1 042 130	891 213	16.9
公共财政预算收入	万元	29 689	16 594	78.9	建筑业利润	万元	30 500	27 000	12.9
农业总产值	万元	140 707	125 000	12.5	建筑业从业人数	人	8 168	7 230	13.0
粮食总产量	吨	88 311	95 579	−7.6	实际利用外资	万美元	434	1 028	−57.8
棉花总产量	吨	—	—	—	外贸出口额	万美元	32 416	35 416	−8.5
油料总产量	吨	1 131	985	14.8	第三产业从业人数	人	14 525	14 225	2.1
肉类总产量	吨	14 920	14 914	—	新增个体工商户	户	545	490	11.2
禽蛋产量	吨	8 550	8 474	0.9	学校	所	7	7	—
水产品产量	吨	7 945	7 745	2.6	在校学生数	人	4 014	4 069	−1.4
农业从业人数	人	6 594	6 909	−4.6	外出劳务人数	人	7 107	7 519	−5.5
全部工业总产值	万元	1 251 220	1 123 210	11.4	外来劳务人数	人	7 056	7 016	0.6
规模以上工业总产值	万元	920 174	907 707	1.4	农民人均纯收入	元	19 786	17 487	13.1

（市统计局　周中喜）

表 84

2013 年送桥镇村、社区基本情况表

村、社区	党支部书记	村(居)委会主任	会　计	村(居)民小组数(个)	户数(户)	总人口(人)	农业面积(公顷)	工业企业(家)	社会总产值(万元)	人均收入(元)
庙家村	宰志忠	余德阳	余长英	20	1 198	4 312	424	14	216 000	18 024
南茶村	成文明	徐恒元	钱寿江	13	912	3 292	281	46	262 000	22 165
神居山村	陈义山	夏国朝	顾文朋	24	1 477	5 120	582	22	184 000	18 462
肖祠村	李有田	陈玉林	赵万昌	20	1 223	4 865	473	35	203 000	18 691
盘塘村	陈满宏	赵福年	吴翠珍	18	1 055	3 750	374	47	380 000	23 082
郭集村	金玉彬	赵学兵	王　梅	14	787	2 859	307	29	115 000	19 949
槽坊村	胡顺群	王　娟	赵学珍	12	678	2 812	231	72	326 000	21 394
邵庄村	吴　林	徐　冰	房文福	24	1 434	4 638	637	153	411 000	22 350
毛港村	李有栋	万宏江	王瑞江	13	700	2 494	332	2	217 000	20 928
孙巷村	王　月	顾玉兰	万粉香	12	669	2 352	310	8	228 000	22 458
李古村	胡顺华	景文红	陈　丽	12	573	2 228	179	46	292 000	17 749
送驾桥村	许宝昌	丁　伟	付文阳	28	1 676	6 073	524	35	126 000	19 143
张公渡村	杨立宏	陈正山	陈国美	14	845	2 889	305	16	73 000	21 287
常集村	王宝兵	田在梅	王金海	13	733	2 725	341	7	82 000	18 676
黄圩村	黄永华	张春林	周田元	11	559	2 090	298	3	81 000	19 578
官路村	徐玉俊	王才香	—	27	753	2 986	315	35	245 000	17 763
准提村	周福文	赵长朝	周雪峰	11	566	2 253	255	13	111 000	17 054
天山社区	刘恒海	余文标	马国昌	6	982	3 377	19	45	13 700	18 928
德华社区	陈玉东	卜志艳	李玉兰	6	2 015	3 619	—	56	252 000	30 000
送桥社区	李恩平	李福泰	邱庆红	10	1 430	5 988	9	38	132 000	19 672

（周中喜）

人　　物

Figure

导读

部分市外高邮籍贯成功人士

王　琦　男，汉族，高邮镇人，1943 年出生。北京中医药大学二级教授，博士生导师，著名中医学家，现任中华中医药学会体质分会主任委员、中华中医药学会常务理事、中国中医药研究促进会副会长、英国皇家医学会会员。2013 年 5 月，他被中国工程院主席团推定为中国工程院院士增选候选人(其简况详见 2012 年版《高邮年鉴・人物》)。

（高志中）

陈　刚　男，汉族，高邮镇人，1965 年 4 月出生。理学博士、教授级高级工程师。现任中共贵州省委委员、常委兼贵阳市委书记。

他于 1990 年从北京大学化学系无机化学专业博士毕业，进入北京玻璃研究所工作，先后担任晶体室工程师、副主任、玻璃研究所副所长等职。1994 年 7 月～2000 年 7 月，任北京市一轻集团有限责任公司副总经理兼北京玻璃研究院副院长。2000 年 7 月，担任北京市外经贸委副主任。2003 年，始任北京市朝阳区副区长、区长、区委书记、市委常委等职务。2013 年 7 月，他受任贵州省委委员、常委；经贵州省委常委会议讨论决定，他受任贵阳市委书记。至 2013 年年底，他是省会城市和计划单列市中，第三位"65 后""一把手"。　（孙兆民）

宋　羽　男，汉族，高邮镇人，1985 年出生。现居南京市。2013 年，他被《中国文学》《当代小说》文学刊物评为"青年散文家"。

他出生于知识分子家庭，从小受到身为教师的父亲熏陶，爱阅读、爱思考、爱写作。2004 年，他首次代表高邮中学参加江苏省第二届"中学生与社会"作文大赛，现场写作作品《一首诗，一滴泪》获一等奖，并被收入江苏教育出版社出版的《被照耀的喜悦》一书中。从此，他的文学梦悄然被开启。他的文学作品多次在《东方》《华东旅游报》《金陵晚报》上刊载，并被中国社会出版社、吉林人民出版社、江苏教育出版社等汇编出版。同时，他的书画作品多次在展会和展馆展出。2013 年，他创作的首部散文集《南京城事》、首部小说集《对影・惊鸿》出版。著名作家和著名文学评论家余律、王干等对他褒奖有加。

（高志中）

高　震　男，汉族，高邮镇人，1976 年出生。留美博士后研究员，获博士学位。2013 年归国前，为美国宾夕法尼亚大学附属费城儿童医院生物信息学专家。

他于 1989 年就读于高邮中学，1992 年、1995 年先后考入扬州中学、南京大学。1999 年，他于南京大学生物制药专业毕业后，考取北京大学生化与分子生物学专业研究生。2002 年，他考入美国依阿华大学细胞生物学专业，2007 年获生物理学博士学位。2008～2012 年，他先后担任美国华盛顿大学、波士顿大学等学校博士后研究员，主要从事生物信息学和药理学研究，期间获波士顿大学计算机信息学硕士学位，并兼美国癌症学会、自由基生物学与医学会、放射生物化学学会等学会副会员。2013 年年初，他在费城儿童医院从事生物信息学研究工作。是年 10 月，他携妻女回到家乡，与父亲高志一道创业、兴业。

（高志中）

扬州市以上授誉的新闻人物

杨文华　男，汉族，临泽镇朱堆村人，1946 年 8 月 18 日出生。中共党员。2013 年 10 月，他在由中共中央精神文明建设指导委员会办公室主办、中

国文明网承办的"我推荐、我评议身边好人"活动中,获得9月份"中国好人"(助人为乐好人)称号。

他曾任高邮县铝箔纸厂厂长、临泽镇工业公司副经理,先后获得"江苏省明星企业家""江苏省劳动模范""全国乡镇企业安全生产综合治理活动先进工作者"等称号。他退休后,不忘党员本色,热心公益事业。为慰藉烈士英灵,激励后世来者,他自费到南通、淮安、东台、兴化等地挖掘、收集朱堆村于抗日战争、解放战争和社会主义建设时期牺牲的19位革命烈士的相关资料,并带头捐资和积极协调各方人力、物力、财力,终于在2012年9月19日,建成占地面积0.5公顷的红色教育基地——朱堆村革命烈士陵园。2013年,他先后被表彰为"江苏好人""扬州好人"。

(董启岚)

赵万和 字谦知 男,汉族,送桥镇人,1959年3月出生。大学文化。现任扬州市人大代表、高邮市人大常委会委员、中国书画研究院副院长、中国艺术家交流协会副会长、中国书画名家协会常务理事、中国书画家协会理事、中国书法家协会会员、中国楹联学会会员、江苏省徐悲鸿研究会理事、江苏省书法家协会资深会员、扬州大学客座教授。曾获"扬州市有突出贡献的中青年专家""全国十大文化经济新闻人物"等称号。

他幼承家学习书法,后拜名师陈从周、陈大羽、周志高等指授,书艺日臻成熟。楷书、行草吸收宋、元、明及近现代名家之特点,融汇传统,自成风范。20世纪80年代以来,他的作品多次参加国内外大型书法展览,先后有多幅作品被全国政协、中央党校、中纪委和各大博物馆、纪念馆收藏。2011年,他作为"人物"词条入选由文物出版社出版的《中国当代书法史》。他获出版的书籍有《赵万和书法》《赵万和高邮旅游书法集》《赵万和书古诗百首》《赵万和书法艺术鉴赏》等。其字体被书法界称为"万和体"。2013年10月,他的书法作品展在全国政协礼堂举行,《人民日报》海外版、中央电视台《写意人生》栏目、旅游卫视和《书法导报》《扬州日报》《扬州晚报》等媒体先后对他的书法作品作过专题报道。

(孙兆民)

张文彪 男,汉族,高邮市人,1974年1月出生。中共党员。大学文化。现任高邮市公路管理站副站长。2012年12月,他被中国海员建设工会全国委员会、交通运输部精神文明建设办公室联合授予全国公路交通系统"金桥奖"。

他自1995年从事公路管理工作以来,一直坚持工作在第一线,从未休假过一天。坚持带领路政人员依法行政,人性化执法,深受服务对象的称赞。同时,他探索与公路沿线乡镇建立路域环境共治共管制度,对"马路市场"、乱堆乱放、路边乱设沙石经营点等违章违法现象进行联合监管,取得路域环境美化优化、路域经济健康发展的良好效果。他先后被表彰为江苏省交通运输行业百名先锋模范党员、扬州市交通运输系统建功立业先进个人、扬州市十佳行政执法标兵和高邮十佳文明执法标兵,地方新闻媒体曾多次报道他的先进事迹。

(童跃华)

姚正安 男,汉族,甘垛镇姚家村人,1957年3月出生。中共党员,大专学历。现任高邮市哲学社会科学界联合会主席。2013年6月,获准加入中国作家协会,成为全市首位中国作家协会会员。

他从20世纪70年代起,做过农民,当过教师。担任机关公职人员后,先后任职于市委办公室、市委党校、市哲学社会科学界联合会、市委宣传部。1985年,开始发表作品,先后在扬州市以上数十家报刊发表各类文章300多万字,其中散文随笔作品有150万字,出版散文随笔集有《我写我爱》《记忆》《一种生活》。2001年,他撰写的《领导者不能没有激情》一文,获时任江苏省委书记回良玉的批示。2002年,他的作品《亿元村传奇》获江苏省新闻一等奖。2003年,他撰写的《关于农村小型水利建设的对策建议》一文,获时任省委副书记张连珍、副省长黄莉新的批示。他的多篇论文获省市社科类奖项,多篇散文入选《江苏省散文年鉴》。2012年10月,雨花杂志社和高邮市委宣传部、市文联联合召开"姚正安散文作品研讨会",其清新朴实的文风,得到专家、学者的肯定。

(高志中)

表 85 **2013 年高邮市受扬州市以上党政军群机关表彰的先进人物一览表**

单 位	受表彰人员	荣誉称号	表彰机关	表彰时间
高邮市农业委员会	吴桂余	江苏省科学技术奖一等奖	江苏省人民政府	2013年12日
高邮市高邮鸭良种繁育中心	汤业朝	江苏省科学技术奖一等奖	江苏省人民政府	2013年12月
市地方税务局	薛树华	支持工会工作优秀领导干部	江苏省总工会	2013年3月25日
江苏华富储能新技术股份有限公司	周寿斌	江苏省五一劳动奖章	江苏省总工会	2013年
卸甲镇政府	朱庆	江苏省优秀共青团员	共青团江苏省委	2013年5月

（高志中）

高邮市劳动模范名录

2013 年 4 月 26 日，高邮市政府发文公布高邮市劳动模范名单，即：

丁　清　扬州市为民农机合作社理事长；

马增荣　高邮市人力资源和社会保障局企业保险部主任；

王友山　高邮市食品药品监督管理局药品稽查科副科长；

王步明　高邮市秦邮蛋品有限公司总经理；

王松山　江苏省高邮市烟草专卖局副局长；

王荣山　界首镇老人桥村党总支书记；

卢在凤　郭集镇孙巷村农民；

卢宏灿　扬州高灿家禽高效规模养殖有限公司总经理；

卢金安　江苏跃马钢管制造有限公司董事长；

冯长青　扬州市幸福家园生态农业有限公司总经理；

冯葛武　高邮市万嘉面粉有限公司维修组组长；

朱有富　江苏高邮农村商业银行股份有限公司界首支行行长；

刘玉山　高邮市公安局菱塘派出所所长；

刘顺兆　扬州市德远塑业科技有限公司、扬州市刘氏化工有限公司董事长；

汤才宝　江苏弘鼎汽车零部件有限公司董事长；

纪　明　高邮市广播电视信息网络有限公司工程维护部主任；

杨小帆　三垛镇柳南村主任助理、金禾苗木场场长；

吴一鹏　高邮市荣清机械电子有限公司技术部部长；

吴小强　扬州市恒久物业服务发展公司总经理；

何瑞荣　高邮市交通运输局副局长；

余兴良　汉留镇甸垛村党支部书记；

汪卫民　扬州市金宏食品有限公司维修班班长；

张志林　中共高邮市委统战部办公室主任；

张宝玉　横泾镇横泾村党总支部副书记；

陆金友　江苏华泰道路桥梁工程有限公司总经理；

金晓峰　高邮市人民检察院侦查监督科科长；

周云山　郭集镇司法所所长；

郑太阳　马棚镇塔院村委会副主任；

相荣霞　扬州市百思特机电设备有限公司技术部部长；

柏玉升　车逻镇农业服务中心主任；

胡士来　扬州曙光电缆股份有限公司党总支副书记；

胡行兵　扬州亚光电缆有限公司工程师；

赵来凤　甘垛镇振兴村农民；

赵宏才　江苏兴厦建筑安装有限公司董事长；

赵帮定　高邮镇农村合作经济经营管理站站长；

赵硕文　龙虬镇龙潭村党总支书记；

姚　斌　高邮市人民政府办公室财贸科科长；

夏　阳　高邮市体育局群众体育科科长；

高兴政　扬州市金邮机电有限公司总经理；

高金彬　高邮市疾病预防控制中心血寄地防科科长；

徐攀泰　高邮市国家税务局副局长；

黄从兵　江苏航天水力设备有限公司技术部部长；

曹　农　高邮市三垛中学校长；

蒋德祥　高邮市市区环境卫生管理处维修工；

管勇高　邮市武宁叶枫制衣厂厂长；

管芝连　扬州市高升机械有限公司董事长；

薛巧云　高邮市巧妹子科技养殖园董事长；

薛金培　扬州宇通服装有限公司车间主任；

戴茂华　扬州市华胜机电制造有限公司总经理；

魏　峰　高邮市地方税务局数据管理科科长。

（高志中）

逝世人物

（以逝世时间先后为序）

嵇　权　男，汉族，江苏高邮人，1921 年 2 月出生。中共党员。1985 年 8 月离休，享受地厅级政治、生活待遇。离休前任高邮县人大常委会主任。2013 年 3 月 2 日，因病逝世，享年 93 岁。

他于 1943 年 5 月参加革命工作，并加入中国共产党。先后任高邮县六安乡党支部书记，马棚区委土改工作队员，苏中区委警卫连战士，高邮县政府机关事务长、界首区公所会计、宣传科科长，周山区区长，横泾区区长，汉留区委书记，车逻区委第一书记，高邮县委办公室主任，横泾区委第一书记，武安乡党委第一书记，高邮城镇公社党委第一书记，高邮县委常委、县委农工部部长，高邮县委常委、八桥公社党委第一书记、汉留区委书记、沿运区委书记，高邮县人委委员、副县长，高邮县生产指挥组副组长，高邮县革命委员会副主任，高邮县委常委、革命委员会副主任，高邮县委副书记、县革命委员会副主任，高邮县人大常委会主任、县委副书记。他离休后，担任高邮县关心下一代工作委员会名誉主任，继续发挥余热，贡献力量。（蒋杏朝　施海明）

韦秉文　男，汉族，江苏扬州人，1936 年 7 月出生。中共党员。离休前，先后任县老干部局局长、市财政局副局长（保留正局级）、市财政局巡视员。2014 年 3 月 26 日，因病去世，享年 79 岁。

他于 1949 年 3 月参加革命工作，1956 年 6 月加入中国共产党。1949 年 7 月～1950 年 5 月，任车逻区公所经费会计；1950 年 5 月～1951 年 3 月，任周山区公所经费会计；1951 年 3 月～1952 年 10 月，任县粮食局经费会计；1952 年 10 月～1953 年 1 月，任临泽粮库保管员；1953 年 1 月～1959 年 3 月，先后任县粮食局储运股统计员、储运股副股长；1959 年 3 月～1960 年 2 月，下放官垛公社新楼大队任党支部书记；1960 年 2 月～1962 年 4 月，先后任三垛公社办公室主任、公社党委组织科科长；1962 年 4 月～1976 年 12 月，先后任三阳公社党委组织科科长、公社革委会副主任；1976 年 12 月～1983 年 11 月，先后任三垛公社革委会副主任、公社党委副书记、党委书记；1983 年 11 月～1984 年 3 月，任县粮食局副局长；1984 年 3 月～1989 年 1 月，任县财政局副局长；1989 年 1 月～1989 年 12 月，任县老干部局局长；1989 年 12 月～1995 年 4 月，任市（县）财政局副局长（保留正局级）；1995 年 4 月～1996 年 7 月，任市财政局巡视员；1996 年 8 月离休。（房学志）

施　政　男，汉族，江苏金湖人，1925 年 4 月出生。中共党员。离休前任高邮县人事局局长。2013 年 4 月 11 日，因病逝世，享年 88 岁。

他于 1948 年 10 月参加革命工作，并加入中国共产党。历任高邮县闵塔区闵南乡乡长、指导员，南湖区委组织科副科长、合作社主任，县联社百货部经理、副科长、副主任，县种猪场场长。1959 年 2 月，任卸甲公社副书记。1960 年 4 月，任县委组织部副部长。1962 年 3 月，任县委监委监察员。1970 年 2 月～1982 年 1 月，任湖滨公社党委书记。1982 年 1 月～1983 年 5 月，任县人事局局长。1983 年 5 月离休。（吴杨）

陈开斌　男，汉族，江苏灌南人，1926 年 5 月出生。中共党员。离休前任县政法委员巡视员，享受副厅级生活待遇。2013 年 11 月 2 日，因病去世，享年 87 岁。

他于 1941 年 11 月参加革命工作，并加入中国共产党。先在家乡参加民兵开展抗日活动，后进入抗日军政大学学习。历任新四军淮海二团文书、104 团干事、副政治指导员，中共灌云县陈楼区委委员、宣传科科长，淮阴专区革命残疾军人学校政治指导员、组织干事，淮阴区沭阳残疾军人学校组织科副科长，苏北残疾军人人教养院副指导员、党总支副书记，江苏省革命残疾军人总校人事科科长、省民政厅优抚局科长，高邮县民政科科长、入江水道工程团团长，高邮商业物资局负责人，高邮镇党委书记、革委会主任，高邮县法院院长、县政法委员巡视员。1985 年 7 月离休。（周曙）

任金富　男，汉族，江苏泰兴人，1930 年 8 月出生。中共党员。1991 年 12 月离休。离休前任高邮县人大常委会主任。2014 年 5 月 27 日，因病逝世，享年 85 岁。

他于 1949 年 1 月参加工作，并加入中国共产党。先后任泰兴县曲霞区朱港乡党支部书记、区委委员、组织科科长，泰兴县曲霞区委副书记、书记、曲霞公社党委书记，高邮县二沟公社党委书记，高邮县车逻公社党委书记，高邮县革命委员会副主任，高邮县委常委，高邮县委副书记，高邮县委副书记、县长，高邮县委副书记、县政协主席，高邮县人大常委会主任、党组书记。他是江苏省第六届人民代表大会代表，扬州市第一、第二届人民代表大会代表，高邮县第六、第七、第八届人民代表大会代表，高邮县第三、第四次党代会代表。他离休后，牵头组建市老区经济开发促进会，担任会长 15 年，使该会工作获全国先进，他个人获省委老干部局授予的“离退休老干部先进个人”称号。

（蒋杏朝　施海明）

文献选编

Literature Selections

导读

市委、市政府重要文件摘要

关于加快推进民生幸福工程着力提升民生幸福水平的意见(摘要)

一、大力实施城乡居民收入倍增计划

1. 全市新增城镇就业6 000人,推荐就业4 300人,转移农村劳动力3 000人,帮助失业人员再就业2 300人,就业困难人员再就业 300 人。全年政府购买公益性岗位 50 个。建成高校毕业生就业见习基地 30 家以上。为登记失业的被征地农民至少提供 1 次免费职业指导机会、1 次免费职业技能培训机会和 2 个就业岗位选择机会。城镇“零就业”家庭保持动态为零,期末城镇登记失业率控制在 3%以内(责任单位:市人社局)。

2. 全市开展城乡就业职业技能培训 1 万人,其中就业再就业培训1 600人,农村劳动力培训5 000人(责任单位:市人社局)。

3. 全市职工 50 人以上企业工资集体协商建制率达 90%以上,职工 50 人以下企业行业性、区域性工资集体合同覆盖率达 70%以上,工资集体合同履约率达 90%以上(责任单位:市人社局)。

4. 全市开展创业培训 500 人次以上,推介创业项目 40 个以上,扶持建设创业孵化基地 1 个以上,实现创业带动就业 900 人。全年为创业者提供小额担保贷款1 000万元(责任单位:市人社局)。

5. 新增扬州市级以上服务成员好、经济效益好、利益分配好、民主管理好、示范带动好的“五好示范社”20 个以上。全市所有行政村年集体经营性收入达 20 万元以上。年人均5 000元以下低收入农户脱贫率达 30%(责任单位:市委农工办)。

6. 全市城市低保标准提高到月人均 450 元,农村低保标准提高到月人均 300 元。农村五保供养标准提高到每人每年5 400元。落实孤儿最低养育标准增长机制,集中养育、社会散居的孤儿养育标准分别提高到每人每月1 330元和 800 元。继续设立 60 万元临时救助资金,专项用于临时困难人员的生活救助、医疗救助和法律援助(责任单位:市民政局)。

二、深入推进美好城乡建设

7. 城区新增绿化面积 50 万平方米,重点打造海潮东路与珠光路交叉口广场绿化、凌波路与 S237 交叉口绿化等工程(责任单位:市城建局)。全市新增造林面积 1.5 万亩,其中成片造林8 000亩,新增集镇、村庄绿化面积1 000亩,创建省级绿化示范村 16 个(责任单位:市农委)。

8. 全市改造农村公路危桥 164 座。启动通乡(镇)公路亮化工程(责任单位:市交通局)。

9. 全市疏浚整治县乡河道 351 条、483.9 公里,拓浚山塘 68 座,新、拆建排涝泵站 38 座,新增排涝能力 78.5 个流量(责任单位:市水利局)。

10. 全面完成村庄环境综合整治任务,创成省三星级“康居乡村”6 个、村庄环境整治试点村 2 个(责任单位:市城建局)。

11. 全市新增农村无害化卫生厕所 1.6 万座。创成省级卫生镇 1 个、省市级卫生村 10 个(责任单位:市卫生局)。新建“一池三改”沼气池用户1 800户、大中型沼气工程 5 座(责任单位:市农委)。

12、实施“蓝天工程”,加快推进加油站油气回收、汽车尾气治理、扬尘治理等工程建设,定期发布环境质量信息(责任单位:市环保局)。

三、继续抓好后街后巷及老小区改造

13. 对城南历史街区巷道进行整治保护，改造30条后街后巷以及高沙园、奎楼新村等部分老小区（责任单位：市城建局）。

四、加快实施城市清水、排水工程

14. 实施穿心河、玉带河、琵琶河、护城河、万斤河、长生大沟、元沟子河清淤整治工程。推进海潮污水处理厂厂外污水收集系统铺设，新建污水干支管道5.8公里（责任单位：市水利局）。建设市经济开发区污水处理厂以及三垛镇、高邮镇污水处理厂配套管网（责任单位：市环保局）。

15. 对金桥路与北澄子河交汇处实施排水改造，保证管网排水通畅（责任单位：市水利局）。

五、大力推进区域供水和菜篮子工程

16. 实施城区二水厂扩建工程。完成进村入户支管网建设改造任务40公里（责任单位：市水利局）。按用水人口密度每2万人设立一个管网水水质检测点，每年检测不少于2次，并在政府网站公示检测结果，确保全市水质合格率达100%（责任单位：市卫生局）。城乡集中式饮用水源达标率保持100%（责任单位：市环保局）。

17. 全市建成无公害蔬菜基地1.5万亩（责任单位：市农委）。完善苏中农贸城配套设施，城东农贸市场、机械化屠宰场投入使用，全面关闭手工屠宰场（责任单位：市商务局）。新建平价店3家（责任单位：市物价局）。

18. 组织开展蔬菜、水果、茶叶的农药残留超标，禽、畜喂养违法使用添加剂等专项整治活动。城区集贸市场、大型超市设立蔬菜农药残留监测点。全市农产品质量抽检合格率达98%以上（责任单位：市农委）。

六、加快推进城乡一体化

19. 严格落实"即征即保"要求，积极引导被征地农民参加职工养老保险，当年被征地农民参保覆盖率达95%以上（责任单位：市人社局）。

20. 全市实现各类优抚抚恤补助标准城乡一体化覆盖率达100%（责任单位：市民政局）。

七、不断完善社会保障体系

21. 全年建设居家养老服务站30个，城区居家养老服务中心50%达到省级标准。实施敬老院"关爱工程"附属项目6个，市社会福利中心建成投入使用。全市养老机构床位数每千名老人达26张。建成社区居家养老服务呼叫信息系统，直接服务对象不少于1000人（责任单位：市民政局）。

22. 全市城镇职工医疗保险新增参保4 000人，工伤保险新增参保3 000人，生育保险新增参保1 000人，失业保险新增参保6 000人，企业职工养老保险新增参保1万人。城乡居民养老保险参保人数达22.6万人，参保覆盖率、基础养老金发放率均达100%。城镇居民医疗保险人均筹资标准提高到350元，财政补助比例不低于80%。积极探索制定城乡居民大病保险制度办法，大病医保报销比例不低于50%（责任单位：市人社局）。全市新农合参合率稳定在97%以上，人均筹资标准提高到350元，财政补助比例不低于80%（责任单位：市卫生局）。

23. 新建市残疾人康复中心和5个社区康复室，建立残疾人"智慧服务平台"。为400名残疾人进行辅具适配与家庭无障碍设施改造，向下肢残疾人免费配发轮椅200辆，为20名听力残疾儿童安装助听器。开展白内障免费复明手术200例。免费为250名残疾人提供技能培训，帮助200名残疾人实现就业。新建残疾人扶贫基地5个，创办残疾人创业（就业）基地1个（责任单位：市残联）。

24. 将城镇精神病患者纳入城镇居民医保（责任单位：市人社局），农村精神病患者纳入新农合（责任单位：市卫生局）。建立市级救助基金，对流浪乞讨重型精神病患者、低保和低收入家庭精神病患者提供基本药物（责任单位：市民政局）。

25. 全年建设各类保障性安居工程1 330套，其中公租房（含廉租房）720套（间）、经济适用房250套、限价商品房100套、棚户区安置住房260套。优先将符合条件的优抚对象纳入经济适用房保障范围。完成直管公房解危三年计划，全年解危700户（责任单位：市房管局）。农村危房改造完成省定目标（责任单位：市城建局）。

八、进一步提升城市建设管理水平

26. 城市环卫综合作业中心建成投入使用，完成朱家垃圾填埋场填埋气收集与处理工程，新建垃圾中转站2座，提档升级城区垃圾中转站3座。配套完善城市主干道周边垃圾容器。改造城区公共厕所30座（责任单位：市城管局）。

27. 建设经十路武安小学段和通汉路北延，启动武安西路改造工程。消除城区道路照明盲区，建立道路照明远程遥控系统。新建公共停车场2个（责任单位：市城建局）。

28. 制定全市城乡公交一体化发展规划方案。加快客运车辆、线路公车公营改造，建立政府财政补贴机制。开通马横线、周八线城乡客运班车（责任单位：市交通局）。

29. 继续深入开展城区违法建设、马路市场、店外出摊、野广告、"五小"行业、校园周边环境、农贸市场周边环境等专项整治。建设摊点临时疏导区2个、临时疏导点7个（责任单位：市城管局）。实施城区渣土运输车辆专项整治行动（责任单位：市公安局）。

30. 水部楼、奎楼、琵琶、文游四个社区组建物业服务中心。新建小区100%物业配备到位(责任单位:市房管局)。

九、加快发展社会事业

31. 完成武安中心小学、甘垛镇初级中学迁建工程,加快建设实验小学东校区、开发区九年一贯制学校,启动城南新区小学、界首中心小学新建工程,完成市第二中学二期工程和市中等专业学校三期工程建设。新建公办幼儿园1所,学前三年幼儿入园率达97%以上,全市省优质园比例达70%以上,创建省学前教育改革发展示范区。进一步改善办学条件,创建全国义务教育发展基本均衡县(市、区)。加强课程基地建设,确保三星级高中拥有扬州市级课程基地,四星级高中拥有省级课程基地;市第二中学启动创建省四星级高中。职业教育实现毕业生就业率100%(责任单位:市教育局)。

32. 为全市居民免费提供十大类41项基本公共卫生服务。加快推进区域卫生信息平台建设,打造以电子健康档案为主的公共卫生服务信息平台和以电子病历、电子处方为主的医院管理信息平台。实施市公共卫生服务中心项目,建设市人民医院东部新区门诊楼。创建省示范乡镇卫生院2个、省示范社区卫生服务中心1个(责任单位:市卫生局)。建立持独生子女证退休的企业职工一次性奖励工作长效机制以及计生特困家庭养老扶助机制。实施"世代服务"提质工程,不断提升人口家庭公共服务水平。免费孕前优生健康检查覆盖率达95%以上,实现城乡0周岁~3周岁早教指导服务体系全覆盖(责任单位:市人口计生委)。完善药品远程电子监管网络,药品批发企业入网率达100%,零售企业入网率达95%以上,将医疗机构药品使用质量管理纳入电子监管范围。创建省药品安全示范市(责任单位:市食品药品监管局)。

33. 全年转换有线数字电视用户3 000户,创建江苏省有线电视"户户通"县(市)(责任单位:市广电台)。图书馆、文化馆、乡镇文化站、农家书屋等公共文化服务机构全面免费开放。举办新年音乐会、周末大舞台、秦邮文化讲坛、珠湖之波赛歌会等品牌文化活动。全年送戏下乡80场,送电影到村2 000场,送图书下乡20万元。争创省级公共文化服务示范区(责任单位:市文广新局)。

34. 对全市80%的行政村体育器材实施提档升级,主城区80%的社区建成10分钟体育健身圈(责任单位:市体育局)。

十、切实加强社会管理

35. 全面推进社区服务中心标准化建设,年底覆盖率达60%以上。建立社会组织综合监管机制和信息平台,"一委一居一站一办"社区管理服务模式城区实现全覆盖,乡镇覆盖率达55%(责任单位:市民政局)。加快社会管理服务平台建设,乡镇社会管理服务中心建成率达50%以上,村级达30%以上(责任单位:市综治办)。

36. 组织开展以领导干部"四访"(带头接访、带案下访、带题研访、包案息访)为主要内容的"基层信访维稳工作落实年"活动,推动落实社会稳定风险评估制度,建立融"信、访、网、电"为一体、畅通有序的信访新渠道(责任单位:市信访局)。

37. 组织开展防范电信诈骗犯罪等专项整治。建立治安重点地区和突出治安问题滚动排查整治机制,对重点地区、突出问题实行一地一策、一事一策,挂牌整治(责任单位:市公安局)。

38. 在老城区规划建设消防站点,在三垛镇建设东区区域消防站。结合农村道路通达工程,利用道路、桥梁改造,进一步畅通村镇消防通道。在新建、改建城市道路和老城区改造的同时,同步建设消火栓和消防水源(责任单位:市公安消防大队)。

39. 全市规模以上企业全部通过安全生产标准化三级以上达标评审。建立安全隐患排查治理信息系统,重大事故隐患挂牌督办整改率达100%。确保全年各类安全生产事故控制在扬州市确定的目标以内(责任单位:市安监局)。

40. 建成法制宣传教育中心。帮助农民工、低保户、残疾人提供无偿法律援助案件不少于750件(责任单位:市司法局)。

(摘自市委、市政府2013年2月1日下发的邮发〔2013〕1号文件)

关于加快发展现代服务业的若干政策意见(暂行)(摘要)

一、优化服务业发展环境

1. 放宽市场准入。做到"三个凡是",即凡是国家法律、法规未禁止进入的服务业领域,各类资本均可进入;凡是向外资开放的,都向民资和国资开放;凡是外地资本来邮设立分支机构的,全部放开接纳,开辟绿色通道,提供优质服务。

2. 优先保障用地。将服务业发展用地纳入城市总体规划和土地利用总体规划;对列入市"十二五"服务业发展规划的重点服务业集聚区、重点服务业项目,按照扬州市《关于实施差别化供地,促进现代服务业发展的意见》文件要求,优先安排年度用地计划指标。积极利用和创新土地优惠政策,择优包装争取土地点供;除房地产、商业经营性用地外,对现代物流、软件和信息服务业、研发、工业设计等现代服务业重大项目,用地价格执行省、扬州市鼓励发展现代服务业的政策;在不改变用地主体、不重新开发建设的前提下,鼓励利用存量土地发展服务业项目。旅游重大项目，根据旅游景区内投入，适当配套商业开发土地指标。

3. 加大金融支持。将服务业贷款比例纳入金融机构年度评价依据，逐步增加贷款规模，加大符合条件企业授信额度。鼓励产业投资基金、私募投资基金、创业投资机构以及信用担保机构积极面向服务业中小企业，通过企业债券、创投基金、融资租赁等多种形式，帮助创新性、示范性、带动性强的中小服务业企业解决融资难、融资贵问题。

4. 落实服务业企业水、电、气优惠政策。凡固定资产投资在亿元以上的服务业项目，用水(桑拿、洗浴、洗车等特种行业除外)、用电、用气价格实现与工业并轨，企业审批实行“一事一议”绿色通道。

二、大力扶持服务业重点产业

5. 加大旅游业扶持力度

(1)鼓励旅游景区建设。单个旅游项目景区建设当年实际固定资产投入1亿元以上的，每个奖励20万元；固定资产投入5亿元以上的，每个奖励50万元；固定资产投入10亿元以上的，按每10亿元奖励100万元的比例进行奖励。

(2)鼓励景区创A、宾馆创星。经认定新获国家5A级、4A级、3A级、2A级旅游景区的，分别奖励100万元、50万元、10万元和5万元；经认定为国家级、省级和扬州市级旅游度假区的，分别奖励100万元、50万元、20万元；当年被评为江苏省康居乡村乐游农家、江苏省工业旅游示范点、扬州市乡村旅游示范点的，分别奖励10万元、10万元、5万元；当年被评为江苏省四星级、三星级乡村旅游示范点的，分别奖励20万元、10万元；当年被评为五星级、四星级、三星级旅游饭店的，分别奖励50万元、20万元、5万元；当年被评为国家级特色景观旅游名镇和省级特色景观旅游名镇的，分别奖励30万元和10万元；当年被评为国家级特色景观旅游名村和省级特色景观旅游名村的，分别奖励10万元和5万元。

(3)鼓励旅游企业做大做强。对年度组织外地游客来邮旅游超过2万人次(含2万)且住宿人次达1万的旅游企业奖励10万元；对获得出境游资质或加盟著名旅游品牌(全国十强)且营业收入达2 000万元以上的旅行社(不含设立分公司和门市部)，奖励10万元；被评为江苏省五星级、四星级、三星级旅行社的，分别奖励20万元、10万元、5万元。

6. 加大文化产业扶持力度

(1)鼓励文化企业做大做强。当年投入500万元以上并运营的娱乐服务业的项目，奖励5万元。现有的生产型文化企业当年纳税首次超2 000万元的奖励20万元；纳税首次超1 000万元的奖励10万元；纳税首次超500万元的奖励5万元。新办文化生产型企业投资5 000万元以上的奖励10万元，投资每递增1 000万元，奖励5万元。

(2)鼓励争创文化产业基地。凡被认定的国家、省、市重点扶持的文化产业基地，分别奖励50万元、20万元和10万元。

(3)鼓励对外宣传本土文化。文化企业经批准外出参加专业性的交流展出，省级贴补展位费的25%，国家级贴补展位费的50%。

(4)鼓励文化企业(含工业设计)和产品认证认定。文化企业(含工业设计)和产品获得国家、省、扬州市的认证、认定，每通过一项分别奖励10万元、5万元、2万元。

(5)鼓励创办影视、动漫创作基地。投资3 000万元以上、制作完成1部以上影视或动漫制作并公开放映的，每部电影奖20万元，每集电视剧奖1万元，动漫作品每分钟奖100元。

7. 加大现代物流业扶持力度

(1)鼓励物流企业做大做强。对符合物流空间布局规划新办物流类项目，当年固定资产投资5 000万元以上的，每个奖励5万元；当年固定资产投资1亿元以上的，每个奖励10万元。对新办物流企业当年纳税超过100万元的，每个奖励5万元；原有物流企业当年纳税超过200万元，且增幅超过20%的，每个奖励10万元。

(2)鼓励物流企业入驻物流园区。对市重点扶持的综合物流园区内新引进的分拨、配送、采购、仓储类物流企业，新引进的从事报关、进出口处理、物流咨询、信息技术服务等专业物流服务类企业，按合同约定建设周期投产达效的，其实现的增值税(营业税)地方留成部分，从营业之日起，第一年奖励80%，第二年奖励50%，第三年奖励30%；其所缴纳的所得税地方留成部分，前3年全额奖励，后4年奖励50%。

8. 加大商贸流通业扶持力度

(1)鼓励商贸流通企业上规模。商贸流通企业年营业额首次达一定规模(批发企业5 000万元，零售业3 000万元，住宿和餐饮业1 000万元)以上，且当年实际缴纳税收(指增值税、营业税和企业所得税三税之和，不含其他税种，下同)达到100万元以上的，给予一次性奖励10万元；对年实际缴纳税收超200万元且年度纳税增长20%以上的商贸企业，按年度新增税收地方留成部分的30%给予奖励；商贸流通领域的具有独立法人资格的批发、零售、住宿、餐饮企业，经省级以上部门认定，经营规模进入全省100强、全国500强的，分别给予经营者10万元和20万元的奖励；列入扬州市同行业排行前10名的，给予2万元奖励。

(2)推进重点商贸流通项目建设。对新引进符合国家产业政策、总投资1亿元以上或商业建筑面积3万平方米以上的商贸流通项目,其所缴纳的营业税本级财政地方留成部分,从企业营业之日起,第一年奖励50%,第二年奖励30%,第三年奖励20%;其所缴纳的所得税财政地方留成部分,前3年奖励50%,后4年奖励30%。

(3)鼓励商贸企业连锁化发展。对总部设在高邮,由总部统一配送结算的连锁(直营)企业,并已有3家以上连锁店的,利用自身商号,在商业网点规划区内新开设连锁(直营)店,实际投资额在100万元以上且经营面积在500平方米以上的,每新增一个网点年终一次性奖励1万元。

9. 加大软件和信息服务业扶持力度

具体奖补项目及标准按邮经信〔2011〕104号、邮财建〔2011〕176号《高邮市鼓励促进软件和信息服务业加快发展专项资金管理办法》执行。

10. 鼓励发展金融保险、中介咨询及其他新兴产业

当年新办金融保险、中介咨询、家政服务、商务等现代服务业企业,投资达到一定规模的,给予适当奖励;当年新办鼓励类的新兴服务业项目,经营方式和业态属于我市首创或在同行业独具特色的,对投资额3 000万元以上的给予一次性奖励3万元;对投资5 000万元以上,给予一次性奖励10万元,在此基础上,投资体量每增加1 000万元,奖励增加5万元。

11. 促进总部及楼宇经济发展

凡本市工业、建筑业龙头企业在城区统一规划区内新设立办公、销售、研发等公共服务中心(其厂区内只建加工厂房)的,市外大型企业、集团公司在本市新设立总部大厦的,其固定资产投资在亿元以上,按每投入1亿元,奖励10万元,最高奖励50万元。市外大型企业、集团公司总部自身开票税收地方留成部分实行前三年奖励50%,后两年奖励30%。凡是城区开发建设的楼盘,总投资3亿元以上或建筑面积4万平方米以上,通过出租、售卖、合作等形式,招商引进现代服务业企业,从而培植新税源和新的经济增长点,商业及商业配套面积不低于总开发面积70%的,运转超过一年以后,经验收合格,按实际使用面积给予开发商100元/平方米的补助,最高以50万元为限。

12. 鼓励争创服务业品牌

新获驰名商标或中国名牌的服务业企业奖励20万元;新获省名牌或著名商标的服务业企业奖励10万元;新获省级现代服务业集聚区的企业奖励30万元;新获扬州市级现代服务业集聚区的企业奖励15万元。

13. 鼓励培养引进服务业人才

对引进到我市现代服务业企业工作满2年、年龄在60周岁以下并在我市落户的服务业人才,凡入选"省高层次创业创新人才"、"扬州市绿杨金凤计划人才"的,除享受市政府相关奖励政策外,另分别给予10万元、5万元奖励。

三、推进服务业重要工作

14. 鼓励申报限额以上企业。对服务业批发和零售业、住宿和餐饮业、交通运输等个体工商户,当年申报转性为限额以上企业的,按当年新增税收地方留成部分的30%由市财政给予奖励。

15. 推进企业主辅分离。对大型企业非核心业务分离后当年新设立的服务业企业,其新增税收地方留成部分,按第一年100%、第二年50%、第三年30%的比例由市财政给予奖励;新设立的交通运输企业,经税务部门审核后认定为自开票纳税人。其他细则参照市政府《关于组织开展企业非核心业务分离试点工作的方案》(邮政办发[2010]36号)执行。

16. 鼓励服务业招商引资。对社会人士引介服务业项目(不含房地产项目)实际注册资本金2 000万人民币或200万美元以上的,民资按实际到账资本金的0.1‰给予第一引介人奖励,外资按实际到账注册资本金的0.2‰给予第一引介人奖励,由实施载体予以结算兑现。

17. 鼓励服务业争先进位。市政府对服务业发展提速、比重提高、结构提优方面成效突出的乡镇、园区、部门给予表彰奖励(具体办法另行制定)。

四、附则

18. 经认定的服务业特重大项目,采取"一事一议"的方式给予扶持。

19. 以上各项扶持政策的兑现,由市发改、服务业发展局、财政、税务、国土、金融、工商、统计等部门及相关产业主管部门联合审核认定,报市政府批准。

20. 以上政策意见由市服务业发展局负责解释,自下发之日起执行。此前出台的涉及服务业优惠政策意见与本政策意见相悖的,以本政策意见为准。

(摘自市政府2013年2月27日下发的邮政发〔2013〕24号文件)

关于促进全市乡镇工业集中区整合提升特色发展的意见(摘要)

一、总体要求、发展原则和发展目标

(一)总体要求(略)

(二)发展原则

1. 科学规划,分类指导。(略)

2. 错位竞争,特色发展。(略)

3. 集聚节约,做强做优。(略)

(三)发展目标

至2015年末,全市乡镇工业集中区开票销售年均增长17%以上,开票销售总量占乡镇全部工业开票销售总量的80%以上。其中,菱塘光电科技产业园区经济板块开票销售达150亿元(含菱塘回族乡、送桥镇),城南经济新区经济板块力争150亿元(含高邮镇、车逻镇);菱塘、郭集等2个特色园区达50亿元,卸甲、汤庄等2个特色园区30亿元以上。

至2020年末,全市乡镇工业集中区开票销售年均增长15%以上,开票销售总量占乡镇全部工业开票销售总量的90%以上。其中,菱塘光电科技产业园区经济板块开票销售300亿元以上,城南经济新区经济板块300亿元以上;菱塘、郭集等2个特色园区150亿元,卸甲、汤庄等2个特色园区100亿元。

二、重点工作举措

(一)明确园区发展类型,强化分类指导

优先发展机械装备、电线电缆、照明灯具、纺织服装等基本产业,着力突破新能源、新光源、生物健康等新兴产业,不断优化产业结构,推动产业转型升级。将全市现有乡镇工业集中区进行合理整合,归并为重点发展型、特色发展型、优化发展型和控制发展型四类,实施分类打造。

1. 重点发展型。将城南经济新区、菱塘光电科技产业园区列为重点发展型园区,在组织领导、要素保障、政策扶持上给予重点支持,使其成为全市经济发展的主板块。

2. 特色发展型。将菱塘电线电缆、郭集照明灯具、卸甲电动工具和汤庄液压机械四个工业集中区列为特色发展型园区,从组织、要素、政策上给予优先扶持,以促进产业集聚、园区做特做优。

3. 优化发展型。将高邮镇、三垛镇、临泽镇、界首镇四个现政府所在地工业集中区列为优化发展型园区,围绕产城融合,加快中心城区、重点中心镇建设,推进城乡一体化的发展思路,采取优化组合、盘活存量、“腾笼换鸟”的办法,进一步优化产业结构和空间布局,在园区建设、城镇化建设上给予多方面政策扶持,使其成为产城互动、城乡一体的先行区、示范区。

4. 控制发展型。将车逻镇、甘垛镇、龙虬镇、周山镇及其他行政区划调整后非政府所在地原有工业集中区列为控制发展型园区。原则上不再新扩规模,主要通过现有企业转型升级,现有资源“填平补齐”,实行“飞地经济”,做优做强。重点发展现代高效农业、现代服务业,加快集镇建设。对转型升级、盘活存量、“飞地经济”等在政策上给予一定的特殊扶持。

(二)以规划为龙头,引导园区整合提升

由市经信委牵头,会同市发改委、城建局、规划局、国土局、环保局、商务局等部门及各乡镇、园区,对不同类型园区分别制定园区建设规划、产业发展规划、基础设施配套规划、生态环境保护规划、土地利用规划,做到“五规合一”,一个文本、一张表、一张图,明确各园区发展规模、产业定位、空间布局。规划制定后,多方征求意见,组织专家评审,报市工业集中区建设与发展工作领导小组审核,市委、市政府审定后实施。

坚持规划的严肃性。规划一经批准,各乡镇、园区,市各有关部门必须严格按规划执行。凡不符合规划要求的产业项目,不予立项、不予供地、不予政策扶持。

(三)创新机制,不断增强园区发展动力

创新投融资机制。园区建设要坚持政府财政资金为引导,民间资本、外来资本为主体,社会资本共同参与的多元化、多渠道的投入机制,通过资本运作,建立多主体、多层面的融资机制,加快园区建设。

创新服务机制。鼓励引导各园区整合资源,优化服务,统一建设研发、检测、金融、人才、商务、物流、科技孵化器等公共服务平台,统一规划建设公共服务区、生活区等功能平台,提升园区承载能力和配套能力。

创新管理机制。探索市场化、公司化运作模式,积极推行园区目标责任制、人员岗位聘用制、年薪绩效考核制,做到有为有位、奖惩分明,最大限度地调动各方面力量,参与投入园区建设,推动园区快出形象,快出成效。

创新发展机制。进一步完善“飞地经济”发展模式,调整完善财税分成体制,研究制定差别化考核评价体系,调动控制发展型乡镇协作推进招商引资和经济社会发展的积极性。引导由其招引的工业项目落户市经济开发区、重点发展型园区、特色发展型园区;积极发展“总部经济”,充分利用中心市区区域优势和投资优势,鼓励引导控制发展型乡镇招引的现代服务业项目落户到中心市区,项目用地指标由市统一协调解决,力促项目效益最大化。项目建成达产后,严格执行财税分成政策,使控制发展型园区与重点发展型、特色发展型园区共同承担发展职责,共同分享发展成果,破解产业集聚化、集群化发展的制度瓶颈。

(四)加大政策扶持,鼓励节约集聚发展

1. 加大要素保障扶持。对重点发展型园区和特色发展型园区，对其落户的关键产业链项目、特色重大项目、高新技术、高附加值项目，优先保障供地；对优化发展型园区，根据项目的产业质态、投资体量、投入产出效益等，给予适度供地；对控制发展型园区及所有投资在5 000万元以下、亩均投资强度在300万元以下、亩均税收在5万元以下的项目，一律不予单独供地；对重特大项目土地指标安排可实行“一事一议”。

对上级安排的土地计划指标，市政府每年安排每个重点发展型园区不少于50亩，特色发展型园区不少于30亩，优化发展型园区不少于20亩；凡按规定统一建设企业办公、研发、检测、物流、职工生活区等公共平台和综合服务区的，可根据集中区发展规划，另行安排20亩左右用地指标，其出让价格可参照工业用地标准，以鼓励集约节约资源，优化公共服务功能，提升园区和集镇形象。对乡镇工业集中区包装申报争取的土地点供项目，市政府在土地指标调配、包装成本费用上给予扶持。每年全市50%的城乡建设用地增减挂钩指标用于支持乡镇工业集中区发展。

2. 加大财政税收扶持。设立工业集中区建设与发展专项资金，每年安排1 000万元专项资金用于扶持集中区内公共服务平台、科技孵化器、基础设施、标准化厂房建设和集中区考核奖励等。对重点发展型、特色发展型工业集中区，从2014年起连续3年当年新增工业入库税收的市级地方留成部分全额奖励乡镇、园区，专项用于工业集中区功能设施建设。

3. 加大金融扶持。支持和鼓励有条件的工业集中区搭建银企合作平台，建立风险基金或在特色园区内成立中小企业担保联盟或设立互助资金，为中小企业进入特色园区提供融资服务和资金支持。市财政对永高公司注资5 000万元，每年为集中区内企业提供不少于2亿元融资服务。市财政安排不低于1 250万元的应急专项资金，为工业集中区内企业提供临时（不超过3个月）周转资金贷款。

三、加强组织领导，保障园区健康发展（略）

本意见自2014年1月1日起施行。

（摘自市委、市政府2013年12月9日发出的邮发〔2013〕61号文件）

市委、市政府部分文件目录与部分文章目录

【决议】

中国共产党高邮市第十届委员会第六次全体会议决议

2013年8月1日通过

中国共产党高邮市第十届委员会第七次全体会议决议

2013年12月27日通过

【决定】

《关于表彰全市社会稳定风险评估工作先进单位的决定》

邮发〔2013〕3号　1月16日

《关于表彰2012年度党管武装好书记的决定》

邮发〔2013〕5号　1月16日

《关于表彰2012年度基层武装工作先进单位和先进个人的决定》

邮发〔2013〕6号　1月16日

《关于表彰2012年度双拥工作先进单位的决定》

邮发〔2013〕7号　1月16日

《关于表彰2012年度全市经济社会发展先进单位的决定》

邮发〔2013〕8号　2月7日

《关于表彰2012年度全市党建工作先进集体和先进个人的决定》

邮发〔2013〕9号　2月7日

《关于表彰2012年度优化发展环境服务品牌、服务标兵的决定》

邮发〔2013〕10号　1月29日

《关于表彰2012年度平安建设、法治建设和信访工作先进单位的决定》

邮发〔2013〕15号　2月1日

《关于授予郑连元等同志高邮市第一届“明星企业家”荣誉称号的决定》

邮发〔2013〕17号　2月7日

《关于表彰2012年度全市建筑业先进集体和先进个人的决定》

邮发〔2013〕18号　2月7日

《关于表彰2012年度城建“双十”重点工程先进单位的决定》

邮发〔2013〕21号　2月18日

《关于命名表彰2011—2012年度高邮市文明行业、文明单位、文明乡镇、文明村、文明社区的决定》

邮发〔2013〕23号　2月22日

《关于表彰全市民政系统先进集体、劳动模范和先进工作者的决定》

邮发〔2013〕24号　3月1日

《关于表彰2012年度人大工作先进乡镇的决定》

邮发〔2013〕29号　3月4日

《关于确认行政执法标兵的决定》

邮政发〔2013〕6号　1月16日

《关于表彰2012年度政府工作先进单位的决定》

邮政发〔2013〕18号　2月18日

《关于表彰2012年度争取国资工作先进单位的决

定》

邮政发〔2013〕20 号 2 月 21 日

《关于授予 2012 年度高邮市科学技术奖的决定》

邮政发〔2013〕21 号 2 月 22 日

《关于表彰 2012 年度农业农村工作先进集体的决定》

邮政发〔2013〕26 号 2 月 18 日

《关于表彰 2012 年度质量强市工作先进企业、先进个人的决定》

邮政发〔2013〕52 号 4 月 7 日

《关于授予丁清等 50 名同志高邮市劳动模范称号的决定》

邮政发〔2013〕64 号 4 月 26 日

《关于表彰 2012 年度高邮市市长质量奖获奖企业的决定》

邮政发〔2013〕65 号 4 月 25 日

《关于给予国土局等单位记集体三等功、王周飞同志记个人三等功的决定》

邮政发〔2013〕70 号 4 月 28 日

《关于给予发改委等单位“突出贡献奖”表彰的决定》

邮政发〔2013〕71 号 4 月 28 日

《关于表彰全市放心消费创建工作先进单位和先进个人的决定》

邮政发〔2013〕112 号 7 月 8 日

《关于表彰 2012 年—2013 年度优秀教育工作者的决定》

邮政发〔2013〕153 号 9 月 2 日

【意见】

《关于加快推进民主幸福工程着力提升民生幸福水平的意见》

邮发〔2013〕1 号 1 月 31 日

《关于进一步加强党校建设、加快党校发展的意见》

邮发〔2013〕4 号 1 月 5 日

《关于 2013 全市双拥和国防教育工作的意见》

邮发〔2013〕11 号 1 月 24 日

《关于 2013 年全市农业农村工作意见》

邮发〔2013〕19 号 2 月 21 日

《关于建设高邮城市荣誉体系的意见》

邮发〔2013〕27 号 3 月 2 日

《关于进一步加强新时期民政工作的意见》

邮发〔2013〕30 号 3 月 6 日

《关于加强全市专业招商队伍建设和管理的意见》

邮发〔2013〕37 号 5 月 8 日

《关于全市秸秆禁烧、还田和综合利用工作的实施意见》

邮发〔2013〕38 号 5 月 17 日

《关于新一轮低收入农户脱贫奔小康工程的实施意见》

邮发〔2013〕39 号 6 月 20 日

《关于全市 2013 年经济薄弱村发展集体经济工作的意见》

邮发〔2013〕40 号 6 月 20 日

《关于加强民兵应急队伍基层党支部建设的意见》

邮发〔2013〕42 号 8 月 13 日

《关于加强城市规划区防治违法建设工作意见》

邮发〔2013〕43 号 8 月 8 日

《关于做好行政区划调整工作的实施意见》

邮发〔2013〕45 号 9 月 3 日

《关于行政区划调整后乡镇(园区、街道)机构设置的实施意见》

邮发〔2013〕47 号 9 月 3 日

《关于 2013 年度乡镇、园区经济发展综合考评和市级机关能力作风建设考评工作实施意见》

邮发〔2013〕49 号 9 月 30 日

《关于全面试行乡镇党代会年会制度的意见》

邮发〔2013〕50 号 9 月 30 日

《关于实行乡镇党代会代表任期制的意见》

邮发〔2013〕51 号 9 月 30 日

《关于进一步加强乡镇(街道)、园区工会干部队伍建设的意见》

邮发〔2013〕52 号 10 月 8 日

《关于 2013 年度乡镇、园区和市级机关党建工作考评实施意见》

邮发〔2013〕53 号 9 月 30 日

《关于加强和改进新形势下妇女工作的意见》

邮发〔2013〕54 号 10 月 16 日

《关于分类推进事业单位改革的实施意见》

邮发〔2013〕57 号 11 月 4 日

《关于鼓励支持扬州菱塘光电科技产业园区加快发展的若干意见》

邮发〔2013〕60 号 11 月 26 日

《关于 2013 年全市造林绿化工作意见》

邮政发〔2013〕10 号 1 月 29 日

《关于冀宁线 6＃分输阀室扩建为高邮分输站工程用地的审核意见》

邮政发〔2013〕14 号 2 月 4 日

《关于 2013 年服务业工作意见》

邮政发〔2013〕23 号 2 月 26 日

《关于加快发展现代服务业的若干政策意见(暂行)》

邮政发〔2013〕24 号 2 月 26 日

《关于 2013 年度全市交通运输工作的意见》

邮政发〔2013〕44 号 3 月 19 日

《关于高邮市 2013 年民兵预备役部队组织整顿工作实施意见》
邮政发〔2013〕54 号 4 月 10 日
《关于进一步加强精神病患者救助工作的意见》
邮政发〔2013〕73 号 5 月 3 日
《关于高邮市 2013 年度保障性安居一期工程建设用地的审核意见》
邮政发〔2013〕86 号 5 月 29 日
《关于推进电动工具出品基地建设的实施意见》
邮政发〔2013〕115 号 7 月 17 日
《关于切实规范房屋征收(拆迁)补偿行为的意见》
邮政发〔2013〕117 号 7 月 19 日
《关于推动落实高邮市建设投资发展有限公司债券偿债保障措施的意见》
邮政发〔2013〕129 号 7 月 29 日
《关于实施基本建设项目收费“一费制”的意见》
邮政发〔2013〕146 号 8 月 19 日
《关于加强企业诚信建设规范劳动用工行为的实施意见》
邮政发〔2013〕150 号 8 月 22 日
《关于进一步加强道路交通安全工作的实施意见》
邮政发〔2013〕163 号 9 月 22 日
《关于推进农民专业合作社规范发展和转型升级的意见》
邮政发〔2013〕184 号 10 月 23 日
《关于加强乡镇水务站建设的意见》
邮政发〔2013〕195 号 10 月 24 日
《关于建立全市河道管理“河长制”的实施意见》
邮政发〔2013〕226 号 12 月 12 日
《关于 2014 年造林绿化工作意见》
邮政发〔2013〕241 号 1 月 17 日
《关于 2014 年度水利建设与管理工作的意见》
邮政发〔2013〕242 号 1 月 2 日
《关于新一轮乡镇财政管理体制的实施意见》
邮政发〔2013〕251 号 1 月 28 日

【通知】

《关于印发《2013 年度高层次人才引进工作考核办法》的通知》
邮发〔2013〕13 号 2 月 1 日
《关于印发《2013 年全市社会管理综合治理和平安建设工作要点》的通知》
邮发〔2013〕14 号 2 月 3 日
《关于贯彻落实《中央关于改进工作作风、密切联系群众的八项规定》、省委《十项规定》实施办法的通知》
邮发〔2013〕16 号 2 月 7 日
《关于印发《2013 年度统战工作要点》的通知》
邮发〔2013〕20 号 2 月 22 日
《关于印发《2013 年全市“招大引强”行动计划》的通知》
邮发〔2013〕22 号 2 月 27 日
《关于印发《2013 年全市宣传思想文化工作要点》的通知》
邮发〔2013〕25 号 3 月 3 日
《关于下达 2013 年主要经济指标的通知》
邮发〔2013〕26 号 3 月 5 日
《中共高邮市委关于市委常委工作分工的通知》
邮发〔2013〕28 号 3 月 28 日
《关于印发《2013 年全市信访工作要点》的通知》
邮发〔2013〕31 号 3 月 18 日
《关于建立 2013 年度城十大重点项目和城建十类重点工程目标责任制的通知》
邮发〔2013〕32 号 3 月 12 日
《中共高邮市委关于 2013 年度市领导挂钩联系工作安排的通知》
邮发〔2013〕34 号 4 月 9 日
《中共高邮市委关于学习贯彻省委、省政府主要主要负责同志来邮调研重要讲话精神的通知》
邮发〔2013〕35 号 4 月 28 日
《关于印发《“三直接”若干环节操作规范》的通知》
邮发〔2013〕41 号 8 月 6 日
《中共高邮市委转发《市人大常委会党组关于做好我市行政区划调整后新建镇人大选举工作的实施意见》的通知》
邮发〔2013〕44 号 9 月 13 日
《关于在行政区划调整过程中严明有关纪律的通知》
邮发〔2013〕46 号 9 月 3 日
《关于印发《高邮市市投资工业类项目和非工业类项目收费优惠办法》的通知》
邮发〔2013〕48 号 8 月 16 日
《中共高邮市委关于调整部分市委常委工作分工的通知》
邮发〔2013〕55 号 10 月 17 日
《关于下达区划调整后 2013 年主要经济指标的通知》
邮发〔2013〕56 号 10 月 25 日
《关于印发《外商来邮投资兴业优惠政策》的通知》
邮发〔2013〕58 号 11 月 13 日
《关于印发高邮市 2013 年工业和信息化等 5 项考核奖励办法的通知》
邮发〔2013〕59 号 11 月 13 日
《关于印发《关于促进全市乡镇工业集中区整合提

升特色发展的意见》的通知》

邮发〔2013〕61 号　12 月 9 日

《关于印发《高邮市人民政府工作规划》的通知》

邮政发〔2013〕2 号　4 月 19 日

《关于聘请市政府常年法律顾问的通知》

邮政发〔2013〕7 号　1 月 16 日

《关于印发《2013 年惠民十件实事工作目标任务》的通知》

邮政发〔2013〕9 号　1 月 28 日

《关于印发《2013 年政府工作目标任务》的通知》

邮政发〔2013〕15 号　2 月 7 日

《关于印发《高邮市"突出贡献奖"评选办法(试行)》的通知》

邮政发〔2013〕16 号　2 月 18 日

《关于印发《高邮市人民政府记功奖励暂行办法》的通知》

邮政发〔2013〕19 号　2 月 18 日

《关于上报乡镇集中式饮用水源地保护区划分方案的通知》

邮政发〔2013〕22 号　2 月 26 日

《关于印发《高邮市水利现代化规划(2010—2020)》的通知》

邮政发〔2013〕25 号　2 月 27 日

《关于印发《高邮市 2013 年依法行政工作要点》的通知》

邮政发〔2013〕28 号　2 月 28 日

《关于成立中国进口银行江苏省分行中小企业信贷成长计划工作小组的通知》

邮政发〔2013〕45 号　4 月 11 日

《关于认真做好全市第三次全国经济普查工作的通知》

邮政发〔2013〕58 号　4 月 19 日

《关于印发《高邮市防御洪涝灾害预案》、《高邮市城市防御洪涝灾害应急预案》的通知》

邮政发〔2013〕79 号　5 月 17 日

《关于进一步加强和规范土地管理相关问题的通知》

邮政发〔2013〕93 号　6 月 6 日

《关于集中开展安全生产大检查的通知》

邮政发〔2013〕101 号　6 月 15 日

《关于印发《高邮市公有房屋出租管理办法》的通知》

邮政发〔2013〕102 号　6 月 13 日

《关于印发《高邮市行政事业单位国有资产处置管理办法》的通知》

邮政发〔2013〕103 号　6 月 13 日

《关于调整对越作战残疾军人生活补助的通知》

邮政发〔2013〕114 号　7 月 15 日

《关于认真做好 2012 年冬季退役士兵接收安置工作的通知》

邮政发〔2013〕133 号　8 月 6 日

《关于印发《高邮市建设投资发展有限公司实体化动作实施方案(试行)》的通知》

邮政发〔2013〕142 号　8 月 16 日

《关于印发《高邮市交通产业投资有限公司实体化动作实施方案(试行)》的通知》

邮政发〔2013〕143 号　8 月 16 日

《关于印发《高邮市水利产业投资有限公司实体化动作实施方案(试行)》的通知》

邮政发〔2013〕144 号　8 月 16 日

《关于印发《高邮市建筑业总部集聚区若干政策意见》的通知》

邮政发〔2013〕149 号　8 月 20 日

《关于高邮安源燃气有限公司建设高邮经济开发区管道燃气项目有关事项的通知》

邮政发〔2013〕154 号　9 月 2 日

《关于印发《高邮市国投资工程承包名录管理办法》的通知》

邮政发〔2013〕158 号　9 月 13 日

《关于印发《2013 年高邮市银行机构信贷投放考核奖励办法》的通知》

邮政发〔2013〕164 号　9 月 13 日

《关于印发《高邮市依法行政考核办法》的通知》

邮政发〔2013〕174 号　10 月 8 日

《关于印发《高邮市共有产权经济适用房管理试行办法》的通知》

邮政发〔2013〕175 号　10 月 8 日

《关于表彰首批"市民学习品牌"和"学习型先进个人"的通知》

邮政发〔2013〕190 号　10 月 24 日

《关于成立高邮市清水潭旅游投资开发有限公司的通知》

邮政发〔2013〕191 号　10 月 24 日

《关于成立高邮市清水潭旅游度假区管理委员会的通知》

邮政发〔2013〕192 号　10 月 24 日

《关于印发《高邮市政府性债务管理暂行办法》的通知》

邮政发〔2013〕217 号　11 月 28 日

《关于公布行政执法主体的通知》

邮政发〔2013〕218 号　11 月 27 日

《关于同意对"蓝山庄园"居民小区地名命名的通知》

邮政发〔2013〕232 号　12 月 27 日

《关于印发《高邮市不可移动文物保护管理办法》的通知》
邮政发〔2013〕240 号 12 月 24 日

《关于印发《高邮市经济开发区片区防洪治涝工程项目实施方案》的通知》
邮政发〔2013〕243 号 12 月 27 日

【通告】

《关于在城区禁止生产和使用粘土砖的通告》
邮政发〔2013〕36 号 3 月 14 日

《关于加夏粮收购市场管理的通告》
邮政发〔2013〕78 号 5 月 9 日

《关于加强秸秆禁烧、还田和综合利用工作的通告》
邮政发〔2013〕80 号 5 月 17 日

《关于严厉打击电力捕鱼违法行为的通告》
邮政发〔2013〕81 号 5 月 18 日

【通报】

《关于 2012 年度依法行政综合考评结果的通报》
邮政发〔2013〕27 号 2 月 28 日

《关于在全市开展第三次全国经济普查登记的通告》
邮政发〔2013〕246 号 12 月 31 日

表 86 **2013 年高邮市部分作者在省级以上媒体、书刊和学术会议上发表的部分文章目录**

文章标题	作者	发表时间(期数)	发表载体
司法公开的真义	韩雪峰	2013年1月	中国审判
发挥统战作用、化解涉诉难题	韩雪峰	2013年5月	人民法院报
浅谈违法建设的占有保护	周启泉	2013年第2期	法官之友
法官之友优秀奖	许云霞	2013年1月	法官之友
浅析破产程序中的行政权	陈国俊	2013年6月	江苏经济报
重提审判方式:司法公正的逻辑起点	夏 敏	2013年1月	中国审判
司法:民主与规则之效	夏 敏	2013年1月	民主与科学
环境司法保护如何突围	朱远军	2013年7月	人民法院报
毒品犯罪诱惑侦查获取证据的采信问题	叶晓红	2013年第3期	法官之友
被告人朱强抢劫案	金晓丽	2013年5月	量刑规范化典型案例精析
电子送达:第七种送达方式能否破解“送达难”	余荣杰	2013年第6期	法官之友
小额诉讼程序的利弊与完善——功利价值下小额诉讼热的冷思考	黄 艳	2013年第5期	行政与法制
未约定利息如何计算	雍志飞	2013年2月	江苏法制报
取保候审期间再犯罪的自首认定问题	李红梅	2013年第3期	扬州审判
高速公路上违章下客致交通事故的责任承担	徐智渊 赵广才	2013年第8期	法官之友
忽视安全意识,无偿不是免责的理由	徐智渊	2013年7月	江苏经济报
消费者维权案件中消费者身份为何易受质疑	赵广才	2013年7月	江苏经济报
厂区内发生事故不适用交强险	冯玉璋	2013年3月	江苏经济报
医疗技术侵权纠纷如何举证	朱林源	2013年10月	江苏法制报
浅析“亲民”被异化的负效应	许 杰	2013年3月	党政论坛
规范基层法律工作者代理之我见	王 健	2013年11月	江苏法制报
银行债务岂容逃废	韩兆平	2013年9月	江苏经济报
民营担保企业法律风险问题分析	刘 艳	2013年11月	江苏经济报
本案股权转让价应如何认定	严利萍	2013年11月	江苏法制报
补充协议应视为合同的一部分	刘传勇	2013年6月	中华民生报
土地承包经营权可作为财产继承	张 玮	2013年7月	江苏法制报
租屋拆迁起纠纷被告辩称超过时效被否决	于素权	2013年6月	江苏经济报
耍小聪明不收房款,构成违约双倍赔偿	孔薛峰	2013年6月	江苏经济报
国有土地上房屋征收和补偿条例中公共利益范围的认定	杨 薇	2012年6月	扬州审判
论司法调解中司法公信力的塑建	于 谦	2013年第3期	行政与法制
旅游途中人身受损的求偿途径	钱 敏	2013年7月	法制与社会
不当得利请求权研究	张长云	2013年8月	法制与社会

续表 86

文章标题	作者	发表时间(期数)	发表载体
论环境民事公益诉讼激励机制的构建——兼评《民事诉讼法》第55条	张玉来	2013年8月	法制与社会
可撤销劳动合同的初步探讨	周飞	2013年10月	法制与社会
高邮鸭体尺与蛋品质测定	张胜富 汤业朝	2013年第2期	水禽世界
青绿饲料对苏邮1号蛋鸭生产性能和蛋品质的影响	张胜富	2013年第10期	江苏农业科学
做大做强高邮鸭产业的调查与思考	吴桂余	2013年第5期	中共中央党校科学社会主义杂志
初中物理教学中对学生想象能力的培养	戴幸宏	2013年7月	试题研究
着力优化学习小组　全力提升课堂效益	冯爱东	2013年9月	教育艺术
用陶行知思想指导物理实验	刘国正	2013年8月	青春岁月
重视综合实践　提高学生能力	王桂红	2013年11月	课程教育研究
关于学生失写症问题的浅析与应对策略	周亿良	2013年9月	中学生导报
优质资源莫闲置	柏坤	2013年9月	文教资料
遵循规律突出四“性”	柏正兰	2013年12月	幼儿教育
估算教学的误区及对策	卞庆龙	2013年9月	中小学数学
利用体育空间深化学生心理健康教育	查满银	2013年6月	黑龙江教育
浅谈新课标下英语课堂教学中操练活动的有效性	陈丽	2013年5月	小学教学研究
低年级词语教学须趣学活用	陈蓉蓉	2013年10月	小学语文教学
“连接”病可以这样医治	储红梅	2013年4月	小学语文教师
浅谈小学语文学习兴趣的培养	董灯林	2013年1月	新课程
小学数学课堂中学生生成问题的阐述	韩厚祥	2013年4月	课程教育研究
寻找那最大的“麦穗”	侯国梅	2013年3月	语文教学通讯
让体验更深刻让经验更丰富	居述明	2013年11月	湖南教育
重复的形	李花	2013年4月	教育新视窗
踏上“语言运用”的旅程	李晓娟	2013年1月	新课程
利用分数意义解决问题	李正祥	2013年4月	小学生数学报
走出磨课的“美丽误区”	刘吉才	2013年1月	小学语文
走出朗读指导的误区	刘吉才	2013年5月	教学与管理
《两位数乘一位数(不进位)》教学	毛学群	2013年3月	小学教学设计
精心预设,精彩生成	潘丽	2013年6月	考试周刊
儿童写作教学需凸显“课程意识”	邵龙霞	2013年8月	江苏教育研究
初读课文不可小觑	沈学庆	2013年3月	小学教学参考
数学课堂笔记的意义与改进策略	谭大明	2013年7月	中学生数理化
你快乐吗	王国照	2013年10月	学校艺术教育
与幼儿谈心	王俊红	2013年3月	儿童与健康
秦初象:小小二胡演奏家	吴红香	2013年6月	江苏教育报刊
随文仿写:低年级写话的有效路径	吴筱萍	2013年11月	学习教育新理念
技能教学要创造新境界	徐宏臻	2013年4月	教育研究与评论
英语之阅读理解材料的再运用	许惠	2013年7月	英语画刊
直观示范　形象剖析	姚国平	2013年7月	江苏教育研究
学生数学论文	迮恒良	2013年8月	江苏教育报刊
小学体育教学现代化的路径与特征研究	张卫平	2013年6月	体育世界
轻松搜集　快乐学习	赵丽丽	2013年11月	教育学
红领巾唱响“邮都”新曲	钟欣	2013年11月	少先队活动

续表 86

文　章　标　题	作　者	发表时间(期数)	发　表　载　体
浅谈如何培养小学生学习古诗的兴趣	朱桂兰	2013年8月	吉林教育
思品课堂教学的灵魂——眼神	谭国安	2013年8月	中学政史地
《论语》的教育思想在初中生教育中的影响	周维山	2013年10月	课程教育研究
初中物理入门浅谈	吴桂斌	2013年9月	小作家选刊
初中体育教学中如何提高学生的主动参与性	陈艳娟	2013年10月	新课程
浅谈新形势下高效课堂的构建	吴家海	2013年12月	教研参考
英语教学的艺术表现形式	郭琴芳	2013年10月	考试与评价
试论高中化学实验教学的探究功能	张尚伟	2013年8月	高中数理化
物理教学中非智力因素的培养	刘　伟	2013年11月	新课程导学
浅谈如何在高考生物复习中构建知识体系	许桂华	2013年8月	理科考试研究院
新课标下的数学考试命题探究	陈春峰	2013年1月	广西教育
由“教学”变为“学教”	王转岚	2013年6月	小学教学研究
小学数学有效“问题场”的设计研究	邹　霞	2013年4月	数学教学通讯
略谈优化小学语文教学策略	朱德群	2013年5月	小学教学研究
将教学的每一个目标都落到实处	闵少华	2013年4月	小学语文教学
质疑解疑，语文高效课堂的开始	石维香	2013年2月	小学教学参考
对小学英语课堂提问的思考	陆　明	2013年3月	英语广场
变“教材”为“学材”打造高效课堂	时玉姝	2013年1月	学生之友
构建有效小学数学课堂之我见	张其森	2013年6月	小学教学研究
小学班主任德育工作的分析	俞　婷	2013年8月	教育界
小学数学“对话课堂”教学策略的实践研究	周丽萍	2013年5月	数学教学通讯
小学数学“对话课堂”教学策略的研究	杨　丽	2013年5月	数学教学通讯
三类体验快乐作文——新课改背景下小学作文教学探微	翟永新	2013年12月	教师
运用现代教育技术　优化美术课堂教学	卞龙余	2013年10月	江苏科技报教师周刊
三环六步预学探航实施策略	黄玉春	2013年1月	时代学习报·教研参考
浅谈小学生有效阅读能力的培养	汤春安	2013年11月	现代阅读
朗读在小学语文教学中的作用	潘绪艳	2013年2月	小学教学参考
浅谈小学生日记的有效指导	杨美华	2013年12月	小学教学通讯
初中生物教学中多元化作业的开发研究	张所娟	2013年2月	新课程(中学版)
知识问题情境	顾德松	2013年5月	中学政治教学参考
浅谈语文教学与激发学生的兴趣	胡菊芳	2013年3月	读与写
讲究数学课堂提问艺术	居永宇	2013年3月	读与写
初中语文课堂的导语研究	居维珍	2013年3月	读与写
浅谈初中平面几何教学几点体会	徐庆丰	2013年3月	读与写
浅析初中英语教学中互动教学	衡庆芳	2013年1月	读与写
《力弹力》公开课实录及反思	葛汉洪	2013年12月	中学物理
一首韵味盎然的诗——赏析《与朱元思书》	陈媛媛	2013年1月	读与写
分层达标激活英语课堂	黄桂华	2013年11月	语数外学习
谈数学教学方法	张　鑫	2013年8月	读与写
注重激励，提高生物教学有效性	张所娟	2013年9月	新课程学习(上旬)
初中化学教学之我见	刘国锋	2013年1月	读与写
如何提高初中语文阅读教学水平	高平丽	2013年1月	读与写
初中英语口语教学现状及对策	杨　健	2013年7月	读与写

续表 86

文　章　标　题	作　者	发表时间(期数)	发　表　载　体
多元教学方式引导下的高效课堂教学	张才元	2013年12月	数学教学通讯(初等教育)
浅谈如何教学英语课	吴　艳	2013年8月	读与写
创造可以预约的精彩——老师有效备课策略	顾德松	2013年12月	广西教育(中学教研)
如何在思想品德课堂教学中培养学生的创新能力	杨正梅	2012年12月	课程教材教法
挖掘数学素材　增强课堂活力	陈启军	2013年11月	语数外学习
如何培养小学生英语口语能力	于春军	2013年10月	新疆教育
小学低年级语文阅读教学解析	师成娟	2013年10月	课外语文
培养预习习惯　提高课堂高效	柏正广	2013年6月	课程教育研究
小学生数学学习中自我反思能力的培养	谢向兴	2013年6月	课程教育研究
小学高年级作文教学方法研究	张春兰	2013年5月	课外语文
创设自由环境　鼓励合作交流	师　霞	2013年5月	学生之友
让学生在英语课堂学习中动起来	居付辛	2013年5月	学生之友
巧用疑问激发语文学习兴趣	徐和鑫	2013年6月	现代语文
“电功率”的师生对话式复习	杨旭安	2013年11月	无线互联科技
浅议如何防治学生在物理学习中的厌学情绪	李有培	2013年10月	数理化学习
浅谈实验中多测几组数据的功能	吴兴明	2013年4月	中学物理
透过文本折射生活	陈顺定	2013年4月	语文周报
解析初中物理教师的“想当然”	马道兵	2013年12月	物理教学
浅谈提高数学课堂教学的有效性	范金贵	2013年4月	时代学习报.教研参考
如何写出富有新意的作文	董正山	2013年2月	语文周报
语文教学的“剖”与“破”	陈顺定	2013年2月	语文周报
数学教学中审题能力的培养	姜　宁	2013年9月	小作家选刊
浅析小学语文课堂教学中的“纠错”	赵长生	2013年10月	高中生学习师者
语文小组合作学习有效策略研究	王　兰	2013年9月	小学生教学实践
小学语文教学导入方法的探析	沈九霞	2013年11月	吉林教育
如何在音乐教学中展开对学生的欣赏教育究	王素琴	2013年1月	音乐大观
小学生良好计算习惯的培养策略	王嘉玫	2013年8月	小学生教学实践
中考作文文体创新方法例谈	赵桂珠	2013年1月	语文学习报
数学高效教学的思考与创新探讨	徐仁忠	2013年3月	现代阅读
浅谈赏识教育对课堂教学的促进作用	陈　飞	2013年6月	课外阅读
高中文言文的学习方法	张　敏	2013年1月	语数外学习
高考中不等式和数列综合题的出题构想	陈传春	2013年1月	数理化学习
打造健康快乐体育促进学生全面发展——新课标下高中体育教学的实践与思考	陈宝华	2013年4月	中学时代
浅谈高中英语教学中“合作学习”的开展	张生昇	2013年4月	语数外学习
浅谈高中数学课堂“合作交流”正负效应	金玉娟	2013年4月	语数外学习
浅析“构造法”在数列通项求解中的几种常见应用	周　剑	2013年5月	神州
发挥立体教学模式在提高语文教学效率方面的作用	张　敏	2013年7月	现代语文
让学生在数学探究中成长	胡正丽	2013年9月	神州
高中生物实验教学模式的研究初探	孙小靖	2013年12月	高中生学习
高中英语选修教学	张生昇	2013年12月	海外英语
初中数学“引导式”教学模式的研究	赵福文	2013年10月	理科考试研究
刍议历史教学中隐性目标的实现方略	吴宝明	2013年10月	考试周刊

续表 86

文　章　标　题	作　者	发表时间(期数)	发　表　载　体
培养学生观察能力优化实验教学质态	郭如松	2013年1月	中学物理
免疫教学中必须明晰的一些问题	姜　静	2013年1月	中学教学参考
典型易错问题警示录	李恒林	2013年1月	新高考高一物理
把握高中数学特点　培养学生思维能力	李云龙	2013年1月	数学教学通讯
浅谈影响群落演替的因素	王丽丽	2013年1月	中学生物教学
交变电流“最易”出错的三个方面	王永昌	2013年1月	数理化学习
斜面体与地面间摩擦力问题的实例分析	吴含章	2013年1月	新高考
一道力学题的解法	管冬娟	2013年2月	湖南中学物理
浅谈逆向思维在高中化学教学中运用	刘　影	2013年2月	数理化学习
“个性化表达”让我们的课堂更精彩	王海燕	2013年2月	新语文学习
也谈高中化学计算题的解题方法	温晓峰	2013年2月	数理化解题研究
让课堂洋溢着生命的温暖	丁　莉	2013年3月	中学教学参考
选视角切入忌模糊打包	凌　志	2013年3月	写作
看尽百态的三笑振作奋起的鹏鸟	孙　云	2013年3月	语文教学之友
中国学校体育	顾德开	2013年4月	中国学校体育
将英语新闻融入高中英语教学	郭宇秀	2013年4月	中学教学参考
群落演替与群落的结构、生物进化的关系	姜　静	2013年4月	中学生物教学
把握语文作业设计的“度”	李志蓉	2013年4月	新语文学习
聚集高频考点　号准命题脉搏(上)	王永昌	2013年4月	新高考
化学高考复习中习题课的重要性	温晓峰	2013年4月	数理化学习
小说阅读之形象类考题命题指向及对策	张爱群	2013年4月	语文教学通讯
构建“等时圆”模型巧解物理题	卞国华	2013年5月	新高考
高中英语高效课堂的构建	曹德海	2013年5月	外语学法教法研究
浅谈英语教学中的任务型阅读教学	曹德海	2013年5月	试题研究新课程论坛
S型和R型细菌的相互转变	陈　丹	2013年5月	中学生物教学
新课改对高中地理教学的影响及对策	陈小丽	2013年5月	中学教学参考
高中语文教学板书设计探究	丁　莉	2013年5月	中学语文教学参考
找准突破口，破解弹簧类问题之难点	冯春芳	2013年5月	新高考
去伪存真——传送带问题错例分析	管冬娟	2013年5月	新高考
打点计时器在力学中的应用	姜　燕	2013年5月	新高考
巧用E—h图像解一类抛体问题	李恒林	2013年5月	新高考高一物理
生活中的力学趣味问题讨论	李恒林	2013年5月	新高考高一物理
例谈数码相机在物理实验中的应用	李　巍	2013年5月	新高考
读事件	李志蓉	2013年5月	湖北招生考试
议论文的逻辑美(一)	凌　志	2013年5月	中学语文
STS在力学上的应用	刘　彬	2013年5月	新高考
新课程下高中历史课堂教学有效性的探究	戚晓莉	2013年5月	中学教学参考
只有走，才会有声音	钱士宽	2013年5月	教学月刊
见证整体法的魅力	王恒荣	2013年5月	新高考
聚集高频考点　号准命题脉搏(下)	王永昌	2013年5月	新高考
问题解决教学的实践研究	王永昌	2013年5月	中学物理
力学动态平衡问题的解法类析	吴含章	2013年5月	新高考
例谈对公式P=Fv的理解	周荣高	2013年5月	新高考

续表 86

文章标题	作者	发表时间(期数)	发表载体
如何提高信息技术课堂教学质量	陈汐平	2013年6月	考试周刊
新课程理念下有效教学	陈小梅	2013年6月	中学生数理化
巧用图象法　妙解力学题	黄干双	2013年6月	新高考
摩擦力做功难点的实例分析	秦冬兰	2013年6月	新高考
设疑激趣抛砖引玉——高中历史课堂导入法探微	王生芳	2013年6月	中学历史教学参考
高三语文的复活之路	吴卫东	2013年6月	湖北招生考试
质子守恒式的书写与应用	赵　雷	2013年6月	理科考试研究
历史教学中如何处理“点”与“面”的关系	郭仁贵	2013年7月	中学历史教学
牛津高中英语》Wordpower板块的教学思路	郭宇秀	2013年7月	教书育人
记新课程中“非重点”“难讲”内容一节课的教学	黄桂君	2013年7月	高中中数学教与学
“教要熏，学要说”——以一节新课程公开课为例	黄桂君	2013年7月	数学教学研究
选用适当物理知识巧证数学定理和结论	居殿兵	2013年7月	中学物理
高中语文阅读教学现状及有效途径探寻	李志蓉	2013年7月	现代语文
把门敞开　作文导写	凌　志	2013年7月	阅读与作文
“莫言·母亲·乞讨者”讲评	吴卫东	2013年7月	新高考
创设问题情境　满足学生成才需求	杨　娟	2013年7月	成才之路
寻找家园	凌　志	2013年8月	中华活页文选
如何确立学生在课堂教学中的主体地位	吕所勇	2013年8月	语数外学习
多管齐下：提高复习教学效率的方法	王生芳	2013年8月	中学历史教学参考
语文课堂教学模式初探	徐　艳	2013年8月	语文天地
例谈解析法解决三角形问题	李云龙	2013年9月	数理化学习
“验证力的平行四边形定则”问题攻略	王永昌	2013年10月	教学考试
“恒成立”的魔方世界	徐　艳	2013年10月	中学课程辅导教学研究
例析轻杆弹力方向的判定	周荣高	2013年12月	新高考
把握考试大纲　号准命题脉搏	王永昌	2013年3月	高考金刊
浅谈解决动态几何问题的思路	刘　勇	2013年7月	数理化解题研究
初中数学函数教学策略分析	刘　勇	2013年7月	数学教学通讯
中职幼教专业美术教学探析	姜　涛	2013年10月	时代教育
猪八戒和桑丘的农民性	陆翠莲	2013年12月	时代教育
浅谈语文课堂的情境教学	陆翠莲	2013年1月	新课程学习
加强读写训练　提高写作技能	周桂芳	2013年12月	语文教学与研究
对《推敲》的再“推敲”	谢菊萍	2013年9月	新课程小学语文教学案
我的社团我做主	陈　蔚	2013年11月	艺术教育研究
让新课程评价敲开情感教育的大门	陈　蔚	2013年12月	艺术教育研究
让数学课堂成为学生的快乐之旅	梁　勇	2013年7月	小学生教学实践
小学数学小组合作学习的误区和对策	黄庆余	2013年4月	数学学习与研究
数学巧复习	高增荣	2013年4月	教师报
小学数学探究式课堂教学模式	高增荣	2013年9月	中国校外教育
小学数学课堂教学的有效性思考	吕大伟	2013年9月	中国校外教育
浅谈小学数学新课导入艺术	吕大伟	2013年10月	吉林教育
小组合作学习在初中数学问题教学中的应用	秦　飞	2013年12月	考试周刊
让主体特性充分展现	秦　飞	2013年3月	文理导航
基于多媒体下的小学英语课堂教学	王红霞	2013年7月	才智

续表 86

文章标题	作者	发表时间(期数)	发表载体
中学语文课堂学生发言的现状分析及应对策略	高正善	2013年9月	新课程(上旬刊)
教育理论与教学研究	高正善	2013年9月	新课程(下旬刊)
各种吸引现象的原理	沈爱民	2013年11月	数理天地(初中版)
论“初中数学中的素质教育”	陈　磊	2013年12月	理科考试研究(数学版)
数学八年级(上)复习纲要	陈　磊	2013年6月	时代学习报
开展小组合作讨论注重策略的有效性	裔在役	2013年12月	中学教学参考
初中思想品德复习中几组易混知识点释疑	裔在役	2013年7月	中学教学参考
初中数学课堂教学如何培养学生的自主学习能力	王　玲	2013年10月	理科考试研究(数学版)
转化思想在初中数学解题中的应用与实践	王　玲	2013年12月	数理化解题研究
初中化学解题思维训练之我见	孙荣斌	2013年12月	数理化解题研究
初中新课程化学实验教学设计的研究	孙荣斌	2013年12月	理科考试研究
初中数学解题反思能力培养	汤国翠	2013年12月	数理化解题研究
浅谈体育中考对我的一点思考	陈永莲	2013年10月	东方青年(教师版)
浅谈探索初中体育课改的目标	陈永莲	2013年9月	东方青年(教师版)
初中数学创新教学方法探究	陈荣军	2013年12月	数学学习与研究
浅析初中数学高效课堂教学应用与实践	陈荣军	2013年2月	数学学习与研究
浅谈初中美术教学困境的教改思路	柳才新	2013年8月	美术教育研究
初中语文教学中注重情感熏陶提高教学质量	盛宏明	2013年12月	快乐阅读
问题解决模式下的数学教学	秦　飞	2013年10月	语数外学习
初中生物实验教学的改革与实践	唐巧英	2013年12月	知识窗
探究有效教学方法的提高学生英语成绩	陈　健	2013年12月	神州
校本资源的开发利用与教师专业成长化的研究	王家平	2013年12月	教师
体验式教学方式在历史课堂中的运用	曹　健	2013年3月	学习报
追寻“动态生成”让课堂更精彩	江　平	2013年4月	基础教育参考
巧用历史教材优势　启发学生爱国之情	曹　健	2013年8月	基础教育论坛
化学教学与环境教育	梁少娟	2013年7月	《高考》
新课程背景下的初中化学教学中发展性评价初探	梁少娟	2013年7月	数理化学习
浅谈七年级学生学好英语的策略	曹金香	2013年1月	教育学文摘
简析体育模拟上课与说课的区别及其运用	徐有杰	2013年6月	运动
在化学教学中帮助学生提高记忆效率方法	梁少娟	2013年12月	理科考试研究
学生文本解读低效探因及改变策略	张长银	2013年12月	教育学文摘
基于高效课堂背景下学生自我评价的研究	江　平	2013年12月	教育学文摘
英语课堂:请多一些有效教学的策略	张　彦	2013年12月	教育学文摘
物理教学有效性:从培养实验能力开始	李桂兵	2013年1月	教育学文摘
也谈初中化学高效课堂打造的策略	宰高峰	2013年11月	教育学文摘
关注初中英语学科的“潜在课程”	陆春芬	2013年12月	海外英语
让思想品德课充满激情	宰华平	2013年9月	中学政治教学参考
尽忠报国 VS 国报尽忠	宰华平	2013年2月	中学政治教学参考
“三法”引导胆小学生积极练习	吕晓燕	2013年12月	体育师友
探析网络环境下初中美术教学评价	陈家红	2013年12月	美术教育研究
论初中化学教学的实验策略	梁少娟	2013年1月	中学化学教学参考
语文中考复习试卷评讲课的研究	张长银	2013年12月	成才之路
现代信息技术与数学教学的有机整合	陈永香	2013年4月	神州

续表 86

文 章 标 题	作 者	发表时间(期数)	发 表 载 体
浅谈游戏在英语教学中的趣味性	张 莉	2013年9月	新课程学习
如何让小学生通过歌曲学英语	张 莉	2013年12月	海外英语
良好习惯的培养是英语课堂高效的关键	池恒莉	2013年5月	神州
美术教学中文化性学习实践	丁迎春	2013年5月	现代中小学教育
学科学先学会观察	田明华	2013年8月	科学大众(科学教育)
浅谈小学数学学习的策略	张永忠	2013年11月	少年智力开发报
初中物理探究性实验应把握的要点	陈国平	2013年4月	江苏教育
建构生活　优化英语课堂教学	朱丹桂	2013年3月	学英语·小学教学研究
如何让小学语文课堂奏出“有效”的强音	陈月琴	2013年12月	语文教学通讯
让具有生活情境的游戏活动走进低年级数学课堂	李秋华	2013年9月	课程教育研究
从细微处入手　做教学的有心人	金 萍	2013年12月	中国校外教育
浅谈小学低年级语文朗读能力的培养	金 萍	2013年12月	快乐阅读
让学生经历学习过程的实践与思考	杨启林	2013年7月	小学教学参考
课堂的“脸”在悄悄地变化	柏春霞	2013年5月	小学教学参考
网络教研路更宽	郭卫东	2013年10月	教育新视窗
应用现代教育技术转变教学过程中角色的转变	郭卫东	2013年5月	中国教育信息化
和谐课堂永恒的追求	钱春霞	2013年10月	吉林教育
多媒体在美术教学中的作用	陈慧君	2013年9月	学生之友
“珠联璧合如虎添翼——浅谈英语学科教学中信息技术应用”	纪爱娟	2013年1月	祖国
新课改下的中学化学教学改革初探	沈志春	2013年2月	中学生数理化
金属及其化合物解题中存在的误区	沈志春	2013年12月	中学生数理化
高中政治课合作探究活动设计坚持三原则	颜立峰	2013年10月	考试周刊
“浅谈利用多媒体提高语文课堂教学”	陈庆玲	2013年11月	祖国
“对师生间如何进行有效沟通的探讨”	王姝佳	2013年10月	祖国
高中物理参与式教学实践体会探讨	史朝俊	2013年10月	中学物理
有效引导质疑　创设高效课堂	李 娟	2013年12月	新作文
一道简单题目的“复杂”处理	蒋智春	2013年5月	中小学数学
博客:助推教师专业化发展	蒋智春	2013年4月	江苏教育技术
纵容孩子的好奇心　放飞儿童的想象力	王 奕	2013年12月	小学时代
小学英语高效课堂的方法研讨	管传平	2013年5月	小学生·教学实践

(史志)

趣 闻 轶 事

Anecdotes

历史探秘与传说

【“盂城”由来可追溯至宋志】 2月4日，《高邮日报》载陈友兴文《盂城之由来》。该文称，宋王象之著《舆地纪胜》和宋祝穆著《方舆胜览》关于“盂城”的引文，只言郡志和《高邮志》，即宋代的高邮方志。《方舆胜览》郡名曰，“盂城，郡志谓：地形四隅皆低，城基特高，状如覆盂。”《舆地纪胜》景物目记载，与此类似，唯称引文为《高邮志》。因此，宋代《高邮志》本身才是盂城的首倡者。《高邮志》的最初版本，至迟要追溯到熙宁八年以前的北宋中前期。（高志中）

【高邮运河十八变】 1月5日，《高邮日报》载肖维琪文《高邮运河十八变》。该文称，高邮运河于春秋末期(前486年)为“邗沟东道”，宋天禧四年(1020年)《宋书》始载“扬州运河”，清康熙二十七年(1688年)尚书张玉书在奏文中称“里运河”。其河线先后于汉建安二年、西晋永兴初年、东晋兴宁中期、隋开皇七年、隋大业元年、宋初、宋天禧四年、明洪武九年、明宣德七年、明弘治三年、明万历四年、明万历十三年、明万历二十八年、清康熙十七年、清康熙六十年和新中国建立后的1956年、1959年、1984年，共发生18次变化。（高志中）

【汪广洋后裔和墓葬在山东临清被发现】 12月25日，《高邮日报》载倪文才文《汪广洋后裔寻访记》。该文称，历史上高邮出过最大的官是明初右丞相汪广洋。洪武十二年(1379年)，汪广洋因受左丞相胡惟庸毒死刘基案牵连被杀，但未提及株连九族，墓葬也扑朔迷离。作者从汪曾祺妹夫金家渝和弟汪海珊处借阅的《汪氏族谱》中，得知汪氏族系的由来与发展，并获知汪广洋后裔在山东临清。经该文作者赴临清寻访，据汪广洋18世孙、临清市政协主席汪保远，17世孙、汪广洋文化研究会会长汪达成，19世孙、自忠中学副校长汪寿杰等人介绍：洪武二十五年(1392年)，株连杀戮气氛仍恐怖全国，汪广洋长子汪子持携长子汪彦才、长侄汪彦琛暗徙至山东东昌府馆陶县枣科里(今临清唐元镇西枣村，又称陶山)；次子汪子守、幼子汪子元及四孙则隐居福山，并改为王姓。如今山东临清市汪广洋后裔已有3万多人。临清博物馆在2009年的文物普查中，发现汪广洋墓葬于临清郊外的八岔镇，并立有多位历史名人为其所题碑刻。据《汪氏族谱明丞相后裔卷二》载，“1392年，汪广洋长子子持为避牵连，推柩携子侄由山东福山迁至馆陶县杨二庄僦屋而居，并将公之柩隐葬”。今该处已建成汪广洋家族墓园，列为山东省重点文物保护单位。（高志中）

【吴三桂后裔隐藏贵州马家寨真相】 10月16日、19日、28日，《高邮日报》以3个整版连续刊载林荣岩长篇文章《马家寨：揭开陈圆圆携吴三桂后裔隐藏与繁衍真相(一)、(二)、(三)》。该文称，2012年9月，文章作者前往贵州马家寨进行文化考察交流，通过走访吴氏家史秘传人和当地文史学者、文史爱好者，查阅当代清史专家李治亭、滕绍箴关于马家寨考证研究专著，弄清洪化小朝廷之后那段历史，尤其是陈圆圆携吴三桂后裔逃逸、隐藏的真相。该文共分“吴三桂、陈圆圆、吴应麟生前身后‘史实’记载与事实不符”“马家寨人确系吴三桂后裔”“马家寨人何以能够安全隐藏”“吴氏家族史由秘传人代代口口相传”“马家寨真相何以大白于天下”“马家寨人的尊祖情结”等六个部分，其中不少内容鲜为人知。（高志中）

【左宗棠后裔高邮故居】 6月25日，《高邮日报》载肖维琪文《高邮中山路西有座左宗棠后裔故居》。该文称，高邮城内有条中山路，中山路上有条百岁

巷，百岁巷斜对面有座清军机大臣左宗棠后裔的故居。清咸丰十年(1860年)，太平军攻陷丹阳，左宗棠长媳孝威夫人因是高邮人，便携带两个孩子到高邮避难，左宗棠并修书托“独旗杆”王府(王念孙)为其在附近买一处住房落脚。后左宗棠长子左孝威在收复新疆的伊犁战役中壮烈牺牲，她用朝廷赏赐的一大笔抚恤金，在高邮购买与住房毗连的马姓一排房子，整修成大门朝南的左府。左孝威次子、举人、五省幕僚左袛，辛亥革命后赋闲于扬州与高邮，从事著述，收集古玩和字画等，高邮古迹景区多有他留下的楹联、佳对。 (高志中)

【王巩一支后裔在高邮】 12月16日，《高邮日报》载勤道文《〈双凤堂王氏家乘〉中的文化信息》。该文称，文章作者不久前偶获一部清道光元年(1821年)编修的《双凤堂王氏家乘》。该家乘记述：“先世祖讳巩，字定国，大名莘人也。尝倅扬州，乐高邮风土，因家焉，从诸名公游，唱和甚多，后人即其游地筑高台，号文游，立四贤，主为苏公轼、秦公观、孙公觉，并公而四，有司春秋祀之，至今不绝。”据专家考证，王巩晚年徙居并终于高邮，寿七十，即宋大观元年(1107年)至政和七年(1117年)，居高邮11年。历史上，双凤堂王氏在高邮是一个很大的家族，他们都是王巩的后人。该家乘还记述，在州城南车逻镇王琴东村葬有王巩七世孙、龙虎上将军王观的御赐坟茔(清乾隆《高邮州志》载，王观墓葬在车逻镇河西)。 (高志中)

【高邮战役全揭秘】 12月9日，《高邮日报》载项俊东长篇文章《对日最后一役——高邮战役全揭秘》。该文用一个半版面，分“战役部署”“突破土城”“战前攻心”“发起总攻”“‘洪部’受降”“战果及意义”等六个部分，首次全视角全景式地记述高邮战役的全过程。此次战役共灭敌5000多人，其中日军1100多人、伪军4000多人；缴获大小炮61门、枪支4300多支、子弹10万多发、炮弹数十箱、车船10多辆(艘)、军马200多匹等。该文篇头语称，“高邮战役是我党抗战史上浓墨重彩的经典战役，创下了我军作战历史上的多项之最：全国对日寇的最后一战；高邮成为我军从日寇手中解放的最后一座城市；全国范围内歼敌最多的两个县市之一；在高邮举行的受降仪式是日寇向新四军投降规模最大的一次仪式。高邮战役作战时间之短、战果之丰，在抗战史上罕见。” (高志中)

【三打临泽镇】 11月11日，《高邮日报》载朱军华、任仁文《三打临泽镇——纪念临泽二次解放65周年》。该文称，1948年，苏北军区二分区六团为配合华东野战军主力攻打山东第一大城市济南，于9月20日、9月24日、11月7日，先后三次组织攻打驻临泽镇据点的国民党反动派军队。共消灭敌军1200多人，缴获各类武器350支(门、挺)，彻底解放临泽镇。该文还称，“三打临泽是高邮地区在解放战争时期规模最大的一次战斗，它不仅在一定程度上配合支持了淮海战役，而且使高邮、宝应、兴化三县连成一片，对本地区解放事业的进一步向前发展起到了极其重要的作用”。 (高志中)

【“华洋义振(赈)会”碑记现身于高邮古运河堤】 5月6日，高邮市在整治明清古运河河道时，于古运河高邮西堤中段发现一块长方形碑石，上面刻有“民国二十三年华洋义振会建”的文字，碑身全长2米、宽0.4米；同时还发现当年修复的100多米长的护堤。这重现该段运河护堤是于1934年(高邮遭遇特大洪涝灾害后的第三年)由中国华洋义赈救灾总会帮助修复的历史，也为京杭大运河申报世界历史遗产增添又一个亮点。 (高志中)

【龙虬庄传说】 7月8日，《高邮日报》载倪文才文《龙虬庄名称新说》。该文称，据民间传说，古时候有条母龙在龙虬庄这个地方待产，临产时的阵痛把腹部的鳞(龙癣子)滚洒了一地。小龙出生后不久，母龙和小龙便腾云驾雾飞上了天。于是，人们就把这里叫做“龙裘庄”。又传，因母龙在这里生下小龙，小龙亦称虬，故人们又把这里称为“龙虬庄”。据龙虬庄遗址考古发掘，此处为新石器时代的村落遗址，遗址土壤中堆积有多个文化层次的丽蚌外壳，最迟至数千年前。有人推测，此地有可能是先民们把丽蚌外壳当做龙鳞而得名。 (高志中)

【夏禹王庙传说】 11月27日，《高邮日报》载倪文才文《临泽“夏禹王庙”的前世今生》。该文称，清乾隆《高邮州志》记载，“夏禹王庙，在临泽镇，以大禹排淮注江道出于邮，故立庙祀之”。民间传说，大禹治水途径临泽一带，一天在野外支锅做饭，突然发现旁边地下冒水，水流很急，周围很快变成一片汪洋，老百姓无计可施，纷纷逃命。这时大禹运起神功，将做饭的铁锅反扣于洞口，堵住了水流，免除了一场灾难。老百姓为纪念他，便建起禹王廟。该廟建于何时？据查明嘉靖《惟扬志》所载隋唐高邮地形图，在临泽镇的西南方向标有禹王廟。因此，临泽禹王廟最迟应在隋唐时期就已建立。 (高志中)

奇人奇事

【野鸭放飞奇人陆高中】 3月13日，《高邮日报》载王林山文《野鸭放飞奇人的心愿》。该文称，江苏省劳动模范陆高中是享誉大江南北的放飞野鸭奇人。从1998年起，他练就放飞野鸭的绝活，并逐步掌握野鸭从下蛋、孵化、育雏，一直到长成成鸭的一套技术要领。让人称奇的是，他能与野鸭交流，让野鸭听从他的指挥。清晨，他指挥野鸭飞向远方，去练飞、觅食、遨游。当他发出特有的吆喝声时，能把成百上千的野鸭从森林间、芦苇丛中呼唤出来，飞落在他面前的水面上。追逐、吃食、嬉戏，或凌空作翻滚动作，或临水面跳“水上芭蕾”。如今六十岁出头的他，经 6 年传教，已将这一绝活全部传承给其儿子陆爱国。 （高志中）

【省文联退休干部雪安理回乡当“猪倌”】 2 月 10 日，《高邮日报》载张晓辉文《雪安理：激情歌手，诗意人生》。该文称，2008 年，曾经当编辑、作诗歌、写剧本、拍电影，创作过许多优秀戏剧和曲艺作品的雪安理，从江苏省文联戏剧家协会退休后，回到家乡高邮农村，和堂妹薛巧云合作养起了猪，并担任养殖园总经理。他到养殖园工作后，极少回到南京，经常和工人们同吃同住同劳动，还同工人们一起到东台、宿迁、徐州等地买猪仔，长途奔波数十次。“猪倌”的生活，让这位如今已是七旬老人的雪安理，又迸发出新的创作灵感，进而创作出新书《蓝色的遐想》。 （高志中）

【八旬退休教师钱白平创办民间诗词学会】 9 月 15 日，由 85 岁高龄的郭集镇退休教师钱白平发起并创办的民间诗词组织——高邮市向阳诗词学会，在该镇江苏赛德电器有限公司举行成立仪式。会长钱白平系一名古诗词爱好者，退休后致力于诗词文化的研究与传播，著有《四书译注》。该会有会员 33 人。 （周荣池　玮玮）

【邮电老人师灼成收藏磁卡万余张】 1 月 8 日，《高邮日报》载任仁文《留住身边的……——访磁卡收藏爱好者师灼成先生》。该文称，从市邮电局退休下来的师灼成十多年前就爱上收藏磁卡行当。他首张收藏的磁卡是市邮电局首次向社会公开销售的电话磁卡。至今，他收藏的磁卡已有万余张。他把精品磁卡按生肖、花卉、书法、戏剧、名胜、人物、古代建筑、体育运动等分为大类，在人物磁卡中又细分为领袖人物、文学人物、军事人物等小类，均用磁卡定位册一本本地装好。其中，1995 年发行的首枚首轮生肖“小猪弹钢琴”的“乙亥年”电话磁卡存世稀少，极为珍贵。其他磁卡则用麻袋装好保存在自家车库里。 （高志中）

【二胡新秀赵程】 1 月 16 日，《高邮日报》载任仁文《赵程：备受方家青睐的二胡新秀》。该文称，赵程 7 岁开始学习二胡，仅用 3 年时间就通过全国二胡 10 级考试，并取得优秀等级证书。是年，仅 11 岁的他，先后获首届全国青少年二胡大赛儿童组铜奖，“中华之星”全国艺术教育成果展江苏赛区二胡专业金奖、“中国红”全国青少年艺术节江苏赛区小学组二胡专业金奖、江苏省青少年民族器乐大赛儿童组一等奖等。他在多次音乐会上，分别演奏过合奏、独奏曲目，并担任过领奏。在 2013 年市新年音乐会上，他以演奏一首《好日子》的曲目，博得省演艺集团电声乐团指挥和全场观众的阵阵掌声与叫好声。著名二胡演奏家陈耀星连声夸赞：“拉得不错，很有味道，技术上无障碍，很有音乐天赋”。 （高志中）

【5 名象棋小棋手全国夺冠】 8 月 2～8 日，在由中国象棋协会于河北省秦皇岛市举行的全国中国象棋少年锦标赛中，高邮市小棋手沈思凡以 8 胜 3 和一盘未负的成绩，获得女子丙组冠军。10～14 日，在由中国象棋协会于江苏省江阴市华西镇举行的全国中国象棋儿童锦标赛中，高邮市小棋手陈寿元、祁子恒、张亚洲（女）、杨欣愉（女）四人分别获男、女丙组团体冠军。 （夏阳　任仁）

【美华裔学生在高邮拍摄微电影《大运河》】 2012 年，由美国哥伦比亚大学华裔学生马楠为导演、陈洁（其母为高邮人）任制片，在高邮成功拍摄微电影《大运河》，演员均为高邮普通老百姓。2013 年 6 月 22 日，该部微电影在市北海电影院举行首映式，全片总长为 20 分钟。 （晓莉）

【一彩民喜中 151 万元】 7 月 10 日，《高邮日报》载杨欣、晓莉文《一彩民喜中 151 万元》。该文称，高邮市一彩民于近日中得福利彩票双色球第 2013076 期二等奖，奖金高达 151 万元。此彩票为一张复试投注票。 （高志中）

【蒋某尸体火化后发现罕见舍利子】 6 月 29 日，家住市区国雄路的蒋某因肺癌去世，其尸体在市殡仪馆火化。据当班焚尸员说，他们在清理蒋某骨灰时，发现骨灰里有一枚未能被烧成灰的乳白色的舍利子，呈“丫”形状，并称这在平民百姓中十分罕见。在场人见到都称奇。 （高志中）

【30 年铁树开花】 7 月上旬，菱塘回族乡曙光社区居民万宝珠家中的一棵长了三十多年的铁树，突然盛开橘黄色圆锥体的花蕾，非常好看，邻人纷纷称奇。 （乔元江）

【一水泥地“高烧”不退】 7月12日，《扬州日报》载其定、古月文《怪！高邮一水泥地“高烧”不退，消防供电多部门查探未果》。该文称，近日家住高邮高沙园一老小区的王女士一直忐忑不安，门前的公共水泥地面十分烫人，地表温度达到50℃左右，晚上甚至更高，一泼水，一分钟不到就全部烘干。当地群众发现这一怪现象后，立即报警求助，高邮经济开发区派出所、高邮市防控处警大队和消防大队、供电公司等单位陆续派员赶到现场查找热源，初步判断跟用电没关系。供电人员暂时切断王女士这一单元楼房的供电，待电源切断数小时后，温度一直未退。排除电力因素后，仍未找到热源。 （高志中）

【60 元一斤天价“五行米”俏销上海】 2 月 4 日，《高邮日报》头版头条载毛振华、郭玉梅文《中看又

中吃，叫好又叫卖，六十元一斤“五行米”俏销大上海》。该文称，2012 年，横泾镇的苏中大地农业科技发展有限公司与上海交通大学农学院天然食品健康研究所，共同开发出“五行米”，即红香玉胚芽糙米(红色)、巨胚糙米(白色)、康寿米(褐色)、上海黑糯(黑色)、绿胚芽米(绿色)，并通过南京国环有机产品认证中心认证，亩产虽仅 150 千克，而价格每斤高达 60 元。虽是天价大米，却走俏上海等地。

(高志中)

【4 元一粒樱桃市民直呼“吃不起”】 4 月 23 日，《高邮日报》载晓莉文《一粒樱桃四块钱！每千克高达 140 元，市民直呼“吃不起”!》。该文称，昨日记者在市城区万金路水果店发现，刚上市的樱桃又大又红，售价每千克为 140 元，平均每粒卖到 4 元钱。高价樱桃让许多前来购买水果的市民直呼“吃不起”!

(高志中)

好人好事

【拾金不昧 6 则】 1 月 17 日上午，一位女士在市城区琵琶东路瑞和阳光城小区附近的一家特色小面店，吃完面就匆匆离开，粗心丢下一只装有现金 3 万元的手提包。下午，这位女士到该店寻找。店主刘万洋、唐秀梅夫妇详细询问核对后，立即将钱包交给失主。失主当面表示酬谢，却被店主夫妇婉言谢绝。据悉，刘万洋夫妇曾先后数次将顾客遗留的现金和物品及时交还失主，且从不索求酬报，深受顾客的称赞。

2 月 8 日上午，王某(女)陪朋友到工商银行高邮城南支行取款，取款后便匆匆离开，却丢下一只装有人民币 2 万多元、港币6 000多元、借条借款 10 多万元、飞机票 6 张、银行卡数张和证件等物的小包。是日，银行值班大堂经理孔繁星发现后，及时向领导汇报，并立即打电话寻找失主。失主王某取到自己失而复得的钱包以后，连连感谢。

3 月 25 日，《高邮日报》载毛群英、李桂标文《甘肃村民遇上“界首好人”，六旬老人林奇青拾金不昧传佳话》。该文称，是月 23 日晚 9 时许，在界首镇一家浴室打工的 66 岁林奇青下班回家，路过界首邮政支局门前拾得一只钱包，内装现金4 300元、银行卡 10 多张、2 万元欠条一张和身份证等物，立即打“110”报警。正当民警李桂标在镇区寻找失主时，甘肃省庆城县村民、32 岁的张勇正魂不守舍地在镇街上寻找失物。警方经核实后，及时将失物归还失主。原来是失主张勇晚上在朋友家喝多了酒而致钱包丢失。张勇从界首镇派出所领得失物后，一再表示感谢。

3 月 31 日下午，高邮镇武安社区村民杨某在浴室洗澡时，发现浴间内有一男士商务包。杨某报警后，经武安派出所民警检查，发现包内有现金 1 万元和银行卡、身份证等多种物件，警方遂联系失主。晚 6 时左右，失主从派出所领到失物，表示十分感谢。

5 月 10 日晚 8 时许，八桥镇七旬老人李荩勋、李羊娣夫妇在镇文化楼南侧散步时，突然发现地上有只棕色钱包，清点后发现内装现金2 700元、银行卡 2 张、超市卡 2 张、医保卡 1 张和失主身份证等物。第二天，李荩勋夫妇费尽心机和周折，终于找到失主王某，将钱包及包内现金和物品交给失主，并婉言谢绝失主的酬谢。据了解，失主两张银行卡上存有近 10 万元巨款。

10 月 4 日，武安派出所民警杨盛华、周辅在市汽车站广场巡逻时，拾到一只黑色钱包，内装有现金 1000 多元、4 张银行卡(其中有一卡存款 6 万元)和身份证 1 张。两名民警立即依照包内物品提供的信息，电话寻找失主嵇某，但失主已坐上即将开往上海的班车，却浑然不知钱包丢失。经车站协同处理，缓发班车 5 分钟，使拾物“完璧归赵”，失主嵇某十分感激。

(张晓辉　吴健原　武萱)

【退休殡仪工朱云飞捐善款超 10 万元】 5 月 8 日，《高邮日报》载玮玮、晓莉文《生命不息、捐款不止的朱云飞》。该文称，市殡仪馆普通退休职工、75 岁的朱云飞，持续爱心捐善款已近 20 年，捐善款总额超过 10 万元。其中，资助困难学生有 40 多人；资助 90 岁的孤苦老人金桂生达 12 年之久；从 2003 年市慈善总会成立起，年年向该会捐款，仅近三年就捐善款近 4 万元。然而，他月退休金不到 2000 元，全家过着老旧简朴的日子，家中摆放物品中引人注目的是各种荣誉证书和奖杯，他曾先后获“高邮市慈善之星”、“高邮市文明好市民”、“扬州市第二届慈善家庭”等荣誉。“生命不息，捐款不止”则是他的口头禅。

(高志中)

【好心人万元捐款不留名】 8 月 14 日，一位不愿透露姓名的爱心人士赶到高邮日报社，将 1 万元钱交给记者，请记者转捐给家住市南海花园小区身患重病、急需钱治疗的女孩黄永明。当黄永明家人在医院里拿到这笔捐款时，感激不已。据悉，包括某工程队和小区居民在内，为黄永明治病的社会捐款总额已有两万多元。

(高志中)

【退休医生张同俊义诊“小陆子”】 4 月 9 日，《高邮日报》载朱文武文《退休医生义诊“小陆子”》。该文称，备受广大观众关注的扬州电视台《今日生活》栏目主持人“小陆子”——陆建荣，于 2012 年春因脑血管破裂出血，瘫痪在床，虽经多家医院诊治，未见好转。经好心人推荐，在高邮市基层医疗机构从事医疗工作近 40 年、有着丰富临床经验的退休医生张同俊，前去扬州给“小陆子”义诊。经精心治疗、调理，“小陆子”神志日渐清醒，其家人万分感激。

（高志中）

社会警示

【惊天骗税大案在高邮破获】 9月17日，《高邮日报》载徐维华、王道文《骗税“硕鼠”落网记》。该文称，2011年11月～2013年1月，以犯罪嫌疑人周某、许某某、柯某某为首的犯罪集团，通过成立扬州康源物资贸易有限公司等61家空壳开票公司，以伪造的海关完税凭证作为进项抵扣，向湖南大成科技有限公司等40家公司，虚开增值税专用发票价税合计17亿元。同时，金江公司勾结报关行、地下钱庄，骗取退税款1.32亿元。据查，该案犯罪成员共49人，属年轻化、高学历人群，作案范围涉及全国17个省（市、自治区）。该案线索由市国税局、市公安局报送，由公安部、国家税务总局设于高邮市的专案前线指挥部统一组织破获。

（高志中）

【千人传销大案在高邮破获】 4月18日，徐君龙、徐刚在《高邮日报》发表题为《警方卧底破获千人传销大案》的长篇通讯，揭秘2008～2011年间，以横泾镇程某等人为首，以远在四川乐山的所谓“新加坡陶氏国际贸易有限公司自由连锁销售”为旗号，发展成员上千人的系列传销案，被高邮市警方破获。其中涉嫌组织、领导成员多达28人，被判刑的有26人。

（高志中）

【网上骗财4则】 3月25日中午，一骗子冒充“丈夫”在网上向家住八桥镇的“妻子”陈某诉说，有人向他追讨赌债1万多元，恳请“妻子”帮他立即偿还。陈某看到视频图像确认是自己“丈夫”后，迅即分两次共汇出7 000元。是日下午，远在日本打工的丈夫打电话回家给陈某，陈某提及为他还赌债汇款之事，丈夫说他既不欠赌债又未要求汇款。报案后经警方查处，此系一骗子所为。

6月18日，《高邮日报》载刘其定、乔红军文《儿子QQ被盗，母亲被骗7 800元培训费》。该文称，是月15日上午9时许，市城区潘某（女）突然接到“小叔子”的电话，告诉她在武汉上大学儿子有急事，要她通过网上QQ与他通话。于是，潘某上网接通儿子的QQ以后，“儿子”称学校要缴7800元培训费，必须在当日中午前缴清该项费用，并将负责收费“李老师”的联系方式告诉潘某。潘某以为是儿子的QQ不会错，便委托姑子通过网银汇出7 800元。下午，潘某觉得心里不踏实，于是电话向儿子核实，儿子说根本没有这回事。据警方调查，是因其子QQ号被人盗用所致。

7月8日，《高邮日报》载徐维华、顾正义、王道文《“好友”QQ视频行骗，警方提示挽回损失》。该文称，6月28日下午，临泽镇张某（女）在家上网聊天时，QQ里突然收到上海好友李某（女）视频请求，说女儿突发急病，需借5000元急用。张某为帮李某解燃眉之急，即去银行汇款。刚办好汇款手续后，张某感蹊跷，即电话向李某询问，李某说无此事。在市警方帮助下，银行通过冻结账户办法，中止汇款，为张某挽回损失。

7月17日，《高邮日报》载武萱、任仁文《好友QQ号被盗，一女士被骗5 000元》。该文称，是月14日下午，市民张某（女）在QQ上接到好友王某视频，说要借5000元急需充值游戏卡，待后即还。张某于是帮王某充值5 000元游戏卡。充值后，张某电话告知王某，王某说未在QQ上向她借钱充值游戏卡。经查，原来是王某QQ号被他人盗用所致。

（高志中）

【迷信“驱邪”被骗钱财】 3月15日，《高邮日报》载武萱、羊柳文《迷信驱邪，一老太被骗两枚金戒指和500元现金》。该文称，日前中午，一对中年“夫妇”到高邮镇秦老太家要租房，谎称该房阳光不足，说可以画“符”驱邪借光。于是，这对“夫妇”玩起小魔术。骗得秦老太信任后，他们又说钱上有“铂”、戒指有“金”，钱和戒指可以“照”来阳光，但丝毫无损。秦老太便取出500元现金和两枚金戒指，交给这对“夫妇”。他们糊弄一阵后，用毛巾将500元钱与两枚戒指包好交还给秦老太，并说“等到明天打开才灵验”。第二天，当秦老太打开毛巾后，见包着的却是一团废纸，钱与戒指竟不翼而飞。（高志中）

【看“风水”骗财】 4月15日，《高邮日报》载武萱、任仁文《看风水为虚，诓钱财为实，一诈骗嫌疑人落网》。该文称，2012年6月28日，高邮镇丁庄村一老太家突然来位自称对《易经》很有研究的中年人张某。他说老太身上阴气太重，可用领袖像为其去阴气，并说100元人民币上毛主席像就可以了，如再加些金器效果会更好。于是，老太拿出8 000元现金和金戒指等贵重物品，放入张某做“法术”的罐子里。张某念一会所谓“咒语”后，用毛巾将罐子里的钱和金器包好交给老太，关照第二天打开才有效。张某走后，老太感到此事蹊跷，打开毛巾一看，钱和金器全都不见了。警方接警后，立即对张某开展追捕，直到日前才将以为人看“风水”为名、行诓骗钱财之实的犯罪嫌疑人张某，从安徽省太和县抓获归案。

（高志中）

【电信诈骗王某近8万元】 6月7日，《高邮日报》载武萱、任仁文《电信诈骗连环套——一女士中招被骗近8万元》。该文称，高邮镇王某（女），于是月3日中午，突然接到“北京医保卡管理中心工作人员”电话，说她在北京办的一张医保卡骗了他人2

万元；不一会，自称是“北京公安部门”的“刘警官”来电话调查她银行卡及存款情况；后又有冒牌的“银行主任”来电话指示她将家中存款取出，打入指定的“安全账户”。是日下午，慌了神的王某遵其所嘱，将7.98万元打入“北京交通银行主任”所指定的账户。至是日晚，王某才如梦方醒，但为时已晚。（高志中）

【两男子合谋“骗保”落入法网】 7月8日，《高邮日报》载何寿青、谢茜、张云文《两男子合谋骗保落法网》。该文称，2012年11月25日，市民赵某与人发生纠纷，轿车被人砸坏。在修车时，修理员顾某帮他策划编造虚假事故原因，并出具假事故证明，骗得机动车意外损失保险赔偿金1.2万元。案发后，经市法院判决，顾、赵两人系共同犯罪，均被判处有期徒刑6个月、缓刑1年，并处罚金1万元，另分别退还赃款2 000元和1.2万元。（高志中）

【恶意透支银行卡逃犯落网】 1月24日，《高邮日报》载戴婷、王道文《一恶意透支银行卡逃犯落网》。该文称，秦某借用他人身份证，在市内某银行办理一张白金信用卡，后恶意透支累计款息15万多元。虽经银行多次催还，但秦某拒不还款。银行遂以恶意透支行为向警方报案，警方以涉嫌信用卡诈骗犯罪上网追逃。1月19日，秦某终被警方抓获归案。（高志中）

【夏某网上销售商标侵权商品被查处】 4月3日，《高邮日报》载徐炜、管玮玮文《网上销售商标侵权商品被查》。该文称，2012年11月，夏某经朋友介绍，从一小货车上廉价购进标注为“VEROMODA”品牌的羽绒服88件，后通过自己在淘宝网上开设的“保暖小屋”网店出售。前不久，市城北工商分局执法人员在日常网络巡查时发现，该网店销售的羽绒服商标权为天津绫致时装有限公司所有，经核实系商标侵权商品，遂依法对侵权人夏某作出没收未售出的58件羽绒服和处以8 000元罚款的行政处罚。（高志中）

【扬州首例“毒驾”在高邮市查获】 1月9日，《高邮日报》载明宝、后芳、王道文《吸食毒品后竟驾车拦截汽车、殴打他人，我市查获新交规实施后扬州首例“毒驾”》。该文称，1月6日，一名吸食冰毒的人员驾驶汽车在邮兴公路三垛镇路段行驶，并无故拦截他人汽车，殴打司机。高邮警方接警后，立即进行抓捕。将其抓获后，通过检查证实其涉嫌吸食毒品。（高志中）

【好色司机在高邮市落网】 2月19日，《高邮日报》载明宝、荣林、张斌、王道文《“好心”司机变色狼，警方设计巧擒获》。该文称，2月14日，一名广西籍女子唐某乘坐刘某汽车，从宝应到扬州，途中刘某见其年轻貌美顿起色心歹念。路经高邮时，唐某竭力反抗呼救，巧遇警车路过，警方救下唐某，而刘某逃脱。于是，高邮警方经过精心设计，终将色狼刘某擒获。（高志中）

【变造车牌号被查获】 2月20日，《高邮日报》载明宝、杏才、王道文《多次变造车牌号，一驾驶人被查获》。该文称，2月17～18日，市交巡警大队在处理交通违法和进行“320”监控平台巡查时发现，苏KSC3X3、苏KSC3X8、苏KSC3X9车牌号被其他车辆套用。通过研判，发现这三个车牌号均由车牌为苏KSC3X2车辆驾驶人所变造。在掌握充分证据后，将其录入违法驾驶人系统，并通知当事人，对其依法进行查处。（高志中）

【“醉仙桃”酒险些夺人命】 2月22日，《高邮日报》载郭瑞华文《二两“醉仙桃”酒险要男子命》。该文称，日前三垛镇二沟村的张某在亲戚家喝了二两“醉仙桃”泡的药酒，结果出现神经麻痹中毒症状，后经市人民医院紧急抢救方才脱险。据专家介绍，“醉仙桃”又名曼陀罗，民间有人用它的果实泡酒治关节炎，但其含剧毒，内服后可致人咽喉发干、幻觉等症状，严重的会致人死亡，故只能外用。凡阴虚、胃寒、高血压、肝病患者须禁用。（高志中）

【村民迷信酿火灾】 3月19日，市内一村民因迷信在土地庙前烧老柜，会带来“旺旺”的好兆头、好运气，便将家中欲淘汰的老柜搬到一座土地庙前燃烧。谁知，火借风势，殃及土地庙附近的一座村民小组仓库，仓库里堆放的是许多可燃、易燃物品，房顶上方又是高压输电线路。所幸，市公安局消防大队接警后，迅速赶到现场，将大火扑灭，方避免更大损失。（武萱　任仁文）

【三男子非法电捕鱼造成触电伤亡】 8月15日，《高邮日报》载黄斌、杨星文《非法电捕鱼，一男子落水触电身亡》。该文称，是月12日，车逻镇村民赵某、管某、金某等三人驾乘渔船，在万兴河进行非法电捕鱼作业。其间不小心造成渔船与石墩剧烈碰撞，致使赵、管两人落水触电，金某也因过度惊吓吓得不省人事。经路人报警后，车逻派出所民警迅速赶赴现场救援。虽经医院抢救，但仍有一人不治身亡。（高志中）

索　　引

Index

说　　明

1. 本索引采用主题分析法编制，按汉语拼音音序排列。

2. 分目标题用黑体字标示。表格注明“(表)”字样。

3. 标引词后的数字表示内容所在页码，数字后的字母 a、b 则分别表示左、右栏。

4. 空两字起排的款目为上一主题的“附见”。

5.《特载》《大事记》《专记》《文献选编》《趣闻轶事》等 5 个篇目未作索引。

高邮市住房保障和房产管理局

局长、党组书记 **吴惠山**

2013 年，市住房保障和房产管理局坚持以科学发展观为统领，制定出台《高邮市共有产权经济适用住房管理试行办法》《调整住房保障相关政策的通知》《高邮市城市棚户区（危旧房）改造规划（2013 ~ 2017）》等文件，切实推进住房保障、房地产市场管理、直管公房危房解危、物业管理等各项重点工作，较好地完成年度目标任务。全年新增公共租赁住房（含廉租住房）728 套（间）、经济适用住房 164 套、棚户区改造安置住房 424 套、限价商品房 286 套；发放廉租住房租赁补贴 132 户、22.98 万元；承办“百年家居 · 圆梦邮城”秋季房产交易会；直管公房危房解危 737 户、解危面积 3.32 万平方米；办理房屋权属登记 8204 户、面积 90.36 万平方米，发放房屋所有权证 9420 本、他项权证 6090 本，办理房屋按揭抵押服务 4360 户、面积 47.66 万平方米，办理二手房交易登记 1790 套、面积 19.24 万平方米；完成城市规划区内房屋征收（拆迁）项目 16 项、征收面积 28.61 万平方米。

市委常委、常务副市长徐永宝（左二）到该局调研工作

扬州市住房保障和房产管理局局长勾凤诚（右一）到高邮调研视察工作

市委书记韩方（左三）视察秋季房产交易会

市委副书记、市长方桂林（右三）视察秋季房产交易会

2013 年度廉租房实物配租集中发放仪式

高邮市环境保护局

局长 **陆鹏海**

党组书记、副局长 **张仲林**

2013年，高邮市环保局坚持以科学发展观为指导，以构建资源节约型与环境友好型社会为目标，巩固国家生态市创建成果，加强城乡环境综合整治，改善全市生态环境质量，启动全国生态文明建设试点工作，全面推进生态高邮建设，促进全市环境质量持续改善。全市9条河流14个断面地表水环境质量达标率71%，集中式饮用水源地水质达标率100%，水域功能区水质达标率100%，空气质量优良率91.5%，噪声达标区覆盖率100%，环境质量综合指数得分为96.3分，达到小康环保目标。

江苏省环保厅副厅长蒋巍（右二）到高邮市调研环境法制工作

江苏省环保厅副巡视员陈志鹏（前右二）等领导视察菱塘回族乡生态镇创建工作

扬州市政协主席洪锦华（前左二）等领导视察高邮市农村综合环境整治工作

市委书记韩方（左三）到高邮电池工业园视察工作

全市创建国家生态市总结表彰暨生态文明建设动员会议现场

高邮市安全生产监督管理局

局长、党组书记 **孙建中**

2013 年，市安监局树立以人为本、安全发展理念，全面落实安全生产各项措施，推进安全生产标准化建设，加强职业病危害源头控制，开展“隐患排查治理周”“安全生产月”“打非治违”“百日安全生产大检查”等项活动，全市安全生产继续保持总体稳定的势头。全市共发生各类安全生产事故 117 起，死亡 25 人，直接经济损失 255 万元，比上年分别下降 2.5%、13.8% 和上升 194.1%。水上交通、农业机械、特种设备等行业领域未发生安全生产事故；道路交通事故发生上报起数和死亡人数同比分别下降 17.4% 和 2.1%。高邮市被扬州市政府表彰为 2013 年度安全生产目标管理优秀单位二等奖，江苏金飞达电动工具有限公司被江苏省安监局表彰为 2013 年度江苏省安全文化建设示范企业，市安监局陈晓平被江苏省安监局表彰为冶金等工贸行业安全生产先进个人。

“关注安全、重在落实”签名仪式

“全国安全生产月”活动现场

市委书记韩方（前右二）和副市长、市公安局局长高长明（前右一）检查节日安全生产工作

市委副书记、市长方桂林（左一）和副市长、市公安局局长高长明（右一）检查安全生产工作

上海伦明建设有限公司负责人向该局赠送锦旗

“建筑施工和房屋安全”宣传咨询日活动现场

高邮市农业委员会

市政协副主席
市农委主任 肖伯群

2013年，市农委紧紧围绕农业现代化工程目标任务，强化政策扶持，优化服务指导，严格督促检查，现代高效农业发展、农业园区建设、农业项目建设、农业产业化经营、农业品牌建设及农产品质量安全等项工作呈现出良好的发展态势。是年，高邮市获全省首批“亩产吨粮县”、全省水稻病虫害全程承包防治试点县（市、区）称号；市农委被市委、市政府表彰为市级机关能力作风建设标兵单位。

农业部监察局监察专员姜平（前左一）、江苏省农委纪检组组长朱洪生（前左二）等领导调研视察高邮市农村廉政文化建设工作

江苏省农委主任吴沛良（前右二）在高邮市委书记韩方（前左二）的陪同下调研视察高邮市高效农业发展工作

江苏省林业局局长夏春胜（前右三）、扬州市农委主任朱柏兴（前右二）等省市领导调研视察高邮市绿化造林工作

江苏省海洋渔业局局长唐庆宁（前右二）在高邮市委常委、市纪委书记朱勇（前左三）的陪同下调研视察高邮市渔业工作

市委副书记、市长方桂林（前左）和副市长杨文喜（前右）为高邮市高邮湖大闸蟹行业协会揭牌

在高邮市召开的全省农经农业系统加强作风政风行风建设现场推进会现场

高邮市粮食局

局长、党委书记 **陈有春**

2013 年，市粮食局围绕“开启粮食流通产业现代化新征程，再创高邮粮食事业新辉煌”总体目标，发扬“务实、开拓、争先”精神，认真开展各项工作，较好地完成年度目标任务。全年收购粮食 28.35 万吨，完成储备粮轮换 1.73 万吨，实现销售收入 2.37 亿元。该局被表彰为全省粮食流通监督检查示范单位和扬州市粮食系统年度综合考评一等奖、信息调研工作先进单位及高邮市农业农村工作创新创优奖；五里坝国家粮食储备库创成扬州市廉政文化进企业示范点；许爱俊被表彰为全省粮食系统安全生产工作先进个人。

江苏省委副书记石泰峰（前左二）等有关领导到高邮市检查夏收夏种和危仓老库维修改造工作

江苏省粮食局副局长陈一兵（右三）率全省夏粮收购专项督查组到高邮市督查夏粮收购工作

副市长杨文喜（左三）检查指导夏粮收购工作

市粮食局深入开展党的群众路线教育实践活动现场

高邮市农业资源开发局

局长 **姜岭**

党组书记、副局长 **姜文超**

2013年，市农业资源开发局组织实施农业综合开发项目15项，财政投资总额4443万元。其中，国家农业综合开发一般土地治理项目1项，财政投资1600万元；国家农业综合开发高标准农田建设示范项目1项，财政投资1300万元；国家农业综合开发产业化经营财政补助项目2项，财政投资270万元；国家农业综合开发产业化经营贷款贴息项目6项，财政投资623万元；省丘陵山区农业综合开发项目5项，财政投资650万元。高邮市被江苏省农业资源开发局表彰为2012年度全省农业资源开发先进市；市农开局获全省农业综合开发宣传信息工作先进单位、高邮市农业农村工作考核奖。

江苏省农开局计划处副调研员刘学彬（前右二）等领导到高邮市考察丘陵山区农业综合开发工作

扬州市农业资源开发局局长、党组书记周学金（右一）到汉留镇开展“三解三促”活动

市政协专题视察农业综合开发工作

该局开展走访慰问困难家庭活动

中央电视台七套《每日农经》栏目组到高邮市农业综合开发项目区摄制农产品生产加工现场

高邮市物价局

局长、党组书记 **宋长龙**

2013年，市物价局按照市政府下发的《2013年价格调控目标责任制实施意见》要求，切实承担市物价工作联席会议成员单位的牵头作用，联合市财政、教育、农业、粮食、商务、民政、工商等14个部门单位，积极落实促进生产、保证供应、稳定市场价格的政策措施，在价格出台、调控、认证、监管和检查方面取得明显成效。全年新建平价蔬菜商店6家；健全完善价格监测点31个，编辑上报价格监测信息240多期；年检收费许可证单位351家；受理商品房销售价格备案24宗，核减申报金额2.02亿元；出具各类价格鉴证234起，价格鉴证总价值1243万元；立案查处价格违法案件13起，没收违法所得108.78万元；受理价格投诉、价格咨询268件，回复率和群众满意率均为100%。

该局局长宋长龙（右二）到企业开展“三解三促”活动

市委副书记、市长方桂林（前左）等领导视察节日消费品市场

在该局召开的扬州市物价检查分局长座谈会现场

全市明码实价工作推进会现场

全市价费诚信建设暨价格监管工作年度总结表彰会议现场

扬州市高邮质量技术监督局

局长、党组书记 **周建伟**

扬州市高邮质监局是主管全市标准化、计量、质量、特种设备监督管理的职能部门，实行省以下垂直管理。内设质量管理与监督科、标准计量科、食品生产监管科、特种设备安全监察科、办公室、法制科、计划财务科、稽查大队，下辖高邮市产品质量监督检验所、高邮市计量测试技术研究所两个直属技术机构，在职干部职工80人。

2013年，该局服务地方经济发展，立足职能优势，实施名牌亮点工程、食品民心工程、安全放心工程，各项工作取得明显成效。继续实施品牌战略，新获批江苏省名牌产品8种、扬州市名牌产品14种，获批"扬州市质量管理奖"企业3家、"扬州市市长质量奖先进单位"企业1家。重点开展食品和夏季食品、"中秋""国庆"节日食品及肉制品、地沟油、复原乳、茶叶、大米、皮蛋等专项监督检查，确保食品质量安全。继续加强特种设备的分类分级监管工作，全面排除和消灭各类安全隐患。省道路照明产品质量监督检验中心通过省级验收。是年，该局获"江苏省文明单位""扬州市文明行业"称号，被江苏省质监局表彰为质监系统先进单位，被高邮市委、市政府表彰为市级机关能力作风建设先进单位。

江苏省"计量惠民示范县（区）"创建工作研讨会现场

江苏省优质道路照明灯具生产示范区验收汇报会现场

江苏省道路照明灯具检测中心专家评审验收会现场

高邮市国土资源局

局长、党组书记 **涂志成**

2013 年，市国土资源局按照市委、市政府工作部署，围绕“尽职尽责保护资源、节约集约利用资源、尽心尽力维护群众权益”的工作目标，以国家土地督察南京局土地例行督察和创建省土地执法模范市为突破口，坚持以人为本、节约集约、建管并重、公开透明、强基固本，在保护国土资源、保障科学发展、规范市场建设、维护群众权益等方面取得新的成绩。是年，市国土资源局被省国土厅表彰为 2013 年度土地执法先进市、耕地保护先进集体和预防职务犯罪先进集体，被省文明委表彰为 2010~2012 年度江苏省文明单位，获扬州市政府耕地占补平衡贡献奖一等奖，被扬州市文明委表彰为 2011~2012 年度扬州市文明行业。

江苏省国土资源厅副厅长祖耀升到高邮市作“城镇化进程与土地管理”专题讲座现场

国家土地督察南京局原巡视员周家富（后右三）等领导到高邮市调研土地管理制度改革工作情况

全市国土资源工作会议现场

高邮市国土资源系统 2013 年度总结表彰大会现场

高邮市国土资源系统组织开展的党的群众路线教育实践活动现场

高邮市卫生局

局长 **胡朝霞**

2013年，全市卫生工作以深化医疗卫生综合改革为重点，以持续改进和提高医疗卫生服务质量为目标，以让群众“病有所医”为落脚点，通过完善新型农村合作医疗制度，开展健康社区行、卫生镇和卫生村创建活动，提高公共卫生服务同质化、均等化水平，为全市人民健康和经济社会发展提供保障。全年共为302万人次发放新型农村合作医疗补助金2.15亿元；实施农村居民大病保险制度，为1020名重特大疾病患者发放大病保险补偿金(二次补助)440万元。是年，市卫生局被扬州市卫生局表彰为新型农村合作医疗工作先进单位、中医药文化科普工作先进单位。

江苏省卫生厅副厅长、省中医药局局长陈亦江（前右一）到高邮市视察卫生工作

市委书记韩方（右四）到市中医医院视察工作

举行高邮首届“最美乡村医生”颁奖典礼

市委副书记、市长方桂林（前右三）等领导调研全市卫生工作

卫生系统”南菜园113号“志愿行动启动仪式

走进政风行风热线

高邮市人民防空办公室

2013年，市人防办按照“长期准备、重点建设、平战结合”的方针，坚持人防工作与经济建设相协调，与城市建设相结合，与防灾减灾和应对突发事件相兼容，围绕年度目标任务，全面加强人防工程建设、指挥通信建设和人防宣传教育。全年依法建设人防工程12项、面积4.09万平方米，征收人防建设资金1340余万元。

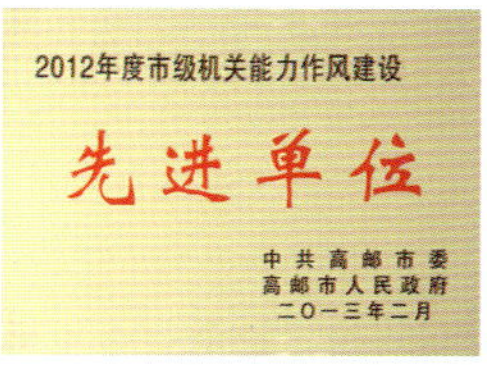

扬州市民防局局长马群（左三）到该局结对帮扶村——车逻镇上庄村座谈调研

扬州市民防局纪检组组长滕泽宏（前中）到车逻镇上庄村慰问困难群众

市政协专题视察人防工作

市人防办主任陈德顺（左）介绍全市人防工作情况

市人防办组织人员开展防化训练活动

防空紧急疏散演练活动现场

高邮市供销合作总社

主任、党委书记 **朱耀洲**

2013 年，全市供销合作社系统实现商品销售额 53.4 亿元、农副产品收购额 14 亿元；农产品市场完成交易额 21.8 亿元。市供销合作总社被江苏省供销合作总社表彰为“新网工程”建设优胜单位，被扬州市供销合作总社表彰为 2013 年度综合业绩考评二等奖和农产品市场建设先进单位；扬州市临泽水产品批发市场和高邮市兴旺鸭业产销专业合作社再次被确定为农业产业化重点龙头企业，三垛镇司徒供销合作社获“2013 年度全省基层供销合作社标杆社”称号，车逻镇太丰便民服务中心获“2013 年度全省为农服务社样板社”称号，扬州市天然养蜂专业合作社获“2013 年度全省农民专业合作社示范社”称号。

扬州市供销合作总社主任王正年（左四）到高邮市视察供销工作

市供销合作总社党的群众路线教育实践活动动员大会现场

江苏省供销合作总社主任黄宝荣（左二）到高邮市调研指导供销社综合改革试点工作开展情况

江苏省供销合作总社副主任徐筱棣（右二）到高邮市调研指导工作

市委常委、市纪委书记朱勇（前中）视察市供销合作总社工作

市供销合作总社领导班子专题民主生活会情况通报会现场

高邮市总工会

主席 **陈满祥**

2013年，市总工会围绕“全省争一流、扬州争领先、高邮争进位”工作目标，强化组织建设、职工之家建设、先进班组建设，开展“两报三刊”学习评比、“三走三看三服务”“活力基层工会”、提“合理化建议”等系列活动，全面完成年度目标任务。全年有7万多名职工参加“当好主力军，建功‘十二五’、建设新高邮”为主题的劳动竞赛、技能竞赛等活动；全市职工共提出合理化建议6338条，实施技术革新项目91项，发明创造项目72项，推广先进操作法52种。全市职工50人以上建会企业工会实施“双亮、三公开四统筹”活动的覆盖面达90%以上，开展工资协商企业2979家，工资协议签订率96%以上。是年，市总工会被江苏省总工会表彰为组建工会和发展会员工作考核优秀奖，被扬州市总工会表彰为2013年度县(市、区)工会重点工作考核一等奖，市总工会的《“十六字诀”助推非公企业工会主席直选》被扬州市总工会表彰为工会工作创新奖，另有19项单项工作受全国、江苏省、扬州市总工会表彰。

扬州市总工会副主席陈锡朝（左一）等领导到高邮市调研行业工会组建工作

江苏省总工会副主席张海涛（左二）到高邮市调研基层工会组织建设工作

在高邮市召开的江苏省总工会调研检查汇报会现场

在高邮市召开的扬州市党工共建“四统筹一创争”活动推进会暨先进表彰会现场

扬州市总工会副主席朱明（前中）等领导到高邮经济开发区调研工会工作

高邮市公安局交巡警大队

市公安局党委委员、大队长 **杨万荣**

教导员 **严长龙**

2013 年，市公安局交巡警大队围绕“保安全、保畅通、促和谐、促发展”工作思路，强化管理、开拓创新，努力维护良好的道路交通安全形势。全年完成道路交通警卫保障任务 85 次，交通事故接处警 12278 起，查纠交通违法行为 73 万起，参与化解交通事故纠纷 971 起，道路交通肇事逃逸重大案件侦破率 96%。是年，高邮市被扬州市政府表彰为 2013 年度道路交通安全工作综合考评先进单位；市公安局交巡警大队事故处理中队被江苏省公安厅表彰为江苏省公安机关公调对接工作先进集体；市公安局交巡警大队车辆管理所被扬州市公安局表彰为 2013 年度全市公安行政许可四星服务窗口单位；该大队“运用 3.20 监控平台查处涉牌车辆工作法”被扬州市公安局评为 2013 年度全市公安科技信息化十佳优秀技战法，“高邮交警”手机服务平台被扬州市公安局评为科技强警（科技应用类）三等奖；汉留中队被扬州市公安局表彰为 2013 年上半年全市公安机关窗口单位作风建设红旗单位；累计有 11 名个人获高邮市级以上奖项 12 项。

市公安局交巡警大队党的群众路线教育实践活动动员大会现场

全市道路交通治安管理工作会议现场

开展“小手拉大手，共建平安路”警营开放周活动

交通法规进校园

扬州市政协副主席、市公安局局长王少鹏（右三）在高邮市委书记韩方（右二）的陪同下到高邮市“5·31”特大事故现场指导工作

江苏省公安厅交巡警总队副总队长陈玉峰（中）到高邮市淮江公路“7·13”事故现场检查指导夏季道路交通安全管理工作

市委副书记、市长方桂林（右三）等领导慰问交通警察

市委常委、市政法委书记徐健（右三）到市道路交通事故处理服务中心调研指导工作

副市长、市公安局局长高长明（右三）视察交通路口改造工作

市政协专题视察道路交通安全工作

该大队领导现场指导交通管理工作

交通规范化执勤

高邮市广播电视台
高邮市广播电视信息网络有限公司

市委宣传部副部长、市广播电视台台长
市广播电视信息网络有限公司董事长、总经理 **王俊坤**

2013年，市广电台牢牢把握主题主线，一手发展事业产业，一手推进内部改革，切实加强机关作风建设，各项工作呈现出务实、高效、平稳、有序的发展局面。全年市“两台”（高邮人民广播电台、高邮电视台）共播发新闻稿（片）1.2万多篇（条），向上发稿200多篇，其中被扬州市级以上媒体录用100多篇；新增和新转换有线数字电视用户6300户，为年度计划的210%；全市数字电视总用户20.85万户，门楼入户率98%；创建成“江苏省户户通有线电视县（市）”；新办《帮到家》电视栏目，并以此为平台启动“社区行、乡镇行、企业行”大型采访活动，帮助群众解决各类难题100多件；举办“2013翰林国际杯——高邮好声音”大型歌唱比赛”和高邮市首届“百年泸州老窖·窖龄酒”杯高邮乒乓球王电视大赛，受到各方关注；圆满地完成第六届中国邮文化节、第九届中国双黄鸭蛋节、市委全委会和市人大、市政协“两会”、乡镇区划调整重大活动和重要会议等宣传报道工作，全系统实现安全播出无事故。

市广电台党的群众路线教育实践活动动员大会现场

扬州市广电系统学习推广高邮市广电台“三精四严”规范化、精致化管理做法

市广电台广播电视新闻直播车赴乡镇基层开展直播活动

高邮经济开发区广播电视中心大楼

通过“江苏省户户通有线电视县（市）”检查验收

2013 年度广电系统总结表彰大会现场

高邮广电走基层暨“帮到家 · 社区行”大型采访活动启动仪式

该台台长王俊坤（前左）赴汤庄镇联谊村开展“三下三联三交”活动

组织党员干部参观吴登云事迹展览馆

“2013 翰林国际杯——高邮好声音”总决赛暨颁奖典礼

“我的梦 · 广电情”大型歌舞晚会现场

“百年泸州老窖 · 窖龄酒”杯高邮乒乓球王电视大赛颁奖典礼

高邮市公路管理站

站长 **孙晓震**

副市长杨文喜（左三）视察公路管养工作

高邮市公路管理站（高邮市公路路政大队）为副科级建制，隶属于扬州市公路管理处，实行垂直管理。内设路政股、路网调度办公室、工程养护股、农村公路管理股、财务审计股、安全股、办公室等，主要承担辖区内省道和县道公路的养护监管和路政管理工作，并对乡村公路管养实施行业指导。2013 年，该站按照上级部署，认真开展公路养护管理年活动，加强路政管理，继续推进实施县道安保工程，完成 S333 高邮段、S237 高邮段“感知公路”工程建设，各项工作取得新的成绩。全年综合整治市内县道公路环境 300 多千米；累计养护公路里程 1834 千米；查处路政违法案件 1581 件，强制拆除公路违法建筑 31 处、513 平方米，拆除非标准标志牌 395 块，取缔摊点 212 处、非法搭接道口 19 个，清除占道堆积物 3955 立方米，发放路政许可证 6 件；安装农村公路交叉道口红绿灯设施 7 处。该站先后获“全国职工书屋示范点”和江苏省“青年文明号”“文明公路站”“十佳路政大队”“优胜公路站”“工人先锋号示范基地”及扬州市“廉政文化建设示范点”等称号，连续 20 年保持“扬州市文明单位”称号。

市交通运输局局长张德宏（右二）视察公路管养工作

该站站长孙晓震（左）就邮乡阡陌服务组建设接受采访

市公路路政大队组织队列训练

高邮公路站党的群众路线教育实践活动动员大会现场

高邮市市区环境卫生管理处

主任 徐志祥

2013 年，高邮市市区环境卫生管理处全年安排加班加点近 4000 人次，调配各类车辆、机械 2100 多趟次，收集清运城区生活垃圾 10.85 万吨，无害化填埋处理城乡生活垃圾 16.04 万吨，平整主要道路周边及建筑场地 1.63 万平方米，冲洗城市主次干道 4825 万平方米，清理建筑垃圾 1.3 万吨，清除卫生死角 700 余处，突击清理积存垃圾 500 余次，新增道路保洁面积 27.24 万平方米，新增保洁市场化道路 6 条，及时更换垃圾桶 1200 只，改造公厕 29 座(含新建 1 座)；市城市环卫综合作业中心项目土建工程基本完工，启动南海等垃圾中转站升级改造项目，完成朱家生活垃圾卫生填埋场第一期工程全部区域和第二期工程部分区域的填埋气收集处理系统设置工作，推进垃圾容器升级换代。全年在城区为环卫一线员工设置免费爱心早餐点 20 个，依托宏信龙超市网点建立环卫职工无偿供水点 17 个；累计办理市人大代表建议、政协委员提案 13 件，满意率均为 100%。朱家生活垃圾填埋场获中国环境卫生协会授予的“ 国家无害化等级Ⅰ级填埋场 ”称号。蒋德祥被市委、市政府评为“ 高邮市劳动模范 ”。

市委副书记、市长方桂林（前左二）等领导慰问市环卫处职工

市环卫处党的群众路线教育实践活动动员大会现场

市环卫处女职工庆“ 三八 ”、看邮城启动仪式

职工技能大赛现场

河道保洁实现常态化

洒水车在城区主干道作业

高邮市城市管理执法大队

大队长 **陈德山**

城市环境综合整治暨“三拆三整治“工作动员大会现场

2013年6月13日，市委、市政府在市城管局挂牌成立市城市管理执法大队。该大队按照上级工作部署，围绕部门工作要求，不断加大管理力度，提升管理水平，各项工作取得新成效。开展城市环境综合整治和“三拆三整治”工作，对照方案要求，先后开展占道经营集中治理、户外广告统一拆除、乱堆乱放集中清理等整治行动，市容环境明显改善。深入开展专项整治活动，着力破解琵琶西路虾仁占道加工、琵琶东路烧烤占道经营、水榭华庭水产品占道交易、红白喜事大棚占道餐饮等一系列“痼疾顽症”。坚持“为民、便民、利民”服务理念，统一为水果摊点制作阳棚，实行划线管理；免费制作便民服务点，统一样式，规范经营。认真办理群众来信来访、举报投诉，做到有访必接，有接必应，确保件件有回音、事事有落实，树立起城管队伍良好形象。

该大队集中清除违规户外广告现场

在苏中农贸城统一规范经营的虾仁加工户

执法队员上门入户宣传城管法律法规

琵琶东路商户代表向该大队赠送锦旗

高邮市城市规划执法大队

副大队长（主持工作）**陈长源**

市城市规划执法大队党的群众路线教育实践活动动员大会现场

2013年6月13日，市委、市政府在市城管局挂牌成立市城市规划执法大队。该大队积极践行党的群众路线，采取积极措施，在控制新增违法建设和减少存量违法建设上取得明显成效，有力保障城市环境的进一步优化。积极开展城市环境综合整治和“三拆三整治”工作，实行“管源头、控新增、减存量”相结合，切实加强对城市规划区内违法建设信息的收集、违法建设情况的管控和违法建设行为的打击，确保做到“发现得早、控制得住、拆除得掉”。坚持连续组织违法建设强拆活动，对于恶意抢搭抢建、非法谋利、群众反映强烈的违法建设，坚决予以拆除，以高压态势全力遏制违法建设势头。同时，在控制新增违法建设力度不减的情况下，对人民群众反映的难点、热点及相关历史遗留案件进行依法查处，做到对违法建设“发现一起拆除一起”。全年全市城市规划区内未发生大规模的爆发性、群体性违法建设行为。

城市规划区防治违法建设工作会议现场

走进政风行风热线

该大队负责人接受媒体采访

该大队执法人员队列训练现场

江苏高邮农村商业银行

JIANGSU GAOYOU RURAL COMMERCIAL BANK

党委书记、董事长 **詹毅**

2013 年，江苏高邮农村商业银行股份有限公司内设董事会办公室、监事会办公室、办公室、人力资源部、绩效考核办公室、公司业务部、个人业务部、信贷管理部、风险管理部、运营管理部、财务统计部、电子银行部、审计稽核部、监察保卫部、合规管理部、科技创新部等 16 个部室，下辖 1 个营业部、36 个支行，在职员工 485 人。至年底，各项存款余额 90.79 亿元，增长 18.9%；各项贷款余额 63.47 亿元，增长 15.5%；累计实现各项收入 6.55 亿元，增长 11.7%。是年，该行在江苏省农村信用社系统考评中继续保持 4A 等级，并获得合规风险、审计、信息宣传、四好领导班子等 4 项单项评比先进；被扬州银监分局表彰为扬州市公众金融服务良好银行创建先进单位；被高邮市委、市政府表彰为机关能力作风建设先进单位、服务地方经济发展先进单位、金融考核一等奖、支持建筑行业发展优质服务单位、服务业龙头企业；该行党委被高邮市委表彰为先进党委。

市政协专题视察高邮农村商业银行

高邮农村商业银行党的群众路线教育实践活动动员大会现场

该行中层干部竞聘面试现场

该行中层干部培训现场

该行组织员工开展业务技能比赛现场

该行举行新发展党员入党宣誓仪式

该行 2014 年希望工程“圆梦大学”助学金发放仪式

该行“金阳光”党员志愿者服务队

中国农业银行高邮市支行

行长 **林学忠**

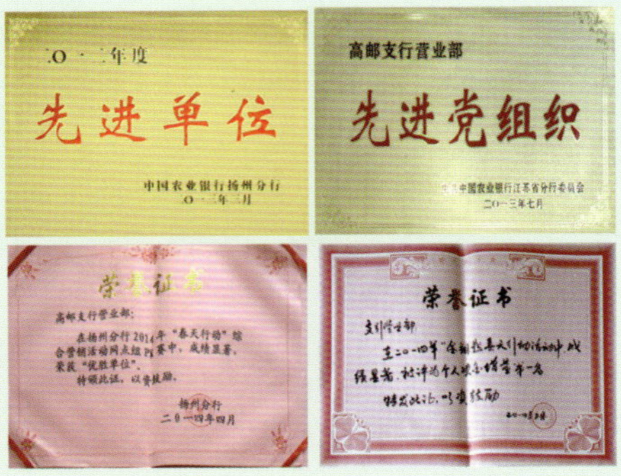

2013 年，中国农业银行股份有限公司高邮市支行坚持“发展第一、客户至上”的经营理念，通过采取主动服务客户、创新金融产品、反哺农村经济、全力方便客户、履行社会责任等一系列措施，提升管理水平，服务高邮地方经济，“惠农卡”“金 E 顺”分别成为品牌产品和知名产品。全年该行本外币存款总量 59.91 亿元，比年初增加 6.55 亿元（储蓄存款增加 5.05 亿元、对公存款增加 1.5 亿元），增长 12.3%；本外币贷款余额 18.97 亿元，比年初增加 3.48 亿元，增长 22.5%；不良贷款余额 8094 万元，比年初下降 692 万元，不良贷款占比 4.2%，比年初下降 1.47 个百分点；实现中间业务收入 3803 万元，增长 36%；实现拨备后利润 1.23 亿元，增长 31%。该行先后获中国银行业文明规范服务“千佳示范单位”、江苏省金融监管机构“工人先锋号”、“扬州市文明单位”和“2013 年度扬州农业银行系统先进单位”等称号。

该行开展防范电信网络诈骗户外宣传活动

该行开展的“普及金融知识、惠及百姓生活、共建和谐金融”活动现场

文明规范的服务

该行服务大厅一角

24 小时存、取款自助服务

中国人民财产保险公司
高邮支公司

总经理 **张晓萌**

人保财险高邮支公司是中国人民财产保险股份有限公司在高邮地区设立的分支机构，是高邮财产保险市场占有率最高的公司。该公司内设综合管理部、运营支持部、团险业务部、个险业务部、理赔分中心、三农保险部、直销一部、车商一部、车商二部、社保业务部、营销服务部，下辖天山营业部、三垛营业部、高邮经济开发区业务部，有在职员工 52 人，乡镇（村）“三农”服务站（点）实现全覆盖。2013 年，该公司创新工作举措，积极抢占市场，努力提升工作绩效。全年实现保费收入 1.39 亿元，增长 30%。在保费收入中，机动车险保费 7427 万元，增长 25.3 %；非机动车险保费收入 3078 万元，增长 57.21%；农业政策性保费收入 3460 万元，增长 26.4%。全年受理理赔案件 5753 起，支付赔偿款 7574.07 万元。是年，该公司被人保财险江苏省分公司选为县域机构改革试点单位，被表彰为江苏省农村保险明星单位。

人保财险江苏省分公司党的群众路线教育实践活动高邮支公司座谈会现场

人保财险高邮支公司 2013 年度总结表彰大会现场

“相约春天”—2014 高邮广电 · 人保财险春季汽车博览会现场

人保财险高邮支公司开展纪念“5 · 4”青年节活动

高邮市人民医院
苏州大学附属高邮医院

市卫生局副局长 沈哲
院　　　　　长

高邮市人民医院（苏州大学附属高邮医院）是一所集医疗、急救、教学、科研、保健为一体的二级甲等综合性医院，系国家级爱婴医院，江苏大学、扬州大学、南通大学教学医院，苏中心脏介入中心所在地，全市城镇职工（居民）基本医疗保险和新型农村合作医疗定点医院。

该院占地面积 3 万多平方米，总建筑面积 6 万多平方米，固定资产总额 3 亿多元。核定床位 800 张。年门诊 52 万人次，住院 3 万人次。设有内、外、妇、儿、感染等一级临床科室 13 个，医技科室 8 个，病区 19 个，职能科室 15 个，其中心血管内科、普外科、泌尿外科、神经内科、口腔科是扬州市重点专科，麻醉科为扬州市临床重点专科建设单位。在职医务人员 750 人，其中高级职称人员 97 人、博士 1 人、硕士研究生 40 多人，扬州市、高邮市中青年专家 15 人，院长沈哲为江苏省第四期“333 高层次人才培养工程”第三层次培养对象，护士长朱小翠为江苏省十佳健康卫士。拥有大型平板 DSA 、Brilliance64 排 128 层螺旋 CT、1.5T 核磁共振、永磁型核磁共振 (MRI)，最先进的 Olympus—H260 电子胃肠镜系统、4000TEST 生化仪、数字 X 线成像（ DR ）、数字胃肠机、C 型 X 光板机、大型彩色超声多普勒、胆道镜、支气管镜、膀胱镜、全自动生化分析仪、电化学发光仪、全自动血细胞分析仪、血液透析机、前列腺电气化治疗仪、电视腹腔与胸腔手术内窥镜与 ICU 、CCU 监护设备系统等设备。

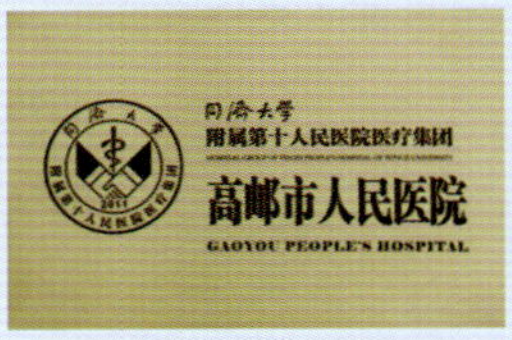

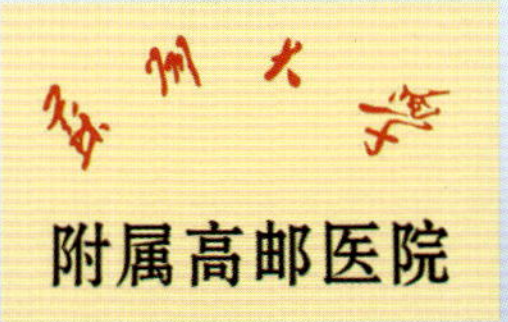

该院开展各种心脏介入技术，外用血管介入治疗，血液净化，内窥镜下治疗，颅内血肿锥孔碎吸术，胰、十二指肠切除术，肝癌切除术，全食管肿瘤切除术，纵隔肿瘤切除术，肾上腺肿瘤、肾癌根治术，全膀胱切除术，大脑、小脑、颈脊髓肿瘤切除术，全髋关节置换术，电气化治疗前列腺增生和各种镜下微创手术等项目，经卫生厅审批的二类技术数量名列省内同级医院前列。

该院先后获“江苏省‘价格诚信单位’”“精神文明建设工作先进单位”和扬州市“规范收费医院”“群众满意医院”“2012 年度‘白求恩杯竞赛’”及“三好一满意”活动先进单位等称号。

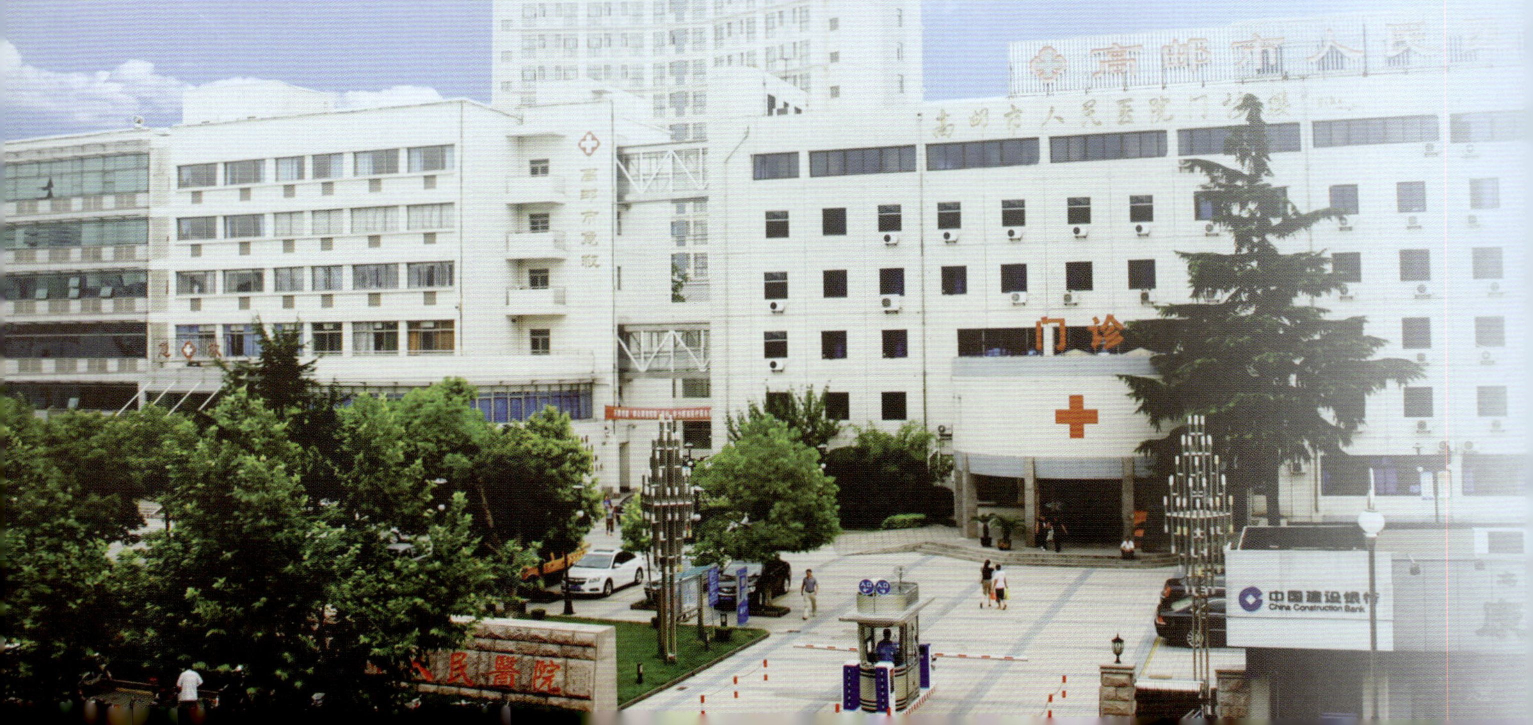

江苏省人大科教文卫委副主任王慧芬（女，前右一）等省市领导到该院视察工作

中国红十字总会捐赠高邮市人民医院核磁共振开机仪式

扬州市副市长范凌华（女，中）在高邮市副市长钱富强（左）的陪同下到该院视察工作

苏北人民医院专家组暨高邮市人民医院三级医院创建培训会现场

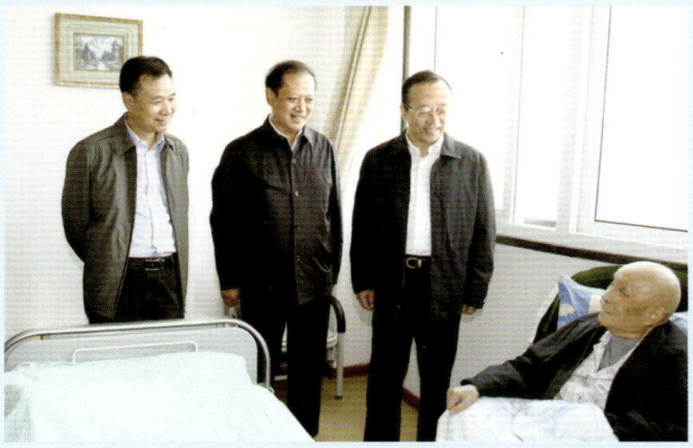

市委书记韩方（右二）等市领导到该院慰问原市四套班子老领导

市委副书记、市长方桂林（左一）等领导视察该院东区医院新址

市卫生局局长、党组书记胡朝霞（女，前中）陪同省、市领导到该院视察工作

该院院长沈哲（右）陪同外国专家视察市人民医院

高邮市中医医院

高邮市中医医院是一所以中西医结合集预防、医疗、教学、科研、急救为一体的综合性二级甲等中医医院，是江苏省首批中医“治未病”健康工程试点单位，为南京中医药大学、安徽中医药大学、扬州大学医学院的教学实习基地。该院现有职工 625 人。其中，拥有高级职称资格的 94 人、中级职称资格的 172 人；硕士研究生 21 人；江苏省“333 工程”培养对象 1 人、江苏省优秀中青年中医临床人才研修项目培养对象 1 人、高邮市有突出贡献的中青年专家 13 人、高邮市名中医 10 人。医院拥有德国西门子医用直线加速器、荷兰飞利浦 64 排 128 层 CT 机、美国 GE1.5T 核磁共振、德国西门子双板 DR、美国柯达数字化成像 X 线摄片机（DR）、德国贝朗血透机、美国 GE 彩色 B 超等一大批先进诊疗设备。医院综合实力在扬州县市中医医院中位于前列。近年来，该院先后获江苏省“价格诚信单位”、扬州市“十佳医院”“规范收费医院”和“白求恩杯”竞赛活动优胜单位等称号。

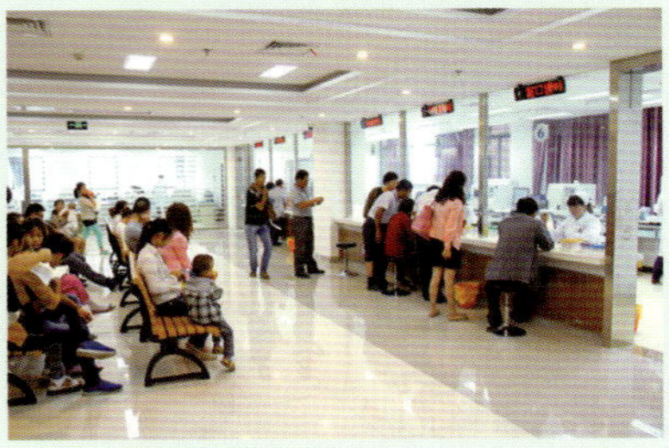
检验大厅

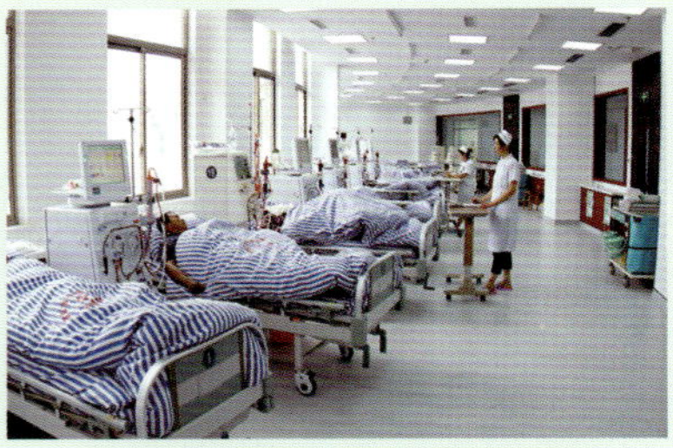
现代化血液透析中心

门诊大厅

中医药文化知识长廊

中医药文化雕塑

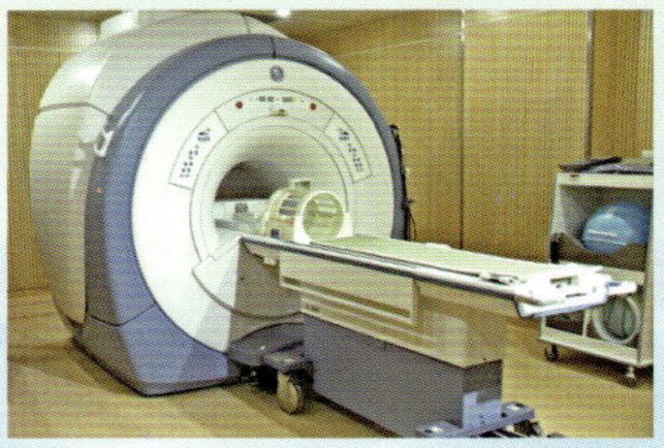
美国 GE1.5T 磁共振

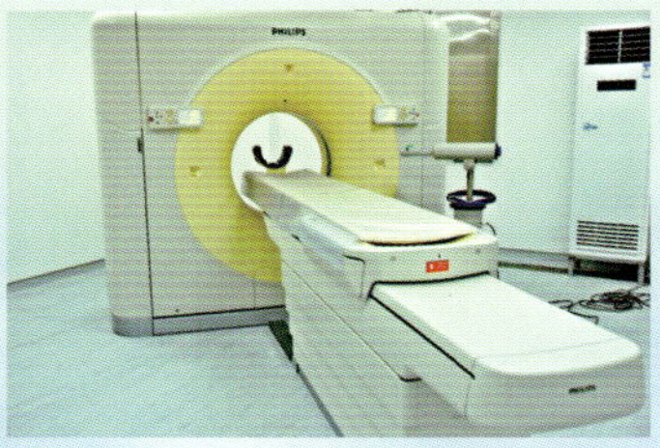
飞利浦 64 排 128 层纳米 CT

高邮市疾病预防控制中心

主任 **黄亚民**

高邮市疾病预防控制中心担负着全市疾病与控制、突发公共卫生事件应急处置和疫情及健康相关因素信息管理、监测检验与评价、健康教育与促进、应用研究与指导等相关业务，设有6个业务科室、2个职能科室；在岗工作人员63人，高、中级卫技人员占50%；拥有各种仪器设备246台；业务用房2832平方米，其中检验用房1000平方米、恒温面积246平方米。先后通过江苏省计量认证、实验室资质认定评审和职业卫生技术服务机构、职业健康检查机构的续展评审、食品检验检测机构资质评审，被确定为健康相关产品检验机构和艾滋病抗体检测初筛实验室。该中心连续15年被表彰为扬州市文明单位。

高邮市疾控中心全体工作人员查灭螺活动现场

该中心组织人员参加卫生系统“南菜园113号志愿者服务”签名活动

江苏省疾控中心副主任羊海涛（右四）到高邮市开展“三解三促”驻点调研活动

副市长钱富强（右三）到湖滨村慰问血吸虫病人

市疾控中心领导班子专题民主生活会现场

晚期血吸虫病人治疗救助金发放现场

高郵市第一實驗小學

校长朱大禹就学校特色建设接受中央电视台采访

高邮市第一实验小学创建于1897年（清光绪23年）。是高邮地区学校教育的缩影。原香港文化协会总负责人沈亦珍教授、著名雕塑艺术家滑廷友教授都曾执教于此校。兴学百年，该校培养万余名毕业生，涌现一大批著名的专家、教授、学者、各行业的劳模和领导干部，其中有徐平羽（原文化部副部长）、周尔钧（原国防大学政治部主任、中将）、秦华孙（原任中国常驻联合国代表、特命全权大使）、赵厚麟（现国际电信电联秘书长）、夏书章（原广州大学校务委员会副主任、中国行政管理学会、中国政法学会、中国人民外交学会广东分会副会长、美国哈佛大学客座教授等职）、张国政（原天津大学副校长）、陈刚（贵州省委常委、贵阳市委书记）等知名人士。近年来，该校先后获"中国书法（写字）特色学校""江苏省教育学会先进单位""江苏省陶行知研究会实验学校""江苏省现代教育技术应用先进单位""江苏省绿色学校""江苏省平安校园""江苏省体育工作先进学校""扬州市学习型组织先进单位""扬州市艺术特色学校""扬州市和谐校园""扬州市模范学校""扬州市数字化校园""扬州市十二五教育科研示范校""扬州市依法治校示范校""扬州市廉洁文化进校园示范点"等称号。

国际电信电联秘书长赵厚麟回母校参观

"中华诗词之乡"验收现场

致用书院

五常柱

希亭假山

淮南第一

校友吴渤（左）向母校赠送珍贵史料

该校举行第四届"致用杯"同课异构赛课活动现场

该校设立的七色光儿童画社团

奠基六年致用六十年

朱匠庆

江苏省高邮实验小学

市教育局副局长
校长、党支部书记 吴海梅

江苏省副省长曹卫星（右五）在高邮市委书记韩方（右三）陪同下到该校视察工作

江苏省高邮实验小学围绕“质量”“特色”“成长”三大主题，以“练内功、强素质、创品牌”为抓手，扎实推进教研信息化、社团活动化、校园书香化的“三化”特色育人活动，倾力打造精致校园、特色校园、幸福校园。全校共有小学教学班级 78 个、幼儿教学班级 15 个，在校学生 3894 人；教师 274 人，其中省特级教师 1 人、扬州市特级教师 2 人、扬州市学科带头人 15 人和各级骨干教师 69 人。该校先后获全国红旗大队、全国青少年科技教育先进学校、江苏省文明校园、江苏省基础教育课程改革先进集体、江苏省艺术教育特色学校、江苏省体育工作先进学校、江苏省现代教育技术示范学校、扬州市优秀教育科研样本校、扬州市素质教育先进学校、依法治校先进校等 300 多种集体荣誉。

扬州市委书记谢正义（中右二）视察该校东校区建设工程

该校党的群众路线教育实践活动动员大会现场

韩国教育交流访问团到该校参观访问

在该校召开的江苏省实验小学省、市“十二五”规划课题开题论证会现场

江苏省高邮中学

校长、党委书记 **黄仁云**

江苏省副省长曹卫星（右二）等省、市领导到该校视察工作

市委书记韩方（左一）到该校视察工作

江苏省高邮中学系江苏省四星级高中，是一所传统风格与现代意识相融汇、教育功能与管理功能相统一、建筑共性与学校个性相结合的现代化、园林式学校。校园占地面积 15 公顷，建筑面积 7 万余平方米。现有在校生3600多人，在职员工330人，其中专任教师 270 人。2013 年，该校高考成绩再创新高。200 多人次获省级以上各类学科竞赛奖。完成与澳大利亚汉密尔顿·亚历山德拉学院第十三轮互访年交流工作。该校先后被授予十一五全国教育科研先进单位、全国作文教学先进单位、江苏省节水型单位、江苏省消防安全教育示范学校、江苏省文明单位、扬州市素质教育先进学校、扬州市依法治校示范校、扬州市心理健康教育优秀学校、扬州市教育系统创先争优活动先进集体、首批扬州市群众满意学校、扬州市节能示范单位等项称号。

扬州市精致管理现场会在该校召开

澳大利亚汉密尔顿·亚历山德拉学院师生代表团到该校交流访问

江苏省高邮中学申报江苏省物理课程基地创建专家论证会现场

江蘇省高郵市第一中學

校长、党总支副书记 **金其宝**

江苏省教育厅有关领导到该校检查校舍安全工作

高邮市第一中学系江苏省四星级高中。学校现占地面积 7.8 公顷，建筑面积 5.8 万平方米。校园环境优美，功能分区科学，校舍布局合理，教学设施先进。现有班级 60 个，在校生 3357 人；教职员工 308 人，其中专任教师 269 人。2013 年，该校高考达本二分数线578人，位于扬州市同类学校前列。600 多人次获省级以上各类学科竞赛奖。完成与韩国居昌大成高等学校第五轮互访交流工作。该校先后获得江苏省绿色学校、江苏省园林式单位、江苏省模范教工之家、江苏省青少年科技教育先进学校、江苏省招飞工作先进单位、扬州市平安建设先进集体、扬州市德育先进学校、扬州市依法治校示范校、扬州市数字化校园、扬州市中小学优美校园、扬州市体育卫生先进学校、扬州市心理健康教育示范校、高邮市高考综合质量奖、高邮市教育综合督导优秀学校、高邮市先进高中、高邮市综合治理先进学校等多项称号。

市委书记韩方（前右二）和市委常委、宣传部部长张秋红（女，前左二）等领导到该校视察考点准备工作

该校组织青年教师到仪征市第二中学观摩学习

该校举办校园广场学生家长心理咨询活动

该校 2013 届高考壮行升旗典礼

江苏省高邮中等专业学校
江苏省高邮社区培训学院
扬州市广播电视大学高邮分校

校长、党总支书记 **陈同清**

江苏省高邮中等专业学校系国家级重点职校、省"四星级"职校、省高水平示范职校、省课改实验学校，是一所集职业教育、成人教育和社区培训为一体的规模化、现代化学校。学校占地13.6万平方米，建筑面积7.1万平方米；共有教职员工近300人，其中"双师型"教师达80%以上；全日制学生4000多人，成人在籍学员2400多人；设有近20个专业，其中机电技术应用、计算机应用专业为新一轮省级示范专业，电子技术应用专业为省级品牌专业，有专业实习场所20多个。该校先后获江苏省德育工作先进集体、职业教育先进集体、职业高中教学管理先进学校、绿色校园、平安校园和扬州市职工职业技能竞赛人才培养先进单位、规范收费学校、群众满意学校、职业教育先进单位等称号。

江苏省副省长曹卫星（前左三）等有关领导到该校视察工作

江苏省人大教科文卫工作委员会代表团到该校调研视察工作

扬州市副市长董玉海（前右二）等有关领导观摩该校珠算、美术写生等五个百人社团活动以及十字绣、时装秀等兴趣小组活动

市委书记韩方（前左二）、副市长钱富强（前左一）在该校视察工作

市委副书记、市长方桂林（左二）、副市长钱富强（左三）在该校视察工作

江苏联合职业技术学院院长马能和（前中）高邮市教育局局长许明（前左）到该校视察工作

江苏省高邮中等专业学校党的群众路线教育实践活动动员大会现场

江苏省高邮中等专业学校计算机省级品牌专业视导汇报会现场

扬州市第九次学校精致管理现场推进会在该校召开

该校“八礼四仪”签名活动现场

该校啦啦操百人社团活动现场

高邮市第二中学

校长、党总支书记 **张斌**

高邮市第二中学系江苏省三星级普通高中。学校占地面积9.87万平方米，建筑面积3.7万平方米。全校功能区划分清晰，教学区连廊相通，综合楼融教学、实验、办公等功能于一体；运动区运动设施齐全；生活区由食堂、浴室、学生公寓、生活服务部组成。学校设有教学班36个，在校学生1913人；教职员工191人，其中专任教师167人，市级学科带头人、教学骨干、教坛新秀38人，教师学历达标率98.2%。该校紧扣时代脉搏，全面贯彻党的教育方针，深入实施素质教育，在较短的时间内实现办学条件、规模、水平和绩效的有效突破。先后获江苏省德育先进学校、扬州市德育先进学校、扬州市依法治校示范校、扬州市收费规范学校、扬州市绿色学校、扬州市优美校园、扬州市数字化校园、扬州市学校体育卫生工作先进学校、高邮市德育工作先进集体、高邮市文明单位、高邮市安全文明校园、高邮市教育教学1～5轮综合督导优秀学校等称号。

市委副书记、市长方桂林（前左二）等领导到该校视察安全工作

扬州市主任督学锁敦信（右一）、高邮市教育局局长许明（左一）到该校督导检查工作

扬州市教育局副局长周应华（后右）、高邮市教育局副局长陈生桃（后左）在该校课堂听课

高邮市三垛中学

校长 **曹农**

高邮市三垛中学坐落于秦少游故里——江苏省重点中心镇三垛镇，是省重点高中，有着美丽怡人的育人环境、勤奋进取的教师队伍、科学和谐的人文管理、务实创新的办学特色。共有教学班 30 个，在校学生 1500 人；专任教师 110 人，其中中学高级教师 26 人、一级教师 50 人。该校坚持促进学生全面发展，开展各科兴趣小组活动和天文气象科普活动，开办音体美特长班，美术高考本科达线人数居扬州市前列。先后设立“三中助学金”“万元奖学金”“太阳奖学金”“地税奖学金”等，帮助特困学生完成学业。该学校先后获江苏省德育先进学校、安全文明校园、绿色学校、理科实验合格学校、教科系统模范职工之家、平安校园、家长学校示范学校、素质教育专项督导优秀学校和扬州市文明单位、收费规范学校、依法治校示范校、数字化校园、艺术教育特色学校、体育传统项目学校、优美校园、群众满意学校及高邮市高效课堂建设先进单位等称号。

江苏省教育厅副厅长胡金波（前中）、高邮市教育局局长许明（前右）视察该校教育现代化创建工作

副市长钱富强（右一）、市教育局局长许明（左一）到该校视察工作

三垛中学党的群众路线教育实践活动动员会现场

三垛中学第 57 届金秋体育艺术节开幕式

高邮市送桥高级中学

校长 丁兆华

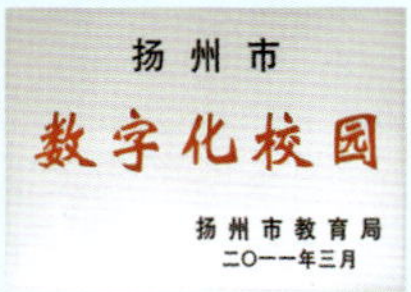

高邮市送桥中学位于高邮湖西。学校占地面积4.2公顷，建筑面积6500平方米。校园环境优美，功能分区科学，教学设施先进。设有教学班级19个，师生1000多人。教师学历达标率92.8%。该校秉承“成人与成才”并重的办学方针，坚持德育、教学“两手抓、两促进”，全面提高教育教学质量，有效促进学生全面发展。近几年来，该校音乐班参加省统考全部达专业本科分数线，文化、专业双达本科分数线超95%。该校先后获江苏省青少年科技教育先进学校，“十五重点科研课题创新写作教学研究与实验”实验学校，扬州市规范收费学校、绿色学校、艺术教育特色学校和高邮市优秀学校、文明单位等称号。

市教育局局长许明（左四）等领导到该校视察特色学校创建工作

2013年市政府综合督导汇报会在该校举行

高邮市送桥中学十八岁成人宣誓仪式

高邮市界首中学

校长 陈国兵

界首中学座落在千年古镇——界首镇，被誉为高邮“农村高中教育的一朵奇葩”，《中国教育报》《江苏教育报》《扬州日报》《扬州时报》《扬州晚报》及江苏电视台、扬州电视台、高邮电视台等媒体曾先后专题报道该校教育改革和发展业绩。学校占地面积 3.72 万平方米，建筑面积 1.36 万平方米；设有教学班 18 个，在校学生 703 人；教职员工 102 人，其中专任教师 95 人，教师学历达标率 100%。该校一直致力于培养“德才兼备、素质全面”的新时期建设者，开展道德素养、创造能力、合作共享意识等多种素质的特色教育；通过实施“青蓝工程”“骨干工程”“名师工程”，推进教师队伍建设，获市以上表彰的优秀教师 15 人、教师群体 8 个。从 1999 年开始，该校高考本科上线数一直居于全市普中高中前列，并曾连续 4 年(2007 ~ 2010 年)高考本科达线人数超过 100 人。该校先后获江苏省绿色学校、全国体育改革实验示范学校等称号。

市教育局举办“特色界中”专题调研活动现场

该校校长陈国兵就打造“特色界中”接受媒体采访

高邮市界首中学成人宣誓仪式

在该校举行的南京栖霞中学、高邮界首中学黄质夫先生教育思想研讨活动现场

高邮市临泽中学

校长 查仪勇

临泽中学座落在千年古镇——临泽镇，系江苏省三星级普通高中。该校环境优美、设施完善，拥有一支师德高尚、业务精良的教师团队，其中获扬州市、高邮市教学骨干称号的教师近 40 人。该校秉承“对每一个学生的现在和将来负责”的办学理念，独创和完善“三疑一提高”(导学引疑、自主择疑、互动释疑、反馈提高)的“行知课堂”教学模式，注重开展摄影、舞蹈、写作、音乐等多个社团的艺体活动，有效促进学生的全面发展，帮助学生实现“低进高出、高进优出”的目标。该校曾连续六年获高中教学质量一等奖，并先后获江苏省德育先进学校、绿色学校、五四红旗团委、青少年科技教育先进学校、平安校园、绿色学校创建先进单位，扬州市模范学校、艺术特色学校、宏志教育先进集体和高邮市高效课堂建设先进单位等称号。

市教育局局长许明（右）到该校指导工作

扬州市教育局局长夏正祥（前中）等领导到该校视察工作

市委副书记、市长方桂林（前右二）等市领导慰问该校参加高考的学生

副市长钱富强（前左一）等领导视察该校中考考点准备工作

高邮市临泽中学十二届三次双代会现场

扬州市天成建筑安装工程有限公司

天成建工

董事长、总经理 **刘长春**

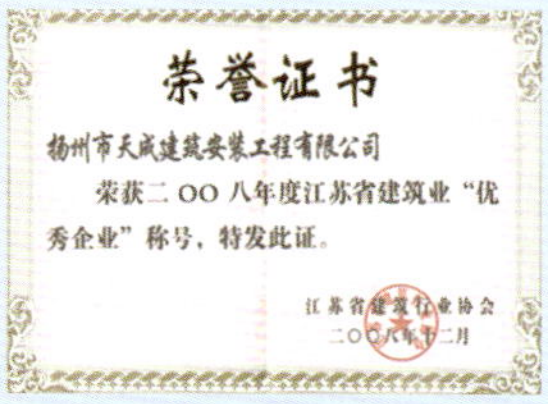

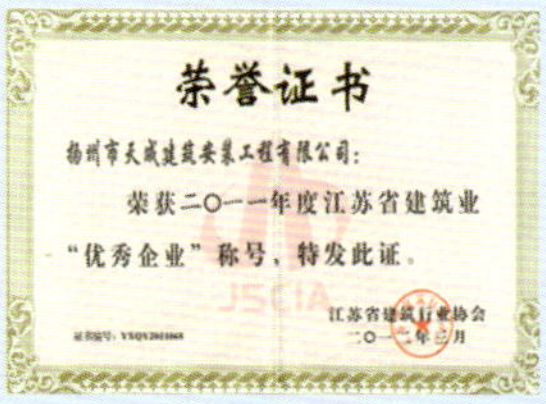

扬州市天成建筑安装工程有限公司具有房屋建筑工程施工总承包一级资质，是从事房屋建筑、水泥制品、建材销售等经营活动综合型建安企业，公司总部驻高邮经济城南新区，下设南京一分公司、南京二分公司，苏州一分公司、苏州二分公司，上海、天津、高邮等分公司。全公司注册资本 10080 万元；共有员工（含施工人员）8000 多人，其中有职称的各类技术人员和经济管理人员 500 多人。该公司先后承建南京农业大学理科实验楼、南京农业大学逸夫楼、南京住房公积金管理中心太平商务大厦、南京市玄武区高楼门峨眉公寓等一批建筑物，曾先后获江苏省优质工程“扬子杯”奖 8 项、省外“扬子杯”奖 4 项和“金陵杯”“琼花杯”、省文明工地、市文明工地等多项工程奖项。诚信信用管理等级连续七年被评为 AAA 级，连续七年被江苏省建筑业协会评为优秀企业、最佳企业，连续十二年被扬州市建设局、扬州市建筑业协会表彰为先进企业。2013 年，全公司实现建筑业总产值 30 多亿元。

尚程国际家居广场

高邮首席18万平方米家居建材主题商业广场

江苏省人大常委会财政经济委员会主任委员潘永和（右二）到该广场视察工作

扬州市委书记谢正义（前右一）到该广场视察工作

尚程国际家居广场项目，顺应高邮城市“东扩”发展战略，建于高邮市东入口的秦邮路与外环路交叉口处，距离京沪高速公路高邮出口仅1千米，沿秦邮路向西距市中心约2千米。2010年9月由扬州万利置业发展有限公司投资4亿元兴建，第一期工程占地面积11.33公顷，建筑面积18万平方米，2013年1月竣工开业。该广场地处高邮城市发展核心地带，秉承家居产业升级换代使命，主要就家居用品、装饰材料、五金建材等方面进行专业招商和品牌销售。在招商方面，由专业的商业经营管理公司负责进行统一规划、统一招商、统一管理、统一推广，倾力扶持商家经营，迅速做旺市场，确保市场永续繁荣、投资保值增值；在品牌销售方面，全友家居、TOTO、科勒卫浴、马可波罗、诺贝尔瓷砖、雷士照明、企一照明等国内一线品牌纷纷抢滩登陆，招商成功率90%以上，促进市场商业氛围愈演愈烈。该广场作为迄今为止高邮市唯一一家最大体量的家居建材专业市场，功能齐全，吸纳全城及周边消费群体，周边大量新楼盘及商业配套日渐完善，消费需求旺盛，带来亿元家居建材消费需求。可以预见，在该广场功能齐全的吸引力、大牌进驻的带动力和规范经营的影响力汇聚推动下，尚程国际家居广场必将成为高邮城市家居市场的璀璨地标，成为各方客商投资兴业的财富高地。

尚程国际家居广场项目签约现场

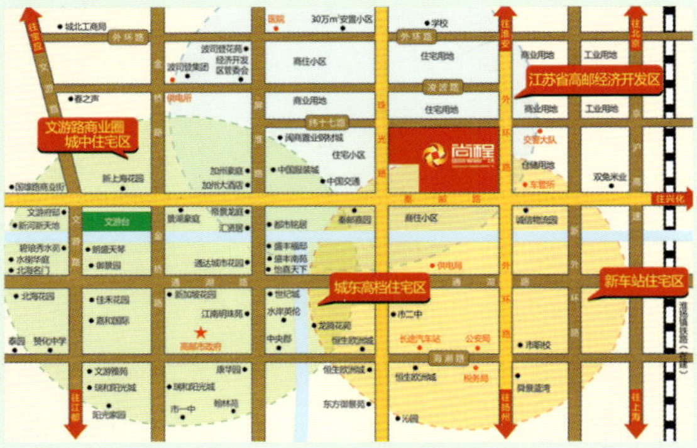

尚程国际家居广场功能区示意图

空气过滤器部分用户业绩表

中冶赛迪工程技术股份有限公司
大连金牛股份有限公司
辽宁化肥有限公司
辽河油田化肥厂
中石油股份有限公司哈尔滨石化分公司
哈尔滨炼油厂
新疆泽普石油化工厂
上海中船长兴建设发展有限公司
洛阳石化总厂
开封市开利成套空气设备有限公司
成都飞机维修公司行机电站
江阴兴澄钢铁公司
江苏沙钢集团有限公司（三菱燃气轮机）
邯郸钢铁集团有限公司（三菱燃气轮机）
太原钢铁有限公司（三菱燃气轮机）
马鞍山钢铁集团有限公司炼铁厂
大连钢铁集团有限公司制氧厂
辽宁本溪北台钢铁集团公司
唐山鑫益钢铁集团有限公司
吉林通化钢铁有限公司热电厂
江苏新扬子造船有限公司
常州新区调峰电厂
深圳宝安燃气发电厂
广东南海燃气发电厂
陕西热电有限公司
杭州正大空分设备制造有限公司
大连钢厂
大化集团有限责任公司
辽宁盘锦化工有限责任公司
吉化有机合成厂
中石油股份有限公司宁夏分公司
大庆石化总厂
宁夏化工厂
上海造船厂
候马铜厂
仪征化纤总厂
上海鼓风机厂
上海焦化总厂
武进中天钢厂
宜兴乾震钢铁有限公司
马鞍山长江钢铁有限公司
上海宝钢（板式过滤器）
山东淄博宏达钢铁有限公司
唐山宝泰钢铁集团有限公司
东北特钢集团大连基地
安徽长江钢铁有限公司
浙江湖州燃机发电有限公司
深圳月亮湾燃机发电厂
浙江绍兴燃机发电厂
浙江慈溪燃机发电厂
苏州新区调峰电厂
叶城电力公司

华强电力
HUAQIANG ELECTRICITY

一言铸九鼎 诚信塑华强

鉴于本样本中所涉及的标准、材料、技术要求、电气线路以及安装尺寸随着时间的推移都在不断地发展，因此这些技术条件均要以江苏华强电力设备有限公司最新的确认为准。

Due to the continuous development of standards as well as of materials, the characteristics, electrical diagrams and dimensions indicated in this catalogue should be regarded as binding only on confirmation from JIANGSU HUAQIANG ELECTRICITY EQUIPMENT CO.,LTD.

2014.12 第八版印刷

HD 华鼎® HuaDing

江苏省著名商标

江苏华强电力设备有限公司

地址：江苏省扬中市宜禾路 890 号
电话：0511-88421980、88422980
（0）13905286553
传真：0511-88425658
E-mail:zjhq@vip.sina.com
E-mail:cmx-1980@163.com
http://www.js-huaqiang.cn